KLASSIKER DER ENTDECKUNG

SVEN HEDIN

TRANSHIMALAJA

Entdeckungen und Abenteuer in Tibet

Mit 34 Abbildungen auf Tafeln nach Aufnahmen
und Zeichnungen des Verfassers, einer Karte im Text
und einer vierfarbigen Übersichtskarte

F. A. BROCKHAUS · WIESBADEN · 1985

Neue gekürzte Ausgabe des bei F. A. Brockhaus, Leipzig, erschienenen dreibändigen Werkes
Bearbeitet von Suse Brockhaus

CIP-Kurztitelaufnahme der Deutschen Bibliothek

Hedin, Sven:

Transhimalaja: Entdeckungen u. Abenteuer in Tibet / Sven Hedin.
(Bearb. von Suse Brockhaus).
– Neue, gekürzte Ausg., 7., unveränd. Aufl. – Wiesbaden: Brockhaus, 1985.
Einheitssacht.: Transhimalaja (dt.) Teilausg. ISBN 3-7653-0237-6
NE: Brockhaus, Suse (Bearb.)

7., unveränderte Auflage

V. Nr. W 1695 · ISBN 3-7653-0237-6 ·
Druck: ELEKTRA, Reprografischer Betrieb, Kjeld Höjring, Niedernhausen

INHALT

KARTEN

Vorwort

Zweiundvierzig inhaltsschwere Jahre sind ins Land gegangen, seit die erste Auflage dieses Buches unter der Leitung von Albert Brockhaus gedruckt und dem deutschen Volk vorgelegt wurde.

Transhimalaja! Welcher mächtige Ton klingt aus dem Namen, den ich der gewaltigen, unbekannten Gebirgswelt gegeben habe, die den vorderen weißen Fleck auf der Karte Tibets ausfüllt — die letzte große terra incognita, die damals auf unserer Erde noch der Erforschung harrte, und die ich auf acht verschiedenen Linien überqueren durfte. Wie es mir gelang, diese Eroberung zu machen, mit welcher Freundschaft mich der Taschi-Lama oder Pantschen-Lama, wie er jetzt gewöhnlich genannt wird, aufgenommen hat, welche Mühen und Gefahren es zu überwinden galt, um das erstrebte Ziel zu erreichen, davon berichtet dieses Buch.

Die Generation Deutscher, die im Jahr 1909 »Transhimalaja« gelesen hat, ruht meist im Grabe. Viele von ihnen haben in den beiden gewaltigsten Kriegen der Geschichte ihr Leben dem Vaterland geopfert! Eine neue Generation ist herangewachsen, und für die meisten jetzt lebenden Deutschen ist Transhimalaja ein unklarer Begriff, vielleicht sogar etwas ganz Unbekanntes. Ein großer Teil der ersten Auflagen ist in brennenden Städten vernichtet worden. Wie oft erhalte ich Briefe von bekannten und unbekannten Deutschen, die den Verlust des Buches bedauern und auf eine neue Auflage hoffen.

So ist in enger Fühlungnahme mit meinem deutschen Verleger der Plan gereift, das Buch neu erscheinen zu lassen. Es wäre mir eine große Freude, wenn es in seiner verkürzten Form das gleiche Interesse und große Wohlwollen finden würde, mit dem es bei seinem ersten Erscheinen im Jahre 1909 von allen Deutschen aufgenommen worden ist. Denn es berichtet von dem glücklichsten und stolzesten Abschnitt meines Lebens, einem Abschnitt voller großer geographischer Entdeckungen. Wenn ich es jetzt wiederum an alte und neue deutsche Freunde hinausgehen lasse, so geschieht dies auch in dankbarer Erinnerung an meinen alten Lehrer und Freund Ferdinand von Richthofen, unter dessen Anleitung sich mir die großen asiatischen Probleme erschlossen haben.

In den Jahren 1906 bis 1908 war es keine leichte Sache, kreuz und quer durch das verbotene Land zu ziehen. Dennoch gelang es mir, meine Pläne über alles Erwarten hinaus durchzuführen, und sogar bis zu den Quellen der großen indischen Flüsse vorzudringen. Jetzt hat sich ein eiserner Vorhang vor das heilige Land gesenkt, der der übrigen Welt den Einblick in jene unermeßlichen Gebiete des alten Asien verwehrt und Tibet unzugänglicher gemacht hat, denn je. In absehbarer Zukunft dürfte es den Menschen des Westens schwerlich beschieden sein, das Reich des Dalai-Lama und des Taschi-Lama zu betreten. Damit erhöht sich der Wert der wissenschaftlichen Ausbeute, die wir — die letzten Pioniere — aus dem unbekannten, wunderbaren Reich heimgebracht haben.

Mit dieser neuen Auflage meines Buches begrüße ich alle meine lieben Freunde in Deutschland, Österreich, der Schweiz und ganz besonders meinen treuen Verleger Hans Brockhaus und Frau Suse Brockhaus, die mit ihrem sicheren Geschmack und klaren Urteil die notwendigen Kürzungen vorgenommen hat.

Stockholm
d. 11.8. 1951

Sven Hedin

Simla

Im Frühling des Jahres 1905 ging mir der Gedanke an eine neue Reise nach Tibet sehr im Kopfe herum. Drei Jahre waren seit meiner Rückkehr ins Vaterland verstrichen; mein Arbeitszimmer begann mir zu eng zu werden; wenn am Abend ringsum alles still wurde, glaubte ich im Sausen des Windes den Mahnruf zu hören: »Komm wieder zurück in die Stille der Wildnis!« Und wenn ich morgens erwachte, horchte ich unwillkürlich, ob nicht schon draußen die Karawanenglocken läuteten. So verstrich die Zeit, der Plan gedieh zur Reife, und bald war mein Schicksal entschieden: ich mußte wieder zurück in die große Freiheit der Wüste und hinaus auf die weiten Ebenen zwischen Tibets schneebedeckten Bergen. Dieser inneren Stimme, wenn sie stark und deutlich spricht, muß man folgen; der Führung dieser unsichtbaren Hand muß man sich überlassen, an ihren göttlichen Ursprung glauben und auch an sich selbst, und sich dem verzehrenden Schmerz unterwerfen, den ein neuer Abschied von der Heimat, für so lange Zeit und aufs Ungewisse hin, mit sich bringt.

Am Schluß meines wissenschaftlichen Werkes über die Ergebnisse der letzten Reise (»Scientific Results«) nannte ich es eine Unmöglichkeit, von Tibets innerer Beschaffenheit, von seinen Gebirgen und Tälern, seinen Flüssen und Seen eine eingehende Schilderung zu geben, zu einer Zeit, wo noch so große Teile des Landes völlig unbekannt seien. »Unter diesen Umständen«, sagte ich dort, »ziehe ich es vor, die Vollendung einer solchen Monographie bis zur Rückkehr von der Reise zu verschieben, zu der ich soeben aufbrechen will.« Statt mich in Vermutungen zu verlieren oder die Ergebnisse durch Mangel an Material zu verwirren, wollte ich lieber diese unbekannten Gebiete mitten in Nordtibet mit eigenen Augen sehen und vor allem die große Strecke völlig unerforschten Landes besuchen, die sich im Norden des oberen Brahmaputra ausdehnt und weder von Europäern noch von indischen »Punditen«, eingeborenen Forschungsreisenden, durchkreuzt worden ist. Soviel war sicher, daß gerade dieses Gebiet einige der größten und schönsten Probleme umfaßte, die in der physischen Geographie Asiens noch ungelöst waren. Dort mußte es ein oder mehrere Gebirgssysteme geben, die mit dem Himalaja und dem Karakorum parallel liefen; dort mußten sich Gipfel und Bergrücken finden, die nie der Blick eines Forschers gestreift hatte; türkisblaue Salzseen in Tälern und Senkungen spiegelten den rastlosen Zug der Monsunwolken nach Nordosten wider, und von ihren südlichen Rändern mußten wasserreiche Flüsse herabströmen. Vergeblich durchblätterte man die tibetische Literatur neuerer und früherer Zeit nach Aufklärung darüber; nichts fand man als einige phantastische Mutmaßungen über das Vorhandensein eines gewaltigen Bergrückens, die keinen Wert hatten, da sie der Wirklichkeit nicht entsprachen und sich auf keinerlei Tatsachen stützen konnten. Dagegen waren einige wenige Reisende im Norden und Süden, Osten und Westen an dem unbekannten Lande vorübergezogen; ich selbst gehörte zu ihnen. Betrachtete man aber eine Karte, die die Reisen durch Tibet wiedergab, so konnte man fast den Eindruck haben, als ob wir alle den großen weißen Fleck, der sogar auf der kürzlich herausgegebenen englischen Karte nur das Wort »Unexplored« (»Unerforscht«) aufweist, absichtlich vermieden hätten. Daraus durfte man schließen, daß eine Durchquerung dieses Landes nicht leicht sein müsse, da sich sonst wohl im Laufe der Zeit jemand dorthin verirrt haben würde. In meinem Buch »Im Herzen von Asien« habe ich ausführlich geschildert, welche verzweifelten Versuche ich im Herbst und Winter 1901 anstellte, um von meinem Weg zwischen dem Selling-tso und dem Panggong-tso nach Süden vorzudringen. Einer meiner Wünsche war, einen oder einige der großen Seen in Mitteltibet, die der indische Pundit Nain Sing 1874 entdeckt und die seitdem niemand außer den Eingeborenen gesehen hatte, besuchen zu können. Schon während meiner letzten Reise hatte ich von der Entdeckung der Quelle des Indus geträumt; aber es war mir damals nicht beschieden gewesen, bis zu ihr vorzudringen. Dieser geheimnisvolle Punkt hatte noch immer nicht seinen richtigen Platz auf der Karte Asiens — irgendwo mußte er aber doch zu finden sein! Seit dem Tage, an dem der große Mazedonier Alexander (im Jahre 326 v. Chr.) mit seiner sieggewohnten Schar den mächtigen Fluß überschritt, hat die Frage nach der Bestimmung dieser Stelle stets auf der Tagesordnung der geographischen Forschungsarbeit gestanden.

Im voraus einen ausführlichen Plan zu einer Reise zu entwerfen, deren Verlauf und Ausgang unsicherer als jemals waren und von Umständen abhängig, die man nicht in seiner Gewalt haben konnte, war ebenso unmöglich wie überflüssig. Ich zeichnete freilich in eine Karte von Tibet den wahrscheinlichen Weg meiner bevorstehenden Reise ein, damit Eltern und Geschwister ungefähr wissen sollten, wo ich mich befand. Vergleicht man diese Karte mit der wirklichen Reise, so findet man zwar in beiden Fällen dieselben Gebiete berührt. Verlauf und Einzelheiten sind aber völlig verschieden gewesen.

Inzwischen schrieb ich an den damaligen Vizekönig von Indien, Lord Curzon, teilte ihm meinen Plan mit und bat um Unterstützung, um in dem unsicheren, seit kurzem im Kriegszustand befindlichen Tibet Erfolge erzielen zu können.

Bald darauf erhielt ich folgenden Brief, den ich mit Erlaubnis des Absenders hier wiedergebe:

Simla, Palast des Vizekönigs, 6. Juli 1905.

Mein lieber Doktor Hedin!

Ich höre mit großem Vergnügen, daß Sie meinem Rate folgen und vor Abschluß Ihrer wunderbaren Reisen noch eine große Expedition in Zentralasien unternehmen wollen.

Ich bin stolz darauf, Ihnen, solange ich noch in Indien bin, all die Unterstützung zu gewähren, die in meiner Macht steht, und ich bedauere nur, daß ich lange vor Beendigung Ihrer großen Expedition diese Gegenden verlassen haben werde, denn ich habe die Absicht, im April 1906 heimzureisen.

Nun aber zu Ihrem Plan! Ich sehe, daß Sie erst im nächsten Frühjahr nach Indien kommen; da werde ich also vielleicht noch das Glück haben, Sie zu treffen. Ich werde dafür sorgen, daß sich ein tüchtiger eingeborener Topograph zu Ihrer Begleitung bereit hält, und ich werde Ihnen desgleichen einen mit astronomischen Beobachtungen vertrauten Mann zur Verfügung stellen nebst einem zweiten, der meteorologische Arbeiten ausführen kann. Beide werden bei Ihrer Ankunft reisefertig sein.

Ich kann nicht voraussagen, was für eine Haltung die tibetische Regierung zur Zeit Ihres Eintreffens in Indien annehmen wird; sollte sie dauernd eine freundliche bleiben, werde ich natürlich versuchen, Ihnen die notwendige Erlaubnis, einen Paß und sicheres Geleit zu verschaffen.

Mit der Versicherung, daß es mir die größte Freude bereitet, Ihre Pläne auf jede Weise zu unterstützen, bin ich

Ihr ergebener

Curzon.

Wie wichtig dieser tatkräftige Schutz und Beistand des Vizekönigs mir werden würde, begreift sich leicht. Besonders freute mich, daß ich eingeborene Topographen mitnehmen sollte, die in Vermessungsarbeiten geübt waren; durch sie mußte die aufzunehmende Karte wertvoller werden; ich selber aber würde von diesen zeitraubenden Arbeiten befreit werden und mich den physisch-geographischen Untersuchungen widmen können.

Mit diesem liebenswürdigen Briefe als Einführung trat ich meine fünfte Reise nach Asien an. Lord Curzon hatte allerdings, als ich in Indien eintraf, bereits seinen Posten verlassen, und in England sollte bald unter dem Premierminister Sir Henry Campbell-Bannerman eine neue Regierung ans Ruder kommen. Aber Lord Curzons Versprechungen waren doch so gut wie ein Königswort, und ich zweifelte nicht daran, daß auch ein liberales Ministerium sie respektieren würde.

Am 16. Oktober 1905, am gleichen Tag, an dem ich zwölf Jahre vorher meine Reise »Durch Asiens Wüsten« angetreten hatte, verließ ich wiederum mein liebes altes Heim in Stockholm. Weit ungewisser als damals schien es mir jetzt, ob ich alle die Meinen wiedersehen würde; einmal muß ja doch die Kette reißen, die uns umschließt! Würde es mir vergönnt sein, nochmals die Heimat unverändert wiederzufinden?

Die Reise ging über Konstantinopel und das Schwarze Meer, durch Türkisch-Armenien, quer durch Persien bis Seistan und durch die Wüsten Belutschistans bis Nuschki, wo ich den westlichsten Ausläufer des indischen Eisenbahnnetzes erreichte. Nach dem Staub und der Hitze Belutschistans wirkte Quetta auf mich wie eine erfrischende Oase. Am 20. Mai 1906 verließ ich diese Stadt, fuhr in vier Stunden von 1680 Meter Höhe in ein nur 100 Meter über dem Meeresspiegel liegendes Land hinab und hatte schon in Sibi abends eine Hitze von 38 Grad Celsius. Am folgenden Tage ging es am Indus und Satledsch entlang über Samasata und Bathinda nach Ambala; und ich war nun, in der heißesten Zeit des Jahres, der einzige Europäer im Zuge. Die

Temperatur stieg bis 41,6 Grad, also auf dieselbe Höhe, die ich kurz vorher in Belutschistan festgestellt hatte; aber hier im schattigen Eisenbahnwagen war sie viel leichter zu ertragen. Durch ein Dach mit herabhängenden Schirmen wird der ganze Wagen gegen die Sonnenglut geschützt; gleichwohl tut man gut, jegliche Berührung mit den Außenteilen des Wagens zu vermeiden — sie sind glühend heiß. Zwei Fensteröffnungen sind mit einem Geflecht feiner Wurzelfasern überspannt, die automatisch mit Wasser begossen werden, und ein Windfang treibt die Zugluft durch dies feuchte Gitter herein. An einem solchen Fenster hatte ich sogar mittags nur 27,5 Grad und brauchte mich deshalb keineswegs zu beklagen.

Trotzdem sehnt man sich von Indiens schwülen, verdorrten Ebenen nach seinen Bergen mit frischer, reiner Luft hinauf. Von Kalka aus wird man durch eine kleine Schmalspurbahn in 6½ Stunden auf eine Höhe von 2160 Meter befördert und ist dann in Simla, der Sommerresidenz des Vizekönigs und dem Hauptquartier des englisch-indischen Heeres. Die Bahnlinie ist eine der großartigsten, die es auf Erden gibt. In tollkühnen Kurven klettert die kleine Bahn steile Wände hinan, Abhänge hinab, in tiefe Schluchten hinein. Durch 102 Tunnel geht die Fahrt.

Der Pflanzenwuchs der Ebene blieb schon lange hinter uns zurück; jetzt trifft der Blick auf neue Formen in neuen Zonen, Formen, die für die verschiedenen Höhen der Südabhänge des Himalaja charakteristisch sind, und schließlich zeigen sich noch weiter oben die dunkeln Deodarawälder, die königlichen Himalajazedern, in deren üppigem Grün die Häuser Simlas, hellen Schwalbennestern ähnlich, eingebettet liegen.

Mit einigem Zagen näherte ich mich Simla. Seit Lord Curzons Brief hatte die indische Regierung nichts wieder von sich hören lassen. Immer größer wächst die eigentümliche Stadt auf ihrem halbmondförmigen Bergrücken empor, jetzt fehlen nur noch ein paar Kurven, und dann rollt der Zug in den Bahnhof von Simla ein. Vier feuerrot gekleidete Lakaien vom Auswärtigen Amt bemächtigen sich meines Gepäcks, und im Grand Hotel empfängt mich mein alter Freund, der Oberst Sir Francis Younghusband; wir hatten 1890 in Kaschgar zusammen Weihnachten gefeiert, er war der Gleiche, Stattliche, Freundliche und Gemütliche wie damals. Zum Essen war ich sein Gast im »United Service Club«. Wir schwelgten die halbe Nacht in alten Erinnerungen aus dem Herzen Asiens, wir sprachen von dem allmächtigen russischen Generalkonsul Petrowskij in Kaschgar, von der englischen Expedition nach Lhasa, deren Führer Younghusband gewesen, vom Leben in Simla und den bevorstehenden Festlichkeiten der Sommersaison — aber von meinen Aussichten sagte mein Freund kein Wort! Und ich fragte ihn auch nicht; ich konnte mir ja denken, daß er es mir sofort gesagt hätte, wenn alles klipp und klar gewesen wäre. Aber er war stumm wie eine Wand, und ich wollte nicht fragen, obwohl ich vor Ungeduld brannte, irgend etwas zu erfahren.

Als ich am Morgen des 23. Mai auf meinen Balkon hinaustrat, war mir zumute wie einem Gefangenen, der auf sein Urteil wartet. Unter mir glänzten Simlas Dächer im Sonnenschein, und ich stand in einer Höhe mit den Kronen der Zedern. Wie herrlich hier oben über der dumpfen schwülen Luft der Ebene! Nach Norden hin leuchtete durch eine Lücke zwischen üppigen

Bäumen ein Bild von unvergleichlicher Schönheit. Dort schimmerten die nächstliegenden Himalajaketten, mit ewigem Schnee bedeckt. Blendend weiß zeichnete sich der Kamm auf einem türkisblauen Himmel ab. Die Luft war so strahlend klar, daß die Entfernung unbedeutend erschien; nur wenige Tagereisen trennten mich von diesen Bergen, und hinter ihnen lag das geheimnisvolle Tibet, das verbotene Land, das Land meiner Träume! Gegen Mittag wurde die Luft dunstig, und das herrliche Bild verschwamm; es zeigte sich auch nicht wieder in den Wochen, die ich in Simla verbrachte. Es war, als sei zwischen Tibet und mir ein Vorhang herabgelassen, und als sollte es mir nur ein einziges Mal vergönnt gewesen sein, aus der Ferne die Berge zu sehen, über die der Weg in das gelobte Land führte!

Es wurde ein trüber Tag; um zwölf Uhr sollte ich mein Urteil hören. Younghusband holte mich ab, und wir gingen zusammen nach dem »Foreign Secretary's Office«, dem Auswärtigen Amt. Sir Louis Dane empfing mich mit der allergrößten Liebenswürdigkeit, wir plauderten von Persien und der »Handelsstraße« zwischen Indien und Seistan. Dann verstummte er plötzlich; nach einer Weile aber sagte er:

»Es ist besser, Sie erfahren es gleich: die Londoner Regierung verweigert Ihnen die Erlaubnis, über die indische Grenze in Tibet einzudringen.«

»Eine traurige Nachricht! Aber weshalb denn?«

»Das weiß ich nicht; wahrscheinlich will die jetzige Regierung alles vermeiden, was möglicherweise zu Reibungen an der Grenze Anlaß geben könnte; die Bewilligung Ihres Gesuches bedeutete für uns die Verantwortung für den Fall, daß Ihnen vielleicht etwas zustoßen könnte. Ja, es ist jammerschade. Was gedenken Sie zu tun?«

»Hätte ich in Teheran eine Ahnung davon gehabt, dann würde ich den Weg durch Russisch-Asien eingeschlagen haben, denn von russischer Seite sind mir niemals Schwierigkeiten gemacht worden.«

»Ja, wir hier draußen haben alles getan, um Ihre Pläne zu unterstützen. Die drei eingeborenen Feldmesser, die Lord Curzon Ihnen versprochen hat, sind seit sechs Monaten geschult und halten sich in Dehra Dun zur Reise bereit. Aber wahrscheinlich wird auch dies von London aus rückgängig gemacht werden. Doch wir haben noch nicht alle Hoffnung aufgegeben und erwarten erst am 3. Juni die endgültige Antwort.«

Elf Tage auf die endgültige Entscheidung warten zu müssen, erschien mir unerträglich. Vielleicht, daß ein persönliches Eingreifen günstig für mich wirken konnte. Ich sandte daher dem englischen Premierminister folgendes Telegramm:

Die freundlichen Worte, die Euer Exzellenz vor zwei Jahren im Parlament über meine Reise und mein Buch gesprochen haben, geben mir den Mut, mich direkt an Sie zu wenden und Sie im Namen der geographischen Wissenschaft zu bitten, mir die Erlaubnis Ihrer Regierung zum Eindringen in Tibet über Simla und Gartok zu geben. Ich beabsichtige das zum größten Teil unbewohnte Gebiet nördlich vom Tsangpo (Brahmaputra) und um die in seiner Mitte befindlichen Seen zu erforschen und dann nach Indien zurückzukehren. Ich bin mit den gegenwärtigen politischen Beziehungen zwischen Indien und Tibet völlig ver-

traut, und da ich seit meinem einundzwanzigsten Jahre mit Asiaten friedlich verkehrt habe, werde ich mich auch jetzt durchaus taktvoll benehmen, den gegebenen Anweisungen folgen und es als Ehrenpflicht ansehen, alle Streitigkeiten an der Grenze zu vermeiden.

Und nun warteten wir wieder; die Tage vergingen, meine drei eingeborenen Gehilfen in Dehra Dun hielten sich reisefertig, der Höchstkommandierende, Lord Kitchener, versicherte, daß er mir mit Freuden zwanzig bis an die Zähne bewaffnete Gurkhas zur Verfügung stellen werde — nur müsse erst die Erlaubnis vom Staatssekretär für Indien, Mr. John Morley, da sein. Denn dieser war es, der die Schlüssel zur Grenze in Händen hatte; und von ihm allein hing alles ab. Lord Minto, der neue Vizekönig von Indien, tat alles, was in seiner Macht stand. Er schrieb lange, ausführliche Gutachten und sandte ein Telegramm nach dem anderen. Keine abschlägige Antwort konnte ihn entmutigen, er schickte immer wieder eine neue Depesche, die mit den Worten begann: »Ich bitte das Ministerium Seiner Majestät, noch einmal in Erwägung ziehen zu wollen, daß« usw. Als von London aus versichert wurde, der ablehnende Bescheid gelte durchaus nicht mir persönlich, sondern die gleiche Antwort sei mehreren britischen Offizieren erteilt worden, bat Lord Minto in seinem letzten Telegramm um die Erlaubnis für mich, den englischen Offizier begleiten zu dürfen, der im Sommer zur Inspektion des Handelsplatzes nach Gartok reisen sollte. Aber der Staatssekretär hielt auch jetzt unerschütterlich an seinem Beschlusse fest, und ich selbst bekam auf mein Telegramm folgende Antwort — und zwar durch ein Schreiben des Staatssekretärs an den Vizekönig vom 1. Juni 1906:

Der Premierminister wünscht, daß Sie Sven Hedin folgende Botschaft mitteilen: »Ich beklage es aufrichtig, daß es mir aus den Gründen, die Ihnen ohne Zweifel von der indischen Regierung auseinandergesetzt wurden, unmöglich ist, Ihnen die erbetene Unterstützung bei einer Reise nach und in Tibet zu gewähren. Diese Unterstützung ist auch der Königlichen Geographischen Gesellschaft in London und ebenso britischen Offizieren im Dienste der indischen Regierung versagt worden.

Der Inhalt der letzten Londoner Telegramme bedeutete also, daß mir alles und jedes verweigert wurde. Der indischen Regierung und dem Vizekönig blieb natürlich nichts weiter übrig, als dem Londoner Befehl zu gehorchen. Sie wollten alles tun und hatten für meine Pläne das wärmste Interesse, aber sie durften mir nicht helfen. Sie durften mir keinen Erlaubnisschein und keinen Paß aus Lhasa verschaffen, sie durften mich nicht mit der in dem unsicheren Tibet nur allzu notwendigen Eskorte umgeben, und ich wurde auch des für beide Teile großen Vorteils beraubt, drei tüchtige Topographen und Gehilfen bei meinen wissenschaftlichen Beobachtungen mitnehmen zu dürfen. Doch das war noch nicht alles! Würde ich mich, weil die Umstände es geboten, in mein Schicksal finden und allein, auf eigene Faust, mit einer Schar Eingeborener über die Grenze gehen, so hatte die indische Regierung Befehl, mich daran zu hindern! Von der indischen Seite aus war mir Tibet also versperrt, und die Engländer, d. h. Mr. John Morley, schlossen es mindestens ebenso hermetisch ab, wie es die Tibeter jemals selbst getan. Ich kam bald dahinter, daß die größten Schwierigkeiten, die ich auf dieser Reise zu überwinden hatte, mir nicht von Tibet, seinem rauhen Klima, seiner dünnen Luft, seinen gewaltigen Bergen und seinen wilden Völkern bereitet würden, sondern — von England! Konnte ich nur erst Mr. John Morley unterkriegen — mit Tibet wollte ich dann schon so oder so fertig werden!

Die Hoffnung ist das letzte, was man aufgibt, und so hoffte ich denn noch immer, daß schließlich alles gut gehen werde. Der Mißerfolg reizte meinen Ehrgeiz und spannte meine Kräfte bis zum äußersten an. Versucht nur, mich zu hindern, wenn ihr könnt, dachte ich; ich werde euch zeigen, daß ich in Asien besser zu Hause bin als ihr! Versucht nur, dieses ungeheuere Tibet abzuschließen, versucht nur, all die Täler zu sperren, die von der Grenze zu seinen Hochebenen hinaufführen, und ihr werdet erfahren, daß dies völlig unmöglich ist! — Eine wahre Erleichterung war es mir daher, als die letzte unerbittliche und ziemlich kurze Ablehnung kam und alle weiteren Verhandlungen unwiderruflich abschnitt. Ich hatte das Gefühl, als ob alles um mich herum plötzlich einsam geworden sei und alles weitere nun von mir allein abhänge. Mein Leben und meine Ehre standen für die beiden nächsten Jahre auf dem Spiel — zu kapitulieren konnte mir natürlich nicht in den Sinn kommen. Diese fünfte Reise hatte ich mit schwerem Herzen angetreten, nicht mit Trompeten und Fanfaren wie die früheren. Nun aber wurde sie mit einem Schlage mein Schoßkind. Würde ich auch dabei untergehen müssen, so sollte diese Reise doch der Glanzpunkt meines Lebens werden! Sie wurde der Inhalt aller meiner Träume und Hoffnungen, ihr galten meine Gebete, und meine ganze Sehnsucht verlangte nach der Stunde, wo die erste Karawane fertig dastehen würde!

Über die Politik, die damals scheinbar unübersteigbare Hindernisse auf meinen Weg türmte, kann ich mir kein Urteil erlauben. Jedenfalls war sie klug. In Zukunft wird sie notwendig sein. Hätte ich unter britischem Schutze gestanden, britische Untertanen bei mir gehabt, und wäre ich dann getötet worden, so hätte wahrscheinlich eine kostspielige Strafexpedition ausgesandt werden müssen, um ein Exempel zu statuieren; ob ich Schwede oder Engländer war, hätte in diesem Falle keinen Unterschied gemacht. Wie der englische Staatssekretär selbst die Sache auffaßte, ergibt sich aus seiner Antwort auf Lord Percys Interpellation einen Monat später, nachdem ich meinen Bescheid erhalten hatte: »Sven Hedin ist die Erlaubnis zum Eindringen in Tibet aus politischen Gründen verweigert worden; übereinstimmend damit wird nicht einmal britischen Untertanen erlaubt, dieses Land zu besuchen. Die indische Regierung begünstigt Expeditionen erprobter Forscher; aber die kaiserliche Regierung hat anders verfügt und hält es für ratsam, Tibet auch fernerhin in derselben Abgeschlossenheit zu halten, in der es von der früheren Regierung sorgsam bewahrt wurde.«

Während dieser Tage erhielt ich viele Beweise der Sympathie und Freundschaft. Meine indischen Freunde empfanden es bitter, daß sie mir nicht helfen konnten. Sie hätten es so gern getan! Ich selber aber durfte sie um nichts bitten, um sie nicht in eine schiefe Lage zu bringen. Sir Louis Dane hatte mir mitgeteilt, daß ich, wenn mein Gesuch schließlich doch gewährt werden sollte, einen Revers zu unterzeichnen hätte — was dieser aber enthalten würde, habe ich nie in Erfahrung gebracht. Vielleicht handelte es sich um irgendeine Verantwortung für die Leute, die mich begleiteten, um ein Versprechen, bestimmte Gegenden nicht zu besuchen, und um die Verpflichtung, die Ergebnisse meiner Reise der indischen Regierung zur Verfügung zu stellen — ich weiß es nicht. Nun aber war ich aller Verpflichtungen ledig; die Freiheit ist doch das Allerbeste, und am stärksten ist der, der allein steht! Es wäre jedoch übertrieben, wenn ich behaupten wollte, daß ich in jenen Tagen Mr. John Morleys Namen liebevoll genannt hätte. Wie konnte ich damals ahnen, daß ich ihn noch einmal zu meinen besten Freunden zählen und nicht ohne Wärme, Hochachtung und Bewunderung seiner gedenken würde!

Nach dem ersten Besuch im Auswärtigen Amt begleitete mich Younghusband nach dem Palast des Vizekönigs — ich sollte meinen Namen in die Besuchsliste von Lord und Lady Minto eintragen. Younghusband ist ein ritterlicher Mann, der Typus des Edelsten, was aus einem Volke erblühen kann. Er ärgerte sich mehr als ich selbst über die Ablehnung der Regierung, aber er hatte dabei noch andere bitterere Empfindungen — seine Expedition nach Lhasa (1904), die Tibet der wissenschaftlichen Forschung hatte erschließen sollen, war völlig vergeblich gewesen. Er führte mich jetzt im Vorbeifahren zu Lord Mintos Privatsekretär, Oberst J. R. Dunlop Smith, in dem ich einen Freund fürs Leben gewann; er ist einer der feinsten, großherzigsten und erfahrensten Männer, die ich je kennengelernt habe, er ist ein tiefernster, vielseitig gebildeter Mann und gründlicher Kenner Indiens, da er vierundzwanzig Jahre hier gelebt hat. Wenn man solche Männer auf den verantwortlichsten Posten sieht, begreift man wohl, daß die herrschende Rasse, wenn es gilt, noch manch heftigem Sturm unter Indiens dreihundert Millionen wird standhalten können.

Mein Leben in dieser Zeit war überaus reich an Gegensätzen. Wie wenig glich der Aufenthalt in Simla den Jahren der Einsamkeit und der Stille, die mich jenseits der in dunkeln Wolkenmassen verschwindenden Berge erwarteten!

Am Tag nach dem ersten »State dinner«, am 24. Mai 1906 wurde ich eingeladen, in den Palast des Vizekönigs zu übersiedeln, und war von nun an Lord und Lady Mintos Gast. Es war eine unvergeßliche Zeit, die ich bei ihnen verlebte; Lord Minto selbst ist das Ideal eines britischen Gentleman, ein Aristokrat edelster Rasse, dabei einfach und anspruchslos. In Indien wurde er durch sein freundliches Wesen und seine Güte gegen alle schnell populär. Wir trafen uns täglich bei den Mahlzeiten; zum Lunch waren gewöhnlich einige Gäste gebeten, aber zum Dinner waren wir manchmal allein, und das waren die schönsten Stunden. Dann erzählte Lady Minto aus ihrem reichen Leben. Drei junge bezaubernde Töchter, die Ladies Eileen, Ruby und Violet, erfüllten dieses Heim mit Sonnenschein und Heiterkeit. Kann man sich darüber wundern, daß der Fremde sich in diesem Hause wohl fühlte, wo er täglich mit Liebenswürdigkeit und Gastfreundschaft umgeben war?

Nachdem ich die letzte bestimmte Absage aus London erhalten hatte, war es nutzlos, noch länger zu bleiben. Am 9. Juni nahm ich Abschied vom Vizekönig und seiner jüngsten Tochter. Ich kann diesen Abschied nicht beschreiben, so warm und herzlich war er. Lord Minto wünschte mir, daß mir mein Vorhaben trotz allem glücken möchte, und er sprach die Hoffnung aus, daß wir uns noch einmal in Indien begegnen würden. Es war mir nicht möglich, ihm im Augenblicke des Abschieds alle Dankbarkeit auszusprechen, die mich beseelte. Er hatte alles getan, was in seiner Macht stand, um mir zu helfen, und hatte sich meinetwegen sogar Unannehmlichkeiten ausgesetzt. Er hatte auf ganz besondere Weise in mein Lebensgeschick eingegriffen, und ich wußte auch, daß ich in ihm einen Freund für immer gewonnen hatte. Es war bitter, ihm nun Lebewohl sagen zu müssen; ihn schmerzte es mehr als mich, daß unsere Pläne mißglückt waren, und für mich wurde es nun Ehrensache, mein Allerbestes zu tun.

Am Sonntagmorgen fuhren auch Lady Minto und ihre beiden älteren Töchter nach Maschroba hinaus, ich sagte ihnen zum letztenmal Lebewohl und dankte ihnen für die grenzenlose Gastfreundschaft, die ich im Viceregal Lodge genossen hatte. Der Augenblick des Abschieds war glücklicherweise nur kurz; bitter ist er ja stets. Zwei glänzende Kaleschen fuhren vor mit Reitern auf den Sattelpferden und eskortiert von eingeborenen Kavalleristen in Rot und Gold, die bewimpelte Lanzen in den Händen trugen. Die Damen sommerlich hell gekleidet mit blumengeschmückten Hüten nahmen in den Wagen Platz — wie ein Strauß von Blumen erschien mir die ganze Gruppe dieser Ladies von blauestem Blut, das durch Jahrhunderte und Generationen veredelt und verfeinert worden war. Ich blieb so lange auf der untersten Treppenstufe stehen, als ich noch einen Schimmer von den winkenden Sonnenschirmen sehen konnte, aber bald verschwanden die roten Uniformen der Soldaten zwischen den belaubten Bäumen der Allee, die nach der Hauptwache hinunterführt — und das Märchen war aus.

Als ich dann wieder mein Zimmer betrat, erschien mir der vizekönigliche Palast ausgestorben und öde, und ich hatte keine Ruhe mehr zu längerem Bleiben; ich packte meine Sachen, eilte in die Stadt, machte schnell ein paar Abschiedsbesuche, traf Bestimmungen über das große Gepäck und war bald zum Aufbruch bereit. Am 13. ging es fort. Die Zahl Dreizehn spielt auf dieser ganzen Reise eine gewisse Rolle; am 13. November verließ ich Trapezunt am Schwarzen Meer, am 13. Dezember erreichte ich Teheran, die Hauptstadt Persiens, und am 13. Juni verließ ich Simla; aber ich war nicht abergläubisch! Younghusband war der erste, der mich willkommen geheißen hatte und der letzte, der mir Lebewohl sagte; ich sollte ihn bald in Srinagar wiedersehen. Dann rollte der Zug wieder durch die hundertundzwei Tunnel abwärts. Von einer Biegung aus sah ich noch einmal das Viceregal Lodge mit seinen stolzen Türmen und hohen Mauern, die Stätte so vieler froher Erinnerungen und zerronnener Hoffnungen.

Aufbruch von Srinagar

Manuel war ein klassischer Kerl. Er war ein Hindu aus Madras, klein, zierlich und schwarz, sprach gut englisch und war mit seinen Eltern zur römisch-katholischen Kirche übergetreten. Er hatte sich im letzten Augenblick mit einem gewaltigen Paket von Zeugnissen bei mir eingestellt und kategorisch erklärt: »Wenn der Herr eine lange Reise zu machen gedenkt, so braucht der Herr einen Koch, und ich kann kochen.« Ohne seine Zeugnisse anzusehen, nahm ich ihn in meinen Dienst. Er führte sich gut, war ein Ehrenmann und machte mir mehr Freude als Verdruß. Das schlimmste, was er mir antat, war, daß er in Tibet auf geheimnisvolle Weise verschollen ist, und ich bis zu diesem Augenblicke nichts wieder von ihm gehört habe.

In meinem Abteil saßen wir so eng wie eingepökelte Heringe. Die Luft wurde immer heißer; von der herrlichen Kühle gelangten wir wieder in die drückende Hitze, die von Indiens Ebenen aufsteigt. Über Kalka, Ambala und Lahore ging es weiter bis Rawalpindi, wo ich in einem leidlichen Hotel abstieg. Aber das Zimmer war schwül und dumpf, und die Punka, der von der Decke herabhängende große Fächer, war die ganze Nacht in Bewegung; das hinderte jedoch die Mücken nicht, mir sehr zudringliche Besuche abzustatten.

Am 15. Juni standen vor dem Hotel eine Tonga und drei Ekkas; in jener nahm ich Platz, auf diese schnallten wir das Gepäck und — Manuel fest. Schnurgerade führt der Weg zwischen üppigen Alleen nach dem Fuß des Gebirges hin. Der Verkehr ist lebhaft: Karren, Karawanen, Reiter, Wanderer und Bettler. Vor uns zeichnen sich die Umrisse des Himalaja ab.

Hinter Malepur fährt die mit zwei munteren Pferden bespannte Tonga zwischen die ersten Hügel mit üppigem Grün. Man freut sich, die Glut der Ebene hinter sich zu haben. Frische Winde wehen uns entgegen, und Nadelhölzer tauchen im Laubwalde auf. Die schneebedeckten Berge bei Gulmarg werden sichtbar. Nachdem wir den Paß bei Murree überschritten haben, geht es wieder abwärts. Die Landschaft ist herrlich. Immer tiefer geht es hinab, wir fahren unmittelbar am Ufer des Dschihlam hin und bleiben die Nacht im »Dakbungalow«, dem Rasthaus von Kohala.

Der nächste Morgen ist strahlend schön, es duftet herrlich und sommerlich, obwohl die Vegetation keineswegs reich ist. Wir fahren jenseits der Brücke langsam die Böschungen des linken Ufers hinauf. Die Straße durchbohrt einige Ausläufer des Gebirges in breiten Tunneln. In Guhri frühstückt man im Dakbungalow und ruht sich eine Viertelstunde in einem bequemen Liegestuhl auf der Veranda aus. Hier verlebte ich vor vier Jahren eine unvergeßliche Stunde mit Sir Robert und Lady Harwey. In denselben Pappeln, Ulmen und Weiden sauste der Wind heute wie damals; mir wurde wunderlich verlassen und melancholisch zumute; damals hatte ich eine große Reise hinter mir, jetzt erschien mir die Zukunft so hoffnungslos dunkel!

Am 17. Juni regnete es in Strömen, aber ich wollte die sechs letzten Stationen bis Srinagar trotzdem zurücklegen. Im Galopp ging es auf der geraden Straße zwischen den Pappeln der endlosen Allee dahin. Der Schmutz klatschte und spritzte empor, der Regen trommelte auf das Dach der Tonga, schwere Wolken hüllten alles in Halbdunkel, und von den Bergen war keine Spur zu sehen. Das Wetter paßte gut zu der Gemütsstimmung, in der ich in Srinagar, der »heiligen Stadt« Kaschmirs am Ufer des Dschihlam, ankam.

Hier wartete meiner eine Unmenge von Vorbereitungen zur Reise — nach Turkestan, so hieß es offiziell; von Tibet war nicht mehr die Rede. Die Personen, die ich an diesem ersten Tage in der Hauptstadt des Maharadscha aufsuchte, waren verreist; aber schließlich traf ich doch noch den Vorsteher des Missionshospitals in Srinagar, Dr. Arthur Neve. Er hatte 1902 meinen kranken Kosaken Schagdur behandelt und mir noch viele andere Dienste erwiesen, für die ich sehr in seiner Schuld war. Einer meiner besten Freunde in Indien hatte mir geraten, ich sollte den Versuch machen, den Bruder Arthurs, Dr. Ernst Neve, zu bereden, mich zu begleiten, doch nun erfuhr ich, daß auch er um die Erlaubnis, hauptsächlich wegen der Missionsarbeit um Rudok herum Westtibet besuchen zu dürfen, eingekommen und gleichfalls abschlägig beschieden worden sei. Dr. Arthur Neve gehört zu den Männern, die ich aufs höchste bewundere. Er hat der christlichen Mission in Kaschmir sein Leben gewidmet, und sein Krankenhaus ist eines der besten in ganz Indien. Dort arbeitet er unermüdlich Tag und Nacht, und sein einziger Lohn ist das Bewußtsein, die Leiden anderer lindern zu können.

Diesen Tag schien mir alles quer zu gehen; verstimmt traf ich wieder in Nedous Hotel ein. Ich setzte mich an die lange Tafel zwischen etwa dreißig Herren und Damen, die mir alle ebenso fremd waren, wie ich ihnen. Aber in einigen Gruppen wurde von mir gesprochen.

»Haben Sie schon gehört, daß Hedin in Srinagar ist?«

»Nein, wirklich? Wann ist er denn angekommen?«

»Heute! Er will gewiß nach Tibet.«

»Ja, aber es ist ihm verboten worden, und die Regierung hat Befehl, zu verhindern, daß er über die Grenze geht.«

»Nun, dann kann er ja um Tibet herumgehen und von Norden her eindringen.«

»Ja, das hat er schon früher getan und wird gewiß wieder einen Weg finden.«

Es war äußerst unbehaglich, diese Unterhaltung anhören zu müssen, und ich ertrank beinahe in meinem Suppenteller. Ich konnte kaum begreifen, wieso von mir die Rede war. Mir war, als seien sie dabei, die Träume und Illusionen meiner Seele zu zerlegen, während mein Leib an der Table d'hôte saß und Suppe löffelte. Als wir glücklich beim Kaffee angelangt waren, verschwand ich lautlos und aß von nun an stets auf meinem Zimmer. Meine Lage war und blieb tatsächlich so, daß ich jegliche Berührung mit Engländern vermeiden mußte; sie durften mir keinerlei Dienst erweisen, und ich wollte meine wirklichen Pläne keinesfalls verraten. Welch ein Unterschied gegen meine früheren Reisen, die ich stets von russischem Gebiet aus unternommen, wo jeder, vom Zaren bis zum untersten Tschinownik, alles getan hatte, um meine Reise zu erleichtern!

Am nächsten Tag besuchte ich den Privatsekretär des Maharadscha, den Punditen Daya Kischen Kaul, einen stattlichen, vornehmen Herrn, der die englische Sprache fehlerlos schreibt und spricht. Er las aufmerksam meinen Empfehlungsbrief durch und versprach mir liebenswürdig, daß er alles so schnell wie möglich besorgen werde. Im Laufe des Gesprächs machte er sich

Notizen; noch am selben Tage sollten seine Agenten Befehle erhalten, sollten Maulesel angeschafft, vier Soldaten zu Begleitern auf meiner ganzen Reise beordert, Proviant, Zelte und Packsättel gekauft werden, und er werde sich ein Vergnügen daraus machen, alle meine Wünsche zu erfüllen. Niemand solle eine Ahnung davon haben, daß es meinetwegen geschehe; das Ganze könne in dem schwerfälligen Apparat verschwinden, der unter der Rubrik »Hofhaltung des Maharadscha« gehe. Und Daya Kischen Kaul hielt Wort und wurde mein Freund. Schnell ging es nicht, aber es ging. Über Tibet wurde kein Wort gesprochen; ich rüste mich zu einer Reise nach Ostturkestan, hieß es, aber sein vielsagendes Lächeln sagte mir, daß er meine Absicht durchschaute.

Selbst bei einer Operationsbasis, wo man volle Freiheit hat, ist es nicht ganz leicht, eine Karawane marschfertig zu machen; wieviel schwerer hier, wo ich überall von Intrigen und politischen Scherereien umgeben war. Aber das stachelte meinen Ehrgeiz und meine Arbeitskraft an, und ich war sicher, daß mein Plan schließlich trotz alledem gelingen werde. Alles erinnerte an ein Theaterstück, dessen Personenverzeichnis unendlich lang ist; die Verwicklung war großartig, ich sehnte mich nur nach eigentlicher Handlung. Ein Akt davon spielte sich in Srinagar ab, und ich kann ihn nicht ganz übergehen, da er später ein Nachspiel haben sollte.

Nachdem mir alles andere von London abgeschlagen worden war, stand mir nur noch der Weg nach Ostturkestan offen. Am 22. Juni erhielt ich vom Residenten Oberst Pears folgenden Brief:

Die indische Regierung hat mir telegraphisch befohlen, Sie die Grenze zwischen Kaschmir und Tibet nicht überschreiten zu lassen. Gegen Ihre Reise nach Chinesisch-Turkestan hat sie aber nichts einzuwenden, da sie es für selbstverständlich hält, daß Sie im Besitze eines chinesischen Passes sind. Da Sie mir nun neulich mitgeteilt haben, daß Sie ein solches Dokument nicht besitzen, habe ich an die indische Regierung telegraphiert und um weitere Instruktionen gebeten.

Nun telegraphierte ich an den schwedischen Gesandten in London, den Grafen Wrangel, und bat ihn, mir einen Paß zu verschaffen — und zwar für Ostturkestan, ein Land, das ich im Leben nicht zu besuchen gedachte — und unterrichtete dann die Regierung in Simla von diesem Schritt und von der zustimmenden Antwort. Neunzehn Tage darauf erhielt ich folgenden Brief von Sir Francis Younghusband, der mittlerweile als neuer Resident in Kaschmir eingetroffen war:

Ich habe von der Regierung ein Telegramm erhalten, worin mir mitgeteilt wird, daß Sie vor Eintreffen des chinesischen Passes aufbrechen dürfen, aber vorausgesetzt, daß Sie nicht über Leh hinausgehen. Sobald aber die chinesische Regierung oder der schwedische Gesandte (in London) telegraphiert, daß Ihr Paß ausgefertigt ist, können Sie die chinesische Grenze auf Ihre Gefahr überschreiten; Ihr Paß wird Ihnen dann nachgeschickt.

Nun telegraphierte ich wieder an den Grafen Wrangel, er möge die indische Regierung darüber aufklären, daß der Paß mir wirklich bewilligt worden und schon unterwegs sei. Er war schließlich auch schon in Leh, als ich dort ankam. Alles das war eine reine Formalität, denn ich bedurfte seiner gar nicht, und wo die Grenze zwischen Ostturkestan und Tibet ist, das hätte erst noch festgestellt werden müssen! Chinas Vertreter in London sprach dem Grafen Wrangel später seine Verwunderung darüber aus, daß ich mit einem für Ostturkestan ausgestellten Passe in Tibet umherreise, Graf Wrangel aber antwortete ihm sehr richtig, daß er unmöglich mich und die Straßen, die ich in Asien gehe, kontrollieren könne! Die englische Regierung hatte das ihrige getan, mir die Reise durch Tibet unmöglich zu machen, und so blieb mir kein anderer Ausweg übrig, als meine Gegner zu überlisten. Wie mir dies gelungen ist, wird man aus dem Inhalt dieses Buches ersehen.

An einem der ersten Tage besuchte ich in Begleitung Daya Kischen Kauls den Maharadscha von Dschamu und Kaschmir, Sir Pratab Sing, dessen Bruder Emir Sing auch zugegen war. Seine Hoheit ist ein kleiner Mann in mittleren Jahren, von träumerischem, melancholischem Aussehen; er empfing mich mit der größten Freundlichkeit und versprach, meinen Wünschen in jeder Beziehung entgegenzukommen. Er hatte von meiner Wüstenreise im Jahre 1895 gehört, und als ich ihren Verlauf erzählte, hatte ich bei ihm gewonnenes Spiel; es freue ihn, versicherte er, die neue Reise von seinen Staaten ausgehen zu sehen.

Am 29. Juni war ich zu einem großen Fest bei dem Maharadscha eingeladen, zur Kaisergeburtstagsfeier. Der Geburtstag des Königs von England fällt auf den 9. November, aber der Kaiser von Indien ist am 29. Juni geboren! Wie das zugeht, weiß ich nicht. Mit Younghusband begab ich mich an den Kai des Residenzgebäudes, wo uns eine »Schikara« des Maharadscha abholte, ein langes, prächtig geschmücktes Boot mit weichen Polstern und einem Zeltdach, das von etwa zwanzig Ruderern in leuchtend roten Anzügen bedient wurde. Schnell und lautlos gleiten wir den Dschihlam hinunter, sehen Paläste, Häuser und dichte Haine sich malerisch in seinen Wasserwirbeln spiegeln, sausen an zahlreichen Hausbooten und Kähnen vorbei und halten eine Strecke unterhalb der Brücke an der Treppe des Palastes, auf deren unterster Stufe uns Emir Sing in der roten Uniform eines Generalmajors empfängt. Auf der oberen Plattform erwartet uns der Maharadscha selber. Wir mischen uns unter das bunte Gewühl von Engländern und Eingeborenen, die sich alle nach Kräften herausgeputzt haben. Nach der Gratulationscour folgt das Diner. Der Maharadscha brachte ein Hoch auf den Kaiser-König aus, ein Zweiter sprach auf Younghusband, und dieser dankte in feiner, zum Teil humoristischer Antwort. Dann wurden die Gäste auf einen Altan hinausgebeten, von wo aus man einem sprühenden Feuerwerke zusah. Zwischen Sonnen und bengalischen Flammen stiegen aus Booten, die auf dem Flusse verteilt waren, Raketen und Schwärmer in die Luft, und am anderen Ufer las man in roten Lampions: »God save the King-Emperor.« Als wir wieder zum Boote hinuntergingen, lag alles in Dunkel gehüllt; nur die Schloßfassade strahlte noch zwischen ihren Säulenreihen im hellsten Lichte. Wir ruderten stromaufwärts und freuten uns einer schöneren und stilleren Illumination: der Mond zog goldene Schlangenlinien in den Wellen des Flusses, und über den Gebirgen am Horizont zuckten ununterbrochen bläuliche Blitze.

Der Pundit Daya Kischen Kaul war wirklich in seinen Freundschaftsdiensten unermüdlich. Er besorgte mir 40 Maulesel, die er dem Radscha von Poonch abkaufte; vier davon sonderte ich aus, die übrigen waren in brauchbarem Zustande, aber sie waren von einer weniger kräftigen Rasse als die tibetischen und gingen denn auch sämtlich in Tibet zugrunde. Er verschaffte mir auch eine Eskorte von vier Soldaten, die im Dienste des Maharadscha gestanden hatten. Zwei von ihnen, Ganpat Sing und Bikom Sing, waren Radschputen und sprachen Hindi; sie hatten Zeugnisse über gute Führung, und Ganpat Sing trug eine Verdienstmedaille. Ebenso wie der Koch Manuel erklärten sie sich bereit, das Leben für mich zu opfern, aber ich beruhigte sie mit der Versicherung, daß unser Feldzug schwerlich so blutig werden dürfte. Glücklicherweise gehörten sie beide derselben Kaste an, so daß also für sie gemeinsam gekocht werden konnte, mit anderen Sterblichen durften sie natürlich nicht zusammen speisen. Im Lager sah ich sie denn auch immer eine gute Strecke von den anderen entfernt an ihrem eigenen kleinen Feuer sitzen.

Die beiden anderen waren Pathanen (Afghanen), Bas Ghul aus Kabul und Khairullah Khan aus Peschawar. Daya Kischen Kaul versorgte sie auf meine Kosten mit Gewehren und Munition, und ihr Sold wurde vereinbart. Sie erhielten auch Geld zu ihrer Ausrüstung, und ich bereitete sie darauf vor, daß es kalt werden dürfte. Mein liebenswürdiger Wohltäter besorgte mir auch Zelte, Sättel, Packsättel und eine Menge anderer notwendigen Dinge. Inzwischen machte ich selber Einkäufe in den Basaren, ich erstand etwa zwanzig Jakdane, kleine, mit Leder bezogene Holzkisten, wie man sie in Turkestan gebraucht, Küchengerät, Pelze, Decken, ein Zeltbett mit Matratze, warmes Zeug und Baschliks, Mützen, Kaschmirstiefel, Zigarren, Zigaretten und Tabak für ein Jahr, Tee und mehrere hundert Konservendosen; ferner Stoffe, Messer, Dolche, die zu Geschenken bestimmt waren, und unzählige andere Dinge.

Bei allen Einkäufen und Vorbereitungen zum Transport hatte ich an Cockburns Agency eine unschätzbare Hilfe. Sie besorgte mir die Vorräte an Reis, Mais, Mehl und Gerste; denn es war ausgeschlossen, in Leh zureichende Mengen davon aufzutreiben. Sie richtete auch den Transport dieses schweren Gepäcks zweckmäßig ein, und ich hatte allen Grund, mit ihren Anordnungen zufrieden zu sein. Ein Boot mit Rudern, Steuer, Mast, Segeln, Rettungsringen und Schwertern brachte ich selber mit in den großen Frachtkisten, die nach Indien vorausgesandt waren. Dazu dieselben wissenschaftlichen Instrumente wie das vorige Mal, ein Universalinstrument, zwei Chronometer, meteorologische Instrumente, Kompasse, photographische Apparate mit Platten, Schreibblöcke, Skizzen- und Notizbücher, Schreibmaterial, Feldstecher, Jagdflinten, Revolver usw.

Burroughs Wellcome in London war so freundlich gewesen, mir als Geschenk eine außerordentlich vollständige Apotheke zu schicken, die an und für sich ein Kunstwerk an Geschmack und Eleganz und in ihrer Zusammensetzung für ein hohes, kaltes und trockenes Klima bestimmt war. Alle Arzneimittel waren in Tablettenform, gut und systematisch verpackt und mit Hilfe eines gedruckten Katalogs leicht zu finden. Das Ganze war sorgfältig in einem sehr hübschen Aluminiumkasten untergebracht, der wie Silber glänzte. Der Apothekenkasten war von der ersten Stunde an in der Karawane außerordentlich populär, alle hatten zu ihm blindes Vertrauen. Ich habe den Verdacht, als ob manche Leiden nur aus Sehnsucht, den Kasten wiederzusehen, erdichtet worden sind. Jedenfalls enthielt er die vorzüglichste Reiseapotheke, die ich kenne.

Einige Schwierigkeiten machte es mir, einen Gehilfen für die meteorologischen Beobachtungen zu finden. An der Zentralanstalt in Simla gab es keinen; ich wandte mich daher an die meteorologische Station in Srinagar, deren Chef mir einen Jüngling empfahl, der dort auf der Station Gehilfe gewesen und auf den Namen Rufus getauft, im übrigen aber ein dicker Bengali war, der stets mit einem Regenschirm umherspazierte, selbst wenn es nicht regnete. Seine Beleibtheit störte mich weniger, die würde ich ihm auf den Bergen bald abgewöhnen; aber schlimmer war, daß er zweifellos noch nie einen Aneroidbarometer gesehen hatte, und ich ihm das Ablesen eines solchen durchaus nicht beibringen konnte. Er wurde daher wieder verabschiedet, denn schlimmstenfalls konnte ich die Instrumente selber ablesen, wenn ich auch mehr als genug anderes zu tun hatte.

Da fand sich im rechten Augenblick ein dreiundzwanzigjähriger Eurasier, der Sohn eines Europäers und einer Inderin, namens Alexander Robert. In seinem ersten Brief an mich gab er mir keinen anderen Titel als den sehr richtigen »Fremdling in Srinagar«. Er kam zu mir ins Hotel, zeigte mir seine Zeugnisse, die alle vortrefflich waren, und machte selber einen angenehmen, gesunden und kräftigen Eindruck. Unter anderm hatte er in Peschawar bei der Eisenbahn gedient und war Assistent in Doktor Neves Spital gewesen. Doktor Neve empfahl ihn aufs wärmste, und da er überdies schon nach einer einzigen Lektion mit den Instrumenten völlig vertraut war und zu ihrer gewissenhaften Handhabung und Ablesung nur noch einige Tage Übung in Srinagar brauchte, war ich sehr froh, ihn anstellen zu können. Allerdings ließ er eine Mutter und eine junge Gattin daheim zurück, aber sie litten keine Not, da er einen Teil seines Gehalts als Vorschuß ausbezahlt erhielt. Ich bereute es nicht, ihn mitgenommen zu haben, denn er war kenntnisreich, tüchtig, heiter und zu jeder Arbeit willig. Als ich ihn näher kennengelernt hatte, vertraute ich seiner Obhut die ganze Reisekasse an und konnte es ohne Bedenken tun, denn seine Ehrlichkeit war über alle Zweifel erhaben. Mir wurde er ein Gesellschafter während der langen Winterabende, in der Karawane und bei den Tibetern wurde er der Liebling aller, und er wachte sorgfältig darüber, daß jeder seine Pflicht tat. Robert machte mir nur ein einziges Mal Kummer, als er mich im Dezember 1907 infolge trauriger Nachrichten, die er, über Gartok, von seinen Angehörigen erhalten hatte, verließ.

Nachdem sich Robert angeschlossen hatte, ging alles leichter. Er beaufsichtigte das Einpacken und das Abwiegen in gleichmäßige Lasten und half mir beim Verstauen und Verteilen der schweren Geldsäcke, die 22 000 Silberrupien und 9000 Goldrupien enthielten. So gingen die Tage hin, und endlich schlug die Stunde der Befreiung; ich hatte mich nach ihr gesehnt wie nach einem Hochzeitsfest und die Stunden bis zu ihrem Eintreten gezählt. Ich nahm Abschied von meinem alten Freund Younghusband, der mir im letzten Augenblick noch einen Karawanenführer, Muhamed Isa in Leh, empfahl, und sagte auch dem Maharadscha, Emir Sing, Daya Kischen Kaul und Frau Annie Besant, die mir mehrmals große Freundlichkeiten erwiesen hatte, Lebewohl.

Die Leute erhielten Befehl, sich am 16. Juli 1906 morgens fünf Uhr auf dem Hof des Hotels bereitzuhalten; der Aufbruch sollte keinen Tag später erfolgen, ich hatte lange genug gewartet. Daß einige Stunden erforderlich sein würden, um alles zum erstenmal marschfertig zu machen, war klar. Schon um acht Uhr kamen die Männer von Poonch mit ihren Mauleseln, aber nur, um mir zu erklären, daß sie jeder fünf Rupien zu neuen Anzügen haben müßten! Das Einkaufen nahm vier weitere Stunden in Anspruch, und am Nachmittag waren die Vorbereitungen so weit gediehen, daß nur noch das Aufladen zu besorgen war. Noch einige Stunden vergingen, bis die Packsättel und die Lasten angepaßt waren. Die Maulesel waren sehr aufgeregt, sie tänzelten, drehten sich im Kreise und schlugen aus, daß die Kisten nur so umherflogen, und schließlich mußte jeder Esel von einem einzelnen Mann geführt werden. Die gemieteten Pferde waren vernünftiger. Manuel bot auf seinem Gaule einen etwas komischen Anblick; er hatte noch nie auf einem Pferde gesessen und sah höchst furchtsam aus; sein schwarzes Gesicht glänzte in der Sonne wie poliertes Gußeisen. Die ganze Gesellschaft wurde von mindestens einem halben Dutzend Amateurphotographen aufgenommen. Endlich ging es gruppenweise fort, genau zwölf Stunden zu spät, aber nun war doch wenigstens der lange Zug auf dem Wege nach Ganderbal und Tibet — und das war die Hauptsache. Was lag daran, wieviel Uhr es war! Mit einem Gefühl, als gingen die Tore eines Gefängnisses vor mir auf, sah ich die Meinen die Straße hinabziehen — und die Welt lag offen vor mir.

Von allen diesen Männern wußte keiner, wie es in mir glühte; sie kannten mich nicht, und ich kannte sie nicht; sie kamen aus Madras, Lahore, Kabul, Radschputana, Poonch und Kaschmir, ein ganzer Orientalistenkongreß von Abenteurern, die aufs Geratewohl zusammengewürfelt worden waren. Sie konnten ebensowohl Räuber und Banditen sein wie etwas anderes, und von mir konnten sie glauben, daß ich ein gewöhnlicher »Schikari Sahib« (Jagdliebhaber aus Europa) sei, dessen Gehirn mit keinem anderen Ideal als einem Rekord auf Gehörne des Ammonschafes möbliert ist. Fast mitleidig sah ich ihrem Aufbruch zu und fragte mich, ob es ihnen allen wohl vergönnt sein werde, zu Frau und Kind heimzukehren! Aber keiner war ja gezwungen, mir zu folgen, und auf eine anstrengende Kampagne von anderthalb Jahren hatte ich sie vorbereitet. Was hätte es mir auch genützt, wenn ich sie jetzt schon geängstigt hätte und ihnen den Teufel an die Zeltwand gemalt? Die schweren Tage würden schon noch kommen.

Am meisten tat es mir jedoch um die Tiere leid, denn ich wußte, daß ihnen eine Hungerkur bevorstand. Soweit sich Gelegenheit fand, sollten sie sich gründlich an Mais und Gerste sattfressen, damit sie nachher möglichst lange von ihrem Fette leben könnten.

Schließlich stand ich allein noch auf dem Hofe, fuhr nach Dal-där-vaseh, an dessen steinerner Treppe mich ein langes, schmales Fünfrudererboot erwartete, setzte mich ans Steuer, das Boot stieß ab, und nun erst war ich auf dem Wege zum Verbotenen Lande. Meine ganze lange Reise durch Persien und Belutschistan war nur ein Prolog gewesen, der eigentlich weiter keinen Zweck gehabt, als mich in das Spinnennetz geraten zu lassen, worin ich mich in Indien fangen sollte. Jetzt aber war ich frei, außer dem Bereich alles dessen, was Regierung hieß; jetzt durfte ich selber regieren!

Der Kanal, auf dessen blankem Spiegel wir dahinglitten, wimmelte von Wasserpflanzen, Enten und von Kähnen, die beinahe unter der Last der Landesprodukte sanken. An den Ufern hockten waschende Frauen, und hier und dort badete eine Schar lustiger Kinder; sie kletterten auf die Vorsprünge und Anlegeplätze hinaus, ließen sich in den Kanal plumpsen, plätscherten und spritzten Wasser wie kleine Walfische. Unser Boot schrammt gegen den Grund, die Ruderer steigen aus und ziehen es über die seichten Stellen weg. Auf beiden Seiten erheben sich malerische Häuser von Stein oder Holz, eine Straße Venedigs. Die Beleuchtung ist herrlich in der untergehenden Sonne, die alles mit ihrem warmen Lichte überflutet. Wir nähern uns dem kleinen, vorspringenden Berge, hinter dem der Weg nach Kangan und Leh hinaufführt.

Nach einer Weile verraten Stromwirbel und Sandbänke, daß wir uns auf dem Flusse befinden. Die Sonne ist untergegangen; der Sommerabend ist still und voller Frieden, nur die Mücken summen über dem Wasser.

Obgleich mit Anspannung aller Muskeln taktfest gerudert wird, geht es nur langsam vorwärts, denn die Strömung liegt uns stark entgegen. Dafür hat man Gelegenheit, in eine ganze Reihe englischer Häuslichkeiten hineinzuschauen, wie sie sich in den zahlreichen Hausbooten abspielt. Es geht auf neun Uhr, und überall sitzt man im kleinen, behaglichen Kreise, in Frack und eleganter Toilette bei Tisch. Jetzt zeigen sich Ganderbals hundertjährige Platanen; wir rudern in einen Arm mit stillstehendem Wasser hinein und landen.

Dies war meine erste Tagesreise, aber der Tag war noch lange nicht zu Ende. Kundschafter wurden ausgesandt, aber keine Seele ließ sich auf dem verabredeten Halteplatz blicken. Wir lassen uns zwischen gewaltigen Baumstämmen nieder und zünden ein loderndes Signalfeuer an. Nach einer Weile taucht wie ein Wegelagerer Bas Ghul im Schein der Flammen auf; er führt ein Mauleselpaar, und um zehn Uhr lagern auch Robert und Manuel an unserem Feuer. Aber die Zelte und die Küche sind noch nicht da. Um elf Uhr wurden wieder Kundschafter ausgeschickt, von denen aber vor Mitternacht nichts wieder zu hören und zu sehen war; sie berichteten, die Karawane sei in gutem Zustand und werde bald kommen. Als es aber ein Uhr war, mußte wieder ein Späher in der Dunkelheit verschwinden, und erst gegen drei kamen endlich meine Leute, nachdem ich volle fünf Stunden auf sie gewartet hatte. Ich war jedoch durchaus nicht ärgerlich. Neue Feuer und Pechfackeln wurden angezündet; sie beleuchteten hell die unteren Äste der Platanen, und zwischen deren dunkeln Kronen funkelten die Sterne über unserem ersten Lager auf dem Wege nach Tibet.

Was für ein Lärm in diesem Gedränge von Menschen und Lasttieren! Der Platz glich einem Jahrmarkt, wo alle poltern und schreien und keiner zuhört. Die Eskorte versuchte sich vergeblich Gehör zu verschaffen, die Radschputen waren ruhiger, aber die Pathanen hausten wie die Wilden zwischen den ungehorsamen Kaschmiris und den mutwilligen Männern von Poonch. Die Tiere wurden etwas entfernt voneinander durch weit gespannte Stricke mit den Füßen an die Bäume gefesselt, und auf einem kleinen, ebenen Fleck wurden zum erstenmal die Pflöcke, die meine Zeltstangen halten sollten, in den Erdboden geschlagen. Das Zelt hatte mein Freund Daya Kischen Kaul mir geschenkt, es wurde auf lange Zeit hinaus mein Heim. Das Gepäck wird zu Mauern von Proviantsäcken und Kisten aufgestapelt, und Manuel kann sich endlich über die Küchenausrüstung hermachen. Die Tiere wiehern und stampfen, doch als die Gerstenbeutel umhergetragen und ihnen um den Hals gehängt werden, lassen sie behagliches Wiehern hören, das Ungeduld und guten Appetit verrät. Und dann diese Kinder des Ostens, diese Sammlung dunkelhäutiger Männer, die mit hohen weißen Turbanen im roten Feuerschein einherschreiten — welch ein schönes, fesselndes Bild auf dem Hintergrund der undurchdringlichen finsteren Nacht.

Nun aber steht das »Essen« in dem erleuchteten Zelt bereit, ein Kistendeckel dient als Tisch. Ein Teppich, ein Bett und die zwei Kisten mit den täglichen Bedarfsgegenständen bilden die ganze Einrichtung, dazu die jungen Hunde. Es sind ihrer drei, zwei davon Hündinnen. Es sind Parias, sie wurden in Srinagar von der Straße fortgelockt und haben keine Spur von Religion. Robert und ich, die wir stets englisch sprechen, nennen den weißen und den gelben einfach »Puppy«; der dritte erhielt bald den Namen »Manuels Freund«, denn Manuel und er hielten immer zusammen.

Und diese ganze Gefolgschaft, die sich durch das Spiel des Zufalls um mich gesammelt hatte, sollte einer nach dem andern auch wieder wie Spreu vor dem Winde zerstreut werden! Ich selber war der einzige, der 26 Monate später wieder in Simla ankam, und der letzte von allen Männern und Tieren, die nun unter Ganderbals Platanen in tiefem Schlafe lagen.

Aber ich war nicht der letzte, der sich in dieser ersten Nacht zur Ruhe legte, denn als ich um drei Uhr endlich mein Licht auslöschte, spielte noch der Feuerschein auf der Zeltwand, und das frische Leben draußen in Asien strömte zu mir herein wie ein kühlender Hauch von Tannenwäldern und Bergen, von Schneefeldern und Gletschern und von freien, weiten Hochebenen, wo meine Pläne in Taten umgewandelt werden sollten. Würde ich je ermüden? Ja, werde ich dessen jemals überdrüssig werden?!

Der Weg nach Leh

Die Sonne stand schon hoch am Himmel, ehe wir am nächsten Morgen zum Abmarsch fertig waren. Vier Stunden dauerte es, bis das ganze Lager abgebrochen, alles verstaut und die Tiere beladen waren; aber bald ging es wohl schneller, wenn nur erst alle wußten, was sie zu tun hatten.

Der lange Zug setzt sich in Bewegung, ein Trupp nach dem anderen verschwindet zwischen den Bäumen. Auf beiden Seiten des Weges schimmern

Höfe und Dörfer zwischen Weiden, Walnuß- und Aprikosenbäumen hindurch, und kleine Kanäle rieseln zwischen den Reisfeldern, auf denen gejätet wird; die Arbeiter schreiten in Reih und Glied einher und singen ein rhythmisch anfeuerndes Lied; der Gesang erleichtert die Arbeit, denn bei einem bestimmten Refrain wird das Unkraut ausgerissen, und keiner will hinter dem anderen zurückbleiben.

Eine Brücke führt über den Sind, dessen graublaues Wasser in mehreren gewaltigen Armen brausend und reißend dahinströmt. Nun geht der Weg durch das Flußtal aufwärts, denn wir biegen nach Osten ab, und bald verschwindet Kaschmirs weiter Talboden mit seinem ebenen Gelände hinter uns. Die Steigung ist schon merklich, und man freut sich ihrer, denn der Tag ist warm. Die Bäume werden spärlicher. Wir reiten immer größere Strecken in der prallen Sonne, aber alles ist grün und reich bewässert.

Bei Kangan schlugen wir unsere Zelte in einem dichten Gehölz auf. Diesmal ging das Aufschlagen und Abstecken des Lagers in seine Viertel und Straßen ziemlich schnell. Der »Numberdar« des Dorfes verschaffte uns alles, was wir brauchten — unsere eigenen Vorräte wollten wir nicht eher anrühren, als bis jegliche Verproviantierung an Ort und Stelle unmöglich war. Die vier Kulis, die das Boot getragen hatten, wurden von vier anderen abgelöst, die es bis nach Gunt hinauf weitertragen sollten.

So hatten wir wieder eine Tagereise hinter uns; alle freuten sich des rührigen, freien Lebens. Die Sonne verschwand eine Stunde früher als gewöhnlich, da die Berge sie verdeckten, und nachdem wir eine Weile den Klagetönen der bellenden Schakale gelauscht hatten, gingen auch wir zeitig zur Ruhe. Stärker als vorher tönte in der Stille der Nacht das Rauschen des Flusses; sein Wasser kam von jenen Höhen, die das Ziel meiner Wünsche waren; aber weit sehnsuchtsvoller sollten dereinst meine Augen diesen spielenden Wasserwirbeln auf ihrem Wege nach dem Meere hin folgen. — —

Als ich in den kühlen Morgen hinaustrat, war die übrige Karawane schon längst aufgebrochen, und das Lager sah leer und verlassen aus. Der neue Tag ließ sich drohend an, denn es regnete kräftig, und der Donner grollte dumpf zwischen den Bergen; aber es duftete nach Morgen und Sommer, nach Wald und feuchtem Grün, und nach einem reichlichen Frühstück brach auch meine Abteilung auf, zu der Robert und Manuel gehörten.

Bald war die Sonne da, aber mit der Wärme kamen Schwärme von Fliegen, die unsere Tiere peinigten und sie unruhig machten. Der Weg führte zum Flusse hinab und zwischen Laubbäumen auf seinem rechten Ufer fort. Bei dem Dorfe Mamer, wo ein Mühlrad im Wasserfall rauschte und ein offener Laden die Wanderer zu Erfrischungen einlud, blieb Khairullah eine Weile in Gesellschaft einer qualmenden Wasserpfeife zurück. Bei Gandschevan überschritten wir den Fluß auf drei schwankenden Brücken. Im Hintergrund des sich verengenden Tales erhob sich ein mit Schnee bedeckter Gebirgsstock. Die Landschaft war prächtig. Manchmal mußte unsere Karawane haltmachen, wenn ein Maulesel seine Last abgeworfen hatte; aber heute gingen die Tiere bereits ruhiger, und ich sah schon mit Besorgnis dem Tage entgegen, wo sie lammfromm werden, ja, durch keine Mahnrufe mehr zum Weitergehen zu bewegen sein würden.

Das Lager bei Gunt war schon in Ordnung, als wir dort anlangten. Meine erste Fürsorge gilt immer den jungen Hunden; während der ersten Marschstunde am Morgen winseln sie und finden die Bewegungen des Maulesels sehr ungemütlich, aber bald schläfert der wiegende Gang sie ein. Kaum hat man sie aus dem Weidenkorbe herausgeholt, so liegen sie sich schon in den Haaren, und dann tummeln sie sich den ganzen Abend zwischen den Zelten umher und knabbern und reißen an allem.

Selbst bei 11,2 Grad Wärme in der Nacht empfand ich nach der Hitze der Ebene ein solches Kältegefühl, daß ich davon erwachte und mich mit einem Pelz bewaffnete. Am Morgen hatte der Fluß nur plus 6,8 Grad. Talaufwärts ward die Aussicht immer schöner. Bald ritten wir durch schmale Engpässe, bald steile Hänge hinauf, bald über Talweitungen mit Ackerfeldern. Dann aber rückten die senkrechten Felswände bedenklich zusammen, und in den Weiden- und Erlengebüschen herrschte kühlender Schatten. Das Brausen der Stromschnellen übertönte alle anderen Laute.

Der Gouverneur von Kaschmir hatte mir einen Tschaprassi mitgegeben, und auf ein Wort dieses Machthabers standen alle Lokalbehörden vor uns Kopf. Aber einigen Mitgliedern unserer Karawane konnte man nicht leicht alles recht machen. Bas Ghul und Khairullah erwiesen sich als zwei ausbündige Krakeeler, die bei jeder Gelegenheit Streit mit den anderen anfingen. Bas Ghul betrachtete es offenbar als seine Hauptaufgabe, einen Kuli zu seinem persönlichen Dienst abzurichten, und Khairullah hielt sich für viel zu vornehm, um beim Aufladen zu helfen. Die anderen beklagten sich täglich über Plackereien seitens des Afghanen, und ich sah auch bald ein, daß diese »Eskorte« uns mehr Verdruß als Nutzen bringen werde. Aber auch unter den anderen, den Kaschmiris und den Männern aus Poonch, gab es Räuber im kleinen, so für den Hausbedarf, und die Radschputen erhielten Befehl aufzupassen, daß nichts von unserer Habe »fortkomme«. In Baltal gab es großen Spektakel, da Leute aus Sonamarg behaupteten, meine Diener hätten im Vorbeiziehen eine Kasserolle gestohlen. Sie fand sich denn auch richtig bei den Poonchmännern; die Bestohlenen erhielten ihre Kasserolle zurück und dazu eine Entschädigung.

Der Weg von Baltal über den Sodschi-la* sah jetzt ganz anders aus als im Jahre 1902. Damals lag das Land unter einer Schneedecke, und man rutschte fast den ganzen Weg auf vereisten Abhängen hinunter. Jetzt war ein halbes Tausend Arbeiter damit beschäftigt, die Straße zum Paß hinauf auszubessern. Sie taten ihren Fleiß durch dröhnende Sprengschüsse kund, und von Zeit zu Zeit kamen beängstigend große Steinblöcke in unserer unmittelbaren Nähe herunter.

Unsere schwerbeladene Karawane sollte nun über den Paß (3500 Meter). Langsam und vorsichtig schreiten wir glatte Lawinenkegel hinauf, in die der Verkehr einen schmalen, gewundenen Pfad gemeißelt hat. Es sickert und tropft in der porösen Masse, und hier und dort fließen kleine Bäche aus Schneetoren hervor. Auf eine Strecke guten Weges folgt ein steiler Abhang längs einer Felswand.

---

* la = Paß.

Unaufhörlich ertönten durchdringende Rufe, wenn eines der Tiere zu verunglücken drohte. Doch endlich waren wir über den schlimmen Paßknoten hinweg und wanderten nun in festem Schnee über ebeneres Gelände. Aus einem mächtigen Lawinenkegel auf der Südseite floß das Schmelzwasser teils dem Sind, teils dem Dras zu. Letzterer wuchs erstaunlich schnell zu einem wasserreichen Flusse an, an dessen Ufer unser Pfad, schmal und schlüpfrig, hinführte. Über einen wildtosenden Nebenfluß führte eine tückische Brücke. Einer der Maulesel brach durch, und nur im letzten Augenblicke konnte seine Last gerettet werden. Dann wurde die Brücke für die Nachkommenden mit flachen Steinen ausgebessert.

Der Dras, dessen Wassermasse über zahlreiche Blöcke hinabstürzt, ist ein mächtiger Fluß und nur einer der tausend Nebenflüsse des Indus!

In rieselndem Regen erreichten wir Matajun und hatten kaum das Lager aufgeschlagen, als die Karawanenleute einander schon in die Haare gerieten. Wir holten hier einen von mir gemieteten Trupp von 30 Pferden mit Verpflegung ein; ihre Führer hatten Befehl erhalten, möglichst schnell nach Leh zu ziehen, nun aber stellte sich heraus, daß sie mehrere Tage stillgelegen hatten und hierfür noch extra bezahlt sein wollten. Die Behörden in Srinagar hatten zwar ihr Bestes getan, um mir die Reise nach Leh zu erleichtern, aber in Kaschmir herrschte eben keine Ordnung. An Robert hatte ich eine prächtige Hilfe; er tat alles, um die aufrührerischen Männer zu beruhigen. Ich selber sah schon jetzt ein, daß hier nur ein Radikalmittel Abhilfe schaffen werde, und wartete ungeduldig auf eine passende Gelegenheit dazu. Etwa drei Viertel der Poonchmänner meldeten sich nun krank, sie wollten reiten, das war ihre ganze Krankheit. Die Maulesel sollten unbeladen gehen, um ihre Kräfte zu schonen; gerade deshalb hatten wir ja in Srinagar Pferde gemietet. Einige Männer waren auch von unseren temperamentvollen Eseln mit Fußtritten traktiert worden und kamen jetzt, um sich Medizin gegen Eseltritte zu holen!

So ging es weiter nach Dras und Karbu. Auf der Höhe oberhalb Dras kommt man an den berühmten steinernen Buddhabildern vorüber, und dann geht es in dem schmalen, malerischen Tale nach Karbu hinunter. Der Fluß wächst immer mehr und bietet ein großartiges Schauspiel; kleine Nebenflüsse stürzen wie silberne Bänder zwischen den Felsen herab und breiten sich unten über den Schuttkegeln aus. Die rosigen Blüten des Hagedorns nicken lieblich im Winde, der uns in den heißen Stunden des Tages Kühlung zuweht. Prachtvolle dunkle Wacholdersträucher, hochgewachsen wie Zypressen, schmücken das rechte Ufer.

Vor dem Stationshaus in Karbu trat mir ein älterer Mann in weißem Turban entgegen. — »Guten Tag, Abdullah!« rief ich ihm zu, denn ich erkannte in ihm sofort den Braven, der mir im Jahre 1902 über die Schneefelder des Sodschi-la hinübergeholfen hatte.

»Salam, Sahib«, antwortete er schluchzend, fiel auf die Knie und umfaßte nach orientalischer Sitte meinen Fuß im Steigbügel.

»Willst du mit auf die lange Reise?« fragte ich.

»Ja, ich will Euch folgen bis ans Ende der Welt, wenn nur der Commissioner Sahib in Leh es erlaubt.«

»Das werden wir schon einrichten. Aber sage mir, wie ist es dir ergangen, seit wir uns zuletzt sahen?«

»Oh, ich bin der Tekkedar von Karbu und versorge durchreisende Karawanen mit allem, was sie brauchen.«

»Also überlege dir die Sache bis morgen, und willst du mich begleiten, so habe ich unter meinen Leuten eine Stelle für dich frei.«

»Da braucht es keiner Überlegung: ich komme mit, und wenn ich auch nur eine Rupie monatlich erhalte.«

Aber Abdullah war zu alt und zu gebrechlich für Tibet, und die Bedingungen, die er nachher Robert mitteilte, waren viel realistischer, als er sie in der ersten Freude des Wiedersehens gestellt hatte: 60 Rupien monatlich, alles frei, eigenes Pferd und Befreiung von aller schweren Arbeit hieß es jetzt. Daraufhin sagten wir am nächsten Morgen einander auf ewig Lebewohl.

Nun meldete sich ein Reisender von der vorigen Station und klagte, die Poonchmänner hätten ihm ein Schaf gestohlen. Da sie leugneten, ließ ich den Kläger bis Kargil mitkommen, wo vor dem Magistrat Recht gesprochen werden sollte.

Wir näherten uns der Stelle, wo der Dras sich mit dem Vackha vereinigt, überschritten die scharfe Felsecke und ritten dicht am Ufer des Vackha aufwärts. Das Tal hat starkes Gefäll, und die gewaltige Flut stürmt in wildem Aufruhr dahin. Mehrere alte Bekannte und der Wesir Wesarat selber kamen uns entgegen, und noch ehe wir in Kargil anlangten, begleitete uns eine ganze Kavalkade. In einem kühlen Hain von Pappeln und Weiden schlugen wir unsere Zelte auf, und der nächste Tag wurde zur Rast bestimmt.

Dieser nächste Tag brachte einige unterhaltende Zwischenspiele. Umgeben von den Behörden von Kargil, mit dem Punditen Laschman Das, dem Wesir Wesarat an der Spitze, hielt ich Gericht über das zusammengeraffte Pack, das schon in der ersten Reisewoche so viel Verwirrung angestiftet hatte. Zuerst wurden sämtliche Kaschmiris und ihr Anführer Aziza entlassen. Dann kam die Reihe an ihre Landsleute, die Mais und Gerste für unsere Tiere auf gemieteten Pferden bis hierher befördert hatten, und schließlich an alle Poonchmänner. Wegen des Schafdiebstahls wurde folgendermaßen Gericht gehalten. Man band die Verdächtigen an ein paar Bäume fest; aber obwohl der Schatten kühl war, wurde ihnen die Zeit doch zu lang, und nachdem sie drei Stunden vergeblich auf einen rettenden Engel gewartet hatten, gestanden sie ohne weiteres und wurden dann verurteilt, den doppelten Wert des Schafes zu bezahlen. Nun trat Khairullah vor und bat für seinen Freund Aziza; da seine Bitten nichts halfen, wurde er verdrießlich und weigerte sich, die Nachtwache zu übernehmen. Nun wurde auch er verabschiedet und durfte sich den anderen Afghanen Bas Ghul, der an periodischem Wahnsinn litt und überdies ein Spitzbube war, zur Gesellschaft mitnehmen. Es war mir eine wahre Beruhigung, diese Zierden der Sicherheitswache unserer Karawane los zu sein. Von dem ursprünglichen »Orientalistenkongreß« in Srinagar waren jetzt nur noch vier Mann übrig, nämlich Robert, Manuel, Ganpat Sing und Bikom Sing.

Als wir am 26. Juli von Kargil aufbrachen, nahmen wir 77 gemietete Pferde nebst ihren Führern mit; der Proviant der Tiere bildete 161 kleine

Lasten. Ein einheimischer Tierarzt sollte uns begleiten, um aufzupassen, daß die Maulesel gut gepflegt würden. Seitdem ich alle Gerste, die ich erhalten konnte, gekauft hatte, war unsere Karawane gewachsen, und die in Kargil vorgenommene Auslese machte die nächsten Tagereisen nach Leh viel angenehmer als die früheren.

Bei Schirgul sahen wir den ersten Lamatempel auf dieser Reise; oberhalb Mullbe wurden sie immer zahlreicher. Bei jedem Schritt merkt man, daß man im Lande der Lamas ist; Storchnestern ähnlich thronen die kleinen weißen Tempel tibetischen Stils auf Felsenspitzen oder Vorsprüngen und beherrschen die Täler und unter ihnen liegenden Dörfer. Doch nur selten ist ein Mönch in seiner roten Toga zu sehen; die Tempel scheinen still und ausgestorben zwischen den Tschortenmonumenten und Manis* zu liegen.

Am 28. Juli gingen wir auf ziemlich fester Brücke über den Fluß und stiegen immer höher das Tal hinauf, das zum Potu-la führt. Bald hinter dem Paß kamen uns die Behörden von Lama-juru mit Blumen und Früchten entgegen, und jeder bot, der Landessitte gemäß, eine Rupie dar, die man indes nur mit der Hand zu berühren braucht. Eine Strecke weiter wurde ein erstes Tschorten sichtbar, dem andere in langen Reihen folgten; die Mani-Mauern wiesen auf das berühmte Kloster Lama-juru hin. Noch eine Ecke weiter und man hatte freie Aussicht auf ein kleines Tal zwischen hohen Bergen; hier erhob sich senkrecht die Geröllterrasse, auf der das Kloster erbaut ist.

Sobald unsere Gesellschaft oben im Tal sichtbar wurde, ertönte Musik, und von den Tempeldächern hallten die langen Messingposaunen so tief und feierlich wie Orgelklänge. Als wir in das Dorf einzogen, standen dort etwa dreißig Frauen in ihren besten Kleidern, in pelzverbrämten, bunten Mänteln, mit Scheuklappen, die fest mit den Haarzöpfen verflochten waren, und mit Türkisen auf dem Scheitel. Alle Dorfbewohner waren herausgekommen und standen in malerischen Gruppen um die Musik, deren Flöten und Trommeln eine ohrenbetäubende Weise anstimmten.

Nachmittags gingen wir zum Kloster hinauf, an dessen Hauptportal uns der Prior und die Mönche in Empfang nahmen. Sie führten uns in den von alten Gebäuden, Tschorten und Fahnenstangen umgebenen offenen Hof. Von hier aus hat man eine großartige Aussicht über das Tal, das sich zum Indus hinabsenkt. Unter dunklen Wolkenmassen und bei feinem Regen tanzten sieben Mönche einen Beschwörungstanz; sie hatten sich furchterregende Masken von wilden Tieren, Höllengeistern und Ungeheuern mit lachendem Munde, Hauern als Zähnen und unheimlich starrenden Augen vorgebunden. Die bunten Röcke standen beim Tanzen glockenförmig ab, und die ganze Zeit über spielte eigenartige Musik. Wie müssen sich die Mönche hier in ihrem freiwilligen Gefängnis langweilen! Offenbar ist es ihre einzige Zerstreuung, der Neugier durchreisender Fremdlinge ihren religiösen Fanatismus vorzuführen.

Gleich hinter dem Dorfe geht es in der engen und wilden Talschlucht, die zum Indus führt, halsbrecherisch steil abwärts. Der tief eingeschnittene Dras wird auf kleinen Holzbrücken überschritten, und nach ein paar Stunden

---

* Tschorten = Opferschrein, Gabentempel. — Mani = Gebetsmauer.

reitet man wie durch ein Tor in das große, helle Tal des Indus ein. Ich halte eine Weile auf der schwankenden Holzbrücke, um die ungeheuren Wassermassen zu betrachten, die mit ihrer gewaltigen Last und ihrem reißenden Lauf die Talrinne immer tiefer aushöhlen müssen. Das Stationshaus von Nurla erhebt sich unmittelbar über dem Flusse, der unter den Fenstern tost und rauscht.

Der Tag war glühend heiß gewesen; es war, als ob die Felsen und der Boden dieses grauen, unfruchtbaren Tales doppelte Wärme ausstrahlten, und auch in der Nacht waren es noch 16 Grad. Selbst das Flußwasser hatte bei Tage 12 Grad gehabt, und obgleich schmutziggrau wie Haferbrei, war es doch bei der Hitze ein herrliches Getränk.

Bis Saspul reitet man auf dem rechten Ufer, unmittelbar über dem Fluß. Hier ist der Weg oft sehr gefährlich, da er wie ein Wandbrett in eine steile Felswand eingeschnitten ist. Im Handumdrehen kann man seine Instrumente, photographischen Apparate oder Rupiensäcke verlieren.

Die Brücke von Altschi sah mit ihren krummen, nachgebenden Balken noch ebenso lebensgefährlich aus wie beim letzten Male, aber ihr schwankender Bogen verbindet doch kühn die beiden Ufer.

Basgho-gumpa* hat eine schöne Lage in einem Nebental des Indus. An der linken Talseite ist das Kloster auf einem länglichen Felsen erbaut, auf dessen Gipfel sich die weißen Mauern zu drei Stockwerken mit Altanen, Dachgesimsen und Wimpeln erheben. Eine Menge Tschorten und Manis umgeben Basgho. Auf grünen Schieferplatten ist die heilige Formel des indischen Gottes Avalokiteschvara »Om mani padme hum« (»Oh, das Kleinod im Lotos! Amen«) eingehauen, und Eidechsen, grün wie der Stein, huschen über die ewigen Wahrheiten hin.

Der 1. August war der letzte Tag auf dem Wege nach Leh. Ein strahlender, stiller Morgen; durch das Laub der Aprikosenbäume schlüpften die Sonnenstrahlen freundlich und warm. Wir ritten in der Nähe des Indus, bis zum Kloster Spittok; nachher biegt der Weg vom Flusse ab und führt gerade hinauf nach Leh, das sich, von sommerlich grünen Gärten umgeben, schon in der Ferne zeigt. Mohanlal, ein Kaufmann in Leh, der einen großen Teil der endgültigen Ausrüstung übernommen hatte, kam uns entgegen, und als wir an einem üppigen Kleefeld vorbeiritten, erzählte er, daß er es für meine Maulesel gekauft habe.

Am Eingangstor eines großen Gartens stiegen wir ab. In der Mitte des Gartens erhebt sich ein von Pappeln und Weiden umgebenes, steinernes Haus — sonst wohnt der Wesir Wesarat, der Vertreter Kaschmirs in Ladak, darin; jetzt sollte es zwölf Tage lang mein Hauptquartier sein. Hier hatte ich zum letztenmal für zwei lange Jahre ein Dach über dem Kopfe und fühlte mich in meinem geräumigen Arbeitszimmer außerordentlich wohl. In einem anderen Zimmer wohnte Robert, und ein schattiger Balkon wurde als meteorologisches Observatorium eingerichtet. Im Erdgeschoß regierten Manuel und die beiden Radschputen; auf dem Hofe war ein ständiges Kommen und Gehen von Lieferanten und neuen Dienern.

* gumpa = Kloster.

Leh ist der letzte größere Ort, den man auf dem Wege nach Tibet berührt. Hier sollte auch die letzte Ausrüstung besorgt werden. Nichts durfte versäumt werden; vergaß ich etwas, so konnten wir es nie mehr bekommen. Hier rollte auch der silberne Strom der Rupien ununterbrochen dahin, aber ich tröstete mich damit, daß ich bald in Gegenden kommen würde, wo man beim besten Willen auch nicht einen einzigen Heller ausgeben konnte.

Die letzten Vorbereitungen

Hauptmann Patterson war jetzt »Joint Commissioner«, der höchste Beamte der indischen Provinz Ladak; er empfing mich vom ersten Augenblick an mit größter Gastfreundschaft und Liebenswürdigkeit und war einer der prächtigsten Menschen, mit denen ich je in Berührung gekommen bin. Als gründlicher Kenner Indiens, Ladaks und Tibets konnte er mir viele wertvolle Aufklärungen und Ratschläge geben, auch bei der Ausrüstung der großen Karawane, als deren Ziel offiziell noch immer Ostturkestan galt, leistete er mir unermüdlichen Beistand, ohne jedoch seine Instruktion auch nur um Haaresbreite zu überschreiten. In ihm fand ich einen wirklichen Freund, und nach dem Essen, das ich jeden Abend um acht Uhr einnahm, saßen wir oft bis lange nach Mitternacht beisammen und plauderten über Asiens Zukunft und den Lauf der Welt.

Sir Francis Younghusband hatte mir einen wohlbekannten Karawanenführer empfohlen, Muhamed Isa. Ich kannte ihn von Kaschgar und Srinagar her und wußte, daß er bei der Ermordung des französischen Forschungsreisenden Dutreuil de Rhins am 5. Juni 1894 zugegen gewesen war. Ungefähr 30 Jahre lang war er so ziemlich in ganz Zentralasien umhergereist und kannte auch große Strecken von Tibet. Außer einer Menge kleinerer Reisen, an denen er im Dienste einzelner Sahibs teilgenommen, war er auch Careys und Dalgleishs Karawanenführer auf ihrem großen Zuge durch Zentralasien gewesen. Er begleitete auch Younghusband auf dessen berühmtem Marsch über den Mustaghpaß 1887 und war schließlich auf dem Kriegszuge nach Lhasa 1903 bis 1904 sein Karawanenführer gewesen. Ryders Rawlings Reise 1903 im Tale des oberen Brahmaputra und von dort nach Gartok hatte er als Aufseher der Gepäckkarawane mitgemacht. Während aller dieser Reisen hatte er Erfahrungen gesammelt, die meinen Plänen sehr zugute kommen konnten. Ich nahm daher Younghusbands Vorschlag mit Dankbarkeit an, um so mehr, als auch Hauptmann Patterson, in dessen Dienst Muhamed Isa jetzt stand, nichts dagegen hatte, ihn mir zur Verfügung zu stellen. Obendrein sprach Muhamed Isa fließend Turki, Tibetisch und Hindi und hatte selber keinen größeren Wunsch als den, mich zu begleiten. Ohne zu wissen, daß er mir so warm empfohlen war, hatte er selbst seinen Herrn eindringlich gebeten, in meinen Dienst treten zu dürfen.

Sein Vater war aus Jarkent, seine Mutter eine Lamaistin aus Leh. Die Mischrasse, die solcher Verbindung entstammt, wird »Argon« genannt und zeichnet sich gewöhnlich durch physische Kraft und außerordentlich gut entwickelten Körperbau aus. Muhamed Isa war auch in der Tat ein stattlicher Mann, groß und stark wie ein Bär, ausdauernd, zuverlässig und redlich, und schon nach wenigen gemeinsamen Tagereisen fand ich, daß ich meine Karawane keinen besseren Händen als den seinen hätte anvertrauen können. Daß die erste Durchquerung Tibets so gut gelang, war zum sehr wesentlichen Teile sein Verdienst. Unter den Leuten hielt er tadellose Disziplin, und wenn er auch bisweilen streng gegen sie war, so geschah das nur zum Besten der Karawane.

Stundenlang konnte er Robert, mich und selbst die Karawanenleute mit Erzählungen seiner Schicksale und seiner Abenteuer im Dienste anderer Europäer unterhalten. Er war witzig und unterhaltend, immer heiter und zum Scherzen aufgelegt und hielt in trüben Lagen den Mut der anderen aufrecht. Armer Muhamed Isa! Wie wenig ahnten er und wir, als wir jetzt zusammen aufbrachen, daß er nie wieder zu seiner Frau und in seine Heimat zurückkehren werde!

Kaum hatte ich meine neue Wohnung in Leh betreten, als sich Muhamed Isa mit einem vergnügten, freundlichen »Salam, Sahib« einfand.

»Friede mit dir!« antwortete ich, »du hast dich wenig verändert, Muhamed Isa, in all den Jahren, seit denen wir uns in Kaschgar trafen. Hast du Lust, mich auf eine zweijährige Reise durch das Hochgebirge zu begleiten?«

»Ich wünsche nichts so sehr, und der Commissioner Sahib hat mir erlaubt, mich zum Dienst bei Ihnen zu melden. Aber ich möchte gern wissen, wohin die Reise gehen soll.«

»Wir gehen nordwärts nach Ostturkestan; wohin es dann weiter geht, erfährst du, wenn wir die letzten Dörfer hinter uns haben.«

»Aber schon der Ausrüstung wegen müßte ich über die Einzelheiten Ihrer Pläne Bescheid wissen.«

»Du mußt auf drei Monate Proviant für Menschen und Tiere mitnehmen, denn es kann sein, daß wir so lange mit Menschen in keine Berührung kommen.«

»Dann soll wohl in Tibet eingedrungen werden — das ist ein Land, das ich so genau kenne wie meinen eigenen Hof in Leh.«

»Was sind deine Bedingungen?«

»Vierzig Rupien den Monat, und zweihundert Rupien Vorschuß, die ich meiner Frau bei der Abreise hierlasse.«

»Gut! Ich nehme dich in meinen Dienst, und mein erster Auftrag ist: kaufe etwa sechzig kräftige Pferde, vervollständige den Proviant, so daß er drei Monate reicht, und beschaffe für die Karawane die nötige Ausrüstung.«

»Ich weiß genau, was wir brauchen, und werde die Karawane in zehn Tagen marschfertig machen. Ich erlaube mir aber noch den Vorschlag, mich auch mit der Anstellung der Diener beauftragen zu wollen, ich kenne die Leute hier in Leh und weiß ganz genau, wer sich für eine lange, anstrengende Reise eignet.«

»Wie viele Leute braucht die Karawane?«

»Fünfundzwanzig Mann.«

»Gut, stelle sie an; aber du stehst dafür, daß nur tüchtige und ehrliche Leute in meinen Dienst treten.«

»Sie können sich auf mich verlassen«, sagte Muhamed Isa; er wisse ja, fügte er hinzu, daß es nur sein eigener Vorteil sei, wenn er mich gut bediene.

Die nächsten Tage über war Muhamed Isa unausgesetzt auf den Beinen, um Pferde zu besorgen. Sie in Masse zu kaufen, erschien aus mancherlei Gründen unklug, nicht zum wenigsten deshalb, weil dann die Preise steigen würden; wir kauften daher täglich nur fünf bis sechs. Da jedoch die Bauern schon im Anfang unverhältnismäßig hohe Summen forderten, wurde eine Kommission von drei vornehmen Ladakis eingesetzt, die den wirklichen Wert der angebotenen Pferde festzustellen hatte. War der Verkäufer mit ihrer Taxe zufrieden, dann erhielt er den Betrag sofort ausbezahlt, und das Pferd wurde nach unserem offenen Stall in seinen Stand geführt. Im anderen Falle konnte der Verkäufer seiner Wege gehen, kam aber gewöhnlich schon am nächsten Tage wieder.

Im ganzen wurden 58 Pferde gekauft, und Robert machte ein Verzeichnis von ihnen: 33 waren aus verschiedenen Dörfern Ladaks, 17 waren aus Ostturkestan, 4 aus Kaschmir und 4 aus Sanskar. Die Sanskarpferde gelten als die besten, sind aber schwer zu regieren. Auch die Ladakipferde sind gut, da sie, im Gebirge geboren, an dünne Luft und kärgliche Weide gewöhnt sind; sie sind klein und zäh. Die turkestanischen Pferde sind im allgemeinen weniger ausdauernd, aber aus Mangel an besseren mußten wir sie nehmen, und unsere hatten schon alle, ein oder mehrere Male, den 5650 Meter hohen Karakorumpaß überschritten.

So wie die Pferde gekauft wurden, erhielten sie ihre laufende Nummer im Verzeichnis, worauf die entsprechende Nummer auf einem Lederläppchen an der Mähne des Pferdes befestigt wurde. Ich legte später eine Totenliste von ihnen an, je nachdem sie zusammenbrachen, um ihre Widerstandskraft festzustellen. Der erste Tote war ein Sanskarpferd, aber das war reiner Zufall — es starb einige Tage nach dem Abmarsch aus Leh an einer akuten Krankheit. Später waren die Verluste am größten unter den Jarkentpferden. Der Preis schwankte sehr bedeutend, zwischen 37 und 96 Rupien; der Durchschnittspreis betrug 63 Rupien. Ein Pferd zu 95 Rupien fiel nach drei Wochen, ein anderes, das genau die Hälfte kostete, trug mich anderthalb Jahre. Die Kommission merzte kritisch aus, und Muhamed Isa prüfte erst jeden vierbeinigen Kandidaten, ehe er zugelassen wurde. Im allgemeinen trugen wir kein Bedenken, zehn- oder zwölfjährige Pferde zu nehmen; die erprobten waren immerhin sicherer als die jungen, die sich äußerlich oft viel kräftiger ausnahmen. Doch keines von ihnen allen sollte je aus Tibet zurückkehren! Die hohen Berge gaben nichts von ihrer Beute heraus. »Morituri te salutant!« sagte Hauptmann Patterson ahnungsvoll, als die Karawane aus Leh abzog.

Die Karawane zählte also 36 Maulesel und 58 Pferde. Endgültig aufzubrechen ist immer ein schwerer Entschluß; nach wenigen Tagen schon würden wir in Gegenden sein, wo man nichts anderes erhalten konnte, als was auf dem Felde wuchs. Die Jahreszeit war freilich die allerbeste, das Sommergras stand üppig, aber bald mußte es spärlicher werden, und nach etwa zehn Tagen würden wir auf Höhen von 4000—5000 Meter kommen, wo es keine Weide mehr gab. Daher galt es, so viel Mais und Gerste wie nur irgend möglich mitzunehmen. Aber gerade hierdurch entstand die Schwierigkeit: man darf die Tiere nicht durch zu schwere Lasten ermüden, denn dann ist die Kraft der Karawane schon im ersten Monat gebrochen. In den ersten Wochen hatten wir den Aufstieg aus den Grenzgebieten zur tibetischen Hochebene vor uns, folglich gerade am Anfang der Reise die größten Geländeschwierigkeiten zu erwarten. Unmittelbar nach dem Aufbruch waren daher die Märsche nur kurz, um so mehr, als die Lasten da am schwersten waren. Alles das ist ein ziemlich verwickeltes Problem für eine Armeeintendantur.

Nach Beratung mit Muhamed Isa beschloß ich daher, in Tankse eine Hilfskarawane von dreißig Pferden zu mieten, die uns den ersten Monat begleiten und dann umkehren sollte.

Da Futter und Weide in Leh teuer waren, schickte ich schon am 10. August 35 Maulesel und 15 Pferde mit ihren Lasten, 15 Mann und einen Tschaprassi nach Muglib voraus, das oberhalb Tankse liegt und gute Weideplätze hat. Zum Führer dieser Karawane wurde Sonam Tsering ausersehen, den mir Captain Rawling warm empfohlen hatte. Er erhielt 100 Rupien, um damit die Ausgaben der Karawane zu bestreiten.

Bereits wenige Tage später stellte mir Muhamed Isa die 25 Männer vor, die ich auf seinen Vorschlag in meinen Dienst nehmen sollte. Leute zu finden, die bereit waren mitzukommen, war keine Kunst; ganz Leh hätte mich begleitet, wenn es gedurft hätte! Die Schwierigkeit lag darin, die richtige Auswahl zu treffen und nur tüchtige Leute anzustellen, die ihren Platz ausfüllten und ihre Sache verstanden.

Es war ein feierlicher Augenblick, als die Stammtruppe der Karawane sich in meinem Garten versammelte; das Schauspiel erhielt einen gewissen humoristischen Anstrich, als Muhamed Isa, stolz wie ein Welteroberer, die Front abschritt und seine Legionen musterte. Auf meine Bitte hatte Hauptmann Patterson sich eingefunden, um sich die Leute anzusehen; er ermahnte sie in einer kleinen Ansprache, mir redlich zu dienen. Ihr Lohn wurde auf monatlich 15 Rupien festgesetzt, und alle erhielten den Lohn eines halben Jahres als Vorschuß; Reverend Peter war so freundlich, die Verteilung dieser Summe an die Familien der Abziehenden zu übernehmen. Schließlich versprach ich jedem ein Geschenk von 50 Rupien für gute Führung und verpflichtete mich, von dem Ort aus, wo wir uns dereinst trennen würden, ihre Heimreise nach Leh zu bezahlen und zu sichern.

Im Laufe meiner Erzählung werde ich noch genug Anlaß haben, dem Leser diese einzelnen Männer vorzustellen. Außer dem bereits erwähnten Sonam Tsering, der unter Deasy und Rawling gedient hatte, will ich hier zunächst den alten Guffaru nennen, einen Greis mit langem, weißem Bart, der vor 33 Jahren Forsyths Gesandtschaft an Jakub Bek, den Beherrscher von Kaschgar, begleitet hatte. Er hatte den großen Bedaulet (»den Glücklichen«) in all seinem Pomp gesehen und wußte viel zu erzählen von den Erfahrungen, die er auf Forsyths berühmter Reise gesammelt hatte. Ich trug erst Bedenken, den Zweiundsechzigjährigen mitzunehmen, aber er bat so herzlich, mitkommen zu dürfen; er sei Muhamed Isas Freund und sei so arm, daß er sonst nicht leben könne. Er war indessen so vorsichtig, sich gleich sein Leichentuch einzupacken, um anständig begraben zu werden, falls er unterwegs sterben sollte. Damit in diesem Falle alles ordentlich zugehe und sein etwa noch ausstehender Lohn seiner Familie auch richtig ausgehändigt werde, nahm er noch seinen Sohn Kurban mit. Aber Guffaru starb nicht, sondern hielt sich geradezu glänzend die ganze Zeit über, die er bei mir war.

Ein anderer, an den ich mit großer Sympathie und Freundschaft zurückdenke, hieß Schukkur Ali. Ich kannte ihn seit 1890 von Kaschgar her, wo er in Younghusbands Diensten stand, und ebenso wie ich wußte er noch, daß ich ihn einmal im Zelte seines Herrn gezeichnet hatte. Er war derartig und zwar ganz unfreiwillig komisch, daß man schon vor Lachen ersticken konnte, wenn er nur den Mund öffnete; unter dieser Schar mehr oder weniger erprobter Asiaten war er mein ältester Bekannter. Er hatte 1896 an Wellbys Reise teilgenommen und machte uns die unheimlichsten Beschreibungen von den Leiden, die der im Burenkriege gefallene Hauptmann mit seiner Karawane in Nordtibet habe ausstehen müssen, als aller Proviant verzehrt und alle Tiere verendet waren. Ein Jahr später nahm er an meinen Bootfahrten über den heiligen See Manasarowar teil und war mir dort ebenso nützlich, wie er mich erheiterte. Schukkur Ali war eine ehrliche Haut, ein wackerer Kerl, der ungeheißen seine Arbeit tat, sich nie mit jemand zankte und zu jedem Dienste willig und bereit war. Immer war er strahlend heiterer Laune, selbst während des heftigsten Sturmes mitten auf dem See, und nur zweimal sah ich ihn weinen wie ein Kind: am Grabe Muhamed Isas und in der Stunde, als wir uns Lebewohl sagten.

Diese drei waren, wie schon ihre Namen verraten, Mohammedaner. Im ganzen zählte die Karawane acht Söhne des Islam; der Führer Muhamed Isa war der neunte. Die übrigen siebzehn waren Lamaisten. Dazu kamen die beiden Hindus, ein Katholik, Manuel, und zwei Protestanten, Robert und ich. Für die religiöse Überzeugung der Lamaisten will ich jedoch nicht einstehen. Von einigen unter ihnen erfuhr ich, daß sie mitunter ihre Religion wechselten. Rabsang z. B. war, als er nach Jarkent reiste, Mohammedaner und rasierte seinen Kopf, als er aber nach Tibet zog, war er ein ebenso überzeugungstreuer eifriger Lamaist!

Der älteste meiner Begleiter war der zweiundsechzigjährige Guffaru, der jüngste Adul mit zweiundzwanzig Jahren, und das Durchschnittsalter der ganzen Gesellschaft war 33 Jahre. Elf Leute stammten aus Leh, die anderen aus verschiedenen Dörfern Ladaks. Nur einer war ein Ausländer, der Gurkha Rub Das von der Grenze Nepals; er war still und treu und einer der allerbesten; was schadete es da, daß er keine Nase hatte; bei einer heftigen Rauferei in Lhasa hatte sein Gegner ihm dieses ebenso wichtige wie dekorative Organ abgebissen!

Über die Ausrüstung kann ich mich kurz fassen; es ist ja immer dieselbe. Für die Leute wurde Reis, Mehl, Talkan oder geröstetes Mehl, das mit Wasser angerührt gegessen wird, und Ziegeltee in Massen mitgenommen. Für mich selbst mehrere Hundert Konservendosen, Tee, Zucker, Tabak und dergleichen mehr, alles von dem Kaufmann Mohanlal, dessen Rechnung 1700 Rupien betrug. Neue Packsättel, Stricke, Friesdecken, Hufeisen, Spaten, Beile und Brechstangen, Blasebälge und das gesamte Küchengeschirr kosteten gegen 1000 Rupien. Die Packsättel, die wir in Srinagar gekauft hatten, waren so schlecht, daß wir neue anfertigen lassen mußten, und Muhamed Isa trommelte daher etwa zwanzig Sattler zusammen, die tagelang unter den Baumgruppen des Gartens nähten. Doch wurde alles rechtzeitig fertig, und alles war vorzüglich. Hauptmann Patterson versicherte, daß noch nie eine besser vorbereitete Karawane Leh verlassen habe. Wie dumm war es von mir gewesen, so lange in Srinagar zu bleiben und mich mit den trägen Herren des Maharadscha einzulassen! Alles, was von dort stammte, war entweder unverhältnismäßig teuer oder unbrauchbar. Nur die Maulesel waren gut. Dennoch gedenke ich des Aufenthaltes in Srinagar mit großer Dankbarkeit.

Unschätzbare Dienste leisteten mir die Herrnhuter Missionare in Leh; sie empfingen mich ebenso gastlich und freundlich wie früher, und ich verlebte in ihrer gemütlichen Häuslichkeit viele unvergeßliche Stunden. Reverend Peter hatte meinetwegen endlose Plackereien, er ordnete sowohl jetzt wie späterhin alle meine Geschäfte mit den neuen Dienern. Doktor Shawe, der Missionsarzt, war mir von meiner früheren Reise her ein alter Freund, da er 1902 meinen kranken Kosaken Schagdur in dem vorzüglichen Missionskrankenhause behandelt hatte. Auch jetzt half er uns mit Rat und Tat. Er starb ein Jahr darauf in Leh nach einem der leidenden Menschheit geweihten Leben.

Viele meiner schönsten Erinnerungen aus den langen, in Asien verlebten Jahren stammen aus den Missionshäusern, und je besser ich die Missionare kennenlernte, desto mehr bewunderte ich ihre stille, beharrliche und oft so undankbare Arbeit. Alle die Herrnhuter, mit denen ich im westlichen Himalaja zusammentraf, stehen auf einer sehr hohen Bildungsstufe und kommen außerordentlich gut für ihre Aufgabe vorbereitet hierher. Es gibt unter den jetzt lebenden Europäern niemand, der sich an Kenntnis des Ladakvolkes und der Geschichte Ladaks mit diesen Missionaren messen könnte.

Einige junge Fante, denen nichts heilig ist, glauben, es gehöre zum guten Ton, Missionare mit überlegener Verachtung zu behandeln, sie zu tadeln, über sie zu Gericht zu sitzen und ihre Arbeit im Dienste des Christentums zu verurteilen. Was auch das Ergebnis der undankbaren Tätigkeit sein mag, der selbstlose Kampf für eine ehrliche Überzeugung ist stets bewundernswert, und in einer Zeit, die an widerstreitenden Kräften so reich ist, erscheint es wie eine Erlösung, noch Menschen zu begegnen, die für den Sieg des Lichtes auf der Erde kämpfen. In Leh haben die Missionare eine Gemeinde, die sie mit größter Zartheit und Ehrfurcht behandeln, da sie wohl wissen, daß die von den Vätern ererbte Religion den Eingeborenen in Fleisch und Blut übergegangen ist und sich nur durch vorsichtige, geduldige Arbeit besiegen läßt. Selbst die Ladakis, die niemals die Missionsstationen besuchen, sprechen immer gut von den Missionaren und haben blindes Vertrauen zu ihnen, denn abgesehen von der Missionsarbeit wirken sie als gute Beispiele. Das Krankenhaus wird überaus eifrig in Anspruch genommen, und die ärztliche Kunst ist ein sicherer Weg zu den Herzen der Eingeborenen.

Eines Tages schlug mir Hauptmann Patterson vor, zusammen mit ihm den reichen Kaufmann Hadschi Naser Schah in seinem Hause zu besuchen.

In einem großen Zimmer des ersten Stockwerks, das ein gewaltiges Fenster mit Aussicht auf das Industal hat, saß der Alte auf weichen Polstern, um ihn herum seine Söhne und Enkel. Überall standen Kisten voll Silber und Goldstaub, Türkisen und Korallen, Stoffen und Waren, die nach Tibet verkauft werden.

Der alte Hadschi war ein vornehmer Mohammedaner edelsten Schlages. Treulich erfüllte er die Gebote des Korans und wanderte fünfmal täglich auf zitternden Beinen in die Moschee, seine Andacht zu verrichten. Der Güter dieses Lebens hatte er mehr als genug, denn seine weitreichenden Handelsverbindungen brachten ihm alljährlich 25 000 Rupien Reingewinn, und sein Name war in ganz Innerasien bekannt und geachtet. Seine große Familie zählt etwa hundert Mitglieder, und die verschiedenen Filialen in Lhasa, Schigatse, Gartok, Jarkent und Srinagar stehen alle unter der Verwaltung seiner Söhne und Enkel. Vor 300 Jahren wanderte die Familie aus Kaschmir in Ladak ein.

Die eigentliche Quelle ihres Reichtums ist die sogenannte Loptschak-Mission, die sie als Monopol besitzen. Nach einem gegen 200 Jahre alten Vertrag schickten die Könige von Ladak jedes dritte Jahr eine besondere Mission an den Dalai-Lama in Lhasa, um Geschenke zu überbringen, die ein Symbol wenigstens geistiger Unterwerfung unter Tibets Oberhoheit waren. Nachdem aber Gulab Sings Heerführer Sorawar Sing 1841 Ladak erobert und den größeren Teil dieses Landes Kaschmir einverleibt hatte, übernahm der Maharadscha von Kaschmir die Verpflichtung, die Bestimmungen der Loptschak-Mission zu erfüllen, und betraute hiermit stets eine der edelsten Familien Ladaks. Seit einigen fünfzig Jahren ist dieses Vertrauensamt der Familie Naser Schahs erteilt worden und eine Quelle großer Einkünfte für sie gewesen, besonders dadurch, daß der Mission mehrere Hundert Lasttiere von Leh bis Lhasa kostenfrei zur Verfügung gestellt werden müssen. Auch von Lhasa wird alljährlich ein derartiger Handelsagent nach Leh geschickt.

Vor acht Monaten war die diesjährige Loptschak-Mission unter Führung eines der Söhne des Hadschi abgegangen. Ein anderer Sohn, Gulam Rasul, sollte sich im September nach Gartok begeben, wo er der mächtigste Mann auf der Messe ist. Ich fragte ihn scherzend, ob ich nicht mitreisen könne, aber Hadschi Naser Schah erwiderte, er würde das Monopol verlieren, wenn er einen Europäer in Tibet einschmuggelte. Gulam Rasul bot mir jedoch, falls ich in die Nachbarschaft von Gartok käme, seine Dienste an, und daß dies keine leeren Redensarten waren, sollte ich später erfahren. Er wird in dieser Erzählung noch eine außerordentlich wichtige Rolle spielen.

Auch jetzt leistete er mir viele wertvolle Dienste, deren größter war, daß er mir für eine bedeutende Summe indischen Papiergeldes bare Münze gab, darunter ein paar Beutel tibetischer »Tengas«, die uns vier Monate später sehr zustatten kommen sollten.

Die kleine Stadt Leh selbst ist voll der lockendsten Motive tibetischer Baukunst; überall zeigen sich Tempelportale, Moscheen, amphitheatralisch gebaute Häuser und offene Läden, vor denen sich Kauflustige drängen, und in der Hauptbasarstraße wurde der Verkehr mit jedem Tage lebhafter, seitdem die Sommerkarawanen aus Jarkent über den Kardangpaß in Leh einzutreffen begannen. Rings um die Stadt erhebt sich ein Kranz kahler, sonnenbestrahlter Berge; nach Süden und Südosten senkt sich die dürre Kiesebene zum Indus hinab, wo eine Reihe von Dörfern im Schmuck grünender Felder und Waldungen dem Bilde einiges Leben gibt. Auf der anderen Seite thront der Stoghpa, ein hoher Gipfel, unter ihm das Dorf Stogh. Dort residiert ein Exkönig in dritter Generation, der Radscha von Stogh, dessen Großvater noch als König über Ladak herrschte, aber durch Sorawar Sing seiner Würde und seines Reiches beraubt wurde.

Der Radscha von Stogh, oder wie sein Name kurz und gut lautet: Jigmet Kungak Singhej Lundup Thinlis Sangbo Sodnam Nampur Gelvela, Jagirdar des Staates Stogh, macht einen sympathischen, etwas schwermütigen Eindruck; offenbar entbehrt er die Ehre und die Macht, die das Schicksal nie in seine Hand gelegt hat, schmerzlich. Er war gerade in Leh zu Besuch, denn er besitzt hier an der Hauptstraße ein einfaches, aber hübsches Haus. Die Tibeter betrachten ihn noch immer als den wirklichen, rechtmäßigen König von Ladak, während der neue Herrscher des Landes, der Maharadscha von Kaschmir, nur als Usurpator gilt. Ich war daher auf den Gedanken gekommen, daß ein Empfehlungsschreiben dieses Radschas von Stogh mir vielleicht eines Tages nützlich sein könnte; er fühlte sich auch sichtlich geschmeichelt, als ich ihn darum bat, und war gern bereit, meinen Wunsch zu erfüllen. In seinem offenen Briefe befiehlt er »allen Großen und Kleinen in Tibet, von Rudok, Gartok und Rundor bis Schigatse und Gyangtse, den Sahib Hedin frei und unbelästigt passieren zu lassen und ihm alle notwendige Hilfe zu leisten«. Aber das hochwichtige Dokument, das mit Datum und dem roten viereckigen Siegel des Radscha versehen war, lasen später viele tibetische Häuptlinge, ohne daß es auf sie auch nur den geringsten Eindruck machte. Sie antwortete ruhig: »Wir haben nur von dem Dewaschung (der »Heilige Rat des Dalai-Lama«) in Lhasa Befehle zu empfangen.«

Wie ein gigantisches Denkmal entschwundener Größe erhebt sich der alte Palast von Leh auf einem Felsen. Von seinem Dach aus hat man eine herrliche Aussicht auf die Stadt, das Industal und die mächtigen Berge jenseits des Flusses. Vor uns dehnen sich Weizen- und Gerstenfelder, noch schreiend grün in dem ewigen Grau, kleine Wälder, Pappelgehölze, Bauernhöfe, und scharf und grell tritt in der Abendsonne der öde Friedhof der Mohammedaner hervor; unmittelbar unter mir liegt ein Gewirr von Stein- und Lehmhäusern mit hölzernen Altanen und Veranden.

Auf dem Hügel hinter Hauptmann Pattersons Bungalow liegt ein Friedhof mit fünf Europäergräbern; unsere Aufmerksamkeit fesseln hier besonders die Namen Stoliczka und Dalgleish. Auf Stoliczkas Grab erhebt sich ein großartiges Granitdenkmal; die Inschrift sagt, daß er im Juni 1874 in Murgoo beim Karakorumpasse gestorben ist. Die indische Regierung errichtete das Denkmal als Beweis der Achtung und zum Dank für die Dienste, die Stoliczka während Forsyths Gesandtschaftsreise geleistet hat. Auf Dalgleishs Grabmal liest man, daß er 1888 auf dem Karakorumpaß ermordet wurde. Beide endeten ihre Wanderung durchs Leben in derselben Gegend hoch über der übrigen Erde, und beide schlafen ihren letzten Schlummer unter denselben Pappeln und Weiden. Jetzt vergoldete die Abendsonne die Kämme des Gebirges, ihr Licht fiel auf die Gräber und die Stämme der Pappeln, ein schwacher Wind flüsterte in den Baumkronen und erzählte von der Eitelkeit aller Dinge; eine Weile später aber, als die Lampen im Regierungsgebäude angezündet waren, knallten die Champagnerpfropfen bei dem Abschiedsessen, das Hauptmann Patterson einem anderen solchen Pilger gab, der seine einsamen Streifzüge durch das weite öde Asien noch nicht beendet hatte!

Aufbruch nach Tibet

Unter der aufs äußerste angestrengten Arbeit flogen die Tage in Leh nur so dahin, aber das Ergebnis unserer Mühen war eine stattliche, marschfertige Karawane. Robert und Muhamed Isa schienen von meiner Sehnsucht, aufzubrechen, angesteckt zu sein, denn sie arbeiteten vom Morgen bis Abend und paßten auf, daß die andern ihre Pflicht taten. Ich verabschiedete mich von dem liebenswürdigen Hauptmann Patterson, der uns auf so manche Weise geholfen hatte, und am 13. August standen die Lasten der zweiten großen Karawane paarweise auf dem äußeren Hofe; sie brauchten nur noch auf die Packsättel der Pferde gehoben zu werden.

Am nächsten Morgen um vier Uhr brach Muhamed Isa auf, und einige Stunden später folgte ich mit Robert und Manuel, vier Reitpferden und neun Pferden für unser Gepäck. Hadschi Naser Schah und seine Söhne, unsere zahlreichen Lieferanten, die Behörden und Punditen der Stadt und viele andere hatten sich zum Abschied eingestellt und gaben uns die freundlichsten Wünsche, zahlreiche »Salam« und »Dschole«, mit auf den Weg.

Eine Bettlerschar eskortierte uns durch die Hauptstraße, auf der Freitreppe seines Hauses machte uns der Kaufmann Mohanlal seine Verbeugung, und durch das kleine Stadttor kamen wir in die Vorstadtgassen. Aber schon bei der ersten Biegung hatte das Pferd, das meine beiden Tageskisten trug, seine Last satt und befreite sich davon. Sie wurden einem andern Pferde aufgeladen, das friedlicher aussah; es trug sie auch bis zum Begräbnisplatz der Mohammedaner, aber da war es ebenfalls ihrer überdrüssig, scheute, ging durch, verschwand zwischen einigen Tschorten und schleuderte die Kisten so schnell auf die Erde, daß es geradezu ein Wunder war, wenn sie nicht auf dem Geröll und den Felsblöcken in tausend Stücke gingen. Im Handumdrehen wickelte sich der Gaul aus allen Stricken heraus und galoppierte mit dem Packsattel, der ihm nachschleppte, zwischen den Grabmälern umher, unter denen die Mohammedaner in Ruhe schlummerten. Damit die Kisten nicht völlig ruiniert würden, mieteten wir für diesen Tag ein sanftes Pferd. So geht es im Anfang immer, ehe die Tiere sich an ihre Lasten und Packsättel gewöhnt haben. Hier klappern ein paar eiserne Eimer oben auf einer Last, dort die Griffe eines Jakdans, dann wieder sind es ein paar Zeltstangen, die auf- und niederwippen und bei jedem Schritt gegeneinanderschlagen. Die Ruhe im Stall hat die Pferde nervös gemacht, sie sind dick und feist von dem saftigen Klee, stark, munter und zum Tanzen auf der Landstraße sehr geneigt. Jedes Pferd mußte jetzt von einem Manne geführt werden; aber endlich kamen wir aufs freie Land hinaus, unsere Begleiter verließen uns einer nach dem anderen; der letzte, der mir Lebewohl sagte, war der prächtige Reverend Peter.

Dann ging es abwärts, an endlosen »Mani-ringmos«, langen Mauern aus Mani-Steinen vorbei, durch enge Stellen zwischen kleinen Felsrücken hindurch, und so näherten wir uns wieder dem Indus. Der Weg führt durch das Dorf Sche über Kanäle, steinerne Brücken, über Rasenplätze und reifende Kornfelder.

Nachdem wir den Fluß aus dem Gesicht verloren haben, tauchen das Kloster Tikse auf einem beherrschenden Felsen und an dessen Fuß das Dorf Tikse mit Gärten und Feldern auf. In einem Weidengebüsch waren die Zelte schon aufgeschlagen. An der Außenseite des Lagers zog sich die große Landstraße an einem Kanal hin, und hier standen unsere Maulesel und Pferde in langen Reihen vor frischen Grasbündeln angebunden. Die kleinen Hunde wurden sofort herausgelassen; ihr Korb wird ihnen jetzt schon zu klein, sie wachsen sichtlich, beißen mächtig und fangen bereits an, mein Zelt zu bewachen, wo sie wütend kläffen, sobald sie etwas Verdächtiges wittern.

Kaum eine halbe Stunde, nachdem das Lager in Ordnung ist, kommt Manuel und setzt mir Tee und Keks vor; er ist nach dem Tagesritt etwas mürbe und sieht sehr ernst, schwarzbraun und glänzend aus; wenn er ärgerlich ist, wird er noch schwärzer als gewöhnlich. Robert ist von seinem Pferd entzückt, und auch ich habe alle Ursache, mit dem meinen zufrieden zu sein, einem großen, starken Apfelschimmel aus Jarkent. Muhamed Isa trägt die Verantwortung für meine zwanzig Kisten; er hat sie zu einer Ringburg aufgestapelt und mit seinem großen Zelt überdeckt, und hier residiert er zusammen mit einigen anderen unserer vornehmeren Ladakis. Robert und Manuel haben ein gemeinsames Zelt, die Küche aber mit ihrem ständig rauchenden Feuer ist im Freien, und auch die übrigen Leute schlafen unter freiem Himmel.

Erst jetzt hatte die neue Reise im Ernst begonnen — wir waren auf dem Wege nach dem verbotenen Land. Durch eine Kette von Schwierigkeiten und Hindernissen hatte ich mich hindurcharbeiten müssen, um überhaupt zu diesem ersten Tag zu gelangen. In Batum hatte Revolution geherrscht; in Kleinasien hatte mir der Sultan Abdul Hamid eine Sicherheitswache von sechs Hamidiereitern zum Schutz gegen Räuber mitgegeben; in Teheran zeigten sich schon damals revolutionäre Neigungen; in Seistan hatte die Beulenpest entsetzlich gewütet, und in Indien fand ich das schlimmste von allem: das unbedingte Verbot, von der indischen Seite aus in Tibet einzudringen. Dann folgte all der unnötige Wirrwarr in Srinagar und auf dem Wege nach Leh, und die alberne Geschichte mit dem chinesischen Paß, den ich gar nicht brauchte. Nun aber hatte ich endlich alle Bürokraten, Politiker und andere Störenfriede hinter mir; nun mußte uns jede Tagereise immer weiter von der letzten Telegraphenstation, Leh, entfernen, und dann wartete unser die große Freiheit.

Am 15. August waren gerade einundzwanzig Jahre verflossen, seit ich meine erste Reise in Asien angetreten hatte. Was mochte das nächste Jahr bringen? Würde es Höhepunkt oder ein Rückgang sein? Würden die Widerwärtigkeiten fortdauern oder die Tibeter sich freundlicher erweisen als die Europäer? Ich wußte es nicht; die Zukunft lag so dunkel vor mir wie das Industal, wo heute schwere Wolkenmassen um die Berge zogen und der Regen auf dem Zelttuch trommelte. Ich ließ es regnen und freute mich darüber, denn wenn die Niederschläge sich noch weit über Tibet erstreckten, würden die Weiden üppiger sein und die Quellen reichlicher fließen.

Tikse liegt bedeutend tiefer als Leh, dann aber geht es wieder aufwärts.

An einer kleinen schwankenden Holzbrücke über den Indus stehen wieder einige lange Manis. Ehemalige Könige von Ladak haben sie einst ausführen lassen, um dadurch ihr Gewissen zu beruhigen und sich für ein künftiges Leben Verdienste zu erwerben. Sie bezahlten den Lamas die Arbeit; jedermann steht es frei, auf diese Weise die göttlichen Mächte milde zu stimmen. So erhalten auch die Mönche eine Einnahme und jedermann, Wanderer und Karawanen nicht zum wenigsten, freut sich der frommen Tat, während die Steinplatten in Regen und Sonnenschein, bei Tag und Nacht, in Kälte und Hitze in ihrer stillen Sprache von schlechten Gewissen und mannigfachen Sünden reden.

Jetzt verlassen wir den Indus zum letztenmal. »Es muß mir gelingen, deine Quelle im verbotenen Land zu finden!« So dachte ich, während ich in Begleitung einiger Tschamadare und Tschaprassis des Staates Kaschmir und einiger meiner eigenen Leute in das Nebental einbog, durch das der Weg an den Klöstern Karu und Dschimre vorbei nach dem Tschang-la hinaufführt. Der Weg verschlimmert sich mit jeder Tagereise und verwandelt sich bald in einen oft kaum mehr erkennbaren Fußpfad, um schließlich ganz zu verschwinden. Die große Straße nach Lhasa, die sich längs des Indus hinzieht und nach Gartok hinaufführt, war mir ja versperrt.

Unsere Reisegesellschaft ist stattlich; jeden Abend wird ein Schaf geschlachtet, und in der Mitte der verschiedenen Gruppen, die sich zu gemeinsamer Mahlzeit gebildet haben, kochen die Töpfe über den Feuern. Noch mache ich keinen Versuch, die Namen meiner neuen Diener zu erlernen; es wimmelt ja unter ihnen noch bei jeder Gelegenheit von Kulis und Dorfbewohnern, die kommen und gehen, und ich weiß kaum, wer meine eigenen Leute sind.

Schon bei Dschimre sind wir auf einer Höhe von 3651 Meter, und während der ganzen Tagereise bis nach Singrul (4898 Meter ü. d. M.) geht es aufwärts. Der Weg zieht sich meist auf den steinigen, unfruchtbaren Abhängen der linken Talseite hin. In Sakti verirrt man sich in einem Labyrinth von engen Gängen zwischen Hütten und Tschorten, Geröllblöcken und Mauern, Mani-Steinwällen und Terrassen, die die horizontalen, stufenartig angelegten Äcker stützen. Auf der Höhe über uns sieht man den Tschang-la, und schon beim Anblick der gewaltigen Steigung wird einem schwindlig.

Tagar ist das letzte Dorf vor dem Paß; hier hatte ich früher schon ein paarmal Rast gehalten. Seine Weizenfelder ziehen sich noch eine Strecke weit talaufwärts. Die verschiedenen Kolonnen der Karawane schreiten immer höheren Regionen zu, einige sind schon am Ziel, und die letzten haben wir eingeholt. Der Pfad führt steil zwischen gewaltigen Blöcken von grauem Granit aufwärts, so daß unsere Ladakis aufpassen müssen, daß die Kisten nicht daran stoßen.

Nach vier und einer halben Stunde sind wir oben auf der Raststelle Singrul. Eine hochalpine, kalte und unfruchtbare Landschaft umgibt uns. Muhamed Isa thront wie ein Pascha in seiner Burg von Kisten und Proviantsäcken, das übliche Schaf wird geschlachtet und zerlegt und landet mit Magen, Gedärmen und allem sonstigen in dem großen Kessel. Nur der Kopf und die Füße werden auf Steinen am Feuer gebraten. Einige der Männer nehmen sich das Fell und benutzen den Abend dazu, um es zu reiben und weich zu machen — vermutlich soll es als Bettdecke benutzt werden.

Die beiden Radschputen saßen ein wenig von den anderen entfernt an ihrem eigenen kleinen Kochtopf und verzehrten, wie ich sah, ein sehr leichtes Essen von Spinat, Brot und Reis. Die dünne Luft schien ihnen gar nichts auszumachen und die Kälte auch nicht; dagegen waren die kleinen Hunde sehr mißmutig darüber, daß das Thermometer am Abend nur noch 7 Grad zeigte; sie jaulten jämmerlich und krochen unter meinem Zeltbett zu einem einzigen Knäuel zusammen. Die vier Kulis, die das Boot trugen, gingen noch über Singrul hinaus nach einer Grotte, wo sie, wie sie sagten, besser vor der Nachtkälte gesichert sein würden. Gegen Abend schwoll der Bach an und einer seiner Arme steuerte gerade auf mein Zelt los; es mußte durch einen provisorischen Damm geschützt werden. Die Ladakis saßen höher oben und schlürften ihren roten, mit Butter gemischten Tee, und an mehreren Stellen erhellten Feuer die Nacht.

Die Temperatur sank auf minus 6,1 Grad, und es war wirklich recht unbehaglich in diesen hohen Regionen, wo die Winde frei ihr Spiel treiben. An Indiens Wärme gewöhnt, empfindet man die Kälte besonders heftig beim Aufstehen, wenn der Hagel wie Zuckerkügelchen gegen das Zelt schmettert. Ein blauschwarzer Rabe sitzt auf einem Steinblock, fliegt manchmal herab, um zu untersuchen, was wir liegengelassen haben, schmatzt und schluckt mit klingendem Ton und scheint mit seiner Morgenbeute zufrieden zu sein.

Schwer und langsam arbeiten sich die Pferde und die Maulesel durch grauen Granitschutt und zwischen im Wege liegenden Blöcken im Zickzack aufwärts. Um, wie unsere Kulis, diese Höhen mit schweren Lasten auf dem Rücken zu erklimmen, bedarf es besonders konstruierter Lungen, eines guten Brustkorbes und eines kräftigen Herzens. Immer höher hinauf geht es zu dem Paß in der gewaltigen Bergkette, die den Indus von seinem großen Nebenflusse Schejok trennt. Fünfzig mit Salz beladene Maulesel aus Rudok drohen uns den Weg zu versperren, werden aber von unseren Leuten beiseite getrieben. Von Zeit zu Zeit machen wir halt, um die Tiere verschnaufen zu lassen. Dann geht es wieder eine Strecke aufwärts; immer häufiger muß gerastet werden; die Pferde schnauben, dehnen ihre Nüstern und atmen schnell. Und dann wieder eine Strecke bis zum nächsten Ruhepunkt.

Endlich aber sind wir oben, 5360 Meter über dem Meere! Allerdings zeigte das Thermometer 5,2 Grad über Null, aber es war Nordwind, der Himmel überzog sich mit dichten Wolken, die über die Kämme des Gebirges heranfegten, und bald darauf hagelte es wie Rutenschläge auf uns nieder. Oben auf dem Tschang-la steht ein Steinhaufen mit Opferstangen, die überall mit zerlumpten, vom Winde zerrissenen Wimpeln behängt sind; alle diese Wimpel tragen in tibetischen Schriftzeichen das Gebet der heiligen sechs Silben; bunt und verblichen flattern und klatschen sie im Winde, als wollten sie die Gebete antreiben, sich in immer höhere Regionen zu den Ohren der Götter emporzuschwingen. Hörner und Schädel zieren das erhabene Opfermal. Hier machen alle unsere Ladakis der Reihe nach halt, schreien Hurra, tanzen, schwenken ihre Mützen und freuen sich, diesen schwierigen Punkt ohne Mißgeschick erreicht zu haben.

Der Abstieg nach Osten vom Passe hinunter ist jedoch noch schlimmer; nur Schutt, Blöcke jeder Größe, scharfkantige Granitstücke und dazwischen eine ewige Schlammsuppe, worin es bei jedem Schritte der Pferde gluckst und quatscht. Bisweilen gleicht der Pfad mehr einer Treppe, auf der es kopfüber abwärts geht, aber unsere Pferde sind sicher auf den Füßen und an schlechtes Gelände gewöhnt; kalt und öde, rauh und grau, windig und düster ist es — wie anders als in den sonnigen, warmen Gegenden, die wir kürzlich verlassen haben!

Am Fuße des eigentlichen Paßkegels wartete der alte Hiraman, ein Freund von meiner früheren Reise her. Der Alte war ganz unverändert, vielleicht noch ein bißchen runzeliger als gewöhnlich.

Nach einer Nacht mit 7,1 Grad Kälte ritten wir von Sultak weiter, an seinem kleinen, durch Moränen aufgestauten See vorbei und das Gerölltal hinab. Jetzt mußten die Hunde laufen und taten es auch während des kurzen Tagemarsches ohne Murren; als sie in Drugup ankamen, waren sie so erschöpft vor Müdigkeit, daß sie sogar ihre übliche Beißerei vergaßen.

Drugub liegt nur 3900 Meter hoch, und auf der kurzen Strecke bis Tankse stiegen wir auch nur 91 Meter; von da an aber geht es langsam wieder bergauf, bis man schließlich auf die großen offenen Hochebenen gelangt, wo die Höhenunterschiede während des monatelangen Vorrückens nur unbedeutend wechseln. Oberhalb Tankse erhebt sich im Hintergrund ein mächtiger, schön gemeißelter Bergstock; auf seinen beiden Seiten gähnen tiefe Täler; durch das südliche geht ein Weg nach Gartok, den ich später kennenlernen sollte, durch das nördliche aber die Straße nach Muglib, auf der ich schon früher marschiert war; diese sollte ich nun wiedersehen und zwei Tagereisen lang auf Wegen ziehen, die mir wohlbekannt waren.

Der Tanksefluß ist ziemlich wasserreich; wir überschritten ihn an einer breiten, seichten Stelle. Das ganze Dorf war auf den Beinen und sah zu, wie mein Zelt aufgeschlagen wurde in dem kleinen Gebüsch einiger Weiden, die entschlossen den Kampf mit der hohen Lage und dem rauhen Klima aufgenommen hatten. Dies waren aber auch die letzten Bäume, die wir während des nächsten halben Jahres zu sehen bekamen.

In Tankse rasteten wir einen Tag und schlossen mit den Männern ab, die mit ihren dreißig gemieteten Pferden warteten. Auf den ersten Tagemärschen macht man stets allerlei Erfahrungen, und auch jetzt blieb noch dieses und jenes abzuändern. So stellte Muhamed Isa für die Karawanenleute ein großes tibetisches Zelt mit breiter Rauchspalte auf dem Dache her. Rings um den inneren Zeltrand sollten die Proviantsäcke einen Wall zum Schutz gegen den Wind bilden und dort selbst vor Regen geschützt sein. Außerdem wurde geröstetes Mehl, Gewürz und Tabak für die Leute gekauft, dazu alle Gerste, die in der Gegend zu haben war. Die Häuptlinge von Tankse und Pobrang erboten sich, uns einige Tage zum Vergnügen zu begleiten, um aufzupassen, daß alles gut gehe.

Spät am Abend erhellten Feuer in Muhamed Isas Lager die Gegend, und die lärmende Musik klang fröhlicher als je. Die Karawanenleute nahmen mit einem Schmaus Abschied von der »Zivilisation« und hatten die Dorfhonoratioren und Tänzerinnen zu Tee und Gesang geladen. Es ging dabei recht heiter zu; das Gerstenbier »Tschang«, ein Nationalgetränk Ladaks, brachte Gäste und Wirte in fröhliche Stimmung, und noch als ich einschlief, hörte ich Frauengesang, Flötentöne und Sackpfeifermelodien von den Bergwänden widerhallen.

Am 21. August setzten wir uns wieder in Bewegung; bei unserem Abzug war ganz Tankse auf den Beinen, und alle riefen uns freundlich ein letztes »Dschole« zu.

Hier begann ich das erste Kartenblatt zu zeichnen und damit eine Arbeit, die nun länger als zwei Jahre meine Aufmerksamkeit angespannt auf jeden Kilometer des zurückgelegten Weges und auf alles richten sollte, was sich von meinem Weg aus beobachten ließ. Zugleich begann das Sammeln von Gesteinsproben; Handstück Nr. 1 war von kristallinischem anstehenden Schiefer, während der Talboden noch immer mit großen und kleinen Granitblöcken bedeckt war.

Wir ließen das kleine Tanksekloster auf einem Felsenvorsprung links liegen und hielten uns von jetzt ab auf der rechten Seite des Muglibbaches. Im Talkessel bei Muglib ist gutes, üppiges Weidegras.

Hier weideten unsere 130 Tiere, die in aller Eile besichtigt wurden. Sonam Tsering mußte Rechenschaft ablegen über sein Vogtamt, das er trefflich verwaltet hatte. Unsere Maulesel sahen, nachdem sie fünf Tage lang im Freien auf den Wiesen von Muglib gegrast hatten, fett und rundlich aus. Mein Lager war jetzt zum erstenmal vollständig beisammen und nahm sich mit seinen vier Zelten und seinen vielen Gruppen der um verschiedene Feuer sitzenden Männer recht stattlich aus. Überall hört man Pferde wiehern und Esel schreien, die Männer nehmen ihnen die Packsättel ab, um nachzusehen, ob deren Unterseite auch glatt ist und keine Wunden scheuern kann, die Tiere werden gestriegelt und gefüttert, ihre Hufe werden untersucht und frisch beschlagen, wenn die alten Hufeisen von dem steinigen Gelände abgenutzt sind.

Das Dorf Muglib besteht aus drei armseligen Hütten, deren zwölf Bewohner Gerste und Erbsen bauen. Man erwartete die Gerstenernte in zehn Tagen, aber die Erbsen standen noch in voller Blüte und konnten vor Eintreten der Nachtfröste nicht mehr reif werden; sie werden dann noch grün als Pferdefutter verbraucht. Ich fragte einige Leute aus Muglib, was sie im Winter täten. »Schlafen und frieren«, antworteten sie.

Die Sonne war noch nicht aufgegangen, als mich am anderen Morgen Geschrei und Geklapper, lautes Reden, Rossestampfen und Gewieher aus dem Schlafe weckten — die schwere Kavallerie brach unter Muhamed Isas Führung auf! Und dann machten die Hündchen ausfindig, daß mein Bett ein trefflicher Spielplatz sei, und ließen mir keine Ruhe mehr. Manuels Morgenfeuer in der Küche begann zu knistern, und duftende Dämpfe verrieten, daß es zum Frühstück Hammelkoteletts gab. Nun, ich war ja an das Feldleben gewöhnt, hatte es aber nie so gut gehabt wie jetzt und war noch nie Besitzer einer so großen und vollständigen Karawane gewesen.

Oberhalb des Dorfes geht es sechsmal über den Bach; er ist klein, und seine Wassermenge scheint immer die gleiche zu sein, denn er kommt aus einem kleinen See, an dessen Ostufer ich im Dezember 1901 gelagert hatte. Jetzt folgen wir seinem Nordufer über mehrere recht beschwerliche Bergausläufer von schwarzem Schiefer und Quarzit hinweg.

Ein beflaggter Steinhaufen und ein Mani bezeichnen den hydrographisch wichtigen Punkt, der eine Wasserscheide zwischen dem Panggong-tso* und dem Indischen Ozean bildet, auf einer Höhe von 4327 Meter. Von hier aus fällt das Tal langsam nach dem See ab, und wir reiten in der Rinne, die einst seinen Abfluß nach dem Schejok und dem Indus bildete.

Jetzt ist der Panggong-tso vom Indus abgeschnitten und hat infolgedessen salziges Wasser. Hinter einem Bergvorsprung auf der rechten Talseite tritt die westliche Spitze des Sees hervor, und nachdem wir noch ein paar Minuten geritten sind, entrollt sich vor mir ein großartiges Panorama: der große blaugrüne See zwischen ungeheuren Felsen. Sein Nordufer entlang war ich vor fünf Jahren mit meinen Kamelen gezogen, meinen alten tüchtigen Veteranen, die in Ladak solches Aufsehen erregt hatten, daß ich dort noch immer der »Kamelherr« genannt wurde!

Von Lukkong aus zog sich unser Weg nach Norden und Nordosten durch das breite, mit Geröll bedeckte Tal, wo man schon eine Vorahnung von den flacheren Bodenformen der tibetischen Hochebene bekommt. Wir befanden uns in einem Gebiet, das nach dem Meere hin keinen Abfluß mehr hat; wir hatten bereits drei wichtige Schwellen, nämlich den Sodschi-la, den Tschang-la und heute auch den kleinen Panggongpaß überschritten, hatten aber noch zwei gewaltige Pässe vor uns, ehe wir endgültig die weite Fläche des Hochlandes betraten. Hinter dem ersten mußten wir nochmals in das Stromgebiet des Indus hinabsteigen, hinter dem zweiten aber erwartete uns ein abflußloses Gebiet, bis wir später in die Gegenden kamen, die durch das obere Talgebiet des Brahmaputra einen Abfluß nach dem Weltmeer haben.

Von einem kleinen Paß mit einigen Steinmalen aus hatten wir schließlich eine überraschende Aussicht über ein Tal, das mit dem eben durchwanderten parallel lief und reich an grünen Wiesen war. Oberhalb und unterhalb des Dorfes Pobrang zeigten sich zahlreiche Zelte und Lagerfeuer, und der Weidegrund war schwarz getupft von Karawanentieren, denn mein Lager war nicht das einzige, das Pobrang heute einen flüchtigen Besuch abstattete; auch ein englischer Schikari war dort zu Gaste, ein Mr. Lucas Tooth, der im Gebirge gejagt hatte und mit seiner Beute an Antilopengehörnen

* tso = See.

sehr zufrieden war. Wir unterhielten uns bis Mitternacht in meinem Zelt; es war der letzte Europäer, den ich während einer Zeit von mehr als zwei Jahren gesehen habe.

Zum Rande der tibetischen Hochebene

In Pobrang hatten wir wieder einen Ruhetag; dort trafen wir das letzte gute Weideland auf dem Weg nach Tibet; auch war es wichtig, daß Leute und Tiere sich allmählich an die zunehmende Höhe gewöhnten. Ich hatte ferner meine Post aus Schweden und Indien erhalten und war lange in meine Briefe und ihre Beantwortung vertieft; der Postbote sollte schon am nächsten Morgen nach Leh zurückkehren. Es war jedoch vereinbart worden, daß uns noch ein »Mail-runner« von dort nachgeschickt werden sollte. Von Pobrang aus sollte er einen Kameraden mitnehmen, weil die Gegend der Wölfe wegen unsicher ist. Es wurde verabredet, daß wir an zweifelhaften Stellen kleine Steinhaufen anlegen wollten, nach denen die Postboten sich richten könnten. Sie ließen jedoch nie wieder etwas von sich hören, und ich weiß nicht, wie ihr Vorhaben abgelaufen ist. Pobrang blieb also der letzte Punkt, an dem ich noch mit der Außenwelt in Berührung stand.

Hier kauften wir auch dreißig Schafe als lebenden Proviant, denn mehr glaubten wir nicht nötig zu haben, da die Jagd doch auch etwas abwerfen mußte und einige meiner Leute tüchtige Jäger waren.

Auf Muhamed Isas Vorschlag wurde Sonam Tserings Lohn auf zwanzig Rupien erhöht und er selbst zum Karawan-baschi der Maulesel ernannt. Der alte Guffaru war Anführer der Pferdekarawane, und Tsering, wie wir Muhamed Isas jüngeren Bruder ganz einfach nannten, hatte die Oberaufsicht über die kleine Karawane, die mein Tagesgepäck, mein und Roberts Zelt und die Küche beförderte.

Der Tschamadar Rahman Khan, der 1902 mein Führer gewesen und nun schon von Lama-juru mit uns gekommen war, wurde entlassen und gut bezahlt, ebenso die beiden Tschaprassis Rasul und Ische. Der alte Hiraman wollte uns durchaus noch eine Tagereise weit begleiten, während der »Numberdar« von Pobrang und der »Kotidar« von Tankse uns, wie gesagt, noch bis auf das Hochland bringen sollten. Auf diese Weise schrumpfte die Gesellschaft allmählich zusammen; zuletzt sollten uns die gemieteten Pferde und ihre zehn Führer verlassen.

Allabendlich pflegte ich mit Muhamed Isa Rat zu halten; gewöhnlich war auch Robert dabei, denn er war ja der erste aller meiner Diener, er leitete die Geschäfte der Karawane und führte Buch über unsere Ausgaben. Wir beschlossen jetzt, daß einige der gemieteten Yaks das Boot tragen, und unsere letzten Kulis umkehren sollten. Dann machten wir einen Überschlag über unseren Proviant; der Mais und die Gerste mußten 68 Tage ausreichen; das Mehl für unsere dreißig Leute hielt wenigstens 80 Tage, bei einiger Sparsamkeit drei Monate vor; der Reisvorrat konnte erst nach vier bis fünf Monaten erschöpft sein. Doch wie man auch rechnet und seine Voranschläge macht, eine Durchquerung ganz Tibets ist immer eine ungewisse, abenteuerliche Sache, und die Rechnung stimmt selten. Man kann sicher sein, daß man seine Tiere massenhaft verliert; es kann kommen, daß die Lasten den noch lebenden Tieren zu schwer werden und man einen Teil des Gepäcks opfern muß, oder daß der Proviant schneller zu Ende geht als die Tiere. Dann müssen diese sich große Kürzungen ihres Futters gefallen lassen und sich schließlich nur noch von dem ernähren, was die Erde bietet.

Die Hauptsache war mir jetzt, daß ich die Karawane so lange halten konnte, bis wir nördlich vom Bogtsang-tsangpo, etwa in 32 Grad n. Br. und 86 Grad ö. L., die ersten Nomaden treffen würden; waren wir erst glücklich so weit, dann halfen wir uns schon auf irgendeine Weise durch. Schon jetzt entwarf ich einen Feldzugsplan, der hauptsächlich darin bestand, uns nie von Zeit und Entfernungen, sondern nur von Weideland und Wasser abhängig zu machen. Die Dauer eines Tagemarsches richtet sich dann nur danach, und selbst ein einstündiger Marsch genügt für einen Tag, wenn er zu leidlicher Weide führt. Wo jedoch das Land völlig unfruchtbar ist, kann man beliebig weit vorrücken. Von meinen wirklichen Plänen ahnte noch keiner etwas; erst wenn die letzten Männer uns mit ihren Pferden verlassen hatten, wollte ich alles verraten. Tat ich das jetzt schon, so wäre der Plan in Ladak bekanntgeworden und hätte von dort aus die Ohren meiner Gegner erreicht. Dann aber wäre mir schon am Bogtsang-tsangpo, wie schon so oft, ein unerbittliches »Bis hierher und nicht weiter« entgegengeklungen.

Am 24. August verließen wir Pobrang. Von einer Bodenerhebung mit ein paar Steinmalen aus gesehen, erscheint das Land nach Osten hin mit seinen flachen, abgerundeten Formen und seinen wenig ausgeprägten offenen kleinen Tälern mit ausgetrockneten Abflußrinnen immer mehr tibetisch. Alles sieht öde und unfruchtbar aus; es gibt nur noch kleine, harte Japkakpflanzen. Das Steigen geht außerordentlich langsam, aber der Pfad ist in dem ermüdenden Kies oder Sand noch deutlich zu erkennen. Wasser sieht man keinen Tropfen. Das Wetter ist ganz tibetisch, bald glutheiß, wenn es ruhig und klar ist, bald rauh und kalt, wenn Wolken die Sonne verbergen und der Wind Roß und Reiter mit Flugsand umhüllt.

Bei Lunkar lagerten wir in der Nähe einiger verlassenen Steinhütten. Nur ein paar hundert Meter von uns entfernt weideten ein paar Kulane oder Kiangs, wie die Wildesel in Tibet und Ladak genannt werden. Neun Lagerfeuer erhellten die Dunkelheit, und zwischen ihren Bränden zischte der Schnee, der abends fiel und, wie der Nachtwächter meldete, erst gegen Morgen aufhörte.

Am Morgen hörte man denn auch den knarrenden Ton, der entsteht, wenn man auf gefrorenen Schnee tritt; mein Zelt wölbte sich unter seiner Schneelast nach innen, und die ganze Landschaft verschwand unter der winterweißen Decke, während dichte Wolken über allen Kämmen schwebten. Manuel und Ganpat Sing hatten noch nie Schnee fallen sehen; sie machten ein überaus erstauntes und neugieriges Gesicht, sahen aber auch in ihren Pustins oder Jarkentpelzen recht verfroren aus. Die Hündchen hingegen waren über dies neue Begebnis höchst mißvergnügt und bellten den Schnee in ihrem Ärger so lange an, bis sie merkten, daß es ihnen nichts half. Unsere

Dreistigkeit, die Karawane durch zwei große Hunde aus Pobrang zu verstärken, konnten sie auch nicht billigen. Eine andere Verstärkung, die in Lunkar gemacht wurde, bestand aus zehn Ziegen, die mich mit Milch versorgen sollten.

Im Handumdrehen waren wir aus dem Sommer in vollständigen Winter versetzt und erhielten einen Vorgeschmack von der Nähe der tibetischen Kälte.

Die ganze Karawane war noch da, als ich aus meinem Zelt trat, und wir brachen daher gemeinsam auf. Der alte Hiraman verabschiedete sich und ritt wieder nach seiner Hütte talabwärts. Die Sonne schien, und alles wurde blendend weiß; sogar die Ladakis mußten ihre Augen mit einer Wollzotte schützen, die sie sich vorn unter die Mütze steckten, und sahen mit diesem nichts weniger als kleidsamen Stirnschmuck urkomisch aus.

Der gewaltige Zug schlängelte sich jetzt, einer schwarzen Riesenschlange vergleichbar, zum nächsten Paß hinauf. Zuerst brachen die vierzig Schafe und Ziegen mit ihren Führern auf, wurden aber bald von den Mauleseln überholt, die nun den ganzen Tag an der Spitze marschierten. Der nächste im Zug war Muhamed Isa mit der Pferdekarawane, der die gemieteten Pferde mit ihren Führern und deren Yaks auf den Fersen folgten. In ihren Spuren trotteten unsere sieben gemieteten Yaks, deren Los es war, die schwersten Kisten und das Boot zu schleppen; sie machten ihre Sache ganz vorzüglich, waren aber auch ausgesuchte Tiere. Sie schienen weder die hohe Lage des Passes noch das Gewicht der Kisten zu fühlen und hielten den ganzen Tag hindurch mit den letzten im Zuge gleichen Schritt. Hinter den Yaks dann ritt ich mit Robert, dem Kotidar von Tankse und einem Mann zu Fuß, der mein Pferd hielt, wenn ich abstieg, um Gesteinproben zu suchen, Peilungen vorzunehmen oder Skizzen zu machen. Zuletzt kamen Tsering und Manuel mit meiner kleinen Lagerkarawane.

Wir waren noch nicht weit geritten, als wir das Pferd einholten, das als Nummer 52 auf der Liste stand, es war aus Sanskar und hatte 90 Rupien gekostet. Es hatte gestern nicht mehr gefressen, und heute ging es sichtlich mit ihm zu Ende, denn, von einem Manne angetrieben, taumelte es nur noch schrittweise vorwärts. Es blutete aus den Nüstern, sein Bauch war geschwollen und sein Maul kalt, was als schlimmes Zeichen galt; es schien an Schwindel zu leiden, fiel schließlich hin und war nicht mehr zum Aufstehen zu bewegen. Es erhielt Nummer 1 auf der Verlustliste, und ich bestimmte, daß der Kotidar von Tankse es behalten dürfe, falls es unerwarteter Weise doch noch genesen sollte.

Von unserem Lagerplatz in Lunkar aus hatte der heutige Paß, der Marsimik-la, harmlos ausgesehen, aber schon jetzt merkte man, daß sein Übersteigen eine ernste Sache war. Zuerst mußten die Pferde alle fünf Minuten anhalten und sich verschnaufen, dann schon alle anderthalb Minuten, schließlich konnten sie nicht länger als eine Minute auf einmal weiter und mußten dann ebensolange stillstehen. Der Schnee lag jetzt beinahe fußhoch. Über der gewaltigen Schneekette im Süden und Westen türmten sich seltsam gelbgraue und violette Wolken. War die Sonne zu sehen, dann brannten uns Gesicht und Hände; verbarg sie sich aber hinter den Wolken, dann war es prächtig, und das Sonnengeflimmer im Schnee, das den Augen außerordentlich lästig war, dämpfte sich durch die Wolkenschatten.

Vor uns scheint die Karawane ganz still zu stehen, so langsam geht es in dieser stark verdünnten Luft. Trotzdem bewegt sie sich vorwärts, man hört es an den beständigen Rufen der Treiber. Einige Ladakis singen einstimmig und melodisch, um sich selbst und den Tieren die Arbeit zu erleichtern. Sie sind so heiter und vergnügt, als zögen sie zum Erntefest. Von Zeit zu Zeit aber dröhnt Muhamed Isas Stimme wie rollender Donner und läßt die Mahnrufe »Chavaß« und »Chabardar« ertönen. Hoch oben sehen wir ihn stehen in der letzten Biegung, die zum Paß hinaufführt, und hören, wie er seine Befehle austeilt. Sein geübtes Falkenauge sieht jedes einzelne Pferd; wenn eine Last herunterzugleiten droht, wenn eine Stockung oder eine Lücke entsteht, wenn ein Tier vom Pfade abbiegt, er merkt es sofort. Die Hände in den Taschen und die Pfeife im Munde, geht er zu Fuß über den Marsimik-la.

Jetzt erreicht die erste Kolonne der Maulesel die Paßschwelle. Ein singender Freudenruf erschallt über den Bergen; er hört sich klar und rein, aber unbeschreiblich dünn, kalt und klanglos an und erstirbt sofort, ohne auch nur das schwächste Echo zu wecken; dazu ist die Luft zu dünn. Jede neue Abteilung, die den Paß erreicht, stimmt dasselbe Triumphgeschrei an. Mit einem Gefühl der Erleichterung sehe ich das letzte Pferd hinter der weißen Kammlinie des Passes verschwinden.

Auf dem höchsten Punkt des Passes machte ich wie gewöhnlich eine längere Rast zu Beobachtungen, während Tserings Kolonne an mir vorbeizog und auch die Yaks grunzend über den Marsimik-la trabten. Die absolute Höhe betrug 5591 Meter, der Himmel war teilweise klar, und es war hier so warm wie in einem Ofen, obgleich die Temperatur nur auf plus 1,5 Grad gestiegen war.

Nach Osten hin sieht das Hochgebirge wie abgehobelt aus, und keine Gipfel erheben sich über den Kämmen. Der Paßabhang ist widerwärtig mit Schutt und kleinen Blöcken bedeckt, die sozusagen in Schlamm schwimmen. Wir folgen lange einem völlig vegetationslosen Abhang, und man wird beinahe ungeduldig, daß es so langsam nach dichteren Luftschichten abwärts geht.

Einer der Hunde von Pobrang kam uns entgegen; er machte einen großen Bogen, um uns auszuweichen, und sah uns nicht einmal an, als wir ihn zu locken versuchten. Wahrscheinlich ahnte er, daß wir auf dem Wege nach unwirtlichen Gegenden seien und daß er bei Pobrangs elenden Hütten ein ruhigeres Leben führen könne. Über sumpfige, bemooste Schutthalden ging es endlich steil zum Lager hinunter. Müde wirft man sich im Zelt nieder und freut sich über die wohlige Wärme des Kohlenbeckens. Bikom Sing war oben auf den Höhen und tat einen Fehlschuß auf eine Antilope. Muhamed Isa meinte scherzend, die Radschputen hätten bisher noch nicht mehr geleistet als die Hündchen. In unserer Mannschaftsliste zählte er sie überhaupt nicht mit; seiner Ansicht nach taten sie nichts, als an unseren Mehl- und Reisvorräten zehren.

Kalt und bleich schwebte eine kleine Mondsichel über den Gebirgen, und wir waren froh, zur Ruhe zu kommen; nach einem solchen Tage ist die Nacht eine Erlöserin.

Unser Weg nach Pamsal führte das Spanglungtal abwärts. Der Weg war schlecht, denn die ganze Gegend lag voller Schutt. Auf der rechten Seite mündete das Lungnaktal mit kleinen Schneebergen im Hintergrund, und vor uns erhob sich eine mächtige schwarze Kette, die auf der Nordseite des Tschang-tschenmo-Tales liegt. Von Südwesten her mündet das Nebental Manlung ein; sein Fluß führte unserem Tal einen bedeutenden Zuschuß an trübem Wasser zu.

Als wir weiter hinuntergekommen waren, wurden im Westen neue prächtige Schneeberge und zackige Gipfel sichtbar, es sind die Gebirge, die das Tschang-tschenmo-Tal einfassen. Der Pfad führte uns schließlich in dieses Tal hinein, und wir lagerten auf dem kleinen Vegetationsgürtel am linken Ufer seines Flusses.

Gegen Abend stieg der Fluß; als ich am folgenden Mittag seine Wassermenge maß, betrug sie 14 Kubikmeter in der Sekunde, und große Streifen des steinigen Bettes waren noch von dem mitternächtlichen Hochwasser naß. Im Sommer kann man hier nicht durch den Fluß reiten, er wälzt dann gewaltige Fluten nach dem Indus hinab. Sein Name ist Kograng-sanspo, während Tschang-tschenmo mehr das ganze Land ringsumher bezeichnet.

Nach Osten hinauf hat man fünf Tagereisen bis an den Lanek-la, der dem durch ganz Tibet gehenden kolossalen Rücken des Karakorumgebirges angehört. Einige englische Reisende hatten diesen Paß überschritten. Mir war dieser Weg versperrt; ich hatte Lord Minto versprochen, den Wünschen der englischen Regierung nicht zuwider zu handeln, aber ich möchte wohl wissen, wer mich jetzt hätte hindern können!

Am 28. August verließen wir diesen friedlichen Platz, und es sollte lange dauern, bis wir wieder so tief hinunter kamen wie jetzt. Immer weiter entfernten wir uns von menschlichen Wohnungen und Wegen. Der Tag war schon freundlich und warm, als ich mit meinen gewöhnlichen Begleitern, Robert, Rehim Ali, einem unserer Mohammedaner, und den beiden Führern aus Tankse und Pobrang aufbrach.

Die linke Uferterrasse, auf der wir reiten, wird von einem Arm des Flusses bespült. Der ganze Talboden ist grau von Schutt. Nichts Lebendes ist ringsumher zu sehen. Dennoch verrät ein schwach ausgeprägter Fußpfad, daß sich Bergbewohner gelegentlich hierher verirren. Er führt uns wieder zum Flußufer hinab, und zwar zu einer Stelle, die der Mündung des engen Quertales Kadsung gegenüberliegt, aus dessen Tor ein Bächlein mit klarem, herrlich frischem Wasser tritt, um sich mit dem trübgrauen Wasser des Hauptflusses zu vermischen. Hier führt der Pfad wieder aufwärts, um über einen kleinen Paß hinweg die Entfernung bis zu unserem heutigen Lager abzukürzen. Schon aus weiter Ferne konnte man sehen, daß ein Erdrutsch und eine tiefe Spalte uns den Weg versperrten. Eine Schar Leute wurde mit Spaten und Hacken vorausgeschickt; unterdessen versammelten sich die verschiedenen Abteilungen der Karawane am Ufer.

Einige Männer untersuchten die Furt, denn hier mußten wir über den Hauptfluß hinüber. Allerdings schäumte das Wasser in weißen Flocken um die Brust der Pferde, die jetzt in langen Reihen hinübergeführt wurden, aber die Tiefe überstieg nirgends 70 Zentimeter, und alle kamen glücklich am anderen Ufer an. Den Yaks bereitete das Bad sichtlich Vergnügen, sie wateten so langsam wie nur möglich durch das Wasser. Am schwersten waren die Schafe und Ziegen hinüber zu bringen. Die ganze Herde wurde an den Rand des Wassers getrieben, dort packte man einige an den Hörnern und warf sie in den Fluß, obgleich sie sich verzweifelt zur Wehr setzten. Die anderen fanden die Situation zu ungemütlich, machten kehrt und retteten sich in wilder Flucht auf die nächste Terrasse. Zum zweitenmal wurde die ganze Gesellschaft ans Ufer getrieben und dort von den Männern, die eine Kette bildeten, ins Wasser gestoßen; als jetzt die ersten sich zum Waten entschlossen, folgten ihnen auch die anderen und kämpften tapfer gegen die starke Strömung an.

Wenige Minuten jenseits des Mankogh-la hat man einen übersichtlichen Blick über das Tal des Kograng-sanspo, dem wir von Pamsal aus gefolgt waren; es macht hier eine scharfe Biegung, und wir kamen über Hügel und Ausläufer hinweg wieder nach dem Flußufer hinunter. Von hier aus führen zwei Täler zum Hauptkamm der Karakorumkette hinauf: das Tschang-lung-barma und das Tschang-lung-jogma, oder »das mittelste und das untere Nordtal«. Beide Täler mußten uns zu einem bösartigen Passe führen; wir entschieden uns für das zweite. Zwar hatte keiner unserer Leute den Weg selbst gesehen, nach ihren unbestimmten Erzählungen ließ sich jedoch ahnen, daß uns Böses bevorstand.

Bedeutend höher kamen wir während des Marsches eigentlich nicht, aber es ging über so viele Höhen und steile Abhänge auf und ab, daß die Tagereise ebenso angreifend war, wie wenn sie uns über mehrere Pässe geführt hätte. Der Fluß war jetzt bedeutend kleiner, da wir schon viele seiner Nebenflüsse hinter uns gelassen hatten. Trotzdem war das Durchwaten beschwerlicher als das vorige Mal, denn die ganze Wassermasse strömte mit stärkerem Gefälle in einem einzigen Bette dahin. Es schien aussichtslos, die Schafe in das morgenkalte Wasser zu bringen. Ihre Hirten unterhandelten noch vergeblich mit ihnen, als ich sie aus dem Gesicht verlor, und ich weiß nicht, wie es bei der Überführung zuging; hinüber aber kamen sie, denn sie kamen wohlbehalten im Lager an.

Die Hauptmasse des Flusses kommt aus einem großen, nordwestlichen Tal, während wir längs den Höhen eines Nebentales aufwärts ziehen. Im Talgrund rauscht ein kleiner, klarer Fluß. Wieder geht es in rotem, weichem Staub und Schutt abwärts. Steinmale bezeichnen den Weg und weisen uns wieder zum Boden des Tales hinunter, das hier nur 20 Meter breit und zwischen steilen, dunklen Schieferfelsen eingezwängt ist. Ein wenig höher sind die Felswände lotrecht und der Fluß in einen dunklen Gang eingepreßt. Man muß daher an der rechten Seite hinaufklettern, um die schwere Stelle zu umgehen, und der Anstieg ist sehr steil. Hier geriet die ganze Karawane ins Stocken; man sah Muhamed Isas riesige Gestalt gerade an der schroffsten Stelle des Abhanges stehen. Jedes Pferd mußte von fünf Leuten hinaufgebracht werden. Ein Mann zog es am Zügel, zwei stützten seitwärts die Last, um ihr Abrutschen zu verhindern, und zwei schoben von hinten nach.

In der Gegend Tschuta treten warme Quellen mit schwefelhaltigem Wasser zutage. Eine davon hat eine drei Meter hohe Pyramide gebildet, die einem Fliegenpilz ähnelt. Das Wasser hatte im Quellauge eine Temperatur von 51 Grad. Eine andere Quelle, deren Strahl gerade in den Fluß hineinsprühte, war nur 42 Grad warm. An vielen Stellen der Ufer und des Flußbettes selbst brodelt und siedet das Wasser

Nach einigen weiteren schroffen Abhängen von Schutt und lockerem gelbem Staub landeten wir endlich im Tschang-lung-jogma-Tal, wo die Weide sehr dürftig war. Abends schneite es munter, und die Täler waren in ein mystisches Licht gehüllt, das wohl ein schwacher Reflex des Mondes war. Ein paar Feuer leuchteten aus dem Nebel hervor, und das große Zelt der Ladakis war von innen erhellt. Nur das Rieseln des Baches unterbrach die Stille. Plötzlich aber erschallten durch das nächtliche Schweigen langgezogene Rufe — es handelte sich um einige Pferde, die mit der Absicht umgingen, nach wirtlicheren Gegenden hinunter durchzubrennen.

Ein Ruhetag in diesem Lager war notwendig, denn vor uns wartete der hohe Paß, der eine Wasserscheide zwischen dem Indus und dem abflußlosen Hochland bildet. Muhamed Isa und Sonam Tsering ritten talaufwärts, um zu erkunden, und inzwischen machten Robert und ich uns unter abwechselndem Sonnenschein und Schneetreiben daran, meine Kisten umzupacken; Winterzeug und Pelze wurden herausgenommen und das Zeltbett wurde kassiert; mein Bett sollte von nun an auf der Erde aufgeschlagen werden, auf einer Unterlage aus einer Wachstuchdecke und einer Filzmatte.

Am letzten Tag des August ging es immer höher bergan. Ich ritt jetzt einen kleinen, weißen, munteren Ladaki-Pony, der sicher ging — wir wurden bald die besten Freunde. Eine kleine Steinmauer an einer Biegung zeigt, daß dieser Ort von Menschen betreten worden ist, aber seit jenem Besuch sind vielleicht schon viele Jahrzehnte verflossen, denn von Pfaden oder anderen Merkmalen finden wir keine Spur. Alles ist vegetationslos; gleichwohl sieht man, daß wilde Yaks kürzlich hier gewesen sind. In der Mündung eines sehr kleinen, unansehnlichen Nebentales hatte Muhamed Isa drei Steinmale errichtet, die für die erwarteten Postboten bestimmt waren. Hier bogen wir vom Haupttal ab. Die Formen der Berge werden abgerundeter, die relativen Höhen immer geringer und die Täler sind nicht mehr so tief eingeschnitten, wie die auf unserer gestrigen Reise. Das Bächlein, dem wir aufwärts bis zu seiner Quelle auf dem Hauptkamm folgen, ist das letzte, was noch vom Flußsystem des Indus übrig ist.

Auf einem Felsvorsprung war, auch eines von Muhamed Isas Wegzeichen, ein verwitterter Yakschädel aufgestellt und grinste uns entgegen. In einer kleinen Mulde gab es viele Japkakpflanzen, die so hart wie Holz waren, aber wir waren nun schon so weit, daß nicht einmal diese magere Weide verschmäht werden durfte. Wir lagerten daher auf einer Höhe von 5170 Metern, nun schon fast 400 Meter höher als der Montblanc! Dieses Lager wurde Nr. 1 getauft, denn wir befanden uns bereits in Gegenden, die außerhalb des Bereiches der geographischen Namen lagen. Inmitten der Zelte wurde zur Erinnerung eine gewaltige Steinpyramide errichtet, denn die Männer hatten ja nichts anderes zu tun, während die Tiere in unserer unmittelbaren Nähe an den Japkakstengeln knabberten.

Über den Kamm des Kara-korum

Mit einiger Spannung verließen wir am 1. September das Lager Nr. 1. Jetzt näherten wir uns im Ernst wilden Gegenden und sollten einen Paß überschreiten, den keiner meiner Leute kannte und von dem sie nur wußten, daß er Tschang-lung-jogma hieß; er liegt wenig östlich von dem Paß, den man auf der großen englischen Karte von Nordostladak angegeben findet; meines Wissens hat ihn noch nie ein Reisender überschritten.

Unser Weg geht nach Nordosten. Vor uns zeichnet sich ein Sattel ab, den die Sonne überflutet; wir halten ihn für den Paß — aber nein, die Maulesel sind, wie man aus ihren Spuren im Schnee sieht, nach einer anderen Richtung hin abgebogen.

Die Gehänge bestehen auf beiden Seiten aus losem, außerordentlich feinem Material, das feucht und von fußtiefen Spalten durchzogen ist. Am Rand einiger Ausläufer verlaufen diese Spalten ebenso wie die Randspalten einer Gletscherzunge. Es ist fließender Boden: die Gehänge geraten ins Gleiten und verschieben sich durch ihre eigene Schwere, weil sie durch und durch naß sind und keine Wurzeln das feine Material festhalten; sie sind in Bewegung begriffen, und die flach abgerundeten Oberflächenformen, die nun in der Landschaft vorherrschen, sind das Ergebnis dieses Phänomens.

Tiefes Schweigen herrscht in diesen Gegenden, wohin sich nie eines Menschen Fuß verirrt; nur dann und wann hört man die Warn- und Mahnrufe der Karawanenleute. Das Tal wird ganz schmal; aus seinem Kiesboden sickert Wasser, das kaum einen Bach zu bilden vermag. Aber auch in diesen Kies, auf dem nicht einmal Moos wächst, sinken die Tiere wie in Schlamm ein.

Am Fuß des muldenförmigen Aufganges zu einem Nebenpaß, der uns wieder irreführte, hatte die Karawane haltgemacht, und man suchte einen gangbaren Weg.

Ich ritt in unzähligen Zickzackwindungen voraus und hielt an jeder Kehre einen Augenblick an, um Atem zu schöpfen. Muhamed Isa meldete, der wirkliche Paß sei gefunden, doch ritt ich, um zu erkunden, mit Robert auf eine Anhöhe.

Die Aussicht von hier aus war viel zu überwältigend, um orientierend genannt zu werden. Über und hinter den näher liegenden, teilweise rabenschwarzen Bergen sah man einen weißen Horizont mächtiger Himalajagipfel. Eine geradezu erhabene Landschaft! Der Himmel war fast klar; nur hier und dort schwebten weiße Wölkchen. In der Tiefe unter uns lag das kleine Tal, durch das wir uns eben mit so vieler Mühe emporgearbeitet hatten; von hier aus sah es jämmerlich klein aus, eine unbedeutende Abflußrinne innerhalb einer Welt gigantischer Berge. Der Horizont war klar, nicht in Dunst gehüllt wie sonst so oft; seine Umrisse waren außerordentlich scharf gezogen; silberweiße, sonnenbeglänzte Gipfel türmten sich übereinander und hintereinander empor; gewöhnlich schimmern die ewigen Schneefelder in blauen Schattierungen bald matt, bald dunkel, je nach dem Winkel der Gehänge im Verhältnis zur Sonnenhöhe; bald gehen Schatten und Lichter weich und allmählich ineinander über, bald sind sie scharf abgegrenzt; es ist ein verwickeltes Spiel physischer Gesetze, die in unbedingtem Gehorsam zu Stein erstarrt sind.

Dieses aufgeregte Meer der höchsten Gebirgswogen der Erde sieht seltsam gleichmäßig und eben aus, wenn der Blick ungehindert über seine Kämme hinschweift. Man ahnt, daß sich kein Berggipfel über eine gewisse Maximalhöhe erhebt; denn ehe er sein Haupt über die Menge emporzurecken vermag, haben Wetter und Winde, die Denudation, ihn von oben abgefeilt. Darin gleichen die Berge den Meereswellen; auch wenn diese sich in schäumender Wut erheben, nimmt sich ihr Getümmel, vom Schiffsdeck gesehen, gleich hoch aus, und der Horizont ist eine gerade Linie; es ist ebenso wie bei den kleinen Erdwällen zwischen den Furchen, die der Pflug im Acker aufreißt, sie haben alle dieselbe Höhe und, aus der Ferne betrachtet, erscheint das Feld völlig eben.

Der Horizont schien unendlich weit entfernt; nur im Norden und Nordosten unterbrachen ihn nahe liegende Höhen, die das Dahinterliegende verdeckten, und in dieser Richtung schwebten auch dichtere Wolken, die, oben weiß und auf der Unterseite bläulich dunkel, weichen Kissen vergleichbar über der Erde lagen. Man erhielt daher von dem Hochlande kein rechtes Bild, ahnte aber fern im Norden eine Bergkette von himmelstürmender Höhe. Im Nordwesten sah man sehr deutlich einen Hauptkamm: das Karakorumgebirge. Der ganze Kamm tritt hier als ein flach abgerundeter Landrücken auf, ohne anstehendes Gestein, aber von unzähligen kleinen Tälern durchfurcht, die samt und sonders oben auf dem Kamm beginnen und sich dann allmählich immer tiefer in seine Seiten einschneiden. Der Hauptkamm windet sich wie eine Schlange über das Hochland hin, und die Erosionstäler gehen nach allen Richtungen wie die Äste eines Baumes. Hier herrschen die horizontalen Linien in der Landschaft vor, aber weiter unten, in den peripherischen Gebieten, fällt der Blick auf vertikale Linien, wie in den Quertälern von Tschang-tschenmo. Dort unten sind die Landschaftsbilder eindrucksvoller und malerischer, hier oben ist das Antlitz der Erde eher eintönig; hier haben die Stürme ihre Wohnungen und unbegrenzte Tummelplätze in langen dunklen Winternächten.

Bis ins Mark durchkältet gingen wir zur Paßschwelle hinunter, wo sich die Karawane gesammelt hatte; die Höhe betrug 5780 Meter, und es war 1 Grad Wärme. Die Leute sangen nicht, sie waren zu müde, aber wir hatten allen Grund, froh zu sein, denn alle Tiere waren mit ihren Lasten glücklich heraufgekommen. Nach Norden hin zieht sich ein kleines Tal, dem wir langsam bergab folgten. Sein Boden besteht aus lauter Schlamm, in den die Tiere bei jedem Schritt einsanken.

Beim Lager war kein Grashalm zu sehen; es hatte daher gar keinen Zweck, die Tiere frei umherlaufen zu lassen, sie wurden paarweise zusammengebunden und mußten so stehend warten, bis die Sonne unterging. Dann setzte Guffaru sich auf eine Filzmatte, ließ einen Sack Mais vor sich hinstellen, füllte eine Holzschale mit diesem Futter und leerte sie in einen dargereichten Beutel aus, den ein Ladaki dann einem Pferd vor das Maul hängte. Und so liefen die Männer hin und her, bis alle Tiere ihren Anteil erhalten hatten und die trocknen Maiskörner angenehm zwischen den

Zähnen der hungrigen Tiere krachten. Die Ladakipferde weigerten sich energisch, Mais zu fressen, und erhielten statt dessen Gerste; sie wieherten so freundlich, wenn die Beutel gebracht wurden, aber lange hielt die Freude nicht vor; das Knabbern hörte nach und nach auf, und mit hängendem Kopf erwarteten sie müde die Nacht.

Am Morgen nahm ich von Tschenmo, dem Kotidar von Tankse, und von Sambul, dem Numberdar Pobrang, die hier umkehrten, Abschied. Sie konnten sich bald wieder an warmen Winden und dem Sonnenschein heller Tage erfreuen. Außer reichlicher Bezahlung für ihre guten Dienste erhielten sie jeder ein Zeugnis in rühmenden Worten. Sie nahmen meine Post mit und sollten den Boten aus Leh, falls sie ihnen begegneten, über den Weg Bescheid sagen. Unsere Gesellschaft verkleinerte sich dadurch um sechs Mann, drei Pferde und sieben Yaks.

Wir machten nun mit dem Bach einen Bogen nach Norden. Das Land war wie tot, man sah keinen Grashalm, nicht einmal eine verirrte Antilope; alles organische Leben schien von hier verbannt zu sein. Aber als wir ein wenig weiter gekommen waren, tauchten Spuren von Menschenbesuchen auf. Man sah im Boden einen schwachen, hellen Streifen, der wie ein lange nicht begangener Pfad aussah, und neben ihm ein zylinderförmiges Steinmal mit einer Steinplatte. Und an einer Stelle lagen mehrere Pferde- und Yakschädel. Doch sollen sich Jäger, wie man mir sagte, nie hierher verirren; vielleicht war es ein Erinnerungszeichen an die Kartenaufnahmearbeiten der Survey of India oder stammte von einem der europäischen Pioniere her, die vor vielen Jahren zwischen Ostturkestan und Indien gereist sind.

Das Wetter war echt tibetisch. Eine Hagelbö nach der anderen durchkältete uns und jagte uns ihre Schauer ins Gesicht.

Man sah die Karawane sich ungeheuer langsam einen Abhang entlangbewegen. Sie machten halt, sie hatten also Weide gefunden! Ach, nein — der Boden hier war ebenso unfruchtbar wie überall während der 19 Kilometer, die wir an diesem Tage zurückgelegt hatten. So wie gestern mußten die Tiere zusammengebunden stehenbleiben, und die Riemen ihrer Gersten- und Maisbeutel wurden ihnen wieder um den Hals gehängt.

In der Dämmerung berief ich Muhamed Isa zum Kriegsrat.

»Wie lange können die Tiere noch aushalten, wenn wir keine Weide finden?«

»Zwei Monate, Herr, aber wir finden schon eher Gras.«

»Wenn wir keine längeren Tagemärsche machen wie heute, brauchen wir bis an den Lake Lighten, den Wellby Sahib vor zehn Jahren entdeckt hat, zehn Tage, und der Weg führt durch Ling-schi-tang und Aksai-tschin, die zu den ödesten Gegenden ganz Tibets gehören.«

»Dann wollen wir versuchen, doppelte Tagemärsche zu machen, um möglichst schnell durch dieses Land zu kommen; in der Gegend des Jeschilköl ist die Weide gut, wie Sonam Tsering, der dort gewesen ist, sagt.«

»Wie steht es mit den Tieren?«

»Die halten sich gut, nur ein Pferd und ein Maulesel sind müde, aber die lassen wir einstweilen ohne Last gehen.

»Wie machen sich die gemieteten Pferde?«

»Die machen sich auch gut, bis auf zwei, mit denen es zu Ende geht.
»Achte ja darauf, daß die Tiere möglichst geschont und gut gepflegt werden.«

»Sie können sich auf mich verlassen, es wird nichts versäumt. In Lagern wie diesem bekommen sie mehr Mais und Gerste als gewöhnlich, wo es Weide gibt, gehen wir mit unseren Vorräten sparsam um.«

Am 3. September lag das flache Hochland in Schneerauch und Nebel verborgen, und es war schwer zu entscheiden, nach welcher Seite man ziehen mußte; wir verabredeten jedoch, daß keiner den Fluß aus den Augen verlieren dürfe, denn anderes Wasser schien nicht zu finden zu sein. Es schneite jetzt so dicht, daß wir fürchteten, die Spur der Karawane zu verlieren. Der englischen Karte nach konnten wir von einem kleinen Salzsee nicht mehr weit entfernt sein, aber in diesem Wetter war man nicht imstande, sich von dem Aussehen des Landes einen Begriff zu machen. Wir saßen eingeschneit im Sattel, aber der Schnee taute auf unseren Kleidern, und man wurde von einem unangenehmen Feuchtigkeitsgeruch verfolgt.

Doch lange dauerte dieses Wetter nicht; die schweren, dunkelblauen Wolkenmassen zogen sich wie Vorhänge auseinander und setzten ihre schnelle Flucht nach Osten hin fort; die Aussicht wurde wieder frei. Einige Kundschafter, die vorausgegangen waren, entdeckten am linken Ufer des Flusses üppige Japkakpflanzen, mit denen unsere hungrigen Tiere gern vorlieb nahmen. Drei Antilopenpfade, die wir gekreuzt hatten, wurden für ein gutes Zeichen gehalten; es mußte also irgendwo in der Gegend Weide geben, aber wo?

Der nächste Tagemarsch führte uns über eine dem Auge ganz gleichmäßig erscheinende Ebene, die ein Kranz von Bergen umgab; unsere Richtung war im allgemeinen nordöstlich. Wir brachen gleichzeitig auf. Die Maulesel halten sich tapfer und sind immer voran. Mehrere Pferde sind angegriffen und legen sich von Zeit zu Zeit nieder, aber nur, um sofort von einem der Ladakis wieder auf die Beine gebracht zu werden. An der Spitze geht Muhamed Isa zu Fuß; er ist der Magnet, der die ganze Gesellschaft nachzieht.

Nun versuchten wir, das breite, sumpfige Bett des Flusses zu durchschreiten. Muhamed Isa bestieg sein Pferd, aber das Tier sank bald bis an den Bauch ein; wir mußten das Unternehmen aufgeben und statt dessen längs des Ufers weiterziehen. Bisweilen mußten wir über Nebenflüsse mit ebenso tückischem Boden hinüber. Wenn der Lotse den Weg gezeigt hatte, folgten einige bepackte Maulesel; dann kamen die anderen Tiere. Sie sanken bis ans Knie in die klatschende Schlammsuppe ein, und hinter ihnen sah der Boden wie ein schwedischer Brotfladen aus.

Um 10 Uhr stellte sich der tägliche Sturm wieder ein. Im Nordwesten sah man seine äußerste Grenze mit ungeheurer Schärfe gezogen. Es war, als ob etwas großes schweres Schwarzes über die Ebene hinrolle. Jetzt ist der Sturm über uns mit seinen ersten schwarzen Fransen. Zwei Raben, die uns während der letzten Tage treu begleitet haben, krächzen heiser; einige kleine Vögel streichen zwitschernd über den Boden hin. Der Schneehagel peitscht uns mit ungeheurer Wut; er kommt von der Seite, die Tiere wollen ihm ausweichen und drehen dem Sturme den Schwanz zu, geraten dabei aber aus dem Kurs und werden wieder auf die richtige Straße getrieben. Wir wissen nicht, wohin wir gehen. Auf einem Hügel halte ich einen Augenblick mit Muhamed Isa.

»Falls wir den Fluß aus dem Gesicht verlieren sollten, wäre es wohl besser, wenn wir einige Ziegenlederschläuche mit Wasser füllten«, schlägt er mir vor.

»Nein, laß uns weitergehen; es wird sich schon aufklären, und nachher finden wir schon Rat.«

Und der Zug schreitet weiter, trotz des Schneetreibens und des winterlichen Dunkels. Es wird hell, und wieder schweift der Blick ungehindert über das öde, verschneite Land hin; im Westen dehnen sich die Ebenen von Ling-schi-tang aus, nach Südosten erstreckt sich die gewaltige Kette des Kara-korum, wo der Donner rollt zwischen blauschwarzen Wolken. Bald erreicht uns auch dieses Unwetter, und nun werden wir in mehlfeine, dichte Schneeflocken eingehüllt, während es um uns her dunkle Nacht wird. Ich reite als der letzte im Zuge. Muhamed Isa ist verschwunden. Die Schneeflocken jagen horizontal am Boden hin. In unserer Gesellschaft ist es still; die Männer marschieren vornübergebeugt mit gekreuzten Armen und über die Ohren gezogenen Pelzmützen. Die ganze Gesellschaft sieht jetzt wie Schneemänner aus, und der Schnee macht den Tieren die Lasten noch schwerer.

Schließlich schimmerte wieder unser alter Fluß aus der Dämmerung hervor, und wir schlugen an seinem Ufer Lager. Tsering entdeckte reichliche Japkakmengen in der Nachbarschaft, die teils grün waren, so daß wir die Tiere dorthin führen konnten, teils verdorrt uns als Brennholz sehr willkommen waren. Abends hatten wir drei Grad Kälte. Das Mondlicht verteilte sich in Strahlenbündeln in einer Atmosphäre von umherfliegenden feinen Schneekristallen. Grabesstille! Man hört das eigene Ohrenklingen, man hört den Herzschlag der kleinen Hunde und das Ticken der Chronometer, man hört die niedersinkende Nachtkälte sich in der Erde festbeißen.

Am 5. September marschierten wir über ein Gelände, das gut und eben war, besonders in der Nähe des kleinen Sees, dessen blauer Spiegel sich jetzt im Südosten zeigte. Wie alle anderen Salzseen Tibets scheint er sich in einem Stadium der Austrocknung zu befinden, denn wir legten eine längere Strecke auf seinem trocknen Schlammboden zurück und sahen dabei höher oben deutlich ausgeprägte frühere Uferterrassen. Muhamed Isa meldete, ein erschöpfter Maulesel werde wahrscheinlich nicht mehr imstande sein, den heutigen kleinen Paß zu überschreiten, der unseren Weg versperrte. Das Tier kam aber doch noch über den Paß hinüber und langte auch abends im Lager an, sah aber mager und ausgemergelt aus. Zwei Pantholops-Antilopen, die man leicht an ihren hohen leierförmigen Gehörnen erkennt, entflohen nach Süden hin, und wir stießen auch auf eine Wolfsfährte. An einigen Stellen war die Weide so gut, daß wir ein paar Minuten anhielten und die Tiere fressen ließen. Schließlich lagerten wir in einer Talerweiterung mit einem stillstehenden Wasserarm, Japkak und spärlichem Graswuchs. Weide, Brennstoff und Wasser hatten wir so bald und so nahe am Kara-korum kaum zu finden gehofft. In diesem Lager Nr. 6 beschlossen wir, den Tieren nach all den Anstrengungen der letzten Zeit einen Ruhetag zu gewähren.

Am 7. September wurden bei Tagesanbruch sechs erbärmliche Gäule von den gemieteten ausgesondert, und da ihre Lasten bereits verzehrt waren, durften sie nebst zwei Führern umkehren. Der kranke Maulesel lag tot in der Lagerstatt. Der Himmel war völlig wolkenlos, und der Tag wurde glutheiß. Auch in anderer Hinsicht traten wir in neue Verhältnisse ein. Obgleich wir 30 Kilometer zurücklegten, sahen wir keinen Tropfen Wasser bis dort, wo wir das Lager aufschlugen. Es hatte den Anschein, als könnten die Monsunwolken nicht mehr über den Kara-korum kommen, und dann konnte unsere Lage durch Wassermangel recht kritisch werden!

Die Marschrichtung des Tages ergab sich von selbst, da sich offenes Gelände zwischen flachen Hügeln nach Norden hinzog. Der Boden wäre ebenfalls vorzüglich gewesen, hätten ihn nicht die Feldmäuse unterwühlt gehabt, so daß die Pferde unaufhörlich in die Löcher hineintraten und dabei fast auf die Nase fielen. Die Mäuse selbst ließen sich zwar nicht sehen, aber für ihren tiefen Winterschlaf war es noch zu früh im Jahr. Das breite Tal mündet in einen ungeheuren Kessel, den auf allen Seiten prächtige Berge umgeben, ein echter »Meidan«, wie die Turkestaner ein solches Tal nennen.

Über die Ebene eilen Antilopen in leichten, flüchtigen Sprüngen; sie stehen regungslos da, um uns zu betrachten, aber sobald wir uns nähern, springen sie fort, wie von einer Feder emporgeschnellt und verschwinden in der Ferne.

Ein vor uns liegender Bergvorsprung erschien uns als ein passendes Ziel, wo Wasser zu finden sein mußte. Aber die Stunden vergingen, und er schien noch ebenso fern. Ein sterbendes Pferd hielt mich auf; es war unbepackt, aber dennoch zusammengebrochen. Ich empfand großes Mitleid mit ihm und bedauerte, daß es uns nicht weiter begleiten konnte. So blieb ich denn bei ihm, um ihm noch eine Weile Gesellschaft zu leisten, aber der Tag ging hin, und die beiden Männer, die sich mit ihm beschäftigten, erhielten Befehl, es zu erstechen, wenn es nicht mehr mitkommen könne. Es war ein großes, schwarzes Jarkentpferd und erhielt abends sein Kreuz auf der Liste.

Wir befanden uns hier in einer Gegend, die zu dem herrenlosen Gebiete Aksai-tschin in Nordwesttibet gehört. Oder sage mir einer, welcher Macht dieses Land gehorcht? Erhebt der Maharadscha von Kaschmir Anspruch darauf oder der Dalai-Lama, oder ist es ein Teil von Chinesisch-Turkestan? Auf den Karten sind keine Grenzen angegeben und nach Steinmalen sucht man vergebens. Die Wildesel, die Yaks und die schnellfüßigen Antilopen sind keinem Herrn untertan, und die Winde des Himmels kümmern sich nicht um irdische Grenzsteine. Von hier aus konnte ich also ostwärts ziehen, ohne den Wünschen der englischen Regierung zu nahe zu treten, und die Chinesen verzeihen es mir gewiß, daß ich von ihrem Paß keinen Gebrauch machte.

Die fernen Gebirge im Norden, die sich eben noch in rosigen Farben wie die Häuserreihen einer Riesenstadt am Himmel abzeichneten, erblaßten im grauen Licht der Dämmerung, und das großartige Relief wurde zerstört.

Eine Flöte klang leise und melodisch zwischen den Zelten, und ihre Töne lockten unsere müden Wanderer zur Ruhe.

Am folgenden Morgen sah das Lager außergewöhnlich klein aus, denn die gemieteten Pferde und Maulesel waren mitten auf der Ebene geblieben, wo ihre Führer durch Graben Wasser gefunden hatten. Sie ersparten sich dadurch einen bedeutenden Umweg. Der Sicherheit halber nahmen wir nun ein paar Ziegenlederschläuche voll Wasser mit, und alle Flaschen und Kannen wurden gefüllt. Noch unmittelbar vor dem Aufbrechen sahen wir unsere Ladakis lang ausgestreckt am Rinnsal der Quelle liegen und ihren Durst gründlich stillen, und auch die Pferde erhielten so viel, wie sie nur wollten.

Die heutige Marschstrecke war vortrefflich, fest und eben; »the great trunk road« in Indien konnte nicht besser sein, kaum eine Landstraße in Schweden. Der Boden war trocken, und der von der Karawane aufgewirbelte, überaus feine Staub zog wie eine Dampfwolke längs der Erde hin. Die anderen Kolonnen steuerten gleich mir einem Bergvorsprung im Nordosten zu. Wir zerbrachen uns den Kopf darüber, ob wir auf seiner anderen Seite den Aksai-tschin-See, an dem Crosby 1903 vorbeigezogen ist, finden würden.

Endlich erreichten wir den hartnäckigen Vorsprung und rasteten dort eine Weile. Robert erkletterte den Abhang, um nach dem erwarteten See auszuschauen; als er wieder herunterkam, geriet der Schutt ins Rutschen, unsere Pferde wurden scheu und gingen in tollem Lauf nach Osten hin durch. Glücklicherweise folgten sie dabei dem Weg der Karawane, die gerade im Begriff war, Lager zu schlagen. Die Weide beim Lager Nr. 8 war die beste, die wir seit Pobrang gesehen hatten, und Wasser fanden wir beim Graben schon in 55 Zentimeter Tiefe. Für Brennstoff hatten die Kulane gesorgt, denn ihr Dung war hier reichlich vertreten. Der Platz war so behaglich, daß wir den nächsten Tag noch blieben und an diesem Tag einen Ausflug nach der fast wie eine umgekehrte Schüssel geformten Erhebung von Sandstein und Konglomerat im Süden der Ebene machten. Auf ihrem Gipfel errichtete Muhamed Isa ein Steinmal. Er hatte eine Art Steinmal-Raptus; damals ahnte ich nicht, daß ich dieses Merkzeichen anderthalb Jahre später noch einmal wiedersehen sollte!

Im Morgengrauen des nächsten Tages taten wir einen neuen Schritt in das verbotene Land. Es ging nach Osten; zur Rechten hatten wir die blutrote Konglomeratmasse, die wie ein Schutzdach über grünem Schiefer lag. Zur Linken zeigte sich jetzt der Aktsai-tschin-See, dessen tiefblauer Spiegel grell gegen die sonst vorherrschenden matten Töne abstach. Nach Osten hin war das Land bis an den Rand des Horizontes offen; nur in der Ferne sah man auf dieser Seite ein Schneegebirge, aber wahrscheinlich setzte sich unser Längstal auf der Nord- oder der Südseite dieses Bergstockes fort. Kurz, das Gelände war so günstig wie nur möglich, es blieb auch mehrere Tage so, und ich mutmaßte, daß der Lake Lighten, der Jeschil-köl und der Pul-tso, bekannt von Wellbys, Deasys und Rawlings Reisen, in diesem Längstal liegen dürften, das in jeder Hinsicht für das tibetische Hochland charakteristisch ist.

Der Boden erinnerte an eine völlig wurmstichige Diele; die Löcher der Feldmäuse lagen so dicht nebeneinander, daß jeder Versuch, ihnen auszuweichen, nutzlos war. Oft barst die Decke von trockner, mit Kies gemischter lockerer Erde über einem unterirdischen Gang. Robert überschlug sich einmal mit seinem Pferd. Diese lästigen Nagetiere, die von den Wurzeln der Japkakpflanzen und des Grases leben, sind höchst ärgerlich.

Nahe am Ufer hatte sich die Karawane an reichlich fließenden Quellen mit herrlichem Wasser, das als kleiner Bach in den scharfsalzigen See fließt, gelagert.

Nach dem Lake Lighten

Mit einem Gefühl des Behagens verließen wir Lagerplatz Nr. 9 (4929 Meter), denn so weit der Blick reichte, war das Gelände völlig eben.

Wir ritten lange auf altem Seegrund und vollkommen ebenen Flächen von Tonschlamm. Nachher wurde der Boden feinkiesig und hart, als habe ihn das Gewicht einer Chausseewalze festgepreßt. Nur in einem abflußlosen Becken können derartige ebenen Flächen zwischen gewaltigen Bergen entstehen. Verwitterung, Niederschläge, fließendes Wasser, Wetter und Winde arbeiten gemeinsam an der Nivellierung des Landes; alle Höhen und Kämme werden dadurch niedriger, alle Vertiefungen durch Schlamm, Sand und Schutt ausgefüllt. Fern im Osten ist das Land offen. Hier hätten auf indischen Elefanten reitende Riesen Raum genug zu einer Polopartie in großem Stile, und die schnellfüßigen Dschambasdromedare könnten sich hier müde laufen! Denn nicht einmal der rastlose Westwind findet hier ein Hindernis auf seinem Weg. Antilopen und Kulane zeigten sich in scheuen Herden. Von Menschen keine Spur.

In der Nähe des Lagers Nr. 10 waren wir über einen stillstehenden Flußarm gezogen, und am 12. September überschritten wir deren mehrere. Es stellte sich bald heraus, daß ein mächtiges, aber wenig wasserreiches Flußbett nach dem See hinging, und wir spürten seine Nähe den ganzen Tag hindurch. Die Landschaft war einförmig und veränderte während der ganzen Tagereise kaum ihr Aussehen. Aber das Gelände war im höchsten Grade günstig. Gras trat jetzt auch in größeren Mengen auf, als wir es bisher gesehen hatten. Es gedieh am besten da, wo der Boden sandhaltig war. Es wuchs in kleinen Büscheln, die nur in der Mitte grün und saftig waren, denn das andere war durch den Nachtfrost gelb und hart geworden. Eine richtige Prärie hier oben in Nordtibet, wer hätte das ahnen können! Bis an den Rand des Horizonts war der Boden strohgelb, und über uns wölbte sich trotz des Windes ein klarer blauer Himmel; mir war, als umhülle eine Riesenfahne in den Farben meiner Heimat Himmel und Erde.

Das Gelände war so eben, daß die Karawane, obwohl sie eine Stunde Vorsprung hatte, beständig wie eine schwarze Linie an der höchsten Stelle des Horizonts sichtbar war, ohne jemals auch nur durch die geringste Bodenerhebung verdeckt zu werden. Infolge der Luftspiegelung schien sie ein wenig über den Erdboden zu schweben, und die Tiere sahen wie phantastisch langbeinige Kamele aus.

Stellenweise war der Boden weiß von Salz, an anderen Stellen fand sich eine dünne Schicht von grobem Quarzsand mit Anlage zur Dünenbildung. Die Karawane hatte sich gelagert, und zerstreute schwarze Punkte verrieten uns, daß die Tiere auf der Weide waren. Leicht war es nicht, die Zelte aufzuschlagen; alle Mann mußten sie mit ihrer ganzen Kraft festhalten, damit sie nicht fortgeweht oder in Fetzen gerissen wurden, und dabei schlug ihnen der grobe Flugsand ins Gesicht. Wir waren froh, endlich unter Dach zu kommen, aber auch dort zog und pfiff es durch alle Spalten und Löcher, und die kleinen Hunde waren sehr übler Laune. Einen Vorteil hat ein solcher Weststurm aber doch, er erleichtert den Marsch und schiebt von hinten nach; man braucht nur zu wenden und versuchsweise gegen den Sturm anzureiten, um den Unterschied zu merken.

Der 13. fing schlimm an, denn über Nacht waren neun Pferde ausgekniffen, und Muhamed Isa war mit einigen Ladakis auf der Suche nach ihnen. Unterdessen warteten wir im Schneesturm. Manuel war in einem sehr lebhaften Wortwechsel mit Ganpat Sing begriffen; es handelte sich dabei um ein Paar Strümpfe, die letzterer unserem Koch in Leh abgekauft hatte. Nun aber merkte Manuel, daß er sie selber gebrauchen konnte, und redete so lange auf Ganpat Sing ein, bis er den Kauf rückgängig gemacht hatte. Manuel machte mir und Robert mit seinem gebrochenen Englisch manchen Spaß. Wenn es schneite, sagte er »der Tau fällt«, wenn es stürmte, »heute scheint eine Brise in der Luft zu sein«, und als wir den See verließen, fragte er, wann wir an den nächsten »Weiher« kommen würden. Er hielt den Aksai-tschin-See wohl im Vergleich mit dem unendlichen Ozean vor Madras für einen jämmerlichen Pfuhl.

Nachdem fünf der verlorenen Pferde wieder eingefangen waren, brach ich auf der Spur der Esel auf. Das Gelände stieg ebenso langsam an wie bisher, von den Bergen sah man im Schneetreiben nichts; wir hätten uns ebensogut auf den Ebenen der Mongolei oder in der Kirgisensteppe befinden können. Das heutige Lager wurde an einer Quelle bei gutem Weideland aufgeschlagen. In Ermangelung eines Zeltes waren wir in Sonam Tserings kleiner runder Festungsmauer von Proviantsäcken, in deren Mitte ein Feuer loderte, zu Gast und fanden dort Schutz vor dem Wind. Gegen Abend ließ Muhamed Isa melden, noch ein Pferd habe sich gefunden, es sei aber unmöglich, die andern in diesem Schneetreiben zu suchen, und er bitte um Pelze und Proviant aus dem Hauptlager. Indessen gelang es dem Mann, der den wenig beneidenswerten Auftrag erhielt, mit diesen Sachen in Dunkelheit und Schneetreiben nach dem Lager Nr. 11 zurückzugehen, nicht, den Karawanbaschi und seine Begleiter zu finden, und diese mußten infolgedessen die Nacht im Freien, im Frost und ohne Speise und Trank zubringen. Sie waren daher recht mitgenommen, als sie am folgenden Tag mit allen durchgebrannten Pferden wieder zu uns stießen. Ich hielt meinen Nachtwächtern eine Strafpredigt und erklärte ihnen energisch, daß dies nicht wieder vorkommen dürfe, da die Tiere dadurch ermüdet und den Angriffen der Wölfe ausgesetzt würden, der Marsch aber verzögert werde. Tatsächlich war es jedoch wunderbar, daß wir erst einen Maulesel und zwei Pferde eingebüßt hatten.

Und nun ging es nach Osten weiter, immer noch in demselben gewaltigen Längstal. Der Fluß wurde immer wasserreicher, je höher wir kamen, denn weiter unten ging das Wasser durch Verdunstung und Einsickern in den Boden verloren.

Eisiger Ostwind herrschte am Tag darauf. Es wurde kalt und rauh, als er über die nachtkalten Schneefelder hinfuhr, und das scheußliche Wetter war nicht nur körperlich unbehaglich, sondern wirkte auch geistig niederdrückend, so daß man schlaff im Sattel hing, schläfrig und gleichgültig war und sich nach dem abendlichen Kohlenbecken sehnte. Die Antilopen waren dreister als gewöhnlich; um diese Jahreszeit sind sie dick und fett. Wir ritten an einem Pferd vorbei, das in der Karawanenspur gestürzt und gestorben war, ohne daß man ihm hatte helfen können. Der Packsattel hatte sich nützlich erwiesen, denn Muhamed Isa war so fürsorglich gewesen, alle Sättel mit Heu füllen zu lassen, das man später noch brauchen konnte. Die Tiere konnten infolgedessen nach und nach ihre eigenen Packsättel verzehren. Im Lager wurden zwei Schafe geschlachtet, die nicht nach längerer Widerstandsfähigkeit aussahen.

Am Morgen lag wieder ein sterbendes Pferd zwischen den Zelten. Ein Wolf saß in einem Nebental und war Zeuge unseres Abmarsches, er wartete auf seine schöne Mahlzeit; aber die Freude, das Pferd umzubringen, sollte er doch nicht haben, da wir seinem Leben mit einem Messer vorher ein Ende machten. Es verging jetzt kaum ein Tag, wo wir nicht eines oder mehrere unserer Tiere verloren.

Noch immer stiegen wir langsam nach Osten. Im Vertrauen auf Wellbys Karte hatte ich den Leuten versprochen, daß sie heute einen großen See erblicken würden. Wir gingen eine Schwelle hinauf, sahen uns aber enttäuscht; von ihrer höchsten Stelle aus erschien nur eine zweite, die alle Aussicht verbarrikadierte, und als wir uns endlich auf diese hinaufgearbeitet hatten, zeigte sich vor uns eine dritte. Jetzt sollte uns unsere Hoffnung nicht länger trügen. Im Ostsüdosten zeigte sich zwischen den nächsten Hügeln eingeklemmt, ein Teil des Lake Lighten. An seinem Südufer, an dem Wellby 1896 entlanggezogen war, erhob sich mit unregelmäßigen Spitzen und Gruppen die Fortsetzung der roten Schneekette, die wir schon mehrere Tage lang gesehen hatten und die jetzt, bei dem herrlichen Wetter, in ihrer ganzen wilden Pracht hervortrat. Sechs Tage lang waren wir nach dem ersehnten Paß hinaufgestiegen und fanden ihn endlich unmittelbar über dem See. Seine Höhe betrug 5273 Meter!

Viele der Pferde waren schon so erschöpft, daß wir um jeden Preis gute Weide finden und die Tiere einige Tage ausruhen lassen mußten. Das Lager Nr. 15 wurde am Strand aufgeschlagen; es hatte die Aussicht über den ganzen See.

Kaum waren wir in Ordnung, als die letzten acht der gemieteten Tankseleute sich in Begleitung Muhamed Isas vor meinem Zelte einfanden, nach Ladakisitte auf die Knie fielen, mit der Stirn den Boden berührten und dann regungslos wie Götzenbilder dasaßen, währen ihr Führer das Wort ergriff:

»Sahib, uns sind noch 19 Pferde geblieben; acht davon sind noch stark, aber die übrigen werden es nicht mehr lange machen. Oh, Sahib, laß uns nach Hause zurückkehren, ehe der Winter kommt und unsere Tiere tötet.«

»Es war abgemacht, daß ihr uns bis an den Jeschil-köl begleiten solltet; wollt ihr euer Wort brechen?«

»Sahib, wir wissen, daß wir in Euren Händen sind und von Eurer Gnade abhängen; unser Proviant reicht nicht mehr zehn Tage; gehen wir bis zum Jeschil-köl mit, dann werden wir alle auf dem Heimweg sterben. Oh, Sahib, habt Erbarmen mit uns und laßt uns nach Hause gehen.«

»Nun gut, wenn ich euch nun gehen lasse, welchen Weg werdet ihr dann einschlagen?«

»Sahib, wir wollen über die Berge hier im Süden gehen, am Arport-tso vorbei nach dem Lanek-la, den wir in zehn Tagen erreichen können.«

»Findet ihr den Weg auch und seid ihr sicher, daß euer Proviant ausreicht?«

»Ja, Herr.«

»Dann macht euch fertig!« Zu Muhamed Isa gewendet fuhr ich fort: »Manuel und die beiden Radschputen können das Klima nicht vertragen, es wird das beste sein, sie ebenfalls zu entlassen, ehe die Winterkälte kommt.«

Muhamed Isa war Diplomat und versuchte seine Befriedigung zu verbergen, als er antwortete: »Ja, wenn wir sie im Winter mit landeinwärts nehmen, erfrieren sie uns.«

»Wir können sie leicht entbehren.«

»Bisher haben sie noch nicht mehr geleistet als die Hündchen, eher noch weniger, denn sie sind entweder zu faul oder zu vornehm, um sich für ihr eigenes Feuer Brennstoff zu sammeln; zwei unserer Ladakis müssen sie und ihre Pferde bedienen. Es wäre ein großer Gewinn, wenn wir sie los würden.«

»Lassen wir sie gehen, so kommen uns auch ihre Pferde zugute, denn ich kann von ihnen ja einige der abziehenden Tanksepferde mieten, die ihnen dann während der Reise nach Ladak zur Verfügung stehen.«

»Ja, Herr, sie haben drei Pferde zum Reiten und benutzen außerdem noch zwei für ihr Gepäck. Wir verlieren nun die Tanksepferde, und unser Gepäck vergrößert sich durch ihren Fortgang um fünfzehn neue Lasten für unsere eigenen Tiere. Daher sind die Pferde der schwarzen Männer für uns eine höchst notwendige Zugabe.«

Am folgenden Tag wurden die Platten und Gesteinproben, die nach Srinagar geschickt werden konnten, eingepackt, und ich schrieb Briefe nach Haus und an Freunde in Indien. Ich bat Oberst Dunlop Smith, mir mit Erlaubnis des Vizekönigs Ende Oktober alle Briefe, die bis dahin für mich eingetroffen seien, in die Gegend des Dangra-jum-tso nachzuschicken. Sie müßten über Giangtse und Schigatse geschickt werden; der Taschi-Lama, der kürzlich so gut in Indien aufgenommen worden sei, werde gewiß mit Vergnügen dafür sorgen, daß mir die Posttasche zugestellt werde. Ich dachte mir, daß, wenn mir auch im Innern von Tibet die Weiterreise verboten werde, man mir doch nicht meine Post verweigern könne — im äußersten Notfall konnte ich ja meinerseits die Beförderung der Posttasche zur Bedingung für die Annahme ihrer eigenen Forderungen machen. Ich bat also, ein

Postbote möge den Auftrag erhalten, sich Ende November am Dangra-jum-tso einzufinden und dort unsere Ankunft zu erwarten.

Am Morgen des 17. September lagen drei meiner eigenen Pferde tot zwischen den Zelten. In der folgenden Nacht starb das große scheckige Jarkentpferd, das mein Boot getragen hatte. Als am 19. die Sonne aufging, lagen zwei weitere Opfer, Beine und Hals von sich gestreckt, nach einer Nachtkälte von minus 18,4 Grad, steinhart gefroren da! Ich ließ Muhamed Isa rufen.

»Wieviel Tiere haben wir noch?«

»Wir haben 83; 48 Pferde und 35 Maulesel; zehn Pferde und ein Maulesel sind gestorben.«

»Es wäre schlimm, wenn dies Sterben im Tempo der letzten drei Tage fortdauern sollte!«

»Das glaube ich nicht, Sahib, die schwächsten sind krepiert, die stärksten haben wir behalten.«

»Aber sechs Pferde sind hier gefallen, das bedeutet für die Überlebenden sechs Lasten mehr, außer den 15 von den Tanksepferden!«

»Die sechs gefallenen sind während der letzten Tage gar nicht beladen gewesen.«

»Aber die Lasten werden jetzt auf alle Fälle zu schwer.«

»Seit wir hier lagerten, habe ich den Tieren doppelte Mais- und Gersterationen geben lassen, teils um sie zu kräftigen, teils um die Lasten zu erleichtern. Die ersten Tage, von hier gerechnet, müssen wir kurze Märsche machen und lieber die Tiere tüchtig fressen lassen, als einen einzigen Sack Gerste fortwerfen.«

»Gut. Wir haben 510 englische Meilen nach dem Dangra-jum-tso, das macht bei 10 Meilen täglich 51 Tagemärsche. Kommen noch 15 Ruhetage hinzu, so müssen wir am 25. November oder in zwei Monaten und sechs Tagen an jenem See eintreffen. Die Maulesel scheinen mir widerstandsfähiger zu sein als die Pferde; wir müssen suchen, wenigstens eine Stammtruppe starker Maulesel zu retten; später wird sich schon irgendwie Rat finden, wenn wir die ersten Nomaden getroffen haben.«

»O ja, im allerschlimmsten Fall können unsere Ladakis das Notwendigste tragen und wir alle zu Fuß gehen.«

»Ja, Muhamed Isa, denke daran, daß ich keinesfalls umkehre, wenn ich nicht durch Übermacht dazu gezwungen werde!«

»Nein, das weiß ich; es wird schon alles gut gehen.«

Vier Pferdelasten Mais und Gerste waren in diesem Lager verzehrt worden; von nun an sollte täglich eine Pferdelast draufgehen, die Kost der Leute ungerechnet. Doch wahrscheinlich verloren wir auch täglich ein Tier, manchmal vielleicht auch zwei oder mehr. Indessen blieb uns immer noch die Hoffnung, bessere Weide zu finden, auf der die Tiere sich wieder kräftigen konnten, wenn wir erst nach Südosten abschwenkten. Wir hatten noch keinen Grund zum Klagen. Die gemieteten Tanksepferde hatten mir vortreffliche Dienste geleistet. Wir konnten das Westufer des Lake Lighten mit 83 vollbeladenen Tieren verlassen. Zu dem Boot mit all seinem Zubehör waren zwei Pferde erforderlich, aber ein paar Tage dachte ich sie zu schonen und das Boot sich selber über den See befördern zu lassen.

Soweit war es mir also gelungen, unsere Etappen vorzuschieben, und das war prächtig. Wellby, Deasy, Rawling und Zugmayer, die alle schon in dieser Gegend waren und so schöne, verdienstvolle Ergebnisse von ihren Reisen mitbrachten, hatten gerade hier und am Jeschil-köl nur über Karawanen verfügt, die in viel weniger gutem Zustande gewesen waren als die meine. Leh und Tankse waren meine Ausgangspunkte gewesen. Am Lake Lighten zerrissen die allerletzten Bande, und von dort begann ein Gewaltmarsch unbekannten Geschicken entgegen.

Im Sturm auf dem See

Am 19. September nahmen wir von den Indern und den Eingeborenen von Tankse Abschied. Um jene tat es mir leid, sie konnten ja nicht dafür, daß sie nicht für das Klima taugten, und sich sonstwie auszuzeichnen hatten sie noch keine Gelegenheit gehabt. Den letzten Abend hatte Bikom Sing seinen Schwanengesang in unserer Gesellschaft angestimmt, nämlich dieselbe eintönige, resignierte Sanskrithymne, die ihm und seinen Landsleuten schon so oft eine Erinnerung gewesen war an ein wärmeres Land mit freundlichen Hütten im Schatten der Palmen und der Mangobäume, an beladene Ochsenkarren auf staubigen Landstraßen und an das entsetzliche Warngebrüll des Königstigers in den Dschungeln der Flußufer, wenn in den lauen Frühlingsnächten der Vollmond am Himmel steht. Jetzt dankte ich ihnen für treue und ehrliche Dienste, bezahlte sie gut, sorgte für ihre Rückreise und gab ihnen beste Empfehlungen. Als Proviant erhielten sie Mehl, Zucker, Tee und Reis, nebst einem Schaf für ihren Unterhalt. Manuel durfte einen der kleinen Hunde, in den er sich verliebt hatte, mitnehmen. Muhamed Isa hatte ihnen aus leeren Kornsäcken ein Zelt zum Schutz gegen die Nachtkälte genäht.

Am ersten Tag wollten sie bloß bis an den Fuß der roten Bergkette ziehen, und der Tag war schon weit vorgeschritten, als sie nach einem kräftigen Händedruck zum Abschied zu Pferde stiegen. Wir blieben noch eine Weile stehen, sahen ihre kleine Schar sich unter der Sonne im Südwesten verkleinern, und bald verschwanden sie hinter den ersten Hügeln.

Ich habe nie wieder etwas von ihnen gehört! Nach anderthalb Jahren fragte Manuels Vater schriftlich bei mir an, wo sein Sohn geblieben sei, aber ich wußte es nicht. So viel machte ich ausfindig, daß er wohlbehalten in Leh angekommen war, aber weiter konnte ich seine Spur nicht verfolgen. Indessen hoffe ich, daß er nach seinen Irrfahrten glücklich heimgekommen sein wird. Die Scheidenden fehlten uns ordentlich, aber ich tröstete mich mit dem Boot, das ausgepackt und am Ufer zusammengesetzt wurde.

Ein strahlend klarer Tag nach 16,8 Grad Kälte! Die Quelle an unserem Lager war zu einem glänzenden Streifen gefroren, der sich zum Strand hinunterschlängelte, und am Ufer klapperte ein zwei Meter breiter Eisrand im Wellengeplätscher. Das Wasser des Sees läßt sich im Notfall trinken; wahrscheinlich verringern die Zuflüsse an unserem Ufer seinen Salzgehalt. Die feine Kräuselung des Sandes auf dem Grund des Sees ist von der oszillierenden Bewegung des Wellenganges scharf gezeichnet; das Wasser ist kristallklar.

Die Karawane hatte Befehl, am Nordufer entlangzuziehen und in seiner Nähe an einer geeigneten Stelle Lager zu schlagen. Robert sollte eine provisorische Kartenskizze von dem Verlauf der Uferlinie machen, Tsering, Muhamed Isas Bruder, durfte mich auf seine Bitte begleiten. Und so verließen wir denn gleichzeitig und mit einem Gefühl der Erleichterung diesen öden Platz, wo wir unseren Reisegefährten Lebewohl gesagt und sieben unserer Pferde verloren hatten! Von der Stille der Einöde umgeben, lagen sie da — ein von Göttern und Menschen vergessener Friedhof.

Tsering fand sich mit den Rudern bald gut zurecht, und nachher kam uns der Westwind zu Hilfe. Wir fuhren schräg nach der nordwestlichen Ecke des Sees hinüber und hatten es viel näher als die Karawane, die einen bedeutenden Umweg machen mußte. Die Fahrt machte keinen Anspruch darauf, mehr als eine Probefahrt zu sein, aber vom ersten Augenblick an war ich entzückt von dem englischen Boot, das ebenso fest und bequem, wie leicht zu regieren war. Die größte gemessene Tiefe betrug 48,5 Meter. Nachdem wir um einen Vorsprung herumgefahren waren, sahen wir den blaugrauen Rauch unseres Lagers eine Strecke weit vom Ufer und zogen das Boot an Land.

Das Lager war nun folgendermaßen angeordnet: In einem großen, unten viereckigen und oben pyramidenförmigen Zelt residierten Muhamed Isa, Tsering, die Küche und zwei der anderen Leute. Die vornehmeren Ladakis wohnten in dem tibetischen Zelt, während die übrigen sich innerhalb der Verschanzung der Proviantsäcke aufhielten. In Manuels Zelt hauste Robert allein, und um sein Bett herum hatte er so viele Kisten aller Art aufgestellt, daß es an ein Parsigrab erinnerte. Zu äußerst auf dem rechten Flügel stand mein Zelt ein wenig von den anderen entfernt. Der schwarze Pobranghund wurde vermißt; wahrscheinlich hielt er einen Schmaus an den sieben toten Pferden; und richtig: als Muhamed Isa einen Mann zum Lager 15 zurückschickte, fand sich der Hund dort, dick und strotzend wie ein vollgestopfter Beutel und so faul und unlustig, daß er kaum gehen konnte.

Der 21. September wurde ein denkwürdiger Tag in meiner Chronik. Das Boot lag segelfertig am Ufer. Nach Osten hin sah der See ganz klein aus, und es konnte nicht weit bis zu seinem östlichen Ufer sein, in dessen Nähe die Karawane überall, wo leidliche Weide war, lagern konnte. Wurde es zu dunkel, ehe ich etwas von mir hören ließ, so konnten meine Leute ja am Ufer ein Signalfeuer anzünden. Wir behandelten die Sache als Bagatelle und dachten nicht daran, Proviant, Trinkwasser, Brennstoff und warme Sachen mitzunehmen.

Vormittags inspizierte ich, wie gewöhnlich, alle Tiere und gab dann Rehim Ali Unterricht im Rudern, denn diesmal sollte er mitkommen, und er machte seine Sache so gut, daß er feierlich zum »Kemi-baschi«, zum — Flottenchef ernannt wurde. Unmittelbar beim Abfahren beschloß ich, erst quer über den See zu rudern, um seine Tiefe zu loten und seine Breite zu finden. Die Entfernungen oder richtiger die Geschwindigkeit maß ich mit Lyths Strommesser aus Stockholm, und die Tiefe sollte einmal in jeder

Viertelstunde gelotet werden. Den Sammelplatz erreichten wir wohl noch vor Eintreten der Dunkelheit. Um elf Uhr war die Temperatur des Wassers 6,2 Grad und nachher stieg sie noch um einige Grad. Der Tag war strahlend hell und windstill, um ein Uhr hatten wir 11,7 Grad. Ich nahm mir das schwarze Mündungstor einer Uferterrasse als Ziel, dorthin wollten wir gewissenhaft steuern. Trinkwasser konnten wir entbehren; das Aräometer zeigte im See 1000; es schwamm also ebenso tief wie in süßem Wasser.

Noch einige Minuten hörten wir die Glocken der abziehenden Maulesel, aber bald verschwanden die schwarzen Linien der Karawane in dem hügeligen Ufergelände. Rehim Ali ruderte wie ein ausgebildeter Ruderknecht. Schon beim zweiten Lotungspunkt betrug die Tiefe 35,1 Meter, und beim dritten 49. Als mein Ruderer das nächste Mal die Ruder einziehen mußte, reichte die 65 Meter lange Lotleine nicht bis auf den Grund; leider hatten wir keine Reserveleinen, da ich früher nie so große Tiefen in tibetischen Seen gefunden hatte.

»Dieser See hat überhaupt keinen Grund«, seufzte Rehim Ali.

»Natürlich hat er Grund, aber wir haben keine Leinen mehr.«

»Hält der Sahib es nicht für gefährlich weiterzufahren, wenn der See so bodenlos ist?«

»Das hat gar keine Gefahr; wir rudern nach dem Ufer hin, das ist nicht mehr weit, und dann haben wir bloß eine kleine Strecke nach dem Lager.«

»Inschallah! Aber es kann weiter sein, als es aussieht. Bismillah!« rief er und legte sich wieder in die Riemen.

Gegen zwei Uhr war der See blank wie eine Glasscheibe. Im Norden hinter uns hatte sich das Panorama eines mächtigen Kammes aufgerollt. Die Sonne brannte glühend heiß, Rehim Ali trocknete sich die Stirn, der Rauch meiner Zigarette blieb regungslos in der Luft stehen.

»Gott bewahre uns vor der Dunkelheit«, meinte Rehim Ali, »es ist gefährlich, noch auf dem Wasser zu sein, wenn die Sonne untergegangen ist.«

»Sei nicht bange!«

Jetzt fand die Leine in 29 Meter Grund und das nächste Mal bei 10 Meter. Eine Viertelstunde später sprangen wir an Land.

Ich zeichnete ein Panorama der nördlichen Berge, während Rehim Ali an einem Stück Brot kaute, das er vorsichtigerweise mitgenommen hatte.

Es war 15.45 Uhr, als wir wieder abstießen. In zwei Stunden mußte es dunkel werden, aber dann würden wir ja das Lagerfeuer am Ufer sehen. Das Ostende des Sees erschien ganz nahe; aber man täuschte sich darin leicht infolge der Luftspiegelung. Wir ruderten eine Weile nach Ostnordosten längs des Ufers. Es wäre doch seltsam, wenn der Westwind heut ausbliebe; immer wieder fragte ich Rehim Ali, der den westlichen Horizont vor sich hatte, ob es dort klar aussehe oder ob der Weststurm sich noch nicht zeige.

»Nein, es gibt keinen Sturm«, antwortete er ruhig.

»Doch, nun kommt er«, meinte er nach einer kleinen Weile, »und es wird ein böser Sturm!«

Ich wende mich um und sehe im Westen über dem Paß, den wir vor einigen Tagen überschritten, hohe, lichtgelbe Staub- und Sandtromben, die sich bald bis 30 Grad über den Horizont emportürmen; sie erheben sich schnell, fließen zusammen zu einer finsteren Wolke und verdecken die Aussicht auf die westlichen Berge. Ja, das ist heranziehender Weststurm.

Aber für uns ist die Gefahr nicht groß, wir können an Land gehen, wo wir wollen; Zündhölzer haben wir, um Feuer anzuzünden, und Japkak findet sich genug; wir erfrieren also nicht, auch wenn es 16 Grad Kälte gibt; und ohne Nahrung können wir schon einmal sein.

»Noch wollen wir nicht landen; vielleicht ist das Lager nahe; rudere nur zu, Rehim Ali — nein, warte noch, richte den Mast auf und hisse das Segel, ehe der Sturm einfällt, dann bekommen wir ein Stück des Weges Hilfe. Wird der Sturm zu stark, dann gehen wir an Land.«

Noch ist es totenstill. Aber jetzt kommt ein erster Vorläufer, ein Kräuseln läuft über die Wasserfläche, der Wind legt sich in das Segel, bläht es auf wie einen Ball, das Boot schießt vorwärts, und eine wirbelnde Spur bildet sich in unserem Kielwasser. Wir halten uns am südlichen Ufer; dort ist eine Reihe von Lagunen und Landzungen von Sand und Geröll. Auf einer dieser Landspitzen sitzt ein Paar Schwarzgänse; sie starren uns verwundert an, als wir vorbeisausen; sie halten uns wohl für einen gewaltigen Seevogel, der nicht fliegen kann, da er nur eine Schwinge hat. Der See geht schon höher; wir schießen gegen eine Landspitze im Nordosten; o weh, das Wasser ist nur einen Meter tief unter dem Kiel. Kommen wir aber auf Grund, so wird das Boot aufgerissen; sein ölgetränktes Segeltuch ist gespannt wie ein Trommelfell; ich steuere also, was das Steuer aushalten kann, und streife die Landpitze mitten in der rasenden Brandung — es glückt und im nächsten Augenblick sind wir draußen auf offenem, tiefem Wasser, wo die Wogen gleichmäßiger gehen.

Nun erscheint in Ostnordost eine weit in den See hinausspringende Landzunge; aber es ist weit bis dahin. Der ganze See zischt und ist im wildesten Aufruhr; kommen wir nur heil bis zu jener Landspitze, dann liegen wir geschützt vor dem Wind und können landen. Ja, wir müssen landen, wenn es irgend möglich ist! Denn der Sturm ist nun über uns; er wird immer heftiger, es knackt im Mast; ich wage nicht länger weiterzufahren mit festgebundener Schote; wir haben den prächtigsten Fahrwind, es rauscht und braust um den Vordersteven, es siedet und kocht hinter uns.

Rehim Ali sitzt im vorderen Bootsteil. Er hält sich am Mast fest, steht auf, späht geradeaus und meldet, daß hinter der gelben Landzunge der See ebenso groß ist wie im Westen! Alles ist nur eine Gesichtstäuschung gewesen, wir können den östlichen Strand nicht erreichen, ehe uns die Dunkelheit völlig überrascht. Wäre es nicht besser zu landen und den Tag abzuwarten? Ja, wir wollen landen und hinter der Landzunge Deckung suchen! Die Sonne sinkt, der Sturm wird immer stärker, man hört ihn in den wilden Klüften im Süden heulen, feiner Schaum steht wie Kometenschweife auf den Wogenkämmen. Die Staubwolken sind verschwunden, man sieht undeutlich den westlichen Horizont. Wie eine Kugel von flüssigem Gold nähert sich die Sonne seinem Rand, und ein unheimlich zauberhafter Schein ergießt sich über die ganze Gegend. Alles ist gerötet außer dem schwarzblauen, weißgeränderten See. Im Osten steigt die Nacht herauf, dunkle Schatten heben sich hinter den Bergen, aber die östlichen Bergzacken und der alles überragende Gipfel T mit seinen gleißenden Schneefeldern stehen feuerrot gegen den finsteren Hintergrund. Ein paar zerrissene Wolken jagen gen Osten; in Scharlach gefärbt wetteifern sie an Schönheit mit den Schneefeldern und Gletschern unter ihnen. Das Segel schimmert rosafarben, und auf den Kämmen der Wogen zittert purpurner Schaum, als ob wir über ein Meer von Blut getrieben würden.

Rehim Ali sitzt zusammengekauert auf dem Grund des Bootes, während wir schaukelnd und schlingernd vorwärts schießen gegen die Landzunge. Noch sind alle Umrisse scharf und deutlich. Ich steuere das Boot aus der Brandung heraus, um die Landzunge herum, zaudere dann aber einen Augenblick; es wäre leicht, in Lee zu gehen; aber nein, jetzt geht ja alles gut — der Mond leuchtet so klar, und ehe er untergeht, haben wir wohl eine neue Landspitze erreicht.

In Gischt und brausendem Wellenschaum jagen wir an der Landzunge vorüber, und in einer Sekunde war es zu spät in Lee zu gehen, auch wenn wir es noch so gern getan hätten. Das Tosen der Brandung erstarb lautlos hinter uns, und vor uns hatten wir aufs neue offenes, nachtschwarzes Wasser, in der Ferne begrenzt von einem kaum erkennbaren Landstreifen, einer neuen Landzunge von den zahlreichen Schuttkegeln des südlichen Ufers.

So jagen wir vorwärts über den aufgewühlten See. Da schrecken wir empor, denn wir hören die mächtigen, sich überstürzenden Wogen hinter uns. Das dumpfe Getöse kommt näher, ich wende mich um — wir mußten rettungslos unter den wälzenden und rollenden Kämmen der Wogen begraben werden. Der Schaum wird vom Sturm gepeitscht und gibt uns ein kühlendes Bad. Da erreicht uns die Welle — aber sie hebt das Boot sanft in die Höhe, und dann rollen wir weiter gegen das östliche Ufer, das Rehim Ali nicht mehr für erreichbar hält.

Rehim Ali ist halbtot vor Schreck, er hat sich auf dem Grund des Bootes wie ein Igel zusammengerollt und sein Gesicht in meinen Mantel vergraben, um nicht den aufgeregten See zu sehen. Er ist in alles ergeben und wartet auf sein letztes Stündlein. Die Entfernung bis zum östlichen Ufer abzuschätzen war unmöglich, und eine Landung dort gewiß nicht ohne Schiffbruch auszuführen. Fanden sich Klippen und Schären am Ufer, dann wurden wir in der Brandung zermalmt. Fiel der Strand sacht ab, dann mußten wir kentern und wurden wie ein Stückchen Kork von den gewaltig rollenden Wogen aufs Land geworfen.

In dem nächtlichen Chaos ringsum leuchtet die Brandung an der Spitze der Landzunge; sie ist wilder als die vorige. Ich versuche in Lee zu kommen, aber der Sturm treibt uns wieder hinaus, und ehe wir uns besonnen haben, sind wir wieder vom Land entfernt. Es wird kälter, aber mich friert nicht, die Aufregung ist zu groß, das Leben steht auf dem Spiel! Vergeblich spähe ich auf das Feuerzeichen meiner Leute. Ich mache die Achterbank los und setze mich auf den Boden nieder, wo ich vor dem durchkältenden Wind etwas geschützt bin. Hinter uns macht die zerfetzte Lichtstraße des Mondes auf dem Wasser die Wogen noch unheimlicher als früher.

Die Stunden der Nacht verrinnen; der Mond geht unter. Jetzt erst ist es stockdunkel; nur die Sterne flimmern wie Fackeln hoch über uns. Meine rechte Hand schläft halb erstarrt um die Ruderstange. Ab und zu frage ich Rehim Ali, ob er nicht mit seinen Katzenaugen bis zur östlichen Uferbrandung sehen könne. Er wirft einen flüchtigen Blick über die Reling, antwortet, daß es noch endlos weit sei, und verbirgt sein Gesicht wieder in dem Mantel.

Nichts hört man als das Brausen der Wogen, das Heulen des Windes und das Zischen des Schaumes um den Vordersteven.

»Paß auf, Rehim Ali«, rufe ich, »wenn du merkst, daß das Boot Grund hat, springst du hinaus und ziehst es mit aller Kraft auf den Strand!« Aber er antwortet nicht mehr, er ist völlig versteinert vor Schreck! Ich meinerseits packe meine Aufzeichnungen und Skizzenbücher in eine kleine Tasche.

Ich höre ein donnerndes Brausen, das das Brüllen des Sturmes noch übertönt, und in der nachtschwarzen Dunkelheit vor uns sehe ich etwas wie einen helleren Rand in unserer unmittelbaren Nähe. Das muß die Uferbrandung sein. »Reffe das Segel!« schreie ich so laut, daß fast die Stimmbänder springen, aber Rehim Ali ist wie gelähmt, er rührt sich nicht vom Fleck. Ich lasse das Tau los und lasse das Segel flattern und schlagen im selben Augenblick, als das Boot auf den Grund schrammt und plötzlich festsitzt.

»Spring ins Wasser und zieh das Boot hinauf«, rufe ich, aber er gehorcht nicht; ich puffe ihn in den Rücken, aber er merkt es nicht. Da packe ich ihn am Kragen und werfe ihn über Bord, eben als die nächste Sturzwelle das Ufer hinaufrollt, das Boot füllt, es auf die Seite wirft und mich bis auf die Haut durchnäßt! Jetzt erst erfaßt Rehim Ali die Lage und hilft mir das Boot aus dem Bereich der Brandung aufs Ufer ziehen. Pelz und Mantel waren ebenso durchnäßt wie wir selbst, und nach langem Suchen fanden wir alle Sachen wieder, die beim Schiffbruch abhanden gekommen waren.

Wir waren halbtot vor Ermattung und Aufregung; bei einer solchen Anstrengung in dieser dünnen Luft kommt man völlig außer Atem. Wir setzten uns, aber der eisige Wind jagte uns wieder auf. Mit vereinten Kräften richteten wir die eine Hälfte des Bootes auf, lehnten sie schräg auf ein Brett der Bank und duckten uns dahinter. Wir waren völlig erstarrt; kein Wunder, denn das Wasser gefror in den Kleidern, so daß sie knisterten, wenn man sich nur rührte. Man hörte, wie das Wasser auf dem Boden des Bootes zu Eis wurde; mein Platz war hart wie ein Brett und nicht zu gebrauchen. Hände und Füße waren steif und gefühllos; wir mußten uns wieder aufraffen, um nicht völlig zu erfrieren.

Ringsum keine Spur von Leben! Bei dem Toben der Brandung mußten wir schreien, um uns verständlich zu machen. Wie sollten wir übernachten bei 16 Grad Kälte und nassen Kleidern, die schon zu Eispanzern erstarrt waren? Rehim Ali verschwindet im Dunkel, um nach Brennstoff zu suchen, aber er kommt mit leeren Händen zurück. Zu meiner Freude finde ich, daß mein Zigarettenetui und die Streichhölzer noch brauchbar sind; wir zünden uns eine Zigarette an, um uns zu beleben.

»Gibt es denn hier gar nichts, was wir verbrennen können? Ja, halt, wir haben doch die Holzrolle der Lotleine und den Rahmen, worin die Rolle befestigt ist.«

Unbarmherzig zerbrechen wir dies Meisterstück der Schreinerkunst Muhamed Isas und zerstückeln dann mit unseren Messern den Rahmen; die nassen Späne legen wir beiseite, die inneren trocknen Rippen benutzen wir als Brennholz. Sie bilden ein winziges Häuflein. Nur ein paar auf einmal dürfen geopfert werden, und mit Hilfe einiger Blätter aus meinem Notizbuch bringe ich sie zum Brennen. Unser Feuer ist klein und unansehnlich, wärmt aber herrlich, und unsere Hände tauen wieder auf. Dicht über das Feuer gebeugt sitzen wir da und unterhalten es mit der größten Sparsamkeit. Ich ziehe mich aus, um mein Zeug auszuwringen und notdürftig zu trocknen; Rehim Ali trocknet meinen Mantel, der meine Hoffnung für die Nacht ist; der Pelz wird preisgegeben. Wie lange ist es noch bis zum Morgengrauen? Ach, noch Stunden! Die Rolle und die Kurbel haben wir noch in Reserve, aber lange kann dieser kleine Holzvorrat nicht vorhalten, und ich sehe mit Beben dem Augenblick entgegen, wo die Kälte uns zwingen wird, auch Mast und Bänke zu opfern. Die Minuten verstreichen so langsam.

Von Schlaf durfte keine Rede sein, dann wären wir erfroren. Manchmal nickten wir einen Augenblick ein, während wir so vor der flackernden Flamme niedergehockt dasaßen, und Rehim Ali summte gelegentlich ein Liedchen, damit die Zeit schneller vergehen sollte.

Eben denke ich gerade darüber nach, wie mir jetzt wohl ein Glas heißen Tees schmecken würde, als Rehim Ali ruft:

»Ein Feuer in der Ferne!«

»Wo?« frage ich etwas ungläubig.

»Dort, im Norden, am Ufer«, antwortet er und zeigt auf einen schwach leuchtenden Punkt.

»Das ist ein Stern«, sage ich, nachdem ich das nächtliche Dunkel eine Weile mit dem Fernglase durchsucht habe.

»Nein, es ist diesseits des Bergkammes.«

»Warum hätten wir dann das Feuer nicht eher gesehen? Mitten in der Nacht werden sie keine Signalfeuer anzünden.«

»Es ist auch kein Feuer, es ist eine Laterne; ich sehe, wie sie sich hin und her bewegt.«

»Ja wirklich, es ist ein Lichtschein, der seine Stelle wechselt.«

»Jetzt ist er fort.«

»Und er zeigt sich nicht wieder.«

Und fort blieb er so lange, daß wir die Hoffnung wieder verloren und uns über der Glut der letzten Späne der Rolle zusammenkauerten.

»Hört der Sahib nichts?« fragt Rehim Ali plötzlich.

»Ja, es klingt wie Pferdegetrappel!«

»Ja, und wie Menschenstimmen!«

Im nächsten Augenblick zeichnen sich die Schattenrisse fünf großer Pferde und dreier Reiter am Himmel ab. Es sind Muhamed Isa, Rabsang und Adul! Sie berichten, daß das Lager 18 eine Wegstunde weiter nördlich wenig vom Ufer entfernt liege. Sobald sie das Lager aufgeschlagen, hätten sie Leute ausgeschickt, um nach uns auszuspähen, hätten aber schließlich das Suchen aufgegeben. In später Nacht sei jedoch Robert, den der Sturm beunruhigt habe, auf einen Hügel gestiegen und habe von dort aus unser kleines Feuer gesehen! Sie selbst hatten, wie sie sagten, den ganzen Abend ein großes Signalfeuer brennen lassen, aber augenscheinlich hatten es die Unebenheiten des Geländes verdeckt.

Ich lieh mir von den Männern zwei Gürtel, um sie mir um die Füße zu wickeln. Dann stiegen wir in den Sattel und, mit der Laterne voran, begab sich die kleine Kavalkade nordwärts nach dem Lager, während die Wellen ihren unermüdlichen Sturmlauf gegen das Ufer fortsetzten.

Tod im Wolfsrachen — oder Schiffbruch!

Als wir am 22. September über die alten Terrassen des Sees nach Osten weiter- und zur Paßschwelle hinaufzogen, öffnete sich hinter uns die Aussicht über den Lake Lighten, und schließlich lag der ganze See in aller Pracht am Fuß der Schneegebirge vor uns. Der Weidegrund war überall vortrefflich, und die Pantholops-Antilopen wußten in ihrer Überraschung und Unschlüssigkeit manchmal nicht, nach welcher Seite hin sie entfliehen sollten, sondern kamen uns, von Neugier getrieben, gedankenlos entgegen. Die Paßschwelle hat eine Höhe von 5301 Meter. Kaum hatten wir auf ihrer anderen Seite einige Schritte getan, so war es, als wenn man in einem großen Buche ein Blatt umgeschlagen hätte. Die Bilder, die eben noch unseren Blick gefesselt haben, verschwinden, und vor uns haben wir neue Berge, ein neues Becken und einen neuen türkisblauen See, den Jeschil-köl. Im Süden und Südwesten des Sees dehnen sich große, kreideweiße Flächen Salz aus; konzentrische Ringe und abgeschnürte Tümpel, die ebenso blau sind wie der See, verraten, daß auch der Jeschil-köl im Einschrumpfen begriffen ist.

Am nächsten Tage lagerten wir in einer Gegend, wo die Weide gut, das Trinkwasser schwach salzhaltig war. Auf der großen Ebene, die sich im Westen des Sees ausdehnt, sieht man lange Reihen von Steinmalen, Erdhügeln oder Schädeln. Sie sehen wie Grenzzeichen aus, wurden aber in Wirklichkeit von Antilopenjägern des Tschangpa-Stammes errichtet, tibetischen Nomaden, die wirklich »Nordmänner«, Eingeborene der nördlichen Hochebene Tschang-tang sind, und auf diese Weise das Wild in die an der Erde ausgelegten Schlingen hineintreiben. Die Antilopen haben nämlich einen ausgesprochenen Widerwillen gegen das Überspringen solcher Malreihen und ziehen es vor, an ihnen entlang zu laufen, bis sie zu Ende sind. Aber schon vorher hat gewiß eine von ihnen das Pech gehabt, in eine mit einer Schlinge versehene Grube zu treten. Nur ein Sohn der Wildnis, der wie die wilden Tiere sein Leben im Freien verbringt, kann auf eine solche Fangart verfallen.

Der 24. September wurde abermals ein denkwürdiger Tag — meine Seefahrten in Tibet endeten seltsamerweise fast immer mit Abenteuern! Von meinen Ladakis hatten fünf in Deasys oder Rawlings Dienst gestanden, und zwei von ihnen versicherten, daß in Ostsüdost die Quelle sei, an der Hauptmann Deasy im Juli 1896 zehn Tage lang gelagert habe und die er in seinem Reisewerk das »Fieberlager« nennt. Die Angabe stimmte auch mit seiner Karte überein; Muhamed Isa erhielt daher Befehl, mit der Karawane dorthin zu ziehen, beim Einbruch der Dunkelheit auf der nächsten Uferstelle ein großes Signalfeuer anzuzünden und zwei Pferde bereitzuhalten.

Mein Plan war, in ostnordöstlicher Richtung nach dem Nordufer und von dort wieder südwärts gerade auf das Signalfeuer loszufahren. Rehim Ali erhielt diesmal einen Gehilfen an Robert, der sich später zu einem trefflichen Seemann ausbildete. Der See lag fast ruhig da; sein Wasser ist infolge der geringen Tiefe grünlicher, aber ebenso klar wie das seines Nachbars im Westen. Es ist so salzig, daß alles, was damit in Berührung kommt, Hände, Boot, Ruder usw., von Salzkristallen glitzert. Ufer und Grund des Sees bestehen meist aus Ton, der sich mit kristallisierendem Salz zu steinharten Fladen und Blöcken zusammengebacken hat, so daß man außerordentlich vorsichtig sein muß, wenn das Boot ins Wasser geschoben wird, denn diese Fladen haben messerscharfe Kanten und Ecken. Der See ist ein ziemlich elliptisches Salzbecken mit flachen Ufern; die Berge treten nirgends bis an den Strand heran. Die Meterlinie läuft 100 Meter vom Lande; aber noch 600 Meter weit draußen ist der See nur 4,6 Meter tief.

Wir legten die erste Lotungslinie diagonal über den See in schönster Ruhe zurück, und ich steuerte nach dem eingepeilten Ziel hin. Um ein Uhr hatten wir 9,5 Grad im Wasser und 10,3 Grad in der Luft. Die Tiefe nahm sehr regelmäßig zu, ihr Maximum betrug unweit des Nordufers 16,1 Meter. Robert fand viel Vergnügen an der angenehmen Fahrt und bat, künftig immer mitkommen zu dürfen, was ich ihm um so lieber bewilligte, als er immer heiter und anregend war und ich überdies bei allen Messungen wirkliche Hilfe an ihm hatte. Eine kleine Bucht des Nordufers diente uns als Landungsplatz, wo wir schnell frühstückten.

Vom Landungsplatz aus zog sich eine Reihe von Steinblöcken und Salzklumpen nach Ostsüdost hin, und das Wasser war hier so seicht, daß wir das Boot sehr vorsichtig abstoßen mußten. Gerade als wir den letzten Block, von dem wir noch eine Gesteinprobe nahmen, hinter uns hatten, erhob sich westlicher Wind, der Seespiegel kräuselte sich, und schon nach ein paar Minuten zeigten sich Schaumköpfe.

»Das Segel auf und die Schwerter nieder!«

Vor uns war der See rotviolett, ein Widerschein des Tongrundes; dort mußte es sehr seicht sein, aber wir würden schon hinüberkommen.

»Seht ihr im Südwesten die kleinen weißen Windhosen? Das sind die Vorläufer des Sturmes, der den Salzstaub aufrührt«, sagte ich.

»Wird der Sturm arg, dann ist das Boot auf dem scharfkantigen Grunde zerfetzt, ehe wir das Land erreichen«, bemerkte Robert.

»Das sind keine Salzwolken«, fiel Rehim Ali ein, »das ist der Rauch von Feuern.«

»Muhamed Isa soll aber doch an Deasy Sahibs Quelle lagern; die liegt im Südwesten!«

»Da ist kein Rauch zu sehen«, erwiderte Robert, der den Fernstecher hatte, »vielleicht haben sie die Salzebene im Süden des Sees gar nicht überschreiten können.«

»Dann sind es ihre Signalfeuer, die wir sehen; aber wir können mit diesem Boot im Sturme nicht kreuzen.«

»Master«, meinte Robert, der sich dieser Anrede stets bediente, »wäre es nicht das klügste, wieder an Land zu gehen, ehe der Sturm anschwillt? Hinter den Blöcken sind wir gesichert und können noch vor Sonnenuntergang Brennstoff sammeln.«

»Ja, das wird wohl das beste sein; der See ist bei Sturm viel gefährlicher als der Lake Lighten. Refft das Segel und rudert hinter die Blöcke. — Wonach siehst du denn so?« fragte ich Robert.

»Master! Ich sehe zwei große Wölfe, und wir haben keine Flinte mit!«

Richtig, gingen da am Ufer zwei fast weiße Isegrimme spazieren! Sie liefen so, daß sie den Inhalt des Bootes immer wittern konnten. Hielten wir, so blieben auch sie stehen, setzten wir uns in Bewegung, dann gingen sie am Rand des Wassers weiter. Rehim Ali hielt sie für Spione eines ganzen Rudels. Er selbst hatte nur ein Klappmesser bei sich, Robert und ich sogar nur Federmesser in der Tasche; unsere Aussicht auf erfolgreiche Verteidigung war also überaus gering! Robert seinerseits zog den See in vollem Sturm den Wölfen vor. Ich hatte früher schon so oft unbewaffnet im Freien geschlafen, daß ich mich ihretwegen nicht weiter aufregte. Aber mitten im Kriegsrat sahen wir uns plötzlich gezwungen, an etwas anderes zu denken. Pfeifend kam der Sturm über den See gefahren!

Zum Glück stand das Segel noch und die Schwerter hingen aus; der Wind faßte die Leinwand, am Vordersteven begann es zu rauschen, und wir schossen vor dem Seitenwind glatt südwärts. Robert stieß einen Seufzer der Erleichterung aus. »Alles, nur keine Wölfe«, sagte er. Ich ließ Robert und Rehim Ali rudern, um Zeit zu gewinnen, und bald waren uns die beiden Wölfe aus dem Gesicht entschwunden. »Sie werden gewiß um den See herumlaufen, sie wissen genau, daß wir irgendwo landen müssen«, meinte Robert. Er hatte allerdings nicht unrecht, die Lage war höchst ungemütlich. Auf unsere Leute rechneten wir nicht mehr; wir waren offenbar durch Salzsümpfe, in die man sich nur mit Lebensgefahr hineinwagt, getrennt. Wir wollten daher versuchen, noch vor Dunkelheit einen günstigen Punkt des Südufers zu erreichen.

Aber die Stunden vergingen, und die Sonne versank brennend gelb hinter den Bergen. Zwei Stunden lang hielten wir die Richtung nach Deasys Lager ein, als aber in der zunehmenden Dämmerung die Signalfeuer immer deutlicher wurden, änderten wir den Kurs und steuerten nach Süden, um den Unseren näher zu kommen. Es war jedoch hoffnungslos weit bis zu ihnen; von dort her kam ja gerade der Sturm. Wieder vergingen zwei Stunden! Jetzt hatten wir die Wellen gerade von der Seite; wenn ich die heranrollenden Schaumkämme nicht parierte, mußten sie das Boot füllen und zum Sinken bringen; wir mußten ihnen also direkt entgegensegeln.

Das Boot zerteilte die Wellen gut, nur dann und wann erhielten wir Spritzer. Die Duschen tropften uns am Halse herab. Ich machte einige Lotungen. Robert las die Leine ab; zehn Meter, dann acht und schließlich sechs.

»Jetzt kann das Südufer nicht mehr weit sein«, sagte ich, aber meine Begleiter blieben still und horchten. »Was gibt's?« fragte ich.

»Schwerer Sturm aus Westen«, antwortete Rehim Ali, sein Ruder senkend.

Mit ungeheurer Schnelligkeit schwollen die Wogen an, die Serpentinen der Mondstraße wurden immer größer, wir schaukelten wie in einer riesenhaften Hängematte.

»Master, es sieht gefährlich aus.«

Ja, angenehm ist es nicht, aber nur ruhig! Wir können bei solchem Seegang unmöglich landen.

In demselben Augenblick fühlten wir einen heftigen Stoß, unter dem das Boot bebte. Das Backbordruder, das Rehim Ali führte, war auf Grund gestoßen und sprang klingend aus der Schraube, mit der es in der Reling befestigt war. Rehim Ali konnte es noch in der letzten Sekunde fassen; dabei rief er: »Es ist nur ein Steinwurf bis zum Land.«

»Hier geht ein Vorsprung in den See hinein, Master, wir erhalten Schutz!«

»Dann sind wir gerettet.«

In dem salzigen und bis auf 5 Grad abgekühlten Wasser erstarrten die Füße. Wir fanden ein Fleckchen von Salzklumpen, zwar durch und durch feucht, aber immer noch das beste, was vorhanden war. Denn um uns herum stand Wasser, und das Ufer war ungeheuer flach. Wie weit es bis zu wirklich trocknem Boden war, ließ sich nicht entscheiden; noch weit landeinwärts schimmerte die matt erhellte Bahn des Mondlichtes.

Während ich durch Reiben wieder Leben in meine Füße zu bringen versuchte, schleppten die anderen unsere Habseligkeiten auf unsere armselige Salzinsel. Dann wurde das Boot auseinandergenommen und die beiden Hälften als Schutzschirme aufgestellt. Um neun Uhr hatten wir minus 0,5 Grad und um Mitternacht minus 8 Grad; doch hier war es wärmer als an den vorhergehenden Tagen, denn das Seewasser behält noch etwas von der Wärme der Sommerluft. Muhamed Isa hatte aus einer leeren Kiste eine neue Rolle für die Lotleine mit Gestell und Kurbel angefertigt; sie wurde wieder als Brennholz benutzt.

Wir holten die Proviantbeutel und die Wasserkannen hervor, tranken einen Becher siedendheißen Zuckerwassers nach dem anderen und versuchten uns einzubilden, es sei Tee. Solange das Feuer vorhielt, fror uns nicht — dann aber, welch eine Nacht! Gegen zehn Uhr hatte der Wind ausgetobt — jetzt kam der Nachtfrost. Wir legten uns auf die Rettungsringe, um nicht direkt mit dem Salzboden in Berührung zu kommen; Robert hatte den Pelz, ich den Mantel, und Rehim Ali durfte sich in das Segel hüllen. Er schlief hockend, die Stirn auf die Knie gestemmt, wie es bei den Mohammedanern Brauch ist, und er schlief wirklich! Robert und ich rollten uns wie Knäuel zusammen, aber was nützte das? Dicht vor dem Erfrieren kann man nicht schlafen! Ich stand auf, stampfte auf die Salzfladen und versuchte »auf der Stelle« zu marschieren. Ich sang, ich pfiff, ich ahmte das Geheul der Wölfe nach, um zu sehen, ob sie antworten würden. Aber die Gegend blieb stumm. Ich erzählte Robert Anekdoten, aber er fand sie durchaus nicht lustig. Vergebens spähten wir nach einem Feuer; nirgends war etwas zu sehen. Der Mond näherte sich langsam dem Horizont. Der Wind hatte sich gelegt. Nach und nach verhallten auch die Salzwellen am Ufer — eine verzweifelte Stille umgab uns. Uns fror zu sehr, als daß wir viel an die Wölfe hätten denken können. Ein paarmal erhoben wir gemeinsam ein wildes Geschrei, aber der Klang unserer Stimmen erstarb sofort, ohne jede Spur von Widerhall; wie hätte er da bis zur Lagerstätte der Karawane dringen können!

»Jetzt ist es Mitternacht, Robert, in vier Stunden wird's Tag.«

»Master, so hab' ich noch nie im Leben gefroren! Wenn ich lebend nach Indien zurückkomme, werde ich diese unheimliche Mondnacht auf dem Jeschil-köl und die hungrigen Wölfe am Ufer nicht vergessen, sollte ich auch hundert Jahre alt werden!«

»Ach was! Du wirst mit Sehnsucht daran denken und dich freuen, dabeigewesen zu sein!«

»Wieviel Uhr ist es, Master?«

»Zwei Uhr; bald liegen wir sechs Stunden im Sumpf.«

Wir nicken ein bißchen ein, ohne aber eine Minute zu schlafen; von Zeit zu Zeit teilt mir Robert mit, wie viele seiner Zehen erfroren sind.

Ein Viertel nach vier beginnt es schwach zu dämmern. Wir sind so durchfroren, daß wir kaum mehr aufstehen können und hocken über der eisigen Asche unseres Abendfeuers. Unaufhörlich schauen wir nach Osten und beobachten den neuen Tag, der langsam über die Berge steigt. Um fünf Uhr beginnen die höchsten Schneegipfel purpurn zu glühen, wir werfen schon einen leichten Schatten auf den Boden des Bootes, und dann steigt die Sonne kalt und blendend gelb über den Kamm im Osten auf. Nun werden die Lebensgeister langsam wieder frisch. Rehim Ali ist seit einer Stunde verschwunden, aber jetzt sehen wir ihn mit einem großen Haufen Holz durch den Salzsumpf stapfen, und bald haben wir ein knisterndes Feuer angefacht. Wir ziehen uns aus, um die naßkalten Kleider loszusein, erwärmen den Leib direkt über den Flammen.

Da erscheint in der Ferne Muhamed Isas stattliche Gestalt zu Pferde! Er bindet seinem Gaul einen Strick um die Vorderbeine, läßt ihn am Anfang des Sumpfes stehen und geht zu Fuß weiter. Als mich am ärgsten fror, hatte ich mir eine tüchtige Gardinenpredigt für ihn ausgedacht. Doch als ich jetzt meinen prächtigen Karawanenführer vor mir hatte, vergaß ich alles, denn seine Gründe für die Verzögerung mußte ich gelten lassen. Die Karawane war durch unsicheren Boden so lange aufgehalten worden, und die Männer hatten alle Sachen tragen müssen.

Am Morgen des 26. September ging es mit zwei weiteren Pferden zu Ende, sie konnten nicht mehr aufstehen und mußten erstochen werden; eins war im vorigen Lager gestorben, und eins fiel auf dem Marsch. Wir hatten von 58 Pferden 15 verloren, von 36 Mauleseln aber nur einen einzigen; diese Zahlen sprachen deutlich zugunsten der Maulesel.

Wir ritten nun in dem gewaltigen Längstal weiter, das uns schon seit dem Lager Nr. 7 durch sein günstiges Gelände vorwärtsgeholfen hatte, und überschritten ein Salzbecken mit einem Tümpel, den konzentrische Austrocknungsringe so regelmäßig wie die Bankreihen eines Amphitheaters umgaben. Am Fuß eines Hügels zeigten sich Wölfe; vielleicht waren es unsere gestrigen Bekannten! Wir mußten ihnen wider Willen im letzten

Lager, wo sich gleich sechs Raben über die gefallenen Pferde hergemacht hatten, einen gehörigen Schmaus zurücklassen.

Eine der obersten »Bankreihen«, die etwa 50 Meter über dem Spiegel des Tümpels lag, gab einen vortrefflichen Weg. Ringsumher war der Boden kreideweiß von Salz.

Der Lagerplatz Nr. 22 war von besonderem Interesse. Auf seiner denkwürdigen Expedition durch Westtibet und Ostturkestan während der Jahre 1896—1899 hatte Hauptmann H. H. P. Deasy große Schwierigkeiten zu überwinden gehabt und so viele seiner Tiere verloren, daß er, um die Expedition und ihre Ergebnisse zu retten, einen großen Teil des Gepäcks und Proviantes, kurz alles irgend Entbehrliche zurücklassen mußte. Im Jahre 1903 machte Hauptmann Cecil Rawling eine ebenso verdienstvolle Fcrschungsreise durch dieselben Teile Tibets, und da auch er infolge Proviantmangels in eine sehr kritische Lage geriet, beschloß er Deasys Depot, das sich der Karte nach in der Nähe befinden mußte, aufzusuchen. Zwei der Leute Rawlings, Ram Sing und Sonam Tsering, hatten auch Deasy begleitet, und Sonam Tsering hatte auch den Ort zeigen können, wo Gepäck und Vorräte eingegraben worden waren. Dank den Reis-, Mehl- und Gerstevorräten, die man dort mitten in der Wildnis fand, konnte Rawling seine Pferde, die sonst verloren gewesen wären, retten.

Derselbe Sonam Tsering begleitete nun auch mich auf meinem Zuge; ich hatte ihm am Morgen befohlen, erst bei Deasys und Rawlings Lager haltzumachen, und wir marschierten deshalb heute mit den Mauleseln voran. Es war natürlich für meinen Weg von großem Wert, einen so genau bestimmten Punkt zu berühren.

Es machte nicht die geringste Schwierigkeit, den Platz zu finden, und als wir das Lager erreichten, hatte Muhamed Isa schon sieben Kisten ausgraben lassen. Eine davon war mit Mehl gefüllt, das in der langen Zeit völlig verdorben war; jedenfalls war es schon unbrauchbar gewesen, als Rawling vor drei Jahren hier war. Nur eine der Kisten war tibetische Arbeit, denn Rawling hatte, wie mir Sonam Tsering mitteilte, einige seiner abgenutzten Kisten aus Kaschmir mit Deasys turkestanischen vertauscht, die weit besser waren. Aber auch Rawlings Kisten waren besser als meine leichtzerbrechlichen Holzkasten aus Leh. Daher annektierten wir einige von ihnen und benutzten die unseren als Brennholz. Im übrigen hatte Rawling das Depot so gründlich ausgeplündert, daß für mich nicht mehr viel übriggeblieben war — aber ich brauchte die Sachen ja auch nicht so notwendig wie er. Einige Konservendosen mit amerikanischem Rindfleisch waren den Hunden sehr willkommen, wurden aber von den Männern verschmäht, solange wir noch frisches Schaffleisch hatten.

Wir befanden uns also jetzt in einer Gegend, die mehrere Reisende vor mir besucht hatten. Ich sehnte mich infolgedessen nach Gegenden, die nie von anderen Reisenden berührt worden waren. Mein Lager 22 war mit Rawlings Lager Nr. 27 identisch gewesen, seine Expedition hatte aber den Pul-tso, der jetzt eine Tagereise weit vor uns lag, sowohl nördlich als südlich umgangen. Um auch hier einen Weg zu vermeiden, ging ich auf die Mitte des sich ungewöhnlicherweise von Norden nach Süden ziehenden Sees zu.

Kaum hatten wir uns am Westufer des Pul-tso gelagert, als Muhamed Isa sich mit der Bitte um einen Ruhetag einstellte. Die Weide sei gut, Brennstoff reichlich vorhanden und die Tiere müßten sich verschnaufen. Ich ging um so lieber auf seinen Wunsch ein, als dies gut mit meinem eigenen Plan — einer neuen Seefahrt — zusammenpaßte. Ich wollte am nächsten Morgen in aller Frühe mit Robert und Rehim Ali schräg über diesen See in der Richtung eines abschüssigen Berges, der sich in N 56 ° O zeigte; von dort gedachte ich dann wieder nach dem Südufer hinüber zu segeln und an einem Berg in S 62 ° O zu übernachten. Am nächsten Morgen wollte ich die Nordostecke des Sees erreichen, wo die Karawane uns auf den dort gelbgrün schimmernden Weiden erwarten sollte. Ich brauchte also auf dem See zwei Tage zu einer Wegstrecke, die die Karawane an einem Tag zurücklegte. Proviant, warmes Zeug und Bettstücke wollten wir aber mitnehmen, nebst einer Menge Feuerung, um nicht wieder von allem entblößt zu sein wie das letzte Mal. Wasser war nicht nötig; das Seewasser war trinkbar, wenn es auch einen schwachen Beigeschmack hatte.

Einladend zeigte der See am Abend eine blanke Fläche und lag schweigend zwischen den mit ewigem Schnee bedeckten Bergen. Qualmende Dungfeuer brannten gemütlich zwischen den Zelten, die Männer bereiteten sich ihr Abendessen oder flickten unter eifriger Unterhaltung Packsättel; überall war es still und friedlich, und der Mond schwebte silberweiß und kalt zwischen rosenroten Wolken.

Da höre ich fern im Osten einen sausenden Ton, der schnell anschwillt, näher kommt, sich in ein betäubendes Donnern verwandelt, und im Nu fegt einer der heftigsten Stürme über unser Ufer hin. Ich rufe mir Leute, damit meine Zeltöffnung zusammengebunden wird, ich höre Robert ein Indianergeheul ausstoßen, als seine luftige Wohnung umfliegt. Mein Zelt wird mit Sandwällen und Kisten befestigt; ich bin mit meinem Kohlenbecken eingesperrt, habe aber ein kleines Guckloch in der Zeltöffnung. Die eben noch so freundlich flackernden Feuer verlöschen, die Brände werden wie Raketen fortgeweht; Muhamed Isas Zelt höre ich wie ein losgemachtes Segel flattern; dann vernimmt man keine menschlichen Stimmen mehr, nur das Heulen des Sturmes und das Donnern der Uferwellen stört die Ruhe der Wildnis. Ich brauche nur aus meinem Guckloch hinauszuschauen, um in dem pressenden Druck der Luftmassen beinahe zu ersticken! Nur den Yaks gefällt solches Wetter, sie grunzen und schnauben vor Vergnügen, wenn ihre langen, schwarzen Seitenfransen in den Windstößen flattern.

Der 28. September brach jedoch klar an, der Sturm war auf seinem Zug nach Westen weitergeeilt. Diesmal erreichten wir das Ufer ohne Abenteuer und vor Sonnenuntergang. Wir gingen mit Sack und Pack an Land. Später erhob sich wieder ein heftiger Ostwind, und kaum zwei Meter von uns tobten die Wellen gegen das Ufer. Wir hüllten uns in die Pelze und starrten in das Feuer — nie hat man den Kopf so voller Pläne und Hoffnungen, als wenn der Blick dem Spiel der flackernden, blauen Flammen folgt.

Aber der Sturm wurde stärker, wir konnten das Feuer kaum noch schützen und krochen bald unter das Boot, das uns diesmal unzerteilt als Schutzdach diente. Der Sturm heulte und jammerte um das Boot herum, die Uferbrandung aber wiegte uns bald in Schlaf.

Das Minimumthermometer zeigte minus 10,2 Grad, in der Nähe der Seen ist es stets milder. Früh waren wir wieder auf den Beinen, ein prächtiges Feuer belebte uns neu. Unsere nächtliche Koje wurde wieder in ihr Element gebracht, das Gepäck verstaut, wir stiegen an Bord und steuerten ostwärts nach der Mündung eines Sundes, der den Pul-tso in zwei Becken teilt.

Auf der Rückfahrt nach Nordost wurde eine neue Linie abgelotet. Jetzt hatten wir günstigen Wind von der Seite, ließen die Bootschwerter hinab, hißten das Segel und schaukelten weiter nach dem Sunde hin. Als wir gerade seiner Ostspitze zuglitten, tauchte ein Reiter auf. Es war Muhamed Isa, der uns entgegengekommen war.

Er brachte uns eine betrübende Nachricht. Wieder waren drei Pferde und ein Maulesel gestorben.

Um sechs Uhr waren wir wieder »daheim«. Ich ließ mir Muhamed Isa und Sonam Tsering zu einer Beratung rufen.

»Wieviel Pferde haben wir noch?« — »Vierzig.«

»Wieviel Maulesel?« — »Vierunddreißig.«

»Sind sie in einigermaßen gutem Zustand?«

»Nein, Sahib, nicht alle; vier meiner Pferde und sechs von Sonam sind Todeskandidaten, und fünf Maulesel.«

»Wir haben also in den nächsten Tagen noch mehr Verluste zu erwarten?«

»Ja, leider! Aber um zu retten, was sich retten läßt, bekommen jetzt nur die kräftigsten Tiere Mais und Gerste; die Todeskandidaten müssen für sich selber sorgen, bis ihre Stunde kommt. Sie sind in jedem Fall verloren!«

»Das ist barbarisch; gib ihnen wenigstens etwas! Vielleicht sind einige noch zu retten.«

»Wir müssen haushalten, Sahib.«

Die Anordnungen des Karawan-baschi waren klug, aber grausam.

Um sieben Uhr kam der Sturm — es war der dritte Abend, an dem wir heftigen Ostwind hatten; eine sonst in Tibet äußerst seltene Windrichtung. Er kam wie ein Schlag und machte dem Frieden ein Ende, brach alle Unterhaltung ab, störte alle Arbeit, löschte die Lagerfeuer, wehte Wolken von Sand und Staub in mein Zelt und hinderte die müden Tiere beim Weiden. Denn bei Sturm grasen sie nicht. Sie stellen sich mit dem Schwanz gegen den Wind, halten alle vier Beine möglichst dicht zusammen und lassen den Kopf hängen. So bleiben sie stehen und warten, bis es wieder ruhig wird. Sie mußten die ganze Nacht warten und träumten wohl, schläfrig und mit schwerem Kopf, von der Herzlosigkeit harter Männer und den friedlichen, sonnigen Halden bei Tankse und Leh. Am Abend besichtigte ich sie mit Muhamed Isa. Der Mond schien hell, aber sein kaltes, bläuliches Licht machte den durchdringenden Wind noch eisiger als gewöhnlich. Wie Gespenster standen die Tiere in der Nacht da, so regungslos, daß man hätte denken können, sie seien schon zu Eis geworden. Nicht die Kälte, sondern der Wind bringt unsere Tiere um; alle meine Leute sagen es; der Winter zieht mit aller Macht in unsere Gebirge ein. Die dünne Luft und die spärliche Weide werden aber wohl das allerschlimmste sein.

Der Sturm pfiff klagend um die Ecken, als ich einschlief, und derselbe Ton schlug an mein Ohr, als der mit einem dicken Winterpelz vermummte Tsering mir am Morgen das Kohlenbecken brachte. Ein düsterer Morgen! Im Zelt verschwanden alle Gegenstände unter einer dicken Schicht von Staub und Flugsand, und ich war schon völlig durchfroren, ehe ich noch in den Kleidern war. Pferde und Maulesel waren nach Osten weitergezogen, ich brach um neun Uhr auf — in rasendem Sturm. Unmittelbar vor dem Lager lag das zuletzt verendete Pferd kalt und hart wie Eis. Tsering erzählte, er sei kaum einen Steinwurf von dem Kadaver entfernt gewesen, als auch schon Wölfe herangeschlichen seien, um sich daran gütlich zu tun.

Das Gelände ist gut, Sand, Staub und feiner Kies; später wird der Boden intensiv ziegelrot. Langsam steigen wir zu einer Paßschwelle (5239 Meter) hinauf, von deren Höhe das Land nach Osten hin so flach und günstig wie bisher erscheint. Hier ziehe ich auf Rawlings Weg; seine Karte entspricht auch in der kleinsten Kleinigkeit den wirklichen Verhältnissen.

Wir pflügen uns vorwärts durch den Wind, der durch die Pelze dringt, und sind schon nach zehn Minuten total erstarrt. Kaum kann ich die Hände zur Kartenarbeit gebrauchen; zwischendurch stecke ich sie in die Pelzärmel, bücke mich soweit vornüber wie möglich und lasse das Pferd seinen Weg allein finden. Vor Abend starben noch zwei Pferde.

Als ich ins Lager einritt, hatte ich von diesem greulichen Tag mehr als genug. In der Proviantburg der Ladakis brannte ein schönes Feuer, an dem wir plaudernd eine Stunde zubrachten. Die Lagerburg schrumpfte von Tag zu Tag beängstigend zusammen, aber die Tiere starben so schnell, daß die Lasten trotzdem immer zu schwer waren. Muhamed Isa glaubte jedoch, daß noch genug Maulesel bis an den Dangra-jum-tso aushalten würden und kein Gepäck zurückgelassen zu werden brauchte. Im Notfall könnten wir das Boot und ein paar Zelte opfern. Kein Zweifel, wir mußten den fernen See in höchster Hilfsbedürftigkeit erreichen! Fanden wir dann keine Hilfe, so konnten wir nicht weiter! Dann war es den Tibetern leicht uns festzuhalten.

»Wenn die Tiere im selben Tempo wie jetzt zusammenbrechen, werden wir nicht bis zu den ersten Nomaden kommen!«

»Sahib, die stärksten leben noch.«

»Ja, das ist immer dein Trost; aber in wenigen Tagen werden auch einige der stärksten Todeskandidaten sein.«

»Der Wind bringt sie um; wenn wir nur einige Tage ruhiges Wetter hätten!«

»Dazu ist in dieser Jahreszeit keine Aussicht. Dieser Sturm hat jetzt 27 Stunden angehalten. Dann kommen die Winterstürme aus Südwest!«

Am 1. Oktober schrieb ich in mein Tagebuch: »Was werden wir in diesem neuen Monat erleben! Um acht Uhr morgens tobte der Sturm noch immer, und der Ritt dieses Tages war schlimmer als der vorige.«

Flaches, offenes Land. Nur ein paar Hügel von rotem Sandstein und Konglomerat mit grünem Schiefer, sonst kein festes Gestein. Die im Südosten thronende »Deasy Group« kommt immer näher. In einer gefrorenen Blutlache liegt das Pferd Nr. 27, kalt und nackt, da der Packsattel des Heues wegen mitgenommen wurde. Während der Nacht waren drei Pferde durchgebrannt und wurden von Muhamed Isa und drei Ladakis gesucht. Zwei hatten sie wiedergefunden, nach dem dritten suchte Rabsang noch. Dumme Tiere, sich so unnötig müde zu laufen! Eine unerklärliche Unruhe schien sie von der Stelle, wo man ihnen ihre Lasten abnahm, fortzutreiben. Die Armen glaubten wohl, selbst besseres Gras finden zu können, als unsere Hartherzigkeit ihnen bot.

Die Lamaisten unter meinen Ladakis teilten mir im Vertrauen mit, sie beteten allabendlich zu ihren Göttern um glückliche Reise. Sie wünschten ebenso eifrig wie ich selber, daß wir Schigatse und das heilige Kloster Taschilunpo, wo der Taschi-Lama residiert, erreichen möchten. Denn dann würden sie einen Ehrentitel erhalten, ebenso wie ein Mohammedaner »Hadschi« wird, wenn er in Mekka war. Gern wollten sie als fromme Gabe sieben Rupien zu Butter für die Altarlampen spenden, ja, Seiner Heiligkeit dem Taschi-Lama auch noch einen ganzen Monatslohn als Geschenk opfern. Bei ihnen handelte es sich also um eine glücklich zu Ende zu führende Wallfahrt; bei mir darum, möglichst viele weiße Flecke auf der Karte von Tibet zu erforschen. Es muß uns glücken! O Gott, laß uns Glück haben!

Daß wir keinen einzigen Mann als Eskorte hatten, daran dachte keiner. Wir näherten uns mit jedem Tag bewohnten Gegenden und drangen in ein Land, das kürzlich, 1904, mit seinem mächtigen Nachbar im Süden in Fehde gelegen hatte. Die Tibeter waren den Europäern immer feindlich gesinnt; nach dem Blutbad bei Guru und bei Tuna aber mußten sie es wahrscheinlich noch mehr sein. Ich hatte weder Paß noch Erlaubnis, in das »Verbotene Land« einzudringen! Wie würde es uns ergehen?

2. Oktober. Nachts 20,2 Grad Kälte. Wenn der Wind gelegentlich aufhört, wird es seltsam still. Die Landschaft bleibt einförmig, eine endlose, langsam ansteigende Ebene. Im Norden und Süden setzen sich die beiden Bergkämme mit den Schneemassiven fort. Überall wächst Gras und Japkak. Stunde auf Stunde reiten wir nach Ostnordost, ohne irgendeinen Szenenwechsel. Ich sehne mich nach dem Augenblick, da wir nach Südosten abschwenken können; aber bis dahin ist es noch weit, denn ich muß erst das ganze Gebiet, das Rawling schon erforscht hat, umgehen. Für die Tiere wird es dann noch schwerer werden, weil wir mehrere Pässe überschreiten müssen. Die Bergketten ziehen sich von Ost nach West; einstweilen wandern wir noch zwischen zweien von ihnen hin, später müssen wir aber über sie alle hinweg! Mit großer Spannung mustere ich täglich die Tiere und setze meine Hoffnung auf die kräftigsten, die Elitetruppe, die bis zuletzt aushalten soll. Wie drückt es mich nieder, wenn eines von ihnen aus dem Spiel ausscheidet!

Rot wie Blut stieg an diesem Tag der Vollmond über den Bergen im Osten auf. Der Abend war windstill, und im Lager Nr. 28 ließ das Zelt sich leicht erwärmen. Die Kälte sank jedoch bis auf minus 22,2 Grad.

Der Marsch am 3. Oktober führte uns in derselben gleichmäßigen Ebene, auf der schließlich jede Spur von Vegetation aufhörte, weiter.

Muhamed Isa bricht jetzt morgens nicht vor halb neun Uhr auf; denn er hat die Beobachtung gemacht, daß die Tiere in den ersten Stunden nach Sonnenaufgang mit besserem Appetit grasen. Um ein Uhr halte ich stets mit Robert und Rehim Ali kurze Rast, um die meteorologischen Instrumente abzulesen. Das Journal wird von Robert mit größter Sorgfalt geführt. Ich selber zeichne ein Panorama und mache Peilungen, während unsere Pferde grasend umhergehen dürfen. Aber Essen gibt es dann nicht, denn wir speisen täglich nur zweimal, um acht Uhr morgens und sechs Uhr abends. Dennoch ist uns die kleine Mittagsrast willkommen. Wir sind vorher durchgefroren; auf der Erde kann man sich leichter warm halten als im Sattel, wo man dem Wind völlig preisgegeben ist.

Während der letzten Tage sind wir täglich 15 Kilometer marschiert — mehr halten wir nicht aus.

Am Morgen des 6. Oktober sind wir kaum aufgebrochen, als der Lagerplatz auch schon von Wölfen untersucht wird, die wieder auf ein Pferd lauern. Sie folgen uns ebenso treu wie die Raben. Strenge Befehle sind ergangen, daß die Nachtwache für die Tiere verantwortlich ist und bestraft wird, wenn wir durch Wölfe Verluste erleiden.

Gelbe Sandtromben im Nordwesten verraten das Nahen eines Sturmes, der aus heiterem Himmel über uns kommt. Innerhalb einer halben Stunde geht er in einen Oststurm über, ein typischer Zyklon. Erschöpft vor Kälte kommen wir im Lager 32 an.

Die Hündchen sind jetzt schon groß und treiben Unfug. Auf der Führungsliste des weißen Puppy steht, daß er eines meiner Kartenblätter zerrissen hat. Zum Glück fehlte keiner der einzelnen Fetzen. Vor meinem Zelt fand Tsering auch eine Zahnbürste, die der Hund als überflüssig angesehen haben muß. Der braune Puppy zerbiß einen Aräometer, der in einer Lederhülle herumlag. Ihre Erziehung ist höchst mangelhaft, aber sie sind ja auch Findelkinder von Srinagars Straßen, und man kann daher wohl nicht viel von ihnen verlangen. Ein großes Verdienst haben sie aber doch: sie halten mir nachts die Füße warm, denn dann liegen sie nebeneinander zusammengerollt auf meinem Bett.

24,8 Grad Kälte in der Nacht zum 7. Oktober! Das war wohl der Grund, weshalb ich einen so gräßlichen Traum hatte: ein ganzes Heer schwarzer Tibeter kam uns entgegen und trieb uns nach Norden zurück. Wasserbecher und Tinte sind Eisklumpen.

Jetzt haben wir Rawling weit hinter uns gelassen, und nun ist der Weg Wellbys und Malcolms die letzte Strecke, die in dieser Gegend zurückgelegt worden ist. Wir folgen noch immer demselben Tal wie jene Expedition.

In seinem dicken grauen Winteranzug geht Muhamed Isa, die Pfeife in der Mundecke, einher und lotst die Karawane gerade zwischen den Hügeln aufwärts, als wir sie einholen. Wir erreichen die Höhe. Ein weißer Rand zeigt sich und unter ihm ein blaugrüner Streifen, der immer größer wird. Nach einigen Minuten haben wir den ersehnten Salzsee unmittelbar unter uns. Jetzt stimmen die Ladakis in weichen Tönen eines ihrer schönsten Marschlieder an; sie sind glücklich, an diesem See, von dem ich tagelang geredet habe, angekommen zu sein, und denken wie ich, daß wir eine neue

Etappe auf dem weiten Weg nach dem Dangra-jum-tso erreicht haben. Nach Nordwesten hin stehen gewaltige schneebedeckte Gipfel und große Gletscher. In der westlichen Verlängerung des Sees ist das Flachland kreideweiß von Salz, und weiße Tromben tanzen wirbelnd an dem öden Ufer.

Nach Ostnordosten hin ist das Längstal noch ebenso offen wie bisher; dort ist Wellby entlanggezogen. Jetzt können wir also, wann wir wollen, nach Südosten abschwenken, ohne Rawlings Weg weiter zu berühren. Dort wartet unser ein neues Land, das große Dreieck zwischen Wellbys, Bowers und Dutreuil de Rhins' Wegen. Einer meiner sehnlichsten Wünsche war ja, wenigstens auf einer Linie den großen weißen Fleck zu durchqueren, der auf der großen englischen Karte von Tibet keine andere Bezeichnung trägt als »Unexplored«!

In unbekanntem Lande

Mitten in der Nacht weckten mich sieben Maulesel, die dicht neben meinem Zelt standen und auf dessen Stricke trampelten. Ich ging hinaus, um sie fortzujagen, aber als ich sah, wie erbärmlich sie froren und wie dicht sie sich aneinandergedrängt hatten, um sich gegenseitig zu wärmen, ließ ich sie gewähren. Einer von ihnen lag am Morgen mit unförmig geschwollenem Bauche tot neben meinem Zelt.

Auch heute sah es mit Wasser böse aus. Beim Graben wurde in ein Fuß Tiefe welches gefunden, aber es war salzig. Der Tagesmarsch wurde infolgedessen länger als gewöhnlich, 19,3 Kilometer; da hatten wir aber auch eine Quelle erreicht.

Am Abend vor einem Ruhetag hat man das Gefühl, als sei Samstagabend und morgen keine Schule. Den 9. Oktober wollten wir im Lager Nr. 34 zubringen; ich hatte seit 17 Tagen keinen Rasttag gegeben. Alle freuten sich darauf, und die Ladakis veranstalteten in Erwartung des Ruhetages ein Fest im Freien um ein großes Lagerfeuer herum. Die Bewirtung war dieselbe wie immer, Tee in hölzernen Bechern, geröstetes Mehl und gebratenes Antilopenfleisch — Spirituosen in irgendeiner Gestalt durfte es in meiner Karawane nicht geben. Aber die Stimmung war trotzdem ausgelassen; die Männer tanzten um das Feuer und sangen ein munteres Lied, dessen Höhepunkt ein barbarisches, gellend klingendes Gelächter bildete. Sie freuten sich, daß wir so weit vorgerückt waren, und besaßen Widerstandskraft genug, um noch schwerere Strapazen zu ertragen. Vom Kara-korum an haben wir 533 Kilometer zurückgelegt, nach dem Dangra-jum-tso sind es noch 660; aber wir sind dem See näher als Leh und haben also wirklich mehr als die Hälfte des Weges hinter uns!

Nach 23 Grad Kälte in der Nacht brach der 10. Oktober mit strahlendem Wetter sonnig und windstill an. Das Pferd Nr. 3 war der 26. Märtyrer der Karawane; es lag tot auf der Weide. Ein zweites überholten wir, es war mager wie ein Gerippe und erreichte das Lager nicht mehr. Wir zogen nach Ostsüdost, und jetzt galt es, das Längstal zu verlassen, in dem Wellby ganz Nordtibet durchwandert hat.

Rote und gelbgraue Hügel umgaben den Weg, der uns in drei Stunden nach einer kleinen flachen Schwelle hinführte, von der aus die Aussicht nach Osten grenzenlos erschien. Wäre es meine Absicht gewesen, in dieser Richtung weiterzuziehen, so würden wir viele Tagereisen weit keine Geländehindernisse auf unserem Weg gefunden haben, aber mein unverrückbares Ziel war der Dangra-jum-tso, und wir mußten daher nach Südosten steuern.

Beim Lager Nr. 36 gab es keinen Tropfen Wasser, aber wir waren nicht imstande weiterzuziehen. Zwei mit Eis gefüllte Ziegenlederschläuche hatten wir bei uns, und das reichte gerade zu unserem Tee; die Tiere aber mußten dursten. Wir durften uns jedoch nicht beklagen; seit Leh war es ja das erstemal, daß wir kein Wasser hatten.

Am Morgen des 12. Oktober brach die Karawane sehr früh auf, um den Durst der Tiere abzukürzen. Jetzt hielten wir beständig auf Südosten.

Die Spur führt uns in die Mündung eines Tales, wo wir die Karawane bald einholen — alle Tiere halten den Kopf in einen Bach. Das Tal muß von einem Paß herabkommen, und wir ziehen in ihm hinauf. Es wird schmäler und ist schließlich ein nur vier Meter breiter Gang zwischen Wänden von vertikal stehendem Schiefer. Unter dem Fuß einer jähen Felswand auf der linken Talseite fanden wir vor dem schneidenden Winde Schutz und richteten dort unsere Zeltstangen auf. Muhamed Isa bestieg mit dem Fernglas eine uns gegenüberliegende Höhe. »Ein Labyrinth von kleinen Bergen« lautete sein wenig erfreulicher Bericht. Wir hatten jetzt schon 29 Pferde und 6 Maulesel verloren und besaßen nur noch 29 Pferde und 30 Maulesel. »Die kräftigsten Tiere leben noch«, tröstete Muhamed Isa.

13. Oktober. Mit 21,8 Grad Kälte raubte uns die Nacht wieder ein Pferd und einen Maulesel! Beschwerlicher Marsch durch sehr wellenförmiges Gelände! Wir mußten über drei anstrengende Pässe hinüber. Es lag noch ziemlich viel Schnee. Muhamed Isa hatte drei Steinmale errichtet, um uns den Weg an solchen Stellen anzugeben, wo die Spur der Karawane im Geröll undeutlich wurde. Auf dem ersten Paß war die Aussicht trostlos, lauter rote, violette und gelbe Berge. Den Norden beherrschten noch immer die turkestanischen Berge. In N 50 ° O glaubten wir einen großen See zu sehen, aber es konnte ebensogut eine Ebene sein, auf der die Luftspiegelung ihr Spiel trieb.

Bei Dunkelheit arbeite ich die am Tag gemachten Aufzeichnungen aus, studiere die Karten, lese teils leichte Bücher, teils Supans »Physische Erdkunde« und ein paar Bücher über Buddhismus und Lamaismus. Um neun Uhr macht Robert meteorologische Beobachtungen und stellt dann das Siedethermometer auf, das ich selbst in meinem Zelt ablese. Nachher plaudern wir noch eine Weile und gehen dann schlafen. Mein Bett ist auf einer Kautschukunterlage und zwei zusammengefalteten turkestanischen Filzdecken hergerichtet; auf den Filzdecken liegt ein großes Quadrat zusammengenähter Ziegenfelle. Auf die eine Hälfte des Quadrates lege ich mich und mit der anderen decke ich mich zu, worauf Tsering die Ränder so unter die Filzdecken stopft, daß das Ganze in einen Sack verwandelt wird. Zuletzt breitet er noch zwei Filzdecken, meinen Mantel und meinen Pelz über mich! Auf dem Kopf habe ich meine Pelzmütze und einen Baschlik, im übrigen aber entkleide ich mich wie gewöhnlich. Bei stürmischem Wetter ist das

Morgenbad nicht gerade angenehm. Die Ladakis haben keinen Begriff von Reinlichkeit und schleppen infolgedessen gastfrei kleine Kolonien von Ungeziefer mit sich herum, wofür ich nicht die geringste Verwendung habe. Aber die, welche mein Bett machen, aufräumen und mich im Zelt bedienen, teilen mir freigebig von ihrem Überfluß mit, und meine Wäsche muß daher oft in kochendem Wasser gewaschen werden. Meine Empfindlichkeit in dieser Beziehung macht den Ladakis unbeschreiblich viel Spaß; ich höre sie über mein Entsetzen vor jeglicher Art blutsaugender Gesellschaft herzlich lachen. Ich sage ihnen daher, daß ich mich nur dann wohl fühle, wenn ich in meinen Kleidern ganz allein bin!

Die Winterabende wurden immer länger, und unser Leben verlief einsam und eintönig. Um die Freistunden auszufüllen, ließ ich mir von den Ladakis Sagen und Märchen aus ihrem Lande erzählen und zeichnete einige davon auf. Ich ließ auch jeden meiner Diener seine eigenen Schicksale berichten, aber die Aufzeichnungen, die ich davon machte, sind nicht sehr bemerkenswert, denn die Leute haben nicht viel zu erzählen und finden alles so natürlich und unwichtig. Man muß sie ausfragen und auspumpen, und doch kommt nichts Rechtes heraus. Äußerst selten wissen sie, wie ein Europäer, dem sie jahrelang gedient haben, auch nur geheißen hat, und ihr eigenes Alter können sie nicht angeben. Aber ganz genau wissen sie, wieviel Tiere in einer Karawane waren, die sie vor Jahren begleiteten, und welche Farbe die verschiedenen Pferde hatten. Ein Ladaki, der die bewohnten Teile Westtibets durchzogen hat, kann mir den Namen jedes Lagerplatzes nennen, ihn genau beschreiben und sagen, ob die Weide dort gut oder schlecht war. Für Geländeverhältnisse haben sie ein unglaubliches Gedächtnis.

Die Rücksicht auf den Umfang dieses Berichtes verbietet es mir, mich auf biographische Weitläufigkeiten einzulassen, aber es ist doch nötig, daß ich dem Leser meine kleine Schar wenigstens flüchtig vorstelle. Beginnen wir also mit Rabsang. Er ist »Bod«, d. i. Buddhist, eigentlich Lamaist; sein Vater heißt Pale, seine Mutter Rdugmo aus dem Dorfe Tschuschutjogma in Ladak. Von Beruf ist er »Semindar«, Ackerbauer, baut Gerste, Weizen und Erbsen, hat zwei Pferde und zwei Yaks, aber keine Schafe, und bezahlt jährlich 23 Rupien Steuer an den Maharadscha, dagegen keine Abgaben an die Lamas. Einmal jährlich geht er im Dienst afghanischer Kaufleute nach Jarkent und erhält für eine ganze Reise 50 Rupien Lohn. Die Kaufleute bringen Stoffe, Korallen, Tee, Indigo und dergleichen nach Jarkent, wo sie in der Karawanserei der Hindus einkehren und zwanzig Tage bleiben, um ihre Waren zu verkaufen und dafür Seide, Filzteppiche, gewöhnliche Teppiche usw. einzuhandeln, die sie dann in Peschawar veräußern. Rabsang stand bei dem Hadschi Eidar Khan, einem reichen Kaufmann aus Kabul, lange in Dienst. Hauptmann Deasy hatte er fünf Monate und einem anderen Engländer ebensolange gedient. Wenn er selber auf Reisen war, bestellten seine Frau und ein Bruder sein Land und besorgten seine Geschäfte.

»Kannst du dich denn so lange auf die Treue deiner Frau verlassen?« fragte ich ihn.

»Nein«, antwortete er, »aber in Ladak macht man sich daraus nichts.«

»Was geschieht, wenn sie dich mit einem anderen betrügt?«

»Dann muß er mir als Buße ein Schaf geben.«

Als wir soweit gekommen waren, konnte ich aus Rabsang kein Wort mehr herausbringen.

In unserer Karawane steht er unmittelbar unter Tserings Kommando und begleitet die vier Pferde, die mein Zelt, mein Bett, die täglich gebrauchten Kisten und das Küchengeschirr tragen. Er ist Gehilfe des Oberkochs und hat mich den ganzen Abend mit glühenden Kohlen zu versorgen. Er holt für Tsering Brennstoff und Wasser zum Kochen und ist ein außergewöhnlich starker, tüchtiger Kerl. Ein Jahr später sollte er in unserer Karawane eine besondere Rolle spielen.

Von dem Mohammedaner Rehim Ali habe ich bereits gesprochen. Er ist mein Handlanger während der Märsche. Guffaru ist der älteste unserer Gesellschaft und Anführer der Pferdekarawane; er hat infolgedessen immer weniger zu tun, je mehr Pferde uns sterben. Der Hadschi Gulam Rasul ist zweimal in Mekka gewesen; er ist Muhamed Isas Koch. Schukkur Ali hat viele merkwürdige Reisen gemacht, die ein besonderes Kapitel erfordern würden; bei uns ist er Führer einer Abteilung der Pferdekarawane, hat aber nur noch zwei Schutzbefohlene. Gaffar ist ein junger Mohammedaner, der die Pferde begleitet, Feuerung einsammelt und Wasser holt. Dieselben Beschäftigungen hat der junge Tsering, und auch Ische Tundup und Adul; letzterer, ein arbeitsamer, tüchtiger Mensch, ist in meine Dienste getreten, um sich in Leh ein Haus zu kaufen und sich verheiraten zu können. Islam Ahun ist Pferdewärter. Bolu gehört zu meiner Karawane und ist einer der Handlanger Tserings. Galsan, der viel in Westtibet umhergereist ist, dient als Maultiertreiber. Ische Tundup ist für die Schafe verantwortlich. Lobsang Rigdal, scherzweise der Lama genannt, ist bei den Pferden. Er ist mitgekommen, um Geld zu verdienen, das er seinem Vater und seinen älteren Brüdern geben will, weil sie früher immer für ihn gesorgt haben. Er ist der Spaßvogel der Karawane und sieht sehr komisch aus. Taschi, der die Pferde begleitet, ist einer unserer besten Leute. Tundup Sonam rettet die Weidmannsehre der Karawane und versorgt uns alle mit frischem Fleisch. Er tut fast nie einen Fehlschuß und ist so ruhig und gesetzt wie eine Satte dicker Milch. Er hatte schon einmal unter mir gedient, im Winter 1902, als ich von Leh nach Jarkent reiste. Gartschung gehört zur Mauleselkarawane und trat in meine Dienste, um seine Geldverhältnisse wieder in Ordnung zu bringen. Ein kleiner, untersetzter, schwarzbärtiger Kerl von 50 Jahren hört auf den Namen Taschi Tsering; »früher hieß ich Islam Ahun«, sagt er; er hat also seine Religion gewechselt, obgleich es nur selten vorkommt, daß ein Mohammedaner zum Lamaismus übertritt. Er führt auch eine Abteilung der Pferde. Rub Das ist ein Gurkha aus Sitang und ist unser Mädchen für alles. Er ist schweigsam und arbeitet wie ein Sklave, ohne der geringsten Ermahnung zu bedürfen. Tundup Galsan ist der Märchenerzähler, dessen Stimme man noch lange hört, wenn schon alle Tagesarbeit beendet ist; überdies ist er Oberkoch im schwarzen Zelt der Ladakis. Namgjal ist Eseltreiber und einer unserer Besten, Sonam Tsering der Chef der Maulesel, Kurban nichts als Guffarus Sohn, und Tsering mein Oberkoch.

Damit ist die Liste geschlossen. Jeder von diesen Männern hatte seine Pflicht zu erfüllen, alle waren willig und gutmütig, und nie hörte man Zank und Streit; aber Robert und Muhamed Isa verstanden es auch vorzüglich, Disziplin zu halten. Jeder hatte seinen warmen Schafpelz; dazu machten sie sich Bettunterlagen von den Fellen der geschlachteten Schafe oder des erlegten Wildes; als die Winterkälte abnahm, benutzten sie leere Proviantsäcke als Schlafdecken. Da sie alle zu Fuß gingen, nutzten sich ihre weichen Ladakistiefel schnell ab, und sie mußten sie ständig neu besohlen; dazu brauchten sie Fellstücke, deren Wolle sie nach innen kehrten.

Dem braunen Puppy haben die Männer einen Filzmantel genäht, den sie ihm anziehen, wenn es abends kalt wird. Er sieht in seinem neuen Nachtgewand drollig aus, wenn er einherspaziert, sich auf die Zipfel tritt und dann hinpurzelt. Der weiße Puppy sitzt ganz verblüfft da und kann es nicht unterlassen, den Kameraden zu necken. Der Braune aber bleibt trübselig still sitzen und läßt den weißen um sich herumtoben.

Immer tiefer bohren wir uns in das unbekannte Land ein. Am 16. Oktober, dem Jahrestag meiner Abreise aus Stockholm, hatten wir bis an den Dangra-jum-tso noch 609 Kilometer zurückzulegen, aber jetzt waren wir selten imstande, mehr als 12 Kilometer täglich zu marschieren! Im Lager 41 wurden einige entbehrliche Sachen kassiert, um die Lasten zu erleichtern.

Der 17. Oktober war ein anstrengender Tag; es wehte heftig aus Westen, und die Temperatur konnte sich mittags nicht über minus 5,1 Grad erheben. Wir rückten nach einem Paß hinauf, schlugen aber schon vor ihm Lager. Um neun Uhr waren es minus 12,6 Grad, und im Zelt konnte ich es nur auf minus 4,2 Grad bringen, denn das bißchen Wärme, das vom Kohlenbecken ausstrahlte, trieb der Wind gleich wieder hinaus. Das Minimumthermometer stand denn auch auf 28,2 Grad Kälte, der niedrigsten Temperatur, die wir bis jetzt abgelesen hatten! Ein weißer Maulesel, der schon zehn Tage keine Last mehr getragen hatte, erfror. Jetzt hatte ich nur noch 27 Maulesel, 27 Pferde und 27 Diener in der Karawane. Seit 57 Tagen hatten wir keine Menschen gesehen; ob wir wohl alle beisammenblieben, bis wir auf die ersten Nomaden stießen?

In der Nacht auf den 19. Oktober erfroren uns wieder zwei Pferde und ein Schaf.

Als wir das Lager 44 auf einer Höhe von 5346 Meter inmitten greulicher Berge erreichten, wurde Muhamed Isa krank gemeldet. Er hatte schon einige Tage entsetzliche Kopfschmerzen gehabt und erhielt eine ordentliche Dosis Chinin. Da er nicht wie gewöhnlich erkunden konnte, bat Robert um die Erlaubnis, den hohen Paß, der uns im Osten den Weg versperrte, erklimmen und dort Ausschau halten zu dürfen. Er kam erst bei Dunkelheit wieder und erklärte, daß wir bald aus diesen unangenehmen Bergen hinauskommen würden, wenn wir uns nach Südosten wendeten.

Unglückstage

Der 20. Oktober 1906 wurde ein böser Tag. Der Schnee lag drei Zoll hoch, alles war blendend weiß im Sonnenschein, nur nach Westen zu lagen blaue Schatten auf den Gehängen. Wir sollten über den Paß. Der Schnee lag bald fußhoch, und wir mußten sorgsam in der Spur der Karawane bleiben, um nicht kopfüber in verschneite Abgründe zu stürzen. Blutspuren zeigten sich; eines der Tiere hatte sich wohl in dem scharfkantigen Schutt verletzt. Schritt für Schritt reiten wir aufwärts, hinter uns ballen sich blauschwarze Schneewolken zusammen, und im Nu hüllt uns das wildeste Schneetreiben ein; der trockne, mehlfeine Schnee wirbelt wie Kometenschweife um uns her mit sausendem Ton. Er sammelt sich in dünenförmigen Wehen, die Spur der Karawane verschwindet, und wir sehen nicht mehr, wie weit es noch nach diesem mörderischen Paß ist.

Auf dem Paß machen wir wie gewöhnlich der Messungen wegen halt; die Höhe ist 5611 Meter, es weht und schneit bei 10,1 Grad Kälte. Man ahnt jedoch die Schwelle im Südosten, die Robert gestern erkundet hat und die auf ebenes Gelände hinabführen soll. Aber Muhamed Isa ist seine eigenen Wege gegangen und ein Tal hinuntergezogen, das nach Nordosten führt, und das wurde uns verhängnisvoll. Weit voraus, wie er ist, müssen wir, wenn auch widerwillig, seiner Spur folgen, um einander nicht zu verlieren. Schon jetzt konnte man nur noch mit Schwierigkeit sehen, wo die Karawane hinmarschiert war. Verliert man einander in solchem Gelände und der Schneefall dauert fort, so ist man verloren.

Wir folgen ihm also talabwärts. Da das Tal gar zu weit nach Norden führt, wittert die Karawane Unrat, schwenkt nach Osten ab und verliert sich in einem Hügellabyrinth, wo kein Grashalm wächst. Wir reiten an der Herde mit den 16 Schafen und den Ziegen vorbei; der weiße Puppy neckt sie wie gewöhnlich, bis ein tapferer Widder ihn in die Flucht jagt. Die Ziegen sind merkwürdig widerstandsfähig; es geht ihnen ausgezeichnet, und sie versorgen mich noch immer morgens und abends mit einer Tasse Milch.

Hinter einer zweiten Schwelle fanden wir die Karawane. Sie hatte sich gelagert, aber an einer außerordentlich ungünstigen Stelle; es gab weder Gras noch Japkak, weder Dung noch Wasser: absolut gar nichts. Die Tiere standen in einem schwarzen Knäuel. Still und geduldig mußten sie die ganze Nacht stehen.

Robert und ich suchten Schutz im Zelt der Ladakis, wo ein kleines Feuer brannte, das mit den Bruchstücken einer Kiste und Antilopendung gespeist wurde. Wasser konnten wir wenigstens durch Schmelzen des Schnees erhalten; mein Essen bestand aus geröstetem Mehl, Brot und Kaffee, anderes ließ sich nicht bereiten. In der Dämmerung erschien Rabsang und bat mich hinauszukommen. Auf dem Gipfel eines benachbarten Hügels standen verwundert zwei große wilde Yaks und starrten unser Lager an. Wir ließen sie jedoch in Ruhe, denn wir brauchten ihr Fleisch nicht und wollten unsere Lasten nicht vergrößern. Die Nacht war pechschwarz, so daß ich unsere müden Tiere beim Schein einer Laterne besichtigen mußte.

In aller Frühe brachen wir aus diesem Unglückslager, wo noch ein Maulesel gefallen war, auf. Kaum zwei Minuten vom Lager lag ein totes Pferd, das noch gestern seine Last getragen hatte, die schwarze Leichenwache wieder daneben.

Bald glüht die Sonne, bald umhüllt uns der Schneesturm mit seinem feinen Puder, bald wird man gebraten, bald durchfroren, echt tibetisches Wetter, unberechenbar und launenhaft. Wieder ein totes Pferd! Um seine Leiden zu verkürzen, hatten die Männer ihm den Hals abgeschnitten; den in der Kälte erstarrenden Blutstrom deckte schnell wirbelnder Schnee. Wir arbeiten uns nach einem neuen Paß hinauf und ziehen dann auf einem Kamm entlang, aber das Gelände ist mörderisch. Schließlich reiten wir in einem flachen Tale abwärts, das allmählich nach Norden umbiegt; im Süden steht ein gewaltiger Gebirgskamm. Muhamed Isa hatte Befehl, nach Möglichkeit eine südöstliche Richtung zu verfolgen, da er aber des Weges nicht sicher war, hatte er in der Biegung lagern lassen. Er selber war mit zwei Mann weitergegangen, um zu erkunden. Gegen vier Uhr kehrte er zurück und berichtete, wir würden nach kaum dreistündigem Weg in offenes Land kommen. Mein erster Gedanke war, sofort aufzubrechen, denn hier beim Lager 46 gab es wieder kein Gras, und die Tiere waren so hungrig, daß sie sich gegenseitig die Schwänze und Packsättel anzufressen versuchten. Ein Pferd hatte buchstäblich kein einziges Haar mehr im Schwanz gehabt. Die alten Erprobten meiner Begleiter glaubten jedoch, daß es besser sei, erst in der Frühe aufzubrechen.

Ich erteilte daher Befehl, so viel Reis, wie wir für vierzig Tage brauchten, zurückzubehalten, den übrigen aber, mit Gerste und Mais vermengt, den Tieren zu geben. Während sie aus ihren Futterbeuteln fraßen, kamen jedoch die Leute wieder auf andere Gedanken, und Muhamed Isa fragte, ob wir nicht aufbrechen könnten.

»Ja gern, aber in einer Stunde ist es stockfinster.«

»Ich finde den Weg, wir brauchen nur der Spur im Schnee zu folgen.«

So begann denn das Aufbruchsgewimmel und das knarrende Stapfen im Schnee, aber die gewöhnlichen Lieder waren erfroren. Es waren 15 Grad Kälte und wehte heftig aus Westen. Alles wurde mitgenommen außer meinen und Roberts Sachen und der Küche. Ein Maulesel, der sich sträubte mitzugehen, durfte bei uns bleiben. Keine Feuer leuchteten dem dunklen Zug, an dessen Spitze die Pferde marschierten und den die Schafe beschlossen. Er entfernte sich langsam, und die Mahnrufe der Männer tönten immer schwächer zu uns herüber, bis die Karawane in dem bleichen Mondlicht verschwand. Steifgefroren ging ich wieder ins Zelt Nach einer Viertelstunde kam ein Mann und brachte noch einen Maulesel zurück, der nicht weiter gekonnt hatte. Wir hatten also zwei Todeskandidaten bei uns.

Und nun kam die Nacht. Die Luft war klar und still, die Sterne funkelten wie Diamanten, und die Kältewellen legten sich schneidend um unser Zelt. Draußen hatten sich Tsering, Rabsang, Rehim Ali und Bolu unter ihrer ganzen Habe in einen Klumpen zusammengeballt. Solange ich wach war, hörte ich den unverwüstlichen Tsering aus der Tiefe seiner Pelzhöhle Räubergeschichten erzählen, und die anderen ließen dann und wann ein unterirdisches Kichern hören. Merkwürdige Kerle, diese Ladakis! Keine Kälte scheint ihnen etwas anhaben zu können, während ich in meinem Zelt nur minutenlang schlafen kann.

Unheimliche, grimmige Nacht in Tibets einsamen Gebirgen! Die Kälte sank auf minus 27,4 Grad, und das war den beiden Mauleseln, die man uns zurückgelassen hatte, zuviel. Der eine verendete schon um Mitternacht; es war das Tier, das Sonam Tsering schon am ersten Tag als unbrauchbar nach Leh hatte zurückschicken wollen. Wir versuchten damals, den Maulesel gegen ein Pferd zu vertauschen, aber da ihn niemand haben wollte, durfte er schließlich mitkommen. Er war daher gewöhnt, mit den Pferden zu marschieren und blieb später immer mit ihnen zusammen. Zur allgemeinen Verwunderung erholte er sich aber und ging stets an der Spitze, ein gutes Beispiel für die Pferde. Jetzt lag er kalt und hart wie Holz da, mit von sich gestreckten Beinen; hätte man ihn aufgerichtet, er wäre so stehengeblieben. Sonam Tsering weinte, als er erfuhr, daß das Tier uns verlassen habe.

Den anderen Maulesel hatte man noch in der Nacht umhergehen und am Yakgrase knabbern hören, das jedoch für andere Tiere als die Yaks zu kurz ist; die Yakzunge ist mit hörnernen Widerhaken ausgerüstet, mit denen sie das feine, samtartige Gras abrauft. Frühmorgens hörte ich den Esel schreien und war froh, daß wenigstens einer noch lebte. Als aber die Sonne aufging, war auch seine Kraft zu Ende.

Als wir gerade aus diesem schrecklichen Lager aufbrechen wollten, kam eine neue Hiobsbotschaft. Tundup Sonam erschien, um uns den Weg zu zeigen, und berichtete, daß die Pferdekarawane sich nach links verirrt habe, während die Maulesel unter Muhamed Isa nach der entgegengesetzten Richtung geraten seien; Muhamed Isa sei aber, sobald er seinen Irrtum bemerkt habe, in das erste beste Tal hinabgestiegen, um dort den Morgen zu erwarten. Von der Schafherde wußte Tundup Sonam nur, daß sie anfangs der Pferdespur gefolgt sei, nachher aber sich verlaufen habe. Überall herrschte größter Wirrwarr, aber mit dem Schlimmsten rückte Sonam Tsering erst zuletzt heraus: über Nacht waren noch vier Maulesel verendet!

Meine Lage war verzweifelt. Lange konnte es so nicht weitergehen. Gelände und Wetter waren unsere Gegner, die Tiere starben massenweise, und bis zu den nächsten Nomaden konnte es noch trostlos weit sein. Was lag mir jetzt daran, ob die Tibeter feindlich oder freundlich sein würden; jetzt hieß es nur: werden wir überhaupt imstande sein, uns nach bewohnten Gegenden hinzuschleppen? Denn wenn es mit diesen Verlusten noch einige Tage weiterging, waren wir bald gezwungen, das ganze Gepäck im Stich zu lassen und zu Fuß weiterzuziehen. Konnten wir selbst aber soviel Proviant tragen, wie wir in diesen unbewohnten Gegenden brauchten? Sollten wir der Reihe nach in dieser eisigen Bergwüste des tibetischen Hochlandes zusammenbrechen? Und wenn wir schließlich in elendem, halbtotem Zustand mit Tibetern zusammentrafen, konnten sie mit uns machen was sie wollten. Jedenfalls würden wir uns freien Durchzug nach Schigatse und dem unbekannten Land im Norden des Tsangpo, dem Ziel aller meiner Träume, nicht erzwingen können!

Eine Reise in der Diagonale durch ganz Tibet sieht auf der Karte elegant und bequem aus. In Wirklichkeit aber ist sie ernst und schwierig, sie kostet Leiden, Aufregung und Tränen. Der Weg ist auf der Karte rot angegeben, weil er in Wirklichkeit mit Blut gezeichnet ist! —

Von Tundup Sonam geleitet, brachen wir auf, und es stellte sich bald heraus, daß wir ohne ihn nie den Weg gefunden hätten. Aufwärts und abwärts, über Hügel und Täler ging es in diesem tückischen Labyrinth, wo die hohe Schneedecke alles einebnete. Die Spur der Pferde hatten wir links liegenlassen; dort stand eine zurückgelassene Maislast, aber Tundup Sonam versicherte, sie solle noch geholt werden. Rechts zeigte sich die Höhe, auf der sich die Maulesel in der Nacht verirrt hatten. Auch jetzt noch fuhr eisiger Südwestwind über die Schneefelder. Von Zeit zu Zeit richtete Tundup Sonam eine Schieferplatte auf, die Tsering, der ohne Wegweiser als letzter kam, als Wegzeichen dienen sollte.

Jetzt kreuzten wir die Spur der Maulesel und sahen das Tal, wo sie die Nacht zugebracht hatten. »Da am Abhang liegt ein Maulesel«, sagte Tundup Sonam, »und hinter dem Hügel zwei, noch weiter weg dann der vierte.« Von unserem Weg aus konnten wir sie nicht sehen, aber die Raben, die schläfrig und satt hier Rast hielten, bestätigten seine Angaben.

Endlich erreichten wir den Paß, von dem aus wir die Ebene und einen kleinen See im Südosten erblickten. Wir blieben keine Minute länger oben, als zu den Messungen erforderlich war, und ritten nun steil abwärts. Bei dem ersten Gras rasteten wir, die Pferde waren wie toll, als sie es sahen.

Auf einer Anhöhe sahen wir jetzt fünf Männer. Es waren Muhamed Isa und vier Begleiter, die sich aufgemacht hatten, um die Vermißten: 14 Pferde, 8 Mann, 16 Schafe und 2 Hunde, zu suchen! Wir konnten ihnen mitteilen, daß die Spur nordöstlicher führe, und nachdem sie uns über den Lagerplatz der Maulesel Bescheid gesagt hatten, verschwanden sie wieder im Schneetreiben. Nachdem wir lange vergeblich nach Spuren gesucht und nach dem Rauch des Lagerfeuers ausgespäht hatten, machten wir auf dem Plateau halt, da die Weide dort gut war, und sammelten Dung zu einem Feuer — es war hohe Zeit, denn Robert und ich waren vor Kälte halbtot.

Unsere Lage war traurig. Wir wußten weder wo die Maulesel lagerten, noch wo die Pferde geblieben waren. Die Schafe waren in dieser an Wölfen so reichen Gegend wahrscheinlich verloren. Tsering war hinter uns zurückgeblieben und konnte meine Spur in dem Schneetreiben leicht verlieren. Wir selber konnten nichts weiter tun, als unsere Glieder auftauen. Nachdem wir uns eine Stunde am Feuer einigermaßen erholt hatten, kam der »Lama« über die Ebene und führte uns zu Sonam Tsering, der sich mit den Mauleseln hinter einigen Hügeln gelagert hatte. Der gute Mann weinte verzweifelt über unsere Verluste: Muhamed Isa sei diesmal ein schlechter Lotse gewesen! Neun Maulesel waren verendet innerhalb weniger Stunden in diesen Bergen, die wahrscheinlich die westliche Fortsetzung des Systems bilden, das die weiter östlich wohnenden Mongolen Buka-magna, den »Kopf des wilden Yaks«, nennen. Zwanzig Maulesel waren noch da, aber zwei von ihnen waren schon zum Tode verurteilt. Spät am Abend hatte erst eine der vermißten Abteilungen, nämlich Tsering, von sich hören lassen.

Daher war es selbstverständlich, daß wir im Lager Nr. 47 einen Ruhetag haben mußten. Als der Tag anbrach, weckten mich blökende Schafe! Ihr Hirte war anfangs der Spur der Pferde gefolgt, hatte sie aber bald verlassen, als er merkte, daß die Maulesel fehlten, und angefangen, auf eigene Gefahr nach der Spur der letzteren zu suchen. In der Dunkelheit hatte er sich total verirrt, und in einem Paß hatte eines der Schafe sich geweigert weiterzugehen. Er hatte es nun eine Strecke weit getragen, aber da er bald gemerkt hatte, daß es steif und kalt wurde, hatte er es tot zurückgelassen. Bange vor dem nächtlichen Dunkel und den Wölfen hatte er sich in eine Schlucht geflüchtet. In der Morgendämmerung hatte er eine der vielen Spuren, die nach Lager Nr. 47 führten, gefunden.

Am Vormittag tauchten dann noch zwei der vermißten Männer, Kisten tragend, im Lager auf. Ein Pferd war also zurückgelassen worden. Islam Ahun, der die Pferdekarawane geführt hatte, war jedoch so klug gewesen, auf dem kürzesten Weg nach dem kleinen See hinunterzuziehen, und hatte dort bei guter Weide gelagert. Muhamed Isa und seine Begleiter hatten sich in der Nacht verirrt, an einem Feuer geschlafen und nichts weiter zu essen und zu trinken gehabt als Schnee. Aber auch sie fanden sich wieder zu uns hin, und so waren denn die Trümmer der Karawane wieder an einer Stelle vereinigt.

Hier wurde nun alles ausgesondert, was sich entbehren ließ: Säcke, Beutel, Stricke, Hufeisen, Werkzeuge und Küchengeschirr; Kisten wurden verbrannt, nachdem wir ihren Inhalt in andere verstaut hatten, niemand durfte die Karawane mit unnötigen Dingen beschweren. Wir befreiten uns dadurch von zwei Pferdelasten. Nur Robert und ich durften noch reiten. Die Lasten wurden am Abend so verteilt, daß alle Tiere außer den vier kümmerlichen etwas zu tragen bekamen. Vier Tiere sollten mit Mais und Gerste beladen werden, der Reis machte noch sieben Lasten aus, das Mehl fünf, das Brot eine, aber die Butter, die die Ladakis zu ihrem Tee gebrauchten, nur noch eine halbe. Wir glaubten, daß wir mit dem Mehl noch einen Monat auskommen würden; vom Reisvorrat sollten fünf Lasten den Tieren geopfert werden, und ich ermahnte alle Leute, die Veteranen mit der größten Sorgfalt zu pflegen. Tundup Sonam schoß drei Antilopen, als der Fleischvorrat gerade zu Ende ging. Einige Ladakis mußten sie zerlegen, und abends, als sie mit der Beute heimkehrten, hörte man ihren Wechselgesang — dasselbe Lied, das sie singen, wenn sie daheim in Ladak ein »Dandy«, eine gewöhnliche Last, tragen. Eine der Antilopen war jedoch, ehe sie hatte geholt werden können, ganz und gar von Wölfen aufgefressen worden.

Im nächsten Lager beschlossen wir, ein paar Tage zu ruhen, und Tundup Sonam übernahm es, uns zu einem im Osten liegenden kleinen See zu führen, an dem außergewöhnlich gutes Gras wuchs.

In der Nacht zum 24. Oktober starben noch ein Pferd und zwei Maulesel; wir hatten also jetzt nur noch 38 Tiere. »Die kräftigsten sind noch am Leben«, sagte Muhamed Isa wie gewöhnlich!

Im Norden zog sich das hohe Gebirgssystem hin, das uns so viele Leiden verursacht hatte; man sah seine Kämme sich nach Osten weiterziehen. Über ebenen Boden hinweg erreichten wir nach kurzem Marsch den kleinen See, der fest zugefroren und von gelbglänzenden Weideplätzen umgeben war. Wasser lieferte uns eine Quelle. Aus einem in das Eis gehauenen Loch konnten die Tiere saufen, soviel sie wollten; seit drei Tagen hatten sie kein Wasser gehabt. Der sandige Boden war jetzt so hart gefroren, daß die eisernen Zeltpflöcke sich krümmten, als sie in die Erde geschlagen wurden. Der Himmel war bewölkt und es wehte heftig, aber nach Ostsüdost hin sah das Gelände vorteilhaft aus.

Um zehn Uhr abends flog in herrlichem, silberweißem Mondschein eine Schar Wildgänse über unser Lager. Sie strichen ganz tief und schnatterten die ganze Zeit über. Wahrscheinlich hatten sie an der Quelle Rast halten wollen, zogen nun aber, als sie den Platz besetzt sahen, weiter. Daß sie auf ihren langen Reisen Beratungen abhalten und ihre Pläne diskutieren, ist ganz sicher. Sie sind in ebenso hohem Grade wie wir von der Erde und den Winden abhängig. Legen sie an einem klaren, windstillen Tag 200 Kilometer zurück, so müssen sie zu derselben Entfernung längere Zeit gebrauchen, wenn Sturm und Gegenwind herrschen. Daher können sie nicht jedes Jahr die Nächte an denselben Quellen auf ihrem Strich zubringen, sondern müssen ihre Entschlüsse von den Umständen abhängen lassen. Aber auf der Linie, welche diese selben Wildgänse alljährlich zweimal zurücklegen, kennen sie jede einzelne Quelle, und wenn sie müde sind, lassen sie sich an der nieder, die sie gerade vor sich sehen. Auf meinen Reisen in verschiedenen Teilen Tibets bin ich zu der Überzeugung gelangt, daß dieselben Gesellschaften oder Nationen der Wildgänse, die seit Generationen an denselben Wasserläufen Turkestans gebrütet haben, auch stets denselben Flugbahnen durch Tibet folgen. Die Gänse, die wir jetzt sahen, kamen, sagen wir, von einem der Uferseen des Tarim unterhalb Schah-jar und beabsichtigten, den Winter vielleicht in der Gegend von Katmandu, der Hauptstadt von Nepal, zuzubringen. Im Frühling kehren sie wieder nach den Tarimseen zurück und folgen dann genau derselben Bahn wie jetzt im Herbst, und so Jahr für Jahr. Die Jungen, die am Tarim geboren sind, machen im Herbst die Reise über das Gebirge zum erstenmal; im darauffolgenden Herbst erinnern sie sich des Weges, und später kommt die Zeit, da sie selber ihre Jungen über die Lage der Quellen unterrichten. Die Kenntnis des Weges verliert sich daher nie bei dem Geschlecht, und die Leitgänse würden nie auf den seltsamen Gedanken verfallen, es einmal auf einer anderen Bahn zu versuchen. Wir hatten bereits bei mehreren Gelegenheiten Wildgänse südwärts fliegen sehen, aber sie waren sicher anderen Straßen gefolgt, kamen von anderen Brutplätzen und hatten andere Ziele. Ich liebe die Wildgänse und bewundere ihre Klugheit und ihren ungeheuer feinen Ortssinn. —

Im Lager Nr. 48 lagen wir drei ganze Tage still, und der Südwestwind heulte unablässig: »Geduld, Geduld!« Mir vergingen die Tage recht langsam, aber den Tieren war die Ruhe nötig. Am ersten Morgen lag das Pferd Nr. 39 tot auf der Weide und wurde mit derselben Nummer in die Totenliste eingetragen.

Die Wölfe waren zudringlich und heulten unmittelbar außerhalb des Lagers, aber sie wurden höflicher, nachdem Tundup einen Isegrimm geschossen hatte. Der Schurke erhielt bald Gesellschaft an einem Raben, der schon darauf verfallen war, die lebenden Pferde an den Mähnen zu zupfen und sie im Grasen zu stören. Schon abends um neun Uhr hatten wir minus 21,1 Grad, und nachts minus 28,1 Grad!

Am Morgen meldete Muhamed Isa, daß unsere Dungsammler etwas entdeckt hätten, das sie als die Ruinen einiger Steinhäuser bezeichneten. Ich begab mich mit Robert sogleich dorthin. Es stellte sich heraus, daß es wirklich drei viereckige, aus Schieferplatten aufgeführte Steinmauern waren, vielleicht uralt. Denn sie sahen kaum noch über den Erdboden, und beim Nachgraben fanden wir, daß sie einen guten Meter tief begannen. Wahrscheinlich hatten sie nur Grundmauer und Windschirm für dauernd aufgeschlagene Zelte gebildet, denn solche Mauern sollten wir später bei mehreren Gelegenheiten sehen. Von einer Feuerstelle keine Spur. Die Ladakis, die viel in Westtibet umhergereist waren, glaubten, der Platz sei früher einmal der ständige Aufenthalt einiger Tschangpas gewesen, die sich ihren Steuerpflichten gegen den Devaschung, die Regierung in Lhasa, hätten entziehen wollen.

Jedenfalls hatte dieser Fund eine sehr aufmunternde Wirkung auf uns. Seit 65 Tagen hatten wir keinen Menschen gesehen, und jetzt fanden wir das erste Zeichen, das auf ihre Nähe deutete. Wir fühlten uns neu belebt, und der Märchenerzähler in Muhamed Isas Zelt war am Abend unermüdlicher als je zuvor. Er sang ein Lied, in dessen Kehrreim alle einstimmten. Jetzt galt es, das vor uns liegende Land mit gespannter Aufmerksamkeit zu beobachten, denn dieser ersten Menschenspur mußten sicherlich andere folgen.

Bei heftigstem Südweststurm zog die Karawane am 28. Oktober nach Ostsüdost weiter. Ein Maulesel war über Nacht gestorben; wir besaßen also noch 36 Lasttiere, aber seit der letzten Musterung war der Proviant um beinahe drei Lasten zusammengeschrumpft. Auch in diesem Lager wurden wieder überflüssige Sachen zurückgelassen. Ich selber warf den Roman »Sonja« von Blicher-Clausen fort. Robert und ich saßen am Morgenfeuer, während die Männer unsere Pferde sattelten, und ich unterhielt mich damit, ein Blatt nach dem anderen aus dem Buche zu reißen und so den ganzen Schmöker in die Luft zu werfen, wo der Wind die fliegenden Blätter mit verzweifelter Schnelligkeit nach Nordosten jagte. Die zehn Raben zerbrachen sich den Kopf darüber, was dies wohl für eine neue Art fliegendes Vieh sei, zogen sich aber nur wenig davor zurück, auch die Hunde gaben den Versuch, die Blätter zu verfolgen, bald wieder auf. Nur eines der Packpferde Tserings war so verdutzt, daß es scheu wurde, durchging und die Hügel hinaufjagte, wo es erst nach einer guten halben Stunde wieder eingefangen wurde. Unterdessen fuhr »Sonja« fort, über Berg und Tal zu flattern, und das gönnte ich ihr, denn ich hatte mich am letzten Abend darüber geärgert, daß sie ihren gutmütigen Gatten verließ. Wann und wo mochten diese gejagten Blätter wohl Ruhe finden, nachdem sie über endlose Strecken unbekannten Landes hingeflogen? Sicherlich hat selten ein Buch »eine so weite Verbreitung gefunden!«

Zwischen niedrigen Bergen folgten wir in einem offenen Tal der Spur der Karawane. Nachdem wir einige Stunden geritten, waren wir so durchkältet, daß wir in einem Hohlweg haltmachen und Feuer anzünden mußten. Mein kleines, weißes Ladakipferd war in vorzüglichem Zustand; es nahm die Kälte wie die anderen Widerwärtigkeiten mit erhabener Ruhe hin. Der große Apfelschimmel, den ich seit Leh ritt, war gewöhnlich dienstfrei, weil er Anzeichen von Erschöpfung zeigte. Beim heutigen Lager gab es kein Wasser, nur Schnee in einer Schlucht. Trotzdem waren wir in heiterster Stimmung, denn die Leute hatten an zwei Plätzen Feuerstellen gesehen aus drei quer gestellten Steinen, die zum Tragen eines Kessels bestimmt waren. Es mußte aber schon lange her sein, seit sie benutzt worden waren, denn man hatte weder Asche noch Ruß zwischen ihnen entdeckt. Auch eine eiserne Kelle wurde gefunden von der Art, wie die Tibeter sie benutzen, aus Blei Kugeln zu gießen. Also hatten sich entweder Räuber oder Jäger hier einmal aufgehalten!

Fieberkrank im Land der wilden Yaks

Nach einer Nacht mit 27,2 Grad Kälte brachen wir am 29. Oktober in aller Frühe auf, um so bald wie möglich Wasser für unsere durstigen Tiere zu finden. Ein kleiner See und zwei Quellen, an denen wir vorüberkamen, waren steinhart gefroren; an der einen lag der Schädel eines Yaks, dessen Hals sichtlich mit einem Messer durchschnitten worden war; auch wieder ein paar Feuerstellen sahen wir unterwegs, und beim Lager Nr. 50 einen Pfad, den jedoch auch wilde Yaks ausgetreten haben konnten.

Am nächsten Tag hatte sich der Sturm verstärkt, und ich mußte meine ganze Willenskraft aufbieten, um die Hände zum Kartenzeichnen gebrauchen zu können. Ich war wie gelähmt und hörte auf, klar zu denken.

An einer Quelle angekommen, ließ ich mich matt vom Pferd hinabgleiten und glaubte erfrieren zu müssen, ehe das Feuer angezündet war. Auch Muhamed Isa und vier andere waren krank und konnten nicht beim Aufschlagen der Zelte helfen. Als mein Zelt endlich fertig war, kroch ich hinein und ging mit Kleidern, Stiefeln und allem, was ich um- und anhatte, zu Bett. Während Robert und Tsering mich warm zudeckten, überfielen mich ein arger Schüttelfrost und entsetzliche Kopfschmerzen. Robert, der in Dr. Arthur Neves Schule viel von Krankenpflege gelernt hatte, erwies sich nun als ein trefflicher Arzt und nahm sich meiner in jeder Weise an. Kaum unter Dach, vertiefte er sich schon in das Studium der medizinischen Anweisungen von Burroughs Wellcome. Die »Tabloid Brand Medicine Chest« stand, wie schon so oft, geöffnet in meinem Zelt. Stanley, Emin Pascha, Jackson, Scott und viele andere Reisende haben diese ideale Reiseapotheke ebenso hoch geschätzt wie ich; mein Exemplar war mit besonderer Berücksichtigung des tibetischen Klimas zusammengestellt worden.

Die Nacht brachte wieder 26,6 Grad Kälte, der Sturm heulte unheimlich. Alle zwei Stunden maß Robert meine Temperatur, die auf 41,5 Grad gestiegen war. Er grübelte, wie er mir später erzählte, darüber nach, was er anfangen solle, wenn ich für immer im Lager Nr. 51 bliebe. Schlaf fand ich nicht, Robert und Tsering wachten abwechselnd an meinem Bett; die ganze Nacht hindurch wurden glühende Kohlen gebracht, und im Schutz einer Kiste, wo sie vor Zugluft und Wind geschützt war, stand eine brennende Kerze. Ich phantasierte unaufhörlich, und die Männer waren voller Besorgnis, da sie mich noch niemals krank gesehen hatten.

Am nächsten Tag war das Fieber ein wenig heruntergegangen, als Muhamed Isa sich leise ins Zelt schlich, um sich zu erkundigen, wie es dem Sahib gehe. Er erzählte, daß ein verwundeter Yak, den Tundup Sonam aufgespürt hatte, verendet sei, und daß sie beim Zerteilen zwei tibetische Kugeln, die der Yak überlebt habe, gefunden hätten. Auch hätten sie wieder an drei Stellen Feuerstätten gesehen, die höchstens zwei Monate alt sein könnten, da die Asche noch zwischen den Steinen gelegen habe.

Ringsum war es grabesstill, nur der Sturm heulte und klagte. Keiner im Lager wollte mich stören, bis ich am Abend Befehl gab, die Leute sollten ihre gewöhnlichen Abendlieder am Feuer singen. Ohne Hilfe konnte ich keinen Arm heben, ich lag eine Stunde nach der anderen, die seltsame Beleuchtung im Zelt anstarrend. Von innen wurde es durch das Licht matt erhellt, von außen durch den gelbroten Schein des Lagerfeuers und das bläuliche Mondlicht. Melancholisch und sehnsuchtsvoll klang der Gesang, und das Heulen des Sturmes bildete die Begleitung.

Auch am 2. November tobte der Sturm weiter, jetzt schon den sechsten Tag! Ich hatte einige Stunden geschlafen, obwohl die Kälte auf 29 Grad gefallen war. Es ging mir ein wenig besser, aber ich war noch völlig kraftlos. Robert las mir aus einem der Romane, die wir aus Deasys Depot gestohlen hatten, vor; er war sehr betrübt, denn sein Reitpferd war über Nacht gestorben. Und Tsering und Rehim Ali massierten mich asiatisch, damit sich die Kräfte heben sollten. So kam der vierte Abend. Vierundachtzig Stunden war ich schon ans Bett gefesselt; die tibetische Erde schien mich festhalten zu wollen.

Am 3. November wurde der Sturm zum Orkan. Staub und Sand regneten durch die dünne Leinwand und bedeckten alles im Zelt. Die Leute, die mit den Tieren an der Quelle gewesen waren, hatten Ringe von Staub um die Augen, und ihre Gesichtsfarbe war aschgrau. Mir selber war zumute wie einem unserer armen, abgetriebenen Gäule, die nicht wissen, ob sie noch das nächste Lager erreichen. Da beschloß ich zu versuchen, mich im Sattel zu halten, denn in diesem elenden Fieberlager wollte ich nicht bleiben. Übereinander legte ich eine ganze Wintergarderobe an: mehrere Hosen, mein Lederwams, den Mantel, den Pelz, die Mütze und den Baschlik; es war ein tüchtiges Gewicht, als ich mit schwachen, unsicheren Beinen zu meinem Pferd ging und mich in den Sattel heben ließ . . .

Aber schnell fühlte ich, nachdem ich wiederholt beinahe gestürzt wäre, daß mir die Anstrengung zu groß ist; wir hielten Rast und zündeten Feuer an. Nach kurzer Rast ritten wir weiter und freuten uns, als wir endlich hinter einem Hügel die Rauchwolken unserer Karawane aufsteigen sahen, die sich an einer offenen Quelle gelagert und auch dort Feuerstätten vom letzten Sommer gefunden hatte. Ein Drittel meiner Mannschaft war krank, die meisten hatten Kopfschmerzen und alle fühlten sich angegriffen. Nur Robert war gesund und pflegte uns.

Am 5. November wurden die menschlichen Spuren häufiger. An einer Feuerstelle lag ein Yakgerippe, und die zwischen den Steinen aufgehäufte Asche konnte erst gestern erkaltet sein. Uns fielen eine Menge Gruben auf, die alle einen Sandhaufen neben sich hatten! Der Sand enthielt nämlich Gold, es waren also keine gewöhnlichen Nomaden, sondern Goldsucher wohl allsommerlich hierhergekommen, um zu graben.

Im unteren Teil eines Tales sprudelten warme Quellen, deren Temperatur plus 14 Grad betrug, so daß das Wasser sich ordentlich heiß anfühlte. Einige Meter weiter abwärts bildete es aber schon große Eisfladen.

Im nächsten Tal, einem Hohlweg zwischen schroffen, terrassenförmigen Gehängen, lag ein kolossaler wilder Yak erschossen am Boden, und um ihn herum standen zwölf unserer Leute. Tundup Sonam hatte hier eine ganze Herde, die zum Trinken ins Tal hinabgestiegen war, überrascht. Die anderen Tiere waren in wilder Flucht talaufwärts gestürmt, dieser aber, den eine Kugel getroffen, war auf den Schützen losgerannt, und es war Tundup nur noch im letzten Augenblick gelungen, den Rand einer Terrasse zu erklettern. An deren Fuß blieb der Yak unschlüssig stehen und erhielt einen zweiten Schuß ins Herz.

Der 7. November führte uns am See entlang; rechts hatten wir steile Berge mit unangenehmen Kegeln von scharfkantigem Schutt. Zwei Rudel herrlicher Ammonschafe jagten in kühnen Sprüngen über die glatten Felsen. Hasen zeigten sich massenweise, und an mehreren Stellen Murmeltierhöhlen, deren Bewohner noch im Winterschlaf lagen. Zwei tibetische Steinmale zeigten, daß wir uns auf dem rechten Weg befanden, d. h. auf dem der Goldgräber.

Jetzt ließen wir diesen Gebirgsteil rechts liegen und zogen auf die südliche offene Uferebene des Sees hinaus. Dort weidete eine Herde von wohl fünfzig Yaks. Zwanzig Antilopen, die die Karawane wahrscheinlich erschreckt hatte, eilten davon, wie die Schatten der Wolken über den Erdboden hingleiten. Bald traten die Zelte und alle Einzelheiten des Lagers Nr. 56 deutlich hervor, und wir waren nur noch einige Minuten davon entfernt, als selbst diese geringe Entfernung uns leicht hätte zum Verhängnis werden können.

Denn unmittelbar neben den Zelten zeigte sich, ganz in der Nähe unserer Tiere weidend, ein großer schwarzer Yak. Rehim Ali, der zu Fuß voranging, machte uns auf ihn aufmerksam, aber wir nahmen weiter keine Notiz von ihm. Ich machte meine letzte Peilung auf die Zelte und zeichnete gerade das Gelände auf dem Kartenblatt ein, als ein Schuß aus Muhamed Isas Zelt krachte und der Yak, augenscheinlich getroffen, wie toll nach Norden stürmte. Wir folgten ihm mit den Blicken und erwarteten, daß er zusammenbrechen werde. Aber nein, er machte kehrt und kam in tollem Lauf auf uns los! Rehim Alis Gesicht verzerrte sich vor wahnsinniger Angst, er streckte die Arme gen Himmel und schrie: »Allah, Allah, wir sind verloren!« Der Staub umwirbelte das Untier, seine Seitenfransen wehten und flogen, und es senkte die Hörner zum Angriff. Noch blieb ich ruhig, denn ich glaubte, es habe uns nicht gesehen und werde wieder wenden, aber es behielt die Richtung bei und wurde sichtlich größer. Rehim Ali lief schreiend nach den Zelten zu, kehrte aber plötzlich wieder um und packte, als unsere

Pferde vor dem Untier scheuten und galoppierten, Roberts Gaul am Schwanz, in der Hoffnung, uns laufend folgen zu können. Immer schneller ging die wilde Jagd über die Ebene, der Yak veränderte seine Bahn nach und nach in einen Bogen, kam uns immer näher und schien vor Wut toll geworden. Sein Atem stieg wie Dampfwolken aus den Nüstern, das Maul streifte beinahe die Erde — er war bereit, sein Opfer auf die Hörner zu nehmen, in die Luft zu schleudern und dann mit den Vorderfüßen zu Mus zu zerstampfen. Aus immer größerer Nähe hörte ich ihn stöhnen und wie eine Dampfsäge keuchen. Mich im Sattel wendend sah ich ihn nur noch etwa 20 Meter von mir entfernt, seine kleinen, wilden Augen glühten vor Wut und wahnsinnigem Haß, er rollte sie, daß das blutunterlaufene Weiße deutlich hervortrat! Hier war eine Sekunde entscheidend! Ich ritt am weitesten rechts, mich und mein Pferd würde der Yak zuerst auf die Hörner nehmen! — Jetzt streckten die Pferde die Beine wie Bogensehnen. Ich riß meinen roten Baschlik ab und schwenkte ihn rückwärts, um den Yak durch den Anblick aufzuhalten, aber er sah ihn gar nicht. Dann riß ich den Gürtel ab, um den Pelz auszuziehen und ihn dem Yak über die Augen zu werfen im Augenblick, wenn er dem Pferde die Hörner in den Bauch bohren und die Nackenmuskeln zum Todeswurf anspannen wollte. Noch eine Sekunde, und der Yak hob das Pferd empor, brach mir das Rückgrat und trat meinen Brustkorb ein — ich glaubte schon das Knacken und Brechen meiner Rippen zu hören —, da ertönte ein herzzerreißender Verzweiflungsschrei! Als ich mich schnell umdrehte, sah ich Rehim Ali mit erhobenen Armen bewußtlos zu Boden stürzen, den Yak aber wenden und auf Rehim Ali losfahren! Als leblose Masse blieb jener liegen und ich sah noch, wie der Yak die Hörner senkte und, die blauviolette Zunge lang aus dem Maule hängend, sich in einer Staubwolke auf ihn stürzte. Jetzt gingen alle Pferde durch, wenig fehlte und ich wäre von meinem Ladakischimmel gestürzt. Als ich mich aber nach einer Sekunde wieder umsah, lief der Yak, von einer Staubwolke umgeben, talabwärts!

»Umkehren und sehen, ob noch ein Funken von Leben in Rehim Ali ist und ob er noch gerettet werden kann!« rief ich.

»Master, es ist zu gefährlich, der Yak ist noch in der Nähe und kann wiederkommen. Muhamed Isa und all die anderen laufen schon aus dem Lager, um nach Rehim Ali zu sehen.«

Aber ich hatte schon gewendet und ritt zu dem Gefallenen. Mit ausgestreckten Armen lag er auf dem Gesicht — Robert und ich glaubten, daß er tot sei. Aber als wir bei ihm abgestiegen waren, drehte er langsam den Kopf und machte mit entsetzten Blicken eine Handbewegung, die sagen wolle: »Kümmert euch nicht um mich, ich bin schon mausetot!« Wir konnten ein Lächeln nicht unterdrücken, als wir ihn wie einen Braten wendeten, seine Knochen und Gelenke untersuchten und dabei fanden, daß der Bursche noch in brauchbarem Zustand, wenn auch tüchtig geschunden war. Der Yak hatte ihn innen auf den linken Schenkel getreten, wo ein blutiger Streifen den Eindruck des Hufes zeigte.

Zwei starke Männer trugen den gefallenen Helden nach Muhamed Isas Zelt, wo er von Robert gut gepflegt wurde. Er war noch mehrere Tage wie betäubt, und wir fürchteten schon, daß sein Abenteuer seinem Verstand geschadet habe. Er aß nicht, sprach nicht, mußte auf dem Marsche reiten und einen seiner Landsleute als Krankenpfleger erhalten. Nach einiger Zeit, als er wieder klar im Kopf war, konnte er uns seine Eindrücke mitteilen. Als er gesehen, wie der Yak sich zum Angriff auf mein Pferd angeschickt, hatte er kehrtgemacht und sich flach auf die Erde geworfen. Vielleicht durch den rotvioletten Tschapan, der hin und her flatterte, wütend gemacht, hatte der Yak von mir abgelassen, eine unerwartete Frontänderung vorgenommen und war mit gesenkten Hörnern auf den Gefallenen losgestürmt. Dieser war halb unbewußt schnell beiseite gerückt, und die Hörner waren anstatt in seinen Leib, so dicht neben seinem Kopf in den Boden eingedrungen, daß Rehim Ali den keuchenden Atem des Yaks im Gesicht gefühlt hatte. Dann hatte er das Bewußtsein verloren, das erst wiedergekehrt war, als wir uns näherten, und da hatte er gedacht, der Yak sei wieder über ihm! In dem Glauben, sich selbst durch sein Manöver retten zu können, war er unser Retter geworden. Nach diesen Abenteuern, bei denen er in der letzten Zeit eine Rolle gespielt, hatte er weiterhin vor tibetischen Seen und vor wilden Yaks eine grenzenlose Angst!

Am 8. November minus 27 Grad in der Nacht! Man sollte denken, daß die Temperatur mit dem fortschreitenden Winter sinken müsse, aber sie blieb die gleiche, was nicht zum wenigsten darauf beruhte, daß wir südwärts zogen.

Auf dem Platz, wo wir Lager Nr. 58 aufschlugen, fanden wir wieder einige Feuerstätten, die erst ein paar Tage alt sein konnten! Unsere Aufregung und unsere Sehnsucht wurde mit jedem Tag größer, jetzt konnte der äußerste Rand des bewohnten Tibet nicht mehr weit entfernt sein! Als ich von meiner Zelttür aus den Blick über diese ungleichmäßigen roten oder schwarzen, beschneiten oder schneefreien Kämme schweifen ließ, glaubte ich über ihnen ein ganzes Heer von Fragezeichen tanzen zu sehen. Schritt für Schritt, Tag für Tag näherten wir uns mit schwindenden Kräften der Antwort auf alle diese Fragen. Jeden Augenblick konnte sie am Horizont in Gestalt einer Reiterschar auftauchen, die uns den Befehl des Devaschung, der Regierung in Lhasa, brachte, das Land sofort zu verlassen und uns nach Norden zurückzuziehen.

Ich war noch immer Rekonvaleszent, ging schon um sieben Uhr zu Bett, schlief gut und hatte doch wenig Nutzen davon, denn ich fühlte mich stets entsetzlich matt. Tsering war in Verzweiflung, daß ich seinen Gerichten so wenig Ehre antat. »Wie kann der Sahib wieder kräftig werden, wenn er nicht ißt«, pflegte er mich zu mahnen.

Spät am Abend hörten wir unheimliches Wolfsgeheul in der Nähe. Aus dem wilden, klagenden Ton konnte man heraushören, daß der Hunger die Tiere kühner gemacht hatte und der Geruch frischen Fleisches sie reizte. Sie waren auf der anderen Seite unserer Quelle, und dorthin schlich sich Tundup Sonam, um in das Rudel hineinzuschießen und sie dadurch zu verscheuchen, obwohl er bei der Finsternis wenig Aussicht hatte zu treffen. Die Bestien zogen sich zwar zurück, hatten aber während der Nacht doch eine Hetzjagd auf unsere Tiere veranstaltet, die, als ob es hinter ihnen brenne, nach Norden geflohen waren. Doch fanden die Leute, die ihre Spur verfolgten, sie bei Tagesanbruch eine gute Tagereise von unserem Lager entfernt wieder.

In der Nähe des heutigen Lagers, Nr. 59, zeigten sich deutliche Spuren eines Mannes, der fünf zahme Yaks getrieben hatte. Die Spuren konnten höchstens drei Tage alt sein und erregten die größte Aufregung in der Karawane! Wir befanden uns in unmittelbarer Nähe menschlicher Wohnungen, und ich gedachte fast mit Bedauern der beinahe dreimonatigen Zeit, während der wir feindliche Menschenstämme nicht hatten zu fürchten brauchen. Wir hielten Kriegsrat: sollten wir die Berührung mit Menschen noch möglichst lange vermeiden und ihren Zelten aus dem Wege gehen, um wenigstens nicht eher umkehren zu müssen, als bis jedes Vordringen nach Süden unmöglich wurde? Oder sollten wir die ersten Nomaden so schnell wie möglich aufsuchen und sie um Beistand bitten? Gerade in diesem Augenblick kam Tundup Sonam atemlos angelaufen: er hatte im Westen ein schwarzes Zelt gesehen! Sogleich schickte ich ihn mit zwei der anderen dorthin und ließ sie eine Handvoll Rupien mitnehmen.

Besonders interessante Aufklärungen brachten sie aber von diesem unserem ersten Zusammentreffen mit Menschen nicht zurück.

In dem Zelt hauste nur eine Frau mit ihren drei Kindern. Sie war aus dem Distrikt Gertse im Südwesten und hatte den Weg von dort in 25 kurzen Tagemärschen zurückgelegt. Vor siebzehn Tagen war sie mit ihren beiden Männern angekommen, beide aber waren vor einigen Tagen wieder nach Gertse zurückgekehrt, nachdem sie ihr das Zelt mit Wildeselfleisch gefüllt hatten. Sie erwartete täglich ihre Eltern, die ihr drei Monate Gesellschaft leisten sollten, während welcher Zeit sie von Wild, Yaks, Kiangs und Antilopen leben würden. Sie besaß einige zahme Yaks und eine kleine Schafherde, die sie und das älteste der Kinder hüteten und molken. Das Innere des Zeltes war sehr armselig, aber in seiner Mitte brannte doch ein wärmendes Feuer. Ihres Wissens ständen in einem benachbarten Tal noch vier andere Zelte. Als Tundup Sonam erzählt hatte, daß wir eine Ladakigesellschaft seien, die nach den heiligen Orten wallfahre, meinte sie, daß wir uns dazu einen schlechten Weg ausgesucht und besser getan hätten, südlicher, wo es Menschen gebe, zu ziehen. Ihre geographischen Kenntnisse waren beschränkt. Die Gegend, in der wir uns jetzt befanden, nannte sie Gomoselung. Die Goldfundstellen, an denen wir vorübergekommen waren, lagen im Lande La-schung, und den See am Lager Nr. 55 nannte sie La-schungtso. Meine Diener, die früher in Westtibet gewesen waren, hielten diese Angaben für zuverlässig, da sie die Namen schon gehört hatten.

Nun war also das Eis gebrochen! Nach 79 Tagen völliger Trennung von der Außenwelt hatten wenigstens einige meiner Leute Menschen gesehen. Und dieser einsamen Frau, dieser Tochter der Wildnis, mußten sehr bald mehr Stammverwandte folgen. Wieder berieten wir über die Maßregeln, die ergriffen werden müßten. Die Frau wohnte allein, durch sie konnte sich keine Kunde von unserem Kommen nach Süden hin verbreiten. Einstweilen konnten wir die Sache also noch ebenso ruhig mit ansehen wie bisher, und erst dann, wenn wir auf allen Seiten von Nomaden, unter denen ein

Gerücht sich schnell fortpflanzt, umgeben sein würden, mußten wir an Beschleunigung unserer Märsche denken.

Zunächst gönnten wir den Tieren einen Ruhetag, denn die Weide war gut. Und schön war es, diesen Tag hinter der Zeltleinwand zu verbringen. Der Sturm pfiff und heulte im Gras und um die Steine. Alles Lose und Leichte wurde fortgeweht, und der Boden sah nachher wie abgefegt aus. Der Himmel ist wolkenlos und klar, die wilde Jagd findet nur unmittelbar am Erdboden statt, und man begreift so die wichtige Rolle, die der Wind bei der Deformation der Erdoberfläche spielt; bei jedem solchen Sturm verändern ungeheuere Massen festen Materials ihren Platz.

Mit einem Schlage hörte der Sturm aber nachts auf, und es wurde so plötzlich still, daß ich davon erwachte. Man fährt zusammen und fragt sich, was ist geschehen, und empfindet die Stille als Erholung.

Die ersten Menschen

Am Morgen des 12. November wieder eine Trauerkunde: noch zwei unserer besten Pferde waren verendet, ein drittes lag im Sterben. Alle drei waren am vorigen Abend noch gesund und starben unter ganz denselben Anzeichen. Sie wurden schwindlig, verloren die Herrschaft über die Beine, konnten ihre Bewegungen nicht mehr beherrschen, fielen hin und waren nicht imstande, sich wieder zu erheben. Ich hoffte immer noch, die Trümmer der Karawane retten zu können und träumte schon davon, sie in Schigatse an Krippen zu führen, die mit duftendem Klee gefüllt waren — und nun brachen gerade die zusammen, die wir für die stärksten gehalten hatten! Jetzt waren nur noch 13 Pferde übrig; bald mußten die Lasten den Überlebenden zu schwer sein.

Dazu kam es jedoch nicht, denn dieser Tag, der so traurig angefangen, sollte uns auch noch, ehe die Sonne unterging, eine Freude bringen. Der Spur der Karawane folgend, ritten wir zwischen Hügeln hin und her und erblickten unter uns im tiefen Tal das Lager Nr. 60. Ich war gerade in meinem Zelt, als Muhamed Isa meldete, daß oben im Tal Tundup Sonum in Begleitung zweier Tibeter komme. Verzagt und unsicher, ob Tundup Sonam sie nicht zu Räubern gelockt habe, legten die Tibeter ihre langen, plumpen Flinten auf die Erde und traten vorsichtig näher. Tundup hatte alle Künste seiner Beredsamkeit spielen lassen müssen, ehe es ihm gelungen war, sie zum Mitkommen zu bewegen! Er hatte ihnen gesagt, daß wir Pilger seien, die einen vornehmen Lama aus Ladak nach den heiligen Orten begleiteten. Da hatten sie erklärt, daß sie »Seiner Heiligkeit« ihre Ehrfurcht bezeigen und ihm als Beweis ihrer unbegrenzten Hochachtung einen Schafmagen mit Butter und einen solchen mit Ziegenmilch bringen wollten. Muhamed Isa, der an den Umgang mit Tibetern gewöhnt war, beruhigte sie dadurch, daß er in seinem Zelt mit ihnen plauderte und scherzte. Dann wurden sie zu mir gebracht, legten ihre Geschenke auf den Boden, fielen auf die Knie, streckten die Zunge heraus und verbeugten sich tief. Statt eines heiligen Mannes fanden sie einen Europäer, schienen aber gar nicht unzufrieden mit diesem Tausch. Muhamed Isa fungierte als Dolmetscher. Zuerst mußten sie uns über die Geographie der Gegend und die Beschaffenheit des Landes, durch das unser Weg gehen sollte, Bericht erstatten. Die Angaben, welche uns die »Tochter der Wildnis« gemacht hatte, wurden in jeder Hinsicht bestätigt.

Unsere Gäste mochten 50 und 40 Jahre alt sein. Der ältere war in hohem Grade typisch, eher einem Affen als einem Menschen ähnlich; der jüngere sah aus, als ob er schon viel Abenteuer erlebt habe und konnte ebensogut Räuberhauptmann als etwas anderes sein.

Die Unterhaltung, die sich jetzt zwischen ihnen und mir entspann, mag an und für sich wenig interessant sein. Aber für uns in unserer Lage war sie so spannend wie ein Märchen — es handelte sich ja einfach um unsere Rettung!

»Wie weit ist es bis zum nächsten Weg nach Schigatse?« fragte ich.

»Vier lange oder fünf kurze Tagereisen.«

»Wollt ihr uns führen?«

»Ja, wenn wir dafür bezahlt werden.«

»Wieviel wollt ihr haben?«

»Das soll der Bombo Tschimbo (der große Häuptling, nämlich ich) selber bestimmen.«

»Habt ihr einige Pferde, die ihr uns verkaufen könnt?«

»Wir haben zwei, verkaufen sie aber nicht.«

»Habt ihr einige Yaks, die verkäuflich sind?«

»Ja, wir können fünf verkaufen, wenn wir für jeden zwanzig Rupien bekommen.«

»Gebt ihr uns auch einige eurer Schafe?«

»Sechs könnt ihr haben, wenn ihr vier Rupien für das Schaf gebt.«

»Schön. Bringt mir jetzt alle Tiere, die ihr verkaufen wollt, her, und wenn ich zufrieden bin, sollt ihr gut bezahlt werden.«

»Der Bombo Tschimbo muß aber bis morgen hier liegenbleiben, wenn wir das alles besorgen sollen.«

Es wurde also vereinbart, daß wir blieben. Aber ich kannte meine Tibeter und wußte, daß sie viel versprechen und wenig halten. Ich behielt daher die Kerls die Nacht über bei uns, und sie mußten in Muhamed Isas Zelt schlafen. Dort wurden sie in den Abendstunden durch die Töne unserer Flöten ergötzt und fühlten sich bald so heimisch, daß ihre Zungen sich lösten und wie Gebetmühlen schnurrten. Noch als ich einschlief, hörte ich ihr Geschnatter.

Und an diesem Abend schlief ich gut! Nach 80 Tagen völliger Einsamkeit hatte ich wieder Menschen als Gäste in unseren Zelten; ich hatte herrliche fette Ziegenmilch und sollte morgen ein wohlgenährtes Schaf verspeisen; ich hatte Auskunft bekommen über das Land und die Tagereisen, die unser auf dem Weg nach dem fernen Ziel noch warteten! Und was das Allerbeste war: unsere Veteranen, unsere Karawanentiere erhielten Hilfe! Und diese Hilfe war wirklich wie vom Himmel gesandt, denn gerade heute waren, da wir auf einen Schlag noch drei Pferde verloren hatten und

Rehim Ali leider noch immer zum Gepäck gerechnet werden mußte, meinen Tieren die Lasten zu schwer geworden. Die Zukunft erschien mir auf einmal in hellerem Lichte. Wohl war der Rücken des Samoma-saktschä-Gebirges hier am See im Purpur des Abendrotes auch nicht purpurner als die Berge, die wir an so vielen einsamen Abenden in prachtvollem Farbenspiel hatten erglühen sehen, wohl war der blaue Rauch der Lagerfeuer einem anmutigen Elfenreigen auf dem Steppengrase nicht ähnlicher als bisher, wohl stieg die Nacht ebenso dunkel und kalt über den Bergen im Osten auf — mir aber erschien heute alles freundlicher, heiterer und hoffnungsvoller!

Der neue Tag war kaum angebrochen, als sich unsere beiden Tschangpas in Begleitung einiger Ladakis nach Hause begaben, um die Vorbereitungen zu dem großen Handelsgeschäft zu treffen. Schon ein paar Stunden später war ich glücklicher Besitzer von fünf prächtigen Yaks, die, wie die Tibeter sagten, mit Leichtigkeit je vier Kisten tragen konnten, während unsere Pferde und Maulesel nur zwei getragen hatten. Einer der Yaks mußte das Boot übernehmen, und das Pferd, das es schon vom Lake Lighten an geschleppt hatte, wurde nun dienstfrei erklärt — ich atmete auf, als ich das treue Tier ohne Last sah. Dann kauften wir vier Schafe zu je vier Rupien und vertauschten unsere drei letzten Schafe mit zwei Rupien Draufgeld gegen zwei neue. Hier am Gomosee fanden auch unsere letzten acht Ziegen die wohlverdiente Ruhe und wurden gegen ebensoviele tibetische vertauscht, wobei wir für jede Ziege noch eine Rupie zuzahlen mußten. Am Abend erhielt ich dreimal soviel Milch als gewöhnlich und fettere und bessere als die, welche meine erschöpften Ziegen geliefert hatten. Beide Teile waren mit dem Geschäft außerordentlich zufrieden.

Die guten Tschangpas! Wie fahrende Ritter der Wildnis kamen sie zu uns, malerisch wild mit dem schwarzen, struppigen Haar, das ihnen auf Schultern und Rücken herabhing und ihnen den Pelz fettig machte; mit langen, schwarzen Gabelflinten auf der Schulter, plumpen Säbeln und Messern im Gürtel, auf kleinen, feisten, langhaarigen Pferden. Wild und schmutzig, waren sie doch freundlich und gutmütig, und in ihren uralten, verlausten Pelzen froren sie ganz gewiß nicht. Der ältere trug eine kleine runde Pelzmütze, der jüngere einen Pelzbaschlik, der außer dem Gesicht den ganzen Kopf bedeckte. Sie hatten sich ihren Hauptproviant und allerlei andere Sachen, deren sie auf der Reise bedurften, vorn in die Pelze gestopft und an dem Gürtel, der den Pelz zusammenhielt, hingen Messer, Pfriemen, Feuerstahl, Tabaksbeutel und Pfeife, die bei jedem Schritt baumelten und gegeneinanderschlugen. Sie trugen Filzstiefel, die, ursprünglich weiß, jetzt schwarz und abgenutzt aussahen, hatten aber keine Hosen an — es muß schön frisch sein, bei 20 Grad Kälte hosenlos im Sattel zu sitzen!

Da sie in Gertse, dem Land im Südwesten, zu Hause waren, kannten sie das Land, durch das unser Weg führen sollte, kaum oder gar nicht, glaubten aber, daß wir zu der Reise nach Schigatse wenigstens 50 Tage brauchen würden. Den Winter verbringen sie im Gomogebiet und leben dort von der Jagd. Sie würden leicht ein kleines Frühstück auftischen können, mit dem auch der anspruchsvollste Feinschmecker zufrieden sein könnte. Oder ist folgender Speisezettel vielleicht nicht ansprechend:

Ein Becher Ziegenmilch mit fetter, gelber Sahne. —
Yaknieren in Fett goldgelb gebraten. —
Mark aus Yakknochen über Kohlenfeuer geröstet. —
Kleine Stücke weiches, saftiges Fleisch vom Rückenwirbel der Antilope, um das Feuer gelegt und langsam gebräunt. —
Antilopenkopf, mit Haut und Haar in die Flammen gehalten, bis er schwarzberußt ist. —
Ziegeltee (so heißen die backsteinähnlich gepreßten Abfälle [Flaminp], die aus China massenhaft nach Mittel- und Nordasien ausgeführt werden).

Im allgemeinen aber ist ihr Geschmack ganz anders als der unsere. Wenn sie einen Wildesel erlegt haben, zerteilen sie ihn und verwahren die Stücke in ihrem Zelt, wo sie ringförmig möglichst weit vom Feuer aufgestapelt werden. Je länger sie gelegen haben, desto besser sollen sie schmecken. Die Tschangpas ziehen es vor, das Fleisch roh, hart, trocken und alt zu verspeisen. Man sieht sie aus den Eingeweiden ihres Pelzes eine Yakrippe hervorziehen, die eher einem geschwärzten Holzstück als etwas Eßbarem ähnlich ist. Dann wird das Messer aus der Scheide gezogen und das harte Fleisch in Streifen oder Stücken vom Knochen gelöst. Chinesischer Ziegeltee ist jedoch der höchste aller ihrer Genüsse, und je dicker und schmutziger er ist, desto besser erscheint er ihnen. Sie rühren ihn mit einem Stück Butter an.

Den Wildgänsen gleich haben sie durch ererbte Erfahrung gelernt, wo die besten Lagerplätze zu finden sind. Man kann sicher sein, daß ihr Zelt stets an einer Stelle aufgeschlagen ist, die wenig oder gar nicht vom Wind berührt wird; daß sie in der Nähe gutes Weideland für ihre zahmen Yaks, Schafe, Ziegen und Pferde — wenn sie welche haben — finden; daß sie vom Zelt aus nicht weit zu ergiebigen Jagdgründen haben und daß dort stets Wasser vorhanden ist. Am Gomosee hatten sie auch vorzügliches Speisesalz umsonst. Wenn ihre zahmen Tiere das Gras in der Nähe abgeweidet haben und das Wild verscheucht ist, verlegen sie das Lager in eine andere Gegend. Die Zelte werden an derselben Stelle aufgeschlagen, wo ihre Vorfahren sie schon seit unzähligen Generationen errichtet haben und wo oft noch alte Votivmale stehen, die aus Geröll aufgeschichtet worden sind, um die Geister der Berge und Täler milde zu stimmen.

Den Tschangpas, den »Bewohnern des Nordens«, die den Winter im Norden zubringen, ist Jagd die Hauptsache, Viehzucht Nebensache. Die Tibeter in Gertse und Senkor, am Bogtsang-tsangpo oder in Naktsang, die große Herden besitzen, gehen im Winter nicht nordwärts, denn ihnen ist wieder die Jagd Nebensache. Die Jägerstämme verfolgen den Yak, den Kiang und die Antilope. In hügeligem Gelände schleichen sie sich gegen den Wind an. Das beständige Leben im Freien hat ihre Sinne unglaublich geschärft. Sie kennen die Eigenschaften und Gewohnheiten des Yaks ebenso genau wie dieser selbst und wissen, wie weit sie gehen können, ehe sie die Grenze seiner Sinnesschärfe überschreiten. Sie wissen, daß sein Gesicht- und Gehörsinn nicht besonders fein entwickelt sind, daß er aber den Jäger bald wittert, so daß der Angriff genau gegen den Wind erfolgen muß. Obgleich er in seinem dicken Pelz auf die Jagd geht, schleicht der Jäger doch so lautlos und geschmeidig wie ein Panther am Boden hin, bis er sich seiner Beute auf Schußweite genähert hat. Dann legt er die Flinte auf die Gabel, schlägt mit dem Feuerstahl Funken aus dem Feuerstein, fängt sie mit Zunder auf, setzt das Ende der Zündschnur in Brand und paßt auf, daß der Hahn das Feuer im richtigen Augenblick in das Zündloch bringt. Alles geht so ruhig, kaltblütig und vorsichtig zu, daß der Jäger alle Aussicht hat, sein Wild zur Strecke zu bringen.

Ein andermal lauert er stundenlang hinter einer Schützenmauer, die er oder seine Vorfahren, an einer Quelle erbaut haben, und wartet mit Engelsgeduld auf eine Schar Wildesel, die bei Sonnenuntergang zur Tränke kommt. Die Antilopen aber, die Wildschafe und die Gazellen sind zu wachsam, um sich selbst von dem geschicktesten Jäger überrumpeln zu lassen. Dennoch gelingt es den Antilopen nicht immer, seinen listigen Hinterhalten zu entgehen. Er legt ihnen auf den altbekannten Antilopenpfaden Schlingen; bei den Jägernomaden im inneren Tibet staunt man über die Massen von Antilopenfleisch, das ringförmig die Zeltwände ziert.

Während die Männer draußen sind, besorgen die Frauen die Tiere. Wenn der Jäger bei Sonnenuntergang heimkehrt, liegen die Yaks wiederkäuend vor dem Zelt, während die Schafe in eine steinerne Hürde eingepfercht sind. Die Yaks bleiben nachts bei den Zelten; dies hat auch den Vorteil, daß man den Dung, der der einzige Brennstoff der Nomaden ist, nicht weit heranzuholen braucht. Ist es dunkel geworden, so setzen sich alle ans Feuer, über dem der Teekessel kocht. Dann unterhalten sie sich über die einförmigen Angelegenheiten ihres Lebens: über die Ausbeute des Tages, das Gedeihen der Herden und die Arbeit, die der nächste Morgen bringt. Der eine flickt seine Sohlen mit Sehnen und einem Pfriem, ein anderer gerbt mit der Hand eine Yakhaut, und ein dritter schneidet Riemen aus dem Fell eines Wildesels. Ihr Leben scheint so leer und inhaltslos, aber sie selber entbehren nichts — sie kennen nichts Besseres. Sie haben einen schweren Kampf zu kämpfen um die Gunst, in diesem kargen Teil der Erde, der Tschang-tang oder die Nordebene genannt wird und auf dem sie das Schicksal hat geboren werden lassen, leben zu dürfen. Unter Armut und Gefahren leben sie dennoch stolz und frei in Gottes Natur; majestätische Stürme sind ihre Brüder, die Herrschaft über die Täler teilen sie nur mit den Tieren der Wildnis, und nachts funkeln die ewigen Sterne auch über ihren schwarzen Zelten! Wenn man ihnen auch drunten im Süden schöne Hütten im Schatten der Walnußbäume gäbe, sie würden sich doch immer in die große Einsamkeit zwischen den Gebirgen, nach der eisigen Kälte und dem Schneetreiben, nach dem weißen Mondlicht der stillen tibetischen Winternächte zurücksehnen.

Dann kommt eines Tages der Tod und schaut in die Zeltöffnung; vergeblich wird das ewige Gebet »Om mani padme hum« hergesagt, vergeblich versucht man die bösen Mächte zu beschwören oder mild zu stimmen. Gebeugt, runzlig und grau beschließt der alte Jäger seine Laufbahn, und auf starken Schultern wird er nach irgendeiner Schlucht in der Nähe des Bergkammes getragen und dort — den Wölfen und den Raubvögeln preisgegeben. Im Leben hatte er keine bleibende Stätte, und nach dem Tode hat er kein Grab. Und keiner fragt auch danach, wo die Gebeine der Toten bleichen, denn da hausen böse Geister.

14. November. Windstille. Allerdings hatten wir über Nacht wieder 27,1 Grad Kälte gehabt, aber beim Reiten nach Süden, der Sonne entgegen, war es doch ordentlich warm. Die Pferde der Tibeter waren durchgebrannt. Aber wenn das ein von ihnen eingefädelter Plan war, um selber durchbrennen zu können, so wurde diesmal nichts daraus! Denn ich schickte zwei meiner Leute mit dem einen auf die Suche, während der andere mich begleiten und die Namen der Gegenden, durch die wir kamen, nennen mußte. Noch kannten wir unsere Pappenheimer nicht und wagten es daher nicht, sie außer Sicht zu lassen, da sie sonst durch reitende Boten die Behörden in Gertse hätten benachrichtigen können. Die Pferde fanden sich wieder, und der Alte kam, beide am Zügel führend, uns nachgestiefelt. Auch hier kam an zwei Stellen Gold vor. Jeden Sommer kommt man, um den goldhaltigen Sand aufzugraben, ihn in die Luft zu werfen und die Goldkörner auf einem ausgebreiteten Tuch aufzufangen.

Auch im Lager Nr. 61 zeigten die Tibeter keine Lust zum Ausreißen; sie waren eitel Zuvorkommenheit und Freundlichkeit. Sie schienen nicht die geringste Ahnung zu haben, daß mir das Land verboten war; nicht einmal das Echo etwaiger Befehle war von Süden her bis zu ihnen gedrungen. Wie es sich damit verhielt, konnte ich freilich nicht wissen. Der Plan meiner Reise war in der indischen Presse erwähnt worden, und nichts hinderte, daß ein Gerücht über Dardschiling oder Peking hätte nach Lhasa dringen können; auch wußte ich aus Erfahrung, wie schnell ein Befehl gegen einen Europäer unter den Nomaden bekannt wird. Ich hatte beabsichtigt, wie ein Dieb in der Nacht so schnell als möglich nach der englischen Mission in Lhasa zu eilen, und ehe die Tibeter sich über die politische Bedeutung klargeworden, auf der Bildfläche zu erscheinen! Aber vielleicht irrte ich mich, vielleicht waren noch strengere Verordnungen als früher erlassen worden.

In der Nacht träumte ich, daß eine starke Hand mich an einen Scheideweg führt. Sie zeigt auf eine Straße, und eine Stimme sagt mir, daß diese mich in das Land der Ruhe, der Gastfreiheit und des Sommers führen wird, die andere aber führe zu Gefahren und Entbehrungen, zwischen hohen, dunklen Gebirgen. Als Tsering am Morgen das Kohlenbecken brachte, freute ich mich, daß ich auch im Traum ohne Zaudern den zweiten Weg gewählt hatte!

Unsere Tibeter sind schon so vertraut mit uns allen, als wären wir von Kindheit an miteinander befreundet! — Sie sagen, sie hätten noch nie so nette Leute wie uns getroffen. Der ältere heißt Puntsuk, der jüngere Tsering Dava. Wir sitzen stundenlang draußen an Muhamed Isas Feuer und plaudern gemütlich, und während sie mir alle Straßen, die sie in Tibet kennen, ausführlich beschreiben müssen, mache ich meine Aufzeichnungen. Tsering Dava hat die Pilgerfahrt zum Tso-rinpotsche, dem heiligen See Manasarovar, mitgemacht, der eines der Ziele meiner Sehnsucht ist. Nun sollten die beiden uns nur noch drei Tage begleiten; sie hatten ihre Yaks und Schafe im Schutz ihrer Weiber und Kinder zurücklassen müssen, und es gab dort außerordentlich viel Wölfe; sonst hätten sie uns gern wer weiß wie weit begleitet. Vor

19 Tagen waren sie aus Gertse angekommen und wollten sechs Monate hierbleiben; 40 oder 50 Zeltgemeinschaften kommen alljährlich aus Gertse in diese Gegend.

Sie erzählten, daß die Tokpas oder Goldgräber, wenn sie sich auf zwei bis drei Monate nach den Goldfeldern hinauf begeben, geröstetes Mehl und Fleisch, das Schafe und Yaks tragen müssen, als Proviant mitnehmen. Wenn ihr Proviant verzehrt ist, kehren sie nach Hause zurück und ziehen an den Salzseen vorbei, wo sie ihre Tiere mit Salz beladen, das sie dann in bewohnten Gegenden gegen Gerste eintauschen. Sie verdienen also bei solcher Wanderung doppelt und können den übrigen Teil des Jahres davon leben.

Am Abend lag ein totes Pferd, mager und elend, mitten auf dem Eis in unserem Tal. Ebenso unerwartet starb am folgenden Morgen ein Maulesel. Die beiden kleinen tibetischen Pferde, die uns begleiten, interessieren sich sehr für ihre Stammverwandten in der Karawane; nur scheint es ihnen noch nicht klar zu sein, daß die Tiere, die so mager und elend aussehen, auch wirkliche Pferde sind. Im heutigen Lager Nr. 63 sahen wir, wie sie zu ihren Herren liefen und von ihnen zwei große Stücke steifgefrorenen Antilopenfleisches bettelten, das sie wie Brot mit großer Gier aus der Hand fraßen. Ebenso gern fressen sie Yak- oder Schaffleisch; die Tibeter versicherten, daß diese Kost sie zäh und ausdauernd mache. Man muß diese kleinen zottigen Ponies liebgewinnen; sie leben zum größten Teil vom Abfall der Jagdbeute, sind im Gebirge zu Hause und ertragen die Luftverdünnung mit größter Leichtigkeit; ihre Lungen sind ebenso wie die der Wildesel darauf eingerichtet. Die Kälte macht ihnen rein gar nichts; ohne die geringste Decke bleiben sie die Nacht hindurch im Freien, und selbst eine Kälte von minus 30,4 Grad, wie wir sie in der Nacht auf den 17. November hatten, vermag ihnen nichts anzuhaben. Obgleich sie keine Hufeisen tragen, laufen sie die Abhänge gewandt und sicher auf und ab — und dabei sehen die Männer, die auf ihnen reiten, größer aus als die Pferde. Wir beobachten mit großer Heiterkeit, wie freundlich sie einander auf jedem Lagerplatz begrüßen. Puntsuk, der Muhamed Isa den Weg zeigt, reitet einen kleinen rotbraunen Pony, der schon grast, wenn wir erst erscheinen. Sobald er seinen grauen Kameraden mit Tsering Dava erblickt, wiehert er fröhlich, spitzt die Ohren und läuft zu ihm hin; und der graue antwortet ebenso erfreut. Das ist anders als bei unseren beiden Hunden, die, sowie sie einander erblicken, in die tollste Beißerei geraten.

Vom Tschaktschom-la betrachtete ich die ungeheuer weite Aussicht nach Süden hin, ein Gewirr von gelben, rötlichen und schwarzen Kämmen. Ich ahnte, daß uns ungünstiges Gelände bevorstehen werde. Auf sehr schroffem Pfad ritten wir nach dem Lager hinunter, wo die Tibeter aus Rücksicht auf die angekauften Yaks einen Ruhetag beantragten.

Während des Ruhetages rechneten wir mit unseren Führern ab, die so freundlich und hilfreich gewesen waren. Sie erhielten jeder drei Rupien je Tag als Vergütung, je ein Messer mit Scheide aus Kaschmir und einen ganzen Haufen leer gerauchter blecherner Zigarettenschachteln, über die sie sich noch mehr zu freuen schienen als über das Geld! Dann verschwanden sie schnell und leicht wie der Wind hinter den nächsten Hügeln.

Bei 20 Grad Kälte feierten unsere neun Mohammedaner heute ihr »Aid« nach dem Ramadan mit Flötenspiel, Tanz und Gesang und mit einem frisch geschlachteten Schaf. In der Nacht sank die Temperatur auf minus 30,6 Grad! Die Tinte gefror unaufhörlich in der Feder, auch wenn ich über das Kohlenbecken gebückt saß; mein Wasserbecher enthielt schon nach wenigen Minuten nur noch einen Eisklumpen!

Am Morgen folgten wir, wie gewöhnlich, der Spur unserer Karawane. Da, nach einigen Stunden, sah ich von einem Paß aus 22 weidende Pferde, 300 Schafe und einige zahme Yaks in der Nähe eines Zeltes! Weiter westlich weideten an die 500 Schafe und eine Menge Yaks. In einem tiefen Talgang standen an einer vor Wind geschützten Stelle fünf aufgeschlagene Zelte, aus denen uns eine Schar bissiger Hunde entgegenstürmte. Männer, Frauen und Kinder kamen heraus. Die Karawane hatte sich in der Nähe, am Westufer des Dungtsa-tso gelagert, und erhielt in kurzer Zeit Besuch von vier neuen Tibetern. Auch sie waren aus Gertse, vor zehn Tagen angelangt und wollten drei Monate bleiben. Die sechs Zelte beherbergten 40 Bewohner, die zusammen 1000 Schafe, 60 Yaks und 40 Pferde besaßen. Der älteste dieser neuen Freunde war ein lahmer, älterer Mann von 53 Jahren und hieß Lobsang Tsering. Er schenkte mir eine Schüssel dicker Milch und ein Bündel Räucherspäne, wie sie in Tempeln benutzt werden. Er war bereit, mir drei große Yaks für 23 Rupien zu verkaufen, und ich nahm sie, ohne mich auch nur einen Augenblick zu bedenken.

Als die Karawane am nächsten Morgen aufgebrochen war, stellten sich noch zwei Tibeter ein, denen es sehr darum zu tun war, uns auch zwei Yaks zu verkaufen. Als ich ihnen sagte, daß mein Geld bereits abmarschiert sei, baten sie um die Erlaubnis, mit mir nach dem nächsten Lager ziehen zu dürfen, wo der Kauf ja abgeschlossen werden könne. Abends waren wir also glückliche Besitzer von zehn vorzüglichen Yaks, zu deren Chef und Führer Tundup Sonam ernannt wurde. Unsere letzten Maulesel und Pferde trugen jetzt nur noch das ganz leichte Gepäck, und ich freute mich, sie alle am Leben erhalten zu können. Aber gerade hier erfror uns, allerdings bei 32,9 Grad Kälte, noch ein Maulesel!

Die Tagereise führte um den See herum und in ein breites Tal, das sich in südöstlicher Richtung hinzog. Mitten unter den zahmen Yaks der Nomaden weideten friedlich anderthalbhundert Kulane! Ein Jüngling diente der Karawane als Führer, und der alte Lobsang Tsering ritt auf einem prächtigen gelben Pferd, das er um keinen Preis verkaufen wollte, wie ein Herold vor mir her. Er murmelte im Reiten mit unglaublicher Schnelligkeit Gebete — es klang wie das Summen einer Mückenkolonne über einer Linde am Sommerabend. Ich selber ritt wieder meinen großen Apfelschimmel aus Jarkent, da mein kleiner weißer Ladaki sich ein paar Tage ausruhen sollte.

Am abendlichen Lagerfeuer fragte Lobsang Tsering Muhamed Isa, ob wir am Gomo Tschangpas getroffen hätten. Muhamed Isa aber hatte Puntsuk und Dava Tsering versprochen, sie nicht zu verraten. Da kniff Lobsang ein Auge zu und sagte, Islam Ahun habe ihm schon erzählt, daß wir nicht nur Nomaden gesehen, sondern ihnen auch Yaks abgekauft und sie mehrere Tage lang als Führer gehabt hätten. Muhamed Isa versuchte, der Sache eine scherzhafte Wendung zu geben, und erwiderte lachend, die Geschichte habe Islam Ahun sich wieder einmal ausgedacht. Aber der Alte war gewitzt, lächelte listig und schien die erste Lesart für die wahrscheinlichere zu halten. Für uns war es ein großer Vorteil, daß wir zuerst mit Gertsenomaden in Berührung gekommen waren, die in dem Lande, das wir durchreisten, selber Fremdlinge waren. Sie hatten keine Befehle, die uns angingen, aus Lhasa erhalten und waren unvergleichlich viel gutmütiger und freundlicher als jene Osttibeter, die während meiner früheren Reise sofort Boten südwärts geschickt hatten. Aber wir fanden jetzt, daß die Gertsenomaden voreinander Angst hatten; die ersten hatten uns ja gebeten, es keinem Menschen zu erzählen, daß sie uns geholfen hätten, und waren auch im richtigen Moment umgekehrt, um nicht von ihren Stammesgenossen aus Gertse gesehen zu werden.

Lobsang Tsering schien dagegen nicht ängstlicher Natur zu sein; er führte uns nach anderen Zelten, gab uns Auskunft über den Weg nach dem Bogtsang-tsangpo und wußte eine Menge interessanter Sachen zu erzählen. So sagte er, daß jährlich gegen viertausend Schafe und mehrere hundert Yaks zum Befördern des Salzes von den Seen, die wir vor kurzem verlassen hatten, benutzt würden, und daß das Salz nach Schigatse und Lhasa gebracht werde. Aus diesen Städten kämen auch die meisten Goldgräber, und es gebe nach Norden zu noch viele Goldfundstellen, die wir nicht gesehen hätten.

Daß Lobsang ein vornehmer Mann war, merkten wir bald. Denn alle erwiesen ihm die größte Achtung, und seinem Zeltlager hatten wir es ansehen können, daß er auch ein reicher Mann war. Er sprach mit Würde, und seine Stimme klang fein und gebildet. In seinem Aussehen erinnerte er an einen heruntergekommenen Schauspieler, ohne Bart mit lebhaftem Mienenspiel in seinem schmutzigen, kupferbraunen Gesicht. Im Gegensatz zu den anderen, die weiße Schaffellmützen trugen, prunkte er mit einem roten Turban, und auch sein Pelz war mit rotem Wollzeug bezogen. Vorn im Pelz hatte auch er allerlei schöne Dinge stecken, unter anderem ein abscheuliches Taschentuch, einen dicken, bunten, viereckigen Lappen, der unaufhörlich benutzt, aber nie gewaschen wurde! Dort verwahrte er auch sein Schnupftabakshorn, das er mit einer gewissen Geschicklichkeit selbst im Wind zu handhaben verstand. Der mehlfeine, gelbe Schnupftabak wird nämlich auf der Spitze des Zeigefingers im Schutz des Daumennagels zu einem Häufchen aufgeschüttet und von dort ziemlich geräuschvoll an seinen Bestimmungsort befördert.

Jeden Abend erstattete mir Muhamed Isa Bericht. Heute stellte er sich mit folgenden Worten ein: »Sahib, Rehim Ali geht es noch immer schlecht; er bittet, Allah ein Schaf opfern zu dürfen.«

»Meinetwegen, wenn es ihm davon besser wird.«

»Ja, gewiß, Sahib.«

»Ich halte es für Schwindel, aber schlechter wird er davon keinesfalls, und die Mohammedaner erhalten ein gutes Extramahl. Ich spendiere also das Schaf.«

»Nein, Sahib, das geht nicht, dann bleibt das Opfer ohne Wirkung.«

»So. Kann ich morgen mittag die Nieren bekommen?«

»Nein, Sahib, nur Mohammedaner dürfen von einem Opferschaf essen.«

»Ja so, es ist ja wahr, euerer Meinung nach bin ich ja ein Kafir, ein Ungläubiger.«

Da protestierte er lachend, änderte aber das Gesprächsthema: »Jetzt haben wir noch 13 Maulesel und 11 Pferde, oder im ganzen 27 Tiere von der ursprünglichen Karawane.«

»13 und 11 macht nur 24.«

»So? Dann muß ich sie noch einmal überzählen«, sagte mein redlicher Karawanenführer und machte sich noch viel unnötige Arbeit, bis die Zahlen endlich stimmten. Es stellte sich schließlich heraus, daß wir außer den Yaks noch 25 Tiere besaßen.

Unsere Schicksale auf dem Weg nach dem Bogtsang-tsangpo

Während der fünf letzten Tage hatten wir 67 Kilometer nach S 33° O zurückgelegt und zogen am 2. November noch eine kleine Strecke in derselben Richtung weiter. Wir befanden uns jetzt auf einem großen, deutlich erkennbaren Weg, der etwa fünfzig parallellaufenden Fußpfaden glich; die Schafe der Salzkarawanen und die Yaks der Goldgräber hatten sie ausgetreten. In der Gegend Kebetschungu, wo Nomaden lagerten, kehrten unsere neuen Freunde wieder um. In diesem Teil Tibets herrscht nicht dieselbe scharfgezeichnete Anordnung der Berge wie weiter östlich, wo Längstäler mit transversalen Bergketten abwechseln. Hier zieht man tagaus, tagein zwischen zusammengedrängten, weichen Hügeln umher und findet viel seltener zwischen ihnen eine kleine ebene Fläche. Aus diesem Gewirr erheben sich keine hohen Bergstöcke, und vergebens sucht der Blick nach den inselartigen Gletscherkuppen, die wir von Osttibet her kennen.

Am nächsten Tag war das Reiten überaus schwierig. Wir ritten nach Südsüdost und hatten starken Südweststurm, so daß wir in den Kaskaden staubgemengter Luft, die am Erdboden hinjagten, beinahe erstickten. Es ist eine Tortur; die Hände sind nicht zu benutzen, das Kartenblatt zerreißt, und man fragt sich, ob man noch lebend in das nächste Lager kommt! Das Gesicht verzerrt sich, die Augen sind blutunterlaufen und tränen, die Tränen rollen die Backen hinab, gefrieren und fangen den Staub auf. Die Lippen sind geschwollen und gesprungen, und an den Nägeln platzt die Haut, so daß die Fingerspitzen bluten!

Endlich erreiche ich, mehr tot als lebendig, das Lager, wo die Leute mit größter Anstrengung Muhamed Isas Zelt aufgeschlagen und nach vielen Bemühungen schließlich auch ein Feuer angefacht haben, das nun, da es einmal im Brennen ist, wild lodert und nach allen Seiten Funken in den Tanz der Wirbelwinde hineinsprüht. Ich eile hin, um mein Blut wieder in Gang zu bringen, aber das erfordert Zeit. Nach und nach werden die Gesichtsmuskeln wieder beweglich, und es zieht nicht mehr so in den Mundwinkeln, wenn man lacht, obgleich verwünscht wenig Veranlassung zum Lachen ist! Durch die Wärme angelockt, erscheint ein halbes Dutzend unserer letzten

Maulesel am Feuer. Sonam Tsering will sie forttreiben, aber ich lasse die armen Tiere, die so durchfroren sind, dort stehen. Je weniger ihrer werden, desto mehr pflegen wir die Überlebenden, und ich hoffe immer noch, daß wenigstens einige von ihnen noch freundlichere Gegenden erreichen. Große Aussicht ist freilich dazu nicht, Gerste und Mais sind beinahe aufgezehrt, und an Reis ist auch nur noch ein Sackvoll da.

Draußen klingt es, als veranstalteten Artilleriewagen ein Wettrennen über unbehauenes Steinpflaster! Der Wind kommt in Stößen, als werde er wie der Pulsschlag hervorgepreßt. Man hört einen Windstoß im Grase sausen, man hört den nächsten, der sich wie ein Wasserfall aus dem Gebirge herabstürzt, und macht sich darauf gefaßt, daß er auf seiner wilden Jagd das Zelt fortreißt. Man sehnt sich fort, fort — nur fort aus Tschang-tang!

24. November. In einem Monat ist heiliger Abend! Werden wir noch so lange beieinanderbleiben? Im vorigen Lager hatten die Tiere kein Wasser, und auch am heutigen Lagerplatz fanden wir nichts anderes als Eis am Eingang einer engen Talschlucht, so daß in der Nacht wieder zwei Maulesel verendeten und ihnen am Morgen ein dritter folgte. Auch mein Apfelschimmel war angegriffen; ich ritt nun einen großen gelben Gaul, der vorher das Boot und dann die Küchenkisten getragen hatte. Diese übernahm einer unserer besten Maulesel; er starb jedoch, noch bevor er den nächsten Lagerplatz erreichte, und ein Pferd mußte die Kisten holen.

Vier Maulesel an einem Tage! Jetzt hatte ich nur noch acht. Das ganze Gepäck trugen die Yaks, die herrlichen Yaks! Als wir die Toten verließen, schlich sich ein Rudel Wölfe aus den Schluchten heran. Islam Ahun, der mich und Robert seit Rehim Alis Abenteuer begleitete, versuchte sie zu verscheuchen, aber ohne Erfolg.

Von 58 Pferden und 36 Mauleseln waren uns nun noch zwölf und acht geblieben. Das Verhältnis zwischen den Überlebenden war also beinahe dasselbe, wie einst zwischen den ursprünglichen Zahlen. Es wäre jedoch übereilt, hieraus zu schließen, daß Pferde im Hochlande Tibets ebenso leistungsfähig seien wie Maulesel. Hätten wir statt der Jarkentpferde kleine, zähe Sanskaris besessen, so würde der Erfolg sicherlich zugunsten der Pferde gesprochen haben. Andererseits hatten wir aber nur Maulesel aus Poonch. Hätten wir statt ihrer tibetische gehabt, so würden sich diese wahrscheinlich besser bewährt haben als die Pferde. Aber in Ladak findet man nur selten tibetische Maulesel.

Weiter unten im Tal kamen wir an einem Mani-ringmo, einer Steinmauer, die mit Maniplatten bedeckt war, vorüber, und unsere Leute wurden beim Anblick dieser heimatlichen Denkzeichen ganz lebendig. Wir ritten auf eine Höhe mit weiter Aussicht. Im Südosten zeigte sich ein See, den weiße Gipsfelder und Terrassen umgaben. Dies mußte der Rinak-tschutsän sein, »die heiße Quelle des schwarzen Berges«, denn alles stimmte mit der Beschreibung überein, die uns Lobsang Tsering davon gemacht hatte.

Unmittelbar südlich vom Rinak-tschutsän überschritten wir Bowers Strecke vom Jahre 1891. Wir bleiben nun wieder einige Tage in unbekanntem Land, bis wir Littledales Weg vom Jahre 1895, meinen eigenen von 1901 und den Nain Sings von 1873 schneiden.

Heute schrieben wir den 25. November, den Tag, den ich Oberst Dunlop Smith als den wahrscheinlichen meiner Ankunft am Dangra-jum-tso angegeben hatte. Die Post mußte also schon lange vor mir am See sein. Die Post? Wir wußten nicht einmal, ob wir am Ufer ein gastfreies Zelt finden würden oder eine undurchdringliche Mauer von Pferden und Soldaten und einen Zaun von Gabelflinten!

In der Nacht sank die Temperatur auf minus 33,2 Grad, die größte Kälte, die wir bisher gehabt hatten! Wir zogen aber südwärts und nach tieferliegenden Gegenden. Vier Tage lang ging es nun der Mittagssonne entgegen, langsam über Pässe und durch gewundene Täler, über kleine Ebenen, wo Kiangs ihr prächtiges freies Leben genossen.

Die Gegend hieß Mogbo-dimrop; am Fuß der roten Berge erblickten wir sechs von Steinmauern umgebene schwarze Zelte. Namgjal und Tundup Sonam fanden nur acht Bewohner, Kinder und Greise, denn die kräftigen Männer und Frauen waren mit dem Vieh ausgezogen. Diese Nomaden gehörten in die Provinz Naktsang; sie standen also unter der Herrschaft des Devaschung in Lhasa und konnten uns daher über das Land am Dangra-jum-tso, dessen Nomaden von Taschi-lunpo aus regiert werden, keine Auskunft geben. Yaks und Schafe wollten sie gern verkaufen, wenn wir so freundlich wären, morgen noch hierzubleiben.

Nun wanderte Muhamed Isa nach den Zelten und kam voll düsterer Ahnungen wieder. Ein älterer Mann aus einem benachbarten Zeltdorf war gekommen und hatte die anderen gewarnt! In scharfem, befehlendem Ton hatte er erklärt: »Wir wissen, daß ihr einen Europäer bei euch habt, und denen ist das Land verschlossen. Hindern können wir euch jetzt nicht, aber wir werden uns hüten, euch Yaks und Schafe zu verkaufen, und Auskunft können wir euch auch nicht geben. Es wäre für euch am besten, wenn ihr schleunigst wieder umkehrtet, sonst geht es euch schlimm!«

»Wir sind auf der Reise zum Taschi-Lama, der uns erwartet.«

»Hier geht uns der Taschi-Lama nichts an, wir stehen direkt unter der Regierung in Lhasa.«

Tundup Sonam, der mitgegangen war, hatte gemerkt, daß zwei Jünglinge fehlten, und war überzeugt, daß sie als Eilboten an den nächsten »Bombo« oder Häuptling im Süden abgeschickt worden seien! Wir mußten also möglichst schnell auf ein Gebiet gelangen, das von Taschi-lunpo aus regiert wurde.

Später näherte sich ein Wanderer unserem Lager. Er sah zerlumpt und elend aus und sagte, daß er zu einer Gesellschaft von 35 Pilgern aus Naktschu gehöre, die mit 600 Schafen und 100 Yaks den heiligen See und Berg in Ngari-korsum besucht hätten und nun auf dem Heimweg nach Naktschu seien, was sie erst in drei Monaten erreichen würden. Die Wallfahrt nehme zwei Jahre oder noch länger in Anspruch, da sie überall, wo sie gute Weide fänden, tagelang und manchmal auch wochenlang blieben. Sie zögen auf der Nordseite des Tschargut-tso und benutzten eine altbekannte Pilgerstraße.

Am 1. Dezember brachen wir daher in aller Frühe auf bei einer Kälte von 31,2 Grad, die wieder einem Maulesel das Leben kostete. Er wurde sofort von fünf Wölfen aufgefressen, die so dreist waren, daß sie nicht einmal aus dem Weg gingen, als wir vorüberritten.

In der Nähe des heutigen Lagers standen wieder Zelte, in denen meine gewöhnlichen Unterhändler zwei Yaks, drei Schafe und eine Kanne schmutziger Milch erstanden. Ehe die Tibeter sich auf den Handel einließen, hatten sie sich erst erkundigt, ob sich nicht ein »Peling«, ein Europäer, unter uns befinde, und erklärt, daß sie unser Lager besuchen wollten, um sich davon zu überzeugen, daß das nicht der Fall sei. Es war ihnen aber erwidert worden, daß der Vornehmste unserer Gesellschaft ein »Kalun«, ein hoher Beamter, aus Ladak sei und daß wir mehrere gefährliche Hunde hätten. Daraufhin hatten sie den Besuch aufgegeben. Doch als wir aufbrachen, fanden sich zwei von ihnen ein, und Muhamed Isa nahm den einen als Führer mit. Der andere blieb bei uns stehen und betrachtete mich prüfend darauf hin, ob ich ein »Peling« oder ein »Kalun« sei. Klar ist ihm die Sache gewiß nicht geworden, denn er sah außerordentlich bekümmert aus, als wir fortritten.

Heute verirrten Robert und ich uns. Wir hatten den Hadschi als Führer mitgenommen, aber er verlor die Fährte und ging in seiner Dummheit aufs Geratewohl weiter. Als er dann die Spur wieder suchen sollte, ließen wir uns auf einer offenen Stelle an einem Feuer nieder, während der Sturm über uns hinsauste, und sahen dunkle, drohende Schneewolken über das Gebirge im Norden hinziehen. Schließlich wurde Muhamed Isa unruhig und schickte Späher aus, die die Vermißten endlich wieder aufspürten.

Am Feuer des Lagers Nr. 77 trafen wir zwei Fremde mit roten Turbanen, um die sie ihren Zopf gewickelt hatten, mit elfenbeinernen Ringen, silbernen Götterdosen und Pelzen, die mit roten und grünen Bändern verziert waren; sie waren mit Säbeln bewaffnet, die in silberbeschlagenen, reich mit schlechten Korallen und Türkisen besetzten Scheiden staken; sie trugen neue bunte Filzstiefel und hatten ihre schwarzen Musketen über die Achsel gehängt. Sie gehörten zu der Pilgerschar aus Naktschu. Unsere Ladakis waren jedoch überzeugt, daß sie nur gekommen seien, um zu spionieren. Wenn wir ihnen zu stark erschienen, würden sie — wie es auch geschah — nur fragen, ob wir etwas zu verkaufen hätten, im anderen Fall aber unsere Pferde stehlen. Sie traten indessen sehr höflich auf, waren außerordentlich freundlich und versprachen, am nächsten Morgen mit einigen Yaks und Schafen, die wir kaufen könnten, wiederzukommen.

»Wir bleiben bei euch, bis es dunkel ist und kommen schon vor Tagesanbruch wieder. Denn wenn jemand sähe, daß wir mit einem ‚Peling' Handelsgeschäfte machen, würde es uns teuer zu stehen kommen!«

»Ihr braucht durchaus nicht bange zu sein, wir werden euch nicht verraten«, sagte ich.

»Auch wenn ihr uns verratet, Bombo Tschimbo, erwischt man uns nicht so leicht. Es gibt viele Naktschupilger auf dem Weg nach dem heiligen Berge Kang-rinpotsche (Kailas).«

»Beruhigt euch und kommt mit den Tieren, ihr sollt gut bezahlt werden.«

»Gut. Aber sagt, seid ihr nicht der Peling, der vor fünf Jahren mit zwei Begleitern nach Naktschu kam und vom Gouverneur zum Umkehren gezwungen wurde?«

»Ja, das war ich.«

»Wir selbst haben euch nicht gesehen, aber die ganze Provinz sprach von euch, und ihr hattet Schereb Lama als Führer. Ihr hattet auch eine große Karawane mit Kamelen und mehreren Russen in eurem Dienst.«

»Wie könnt ihr euch alles dessen noch erinnern?«

»Ach, man redete viel davon: es wäre ein Wunder, wenn ihr den Räubern entgehen würdet.«

An dieser wenig schmeichelhaften Volkstümlichkeit erkannte ich klar, daß, wenn selbst die gewöhnlichen Leute so genau über mich unterrichtet waren, es den Behörden leicht sein mußte, meinen Spuren zu folgen. Jetzt wußten die Tibeter also schon, daß ich und kein anderer nach dem Herzen des verbotenen Landes zog! Wie schnell mußte diese Tatsache nach Süden dringen! Wie schnell würde der Devaschung mir Halt gebieten! Ja, wo würden meine Träume wieder in Scherben gehen?

Früh am nächsten Morgen wurde ich geweckt und ging hinaus, um mir den Markt zu besehen, der wie mit einem Zauberschlag aus dem Schutt der Wildnis herausgewachsen war. Die Sonne war noch nicht über das Gebirge gestiegen, das Lager lag in eiskaltem Schatten, und die Luft war trübe und rauh. Der Rauch ringelte sich zum Ersticken dick von den Feuern empor, und durch seine Wolken erblickte ich sechs vortreffliche Yaks mit aufgelegten Holzsätteln. Die Tibeter in ihrer malerischen Tracht mit den an ihrer Seite klappernden Säbeln, Messern und Anhängseln gestikulierten lebhaft und hoben mit einem Schwall gewählter Worte die außerordentlichen Eigenschaften der Grunzochsen hervor. Das Ende vom Liede war, daß alle sechs Yaks in meinen Besitz übergingen und ich außerdem noch zwei Pakete Ziegeltee, einen Sack Bhutantabak und ein paar Magen Butter kaufte. Robert stapelte die blanken Silbermünzen in meiner Zelttür in Reihen auf, und die Augen der Tibeter glänzten vor Freude bei dem Anblick so vielen Geldes und beim Hören des hellen Silberklanges. Einige leere Blechdosen und eine Zigarettenschachtel wanderten wie gewöhnlich vorn in den Pelz.

»Kennt ihr den Weg nach Süden?« fragte ich.

»Ja, den kennen wir schon.«

»Habt ihr Lust, uns zu begleiten, so erhaltet ihr täglich drei Rupien.«

»Lust hätten wir wohl dazu, aber wir wagen es nicht.«

»Wovor fürchtet ihr euch?«

»Wir haben gehört, daß im Süden dieses Passes das Land aufgeboten wird, und daß man Soldaten sammelt, um euch das Weiterreisen unmöglich zu machen. Wir müssen schnell nordwärts. Die unseren sind schon vorausgezogen.«

»Wo glaubt ihr, daß die Soldaten uns erwarten?«

»Das weiß niemand, aber daß man sie versammelt, ist sicher.«

»Was glaubt ihr, was sie mit mir vorhaben?«

»Sie werden euch hindern, weiter nach Süden zu gehen, wollen euch aber nichts zuleide tun.«

»Woher wißt ihr das?«

»Weil der Bombo Tschimbo das vorige Mal freundlich war und sich nicht weigerte nach Westen zu ziehen, als sie es verlangten.«

»Welchen Weg werden sie mich nun wohl ersuchen einzuschlagen?«

»Wahrscheinlich denselben wie damals, nach Ladak.«

Das Silbergeld klapperte in den Blechschachteln, als sie zu Pferde stiegen und talabwärts verschwanden, während wir, jetzt Eigentümer von 18 prächtigen Yaks, uns mühsam nach dem steilen Paß, dessen Sattel sich über dem Lager 77 erhob, hinaufarbeiteten. Man hatte eine weite Aussicht nach Süden, aber lange dauerte es nicht, bis heftiges Schneegestöber uns verjagte. Erstarrt vor Kälte ritten wir in das ebene Land hinab.

Von der Ebene aus deutete der Hadschi mit der Hand nach dem Paß zurück — dort hoben sich drei Reiter schwarz vom Schnee ab; sie ritten in starkem Trabe bergab und hatten uns bald eingeholt. Ihre schwarzen, schnaubenden Pferde dampften, sie selber trugen Flinten an Schulterriemen und Säbel im Gürtel. Die rotvioletten Mäntel hatten sie zusammengefaltet hinter sich auf dem Sattel und ritten in Schafpelzen, die schwarz und fettig aussahen vom Ruß der Lagerfeuer und dem Blut und Fett des getöteten Wildes, das im Lauf der Jahre zu einer blanken, von Rissen durchfurchten Kruste erstarrt war. Da ich das Ziel ihres Rittes gewesen war, folgten sie uns auf den Fersen, mäßigten dann ihre Eile und ritten an meine Seite. Kurz und dreist fragte ein grober Kerl:

»Was seid ihr für Leute?«

»Pilger.«

»Woher kommt ihr?«

»Aus Ladak.«

»Wohin reist ihr?«

»Nach dem Dangra-jum-tso.«

»Leute, die aus Ladak kommen, kommen nie von Norden!«

»Das ist gern möglich, aber wir kommen von Norden. Wo seid ihr selbst gewesen?«

»Bei Verwandten, die im Osten lagern. Wir haben noch zwei Tagereisen bis nach Hause.«

Darauf gaben sie den Pferden die Sporen in Richtung meiner Karawane, die im Schutz eines Felsens lagerte. Hier ließen sie ihre Tiere grasen, betrugen sich, als ob sie zu Hause wären, und unterwarfen Muhamed Isa demselben Kreuzverhör. Kurz vor Sonnenuntergang ritten sie nach Westen weiter. Ich hatte das unbehagliche Gefühl, daß sich etwas Verhängnisvolles, etwas Entscheidendes vor uns zusammenbraue und unser Schicksal sich vielleicht schon morgen entscheiden werde. Denn es war sonnenklar, daß die Männer nur Spione gewesen sein konnten.

Zu unserer Stimmung, in Erwartung unseres Schicksals, paßten auch das Lager 78 und das Wetter. Weide war nicht vorhanden, nur Eis, und der Brennstoff war erbärmlich. Undurchdringliche Wolken verbargen den Himmel, auf den Bergen schneite es, der Nordweststurm heulte klagend um alle Ecken und jagte Asche und Dungfasern in Wirbeln umher, so daß sie auch in mein Zelt hineintanzten, wo die Hunde in einer Ecke zusammengerollt lagen, um einander zu erwärmen.

Am 4. Dezember ließen wir wieder einen Maulesel zurück. Das Land lag unter einer Schneedecke, und der Ritt war schrecklich kalt, Eiszapfen bildeten sich am Schnurrbart, und mein rechter Fuß wurde gefühllos. Hunderte von Antilopen und Kiangs weideten auf der linken Seite unseres Weges. Menschen zeigten sich nicht; wir glaubten, daß wir erst am Bogtsang-tsangpo eigentlichen Widerstand finden würden, also da, wo man mich das letztemal gezwungen hatte, mich wieder westwärts zu wenden.

Aber nicht einmal am Bogtsang-tsangpo, den wir am nächsten Tag erreichten und überschritten, zeigte sich etwas Verdächtiges. Wir beruhigten uns wieder und ruhten am 6. Dezember noch hier, in einer Höhe von 4767 Meter. Unser Vorrat an Reis und Mehl war aufgezehrt, nur für mich war noch ein wenig da. Die anderen mußten ausschließlich von Schaffleisch leben, so daß jeden Tag mindestens ein Schaf draufging.

Gerade als Tundup Sonam und zwei der anderen von einer Erkundung, die uns sechs fette Schafe einbrachte, heimkehrten, sahen wir wieder sechs Männer zu Fuß auf unser Lager zukommen. Unser Großwesir Muhamed Isa mußte sie erst empfangen, ehe sie vor mich gebracht werden durften. Der vornehmste von ihnen stellte sich selber vor:

»Ich bin der Gova (Distriktschef) dieser Gegend und habe von Norden Nachricht erhalten, daß ihr auf dem Weg nach Süden seid. Vor fünf Jahren seid ihr hier mit 25 Kamelen vorbeigezogen. Ich komme jetzt, um euch zu fragen, wie ihr heißt, wie viele Diener und Lasttiere ihr habt und wohin ihr wollt.«

»Warum stellt ihr diese Fragen?«

»Weil ich dem Statthalter von Naktsang Nachricht geben muß; sonst schneidet er mir den Hals ab!«

Er erhielt die gewünschte Antwort und fragte dann:

»Will der Bombo Tschimbo so freundlich sein und hier warten, bis die Antwort eintrifft?«

»Wo ist der Statthalter von Naktsang?«

»In Schansa-dsong am Kjaring-tso.«

»Wie lange dauert es, bis ein Bote ihn erreicht?«

»Zehn Tage.«

Die Antwort würde also in zwanzig Tagen hier sein. Nein, danke, so lange zu warten habe ich keine Zeit.«

»Ihr müßt aber doch drei Tage hierbleiben, bis ich mir einen Schreibkundigen habe kommen lassen.«

»Nein, ich breche morgen auf.«

Soweit war demnach alles gut gegangen. Anstatt auf eine Kriegsmacht zu stoßen, fand ich das Land noch zwanzig Tage offen! Nachher aber würde es anders werden; der Statthalter von Naktsang würde mich keinen Schritt weiter nach Süden lassen, ich kannte ihn aus dem Jahre 1901 und wußte, daß er unerbittlich war! Im allerbesten Fall würde er uns festhalten, bis die Antwort der Regierung eintraf; ich hätte wie Dutreuil de Rhins und Grenard einen, wenn nicht gar zwei Monate warten müssen.

Unser Häuptling verfolgte aber auch seine eigene kleine Privatpolitik und sagte, das Verhältnis zwischen dem Devaschung und Indien sei jetzt freundlich und er werde uns daher wie Freunde behandeln. Uns Lasttiere verkaufen oder uns gar Führer zu geben, wage er ohne Befehl des Statthalters nicht, aber alle Auskunft, die ich begehrte, wolle er mir gern erteilen. Er nannte uns auch einige Namen, die mit den von Nain Sing angegebenen übereinstimmten und zeigten, wie gewissenhaft der berühmte Pundit seinen Auftrag ausgeführt hat.

Im Lauf des Abends war der Häuptling noch freundlicher geworden und hatte unter dem Vorwand, daß er uns im Auge behalten müsse, den Vorschlag gemacht, uns drei Tage zu begleiten. Er werde jedoch in einiger Entfernung von uns bleiben und sich, wie die Nachteule, nicht eher bei mir einstellen, als bis es ganz dunkel geworden sei. In der Nacht schlug er sein oben grünes, unten weißes Häuptlingszelt neben unseren Zelten auf.

In fünfeinhalb kurzen Tagereisen zogen wir nun ostwärts am Bogtsang-tsangpo entlang. Nach Osten hin ist sein Gefälle außerordentlich langsam. Eine Menge Feuersteine und gemauerte Herde zeigen, daß viele Nomaden den Sommer am Bogtsang-tsangpo zubringen. Die Wassermasse ist unbedeutend, da der Fluß hauptsächlich von Quellen gespeist wird, die ihre Nahrung nur von den Herbstregen erhalten, im Winter aber versiegen. Überall liegt dickes Eis. Die Bergketten auf beiden Seiten ziehen in ostwestlicher Richtung. Oft wundert man sich über die Launenhaftigkeit des Flusses, mit einer scharfen Biegung einen felsigen Bergkamm zu durchschneiden, und meint, es müsse für ihn doch viel bequemer sein, in dem bisherigen offenen Längstal weiterzufließen. Aber wie die meisten Gebirgsländer, bietet Tibet viel rätselhafte, schwer zu beantwortende Fragen solcher Art. Dort, wo auf unserer Seite verhältnismäßig warme Quellen münden, ist der Fluß eine kleine Strecke weit offen. In einigen solcher Waken fing Robert Fische, eine sehr angenehme Abwechslung unserer einförmigen Kost.

Nachts hatten wir meist 30 Grad Kälte, am 12. Dezember sogar 31,5 Grad. Die Karawane bestand jetzt außer den 18 Yaks nur noch aus 11 Pferden und 4 Mauleseln. Die Yaks sind nicht an lange Tagesmärsche gewöhnt, so daß wir sehr langsam nach Osten vorrückten. Wir konnten die Märsche nicht beschleunigen, so gern wir auch gewollt hätten. Auch unter den Leuten kränkelten nun mehrere, und die Apotheke wurde fleißig benutzt. Besonders litt Muhamed Isa an heftigen Kopfschmerzen, und manch liebes Mal, wenn wir vorbeiritten, lag er flach auf der Erde. Er bekam Antipyrin und Chinin, und ich gab ihm den Rat, möglichst wenig zu Fuß zu gehen.

Der Häuptling fühlte sich bei uns immer heimischer und beobachtete die bisherigen Vorsichtsmaßregeln nicht länger. Täglich brachte er mir einen oder zwei Nomaden; sie erteilten Auskunft über das Land und verkauften uns Milch und Schafe. Mehrere waren aus Ombo, einem Dorf und einer Gegend am Nordufer des Dangra-jum-tso, wo ein paar steinerne Hütten stehen und Gerste gebaut wird.

Am 12. Dezember verließen wir den Bogtsang-tsangpo und schlugen die Richtung nach Südosten ein. Am Abend erhob sich heftiger Sturm, und das Temperaturminimum sank auf nur minus 10,3 Grad; in der vorhergehenden Nacht hatten wir noch 31,5 Grad Kälte gehabt!

Nachdem über Nacht noch ein Maulesel verendet war und die überlebenden Tiere sorgfältig vor den außergewöhnlich dreisten Wölfen hatten behütet werden müssen, brachen wir am 13. Dezember nach dem Paß La-ghjanjak (5161 Meter hoch) auf, wo ein Steinmal in Pyramidenform die Wasserscheide zwischen dem Bogtsang-tsangpo und dem Dangra-jum-tso bezeichnet. Den Fluß kann man bis zu seiner Mündung in den Dagtse-tso verfolgen; der Dangra-jum-tso ist noch nicht sichtbar, aber man ahnt ihn in einer zwischen zwei gewaltigen Bergstöcken liegenden Talmulde. Dort liegt der heilige See, der so lange mein Ziel gewesen war, und wohin ich Oberst Dunlop Smith gebeten hatte mir meine Post zu schicken! Im Südosten erhoben sich über einem Meer von Bergen zwei beherrschende Schneegipfel, und in derselben Richtung zeigte sich ein kleiner See, Tang-jung-tsaka genannt. Weiter abwärts kamen wir an zwei Zelten vorüber, deren Bewohner uns sagten, daß wir auf einem falschen Weg seien, wenn wir nach dem Dangra-jum-tso wollten, da man dorthin in vier kurzen Tagereisen in direkt südlicher Richtung käme. Ganz Naktsang wußte, wie sie behaupteten, daß ein »Peling« sich nahe, ein Gerücht, das sich jedoch augenscheinlich von Norden, nicht von Süden her, verbreitet hatte. Wenn der Postbote wirklich am See eingetroffen war, mußte er erfahren, daß wir uns in der Nähe befanden, und würde uns aufsuchen.

Jetzt waren es wieder 31,1 Grad Kälte, und wir ließen die Tiere einen Tag verschnaufen. Währenddessen machte ich mit Robert und Schukkur Ali eine Fußwanderung durch einen ungewöhnlich wilden, malerischen Talgang, der stellenweise wenig über einen Meter breit zwischen senkrechten Bergwänden eingeschnitten war. Manchmal ist der Boden durch abgestürzte Blöcke ausgefüllt, im übrigen aber füllt ihn ein Bach aus, dessen Wasser jetzt gefroren ist. Auch die Stromschnellen und Wasserfälle dieses Baches bestanden aus glashellem Eis und schimmerten blaugrün in der Tiefe des Tales, wo die Sommerflut seltsame Grotten ausgehöhlt hat. Hier wurde der Wind wie in einem Blasebalg zusammengepreßt und tobte und pfiff um die Felsenvorsprünge. In einer Erweiterung des Tales zündeten wir ein Feuer an und hielten Rast. Längs der Felswand über uns schwebten sechs stolze Adler, ohne die Flügel zu bewegen.

Verabredetermaßen kam uns Rabsang mit einigen unserer Yaks entgegen, so daß wir nach Hause reiten konnten. Aber er brachte auch beunruhigende Nachrichten. Bei den Zelten, die wir gestern weiter aufwärts im Tal gesehen hatten, hätten sich zwölf bewaffnete Reiter versammelt, um uns den Weg zu verlegen. Es sei nämlich durch einen Eilboten Nachricht aus Schigatse gekommen, daß man mich nach Norden zurückzutreiben habe! Ich stellte weiter keine Frage, unser Heimritt ging schweigend vor sich. Es war ein zu bitteres Gefühl, gerade jetzt — wo ich vom La-ghjanjak auf das große unbekannte Land hinabgeschaut hatte, das nur von Nain Sings Weg im Jahre 1874, den ich an einem einzigen Punkt zu kreuzen beabsichtigt hatte, durchschnitten wird — alle die schönen Entdeckungen, von denen ich so lange geträumt hatte, wie Nebelbilder verblassen zu sehen. Erinnerungen vom verflossenen Herbst und Vorwinter summten mir im Kopf; die gewaltige Brücke, die wir über Tschang-tang gespannt, hatte bis jetzt gehalten, im letzten Augenblick waren uns die Nomaden zu Hilfe gekommen. Eine schöne, kühne Reise war es bisher gewesen, aber ich hatte sie immer nur als ein Vorspiel der stolzen Pläne betrachtet, die mich des Nachts wachhielten und während der trostlos langen Ritte meine Gedanken fesselten. Jetzt sollten sich meine Träume in blauen Dunst auflösen wie der Rauch des Lagerfeuers, das den südlichsten Punkt meines Vordringens in das verbotene Land bezeichnete!

Weihnachten in der Wildnis

Sehr niedergeschlagen, aber äußerlich ruhig stieg ich vom Yak und ging in mein Zelt, als gerade Tsering das Kohlenbecken brachte. Das Zelt erschien mir öder als sonst, das Kohlenbecken erregte in mir ein Gefühl der Müdigkeit, und mir war als merkte ich in diesem Augenblick erst, wie einsam und schwer mein Leben diesen ganzen Winter hindurch gewesen war. Aber Tsering war ebenso selbstbewußt wie immer und kratzte mit seinen Schmiedfingern im Feuer, um einige noch qualmende Dungkohlen zu entfernen.

»Nun siehst du, daß ich doch recht hatte! Wie oft habe ich euch gesagt, daß man uns am Bogtsang-tsangpo Halt gebieten wird«, sagte ich.

»Halt gebieten?« rief Tsering erstaunt aus.

»Ja, jetzt sitzen wir fest! Aber ich gehe keinen Schritt von der Stelle, ehe die Tibeter mich nicht mit einer neuen Karawane ausgerüstet haben, selbst wenn der ganze Winter darüber hingehen sollte. Nachher ziehen wir nordostwärts, suchen die mongolische Pilgerstraße und eilen nach Peking. Ich will die Mandarinen zwingen, mich die Teile von Tibet, wo noch kein Europäer gewesen ist, sehen zu lassen!«

»Ich verstehe nicht, was der Sahib meint; bis jetzt hat uns ja noch keiner gehindert, und nach Süden hin liegt das Land offen vor uns.«

»Was sagst du da? Sind sie nicht gerade heute gekommen, um uns am Weiterziehen zu hindern?«

»Nein, im Gegenteil, bei Muhamed Isa sitzen drei Tibeter und sind eitel Höflichkeit und Freundlichkeit.«

»Hat Rabsang mir und dem Babu Sahib (Robert) einen Streich gespielt?«

»Ach«, antwortete Tsering lachend, »jetzt verstehe ich die Geschichte! Rabsang war heute morgen bei den oberen Zelten und hat sich dort von einem Tibeter bange machen lassen, der ihm gesagt, man würde uns zwingen zu bleiben, wo wir sind, weil wir nicht berechtigt seien, durch Naktsang südwärts zu reisen. Aber das waren nur die eigenen Gedanken des Tibeters, und Rabsang, der gleich nachher mit den Yaks nach dem Tale gehen mußte, hat gar nicht gehört, was bei uns wirklich vorgegangen ist.«

»Schön, Tsering, schlachte das fetteste Schaf, das wir haben, und lade alle zu dem Fest ein.

Jetzt erschien mir das vom Sturm gepeitschte Zelt bequemer als je zuvor, und das Kohlenbecken strömte freundliche Wärme aus! Ich saß noch in Gedanken vertieft, da kündigte Muhamed Isa mir den Besuch der drei Tibeter an. Ich bat sie, sich ans Kohlenfeuer zu setzen. Mich an den Vornehmsten wendend, der einen blutroten Pelz mit ziegelroter Fuchspelzmütze trug, fragte ich, wer er sei.

»Ich bin Karma Tamding aus Tang-jung«, antwortete er, und ich wunderte mich, daß er sofort seinen Namen nannte, wovor sie sonst Angst haben.

»Wir sind hier also in der Provinz Tang-jung?«

»Ja, Bombo Tschimbo, der Paß, den ihr gestern überschritten habt, ist ihre Nordgrenze; nach Westen hin erstreckt sich Tang-jung drei Tagereisen weit, nach Osten auch drei und nach Süden bis an den Dangra-jum-tso.«

»Warum bist du in mein Zelt gekommen, Karma Tamding? Hat ein Höherstehender es dir befohlen?«

»Nein, aber tolle Gerüchte sind hier einige Zeit im Umlauf gewesen. Erst war da ein altes Weib, das wissen wollte, von Norden her kämen zweihundert Leute. Große Räuberbanden aus Naktschu haben die Nomaden im Norden ausgeplündert, und wir hielten es für sicher, daß es die Räuber seien, die nun auch in unser Land kämen. Vorgestern hörten wir nun, daß es nur ein friedlicher Europäer sei, der unseren Leuten allerdings auch Yaks, Schafe, Butter und Milch abnehme, aber stets gut dafür bezahle. Ich bin nun gekommen, um mir unsere Gäste mit eigenen Augen anzusehen, und ich freue mich sehr darüber, statt der Räuberbande euch zu finden.«

»Du hast also nicht gehört, daß irgendein Bote aus Schigatse sich nach uns erkundigte?«

»Nein, kein Wort. Aber gerade heute habe ich gehört, daß ein Eilbote vom Bogtsang-tsangpo nach Schansa-dsong abgeschickt worden ist und daß von dort Eilboten nach Lhasa gehen sollen.«

»Willst du so gefällig sein, uns Yaks zu verkaufen, Karma Tamding?«

»Ja, gern. Ich habe euch übrigens auch vor fünf Jahren am Bogtsang-tsangpo gesehen. Da wurdet ihr mit einer großen Eskorte und zwei Offizieren über die Grenze geschafft, aber jetzt scheinen die Europäer zum Durchzug durch das Land berechtigt zu sein.«

»Willst du uns Führer besorgen?«

»Gern, aber welchen Weg gedenkt ihr einzuschlagen? Wenn ihr nach Dangra-jum-tso gehen wollt, müßt ihr über den Kam-la. Zieht ihr den Weg am Ngangtse-tso vor, dann müßt ihr nach Osten weiter. Uns ist es einerlei, welchen Weg ihr einschlagt, aber ich muß es genau wissen. Ich reite dann nach meinem Zelt zurück und hole geröstetes Mehl, das ihr kaufen könnt, wenn ich euch in einigen Tagen eingeholt haben werde. Yaks schicke ich morgen früh her.«

Karma Tamding sah mir so zuverlässig aus, daß ich ihm die Hälfte des Kaufgeldes als Vorschuß gab, und am folgenden Morgen kaufte ich drei Yaks zu je 20 Rupien und erhielt einen Wegweiser, der uns über zwei schwer zu überschreitende Pässe ostwärts nach der Gegend Rara führte, und am 16. Dezember über den Pike-la (5169 Meter), eine Schwelle in einem Längstal, das mit dem des Bogtsang-tsangpo parallel läuft.

Durch einen unserer drei Maulesel, der nicht weiterkonnte, wurden wir veranlaßt, das Lager schon früh aufzuschlagen. Auf zitternden Beinen kam das Tier ans Feuer und legte sich nieder, und noch ehe die Sterne zu funkeln begannen, lag er steif und kalt im Rauch des Lagerfeuers. Jetzt waren nur noch zwei der Maulesel aus Poonch übrig!

Nun kam Karma Tamding angeritten in Begleitung von zwölf anderen Tibetern, darunter zwei Frauen. Sie setzten sich um das Feuer und besahen mich; und ich besah sie. Die ältere Frau hatte einen schönen Schafpelz und auf der Stirn einen Schmuck von herabhängenden Korallen und Silbermünzen aus Lhasa. Die jüngere war ebenso angetan und hatte eine großartige Lammfellmütze. Man sah daher nicht viel von ihr, aber das bißchen, was man sah, war unglaublich schmutzig. Die Männer waren kräftig und ebenmäßig gebaut — man sah es, wenn sie den rechten Ärmel auszogen und die Brust an dem wärmenden Feuer entblößten.

Als wir einander genug angesehen und ich erfahren hatte, daß der kleine, in der Nähe liegende See Tarmartse-tso heiße, kroch die ganze Gesellschaft in Muhamed Isas Zelt, um ihm ihre Eßwaren zum Kauf anzubieten. Dort wurde für ganze 68 Rupien geröstetes Mehl und Gerste erstanden; es war eine Freude zu sehen, mit welchem Appetit unsere zwölf letzten Tiere ihre Gerstenbeutel leerten; sie hatten ja schon so lange mit dem schlechtesten Gras der Wildnis vorlieb nehmen müssen!

Am folgenden Morgen verabschiedeten wir uns von dem redlichen Karma Tamding. »Auf der Grenze von Naktsang trefft ihr einen älteren Mann, der Tschabga Namgjal heißt und ebenso nett ist wie ich«, war das letzte, was er sagte. Wir zogen nun auf unserer langen Winterreise durch Tibet weiter, in demselben bequemen Längstal nach Osten hin, und lagerten in der Gegend Neka, deren ominöser Name (schwedisch: Nein sagen) uns vielleicht hätte verhängnisvoll werden können, wenn der Oberhäuptling von Tang-jung, der hier sein Hauptquartier hat, gerade zu Hause gewesen wäre! Glücklicherweise aber war er vor kurzem mit Weib und Kind zum Neujahrsfest nach Taschi-lunpo gereist und hatte seine großen Yak- und Schafherden der Obhut seiner Diener und seiner Hirten hinterlassen. Sie verkauften uns Milch und Butter, mißbilligten aber meinen Einfall, die gutmütigen Fische eines in der Nähe liegenden Quellbeckens in ihrem Frieden zu stören. Innerhalb einer Stunde hatte ich 25 Stück auf dem Trocknen, die uns zum Mittagessen herzlich willkommen waren. Robert war schon einige Tage nicht wohl gewesen und bekam jetzt hohes Fieber, das ihn ans Bett fesselte. Sonam Tsering litt an einer seltsamen Bergkrankheit. Sein ganzer Körper schwoll an und bekam eine violette Farbe. Zwei andere hatten Krämpfe, und der Apothekenkasten stand daher wieder offen. Sonam Tserings Zelt glich einem Lazarett, in dem alle Kranken ein schützendes Dach fanden, sobald sie arbeitsunfähig waren. Nur der alte Guffaru war noch immer gesund, arbeitete für zwei und hatte für sein aus Leh mitgenommenes Leichentuch noch keine Verwendung. Sein großer weißer Bart war vom Rauch der Lagerfeuer gelb geworden, und seine Hände, die im Winter so froren, waren dunkel und hart wie Holz. Um den Invaliden Ruhe zu geben, blieben wir zwei Tage im Lager Nr. 90 liegen. Mein Apfelschimmel aus Jarkent wäre beinahe in einem Quelltümpel ertrunken; zum Glück wurde er vom Lager aus gesehen, und zehn starke Männer zogen ihn wieder aus dem Schlamm. Dann mußte er am Feuer trocknen, wurde massiert und mit Filzdecken umwickelt. Aber seine Tage waren gezählt.

Am 20. Dezember ritten wir in dem mit dem Bogtsang-tsangpo parallellaufenden Längstal weiter und lagerten an der Mündung eines Quertales, das zu dem südlichen Gebirge gehört und Kung-lung heißt. Der von Milliarden Mauselöchern durchsiebte Boden gleicht einem schwedischen Brotfladen; die Löcher liegen so dicht nebeneinander, daß für noch mehr kein Raum ist. Die Erdmaus führt hier dieselbe Auflockerungs- und Durchpflügearbeit aus wie der Regenwurm in unserm Humus; neben jedem Loch liegt ein Häufchen aufgeworfener Erde. Doch der Graswuchs hat davon keinen Nutzen, denn die Erdmäuse leben von den Wurzeln und ruinieren das Gras.

Die Bergkette im Norden mit dem höchsten Gipfel Keva ist die Wasserscheide zwischen dem Dagtse-tso und dem Kung-tso, einem See, der weiter östlich sichtbar wurde. Im Süden hatten wir noch immer dieselbe Gebirgskette, die wir zuerst am Dangra-jum-tso gesehen hatten und die sich dann auf der Südseite des Tang-jung-tso hinzieht.

In der Nacht wurde der ewige Westsüdweststurm zum Orkan, der mein Zelt umwarf. Ein Regen von Steinen und grobem Sand trommelte auf meiner luftigen Wohnstatt herum, so daß es einer gewissen Entschlossenheit bedurfte, um sich in dieses Wetter hinauszubegeben, das noch schlimmer war als das in Tschang-tang!

»Wie lange wird es noch so weiterstürmen?« fragte ich unseren Führer, als er seine 18 Rupien fröhlich und dankbar einsteckte und uns einem anderen Führer vom Naktsangstamm überantwortete.

»Sechs Monate«, erwiderte er!

Wir zogen jetzt nach Osten, schwenkten allmählich nach Süden ab und umgingen so die Kette, die bisher zu unserer Rechten gelegen hatte. Unterwegs fanden wir Adul in einer Rinne liegen, und ich fragte ihn im Vorbeireiten, wie es gehe.

»Ich sterbe«, antwortete er, ohne ein Glied zu rühren. Ich schickte vom Lager aus einen seiner Kameraden und ein Pferd ab, um die Leiche zu holen, aber am nächsten Morgen war er so frisch wie ein Birkhuhn! Vergnügt macht ein solches Wetter den Menschen nicht, aber es nützt ja nichts, über Wind und Wetter zu klagen. Das Pferd schwankt hin und her, als habe es zuviel getrunken. An der Mündung jedes Quertales, an dem man vorüberreitet, kann man auf eine Ohrfeige, die einen aus dem Sattel zu werfen droht, gefaßt sein. Man beugt sich weit gegen den Wind auf die Seite, um dem Pferd zu helfen das Gleichgewicht zu halten, man kriecht in sich zusammen, um dem Wind eine kleinere Fläche darzubieten, man gleicht einem Segel, das beständig nach dem Wind gestellt werden muß. Im Schutz eines Felsens hielten wir eine Weile Rast, um Atem zu schöpfen, und als ich endlich das Lager in Nadsum erreichte, hatte ich ungefähr so viel gelitten wie ich aushalten konnte.

Am 22. führte unser Weg nach Süden, wo uns noch eine bedeutende Bergkette die Straße nach dem Ngangtse-tso versperrte. Noch eine Tagereise führte uns weiter aufwärts, und zwar in demselben Tal; in einer Erweiterung, die Tomo-schapko hieß, standen fünf Zelte; an mehreren Stellen sahen wir große Schafherden, deren Hunde ebenso bissig und dreist waren wie die Nomaden selber. Einige dieser Kerle kamen in unser Lager und führten unhöfliche Reden, sagten sogar, daß wir hier nicht bleiben dürften, sondern uns schleunigst packen müßten! Vom Kaufe von Milch und Butter konnte keine Rede sein. Muhamed Isa jagte sie fort und drohte ihnen mit einer Anzeige bei dem Statthalter von Naktsang. Unser Führer, ein fünfzehnjähriger Junge, hatte aber Angst bekommen; er ließ sich indes überreden, uns noch einen Tag zu begleiten.

24. Dezember. Als ich erwachte, saß ein alter bettelnder Lama singend vor meinem Zelt. Er hatte ein runzliges altes Weib bei sich, und ihr leichtes Zelt war ganz in unserer Nähe aufgeschlagen. In der Hand hielt er einen Stab, der mit bunten Lappen behängt und mit Messingplatten, Korallen, Muscheln, Quasten und anderen Zieraten bedeckt war, und unter Gesang in drehende Bewegung versetzt wurde. Der alte Mann war in seinem Leben viel umhergewandert und hatte sich von Zelt zu Zelt durchgebettelt; aber als ich ihn bat, uns zu begleiten und uns heute abend im Lager das Weihnachtsfest einzusingen, erklärte er, daß er zu müde sei!

Unser Weg führte uns immer höher in demselben Tal aufwärts. Die unfreundlichen Männer von gestern waren uns hierher vorausgegangen und hatten Leute in zwei Zelten gewarnt, uns etwas zu verkaufen, falls wir darum bitten würden. Zwei der unseren hatten es auch versucht, aber eine abschlägige Antwort erhalten, weshalb Muhamed Isa seine Reitpeitsche kräftig auf dem Rücken der Aufhetzer tanzen ließ. Nun fiel die ganze Gesellschaft mit gefalteten Händen auf die Knie, wurde merkwürdig höflich und holte auf einmal alle Butter und Milch herbei, die vorhanden war.

Es stellte sich auch später leider heraus, daß der Jüngling uns falsch geführt und versäumt hatte, in ein südliches Tal, das nach dem Gurtse-la hinaufführte, einzubiegen. Es schadete aber nichts, denn die Aussicht von dem Paß war großartig, und unter uns hatten wir sogar einen See, der auf Nain Sings Karte fehlt. Das vom Paß abwärts führende Tal ist so tief eingeschnitten, daß man lange auf den Höhen der rechten Seite hinziehen muß. Islam Ahun führte meinen großen Jarkandi-Apfelschimmel, der angegriffen und kraftlos geworden war; er machte nur wenige Schritte hintereinander, graste aber noch. Wir hatten einen langen Marsch gemacht, und das Lager konnte nicht mehr weit entfernt sein; er würde es also wohl noch erreichen; ich streichelte ihn daher bloß im Vorüberreiten, während er die Nase am Boden hielt und Gras abrupfte. Aber als ich ihn seinem Schicksal überließ und weiter ritt, hob er den Kopf, seufzte tief und schwer auf und schaute mir nach! Ich habe es nachher bitterlich bereut, daß ich nicht bei ihm geblieben war. Er hatte mich seit der Abreise aus Leh lange, öde Wege treu getragen, bis sein Rücken aus lauter Wunden bestand; nun sollte er so lange müßig gehen, bis sie geheilt sein würden. In letzter Zeit hatten wir überreichlich Gerste für die Tiere gehabt, er hatte sich aber trotzdem nicht wieder erholt. Heute hatte er noch den Paß erklimmen können und war doch wohl imstande, auch die letzte kleine Strecke noch zurückzulegen. Aber Islam Ahun traf allein im Lager ein. Das Pferd war auf einem sehr schroffen Abhang gestolpert, war einige Male im Schutt herumgekugelt und dann liegengeblieben. Islam, der strengen Befehl hatte, vorsichtig mit dem Apfelschimmel umzugehen, hatte gewartet. Aber der Schimmel hatte sich nicht mehr bewegt, sondern war in derselben Lage gestorben. Warum hatte ich ihn nicht verstanden, als er mir so deutlich ein letztes Lebewohl zugerufen hatte? Darüber grämte ich mich und konnte den kummervollen Ausdruck seiner Augen, als er mich fortreiten sah, lange nicht vergessen. Der Blick verfolgte mich, wenn es abends dunkel wurde und draußen der Wintersturm heulte.

Unten in dem Talzirkus lag der Dumbok-tso. Er war die wichtigste Entdeckung des heutigen Tages.

Dann wurden die am Tag gemachten Aufzeichnungen ausgearbeitet, und wie gewöhnlich klebte Robert Etiketten auf die gesammelten Gesteinproben. »Das Essen ist fertig«, sagt Tsering, als er frische Kohlen bringt, und so werden denn der Schißlik und die saure Milch serviert und vor meinem Bett auf die Erde gestellt. Dann bin ich allein mit tausend Erinnerungen von schwedischen Weihnachtsfesten. Die christliche Gemeinde bestand in unserem Lager nur aus Robert und mir, aber wir beschlossen doch, das Weihnachtsfest so zu feiern, daß auch die Heiden ihr Vergnügen daran haben sollten! Seit einiger Zeit hatten wir alle Lichtstümpfe aufgehoben und besaßen nun 41 Stück von verschiedener Länge. In der Mitte meines Zeltes stellten wir eine Kiste auf, auf der wir die Lichter so anbrachten, daß die größten in der Mitte standen und die anderen nach den Ecken hin immer kleiner wurden. Das war unser Weihnachtsbaum! Als alle Lichter angezündet waren, schlugen wir die vorderen Zipfel des Zeltes zurück, und ein Gemurmel des Erstaunens erhob sich unter den Ladakis, die sich inzwischen draußen hatten versammeln müssen. Sie sangen ein Lied in weich an- und abschwellenden Tönen; es ließ mich den Ernst des Augenblicks vergessen; in das flackernde Spiel der Kerzenflammen starrend, lasse ich langsam die Minuten des Heiligen Abends verrinnen. Die schmachtende Weise wird bisweilen durch ein donnerndes »Chavasch« und »Chabbaleh«, in das alle, wie Schakale heulend, einstimmen, unterbrochen. Die Flöten übernehmen die Begleitung, und eine Kasserolle dient als Trommel. Lamaistische Hymnen an einem christlichen Weihnachtsfest unter dem Sternbild des nördlichen Kreuzes! Vom Zelt aus schwach beleuchtet und vom Silberlicht des Mondes überflutet, nahmen sich meine Leute phantastisch aus, als sie sich unter dem Lärm der Kasserolle taktfest in den Tänzen ihrer Heimat drehten. Die Tibeter benachbarter Zelte glaubten jedenfalls, daß wir alle verrückt geworden seien, vielleicht aber haben sie auch gedacht, daß wir Beschwörungstänze aufführten und Opferlampen angezündet hätten, um unsere Götter milde zu stimmen. Und was die Wildesel, die am Seeufer weideten, sich dabei dachten, das kann niemand wissen.

Großes Vergnügen machte uns unser junger Führer, der sich mitten in die Zelttür setzen mußte. Ohne einen Laut von sich zu geben, starrte er bald die Lichter an, bald mich. Als er sich am nächsten Morgen wieder etwas besonnen hatte, sagte er Tundup Sonam im Vertrauen, daß er schon mancherlei erlebt habe, aber etwas so Merkwürdiges wie der gestrige Abend sei ihm noch nicht vorgekommen! Er hatte jedoch die Nacht nicht bei uns schlafen wollen, sondern war nach den Zelten seiner Stammesbrüder gegangen. Und am ersten Feiertag bat er um Erlaubnis, nach Hause zurückkehren zu dürfen!

Je tiefer die Lichter herunterbrannten, desto heller funkelten die Sterne des Orion in die Zeltöffnung herein. Nun teilte ich ein kleines Geldgeschenk unter die Leute aus. Dann kehrten die Männer zu ihren erloschenen Feuern zurück. Nur zwei mußten bleiben, um mir eines der Lieder, worin wiederholt das Wort Taschi-lunpo vorgekommen war, zu erklären. Es war schwieriger, als ich geglaubt hatte, das Lied zu übersetzen. Erstens konnten sie es selber nicht ordentlich, und zweitens wußten sie nicht, was einige der darin vorkommenden Worte bedeuteten. Andere Worte verstanden sie zwar sehr gut, konnten sie aber weder in die Turkisprache noch in das Hindi übertragen. Zuerst schrieben wir die Hymne tibetisch auf, dann übersetzte Robert sie ins Hindi und ich sie ins Turki, und zuletzt kochten wir aus den beiden Übersetzungen eine Geschichte englisch zusammen, die weder Sinn noch Verstand hatte! Doch indem wir das Lied immer wieder zerpflückten und analysierten, kamen wir schließlich dahinter, wovon es handele — es war eine Verherrlichung des Klosters Taschi-lunpo, das ja auch unserer Hoffnungen Ziel war! Gelehrte, welche zufällig etwa die tibetische Urhymne kennen, werden sich, wenn sie sich die Mühe machen, folgende Übersetzung zu lesen, sehr über sie unterhalten. Indessen besitzt sie ganz gewiß das Verdienst, ein Rekord der Licentia poetica zu sein:

Jetzt geht die Sonne strahlend im Osten auf
von den östlichen Landen über den Bergen des Ostens.
Der dritte Monat ist's nun, daß die Sonne
aufgeht, um Fluten der Wärme zu verbreiten.
Zuerst fällt Strahlenglanz nun auf den Tempel,
auf hoher Götter Haus, und liebkost
die goldenen Zinnen Taschi-lunpos,
des ehrenreichen Klostertempels Dach,
und dreifach blank erglänzt die Zinne in der Sonne.
Auf des Tempeltales höchsten Wiesen grasen
zu Tausenden die scheuen Antilopen.
Hart ist sein Boden von Schutt, aber dennoch
ist reich das Tal und grün und schön,
und Gras gedeiht auf seinem kargen Boden,
und Bäche rieseln dort mit kühlen Fluten.
Die höchsten, eisbedeckten Berge glänzen
so wie durchsichtiges Glas. Die vordern Berge
stehn da wie eine hohe Reihe Tschorten,
und dicht an ihrem Fuße schlagen blaue Wellen
des Jum-tso spielend gegen ihren heiligen Strand.
Nehmt Wasser aus dem See und füllet
der heiligen Idole Opferschalen
aus Messing hergestellt! Dann schmückt mit Seidentüchern
von jeder Art und Farbe, die aus Peking kommen,
schmückt auch mit Schleiern hohe goldne Götterbilder,
und hängt die Tempelsäle voll Standarten!
Nehmt Khadaktücher, heilige und teure
von bester Seide aus der Lhasastadt,
und legt sie um die Stirn des Buddhabildes!

So endete mein Heiliger Abend in der Wildnis, und während die Glut des Weihnachtsfeuers in der Asche erstarb, las ich die alten Bibeltexte dieses Tages, löschte mein Licht und träumte vom Weihnachtsfest droben im Norden und von Taschi-lunpo drunten im Süden hinter den Bergen, dem Ziel, dem ich unter den Opfern und Entbehrungen eines ganzen, kalten Winters zugestrebt hatte und das mir noch so fern, vielleicht unerreichbar war.

Zehn Tage auf dem Eise des Ngangtse-tso

Vom »Weihnachtslager« gingen wir in südlicher Richtung über zwei Pässe, von denen der zweite Laän-la heißt und eine Wasserscheide zwischen dem Dubok-tso und dem Ngangtse-tso bildet. Den großen See sieht man noch nicht, wohl aber wie einen fernen, bläulichen Hintergrund die Bergkette, die sich am Südufer des Sees erhebt. Ein Yak ging verloren; er war nicht erschöpft, aber seine Vorderhufe waren gesprungen, so daß er sich wundgelaufen hatte. Nachdem er sich einmal mit seiner Last gelegt hatte, konnte ihn keine Macht der Erde wieder zum Aufstehen bringen; alles Ziehen an dem Strick, der durch seinen Nasenknorpel ging, nützte nichts. Wir ließen ihn daher zurück und schenkten ihn den Eingeborenen, die unsere nächsten Lagernachbarn waren. Mehrere Yaks und die noch lebenden Veteranen aus Leh bedurften aber gründlicher Ruhe, so daß ich beschloß, einen halben Monat an dem großen See zu bleiben. Allerdings war es gewagt, uns so lange an einer Stelle in Naktsang, wo ich im Jahre 1901 auf so starken Widerstand gestoßen war, festzulegen, da wir den Behörden Zeit gaben, sich zu organisieren. Aber wir mußten ruhen, es blieb uns keine Wahl.

Nach einer Nachtkälte von minus 31,2 Grad zogen wir das Laäntal hinunter. Das ganze Land ist von Mauselöchern zerfressen, man sieht sie bisweilen mehrere Stockwerke übereinander liegen. Wenn man im mittelsten Tibet auch nur ein Zehntel Erdmaus auf den Quadratmeter rechnete, so würde man fabelhafte Zahlen erhalten! Im Lager Nr. 97 war es z. B. unmöglich, mein Bett so zu legen, daß es nicht mehrere Löcher zudeckte, und am Morgen wachte ich davon auf, daß die Mäuse unter dem Bett rumorten und quiekten und sich sehr darüber wunderten, daß sie nicht aus ihrer Haustür konnten.

Die Nomaden der Gegend waren freundlich und verkauften uns Schafe, Butter und Milch. Sie sagten, die große Straße nach Schigatse führe an der Ostseite des Sees entlang; eine zweite im Westen des Ngangtse-tso sei viel weiter und unwegsamer. Die große Straße nach Lhasa geht ostwärts über Schansa-dsong. Bis hierher war sie von Nain Sing benutzt worden, dessen Weg ich gerade jetzt kreuzte, denn von dem Marku-tso, einer kleinen Lagune am Nordufer, geht der Weg, dem er folgte, nach Westnordwest. Viele Nomadengemeinschaften überwintern auf den ausgedehnten Ebenen der Seeufer, besonders der Südseite. Die Nomaden gehen nie über den See, wobei sie durch einen Richtweg Zeit sparen würden, denn sie trauen dem Eise nicht, und unser neuester Führer wollte uns um keinen Preis über den

See begleiten, sondern warnte uns vor dem dünnen Eise. Seine Angaben erschienen mir um so wahrscheinlicher, als er sagte, daß der See salzig sei, das Wasser sich nicht trinken lasse und es weder Fische noch Pflanzen darin gebe.

Irgendwie mußte aber die lange Ruhezeit ausgenutzt werden. Auch war eines der in meinen ursprünglichen Reiseplan aufgenommenen Ziele, das Land um die 1873 von Nain Sing entdeckten zentralen Seen zu untersuchen und auf einem oder mehreren der Seen Lotungen zur Feststellung der Tiefe vorzunehmen. Wenn das Eis hielt, konnte man über den See gehen und durch Waken loten. Zwei Männer wurden also ausgeschickt, um das Eis zu untersuchen; 100 Schritt vom Ufer entfernt war es 28 Zentimeter dick, 200 Schritt 26 Zentimeter und 300 Schritt noch 25½ Zentimeter. Ich beschloß daher, damit zu beginnen.

Robert und Muhamed Isa sollten im Hauptquartier bleiben, um zu wachen und unsere Tiere zu pflegen. Es mochte freilich gewagt sein, die Karawane gerade jetzt in zwei Teile zu spalten, aber ich konnte nicht einen halben Monat unbeschäftigt bleiben. Es gab alles, was wir brauchten: Nomaden, Weideland, Wasser und Brennstoff; der Ort schien eine gewisse Bedeutung zu haben, denn im Tale stand ein runder Mani-Haufen, und auf einem Bergrücken fand Robert eine »Samkang«, eine Eremitengrotte, vor der eine kleine Steinmauer errichtet war. Dort pflegte der Lama Togldan im Sommer zu wohnen und seinen Unterhalt von benachbarten Nomaden zu beziehen dafür, daß er Formeln zur Beschwörung der bösen Geister murmelte und Gebete für das Gedeihen der Herden sprach. Nach dem Nordufer hatten wir anderthalb Stunden zu gehen, und dort zeugten unzählige Lagerplätze von Sommerbesuchen der Nomaden.

Wir rüsteten uns mit Proviant auf zehn Tage für mich und ein halbes Dutzend Ladakis aus. Zwei lebende Schafe wurden mitgenommen; die Männer sollten Roberts kleines Zelt nehmen, ich aber wollte unter der einen Hälfte des Bootes schlafen, das mit dem ganzen Gepäck, Bett, Pelzen und Instrumenten, wie ein Schlitten über das Eis geschoben werden sollte. Das Boot sollte auch unsere Rettung sein, wenn wir uns einmal auf zu dünnes Eis wagten. Der weiße Puppy durfte uns begleiten, um mir Gesellschaft zu leisten. Während meiner Abwesenheit wohnte Robert in meinem Zelt, wo der Barograph und der Thermograph auf meinen Kisten tickten.

Am Nachmittag des 29. Dezember ritt ich also nach dem Ngangtse-tso (4770 Meter) hinunter, wo das Lager 98 im Schutz eines Uferwalls an einer Lagune aufgeschlagen wurde. Nach Ostsüdosten hin ist das Land, soweit der Blick reicht, offen; das östliche Seeufer ahnt man kaum, das westliche überhaupt nicht; im Südwesten erheben sich Schneeberge, und man sagt sich, daß jenes Gebirge Nain Sings »Targot Lha Snowy Peaks« sein muß. Rabsang war mein Leibdiener, Bolu mein Koch; sie brachten meine provisorische Hütte in Ordnung.

Der 30. Dezember, ein Sonntag, brach nach einer Nacht von 25,1 Grad Kälte strahlend an. Schnell wurde das Gepäck verstaut, das Boot auf das Eis gebracht und mittels zweier Schienen im Gleichgewicht gehalten, während sechs Mann schoben. Aber das Eis machte uns viel Verdruß. Das beim

Gefrieren ausgeschiedene Salz hatte sich wie trocknes Kartoffelmehl auf dem Eise angesammelt, wo es bald zusammenhängende Felder bildete, bald zu Wällen, Rücken und Wehen zusammengefegt war, in denen die Schienen und der Kiel sich festsogen. Wir arbeiteten uns aber trotzdem nach S 9° O hin vorwärts, wo ich mir einen kleinen schwarzen Felsenvorsprung am Südufer als Landmarke genommen hatte. Die erste Wake wurde gehauen; das Eis war 21,5 Zentimeter dick, und die Tiefe des Sees betrug, vom obern Eisrand gerechnet, nur vier Meter.

Nachdem wir noch eine Weile gewandert waren, hielten wir Rat — ich sah ein, daß es so nicht ging. Wir machten die Schienen los und banden uns drei einfache Schlitten zurecht, auf denen je ein Drittel des Gepäcks festgemacht wurde. Und so arbeitete man sich eine kleine Strecke weiter, während ich zu Fuß ging. Bei der nächsten Wake betrug die Tiefe 5,7 Meter — augenscheinlich hatten wir es mit einem jener außerordentlich seichten Salzseen zu tun, die ich im nordöstlichen Tibet so oft kennengelernt hatte. Es wurde wieder Rat gehalten; unsere Schlitten gingen so langsam, daß wir so überhaupt nicht über den See kommen, geschweige denn ihn mehrmals überschreiten konnten. Als die beiden Gepäckschlitten, die weit zurückgeblieben waren, uns erreicht hatten, schickte ich einen Mann zu Robert, mir mehr Leute und alle Holzreste alter Kisten, die es noch in der Karawane gab, zu schicken.

Inzwischen machten wir die beiden Zinkschienen los, die an der Reling festgeschraubt waren und in welche die Mastbank eingefügt wurde. Sie wurden nun als Schlittenkufen an zwei zusammengebundene Bänke befestigt; an den Seiten des sonderbaren Fuhrwerks wurden zwei lange Stangen angebracht, die eine Spitze bildeten, durch die das Zugtau geschlungen wurde. Auf den Bänken wurde, mehrfach zusammengelegt, eine kaukasische Bourkha, die ich in Trapezunt gekauft hatte, ausgebreitet. Für den Lotungsapparat, das Fernrohr und allerlei andere Sachen brachten wir zwischen den Stangen eine Hängematte an. Als der Bau fertig war, erregte er Bewunderung; denn wenn man diesen Schlitten nur antippte, lief er schon von selbst ein ganzes Stück weiter.

Eingehüllt in meinen großen Schafpelz, saß ich mit gekreuzten Beinen auf dem Schlitten, der stundenweit lustig über das Eis glitt, ohne daß Rabsang sich anzustrengen brauchte. Gefährlich war es auf dem Eise wahrhaftig nicht; an seiner dünnsten Stelle war es noch 18 Zentimeter dick! Die Angst der Tibeter vor dem Ertrinken war also übertrieben. Aber sie haben stets großen Respekt vor den in den Seen hausenden Geistern und gehen lieber um einen See herum, als daß sie ihn überschreiten.

Mehrere seltsame Gefriererscheinungen lassen sich beobachten, die regionenweise abwechseln. Bisweilen unzählige, vertikal stehende weiße Figuren in ganz klarem, dunklem Eis; der Form nach gleichen sie, von welcher Seite man sie auch betrachtet, Eichenblättern, von oben gesehen aber erinnern sie an Sterne mit vier papierdünnen Armen. An anderen Stellen sieht man Schollen weißen, porösen Eises in klarem Eis eingekittet, die Folgen eines Sturmes, der die erste Eisdecke des frühen Winters zertrümmert hatte, worauf die Schollen bei endgültigem Zufrieren in das neue Eis eingegossen worden sind. Durch lange schmale Spalten ist Wasser emporgepreßt worden und zu bisweilen meterhohen Schirmwänden erstarrt, die phantastische Blätter und Wölbungen bilden und oft messerscharfe Ränder und Spitzen haben. Rabsang braucht ihnen nur einen Stoß zu versetzen, um einen Torweg für den Schlitten herzustellen; aber diese dünnen Eishecken sind recht irreführend und erschweren die Beurteilung der Entfernungen.

In acht Waken loteten wir, und die größte Tiefe betrug armselige 9,8 Meter. Die erste Lotungslinie hatte uns ungebührlich viel Zeit geraubt, hauptsächlich infolge all der Unterbrechungen, und es war noch ein langer Weg bis ans nächste Ufer, als die Sonne in roten und brandgelben Wolken unterging. Aber der Vollmond stand am Himmel, der Felsenvorsprung war scharf und deutlich zu erkennen, und wir beeilten uns nach Kräften. Das Eis war ungemütlich höckerig, so daß ich weite Strecken zu Fuß zurücklegen mußte. Kalt, weiß und öde dehnte sich die Eisdecke des Sees nach allen Seiten hin; alles war stumm. In der Dunkelheit konnten wir uns keinen Begriff davon machen, wie weit wir noch zu gehen haben würden. Noch bei der letzten Wake hatte sich der Felsenvorsprung nicht sehr vergrößert. Und so marschierten wir denn drauflos, bis Rabsang plötzlich mit der Mitteilung haltmachte, daß wir nur noch einige hundert Schritt vom trocknen Ufer entfernt seien.

Durch die Erfahrung klug geworden, richteten wir uns auf die Wanderung des nächsten Tages so praktisch als möglich ein. Islam Ahun sollte ins Hauptquartier zurückkehren, alle Sachen, die wir unterwegs hatten liegen lassen, aufsammeln und dafür sorgen, daß man das Boot hole. Rabsang und Taschi zogen meinen Schlitten, die sieben anderen trugen das Gepäck.

Das Eis war jetzt vortrefflich, viel besser als auf der ersten Linie. Die Salzmenge war auch geringer, was daran lag, daß die westlichen Stürme das Salz nach Osten hin fegen. Lange Strecken lag das Eis rein und blank vor mir und hatte beinahe schwarzgrüne Farbe. Ich wußte erst nicht, was ich dazu sagen sollte, als wir über die dunklen Flächen sausten. Ob es auf dem Grunde warme Quellen gibt, die den See stellenweise nicht zufrieren lassen? Aber man gewöhnt sich bald an den Anblick, das Eis hält und ist mindestens 17 Zentimeter dick, während die größte Tiefe 9,68 Meter beträgt.

Eine von Norden nach Süden laufende Spalte machte uns aber dann viel Kopfzerbrechen. Sie war anderthalb Meter breit und zog sich nach beiden Seiten hin, soweit der Blick reichte. Nach langem Suchen fanden wir eine Stelle, wo sich unten neues Eis gebildet hatte. Den Schlitten als Brücke benutzend, kamen wir trocknen Fußes hinüber.

Verhältnismäßig früh gingen wir an einer Stelle an Land, wo 19 Pferde auf der weiten Uferebene grasten und ein Junge etwa 500 Schafe hütete. Er flüchtete eilig, als er uns kommen sah, und ich wundere mich nicht, daß ihm bange wurde, als er zehn große Kerle wie Gespenster über den noch nie von einem menschlichen Fuß betretenen See schleichen sah! Um ein großes Feuer saßen die Ladakis, sangen und bliesen Flöte, und das Mondlicht überflutete kalt und friedlich den unbekannten Strand, wo eine Schar wandernder Fremdlinge eine einzige Nacht ihres Lebens zubrachte. Es war die letzte Nacht des Jahres 1906, und das Lager war unser hundertstes!

Ein herrlicher Neujahrsmorgen 1907! Mit guten Hoffnungen für das neue Jahr und seine Arbeit begann ich die dritte Lotungslinie in der Richtung S 19° O nach einem schwarzen Bergvorsprung, der zwischen zwei Tälern lag, in denen Eisschollen in der Sonne glänzten. Es sah aus, als falle der Vorsprung schroff in den See ab und als sei die Entfernung ungeheuer, aber es war eine Täuschung; die flache Uferebene, die sich zwischen dem Fuß des Gebirges und dem See ausbreitet, war vom Eise aus nicht zu sehen. Wieder mußten wir über die gestrige Spalte, aber sie war über Nacht zugefroren. Doch in mehreren anderen kleineren Spalten stand Wasser, das hoch aufspritzte, als wir sie überschritten. Heute hielten unsere Träger mit uns Schritt, und ihre Lieder klangen weit über die Eisfelder. Bei jeder neuen Wake lagerten sie mit uns und beobachteten das Ergebnis der Lotung mit wirklichem Interesse. Seltsame Menschen, immer heiter und zufrieden, niemals mutlos oder murrend, alles nehmend wie es kommt, und bei jedem Wetter und Wind gleichmütig und gelassen!

Puppy ist des Laufens auf dem Eis schon überdrüssig, hat kalte Füße und springt, sobald wir rasten, auf den Schlitten, hat aber gegen das Fahren einen ausgesprochenen Widerwillen.

Ein konischer Gipfel im Süden des Lagers 99 beherrscht wie ein Leuchtturm den ganzen See.

Wir fragten uns, ob wir das Südufer noch vor der Dämmerung erreichen könnten, denn der Abstand sah noch immer unendlich groß aus. Um die Mittagszeit begann es heftig zu wehen, das trockne Salz wirbelte in weißen Wolken auf, jagte auf dem Eise hin und trübte uns die Aussicht. Auf dem Schlitten sitzend war ich seinem Ansturm ohne Deckung ausgesetzt und mußte mich hüten, den Mund zu öffnen. Wir gingen immer tiefer in die Südbucht hinein. Auf den Abhängen weideten Yaks. Auch im Süden sahen wir Zelte, Yaks und Massen von Kiangs. Am letzten Lotungsloch bohrten Axt und Spieß sich immer tiefer in das Eis, ohne die Decke zu zertrümmern. Erst als eine Tiefe von 44 Zentimeter erreicht war, preßte das Wasser sich heftig hervor und war voll der gewöhnlichen kleinen roten Krustentiere — es ist also nicht so arg mit dem Salzgehalt des Sees. Etwas weiter konnte man sehen, wie das Eis ohne Wasserschicht auf dem Tongrund ruhte; dann langten wir an dem unfruchtbaren Ufer an. Die größte Tiefe betrug auf dieser Linie 9,4 Meter.

Gegen Abend hatten wir wieder heftigen Sturm. Der See, der nur ein paar Meter von uns entfernt lag, entschwand spurlos aus dem Gesicht, und die Dungsammler tauchten wie Nebelbilder aus den Staubwolken erst auf, wenn sie nur noch einige Schritte bis an das Feuer hatten. Mir war es unbegreiflich, daß sie den Weg in so dicker Luft fanden. Ich konnte kaum aufrecht stehen, als ich das Thermometer ablas, und meine Mütze flog in alle Winde. In der Nacht schliefen die Leute in einen Klumpen zusammengeballt im Schutz des Zeltes.

Am 2. Januar minus 22,2 Grad. Heute sollte die vierte Linie abgegangen werden — bei Sturm. Wir mußten nach Südwest, also dem Wind gerade entgegen. Dazu kam, daß das Eis überall schwer zu überschreiten war, wohl eine Folge der hier sehr geringen Tiefe des Sees. In meinem Tagebuch steht, daß dies einer der schlimmsten, wenn nicht gar der allerschlimmste Tag der ganzen Reise gewesen ist. Der Sturm trieb das Salz in dicken Wolken, die sich mit sausendem Ton auf dem Eise rieben, vor sich her und jagte es mir gerade ins Gesicht. Die Augen röten sich, tränen, schmerzen. Von der Berührung mit der Lotleine während mehrerer Tage belegen sich auch die Hände mit Salz, und wenn man sie dann nach jedem Loten abtrocknet, springt die Haut, daß Blut fließt. Bald aber werden die Hände blau, steif und gefühllos, und nur mit größter Schwierigkeit kann ich, indem ich die Feder wie einen Meißel mit der ganzen Hand halte, das Ergebnis der Lotungen, die Zeiten und die Abstände aufzeichnen; andere Notizen sind undenkbar. Rabsang und Taschi halten sich wenigstens warm, denn heute müssen sie ihre Kraft bis aufs äußerste aufbieten, um den Schlitten gegen den Sturm vorwärtszuziehen. Oft ist der Winddruck so stark, daß Gespann und Schlitten rückwärts sausen und nur halten können, wenn die beiden Männer sich setzen und die Füße gegen einen Salzhaufen stemmen. Bei einer Wake, die mitten in einem spiegelblanken Felde eingeschlagen wurde, faßte der Sturm den Schlitten und mich und trieb uns in schwindelnder Fahrt wie eine Eisjacht über den See! Ich versuchte mit den Füßen zu bremsen, aber ich hatte keine Kraft in ihnen, und meine Stiefel aus weichem Filz liefen leicht und lustig über die Eisscheibe hin, ohne die Geschwindigkeit der Fahrt auch nur im geringsten zu vermindern. Die Kufen waren zwar zu kurz, der Schlitten drehte sich also im Kreise, aber vorwärts ging es dennoch, und wäre das Eis überall blank gewesen, so hätte mich der Sturm in wenigen Minuten über den ganzen See nach dem Lager 98 zurückgeweht! Da kenterte mein Fuhrwerk aber zum Glück in einer Spalte, ich wurde herausgeschleudert, trieb noch eine Strecke auf dem Eise weiter und landete auf einem Salzhaufen. Rabsang kam mir nachgeeilt, brachte den Schlitten und mich wieder auf die Beine und zog uns mit heiler Haut wieder nach der Wake zurück.

Wir sahen aus, daß wir uns voreinander hätten fürchten können. Wie aufgeschwollene, ausgegrabene, an der Sonne getrocknete und mit weißer Ölfarbe angestrichene Choleraleichen! Gesicht, Hände und Kleider waren weiß von Salz. Ich konnte meinen Schafpelz auch nie wieder gebrauchen; er wurde steif, platzte in den Nähten und mußte mit anderen Kleidungsstücken einfach weggeworfen werden.

Noch hatten wir jedoch nicht den halben Weg zurückgelegt. Die Männer strengten sich an, als müßten sie sich durch metertiefes Wasser hindurcharbeiten. Manchmal konnte ich sie kaum durch die Salzwolken hindurch sehen. Ich fragte mich, ob wir das Ufer überhaupt lebendig erreichen würden. Viel Leben hatte ich auch nicht mehr im Leibe, als wir endlich landeten, um schließlich hinter der Mauer einer Schafhürde Schutz zu suchen. Glücklicherweise fanden wir dort trocknen Yakdung und hatten bald ein qualmendes Feuer, in dessen Wärme ich jedoch eine gute Stunde sitzen mußte, ehe ich nur anfing, wieder einigermaßen gelenkig zu werden.

Vom Lager 102 waren es 3260 Schritt bis zur südlichsten Spitze des Sees. Dort weideten große Herden, und in der Talmündung waren sechs Zelte aufgeschlagen. Um fünf Uhr hörte der Sturm ebenso plötzlich auf, wie er gekommen war, und es wurde unheimlich still. Als ich um neun Uhr die meteorologischen Beobachtungen ausführte, lagen alle meine Leute schon in einer Reihe mit dem Kopf an der Mauer, die Stirn auf die Erde gedrückt, die Beine angezogen und so dicht nebeneinander wie Sardinen. Aber sie schliefen gut, das hörte ich an den Balken, die sie sägten!

Angegriffen von den Anstrengungen des gestrigen Tages schliefen wir lange und brachen dann in nordöstlicher Richtung auf, nach dem roten Porphyrvorgebirge, das im Westen des Lagers 99 in den See hineinragte. Sturm hatten wir nicht, aber starken Wind, und da er uns in den Rücken blies, glitten wir wie Öl über das Eis.

Jenseits des Vorgebirges lagerten wir in einer tiefen Schlucht, um vor dem Winde Schutz zu suchen. Ein Hirte weidete seine Schafe auf einem Abhang und versuchte sich aus dem Staube zu machen, aber Rabsang holte ihn ein. Er glaubte, daß wir Räuber seien, und zu verkaufen hatte er nichts, da er im Dienst eines anderen stand. Rabsang aber forderte ihn auf, uns seinen Herrn zu bringen. Inzwischen waren auch die anderen angekommen, aber ohne Ische, der krank geworden und mitten auf dem See liegengeblieben war. Zwei seiner Kameraden holten ihn abends. Alle waren erschöpft und baten, am 4. Januar nur eine kurze Wanderung zu machen. Das paßte auch gut, denn der Herr des Hirten kam und verkaufte ein Schaf, Butter, saure Milch und einen Beutel Tabak. Der Tabak war den Leuten das willkommenste, denn in der letzten Zeit hatten sie schon Yakdung geraucht! Der Alte gab mir viele interessante Aufklärungen über den Ngangtse-tso und erzählte uns, daß in den Tälern des Südufers jetzt 50 bis 60 Zelte aufgeschlagen seien. Soweit war alles gut gegangen — aber der Tag war noch nicht zu Ende!

Zurückgetrieben!

Ein düsterer, unfreundlicher Tag, dieser 4. Januar 1907! Gegen Mittag stellte sich Islam Ahun ein, halbtot vor Müdigkeit. Er hatte das Hauptquartier am Morgen des 2. Januar verlassen und mich im Zickzack über den See gesucht, war am westlichen und am südlichen Ufer gewesen und hatte uns nun endlich in unserer Schlucht gefunden. Er überbrachte mir einen Brief von Robert: »Gestern, am 1. Januar, kamen sechs bewaffnete Männer ins Lager, stellten einige Fragen und verschwanden wieder. Heute aber, am zweiten, sind sie in Begleitung anderer Männer zurückgekehrt und sagen, der Statthalter von Naktsang habe befohlen, uns nicht weiterziehen zu lassen, weil wir keinen Paß vom Devaschung hätten; wir müßten daher bleiben, wo wir seien. Sie wollen auch Masters Antwort haben, um den Statthalter zu benachrichtigen, der sofort nach Lhasa berichten will! Sie warten ungeduldig auf Bescheid, und daher schicke ich diesen Brief.«

Nachdem Islam Ahun sich ausgeruht und satt gegessen hatte, mußte er mit einem Brief an Robert nach dem Lager 97 zurückgehen. Robert solle den Abgesandten sagen, daß ich nicht eher Antwort geben würde, als bis ich sie persönlich träfe; wenn ihnen aber so sehr darum zu tun sei, meine Antwort zu hören, so sollten sie sich am Nachmittag des 5. Januar am nördlichen Ufer, drei englische Meilen östlich vom Lager 98, einfinden. Wenn nicht, seien sie selber für die Folgen verantwortlich. Muhamed Isa solle als Dolmetscher mitkommen.

Jetzt spitzte sich die Lage also zu. Es handelte sich nicht mehr um falschen Alarm. Berichte über unsere Reise waren nach Lhasa geschickt worden, und wir waren in den Händen des Statthalters von Naktsang! Ich hatte durch meinen Brief an Robert die Entscheidung nur hinausgeschoben, um Zeit zu gewinnen, wenigstens noch eine Lotungslinie abzugehen. Wenn ich in Naktsang nichts weiter gewänne, wollte ich doch wenigstens den Ngangtse-tso vollständig erobert haben. Nachher mochte dann der große Rückzug beginnen! Die ungeheure Aufregung, in der ich während des letzten Monats geschwebt hatte, hatte nun ihren Höhepunkt erreicht: der Ngangtse-tso sollte also der Wendepunkt meiner Reise durch Tibet werden.

5. *Januar*. Alle Halme und Stengel waren bereift, als wir in aller Frühe nach N 19° O über das Eis zogen. Der Tag war herrlich, windstill, die Luft schön, beinahe warm. Das Eis lärmte, trommelte und knallte in der Nacht wie toll, aber seinetwegen war es nicht, daß ich schlecht schlief!

Die größte Tiefe fanden wir, als wir 10,7 Kilometer auf dem See zurückgelegt hatten, 10,03 Meter; sie war die bedeutendste, die wir auf dem Ngangtse-tso abloteten. Der See ist also im Osten tiefer; der Westwind füllt seine Westhälfte energischer mit Sand und Staub aus.

Auf halbem Weg sahen wir einen kleinen schwarzen Punkt auf dem Eise aus der Richtung des Laäntales nahen. Es war der Hadschi mit einem Brief. Die Abgesandten hatten neue Befehle vom Statthalter von Naktsang erhalten. In vier Tagen wolle er sich in eigener hoher Person bei mir einfinden, bis dahin sollten uns seine Abgesandten scharf überwachen! Daher blieben sie bei der Karawane, erlaubten Robert und Muhamed Isa aber, das Hauptquartier nach einer Stelle im Südosten des Lagers 97, wo bessere Weide war, zu verlegen. Mir blieben also noch ein paar Tage der Freiheit. Der Statthalter von Naktsang! Er war es, der mir 1901 im Süden des Selling-tso Halt geboten hatte. Von ihm hatte ich kein Erbarmen zu erwarten! Im Gegenteil, ich hatte ihm das vorige Mal so viel Schererei und Unannehmlichkeiten verursacht, daß er über meine Rückkehr in seine Provinz wütend sein mußte.

Am 6. Januar ging es Ische so schlecht, daß der Hadschi ihn mit nach Hause nehmen mußte. Jetzt zogen wir über den See wieder nach N 49° O. Wir waren erst bis an die zweite Wake gekommen, als hinter uns drei Männer auftauchten, die unserer Spur folgten. Sie winkten uns stehenzubleiben, es waren also neue Nachrichten da! Es war Muhamed Isa mit zweien meiner Leute.

»Was gibt's Neues im Hauptlager?« fragte ich.

»Sahib, 25 Tibeter haben ihre Zelte um die unseren herum aufgeschlagen. Heute morgen wollten wir das Hauptquartier nach dem Ufer verlegen, um euch näher zu sein. Alle Tiere waren bereits beladen, und wir wollten gerade aufbrechen, als die Männer aus ihren Zelten krochen, uns zwangen, die Tiere wieder abzuladen und uns befahlen, dort zu bleiben.«

»Habt ihr etwas Neues vom Statthalter gehört?«

»Er soll in drei Tagen kommen. Reitende Boten kommen und gehen täglich, manchmal mehrere am Tage, und sie scheinen schnell zu reiten. Sie stehen unausgesetzt mit dem Statthalter in Verbindung und schicken ihm Meldungen.«

»Was sagen sie dazu, daß ich so lange ausbleibe?«

»Sie sind außerordentlich verwundert darüber und fragen uns unaufhörlich, weshalb der Sahib draußen auf dem Eise umherziehe. Sie haben Spione an den Ufern und glauben, daß der Sahib durch die Waken Gold vom Seegrund heraufhole.«

»Sind sie höflich gegen euch?«

»Ja, aber bestimmt und unerbittlich. Sie sagen, der Statthalter werde selber über unser Schicksal entscheiden. In den letzten Tagen hat sich ihre Schar nur immer vergrößert; sie lassen sich Proviant bringen und erwarten noch Verstärkung.«

»Was beabsichtigen sie deiner Meinung nach, Muhamed Isa?«

»Ja, jetzt sieht es böse aus. Sie haben entschieden die Absicht, uns das Weiterreisen unmöglich zu machen und uns zu zwingen, nach Norden zu gehen.«

»Das verdanken wir dem Unglückskerl am Bogtsang-tsangpo, der seinen Eilboten nach Naktsang geschickt hat! Aber wenn hier alles unmöglich ist, müssen sie uns mit einer neuen Karawane ausrüsten, und wir reisen nach Peking! Dort werde ich mir die Erlaubnis der chinesischen Regierung zur Reise in Tibet erwirken. — Wie steht es mit der Karawane?«

»Alles gut. Ein Maulesel starb vorgestern und mein schwarzes Reitpferd gestern. Acht Pferde und ein Maulesel sind noch übrig. Den Yaks geht es vortrefflich.«

»An diesem See wird es ihnen nicht an Zeit zum Ausruhen fehlen. Denn wenn wir mit Lhasa verhandeln sollen, gehen ein paar Monate darüber hin! Geh jetzt wieder zurück und grüße die anderen.«

Wir loteten weiter und fanden eine Maximaltiefe von 8,35 Meter. Am Ufer waren die alten Wälle sehr deutlich erkennbar — hier sind sie den Sturzseen der Weststürme ausgesetzt gewesen. Der höchste mochte 15 Meter hoch sein.

Jetzt hatte ich die Arbeit auf dem Ngangtse-tso beendet, nachdem wir 106 Kilometer auf seinem Eise in einer Höhe von 4699 Meter zurückgelegt hatten!

Am 7. Januar mußten die Träger mit Sack und Pack — außer meinem Zelt — nach dem Hauptquartier aufbrechen; ich wartete auf mein Reitpferd, ließ mich in meiner Gemütsruhe nicht stören und war durchaus nicht eilig, mich selber der tibetischen Miliz auszuliefern. Aus Schigatse kam keine Nachricht, aus Indien keine Post. Ich hatte sie mir zum 25. November nach dem Dangra-jum-tso bestellt, und jetzt hatten wir den 7. Januar! Hatte Ganpat Sing die Post am Ende verloren, oder war er überhaupt nicht nach Leh gekommen? War es vielleich aus politischen Gründen unmöglich, mir meine Post aus Indien hierher zu schicken?

Ich mußte lange warten. Erst um ein Uhr zeigte sich ein Fußgänger mit meinem Pferd.

Nur drei Stunden trennten uns vom Lager. Wolken von Staub und Sand fegten längs des Ufers hin. Die Beleuchtung war seltsam und verwirrend. Wir sehen das Lager Nr. 107 erst, als wir unmittelbar davor stehen.

Eine tiefe Erosionsrinne in der Richtung des Sees. Auf ihrer rechten Böschung unsere vier Zelte, nach Osten schauend. Ihnen gegenüber drei tibetische Zelte. Die Hände in den Taschen, die Pfeife im Munde, steht Muhamed Isa an seinem Feuer. Alle die anderen kommen heraus. Die Tibeter gucken aus ihren Zelttüren wie Erdmäuse aus den Löchern. Robert erstattet die Meldung: »Alles ruhig auf dem Schipkapaß!« Nur unsere Pferde waren gestern abend, von Wölfen gejagt, durchgebrannt und hatten die tibetischen mitgenommen, waren aber unten am Seeufer in zerstreuten Gruppen wiedergefunden worden.

Ich ging in Muhamed Isas Zelt und ließ die vornehmsten der Tibeter rufen. Sie stellten sich sofort ein, verbeugten sich tief und streckten die Zunge so lang heraus, wie sie nur konnten. Ein Mann mit rotem Turban, dunkelblauem Pelz und Säbel im Gürtel war im Jahre 1901 mit in Hladsche Tserings Lager am Ostufer des Tschargut-tso gewesen, als wir dort zusammen lagerten, und erinnerte mich an jene Tage.

»Ist Hladsche Tsering noch Statthalter von Naktsang?« fragte ich.

»Ja, er ist es, der übermorgen herkommt.«

»Bringt er ein ebenso großes Gefolge mit wie damals?«

»Nein, er hat damals gesehen, daß die Reiterscharen euch nicht erschreckten, und verläßt sich darauf, daß ihr euch auch so seinen Wünschen fügt.«

Am 9. Januar schlugen die Tibeter ein neues Zelt auf, das, wie sie sagten, die Küche des Statthalters sein sollte. Als es dämmrig wurde, erschienen zwei Reiter, die mir meldeten, daß der Statthalter um Entschuldigung bitten lasse, weil er nicht zur festgesetzten Zeit eingetroffen sei. Er sei ein alter Mann, habe unterwegs den Sturm gegen sich gehabt und daher nur langsam vorrücken können, werde aber am Abend des zwölften ganz bestimmt bei mir sein.

Da ließ ich mir die Häuptlinge der Tibeter rufen und sagte ihnen, daß sie sich nie wieder vor mir sehen lassen dürften, wenn sie jetzt nicht die Wahrheit sprächen.

»Bombo Tschimbo«, erwiderten sie, »wenn der Statthalter nicht in drei Tagen hier ist, könnt ihr uns den Hals abschneiden!«

»Dessen bedarf es nicht; es genügt, daß ihr euch schriftlich verpflichtet, mir eine Buße von zehn Pferden zu bezahlen, wenn der Statthalter in drei Tagen noch nicht hier ist.«

»Wir geben euch sogar zwanzig Pferde.«

»Nein, zehn sind genug.« Und nun wurde der Vertrag aufgesetzt und unterzeichnet.

»Wißt ihr noch sonst etwas Neues?«

»Ja, der Statthalter hat nur seine eigenen zwölf Diener mitgenommen. Er weiß, daß Bombo Tschimbo zurückgekehrt ist, denn er hat vom Bogtsangtsangpo einen Brief erhalten, daß derselbe Herr, der vor fünf und einem halben Jahr dort mit einer Kamelkarawane gewesen sei, wieder da sei. Da hat er sofort einen Eilboten nach Lhasa geschickt und zehn Tage auf Antwort gewartet, nachher aber beschlossen, selber herzukommen.«

Wieder wurde meine Geduld auf die Probe gestellt, als ob ich mich nicht schon zur Genüge darin hätte üben können. Endlich, am 11. Januar, zeichnete sich eine kleine Reitergruppe auf den Hügeln ab, und bald darauf stand ein blauweißes Zelt im Lager der Tibeter. —

12. Januar. Viel zu früh kam ein Bote mit der Frage, ob ich nach dem Zelt des Statthalters hinüberkommen wolle oder ob mir erst sein Besuch erwünscht wäre. Ich ließ antworten, daß ich ihm Nachricht geben würde, wann ich ihn empfangen könne. Mein armseliges, von den Stürmen zerzaustes Zelt wurde nun so schön hergerichtet wie es die Umstände erlaubten; mehr als zwei Gäste hatten darin nicht Platz, für diese wurden Filzdecken und Kissen ausgebreitet, und ein gewaltiges Kohlenbecken aufgestellt, damit der Alte sich ordentlich wärmen könne. Mein Bote war gerade abgegangen, als vor das blauweiße Zelt zwei Pferde geführt wurden; der Alte bestieg das eine, ein junger Lama das andere; die Pferde wurden am Zügel geführt, die anderen Tibeter stellten sich zu Fuß auf, und dann setzte sich der Zug langsam nach unsern Zelten hin in Bewegung!

Hladsche Tsering, denn es war wirklich mein alter Freund, kam im Paradeanzug von chinesischem Schnitt, mit chinesischer Mütze, die mit zwei Fuchsschwänzen und einem weißen Glasknopf geschmückt war, und in Stiefeln, mit Samt überzogen und mit dicken weißen Sohlen. Über seinem Seidenkaftan mit weiten Hängeärmeln trug er einen kurzen Kragen von Otterfell und im linken Ohrläppchen einen großen Ohrring von reinem Gold, mit Türkisen besetzt. Als er erschien, ging ich ihm entgegen, um ihn zu begrüßen. Wir erkannten einander sofort wieder, begrüßten uns herzlich, ja, umarmten einander beinahe, und sprachen davon, wie seltsam es sei, daß wir uns hier mitten in der Wildnis nach fünf langen Jahren wiederträfen! Seine Hand in der meinen haltend, führte ich ihn nach dem bescheidenen Ehrenplatz und bat den Lama, seinen Sekretär, einen Sohn des Junduk Tsering von 1901, Platz zu nehmen. Ich saß mit gekreuzten Beinen auf meinem Bett neben ihm, Robert und Muhamed Isa in der Zelttür, deren Rahmen im übrigen von einem Mosaikbild tibetischer Köpfe ausgefüllt wurde. Muhamed Isa, der Dolmetscher, trug ein Ehrengewand aus dickem, kirschrotem tibetischen Wollstoff, das ihm Younghusband in Lhasa geschenkt hatte, um den Leib hatte er einen bunten Gürtel und auf dem Kopf einen hohen, goldgestickten Turban aus Peschawar. Er überstrahlte uns alle in seiner Pracht!

Nachdem ich eine Schachtel ägyptischer Zigaretten bereitgestellt und Hladsche Tsering sich eine Weile alles, was im Zelte stand, betrachtet hatte, sagte er mit ernster, bekümmerter Miene:

»In meiner Eigenschaft als Statthalter von Naktsang kann ich euch nicht gestatten, von hier nach Schigatse oder irgendeinem anderen Ort innerhalb der Grenzen von Naktsang weiterzureisen. Ich habe mich persönlich bei euch eingefunden, um euch zu bitten, schleunigst meine Provinz zu verlassen. Bald nach der englischen Lhasaexpedition erhielt ich vom Devaschung Befehl, so wie früher auch in Zukunft Europäer nicht in Naktsang umherziehen zu lassen. Es sei meine Amtspflicht, sie anzuhalten und zum Umkehren zu zwingen.«

Ich erwiderte: »Es ist nicht möglich, daß die Verhältnisse jetzt noch ebenso liegen wie vor fünf Jahren, als ihr meine Karawane mit fünfhundert Mann Miliz anhieltet. Seitdem hat die indische Regierung mit dem Devaschung in Lhasa einen Vertrag abgeschlossen, und jetzt stehen die beiden Regierungen auf durchaus freundschaftlichem Fuße.«

»Hedin Sahib, ihr werdet euch erinnern, wie es das vorige Mal ablief. Ihr waret damals so freundlich, auf meine Aufforderung hin umzukehren, aber ihr wißt nicht, wie es mir dann ging! Das ganze Aufgebot gegen euch mußte ich allein bezahlen, und der Devaschung forderte mir noch obendrein 2000 Rupien ab. Ich war ruiniert, während mein Kollege Junduk Tsering sich durch Ausbeutung der Bevölkerung bereicherte und jetzt als reicher Mann in Lhasa lebt. Wir sind alte Freunde, aber ich kann mich euretwegen nicht neuen Unannehmlichkeiten aussetzen.«

»Es ist wahr, Hladsche Tsering, daß wir alte Freunde sind; aber ihr könnt doch nicht verlangen, daß ich mich euretwegen einer neuen Reise durch Tschang-tang unterziehe! Ich besaß 130 Tiere, als ich vor sechs Monaten Ladak verließ. Nun habe ich, wie ihr selber seht, nur noch neun. Ich werde mich nicht überreden lassen, auf jenem Wege wieder zurückzugehen, und nach dem Vertrag von Lhasa habt ihr keine Machtmittel, einen Europäer zu zwingen!«

»Der Vertrag von Lhasa wurde mit England geschlossen. Ihr seid kein Engländer, ihr seid ein Sved-peling.«

»Um so mehr habt ihr allen Grund, mir Gastfreundschaft zu erweisen. Gegen euren Wunsch und Willen hat England euch zum Krieg gezwungen; mein Land hat das nie getan!«

»Ihr habt recht, euer Volk hat uns nie Schaden zugefügt. Aber in meinen Instruktionen wird kein Unterschied gemacht zwischen verschiedenen Nationen. Ich werde euch gewiß nicht zwingen, auf dem langen, schlechten Weg, auf dem ihr gekommen seid, wieder nach Ladak zurückzugehen; ich weiß, daß dies ohne eine große, starke Karawane unmöglich ist. Es ist mir auch ganz einerlei, ob es euch gelingt nach Schigatse zu kommen oder nicht, aber durch meine Provinz dürft ihr nicht dorthin ziehen! In Naktsang steht euch nur ein einziger Weg offen, der nämlich, auf dem ihr gekommen seid. Die Straße, die ihr nachher einschlagt, ist mir gleich. Und könnt ihr von der nördlichen und westlichen Seite des Dangra-jum-tso nach Schigatse vordringen, so geht mich das gar nichts an!«

»Ihr wißt, daß der Taschi-Lama vor einem Jahr in Indien war, und ihr wißt auch, wie gut er dort aufgenommen worden ist. Er erwartet mich in seiner Hauptstadt, und kein anderer als er hat das Recht, mich an der Reise zu ihm zu hindern.«

»Naktsang steht unter dem Devaschung, nicht unter dem Taschi-Lama.«

»Der Dalai-Lama ergriff die Flucht, als die englischen Truppen sich Lhasa näherten. Der Taschi-Lama ist daher jetzt Tibets vornehmster Großlama.«

»Ganz recht, wir begreifen und billigen die Handlungsweise des Dalai-Lama auch nicht. Er hätte derjenige sein müssen, der das Land vor seinen Feinden schützte. Aber das gehört nicht hierher; ich erhalte meine Instruktionen einzig und allein vom Devaschung.«

»Und ich verlasse Naktsang nicht eher, als bis der Taschi-Lama mir eure Rede, daß der Weg versperrt sei, bestätigt hat. Ich werde also einen Brief an den Vertreter der indischen Regierung in Gyangtse, den Major O'Connor, schicken, und wenn er mir antwortet, daß die politische Lage mir die Weiterreise verbietet, werde ich Tibet verlassen. Hier am Ngangtse-tso will ich seine Antwort erwarten. Und dazu habe ich noch einen Grund. Ich erwarte aus Indien Briefe, die mir durch Major O'Connor geschickt werden sollen. Ihr werdet es wohl verstehen können, daß ich Naktsang nicht vor dem Eintreffen meiner Post, die ohne Zweifel auf Befehl des Taschi-Lama weiterbefördert werden wird, verlassen will.«

»Alles das ist ja schön und gut, aber habt ihr einen Beweis dafür, daß der Taschi-Lama die Verantwortung auf sich nehmen wird, euch eure Post zu schicken? Ihr habt keinen Paß vom Devaschung. Habt ihr einen vom Taschi-Lama? Ich bin nicht angewiesen, euch zu Diensten zu stehen. Wenn ich auf eigene Faust euren Brief nach Gyang-tse schickte, würde ich meinen Kopf verlieren.«

»Ich werde zwei meiner eigenen Ladakis mit dem Brief absenden.«

»Nein, das Land ist ihnen ebenso verschlossen wie euch. Und wie lange Zeit glaubt ihr übrigens mit dem Warten auf die Antwort hier verbringen zu müssen? Mehrere Monate?«

»O nein, nach Gyangtse sind es 165 englische Meilen, und auch bei kurzen Tagemärschen würde die Reise nie länger als 20 Tage dauern.«

»Ich verlasse diesen Platz nicht eher, als bis ihr aufgebrochen und nordwärts über die Grenze nach Naktsang gezogen seid.«

»Und ich breche nicht eher auf, als bis ich aus Gyangtse Antwort auf meinen Brief erhalten habe!«

»Es ist unmöglich, hier lange Zeit liegenzubleiben. Ihr könnt eure Leute nicht ernähren; es gibt hier keine Nomaden, und die in der Nachbarschaft wohnen, sind blutarm.«

»Auf dem Südufer sah ich sehr viele Zelte und große Herden. Schlimmstenfalls können wir von der Jagd leben. Da ich weiter nichts verlange, als daß ihr mich auf eine Antwort warten laßt, müßtet ihr mir doch gefällig sein können.«

»Darin irrt ihr euch; in meiner Stellung geht mich weder Schigatse noch Gyangtse etwas an. Als die Engländer Tibet geräumt hatten, schickte der Devaschung nach jedem Dsong (Gouverneurstadt) in ganz Tibet ein Schreiben, daß wir allerdings geschlagen worden seien, aber keinen Teil unseres Landes verloren hätten, und dort noch immer Herr seien. Hinsichtlich reisender Europäer bleibe in Zukunft alles beim alten. Ich selber will euch soweit entgegenkommen, wie ich kann, und werde nun zunächst in mein Zelt zurückkehren und mit meinen Leuten Rat halten.« —

Gleichzeitig hielt auch ich mit Robert und Muhamed Isa Kriegsrat. Es war sonnenklar, daß wir unsere Reise nach Süden nicht fortsetzen konnten. Dagegen hatte es den Anschein, als könnten wir auf dem Umweg um den Dangra-jum-tso in das auf seiner Westseite liegende Land, das, wie Hladsche Tsering gesagt, von Saka-dsong aus regiert wurde, eindringen. Vertrieb man uns auch dort, so würden wir nach Peking ziehen! Weshalb? Ich bin freilich sehr optimistisch, aber es stand bei mir fest, daß ich ebensogut wie einst Marco Polo den chinesischen Kaiser so würde betören können, daß er mir die Erlaubnis gäbe, mit irgendeinem besonderen Auftrag frei in Tibet umherzureisen! Muhamed Isa meinte, nach Peking sei es unendlich weit, aber Robert begeisterte sich für die Reise. Wir wollten nur die besten unserer Leute mitnehmen; den übrigen konnte ich leicht die Erlaubnis zur Rückkehr nach Ladak über Gartok erwirken.

Jetzt wurden zwei der Leute Hladsche Tserings gemeldet, die mir als Geschenk ihres Herrn eine Schüssel Reis und einen Kloß Butter überreichten. Der Sekretärlama schenkte auch eine Schürze voll Reis. Als Erwiderung schickte ich Muhamed Isa mit einem ganzen Stück Paschminazeug und einem Messer aus Srinagar für den Statthalter und einem ebensolchen Messer nebst einer Turbanbinde für den Sekretär.

Begleitet von Robert und Muhamed Isa machte ich um drei Uhr meinen Gegenbesuch. Hladsche Tserings Zelt war groß und hübsch eingerichtet, alle seine Sekretäre und Diener saßen um das Feuer herum, das hoch nach der oberen Zeltöffnung hinaufloderte. An den Zeltwänden lagen Säcke Reis und Tsamba und mehrere unzerlegte geschlachtete Schafe, alles sah aus, als habe der Alte sich auf längeres Bleiben eingerichtet. Gewehre mit Gabeln und Fähnchen, Säbel und Lanzen, Geschirr, Zügel, Sättel und Satteldecken. An der kurzen Wand, dem Eingang gegenüber, waren hohe Kissen aufgestapelt, die mit kleinen Teppichen aus Lhasa bedeckt waren. Hier wurde ich aufgefordert, neben Hladsche Tsering Platz zu nehmen; vor uns wurde ein kleiner rot lackierter Tisch aufgestellt. Zur Rechten stand ein Altarschrein mit vergoldeten Götterstatuen und »Gaos« — kleinen, silbernen Futteralen mit Buddhabildern, die man, wenn man reist, an einem roten Riemen über der Schulter trägt. Vor ihnen flackerten die Butterdochte in glänzenden Messingschalen.

Ein Diener brachte chinesische Porzellantassen, die auf kupfernen Schälchen standen und silberne Deckel hatten. Ein zweiter schenkte aus einer schönen Teekanne jenen dicken, mit Butter vermischten Tee, den die Tibeter so sehr lieben und den ich jetzt mit scheinbarem Entzücken trank, obgleich er mir abscheulich schmeckte — aber Hladsche Tsering hatte kurz vorher auch meinen englischen Tee gelobt.

Die Unterhaltung verlief auch hier ruhig, scherzhaft und gemütlich wie in meinem Zelt. Mit den Verhandlungen aber kamen wir nicht von der Stelle, eher das Gegenteil, denn jetzt sagte Hladsche Tsering:

»Nach dem Dangra-jum-tso kann ich euch unter keiner Bedingung ziehen lassen; der See ist heilig, und übrigens sind dort schon Wachen aufgestellt.«

»Der Weg nach Osten ist uns auch versperrt?«

»Ja, nach Süden, Westen und Osten ist euch das Land völlig verschlossen, und nach Norden kann ich euch, wie ich jetzt einsehe, nicht zurückbringen.«

»Soll ich dann in den Himmel fahren oder in die Unterwelt versinken?«

»Nein, aber ihr müßt hier warten.«

»Und ihr schickt meinen Brief nach Gyangtse?«

»Nein, das tue ich nicht; aber ich werde euch nicht hindern, wenn ihr auf eigene Verantwortung zwei eurer Leute hinsendet.«

»Wollt ihr mir für sie einige Pferde verkaufen?«

»Nein, dann würde es heißen, daß ich mit euch unter einer Decke stecke und mich hätte bestechen lassen.«

»Ihr seid mir ein schöner Statthalter, Hladsche Tsering, nicht einmal ein paar Pferde könnt ihr mir verkaufen! Ich muß folglich meine Leute zu Fuß schicken, und das dauert doppelt so lang.«

»Nun gut, ich werde die Sache beschlafen; morgen sollt ihr Bescheid erhalten.«

Am Abend erhielten Rub Das und Tundup Galsan ihre Befehle. Sie sollten mit einem Brief an den Major O'Connor nach Gyangtse gehen und erhielten eine Geldsumme, die sie in ihre Leibgürtel einnähen mußten, um sie sicher aufzubewahren. Am nächsten Abend sollten sie ihre abenteuerliche Reise antreten.

Vorwärts durch das verbotene Land!

Am 13. Januar! Da hatten wir denn wieder diese kritische Zahl, die so viele Leute als unheilbringend ansehen! Ob der dreizehnte auch uns ein Unglückstag wurde?

Die Sonne war kaum aufgegangen, als Hladsche Tsering seinen Besuch melden ließ. In Begleitung seines Privatsekretärs, des Lamas Lobsang Schuntän, und des übrigen Gefolges kamen Seine Exzellenz der Statthalter von Naktsang zu Fuß zu meinem Zelt. Sie nahmen wieder auf denselben Kissen Platz, Hladsche Tsering tat den Mund auf und sprach folgende denkwürdigen Worte:

»Hedin Sahib, wir beide, ihr und ich, haben keine Zeit, hier Wochen und Monate zu liegen und auf eine Antwort aus Gyangtse zu warten. Bei eurer Postverbindung mit Gyangtse kann ich euch nicht helfen. Ich habe die Lage gründlich erwogen und sie mit meinen Sekretären, die wie ich dem Devaschung gegenüber verantwortlich sind, beraten. Wir sind der Ansicht, daß das Einzige, was ihr tun könnt, das ist: ihr zieht südwärts nach dem Gebiet des Labrang, nach Taschi-lunpo, weiter. Ich bitte euch, schon übermorgen aufzubrechen.«

Was hatte dieser höchst unerwartete Umschlag zu bedeuten? Gestern sollte ich keinen Schritt südwärts machen dürfen, und heute bat man mich, so schnell wie möglich nach dem verbotenen Lande aufzubrechen. Hatte Hladsche Tsering geheimen Befehl aus Lhasa erhalten? War er benachrichtigt worden, daß der Taschi-Lama mich wirklich erwarte? Darüber sprach er sich nicht aus, und ich war zu klug, um zu fragen. Oder waren wir das Opfer einer Kriegslist, die darauf ausging, uns möglichst schnell nach Gyangtse zu bringen, wo man mich dann zwingen würde, über Dardschiling nach Indien zurückzukehren? Denn dort konnte der Devaschung sich auf den Vertrag berufen, in dem ausdrücklich gesagt ist, daß nur diejenigen, die einen Paß aus Lhasa besitzen, berechtigt sind, im Lande umherzureisen. So würde meine Reise ein schnelles Ende nehmen. Vielleicht war es besser, in das unbekannte Land im Westen des Dangra-jum-tso zu ziehen, das ja das Hauptziel meiner Reise war? Hladsche Tserings Frontveränderung war allem, was ich früher in Tibet gesehen und erfahren hatte, so absolut unähnlich, daß mir die Sache nicht recht geheuer schien und ich mich fragte, ob ich mich den englischen, chinesischen und tibetischen Behörden wirklich gerade in den Rachen stürzen solle, um ihnen binnen kurzer Frist auf Gnade und Ungnade überliefert zu sein.

Doch nein, diese Gelegenheit durfte unter keiner Bedingung versäumt werden! Zwischen dem Ngangtse-tso und Schigatse liegt gerade der östliche Teil des großen, weißen Fleckes im Norden des Tsangpo, den kein Europäer, kein Pundit je betreten hat, das Land, von dem nicht einmal dunkle Berichte aus zweiter Hand bis in die geographischen Handbücher gedrungen sind! Selbst wenn ich nur Gelegenheit hatte, diese einzige Linie zu erobern, wären alle Opfer nicht vergeblich gewesen. Nain Sing hat auf seiner Karte zwei Flüsse, die nach Osten und Nordosten hin dem Kjaring-tso zuströmen; ihren Oberlauf verlegt er in das Land im Süden des Ngangtse-tso. Von ihnen wußte ich noch nichts, mußte aber alles erfahren, wenn ich Hladsche Tserings Anerbieten annahm. Doch daß die Bergketten, die Nain Sing auf der Südseite des Sees in die Karte eingetragen hatte, vollkommen phantastisch und willkürlich waren, das hatte ich schon sehen können. Jedenfalls durfte ich jetzt aber kein Entzücken verraten, und daher erwiderte ich sehr ruhig und bedächtig:

»Gut, ich werde übermorgen südwärts ziehen, wenn ihr mir bis dahin Pferde besorgen könnt.«

»Ich habe in alle Täler der Gegend Leute geschickt und befohlen, alle vorhandenen Pferde hierherzubringen. Von hier führen zwei Straßen nach Schigatse. Geht ihr um die Westseite des Sees, so seid ihr in vier Tagen auf dem Gebiet des Labrang; zieht ihr aber an der Ostseite des Sees entlang, so erreicht ihr es schon in zweien. Ihr könnt den Weg, den ihr einschlagen wollt, selber wählen, aber mir wäre es lieber, daß ihr euch zu dem östlichen entschlösset. Denn für mich ist es die Hauptsache, daß ihr möglichst schnell aus meiner Provinz hinauskommt!«

»Nein, ich werde mich für die westliche Straße entscheiden, um einen Abstecher nach dem Dangra-jum-tso machen zu können. Denn ich will diesen See selber sehen und muß schon hin, weil ich ihn als Postadresse angegeben habe und mich der Eilbote des Taschi-Lama dort erwartet.«

Diese Äußerung war recht undiplomatisch, und ich hätte es wohl vermeiden können, meine Pläne zu enthüllen! Hladsche Tsering brauste denn auch sofort auf und erklärte: »Nach dem Dangra-jum-tso? Niemals! Der See ist heilig; der Berg Targo-gangri auf seinem Südufer ist heilig, dort liegt Serschik-gumpa, in dem mächtige, intrigante Mönche leben; euer Besuch am See würde zu Verwicklungen führen. Nein, wenn ihr solche Absichten habt, dann lasse ich euch nur einen einzigen Weg offen, nämlich die Straße, die auf der Ostseite des Ngangtse-tso entlangführt. Ich kann und will euch nicht zwingen, aber ich bitte euch, gebt mir euer Ehrenwort, nicht nach dem Dangra-jum-tso zu gehen!«

So verlor ich den Heiligen See zum zweitenmal. Doch um nicht auch noch den wichtigen Weg zu verlieren, der mir offen stand, gab ich mein Ehrenwort. Meine übereilte Offenherzigkeit verdroß mich dann sehr, aber ich sollte bald Veranlassung erhalten, mich darüber zu freuen; denn hätte ich Gelegenheit gefunden, jetzt den Heiligen See zu besuchen, so wäre ich an seinem Ufer unfehlbar festgenommen worden — aber das ist eine andere Geschichte, die in ein späteres Kapitel gehört.

»Sagt mir, Hladsche Tsering, glaubt ihr, daß man mir im Gebiet des Labrang Halt gebieten wird?«

»Da ihr hier in Naktsang nicht festgenommen seid, werdet ihr es dort wohl auch nicht werden. Wie es mir gehen wird, weiß ich nicht, aber ich bin sieben Jahre Statthalter gewesen und meine Dienstzeit ist doch in fünf Monaten abgelaufen; da macht es mir nichts aus, wenn ich meine Stelle verliere. Der Devaschung hat mich bereits so gründlich ausgeplündert, daß an Besitztümern und Vieh bei mir wenig zu holen ist. Jetzt z. B. reise ich in meiner Provinz auf Kosten des Volkes; die Nomaden müssen mir und meinen Begleitern die ganze Zeit über Lasttiere und Proviant stellen.«

»Der Devaschung muß ja eine saubere Institution sein. Ihr solltet euch freuen, daß eure Dienstzeit bald zu Ende ist.«

»Ja, aber ich muß mich an einem Ort niederlassen, wo man billig leben kann.«

»Weiß der Devaschung, daß ich hier bin?«

»Noch habe ich nichts von dort gehört, aber ich habe über eure Angelegenheiten gestern wieder eine Meldung durch Eilboten abgeschickt. Wie man euch behandeln wird, weiß ich nicht; ich selber bin um unserer alten Freundschaft willen soweit gegangen, wie es mir möglich war.«

Darauf machte ich ihm wieder einen Gegenbesuch. Einige der Leute Hladsche Tserings hatten gesehen, daß wir mit dem Umpacken des Gepäcks beschäftigt waren, und daran anknüpfend, fragte er mich nun, ob er wohl eine leere Kiste erhalten könne. Er bekam vier der besten und allerlei andere entbehrliche Sachen.

War schon der 13. Januar ein Gedenktag in meiner Chronik geworden, so sollte der vierzehnte noch wunderbarere Ereignisse bringen! Mein Leben war während der vergangenen Monate ziemlich eintönig dahingeflossen, nun aber erlebte ich täglich Dinge, wie in einem Roman!

Einen so schönen Tag hatten wir den ganzen Winter hindurch noch nicht gehabt. In der Nähe meines Zeltes war das Universalinstrument auf seinem Dreifuß aufgestellt, und ich hatte die Chronometer, einen Aneroid und einen Thermometer zur Hand. Dort stand ich wohl drei Stunden und beobachtete den Verlauf einer Sonnenfinsternis! Sie umfaßte ungefähr neun Zehntel der Sonnenscheibe. Kurz vor ihrem Maximum betrug die Lufttemperatur minus 8,5 Grad und bald nach dem Maximum minus 11,4 Grad. Die violette Linie des Thermographen sank schnell, und eine schwache Brise sauste längs der Erdoberfläche hin. Einige Tibeter hatten sich nach Muhamed Isas Zelt begeben, um uns Pferde zu verkaufen, aber als es so seltsam dunkel wurde, hatten sie den Kopf geschüttelt und waren wieder in ihre Zelte gegangen. Die Ladakis sind draußen, sitzen an ihren Feuern und murmeln Gebete. Die Raben sind still und rühren sich nicht. Ein Adler kreist auf schweren Flügeln dicht über dem Erdboden. Unsere Schafe kommen aus eigenem Antrieb von der Weide heim, wie sie es abends zu tun pflegen — und doch steht die erlöschende Sonne auf ihrer Mittagshöhe. Die jungen Hunde unterbrechen ihr Spiel, kriechen verzagt ins Zelt und legen sich auf mein Bett. Nur die Pferde grasen weiter und zeigen keine Verwunderung darüber, daß der Tag so kurz ist. Alles ist unheimlich still.

Dann aber vergrößert die kleine Sonnensichel, die in der Nacht des Weltenraumes nicht erloschen war, sich wieder. Es wird heller, und die matten Schatten, die eben noch doppelte Ränder hatten, werden wieder scharf. Die Schafe stehen noch unschlüssig da, gehen dann aber langsam nach der Weide zurück. Die Hunde beginnen ihr Spiel von neuem, und die Tibeter schauen, einer nach dem anderen, aus ihren Zelttüren. Die Raben schütteln sich und fliegen krächzend nach einem der Hügel. Die Gebete der Ladakis verstummen, und mit sausenden Flügelschlägen schwingt sich der Adler zur Sonne empor, die wieder in ihrem glühenden Glanze hervortritt.

Da kam der alte Karpun, um uns zu besuchen, und erhielt Tee, Tabak und ein Stück Zeug.

»Erinnert der Bombo Tschimbo sich noch«, fragte er, »wie ich euch vor fünfeinhalb Jahren mit dem großen Aufgebot festzuhalten suchte?«

»Ja, am Nordufer des Selling-tso. Ich machte dir damals viele Not, und du konntest mich nicht zum Bleiben bewegen.«

»Der Ärger ist jetzt vergessen, und ich freue mich sehr, euch gesund und munter wiederzusehen.«

»Damals ahnten wir nicht, daß wir uns wieder treffen würden! Du selber siehst sehr wohl aus, aber sage mir, weshalb du gerade jetzt kommst?«

»Ich bringe dem Statthalter aus Schansa-dsong Meldung. Die dort zurückgebliebenen Beamten haben mir befohlen, das Volk aufzubieten. Jetzt muß die ganze Miliz unter Waffen treten, um ...«

»Du wirst doch nicht wieder die Absicht haben, mich festzuhalten?«

»O bewahre! Aber von den schwarzen Zelten am mittelsten Bogtsang-tsangpo ist Nachricht gekommen, daß eine große Räuberbande zehn Zelte ausgeplündert und sämtliches Vieh der Besitzer nebst allen Schafherden fortgetrieben hat.«

»Wann?«

»Vor einigen Tagen.«

»Dann können wir von Glück sagen, daß wir ihnen nicht in die Hände gefallen sind, da wir ja fünf Tage am mittelsten Bogtsang-tsangpo entlanggezogen sind und sehr viel Silbergeld in unseren Kisten haben.«

»Der Bombo Tschimbo ist der Freund der Götter. Euch kann nichts Böses treffen.«

Nun machte ich mit den beiden Eckpfeilern meiner Karawane Exzellenz Hladsche Tsering einen Besuch. Er saß an seinem lackierten Tisch, trank Tee und hatte seine lange chinesische Pfeife im Munde.

»Wißt ihr, warum es eben so dunkel wurde?« fragte ich. »Die Götter des Dangra-jum-tso zürnen darüber, daß ihr mir nicht erlaubt, ihren See zu besuchen!«

»Nein, bewahre. Am Himmel geht ein großer Hund umher, der manchmal die Sonne verdeckt. Aber ich und der Lama Lobsang haben die ganze Zeit über vor dem Altar gebetet und Räucherspäne vor den Götterbildern brennen lassen. Ihr habt nichts zu fürchten, der Hund ist weiter gezogen.«

»Schön!« rief ich aus und machte nun einen verzweifelten Versuch, das Phänomen zu erklären. Robert mußte seine Untertasse, welche die Sonne vorstellte, in die Höhe halten; ich nahm zwei Rupien, die Erde und Mond in ihren Bahnen kreisend darstellten. Hladsche Tsering hörte Muhamed Isas Übersetzung meiner Erklärung aufmerksam an, lächelte, nickte beifällig mit dem Kopf und meinte schließlich — alles das möge ja für uns ganz gut sein, aber für Tibet treffe es durchaus nicht zu!

In demselben Augenblick wurde der Zeltzipfel zurückgeschlagen, Rabsang trat atemlos ein und rief mir zu:

»Die Post ist da!«

Muhamed Isa und Robert sprangen auf, als hätten sie Feuer unter den Sohlen und riefen: »Wir müssen hinaus!« Ich saß ganz still und stemmte die Füße fest auf den Boden, um nicht zu zeigen, daß ich vor Aufregung bebte. War es möglich? Briefe aus der Heimat, aus Indien, aus Gyangtse und vielleicht vom Taschi-Lama!

»Wer hat die Post gebracht?« fragte ich, als ob nichts vorgefallen sei.

»Ein Mann aus Schigatse, den zwei andere begleiten«, antwortete Rabsang.

»Wo ist er? Laßt ihn mit der Posttasche herkommen!«

»Das haben wir ihm auch schon gesagt, aber er antwortet, daß er strengen Befehl habe, die Post dem Sahib selber in seinem eigenen Zelt zu übergeben. Er weigert sich, es im Zelt des Statthalters zu tun.«

»Was ist denn los?« fragte Hladsche Tsering, der sich über den allgemeinen Aufstand wunderte.

»Ich habe Nachricht vom Taschi-Lama«, erwiderte ich sehr ruhig. Jetzt war die Reihe, verdutzt auszusehen, an Hladsche Tsering. Die Neuigkeit machte auf ihn einen tiefen Eindruck. Er gab schnell einen Befehl, zwei seiner Männer eilten hinaus und kamen mit der Bestätigung meiner Behauptung wieder. Da klopfte er mir freundlich auf die Schulter und sagte lächelnd:

»Hedin Sahib, dies ist für mich eine viel größere und wichtigere Neuigkeit als für euch! Mich kümmert's nicht, was ihr für Nachrichten erhaltet, aber die Ankunft der Post vom Taschi-Lama ist mir schon an und für sich ein Beweis, daß Seine Heiligkeit euch wirklich erwartet, daß das Gebiet des Labrang euch offensteht und daß ich recht gehandelt habe, als ich sagte, daß ihr eure Reise fortsetzen könntet.

Nun konnte ich aber meine Ungeduld nicht länger zügeln. Ich verabschiedete mich und eilte in mein Zelt, wohin der Postbote gerufen wurde. Es war ein junger, kräftiger Tibeter namens Ngurbu Tundup, ein Diener des Kung Guschuk, eines sehr vornehmen Beamten in Schigatse und jüngeren Bruders des Taschi-Lama. Auf Befehl aus Indien hatte Leutnant Bailey, der den beurlaubten Major O'Connor in Gyangtse vertrat, die sehr sorgfältig eingewickelte Postkiste dem Taschi-Lama mit der Bitte geschickt, sie mir zustellen zu lassen. Die tibetische Adresse war sogar auf den verbotenen Dangra-jum-tso ausgestellt! Auf Befehl des Taschi-Lama war der Mann mit einem offenen Paß vom Labrang, dem Vatikan von Taschi-lunpo, ausgerüstet worden, der ihn berechtigte, sich auf dem ganzen Weg dorthin Pferde stellen und Proviant verabreichen zu lassen. Die Männer, die ihn begleiteten, waren die letzten Nomaden, die ihm am Dangra-jum-tso Pferde zur Verfügung gestellt hatten und ihn jetzt, da es sicher Trinkgelder geben würde, nicht hatten verlassen wollen. Er hatte 18 Tage zu der Reise nach dem Heiligen See gebraucht und mich dort drei Tage lang gesucht, bis er zufällig erfahren hatte, daß wir am Ngangtse-tso lagerten. Dann war er zu mir geeilt, um sich seines Auftrages zu entledigen. Aber weshalb hatte er sich so verspätet? Ich hatte doch den 25. November verabredet? Jawohl, aber Kung Guschuk hatte die Kiste 40 Tage liegenlassen, und Kung Guschuk ist ein Schafskopf! Doch auch dies war ein Glück. Hätte Kung Guschuk seine Schuldigkeit getan, so wäre die Post rechtzeitig angekommen — aber ich selber kam erst Ende Dezember nach der verabredeten Stelle. Eine höhere Leitung hatte das Ganze geordnet, alles paßte ganz vorzüglich zusammen.

Nun wurde die Kiste aufgemacht. Welche Spannung! Sie enthielt Pakete von Briefen aus meinem Elternhause, vom Government House in Kalkutta, von Oberst Dunlop Smith und vielen anderen Freunden. Und schwedische Zeitungen erhielt ich in Menge — sie waren zwar so alt wie der Böhmerwald, aber an Lektüre litt ich nun auf dem Weg nach Schigatse keinen Mangel!

Diesen Abend sah die Karawane von mir nicht viel; ich lag auf meinem Bett und las. Auch die Ladakis waren lustig, zündeten sich ein großes Feuer an, tanzten und sangen. Ich wurde gebeten, einen Augenblick hinauszukommen und mir das Fest anzusehen, und benutzte die Gelegenheit, um eine kleine Rede »An mein Volk« zu halten. Sie hätten mir gut und treu gedient, und bisher sei uns alles geglückt. Jetzt liege die Straße nach Taschilunpo offen vor uns, und ihr Wunsch, nach der heiligen Stadt zu wallfahren, werde sich erfüllen! Dort würden sie von ihren Anstrengungen ausruhen. Und dann ging ich wieder zu meinen Briefen hinein und las noch, als im Osten der Tag graute und ich, nachdem das letzte Kohlenbecken längst erkaltet war, 25 Grad Kälte im Zelt hatte!

Den fünfzehnten hindurch lag und las ich noch immer. Am sechzehnten machte Hladsche Tsering mir seinen Abschiedsbesuch. Wir plauderten in aller Gemütlichkeit miteinander, scherzten und fragten uns, ob sich unsere Schicksalswege wohl noch einmal im Leben kreuzen würden? Dann begleitete ich ihn hinaus zu seinem Pferd, einem Schimmel mit karminroter Satteldecke, blitzenden Messingverzierungen und Glöckchen geschmückt. Er stieg in den Sattel, reichte mir zum letzten Lebewohl beide Hände und verschwand mit seiner kleinen Reiterschar hinter den Hügeln. Dann kehrte ich wieder zu meinen Briefen zurück, fand es aber nun, da der liebenswürdige Statthalter von Naktsang fort war, öde und leer!

17. Januar. Was machte ich mir daraus, daß der Tag sehr trübe war, daß frischgefallener Schnee die uns umgebenden Berge bedeckte und schwere, graublaue Wolkenmassen über den See hinrollten, daß wir nur noch für fünf Tage Proviant besaßen! Wir erfreuten uns unbeschränkter Freiheit. Vor mir lag ein Land, von dem sich in geographischer Hinsicht sagen ließ, daß es eines der interessantesten auf der ganzen Erde sei, und in dem jede Tagereise zu Entdeckungen von außerordentlicher Bedeutung führen konnte.

In Begleitung des Postboten und seiner beiden Kameraden ritten wir in südöstlicher Richtung nach dem See hinunter und zogen an seinem Ostufer entlang. Ein Kiang war von Wölfen zerrissen worden; bei dem Kadaver blieben der weiße Puppy und der schwarze Pobranghund zurück, um einen guten Schmaus zu halten. Wir hatten während des 21,2 Kilometer langen Marsches ganz erbärmlich gefroren, und in der Nacht sank die Temperatur sogar auf 34,4 Grad Kälte, die schlimmste, die wir im ganzen Winter gehabt hatten.

Die nächste Tagereise führte uns in einem Quertal des Gebirges, das sich am Südufer des Ngangtse-tso erhebt, aufwärts. Wir folgen einem deutlich erkennbaren Pfad, lassen ein paar Zelte hinter uns und kommen an Schafhürden, Rasenplätzen und schwarzen Stellen, wo zahme Yaks im Liegen das Gras abgescheuert haben, vorüber; alles ist schwarz: die Zelte, die Tibeter, die halbnackten Kinder und die Hunde. Hoch oben im Tal lagerten wir in einer plateauartigen Erweiterung. Man sah beinahe ganz jenen See, den Nain Sing im Süden in einiger Entfernung liegen ließ und den er Daru-tso nennt. Ich kann die Richtigkeit dieses Namens nicht bestreiten, aber keiner der Tibeter, die ich danach fragte, hatte den See je so nennen hören; sie nannten ihn Martschar-tso, und unter diesem Namen trage ich ihn auf meiner Karte ein. Es kommt indessen manchmal vor, daß ein See bei verschiedenen Nomadenstämmen auch verschiedene Namen hat. Im Lager 109 (5189 Meter) lag er unmittelbar unter uns wie auf einer Karte; seine Gestalt ist nicht einfach wie auf Nain Sings Karte, sondern reich an Halbinseln und Buchten, und in der Mitte ist er außerordentlich schmal. Die Landenge zwischen dem Ngangtse-tso und dem Martschar-tso ist nur wenige Kilometer breit; an der höchsten Stelle berühren sich die alten Uferterrassen der beiden Seen. In der Zeit, als der Wasserstand noch höher war, hingen die beiden Seen also zusammen.

Von dem Augenblick an, da wir den weißen Puppy und den schwarzen Pobranghund hinter uns zurückließen, hatten wir sie nicht wiedergesehen; ich schickte deshalb den Hadschi nach dem See zurück. Aber er kam wieder, ohne eine Spur von den Hunden gesehen zu haben. Wir sahen sie nie wieder, und ich vermißte den weißen Puppy, der mir ein treuer Zelt- und Reisekamerad gewesen war, sehr.

Am 19. Januar zogen wir über den benachbarten Tschapka-la (5326 Meter). Im Tal Lamblung hatten wir elf Zelte zu Nachbarn und konnten uns gleich auf mehrere Tage mit allem, was wir brauchten, versorgen. Das Gebiet gehört noch zu Naktsang, aber die Nomaden waren Untertanen des Labrang und bezahlten ihre Steuern nach Taschi-lunpo.

Hier blieben wir zwei Tage, was wir nicht hätten tun sollen und auch nicht getan hätten, wenn ich mir die Sache ordentlich überlegt hätte. Nicht der wütende Schneesturm war es, der uns dazu trieb, 48 Stunden zu opfern, sondern Ngurbu Tundup, der Postbote. Ich hatte die Absicht gehabt, ihn möglichst lange bei mir zu behalten, denn es war ja klar, daß es uns nur nützlich sein konnte, wenn sich der Diener eines der vornehmsten Beamten in Schigatse bei unserer Karawane aufhielt. Er galt uns als lebendiger Paß; hatten wir ihn nicht mehr bei uns, so konnte man uns vielleicht wieder als Freibeuter betrachten und irgendein herrschsüchtiger Häuptling uns Halt gebieten. Aber Ngurbu Tundup ließ sich nicht erbitten und erklärte, daß er strengen Befehl erhalten habe, sofort nach Ausführung seines Auftrags zurückzukehren und Meldung abzustatten. Jetzt war er dem Befehl schon ungehorsam gewesen und hatte mehrere Tage verloren, ging aber darauf ein, bei uns zu bleiben, wenn wir im Tal Lamblung rasten würden. Ich brauchte die Zeit nur zu sehr, um meine gewaltige Post fertigstellen zu können. Am 20. Januar schrieb ich sechzehn Stunden, und am Nachmittag des einundzwanzigsten war die Postsendung fertig und eingepackt! Ngurbu erhielt für seinen vortrefflichen Dienst ein Geschenk von 82 Rupien, und wenn er das Postpaket dem britischen Handelsagenten in Gyangtse ordentlich überlieferte, sollte er, wenn wir uns in Schigatse wiedersahen, noch eine besondere Belohnung erhalten.

Am folgenden Morgen ging es bergauf nach Osten weiter. Beständige Stürme und ungeheure Wolkenmassen mit Schnee oder ohne Schnee — das war das charakteristische Wetter im Januar.

Der Pongtschen-la (5371 Meter) ist eine flache Paßschwelle und wie die vorige von sekundärer Bedeutung. Im Südosten erhebt sich eine dunkle Bergkette mit Schneegipfeln, die Pabla heißt.

Unmittelbar hinter dem Lager 113 Kaji-pangbuk im Distrikt Tovatova überschreiten wir am 25. Januar eine kleine Schwelle, auf der wir eine orientierende Aussicht haben. Der Blick schweift ungehindert über die weite Ebene mit den drei Flüssen, die den Tagrak-tsangpo bilden.

Zwei große, schwarze Nomadenhunde hatten sich in die braune Puppy verliebt und begleiteten uns mit einer Miene, als gehörten sie zur Familie. Der eine hinkte; er war alt und zottig und wurde mit Steinwürfen und Schimpfreden empfangen. Trotzdem blieb er unser treuer Begleiter. Er wurde schließlich ein Inventarium unserer wandernden Gesellschaft, humpelte mit gesenktem Kopf und langheraushängender Zunge mit uns über hohe Pässe und durch tiefe Täler und hörte auf den Namen »der Lahme«. Er bekam seinen Platz vor Muhamed Isas Zelt. Natürlich wurde er schließlich unser aller Freund, durfte fressen, so viel er mochte und nahm in der Karawane eine besondere Stellung ein.

Über den Transhimalaja!

Am 27. Januar, wie gewöhnlich, Sturm! Geleitet von den immer feiner werdenden Verzweigungen des Flußsystems des Tagrak-tsangpo, rücken wir in südöstlicher Richtung vor, ohne daß uns jemand hindernd in den Weg tritt.

Von einer kleinen Paßschwelle herab überblicken wir die beiden Nebenflüsse des Naong-tsangpo, den Puptschung-tsangpo und den Kelung-tsangpo, und folgen dem letzteren. Er führt uns zu einer zweiten Schwelle mit einem Steinmal und Gebetsfahnen; von einer Stange in der Mitte ziehen sich nach allen vier Himmelsrichtungen Schnüre, die mit Lappen und Bändern behängt und mit kleinen Steinblöcken am Boden befestigt sind. Von einer dritten Schwelle von geringerer Bedeutung zeigt uns der Führer hoch in den Pablabergen den Paß erster Ordnung, den wir morgen überschreiten müssen. Schon jetzt sind wir in hochalpinen Gegenden ohne Graswuchs. Der Bach kommt von Puptschung-ri, einem Teil des Hauptkammes. Im Südosten sehen wir die beiden mit Schnee bedeckten Bergmassive Tormakaru und Sangra.

Am Abend legte sich der Wind, und die Töne der Flöten hallten klar im Tale wider. Der Mond stand hoch und leuchtete hell auf das stille, wunderbare Land herab.

Der 28. Januar wurde ein großer Tag in der Chronik dieser Reise. Wir wußten, daß wir einen anstrengenden Weg vor uns hatten, und brachen deshalb zeitig auf.

Schon gegen zehn Uhr war der Wind eisig, nicht das geringste Wölkchen schwebte über der Erde. Es ist viel besser, trübes, aber windstilles Wetter zu haben. Wir ziehen nach Ostsüdosten, über eine endlose Ebene, deren ungünstiger Boden aus bemoosten Steinhöckern und scharfkantigem Schutt besteht. Zur Rechten haben wir die Sangraspitze und andere Teile des Pablakammes, von dem kurze Quertäler unbedeutende Erosionsrinnen durch die Ebene senden. Zur Linken wellenförmiges Land, wo die Nebenflüsse des Naong-tsangpo sich zwischen Hügeln hinschlängeln. Höhere Bergrücken, die im Norden auf dem rechten Ufer des Naong-tsangpo liegen, versperren alle Aussicht nach dieser Richtung hin.

So steigen wir langsam aufwärts, bis sich unerwarteterweise ein tiefeingeschnittenes Erosionstal auf der rechten Seite unseres Weges zeigt. Es gehört nicht zum Ngangtse-tso! Ich stehe also im Begriff, das abflußlose Becken zu verlassen, und zerbreche mir den Kopf über die meiner wartenden Überraschungen. Das Tal heißt Sangra-palhé, ist nach Südosten gerichtet und nimmt die ebenso tief eingeschnittenen südlichen Quertäler des Pabla auf. Im Südosten sehen wir den schwarzen Vorsprung eines Ausläufers des Pabla, um den herum das gewaltige Haupttal und sein Fluß immer mehr nach Süden umbiegen, um weiter zu gehen — aber wohin? Ja, darüber konnte mir der Führer keine Auskunft geben. Weiter kommen wir an ein Tal, das sich in nördlicher Richtung hinzieht, also zum Naong-tsangpo gehört. Nach Norden fällt das Gelände langsam, nach Süden aber steil ab, und wir ziehen auf dem flachen Kamm selber, der die Wasserscheide bildet. Gleich hinter dem Hügel Säreding, auf dem eine einsame Schafhürde steht, geht es steil aufwärts in der Richtung des Berges Särpo-tsungé, den wir später unmittelbar rechts von unserem Wege lassen. Von seiner westlichen und östlichen Seite, sowie von der Schwelle, auf der wir uns jetzt befinden, führt eine Menge ziemlich tiefer Erosionstäler nach dem Sangra-pal-hé hinunter. Zur Linken unseres Weges geht nach Nordwesten ein Tal abwärts, das noch zum System des Naong-tsangpo gehört. Wir bewegen uns also auf dem wasserscheidenden Kamme. Der Särpo-tsungé steht wie eine geographische Grenzsäule da und zeigt an, wo die Herrschaft des Ngangtse-tso endet. Das Ganze ist ein recht seltsames, schwer zu enträtselndes Relief.

Hier ließen wir einen unserer Yaks zurück, der sich weder durch Bitten noch durch Drohungen bewegen ließ, auch nur einen Schritt weiterzugehen, auf diejenigen aber, die ihn anzutreiben versuchten, mit gesenkten Hörnern losfuhr. Er wurde im Stich gelassen — der zweite seiner Art. Yakmoos, Schnee und frische Luft hatte er hier im Überfluß, und später fiel er wohl Nomaden in die Hände.

Noch etwas höher, und wir stehen auf der eigentlichen Paßschwelle. Es war hohe Zeit, daß ich an einem kleinen Feuer landete, da ich halbtot vor Kälte war. Aber leicht war es mir nicht, das Siedethermometer zum Kochen zu bringen. Auf der Erde sitzend mußte Robert mit einigen Pelzen und einer Filzdecke ein provisorisches Zelt um das Instrument bauen, während ich an der vom Wind abgekehrten Seite auf dem Bauche lag, um durch eine kleine Öffnung das Thermometer abzulesen. Es waren nur 9 Grad Kälte, aber Westsüdwestwind in Stärke 8, d. h. halber Sturm. Das abwärtsführende Tal, Selenang, lag jetzt am Nachmittag in tiefem Schatten. Durch seine Mündung hindurch sieht man ein Meer von Bergen, steile Felsen, tiefe Täler, keine Vegetation, ein viel ausgeprägteres und wilderes Relief, als ich je in Tschangtang gesehen hatte. Im Westen versperren nahe liegende Teile des Pablakammes die Aussicht.

Der Paß, auf dem wir uns jetzt befanden, heißt Sela-la oder Se-la und erreicht die bedeutende Höhe von 5506 Meter über dem Meere. Ich sah deutlich, daß er in der Hauptkette liegen mußte, die weiter östlich die bekannte Spitze Nien-tschen-tang-la am Südufer des Nam-tso oder Tengri-nor trägt und von einigen wenigen Europäern und Punditen schon überschritten worden ist. Sie ist eine der hauptsächlichsten und großartigsten Wasserscheiden der Erde, denn von ihren Nordabhängen strömt das Wasser nach den abflußlosen Seen der Hochebene — von den südlichen aber nach dem Indischen Ozean! Wie diese Wasserscheide läuft und wie die Bergsysteme in dem Lande, das mein Weg zwischen dem Ngangtse-tso und Jeschung am Tsangpo durchschneidet, angeordnet sind, das war den Geographen der weißen Rasse bis zu diesem Januar 1907 ebenso unbekannt geblieben wie die der Erde abgekehrte Seite des Mondes! Aber die Meere und Gebirge, die uns der Vollmond zeigt, kannten wir schon seit dem Altertum viel besser als die Gegend auf der Erdoberfläche, wohin ich nun das Glück habe, meine Leser führen zu können! Ich habe mir erlaubt, dieses geographische Problem, das ich lösen konnte, eines der schönsten, vielleicht das allerimposanteste zu nennen, das noch auf der Oberfläche unserer Erde zu lösen war.

Aber auf dem Sela-la überschritten wir die ungeheure Wasserscheide erst an einem einzigen Punkt. Ich will den Ereignissen nicht vorgreifen. Wir müssen unsere Eroberungen der Reihe nach machen — und dann wollen wir aus dem gesammelten Material unsere Schlüsse ziehen.

Nachdem ich in größter Hast mit blaugefrorenen Händen das Panorama gezeichnet und die Namen, die der Führer mir mitteilen konnte, eingetragen hatte, eilten wir die Geröllabhänge auf der Südseite des Passes abwärts. Im Talgrund stiegen wir wieder zu Pferd und begegneten drei berittenen Tibetern, die acht unbenutzte Pferde vor sich hertrieben. Sowie sie uns erblickten, schlugen sie eine andere Richtung ein. Vermutlich gehörten sie zu einer Räuberbande, die hier oben mit ihrer Beute auf ungebahnten Wegen entwischen wollte.

Es war zu schön, an diesem Abend endlich in der Wärme der Lagerfeuer zu sein! Unter schweigendem Nachdenken schweift der Blick von den Felskämmen, die der Mond hell bescheint, bis in die schattige schwarze Tiefe des Talgrundes, wo nur Wölfe in ihren Höhlen hausen. Mir war zumute, als gehöre das alles mir, als sei ich an der Spitze siegreicher Legionen erobernd in dieses Land eingezogen und hätte alle Widerstandsversuche besiegt. Welch glänzende Legionen! Fünfundzwanzig zerlumpte Kerle aus Ladak, zehn magere Gäule und etwa zwanzig abgetriebene Yaks! Und dennoch glückte es mir! Marius hat über seine im Krieg gegen Jugurtha erlangten Triumphe nicht stolzer sein können, als ich es war, als ich am Sela-la meinen ersten Sieg über den Transhimalaja errungen hatte.

Am 29. Januar war unser Tagesmarsch gemütlich. Im tiefen Tal gegen den Wind geschützt, zogen wir der Sonne entgegen und empfanden dies wie ein erstes Zeichen des Frühlings. Erst reiten wir nach Ostsüdosten, schwenken aber allmählich direkt nach Süden ab. Gerade in der Krümmung mündet das Tal Tumsang, in dessen Hintergrund wir wieder einen Teil der großen Kette sehen, die wir am Sela-la überschritten haben. Von ihrem Kamm müssen sich unzählige Täler wie das unsere, ihm mehr oder weniger parallel, herabziehen. Das vereinigte Tal gewinnt an Breite, und in seiner Mitte schlängelt sich das Eisband des Sele-nang. In einer Talerweiterung, die Selin-do hieß, wurde das Lager 118 aufgeschlagen.

Während der letzten Tage hatten wir oft davon gesprochen, wie erwünscht es wäre, wenn wir den Nomaden einige Yaks abmieten könnten. Unsere eigenen waren erschöpft, hielten uns auf und liefen sich in den hohen, schuttreichen Gegenden, durch die wir jetzt zogen, die Füße mit jedem Tage mehr wund. Solange das Land offen vor uns lag, mußten wir nach Möglichkeit eilen. Zeitverlust konnte gefährlich werden, die Yaks marschierten aber, als ob sie einen Klotz am Bein hätten! Im Selin-do sahen wir keine Zelte, in der Dämmerung aber kam Namgjal mit zwei Tibetern, die er in einem Quertal getroffen hatte. Sie waren bereit, mir 25 Yaks zur Verfügung zu stellen, wenn sie einen Tenga (etwa 45 Pfennig) für jeden Tagesmarsch erhielten; sie rechneten auf den Weg bis Je-schung am Tsangpo acht Marschtage. Sie selber wollten uns nur eine Tagereise weit begleiten, standen aber dafür ein, daß neue Leute an ihre Stelle treten würden, wenn sie umkehrten. Besseres konnte mir gar nicht begegnen: wir konnten unsere eigenen Tiere schonen, längere Tagesmärsche machen und sollten obendrein noch gute Führer erhalten.

Abends besuchten uns sieben stark bewaffnete Reiter; sie waren auf der Suche nach einer Räuberbande, die ihnen mehrere Pferde gestohlen hatte. Wir konnten ihnen über die Gesellschaft, der wir gestern begegnet waren, Auskunft geben, und sie ritten sehr dankbar talaufwärts weiter.

30. Januar. Morgens fanden sich unsere neuen Freunde mit ihren Yaks ein; als alles geordnet war, stellte sich heraus, daß wir von dem großen Gepäck, das wir beim Aufbruch aus Leh mitgenommen hatten, nur noch achtzehn Lasten besaßen!

Unmittelbar unterhalb des Lagers 118 vereinigte sich unser Selin-do-Tal mit dem Tale Porung, in dem wir wieder nach Südosten anstiegen. Es wunderte mich, daß unsere Führer wieder mit uns nach den Höhen hinauftrabten, aber sie folgten einem deutlich erkennbaren Weg, und das vereinigte Tal, das wir rechts liegen ließen, schien nach Westsüdwesten und Südwesten abzufallen. Sie sagten, es münde in den My-tsangpo, der ein nördlicher Nebenfluß des Jere-tsangpo, des oberen Brahmaputra, ist; ich hatte später Gelegenheit, mich zu überzeugen, daß ihre Angaben richtig waren. Doch jetzt, bei der ersten Durchquerung dieses Landes, erschien mir die Anordnung der Bergketten und der Gewässer unerklärlich und verwirrend. In jedem Lager fragte ich zuverlässige Tibeter aus und ließ sie mit dem Finger kleine Karten in den Sand zeichnen, die ich dann in mein Tagebuch kopierte. Aber jeden Tag sah die Karte anders aus, selbst wenn die Hauptzüge dieselben waren!

Von dem Punkt aus, an dem wir wieder zu steigen begannen, sieht man im Südwesten ein wüstes Gewirr von Bergen. Auf dem rechten Ufer des Porung treten aus dem Geröllbett mehrere warme Quellen hervor, die schwefelhaltiges Wasser von 53,3 Grad haben und Becken bilden, worin das heiße, dampfende Wasser brodelt. Die Stelle heißt ganz einfach Tsakatschusän, »das warme Salzwasser«. Die Terrassen des Tales lassen auf eine kräftige Erosion schließen. Auf beiden Seiten münden Nebentäler.

Wir kommen an eine Talerweiterung, eine sehr wichtige Stelle, weil mehrere Täler an dem gigantischen Erosionsknoten in diesem Meer wilder Berge zusammenstoßen. Das größte ist das von Nordosten kommende Terkung-rung, das wieder eine ganze Reihe Seitentäler aufnimmt und vom Hauptkamm des Pabla herabkommt. Der sich durch das Tal ziehende Weg führt nach mehreren großen Sommerweiden. Auf einem breiten Felsvorsprung mit einem Manihaufen machte ich lange halt, um mich in dieser außerordentlich interessanten Gegend zu orientieren. Hier begegnete uns eine Reiterschar, die einen Freibeuter verfolgte, der mit der Gattin eines anderen durchgebrannt war — tout comme chez nous! Dann trafen wir eine Karawane von 55 Yaks, die mit großen Ballen chinesischen Ziegeltees aus Lhasa beladen waren und ihn nach der Provinz Tschoktschu bringen sollten. Ein Dutzend schwarzer, barfüßiger Männer begleitete die Tiere; sie pfiffen und sangen, drehten wollenes Garn mit Hilfe einer vertikalen, rotierenden Spule zusammen oder waren mit ihren Gebetsmühlen beschäftigt. Auch sie hatten ihre Yaks gemietet und sollten sie in Selin-do gegen frische austauschen. Sie hatten noch 50 Schafe mitgenommen, die kleine Gerstenlasten trugen. Kurz, je weiter wir vordrangen, desto lebhafter wurde der Verkehr.

Aus den Seitentälern sieht man kleine Fußpfade in unseren breiter werdenden Weg einlaufen. Alle unsere Führer sagen, daß dies die große Landstraße nach Schigatse sei, sie ist aber auch zugleich ein Teil der großen

Straße, die Tschoktschu mit der Hauptstadt des Landes verbindet. Der Weg ist eine Masse paralleler Fußpfade.

Immer höher geht es in der Richtung nach Südsüdosten aufwärts; wir befinden uns einige 30 Meter über dem Talboden, den ein mächtiges, gleichmäßig breites Eisband anfüllt, das einem bedeutenden Flusse gleicht. Nachdem wir noch ziemlich große Nebentäler überschritten hatten, erreichten wir die ergiebigen Quellen von Mense-tsaka, die 48 Grad warmes, süßes Wasser hatten und weiter abwärts Teiche bildeten, in denen kleine Fische zwischen schleimigen Algen umherhuschten. Allmählich aber kühlt das Wasser sich ab und bildet Eis, und über dieses hinweg rinnt es dann weiter und weiter, bis es, wie jetzt Ende Januar, den ganzen Talboden ausgefüllt hat.

Von dem großen Talknotenpunkt an waren wir an vier Manis vorbeigezogen, die selten mehr als drei Meter lang, aber mit außergewöhnlich schön gemeißelten Platten von rotem, weißem oder grünem Sandstein und Schiefer bedeckt waren.

Vor uns erscheint die Paßmulde; umgeben von dem konkaven Kammring, auf dessen Höhe die Karawane sich hoch oben abzeichnet, sieht der Paß ungemütlich steil aus. Oberhalb der Täler Schib-la-jilung und Tschuggelung wird uns das Steigen sauer, die Pferde bleiben oft auf dem Schuttabhang stehen. Endlich aber sind wir oben bei dem obligaten Steinmal mit seiner Wimpelstange inmitten kleinerer Steinpyramiden. Dies ist der Schibla, dessen Höhe 5349 Meter beträgt. Die Aussicht ist großartig und beinahe nach allen Seiten hin frei.

Im Südwesten zeigt uns der Führer den nächsten Paß, den wir zu überschreiten haben. Zwischen ihm und dem Schib-la ist eine tiefe Schlucht. Ihr Fluß, oder richtiger ihr Eisband, vereinigt sich mit allen Wasserläufen, die wir heute schon überschritten haben, ja, mit allen, die wir seit dem Sela-la kennengelernt haben. Wir überschreiten also eine Reihe Nebenflüsse, aber der Hauptfluß, der sie alle aufnimmt, bleibt westlich von unserer Straße liegen und ist nicht von einem einzigen Punkt aus sichtbar. Jener Hauptfluß wird My-tschu, My-tsangpo oder auch My-tschu-tsangpo genannt.

Der Schein der Lagerfeuer lockte uns aus Dunkelheit und Kälte. Doch nichts führt so leicht irre, als wenn man im Dunkeln einem Feuerschein nachgeht; man geht und geht, aber er vergrößert sich nicht. Müde und durchfroren kamen wir schließlich an und setzten uns so nahe wie möglich an die Dungglut, und die Unterhaltung mit Muhamed Isa begann — heiter und lebhaft, wie gewöhnlich.

Vier unserer dienstfreien Yaks waren wieder vollständig erschöpft und mußten einen Ruhetag haben — hätte ich zwar gewußt, was sich hinter uns in unserer Spur zutrug, so hätte ich sie ohne weiteres zurückgelassen und wäre am nächsten Morgen eiligst davongezogen! Aber ich ahnte ja nichts und verbrachte den letzten Tag des Januars ruhig im Lager 119. Die Kälte sank auf 34,4 Grad — zum drittenmal las ich dieselbe Zahl ab!

Den Ruhetag verbrachte ich mit dem Studium der von mir gezeichneten Karten und dem Versuch, mir das Labyrinth von Bergen und Tälern, in das wir uns verirrt hatten, zu einem klaren Bilde zu gestalten. Soviel stand fest, daß die große Wasserscheide zwischen den abflußlosen Seen in Tschang-tang und dem Indischen Ozean sich längs des Hauptkammes Pabla hinzog und — daß dieser die unmittelbare westliche Fortsetzung des mächtigen Kammes Nien-tschen-tang-la war. Wir hatten das Pablagebirge im Sela-la überschritten und befanden uns jetzt in dem ausgedehnten, verwickelten Flußgebiet des My-tschu. Ziemlich parallel mit dem My-tschu strömt weiter ostwärts der Schang-tschu, dessen Tal der Pundit Krishna (A. K.) im Jahre 1872 und Graf de Lesdain im Jahre 1905 durchzogen haben. Zwischen dem My-tschu und dem Schang-tschu muß es also noch eine Wasserscheide zweiten Ranges und eine bedeutende Bergerhebung geben, die in Wirklichkeit nichts anderes als eine Abzweigung vom Hauptkamm des Pabla ist. Vom Sela-la an strömten alle Wasserläufe, die wir überschritten, nach Westen, die sekundäre Wasserscheide aber, auf der ihr Lauf beginnt, lag östlich von unserem Wege. Es ist indessen möglich, daß zwischen dem My-tschu und dem Schang-tschu noch eines oder vielleicht mehrere Nebentäler liegen, die den Tälern dieser Flüsse gleichwertig sind.

Der Pabla ist nur ein Teil des Hauptkammes des »Transhimalaja«, und der Transhimalaja ist nicht nur eine Wasserscheide erster Ordnung, sondern eine physisch-geographische Grenze von noch außerordentlicherer Bedeutung. Wohl habe ich mich dann und wann schon in greuliche Gebirgsgegenden verirrt, aber so etwas wie das Land im Süden des Transhimalaja hatte ich noch nicht gesehen. In Tschang-tang sind die vorherrschenden Linien der Landschaft flach wellenförmig und horizontal; jetzt hatten wir die peripherischen Gebiete, die Abfluß nach dem Meere haben, erreicht, und sofort machten sich vertikale Linien geltend. Auf der Südseite des Transhimalaja sind die Täler also viel energischer in die Gesteinsmassen eingeschnitten als irgendwo auf dem hohen Plateauland. Und warum? Weil die Niederschläge der Monsunwolken auf der Südseite des Transhimalaja unvergleichlich reichlicher sind als auf seinem Nordabhang. Nun fanden wir auch in allen Tälern Quellen, Bäche und Flüsse, während wir vor noch gar nicht so langer Zeit in Gefahr geschwebt hatten, kein Wasser zu finden. Auch in klimatischer Beziehung ist der Transhimalaja also eine Grenzlinie, der an Wichtigkeit nur wenige auf Erden gleichen.

Meine Erwartung und Spannung war ständig im Steigen; mit jedem Tag spürte ich die Nähe einer religiösen Metropole deutlicher. Votivmale, Manis, Wanderer, Karawanen — alles sprach davon! Meine Ladakis hatten dieselben gesteigerten Gefühle, welche die Pilger des Islam empfinden, wenn sie sich dem Berge Arafat nähern, von dem herab sie zum erstenmal das heilige Mekka sehen werden!

Am frühen Nachmittag stellten sich neue Leute mit neuen Yaks ein, um am 1. Februar unsere Lasten zu übernehmen. Ich fand es unerklärlich, daß die Nomaden ohne die geringsten Einwendungen bereit waren, mir Dienste zu leisten. Die große Heerstraße ist in Stationen eingeteilt, an denen zum Transport von Gepäck und Waren frische Yaks bereit stehen, aber diese Vorteile sind doch nur Tibetern zugedacht, nicht einer europäischen Karawane, die nicht einmal einen Paß hatte! Jedenfalls hatte Ngurbu Tundup uns keinen Schaden getan; im Gegenteil, überall wußte man, daß ich kommen würde und daß er der Eilbote des Taschi-Lama an mich gewesen war. Daß die Nomaden uns so bereitwillig Yaks zur Verfügung stellten, beruhte aber zum nicht geringen Teil auch darauf, daß sie stets gut bezahlt und freundlich behandelt wurden. Jetzt marschierten unsere eigenen Yaks ohne Lasten wie die sieben Ladakipferde und der letzte Maulesel. Ich aber war auf alles vorbereitet. Es war verabredet, daß, falls wir einmal keine Transporttiere fänden, ich mit Muhamed Isa und Namgjal auf unseren drei tibetischen Pferden in Eilmärschen nach Schigatse reiten würde, während die Karawane unter Roberts Befehl langsam nachkommen sollte.

Wir hatten in der Nacht 32,5 Grad Kälte gehabt, und der Morgen war abscheulich kalt, trübe und stürmisch. In einem neuen Tal erstiegen wir den nächsten Paß. Schon bald waren wir halbtot vor Kälte; Robert weinte, so fror ihn. Als es am wärmsten war, hatten wir noch 15,3 Grad Kälte und scharfen Wind gerade ins Gesicht! Man würde sich das Gesicht, besonders die Nase, erfrieren, wenn man nicht die ganze Zeit über in die Öffnung des langen Pelzärmels hineinatmete, wo der Atem aber so schnell Eis bildet, daß einem der Ärmel am Schnurrbart festfriert. Zu Fuß gegen den Sturm angehen, ist bei starkem Steigen und bei der dünnen Luft unmöglich, wenn man die geringste Rücksicht auf sein Herz nehmen will. Wir krochen in eine Grotte und saßen auf der geschützten Seite niedergekauert; wir steckten die Hände, um sie aufzutauen, zwischen Pferd und Sattelgurt; wir stampften mit den Füßen und sahen entsetzlich aus, weil die Gesichtsmuskeln erstarrten und wir kaum sprechen konnten.

Endlich sind wir auf dem Tschesang-la, auf einer absoluten Höhe von 5474 Meter. Hier tobte der Sturm in ungehemmter Freiheit, nur mit Mühe konnten wir uns auf den Beinen halten. Robert und ich drückten uns auf der geschützten Seite eines großen bewimpelten Steinmales gegen die Erde, während Rabsang und unser tibetischer Führer trocknen Yakdung sammelten. Mit Hilfe des Feuerstahles setzten wir ihn in Brand, und dann hockten wir alle vier um das vom Sturm gepeitschte Feuer. Wir öffneten die Pelze, um ein bißchen Wärme in die Kleider strömen zu lassen, und zogen die Stiefel aus, um die Füße zu erwärmen, aber wir saßen anderthalb Stunden, ehe wir uns annähernd wieder als Menschen fühlten. Dann eilten wir in der Richtung nach Südsüdwesten abwärts und lagerten im Tale Schamm in der Nähe einiger erbärmlicher Steinhütten.

Ans Ufer des Brahmaputra

Das Schammtal mündet in ein von Osten kommendes, mächtiges Tal, das einen höheren Rang in diesem Flußsystem einnimmt. Es wird vom Bup-tschu-tsangpo durchflossen, dem größten Flusse, den wir bisher gesehen hatten. Unmittelbar unter der Stelle, wo die beiden Täler zusammentreffen, vereinigt sich ein dritter Fluß mit den beiden; er heißt Dangbätschu und kommt aus Südosten. Also fließen drei bedeutende Wasserläufe in dieser kleinen Talerweiterung zusammen. Die Aufklärungen meines Führers machten mir das verwickelte Flußsystem des My-tschu-tsangpo klar. Die Quellen des Bup-tschu-tsangpo liegen zwei starke Tagereisen weiter östlich und sind natürlich in der mächtigen Abzweigung vom Pablagebirge, das die Wasserscheide des My-tschu-tsangpo im Osten ist, zu suchen. Von dem Vereinigungspunkt, an dem wir uns jetzt befanden, fließt der Bup-tschu zwei kurze Tagereisen weit südwestlich, um sich beim Kloster Linga in den My-tschu-tsangpo, der selbst seine Quellen in der Hauptkette Pabla hat, zu ergießen.

Der Bup-tschu-tsangpo zeigte jetzt eine gewaltige Eisfläche, hatte aber eine offene Wasserrinne. An der Stelle, wo das Eis eine Brücke über sein ganzes Bett bildete, kamen wir trocknen Fußes hinüber und zogen dann in dem engen Dangbätal in südöstlicher Richtung aufwärts.

Im Lager 121 ließ ich am 3. Februar Tundup Sonam und Taschi mit unseren eigenen Yaks zurück, da diese so erschöpft waren, daß sie nur ganz langsam vorwärts getrieben werden konnten. Mit der übrigen Karawane brach ich bei gutem Wetter und einer Minimumtemperatur von nur minus 11,5 Grad in aller Frühe auf.

Unsere Richtung ist jetzt Südsüdosten und schließlich Osten. Alle Täler sind voll Eis, das wir mit Sand bestreuen, wenn die Karawane darüberzieht. Der Paß dieses Tages ist der Dangbä-la; seine Höhe beträgt 5250 Meter. Er ist insofern interessant, als er zu der Wasserscheide zwischen dem Bup-tschu (= My-tschu) und dem Rung-tschu gehört. Dieser nämlich vereinigt sich nicht mit dem My-tschu, sondern geht seinen eigenen Weg direkt nach dem oberen Brahmaputra.

Wir lagerten in der Gegend Ngartang im Rungtal. Das Tal gilt für kalt, während das Schammtal eine warme Gegend sein soll. Tatsächlich hatten wir auch dort einige Wacholdersträucher gefunden, deren Anblick uns so erfreute, daß wir das Innere unserer Zelte mit Wacholderzweigen geschmückt hatten.

Wie zur Bestätigung der Angaben der Tibeter fiel die Temperatur in dieser Nacht wieder auf minus 28,4 Grad. Sie hatten uns auf eine lange Tagereise und einen schwierigen Paß vorbereitet, und es war daher noch dunkel, als ich schon die Yaks in das Lager treiben hörte. Nachdem wir den Ma-lung-Fluß hinter uns gelassen haben, reiten wir in dem vom Paß uns entgegenkommenden schmalen Tal auf steilem Weg aufwärts, zwischen Geröll und Steinblöcken; hier und dort stehen kleine Votivmale. Es folgt eine Strecke fast ebenen Bodens, und schließlich geht es steil zum Paß hinauf. Dies ist der Ta-la, der »Pferdepaß«; seine absolute Höhe ist 5436 Meter.

Waren der Aufstieg zwischen den Steinkegeln beschwerlich und akrobatenhafte Drehungen des Pferdes sowohl wie des Reiters nötig gewesen, so erhielt der Pilger aber seine Belohnung, wenn er hier oben stand am wimpelgeschmückten Steinmal auf der Höhe des Ta-la! Denn Großartigeres, Schwindelerregenderes und Überwältigenderes habe ich noch nicht gesehen, wenn nicht auf der Höhe von Tschang-lung-jogma. Man ist so gefesselt von dem Panorama im Südosten und Ostsüdosten, daß man fast vergißt, vom Pferde zu steigen! Unter mir ein Gürtel von rotbraunen, domartigen Hügeln, dahinter ein beinahe schwarzer Ausläufer mit reicher Ausmeißelung an kurzen Quertälern, und noch weiter hinten eine dunkelgraue Verzweigung. Alle scheinen sie nach Westen und von der Wasserscheide auszugehen, die ich seit dem Sela-la im Osten unserer Straße vermutet hatte. Dergleichen hatte ich früher schon unzählige Male gesehen. Doch hoch über dem dunkelgrauen Rücken erhob sich eine Gebirgswelt, die eher dem Himmel als der Erde anzugehören schien, so leicht und luftig schwebte sie unter einem Baldachin weißer Wölkchen über der übrigen Erde. Es sind die schneebedeckten Gipfel des Himalaja, und hinter ihnen liegt Indien mit seinem ewigen Sommer! Es sind die nördlichsten Himalajaketten auf der Grenze zwischen Tibet und Bhutan, die ich hier sehe. Zwischen ihnen und dem uns ziemlich nahe liegenden dunkelgrauen Kamm öffnet sich ein Abgrund, eine ungeheure Spalte in der Erdrinde — das Tal des Brahmaputra, des Tsangpo.

Tsering und Bolu erreichen jetzt mit der kleinen Karawane den Paß. Sie fallen vor dem Steinhaufen auf die Knie und sprechen ihre Gebete, und Tsering reißt von seinem zerlumpten Rock einen Fetzen ab, um ihn als Opfergabe an eine der Schnüre zu heften. Die Tibeter, die uns ihre Yaks vermieten, besorgen das Auf- und Abladen und befreien die Ladakis von manchen ihrer Obliegenheiten. Die älteren unserer Leute dürfen auf Yaks reiten. Sie haben es jetzt in allem leichter, aber sie sind ja auch Pilger auf dem Wege nach einer der größten Metropolen des Lamaismus. Die Mütze in der Hand geht der alte Tsering zu Fuß über den Paß, und er kann seine Augen nicht von den traumhaften Bergen abwenden, die in bläulicher Ferne glänzen. Er sagt sich aber auch, daß sie sich weit hinter Taschi-lunpo erheben, und daß wir sie nicht noch zu übersteigen brauchen, um das Ziel unserer Sehnsucht zu erreichen!

Hals über Kopf geht es zwischen Felsblöcken durch schroffe Wände hinunter, auf Erdrücken und Ausläufern abwärts, und mehr und mehr vom Himalaja entschwindet unseren Blicken. Kabbalo ist ein Dorf mit zwei kleinen Steinhäusern in dem Tal Pernanakbo-tang, wo wir lagerten. Verschiedene Tibeter hielten sich im Freien auf und gafften uns an; ich erhielt Butter und Rettich und sah das ewige Schaffleisch nicht mehr an.

Am Lagerfeuer standen 40 Tibeter! Als ich an sie heranritt, streckten sie alle auf einmal die Zunge so weit heraus, wie es nur irgend ging; sie hebt sich feuerrot gegen ihr schmutziges Gesicht ab. Diejenigen, welche Mützen tragen, nehmen sie mit der linken Hand ab und kratzen sich mit der rechten den Kopf, auch eine Zeremonie, die zur Begrüßung gehört. Spricht man mit ihnen, so schnellen die Zungen unaufhörlich heraus, aber nur aus Höflichkeit und Freundlichkeit; sie wissen gar nicht, was sie uns alles zu Liebe tun sollen.

Der Tagesmarsch am sechsten gehört zu denen, die ich nie vergessen werde. Denn nun schritten wir die riesenhafte Treppenstufe, den Rand von Tschang-tang, hinab und in das Ginungagap, das wir vom Ta-la-Paß aus gesehen hatten und in dessen Tiefe der obere Brahmaputra fließt. Es geht vom Lager nach Südsüdost, unser Fluß bleibt rechts liegen und durchschneidet das Gebirge in einem tiefen Hohlweg, um dem Rung-tschu zuzuströmen. Der Anstieg zum Paß La-rock (4440 Meter) hinauf ist ebenso leicht wie kurz. Man muß indessen noch über zwei kleinere Schwellen, ehe die Aussicht ganz frei wird. Sie ist großartig und erinnert an die Landschaft, die man in Leh vom Palast aus sieht. Deutlich sah man die nördlichen Kämme des Himalaja, aber schwere Wolken ruhten einem Dache gleich über den Gipfeln. Der Tsangpo zeichnete sich als ein sehr schmales, helles Band ab, von dem uns noch eine bedeutende Entfernung trennt. Unter uns fließt der Rung-tschu. Am imposantesten sind jedoch die ungeheuren Ausläufer und Verzweigungen der Berge, die östlich und westlich von uns liegen und die wie eine endlose Reihe vorgestreckter Tigertatzen jäh nach dem Tal des Brahmaputra abfallen.

Die Ebene, die sich unter uns ausbreitet und die eine sehr ausgedehnte Erweiterung des Brahmaputratales ist, heißt Je oder Je-schung, während der Fluß hier den Namen Jere-tsangpo trägt. Sie ist dicht bewohnt. Rechts erhebt sich das große Kloster Taschi-gembe, das mit seinen vielen weißgetünchten Häusern an eine italienische Küstenstadt erinnert. Von dort führt eine Straße nach dem berühmten Kloster Sekja. Eine feine, sich nach Südosten hinschlängelnde Linie ist die große Landstraße nach Schigatse, Taschi-lunpo und Lhasa.

Von der letzten Plattform geht es halsbrecherisch steil abwärts; man geht daher diese schroffen Abhänge von grauem Granit, die Wind und Wetter rund geschliffen haben, hübsch zu Fuß. Wo loses Material die Zwischenräume ausfüllt, ist der Pfad metertief eingeschnitten. Viele Pilger, Pferde und Yaks sind hier gewandert, ehe er so geworden ist. Bald haben wir Abgründe auf den Seiten, bald rutschen wir auf den Granitplatten abwärts, bald steigen wir wie auf einer Treppe hinab, aber abwärts geht es, immerfort abwärts, und wir freuen uns bei dem Gedanken, daß uns jeder Schritt endlich in wärmere und dichtere Luftschichten, in denen man leichter atmet, führt.

Endlich sind wir unten auf der großen Ebene, in die alle Täler münden. Wir reiten an Gerstenfeldern, Pappelhainen, Höfen und Dörfern mit weißen Häusern, die blaue und rote Streifen und Fahnen auf ihren Dächern haben, vorüber. Das Kloster Tugdän lassen wir zur Linken; ein wenig weiter, am Fuß eines Bergausläufers, hatte Muhamed Isa haltgemacht. Wohl an die hundert Tibeter jeden Alters und Geschlechtes umringten die Zelte, unglaublich schmutzig und schwarz, aber sehr freundlich; man verkaufte uns Schafe, Hühner, Milch, Rettiche und Malzbier (Tschang), auch unsere müden Tiere wurden reichlich mit Heu und Gerste versorgt. Frauen, mit einem Bogen als Schmuck im Nacken, trugen in Weidenkörben Dung zu unseren Feuern und wurden nicht müde, bei uns zu sitzen und uns selber und unsere wunderlichen Beschäftigungen anzustaunen. Hier fand sich auch Ngurbu Tundup wieder bei uns ein und brachte mir die erfreuliche Nachricht, daß Kung Guschuk, sein Herr, meine Post weiterbefördern lasse. Er erhielt auch jetzt nur einen Teil seiner Belohnung, der Rest sollte ihm erst ausgezahlt werden, sobald ich Nachricht erhielte, daß die Post wirklich in Gyangtse eingetroffen sei. Von seinem Herrn händigte er mir ein »Kadach«, ein Willkommentuch, ein und sagte dabei, ihm sei befohlen, uns zu begleiten und uns auf der Reise nach Schigatse behilflich zu sein! Und das war mir das Allerwichtigste. Es bedeutete, daß wir keinen Hindernissen begegnen würden.

Hier war die absolute Höhe nur 3949 Meter, die Luft war warm und schön; um neun Uhr hatten wir nur noch drei Grad Kälte, und die Zelttür durfte daher offen stehen. Mit Robert und Muhamed Isa hielt ich lange Rat. Sollten wir, statt eines einzigen, nicht lieber zehn Tage in dieser herrlichen Gegend bleiben, wo es alles gab, was wir brauchten, und wo die Tiere sich erholen konnten, während ich die seltsamen Klöster besuchte? Nein, über den Empfang, der meiner wartet, wissen wir nichts Sicheres; bis Lhasa sind es nur noch elf Tagereisen, und in Schigatse, meinem Ziel, können wir in drei Tagen sein! Von der Regierung haben wir nichts gehört, aber in Schigatse erwartet man uns. Jeden Augenblick kann ein Umschlag zu unseren Ungunsten eintreten. Auch nicht einen kostbaren Tag wollen wir verlieren, morgen in aller Frühe aufbrechen und weitereilen, solange die Straße noch offen vor uns liegt!

Die Spannung war ungeheuer groß. Würde es mir nach all den schweren Schicksalen und Abenteuern, die wir erlebt hatten, doch noch gelingen, unser Ziel zu erreichen? Spät am Abend sangen die Ladakis ihre Taschilunpo-Hymne, aber weicher und inniger als je zuvor. Als es Mitternacht war, sangen sie noch immer, und ich hörte aufmerksam zu, obwohl ich das Lied in Tschang-tang schon so oft gehört hatte.

Der Troß, der sich am Morgen des siebenten vor den Zelten versammelte, war recht gemischt. Pferde, Esel und Kühe sollten das Gepäck tragen, denn Yaks gab es hier nicht. Südweststurm wehte, als ich eine gute Stunde später aufbrach und die ganze Bevölkerung der Gegend sich versammelt hatte, um sich meine Abreise anzuschauen. Gerade als ich in den Sattel steigen wollte, erschienen drei Abgesandte eines Herrn Tscheppa Deva, der Kung Guschuks Freund war. Sie brachten mir von ihm als Geschenk ein geschlachtetes Schaf, einen fetten Kuchen mit Relieffiguren und Früchten auf der Oberseite, drei große Butterklöße und 30 Eier! Ein Gegengeschenk konnte ich nicht mehr machen, da die Karawane schon vorausgezogen war, aber ich gab ihnen 15 blanke Rupien und bat sie den mir unbekannten Tscheppa Deva herzlichst zu grüßen. Da sagte der vornehmste der drei: »Dieses Geld müssen wir unserem Herrn abliefern; es wäre daher gut, wenn der Bombo Tschimbo uns ein Extratrinkgeld geben wollte.« Dies war ja eine kluge, vernünftige Rede — sie erhielten noch eine Barzahlung und zogen befriedigt ab.

Die anderen begleiteten mich in Menge, kichernd und schwatzend bis an die nach Schigatse führende Landstraße. Wir ritten durch einen Teil des Dorfes Dsundi, an einer warmen, Heilung spendenden Quelle vorbei, bis sich über eine unfruchtbare Ebene hinweg der Weg immer mehr nach Süden krümmt, dem Brahmaputra entgegen — ebenso, wie wenn man sich dem Indus von Leh aus nähert, und ebenso wie dort sind lose Steine aus dem Weg geräumt und liegen an den Seiten der Straße.

An einer Talverengung liegt Tarting-gumpa links auf einem Felsen und auf dem rechten oder südlichen Flußufer das Dorf Rokdso mit der Fährstelle, und nun kommen wir um den ersten Granitausläufer herum, der sich bis in die Nähe des Flusses erstreckt. Hinter dem Dorf Kam mit Äckern und kleinen Gärten reiten wir durch einen vier Meter tiefen Hohlweg, einen Korridor in gelbem Lößlehm; hier und dort ist er in der Quere von Rinnen durchbrochen, und durch die Lücken erblickt man, wie aus den Fenstern einer Galerie, das große Nebental So, das von Süden her in den Tsangpo mündet. Der Regen hat den Lehm stellenweise zu meterhohen Pyramiden, die einem Wald riesenhafter Morcheln gleichen, geformt. Wir begegnen schwarzen, barhäuptigen Bauern, die beladene Pferde und Esel vor sich hertreiben, Frauen und Kindern mit Körben auf dem Rücken. Ein altes Weib saß nach Männerart auf einem Esel, ein Vornehmer zu Pferd geleitete seine Gemahlin, einige Landleute gingen pfeifend hinter Kühen her, die mit Heu beladen waren, eine Schar Männer und Weiber in malerischen Trachten zog als Pilger zu den großen Neujahrsfestlichkeiten nach Taschi-lunpo, die mitmachen zu können meine Ladakis schon so lange gehofft hatten. Der Weg führt jetzt über angeschwemmtes Land, das im Sommer von Hochwasser überflutet wird. Und nun — zum ersten Mal berührt unser Weg das Ufer des Brahmaputra! Ich trinke von dem heiligen Wasser, das blaugrün, beinahe ganz klar, lautlos und langsam in einem einzigen Flußbett nach Osten gleitet.

Der Boden ist sehr sandig und bildet zwei Meter hohe unfruchtbare Dünen. Auf den ersten Blick erkennt man, wie sie sich gebildet haben, besonders an einem Tag wie diesem, wenn der Weststurm den Flugsand in Wolken vor sich hertreibt, die die gewaltigen, schroffen Felswände auf dem rechten Flußufer dem Blick oft ganz verhüllen. Während des Hochwassers setzt der Fluß an den seichten Stellen Schlamm- und Sandmassen ab, die im Winter frei liegen und trocknen. Der Westwind nimmt dann das angeschwemmte Material mit, um weiter östlich Dünen zu bilden; wo diese tief genug liegen, spült das nächste Hochwasser sie wieder fort, und nachdem es sich verlaufen hat, beginnt derselbe Vorgang von neuem. So geht im Tal des Tsangpo eine ununterbochene Massenversetzung festen Materials von Westen nach Osten vor sich. Es bleibt nicht dabei, daß der Fluß sich sein Bett durch seine eigene Schwere gräbt und im Wasser Schlammassen mit sich führt; auch das an den Ufern abgesetzte Material wird vom Wind, der dem Wasser zu Hilfe kommt, fortgetragen. Winde und fließendes Wasser arbeiten einträchtig miteinander und verfolgen dasselbe Ziel, diese gigantische Abflußrinne immer tiefer auszuwaschen. Seit unzähligen Jahrtausenden haben sie daran gearbeitet, und das Ergebnis ist das Tschangpotal, wie es sich heute meinen Augen zeigt.

Nach achtstündigem Ritt kamen wir in einem kleinen, aus 30 Häusern bestehenden Dorf namens Rungma an, wo die Zelte in einem Garten zwischen Pappeln und Weiden aufgeschlagen wurden. Wie schön erschien es uns, die wir ein halbes Jahr auf der öden Hochebene von Tschang-tang gelebt hatten, wieder den Wind durch die entlaubten Zweige der Bäume sausen zu hören! Die Feuer wurden nicht mehr mit getrocknetem Dung gespeist, trockne Holzbrände sprühten zwischen den Zelten und warfen ihren blendenden Lichtschein auf die Baumstämme und die Tibeter.

Auch am 8. Februar machten wir einen langen Ritt. Ngurbu Tundup beklagte sich, daß ihm sein Maulesel entlaufen sei; er müsse daher hierbleiben und bitte mich, ihm den Rest der versprochenen Belohnung jetzt auszuzahlen. Dieser Kniff war leicht zu durchschauen. Ich argwöhnte, daß die Post am Ende doch nicht richtig in Gyangtse gelandet sei. Wir waren noch nicht weit vom Dorfe, als uns Ngurbu auf einem geliehenen Pferde mit klingelnden Schellen nachgeritten kam. Als wir das Lager aufgeschlagen hatten, mußte er zur Strafe gleich nach Schigatse weiterreiten, um Kung Guschuk mitzuteilen, daß ich am nächsten Tag eintreffen würde und ein ordentliches Haus bereitgehalten haben wollte. Das war unbedacht gehandelt! Denn wenn Kung Guschuk irgendeinem Chinesen erzählt hätte, was er wußte, so hätte man mich noch im letzten Augenblick vor der Stadt anhalten können!

Weiter und weiter nach Osten führt die Landstraße auf dem nördlichen Ufer des Tsangpo an terrassenförmigen Äckern vorbei, die der Fluß bewässert. Man ist erstaunt, so viel kulturfähigen Boden und eine solche Menge bewohnter Dörfer mit massiven Steinhäusern und Gärten in Tibet zu finden.

In Tanak (»das schwarze Pferd«) lagerten wir in einem Garten, wo ein kleines Haus dem Taschi-Lama als Quartier dient, wenn der hohe Prälat seine jährliche Reise nach dem Tempel Taschi-gembe macht. Der Fluß wird hier bald Sangtschen, bald Tsangpo-Tschimbo, d. h. »der große Fluß«, genannt. Der Tsangpo ist Tibets Fluß par préférence. Nach Waddell wird dieser Name bisweilen so geschrieben, daß er eine getreue Übersetzung des Namens Brahmaputra ist, der »Sohn des Brahma« bedeutet. Den Namen Jere-tsangpo haben wir bereits kennengelernt, und weiter westlich werden wir noch mehrere Namen finden. Im unteren Teil seines Durchbruchs durch den Himalaja heißt er Dihong, und erst, wenn er aus dem Gebirge herausgetreten ist, um die Ebenen Assams zu bewässern, nimmt er den Namen Brahmaputra an.

Im Boot den Tsangpo hinunter. — Heimlich in Schigatse

Der 9. Februar brach an, der große Tag, an dem unsere jetzt in sehnsuchtsvolle Pilger verwandelte Karawane das Ziel ihrer Träume erreichen sollte! Der Morgen war herrlich. Schon in aller Frühe mußten Sonam Tsering und einige Ladakis sich mit einem Teil der Bagage in zwei Booten einschiffen, während Muhamed Isa und Tsering mit der Karawane auf der Landstraße weiterzogen. Dies war eine Kriegslist. Wenn im letzten Augenblick noch jemand auftrat, um uns Halt zu gebieten, so würde das Verbot nur Muhamed Isa und die Karawane treffen, während ich mich auf dem Flusse unbemerkt in Schigatse würde einschleichen können.

Alle anderen waren schon unterwegs, als Robert, Rabsang und ich in einer steilen, schluchtähnlichen Rinne die Terrasse hinunterrutschten und das vorzügliche Fahrzeug, das uns den heiligen Fluß hinabtragen sollte, bestiegen. Diese Tsangpoboote sind ebenso einfach wie praktisch. Man denke sich ein Gerippe, oder vielmehr ein Gestell von dünnen, zähen Ästen und Rippen, fest zusammengeschnürt und mit vier aneinander genähten Yakhäuten überspannt, die an einem Holzring, der die Reling bildet, befestigt werden — und das Boot ist fertig. Schwer ist es nicht, es bildet eine gewöhnliche Manneslast. Alle Boote, die jetzt mit Pilgern zum Neujahrsfest flußabwärts zogen, und die Boote, die landwirtschaftliche Produkte oder Brennstoff nach Schigatse und Taschi-lunpo befördern, werden von ihren Besitzern längs des Flußufers wieder zurückgetragen. Ein großer Teil der Bevölkerung Hlindug-lings, des Teiles von Tanak, wo wir gelagert hatten, lebt von diesem Transport.

Der Ruderer sitzt auf einem dünnen Brett, aber verkehrt herum, so daß das Hinterende vorangeht, denn er muß ja das Fahrwasser flußabwärts übersehen können. Die Ruder sind wie eine Gabel gespalten, zwischen den beiden Zinken ist ein Stück Leder befestigt, das an die Schwimmhäute der Ente erinnert. Unser Ruderer ist ein selbstbewußtes Kerlchen und beantwortet meine Ratschläge nur durch überlegenes Lächeln, sobald ich mich mit meiner Erfahrung in der Flußnavigation mausig mache. Die Strömung tut das meiste, aber um das Boot in der Gewalt zu behalten, läßt er die Ruder nie ruhen.

Die ersten Minuten gleiten wir langsam dahin, dann aber wird die Fahrgeschwindigkeit größer und beträgt durchschnittlich eineinviertel Meter in der Sekunde. Ich konnte ungehindert den Fluß hinabschauen, stellte die Zeiten fest, machte meine Peilungen, maß die Geschwindigkeiten und zeichnete eine Karte des Flußlaufes, ganz wie einst auf dem Tarim. Es war eine herrliche Fahrt, die schönste, die ich erlebt habe! Ein halbes Jahr lang hatten wir unter unaufhörlichen Verlusten uns diagonal durch Tschang-tang hindurchgearbeitet, jetzt standen mir die Pforten weit offen, und lautlos und gleichmäßig wie auf Öl glitt ich meinem Ziel entgegen. Eines der größten Erosionstäler der Erde breitete um uns sein großartiges Panorama aus.

Gerade als wir Tanak verließen, fuhr ein Dutzend Boote am Dorf vorbei. Die Insassen waren Pilger. Dort saßen Frauen in ihren Festgewändern mit Halsbändern von bunten Glasperlen, an denen Silberdöschen mit kleinen Götterbildern und Reliquien oder Silbermünzen hingen, und mit den hohen Bogengestellen im Nacken, die mit rotem Wollstoff überzogen und mit Türkisen und Korallen besetzt sind. Da saßen Greise, Männer und Knaben, und auch ein paar Lamas hatten sich in ihren roten Togen der weltlichen Gesellschaft angeschlossen. Die meisten Boote trugen kleine Gebetswimpel an Gerten, die an der Reling festgebunden waren, und über die Reling hingen kleine Reliquiendosen herab — um der Bootreise der Pilger Segen zu bringen. In einigen Booten hatten sie Sand ausgestreut und Steinplatten hineingelegt, um Feuer anzünden und Tee kochen zu können. Uns schenkten sie wenig Aufmerksamkeit; sie plauderten und schwatzten unaufhörlich und unterhielten sich ausgezeichnet. Auf den Ufern stehen Wildgänse, die schreien, wenn wir vorbeifahren; schwarze und weiße Enten, Reiher und andere Wasservögel sind furchtlos und zutraulich, als wüßten sie ganz genau, daß es streng verboten ist, in Taschi-lunpo ein Lebenslicht auszulöschen.

Wir treiben an einer Sandbank vorbei; unser Ruderer ist aufmerksam und steuert sicher. Er kennt auch den Weg — und hier ist es nicht so leicht, als man glauben sollte, ihn zu finden. Denn der Fluß teilt sich in Arme, und nur ein mit ihnen allen vertrauter Ruderer weiß, welcher der beste und der kürzeste ist.

Jetzt wendet sich der Fluß der rechten, südlichen Talseite zu, wo das Gebirge jäh nach dem Wasser abstürzt und nur so viel Platz am Ufer läßt, daß sich ein gemauerter, durch Steinblöcke befestigter Weg am Ufer entlangziehen kann. Ein Felsvorgebirge nach dem anderen fällt steil nach dem Flusse ab.

Wir warteten auf eine Gelegenheit, um zu landen, aber die Strömung war zu stark. Schließlich gelang es dem Schiffer, uns in eine Gegenströmung hineinzubringen, und ich stieg auf einer Landspitze aus, an der gerade eine Pilgergesellschaft vorbeitrieb, eben zur rechten Zeit, um sie in meiner Kamera festzuhalten. Sie schienen erleichtert aufzuatmen, als sie mit heiler Haut davongekommen waren und sich überzeugt hatten, daß meine Kamera keine Feuerwaffe war! »Es ist noch weit«, sagt der Schiffer, der uns schon bei der Abfahrt die Spitze gezeigt hat, hinter der das Schigatsetal liegt, von dem wir noch immer weit entfernt sind.

Langsam kommen wir wieder in die Mitte des Tales, der Fluß wird breit wie ein See. Alles ist feierlich still. Robert und Rabsang schlafen beide in ihrer Ecke, aber ich kann keine Minute von dieser Pilgerfahrt verlieren. An einer Fähre hatte gerade eine große Yakkarawane haltgemacht, und ihre Lasten Schafwolle wurden am Ufer zu einer Mauer aufgestapelt. Weiter abwärts war Tsering dabei, seine Abteilung in einem Boot unterzubringen, während seine Pferde durch Bitten und Drohungen gezwungen wurden, an Bord eines zweiten zu gehen. Hier überschreitet die große Straße von Tanak den Fluß, und Tsering teilt uns im Vorbeifahren schnell noch mit, daß Muhamed Isa schon weit voraus sei. Wieder machen wir eine Biegung nach Südost und nähern uns den Bergen der Südseite. Der Fluß ist jetzt in einer einzigen Rinne gesammelt und fließt sehr langsam.

Am Fuß des nächsten Bergvorsprunges herrschte Leben und Bewegung; viele mit Gerste, Stroh, Brennholz und Dung beladene Boote wollten gerade landen, und von andern wurden die Lasten unter Geschrei und Singen gelöscht. Ganze Reihen Boote waren aufs Land gezogen worden und lagen dort mit dem Boden nach oben gekehrt, großen Kröten mit Pelzen vergleichbar. Der Schiffer, der uns nach der Mündung des Njangtales befördert hatte, erhielt das vierfache der gewöhnlichen Bezahlung und traute kaum seinen Augen.

An dieser eigentümlichen »Landungsbrücke« wartete Guffaru mit unseren Pferden; ich bestieg wieder meinen kleinen weißen Ladaki und Robert seinen rotbraunen Tibeter, und während die Sonne unterging, ritten wir mit Rabsang als Vorläufer das Njangtal hinauf. Bald verliert man sich in eine Landschaft, die aus lauter Hohlwegen und Rinnen in gelbem Lehm besteht. Eines Führers bedürfen wir jedoch nicht, denn verschiedene Wanderer und Eseltreiber sind noch unterwegs; sie geben uns die nötige Auskunft, und keiner ist unhöflich. Ein wenig links von unserem Wege fließt der Njang-tschu, der Fluß von Gyangtse, einer der größeren Nebenflüsse des Tsangpo von Süden her. Es wird dämmerig; ich fühle, wie mein Herz klopft; sollte es wirklich gelingen? Es wird dunkel; ein großer weißer Tschorten erhebt sich wie ein Gespenst unmittelbar rechts von unserer Straße. Rabsang fragt einen nächtlichen Wanderer, wie weit es noch sei, und erhält die Antwort: »Folgt nur dem Weg, dann kommt ihr gleich in eine Gasse.« Zur Rechten erhebt sich ein Hügel, und auf seinem Gipfel zeichnen sich die Umrisse des Schigatse-dsong, des Rathauses, schwach gegen den Himmel ab. Jetzt sind wir zwischen weißen Häusern und folgen einer schmalen Gasse, in der es noch dunkler ist. Auf einem offenen Platz stehen einige Chinesen. Bissige Hunde kommen aus den Höfen und bellen uns an. Sonst aber liegt die Stadt im Schlaf, und niemand ist Zeuge unseres Einzuges. Wo sind aber die Unseren? Wir wissen nicht, wo sie sich einquartiert haben. Aber da steht auch schon Namgjal, um uns den Weg zu zeigen, und führt uns zum Tor der Mauer, hinter der Kung Guschuks Garten liegt.

Hier kommen uns Muhamed Isa und alle anderen entgegen und begrüßen uns, als ob sie mir zu dem großen Triumph gratulieren wollten. Wir gehen über den Hof nach dem Hause, das mir Kung Guschuk zur Verfügung gestellt hat. Aber es ist kalt und unfreundlich wie ein Gefängnis, und ich ziehe mein unter den Pappeln des Gartens aufgeschlagenes Zelt vor. Während wir auf Tsering warten, setzen wir uns um ein großes Reisigfeuer, an dem sich nach und nach auch mehrere Tibeter einfinden. Ich schenkte ihnen keine Aufmerksamkeit, ich war zu sehr von meinen Gedanken in Anspruch genommen. Es war geglückt, und ich hatte nach einer sechsmonatigen Reise durch ganz Tibet mein erstes Ziel erreicht!

In später Nacht wurde mein Essen fertig — es war mir sehr willkommen, denn wir hatten auf der Flußreise keinen Proviant gehabt. Und dann hatte ich noch zwei gute Stunden an den während des Tages gemachten Aufzeichnungen zu arbeiten.

Da wurde ich plötzlich durch einen Herrn gestört, der dem weltlichen Stabe des Taschi-Lama angehörte. Er sagte, daß er keinerlei Auftrag habe, doch da ihm eben erzählt worden, daß ein ungewöhnlicher Fremder eingetroffen sei, bitte er mich um Aufklärung. Und dann schrieb er sämtliche Namen, die Nationalität und die Größe der Karawane auf und erkundigte sich, auf welchem Weg wir gekommen seien, wohin wir zu reisen gedächten und welche Absichten ich mit meinem Besuch in Schigatse verfolge. Er war eitel Artigkeit und hoffte, daß wir unter der Kälte in Tschang-tang nicht gar zu sehr hätten leiden müssen. Er selber sei ein viel zu untergeordneter Beamter, um mit dem Taschi-Lama sprechen zu dürfen, aber er werde das, was er erfahren habe, seinen Vorgesetzten mitteilen. Er ließ jedoch nie wieder etwas von sich hören. Selten habe ich so gut geschlafen wie in dieser Nacht — ja, doch vielleicht, als ich mein Abitur glücklich hinter mir hatte!

Als der nächste Tag verging, ohne daß jemand, Geistlicher oder Laie, sich auch nur im geringsten um uns kümmerte, schickte ich Muhamed Isa nach Taschi-lunpo hinauf, dessen goldene Dächer im Glanz der Abendsonne auf einem Bergabhang im Westen wie Feuerschein leuchteten. Mein prächtiger Karawanenführer suchte einen hochgestellten Lama auf, der antworten ließ, daß er morgen jemand schicken werde, um über mich und meine Absichten Genaueres zu erfahren, und daß er mir dann weiteren Bescheid zukommen lassen werde. In demselben Augenblick kam Besuch, ein vornehmer Chinese namens Ma. Er stellte sich mir als Chef der »Lansa« oder Truppenmacht von 140 Chinesen vor, die, wie es hieß, in Schigatse in Garnison liegen. Ma, der ein Dungane war und sich zum Islam bekannte, wurde vom ersten Augenblick an mein ganz besonderer Freund. Er schmunzelte vor Gemütlichkeit und guter Laune. Vor fünf Tagen war er aus Lhasa hierhergekommen und sollte so lange bleiben, bis der Amban, der Generalstatthalter Linn Darin, ihn wieder abrufen würde.

»Es ist unbegreiflich«, sagte Ma, »wie es Ihnen geglückt ist, nach Schigatse vorzudringen, ohne daß man es verhindert hat.«

»Ja, offen gesagt, hatte auch ich allerlei Scherereien erwartet, und wenn nicht eher, so doch, als ich nur noch einen oder ein paar Tage von hier entfernt war.«

»Ich habe kein Wort von Ihrem Kommen gehört; wenn ich aber gewußt hätte, daß Sie sich der Stadt nähern, so wäre es meine Amtspflicht gewesen, Sie anzuhalten.«

»Dann ist es ja für mich ein Glück, daß Sie hier noch fremd sind.«

»Ja, aber das schlimmste ist, daß es mir schlimm ergehen wird, sowie der Amban hört, daß Sie hier einfach in Schigatse wohnen! Jetzt aber ist es zu spät, jetzt ist nichts mehr zu ändern.«

»Sagen Sie mir, Ma Daloi, glauben Sie, daß der Taschi-Lama mich empfangen wird?«

»Das möchte ich bezweifeln. Gleich nach meiner Ankunft bat ich um Audienz beim Großlama, er hat mich aber nicht einmal einer Antwort gewürdigt. Und doch bin ich chinesischer Beamter.«

Das sah nun für mich, einen Fremdling, der ohne Erlaubnis von Norden her gekommen war und von dem niemand wußte, wes Geistes Kind er war, wenig ermutigend aus. Aber etwas mußte der Taschi-Lama doch von mir wissen, wie sollte ich mir sonst Ngurbu Tundups Ankunft mit der Post am Ngangtse-tso erklären?

Wir warteten indessen den Gang der Ereignisse ab und gingen mit einer Papierlaterne hinaus, um eines unserer Pferde anzusehen, das in seinem Stand verendet war. Warum konnte es jetzt nicht am Leben bleiben, wo die Krippen voller Gerste und Häcksel waren wie noch nie, und die Tiere an einer Mauer, gegen Kälte und Wind geschützt, ihre Ruhezeit vor sich hatten? Fünf der Veteranen und der letzte Maulesel aus Poonch waren noch am Leben. Die letzten sechs Tiere der stattlichen Karawane, die vor sechs Monaten aus Leh aufgebrochen war! Alle anderen lagen in Tschang-tang, und die Stürme sausten über sie hin. Diese sechs sollten nun gehegt und gepflegt werden. Ich streichelte meinen kleinen Schimmel, aber wie gewöhnlich biß er und schlug aus. Es ging ihm am besten von allen Veteranen, und Guffaru versicherte, daß er, wenn es sein müsse, noch einmal durch Tschang-tang gehen könne.

In unserem Garten hatten wir es in jeder Weise gut. Ein Mann und eine Frau von Kung Guschuks Leuten wohnten in einer jämmerlichen Hütte unmittelbar im Eingangstor und besorgten uns alles, was wir brauchten. Die Frau war alt und gebrechlich, schwarzgeschminkt, aber über alle Maßen freundlich. Unaufhörlich kam sie an mein Zelt, verbeugte sich und kicherte und grinste aus lauter Wohlwollen.

Am 11. Februar wurde ich früh um halb sieben mit der Nachricht geweckt, daß zwei Herren mich sofort zu sprechen wünschten. Ich kleidete mich in größter Eile an und ließ die Gäste bitten, näher zu treten. Der eine war ein hochgewachsener Lama von hohem Rang, er hieß Lobsang Tsering und war einer der Sekretäre des Taschi-Lama; der andere, Duan Suän, war ein junger Chinese mit feinen Gesichtszügen. Beide waren außerordentlich höflich. Wir plauderten zwei Stunden lang über alles mögliche; seltsamerweise schien meine Ankunft in Schigatse beiden Herren eine vollkommene Überraschung zu sein. Sie fragten wieder nach meinem Namen, nach dem Weg, auf dem ich gekommen sei, und nach meiner Absicht; von dem armen kleinen Schwedenland hatten sie natürlich noch nie gehört, schrieben sich aber seinen Namen schwedisch, englisch und chinesisch auf.

»Ich habe die Absicht, heute dem Neujahrsfest beizuwohnen«, sagte ich. »Ich kann Schigatse nicht verlassen, ohne bei einem der größten kirchlichen Feste zugegen gewesen zu sein.«

»Ein Europäer hat unseren Festen, die nur für Tibeter und Pilger unseres Glaubens sind, noch nie beigewohnt und wird auch nie die Erlaubnis erhalten, sie sich anzusehen.«

»Der Pantschen Rinpotsche (‚der heilige Lehrer', der Taschi-Lama) muß doch seit zwei Monaten von meinem Kommen unterrichtet sein? Seine Heiligkeit hat auch gewußt, von welcher Seite ich kommen würde, sonst hätte er mir nicht meine Post nach dem Dangra-jum-tso schicken können.«

»Der Pantschen Rinpotsche befaßt sich nie mit weltlichen Angelegenheiten; alles das besorgt sein Bruder, der Herzog (Kung Guschuk).«

»Dennoch muß ich Seine Heiligkeit selber sehen; ich weiß, daß er mich erwartet.«

»Nur einer kleinen Anzahl Sterblicher ist es vergönnt, sich vor dem Angesicht des Heiligen zeigen zu dürfen.«

Nun stieg mir der Gedanke an den Brief des Radscha von Stogh und den chinesischen Paß auf. Der Brief machte jedoch auf sie keinen Eindruck. Als aber der Paß mit seiner blauen Einfassung und seinen roten Stempeln vor dem jungen Chinesen ausgewickelt wurde, machte er ein sehr interessiertes Gesicht, und je weiter er las, desto größer wurden seine Augen. Er las ihn noch einmal durch und übersetzte ihn dann langsam Herrn Lobsang Tsering.

»Weshalb«, fragten sie dann beide, »haben Sie uns dieses Papier nicht sofort gezeigt? Es würde uns alles Überlegen erspart haben!«

»Weil der Paß auf Ostturkestan und nicht auf Tibet ausgestellt ist«, antwortete ich der Wahrheit gemäß.

»Das ist jetzt, da Sie einmal hier sind, ganz einerlei. Sie haben einen sehr feinen chinesischen Paß und stehen daher sofort unter chinesischem Schutz.«

Der junge Chinese nahm den Paß und verschwand damit, während Herr Lobsang Tsering mir noch mehr Fragen stellte und sich unsere Waffen und anderen Sachen ansah. Schließlich aber fragte ich ihn, ob er sich nicht auch meinen Garten besehen wolle, und aß dann in seiner Abwesenheit schnell mein Frühstück. Darauf kam der Chinese wieder und erklärte kurz, daß ich das Fest besuchen dürfe, daß für mich und zwei meiner Leute besondere Plätze bereitgehalten würden und daß ein Kammerherr vom Hof des Taschi-Lama uns, wenn es an der Zeit sei, abholen werde! Und nun segnete ich den chinesischen Paß, der mir seinerzeit so viel Verdruß gemacht hatte, und ich segnete »The Government of India«, das auf seine Besorgung gedrungen hatte, ich segnete den Grafen Wrangel, der ihn mir in aller Eile verschafft hatte, und ich segnete den chinesischen Gesandten in London, der ihn mit Erlaubnis seiner Regierung ausgefertigt hatte! Aber nie hätte ich geglaubt, daß er für mich die geringste Bedeutung haben werde, da er ja auf ein ganz anderes Land als Tibet ausgestellt war.

Dies war mein Einzug in Schigatse. Keine Katze hatte mich gehindert, keine Neugierigen hatten sich auf den Straßen gedrängt, um uns anzugaffen. Nun aber, da wir uns in der Stadt schon häuslich eingerichtet hatten, erregte unsere Anwesenheit im Orte so allgemeine Verwunderung, als ob wir direkt vom Himmel heruntergepurzelt seien! Daß dieser Streich ganz ohne mein Zutun oder Verdienst so gut geglückt war, das beruhte auf gewissen »Umständen«. Hladsche Tsering hatte mich aus uns unerklärlichen Gründen durchgelassen und uns selber den Sack, in dem er uns gefangen gehabt, wieder geöffnet. Die Häuptlinge aber, die südlich vom Ngangtse-tso wohnten, hatten wohl gedacht; »Wenn der Statthalter von Naktsang sie passieren läßt, können wir sie nicht anhalten.« Ein Glück für mich war es auch, daß einige dieser Häuptlinge sich zum Neujahrsfest nach Taschi-lunpo begeben hatten, und daß wir selber, als wir auf die große Landstraße kamen, unter den übrigen Pilgern verschwanden. Denn während der Neujahrstage gleichen die Tibeter balzenden Auerhähnen, die weder hören noch sehen! Und schließlich war ich, der einzige Europäer der Karawane, erst in die Stadt eingeschlichen, als die Nacht schon ihren dunklen Schleier über die Erde gebreitet hatte.

Das Neujahrsfest

Außer den allmonatlichen Festen hat die lamaistische Kirche vier große Jahresfeste, und das größte unter ihnen ist das Neujahrsfest, das Losar, das zur Erinnerung an Schakya Muni Buddhas Sieg über die sechs Irrlehren, den Sieg der wahren Religion über den Unglauben, gefeiert wird. Es fällt stets auf den Anfang des Februar und ist daher auch ein Fest des Frühlings und des Lichtes, an dem die Kinder Buddhas die Rückkehr der Sonne, den Sieg der zunehmenden Tage über das winterliche Dunkel, das Abziehen der Kälte, das Erwachen des Lebens und der keimenden Saat aus dem Winterschlaf feiern. Das Losar ist daher außerordentlich volkstümlich, das ganze 15 Tage lang den Tagelöhner von seiner Arbeit abzieht, den Hirten von seinen Yaks und den Kaufmann von seinem Ladentisch. Es ist eine Zeit der Freude und Lust, der Schmausereien und der Tänze, der Besuche und Gegenbesuche, der Geschenke und Gegengeschenke, in der die Häuslichkeiten und die Tempel geputzt und gefegt und die besten Gewänder und Schmucksachen aus den Truhen hervorgeholt werden. Man betrinkt sich im Freundeskreis in seiner eigenen Kammer, um dann in unterwürfiger Andacht vor den Götterstatuen in dunklen Tempelsälen die Nase auf dem Boden breitzudrücken — in der man weit hergekommenen Gästen zweideutige Anekdoten und tolle Räubergeschichten erzählt, die vom Schnurren der Gebetmühlen begleitet und von der ewigen Wahrheit »Om mani padme hum« oft unterbrochen werden.

Zu den großen Tempelfesten haben alle Zutritt; man macht keinen Unterschied zwischen Geistlichen und Laien, Reichen und Armen, Männern und Frauen, Greisen und Kindern. Das Losar ist ein Fest des ganzen Volkes, ein Karneval des Lamaismus, wie einst im alten Rom die Luperkalien und Saturnalien.

Für mich war es ein Glück, daß wir gerade rechtzeitig zum größten Jahresfest des Lamaismus eingetroffen waren und bei seiner Feier in der Klosterstadt Taschi-lunpo anwesend sein durften. Um halb elf erschien Tsaktserkan, ein junger Kammerherr aus dem Vatikan, in außerordentlich elegantem, gelbem Seidengewande und mit einem Hut, der aussah wie eine umgekehrte Schüssel mit einer herabhängenden Quaste, und erklärte, daß er von Seiner Heiligkeit komme, mich zum Fest abzuholen, und daß er und der Lama Lobsang Tsering beauftragt seien, während meines Aufenthaltes in Schigatse mein persönliches Gefolge zu bilden. Er bat mich, das Beste, was ich hätte, anzuziehen, da ich so sitzen würde, daß man mich vom Platz des Großlama aus sehen könne. Ganz unten in einer meiner Kisten hatte ich nun wirklich einen alten Frack und Lackschuhe, die ich eigens des Taschi-Lama wegen mitgenommen hatte, und als Robert dann in einer anderen Kiste mein Rasierzeug aufgestöbert hatte, nahm ich mich auch inmitten der kahlen Berge Tibets wie ein veritabler Gentleman aus Europa aus! Mit meinem Dolmetscher Muhamed Isa konnte ich es jedoch an Eleganz nicht aufnehmhen, sein goldgestickter Turban überglänzte alles. Von den andern durften mich nur Robert, Tsering, Rabsang und Namgjal begleiten.

Wir bestiegen die neuen Pferde vom Ngangtse-tso und ritten nach dem Kloster, das nur zwölf Minuten entfernt lag. Menschenmassen strömen nach dem Kloster hin, Städter und Nomaden, Pilger aus fernen Landen und zerlumpte schmutzige Bettler, und an jeder Ecke sitzen alte Weiber, die mit lauter Stimme Süßigkeiten feilbieten. Alles wimmelt durcheinander wie in einem riesenhaften Ameisenhaufen. Doch Tsaktserkan und seine Heiducken bahnen uns den Weg, und im Schritt reiten wir die Gasse hinauf, an deren Seiten ganze Reihen großer vertikaler Gebetsmühlen in weißgetünchtes Mauerwerk eingelassen sind. Ein wenig höher verwandelt sich der Weg in eine richtige Straße mit hohen weißen Häusern, in denen die Mönche ihre Zellen haben. An einem Haupteingang, einem großen Tor, steigen wir ab.

Hoch über uns erhebt sich ein ziegelrotes Tempelgebäude, der Tsogla-kang, darüber noch glänzt die weiße Fassade des Labrang.

Jetzt geht es ernstlich bergauf, nach den heiligen Wohnstätten hin; die steilen, korridorähnlichen Gassen sind mit Steinplatten gepflastert, die uneben und ausgetreten, aber alle blank sind und wie Metall glänzen, da sie seit Jahrhunderten durch die Schritte unzähliger Pilger und die Fußsohlen eilfertiger Mönche abgenutzt werden. Stellenweise wird das Gedränge in diesem Pilgerstrom recht lästig, und in den Gassen riecht es muffig nach Menschen. Immer höher steigen wir hinauf, biegen bald nach rechts, bald nach links ab, gelangen durch noch ein Tor mit massiver Schwelle unter ein Dach und folgen nun halbdunklen, dunklen und stockdunklen Gängen, die voller Lamas in roter Toga sind; sie sind entweder an einem oder auch an beiden Armen nackt, haben kurzgeschorenes Haar und tragen keine Kopfbedeckung. Sie begrüßen mich alle artig mit freundlichem, gutmütigem Lächeln und treten sofort beiseite, um uns durchzulassen.

Jetzt wird es vor uns im Klostergang heller; wir treten in eine Galerie unter mächtigen Holzsäulen. Für mich war sogar ein Lehnstuhl von europäischer Art auf den anschließenden Balkon gestellt worden, und er war auch nötig, denn das heutige Schauspiel, das vornehmste während des ganzen Neujahrsfestes, dauerte drei Stunden. Hier saßen wir wie auf dem zweiten Rang eines dachlosen Theaters und hatten eine herrliche Aussicht über den Schauplatz, der an einen rechtwinkligen Marktplatz erinnerte und von offenen Altanen, die auf hölzernen Säulenreihen ruhten, umgeben war. In der Mitte des gepflasterten Hofes erhob sich ein hoher Mast, von dessen Spitze lange Fahnen bis auf den Boden niederhingen. Unmittelbar unter unserem Balkon zog sich der oberste Altan hin, über dessen Rand hinweg wir tief unten den ganzen Hof übersahen, auf dem die religiösen Schauspiele stattfinden sollten.

Überall, auf Altanen und Dächern, auf Vorsprüngen und Balkons, ja sogar hoch oben unter den chinesisch geschweiften Golddächern der Grabkapellen längst entschlafener Großlamas wimmelte es von Menschen. Von unserm hohen Aussichtspunkt aus war es ein Meer von Köpfen, ein Menschengewirr, ein Mosaikbild von lebhaften, schreienden Farben, eine Ausstellung von Nationaltrachten, unter denen zwar die tibetische Tracht vorherrschte, aber bei der der Blick auch auf Erscheinungen fiel, deren Heimat Bhutan und Sikkim, Nepal oder Ladak war, während man in anderen leicht chinesische Kaufleute oder Soldaten und Pilger aus den Grassteppen der Mongolei erkannte. Ein alter Lama von hohem Rang, der uns unsere Plätze angewiesen hat, teilt mir mit, daß über 6000 Zuschauer anwesend sind. Ganz vorn auf dem uns gegenüberliegenden höchsten Altan sitzt der Konsul von Nepal, ein junger Leutnant mit runder schwarzer Mütze, die einen Goldrand, aber keinen Schirm hat. Er bläst Ringe aus seiner Zigarette und ist der einzige, der sich eine solche Entweihung des Ortes zuschulden kommen läßt. Hinter ihm sitzen eine Menge andere Nepali unter Vertretern der übrigen Himalajaländer, die durch Geschäfte oder Glaubenseifer nach Taschi-lunpo gelockt worden sind. Links von ihnen in langen Reihen Herren in roten oder gelben Gewändern, langen Kaftanen mit bunten Gürteln und Schärpen um den Leib und ebenfalls roten oder gelben champignonähnlichen Hüten, die den Umfang eines Sonnenschirmes haben und mit einer Schnur unter dem Kinn befestigt sind — es sind Beamte verschiedenen Ranges, die zu den Vätern der Stadt, dem Zivilhofstaat des Taschi-Lama oder zu dem Verwaltungskörper der Provinz Tschang gehören. Auf der Galerie unter ihnen sitzen ihre Frauen und andere Damen von Stande, die mit buntem phantastischem Schmuck buchstäblich überlastet sind; ihre Kleider sind rot, grün und gelb; sie tragen Halsbänder und silberne Gehänge, silberne Futterale mit Türkisen und im Nacken hohe weiße Aureolen, die dicht mit Edelsteinen und Verzierungen besetzt sind. Andere tragen auf dem Kopf rote Bogen mit Korallen und Türkisen. Frisiert sind sie auf verschiedene Weise; teils haben sie in der Mitte einen Scheitel und an beiden Seiten einen wie Ebenholz glänzenden Haarpuff, teils ist das Haar in eine Menge dünner Zöpfe geflochten, die aufgesteckt und mit Perlen und Schmucksachen verziert sind. Dort sitzen Frauen aus Pari und Kamba-dsong, aus Ngari-khorsum im Westen und Kham im Osten und aus den schwarzen Zelten an den Ufern des Tengrinor. Sie erinnern mich an meine Heimat, an Leksand, Mora und Vingaker, denn in diesen weiblichen Gruppen ist Leben und Farbe; Schönheit nach europäischen Begriffen wird man wohl vergeblich suchen, aber viele sahen angenehm und heiter aus, sie waren gesund, harmonisch und gut gewachsen und freuten sich sichtlich über ihre hübschen Kleider. Doch wenn sie auch mit der Venus von Milo nur ganz entfernt verwandt waren, so waren sie doch immerhin Frauen; sie plauderten und schwatzten, knabberten getrocknete Pfirsiche und Süßigkeiten, schnäuzten sich mit den Fingern und rauchten ihre Pfeifchen, ja sie betrachteten ihre Nachbarinnen mit Blicken, in denen sich die feste Überzeugung aussprach, daß sie diese Mitschwestern an äußerer Eleganz übertrumpft hätten! Wie ganz anders sind diese Damen doch als die Weiber, die wir in Tschang-tang gesehen hatten. Alltags waschen sie sich allerdings auch nicht, aber heute haben sie sich des Festes wegen das Gesicht gewaschen, und man ist erstaunt, so viele helle Gesichter zu sehen — ganz ebenso helle wie bei uns, mit kaum einem Anflug von Gelb, aber oft mit so frischen Farben auf den Wangen wie Herbstäpfel.

Auf dem Altan unter unserm Balkon aber gibt es keine Honoratioren, dort befindet sich in schönster Eintracht der Pöbel, dort hat das profanum volgus seine Plätze, dort sitzen ländliche Mütter und stillen ihre schreienden Kinder, dort stehen zerlumpte Bettler auf ihre Stäbe gestützt oder sitzen auf dem Boden an die Wand gelehnt, während sie ihre alltäglichen Bettellieder summen, die in dem Stimmengewirr unverständlich bleiben. Viele haben kleine Kissen oder zusammengefaltete Kleidungsstücke mitgebracht, um bequem zu sitzen. In einigen Gruppen trinkt man Tee aus mitgebrachten Holztassen, in anderen laust man seine Bekannten und legt einander abwechselnd den Kopf in den Schoß. Und immerfort kommen neue Zuschauer auf die Plattformen hinaus, und das Gedränge wird allmählich ungeheuer. Das Geländer ist ganz niedrig, um nicht die Aussicht auf den darunterliegenden Schauplatz zu verdecken. Einige Plätze ganz oben unter den Dächern sahen ziemlich gefährlich aus, aber die Leute traten ruhig und voller Selbstbeherrschung auf, man puffte sich nicht, man schlug sich nicht um die Plätze, man fiel nicht über die niedrigen Geländer, überall herrschte die größte Eintracht und vollkommene Ordnung.

Das Wetter war so herrlich, wie man es sich zu einem Fest im Freien nur wünschen konnte. Mir wurde wenig Aufmerksamkeit geschenkt. Nur manchmal drehte sich jemand nach mir um und machte eine Bemerkung, die bei den anderen Heiterkeit hervorrief.

Wie in den beiden vorhergehenden Jahren hatte das Neujahrsfest des Jahres 1907 ein feierlicheres Gepräge als gewöhnlich, und es hatte größere Pilgerscharen als früher herbeigelockt, denn der Dalai-Lama war geflohen, als die Engländer nach Lhasa zogen, und dieser Feigling unter den Päpsten weilte jetzt, unverstanden und verachtet, in Urga in der Mongolei, nachdem er sein Land, wo alles drüber und drunter ging, den andrängenden Nachbarn als Beute preisgegeben hatte. Manch ein Pilger, der sonst nach Lhasa gezogen wäre, wallfahrtete jetzt nach Taschi-lunpo, wo der Pantschen Rinpotsche, der Papst von Tschang, auf seinem Posten geblieben war, als das Land in Gefahr schwebte! Die Chinesen hatten sogar eine umfangreiche Proklamation in Lhasa an allen Straßenecken ankleben lassen, worin sie den Dalai-Lama für abgesetzt erklärten, weil er seine Untertanen, statt sie zu verteidigen, ins Feuer geschickt und so den Tod vieler Tausende verursacht habe, und worin der Taschi-Lama an seiner Stelle zum höchsten Leiter der inneren Angelegenheiten Tibets ernannt wurde. Allerdings hatte der Pöbel diese Proklamationen zerrissen und in den Staub getreten, und außerdem hatte der Taschi-Lama erklärt, daß er darauf nicht eingehen werde; aber selbst jetzt noch, nach zwei und einem halben Jahr, konnte man merken, daß der Taschi-Lama in unendlich viel höherem Ansehen stand als der Dalai-Lama. Denn obgleich der Dalai-Lama für allmächtig, allsehend und allwissend gilt, waren seine Truppen von ungläubigen Fremdlingen geschlagen worden; obgleich er seinen Kriegern Unverwundbarkeit versprochen hatte, waren sie wie Fasanen von den englischen Mitrailleusen niedergeschossen worden, obgleich er heilig gelobt hatte, daß nichts Schlimmes Lhasa, »die Wohnstätte der Götter«, treffen könne, hatte der Feind die Stadt besetzt, der Unüberwindliche aber, der Allmächtige, die Inkarnation der Gottheit, war Hals über Kopf wie der feigste der Marodeure entflohen. Man muß es den Tibetern verzeihen, wenn sie nach den Metzeleien bei Guru und Tuna angefangen haben, an der Unfehlbarkeit des Dalai-Lama zu zweifeln, obwohl die Priester auch hierbei mit sehr plausiblen Erklärungen bei der Hand waren.

Der Taschi-Lama dagegen hatte auf seinem Posten ausgehalten und war Gegenstand derselben Ehrfurcht und Achtung geblieben, die den obersten Priestern in Taschi-lunpo der Überlieferung nach zukommt. Er war nun Tibets höchster Prälat. Beim Neujahrsfest 1907 konnte man leicht erkennen, welch großes Ansehen und welch unbegrenztes Vertrauen die Person des Taschi-Lama umgab. Die Menge im Festgewand, die Altane und Balkons bis auf den letzten Platz füllte, sollte den Heiligsten aller Heiligen in Tibet nun bald mit eigenen Augen sehen dürfen. Und je näher die Zeit herankam, desto mehr steigerte sich Spannung und Erwartung. Stundenlang haben sie deshalb hier gesessen, wochen- und monatelang sind sie deshalb durch öde Gebirge gewandert, und nun bald — — —.

Plötzlich erschallen von den obersten Dachplattformen tiefe, langgezogene Hornstöße; ein paar Mönche zeichnen sich gegen den Himmel ab; sie blasen auf seltsamen Meermuscheln, sie erzeugen einen durchdringenden Ton, der gellend und gleichzeitig dumpf von den zerrissenen Felswänden hinter dem Kloster widerhallt; sie rufen die »Gelugpa«, die Brüderschaft der gelben Mönche, zum Fest. Die ehrwürdigen Lamas, die beauftragt sind, mir zu Diensten zu stehen, erklären mir alles; aber es wird mir nicht leicht ihnen zu folgen, besonders, da ja ein Mohammedaner mir ihre Rede übersetzt. Sie sagen, dieser erste Hornstoß bedeute, daß die Mönche gemeinschaftlich Tee trinken. Da steigt ein Jubelruf von den Lippen der versammelten Menge auf, denn jetzt beginnen die Festspiele.

Schräg rechts, jenseits des Hofraumes, ruht auf fünf Säulen eine Galerie, von der eine steinerne Treppe mit elf Stufen nach dem Hof hinabführt. Die Galerie liegt hinter schwarzen, schweren Vorhängen verborgen, durch die sich alle Lamaklöster charakterisieren. Unsichtbare Sänger stimmen jetzt einen mystischen Chorgesang an. Er ist gedämpft, tief und langsam, er zittert in religiöser Begeisterung.

Das Stimmengewirr verstummt, der Gesang schwillt an, aber nur um wieder zu verhallen und wie in einer fernen Unterwelt zu versinken und zu ersterben. Ergreifend, mystisch, voller Sehnsucht und Hoffnung ist diese wunderbare Losarhymne in Taschi-lunpo. Nichts von allem gleichartigen, was ich gehört habe, weder der Chorgesang in der Isaakkathedrale in Petersburg, noch in der Uspenskij Sobor, der Kathedrale in Moskau, haben einen tieferen Eindruck auf mich gemacht.

Oberhalb dieser Galerie befindet sich eine zweite, die nach dem Dodschas-tschimbo, wie der Hof heißt, offen ist. Nur ihre Mitte wird durch einen Vorhang von gelber Seide mit schweren Goldfransen und Goldquasten verdeckt. Hinter diesem Vorhang nimmt der Papst Platz; er ist zu heilig, um in ganzer Person von der Menge gesehen werden zu dürfen, damit er aber selber den Spielen zuschauen kann, ist in dem Vorhang eine kleine rechtwinklige Öffnung angebracht. Lange Kupferposaunen blasen ein neues Signal: — der Heilige hat den Labrang verlassen und ist auf dem Weg nach dem Schauplatz. Eine Prozession hoher Lamas betritt die Galerie, jeder trägt einen Teil des Ornates und der oberpriesterlichen Insignien des Taschi-Lama. Man hört ein leises, ehrfürchtiges und gedämpftes Gemurmel, die Menge erhebt sich, die Spannung erreicht ihren Höhepunkt, es ist so still wie im Grabe, und aller Blicke sind auf die Tür der Galerie gerichtet, durch welche die Prozession eingetreten ist. Da geht wieder ein Gemurmel, noch ehrfurchtsvoller als vorhin, durch die Menge, wieder erheben sich alle und bleiben stehen, vorgebeugt, die Hände auf den Knien, von der heiligen Andacht der Nähe des Pantschen Rinpotsche ergriffen. Er geht langsam nach seinem Platze hin, setzt sich mit gekreuzten Beinen auf ein paar Kissen, und dann sieht man nur noch sein Gesicht durch die Öffnung in dem seidenen Vorhang. Dem Anschein nach ist er ein ziemlich junger Mann; auf dem Kopfe trägt er eine große, gelbe Mitra, die in ihrer Form jedoch an einen römischen Helm oder einen französischen Infanteriehelm erinnert; sein oberpriesterliches Gewand ist aus gelber Seide, und in den Händen hält er einen Rosenkranz. An seiner rechten Seite sitzt sein jüngerer Bruder Kung Guschuk, der Herzog, mein Wirt, in rot und gelbem Gewande, und an dessen rechter Seite sehen wir drei andere weltliche Herren in Gelb. Zur Linken des Taschi-Lama sitzt der Staatsminister, Lobsang Tsundo Gjamtso, ein kleiner, feister Kardinal, dessen Kopf einer Billardkugel gleicht, neben ihm der Lehrer des Taschi-Lama, Jonsin Rinpotsche, und seine taubstumme Mutter Taschi-Lamo, ein kleines Frauchen mit rasiertem Kopf in einem goldgestickten rot und gelben Kleid — ich hätte sie für einen Mann gehalten, wenn man mir nicht gesagt hätte, wer sie sei. Hinter ihnen sieht man im Halbdunkel eine ganze Reihe vornehmer Lamas, alle in gelben Gewändern — alltags tragen sie rote. In Wahrheit ein imposanter Anblick! Man glaubt das ganze Konklave ehrwürdiger Kardinäle der buddhistischen Hierarchie vor sich zu haben. Würdevoll, mit langsamer, berechneter Eleganz nehmen sie Buddhas sitzende Stellung ein.

Die Menge hat sich wieder gesetzt. Oft sieht man Pilger von heiliger Ehrfurcht ergriffen aufstehen, sich verbeugen, auf die Knie fallen, die Stirn auf den Boden drücken und dem Großlama durch Anbetung wie einem Gotte huldigen. Meine Blicke begegnen oft den seinen; augenscheinlich interessieren ihn seine Gäste sehr. Schon vor Anfang des Schauspieles hatte er einen Lama nach meinem Garten geschickt, der mir ein großes »Kadach« überreichen sollte, ein langes schmales Stück feiner weißer Seide, das einen Willkommensgruß und einen Beweis der Höflichkeit und Rücksicht bedeutet. Jetzt bringen hinter meinen Stuhl mehrere Mönche leise einen Tisch mit einer Reihe von Messingschalen, die mit den herrlichsten Mandarinen aus Sikkim, getrockneten Früchten aus Nepal, Rosinen aus Indien, Feigen aus Sining-fu, Süßigkeiten aus Bhutan, getrockneten Pfirsichen aus Baltistan und tibetischen Kuchen gefüllt sind. Teetassen von chinesischem Porzellan wurden unaufhörlich mit dickem Buttertee gefüllt. Sie sagten dabei: »Der Pantschen Rinpotsche bittet Sie vorliebzunehmen!« Gerade begegnete ich seinen Augen, ich erhob mich und machte eine Verbeugung, und er nickte mir freundlich zu.

Jetzt beginnen die religiösen Zeremonien. Der Taschi-Lama nimmt die Mitra ab und reicht sie einem dienenden Bruder. Alle weltlichen Herren auf der offenen Plattform nehmen ebenfalls ihre champignonähnlichen Hüte ab. Zwei Tänzer mit unheimlichen Masken, in bunten Seidengewändern treten aus dem geöffneten Vorhang der unteren Galerie heraus und tanzen auf dem Hof einen langsamen, kreisenden Tanz. Darauf wird der Großlama von den elf vornehmsten Fahnen in Taschi-lunpo begrüßt; jedes Götterbild hat seine Fahne, und jede Fahne repräsentiert also einen Gott der reichhaltigen lamaistischen Mythologie, aber nur die Fahnen der elf Hauptgötter werden vorgeführt. Das Fahnentuch ist quadratisch, an seinen freien Seiten hängen andersfarbige Lappen oder Bänder. Die Fahne ist um die Stange gewickelt, wenn ein verkleideter Lama sie herausbringt. Er bleibt vor der Loge des Taschi Lama stehen, hält mit Hilfe eines zweiten Lama die Stange in horizontaler Lage und wickelt das Fahnentuch ab, worauf das göttliche Sinnbild vermittelst einer Krücke aufgerichtet wird und den Großlama begrüßt. Dann wird es wieder gesenkt, das Fahnentuch aufgerollt, und die Fahnenstange wird, auf die Achsel des Trägers gelehnt, durch eine Pforte, die unter meinem Balkon liegt, hinausgetragen. Jedesmal, wenn sich eine Fahne entfaltet, steigt aus der Volksmenge ein gedämpftes, andächtiges Gemurmel auf.

Nach kurzer Pause ertönen wieder Posaunenstöße, und nun erscheinen einige Lamas mit weißen Masken und weißen Gewändern, Herolde einer Prozession von Mönchen, die jeder irgendeinen gottesdienstlichen Gegenstand des Buddhismus tragen, Tempelgefäße, Schalen, Becher, Weihrauchfässer von Gold, aus denen wohlriechende Rauchwolken aufsteigen. Einige dieser Mönche treten in Harnisch und Rüstung auf; drei maskierte Lamas sinken unter der Last ihrer außerordentlich kostbaren Gewänder von roter, blauer und gelber goldgestickter Seide beinahe zusammen. Hinter ihnen werden sechs mit Messing beschlagene, über drei Meter lange Kupferposaunen getragen; sie sind so schwer, daß ihr Schalltrichter von einem Novizenknaben mit der Schulter gestützt werden muß. Ihnen folgt eine Gruppe Flötenspieler, und dann kommen vierzig phantastisch, bunt und kostbar gekleidete Männer, die ihre auf einer geschnitzten Stange hoch in die Luft erhobene und vertikal gehaltene Trommel mit einem schwanenhalsähnlichen Trommelschlägel bearbeiten. Nun erscheinen die Zimbeln, die taktfest und gellend in den Händen der in rote Seide gekleideten Mönche schmettern. Naktschen, »der große Schwarze«, hieß ein kostümierter Mönch, der eine Glocke in der Hand trug. An der steinernen Treppe ist der Hof mit Teppichen belegt. Dort läßt sich die Kirchenmusik nieder. Das ganze Musikkorps trägt gelbe Mitren, die der Mitra des Großlama ähnheln. Drei Mönche von hohem Rang treten auf die Galerie heraus, die unmittelbar über dem Schauplatz liegt. Sie tragen gelbe Gewänder und gelbe Mitren und klingeln von Zeit zu Zeit mit Messingglocken, die sie in der Hand halten. Jeder von ihnen ist, wie man mir sagt, das Oberhaupt von tausend Mönchen; nur drei sind anwesend, der vierte war erkrankt. Taschi-lunpo hat gegenwärtig 3800 Mönche!

Der Vorhang an der steinernen Treppe öffnet sich, und eine maskierte Gestalt, Argham genannt, tritt mit einer Schale voll Ziegenblut in der Hand heraus. Er hält sie mit ausgestrecktem Arm waagerecht, während er einen mystischen Rundtanz ausführt; auf einmal gießt er das Blut über die Treppenstufen. Beide Arme ausgestreckt und die Schale umgekehrt haltend, tanzt er weiter, während einige dienende Brüder herbeieilen, um das Blut aufzuwischen. Ohne Zweifel ist diese Zeremonie ein Überbleibsel aus der Zeit, als in Tibet noch die ursprüngliche Bon-Religion herrschte, bevor der indische Mönch Padmasambhava im 8. Jahrhundert n. Chr. durch Einführung des Buddhismus in Tibet den ersten Anlauf zur Begründung des Lamaismus nahm. Denn der Lamaismus ist nur eine Abart des reinen Buddhismus und hat unter einer äußeren Politur buddhistischer Symbolik eine Menge schiwaitischer Elemente aufgenommen und auch den Aberglauben, der sich während der vorbuddhistischen Zeit in wilden, fanatischen Teufelstänzen, Zeremonien und Opfern aussprach, beibehalten. Der Zweck jener Zeremonien war die Beschwörung und Versöhnung der mächtigen

Dämonen, die über Luft, Erde und Wasser herrschen und die Menschenkinder quälen und verfolgen. Damals wurden der Kriegsgott und die Dämonen auch durch Menschenopfer milde gestimmt; und die Zeremonie, die ich eben beschrieben habe, ist sicherlich noch ein Überrest jener Opfer. Natürlich hatte der Buddhismus größere Aussicht in Tibet volkstümlich zu werden, wenn der neuen Religion soviel wie möglich von dem alten Aberglauben einverleibt wurde. Aber das erste Gebot des buddhistischen Grundgesetzes gebietet »keinen Lebensfunken auszulöschen«, nicht zu töten. Dies hindert die Mönche jedoch nicht, Fleisch zu essen und bei gewissen kirchlichen Feierlichkeiten Ziegenblut zu verwenden — die Schafe und die Ziegen werden aber von Fleischern getötet, während die Lamas selber das Gebot des Gesetzes nicht übertreten.

Bgtscham heißt ein Tänzer in fürchterlicher Teufelsmaske. Ihm folgen elf verlarvte Tänzer. Zu ihnen gesellt sich eine Schar von Schauspielern in bunten Gewändern. Sie tragen einen viereckigen Schulterkragen mit einem Loch in der Mitte, der über den Kopf gezogen wird, so daß der Kragen, wenn sie tanzen, horizontal absteht. Bunte Lappen, die sie um den Leib befestigt haben, wehen wie die Röcke einer Balletteuse, wenn die Tänzer sich im Kreis drehen. In den Händen halten sie verschiedene religiöse Gegenstände, Bänder und Wimpel.

Wieder öffnet sich der Vorhang, und hinter zwei Flötenspielern zeigt sich Tschödschal Jum, der Darsteller eines weiblichen Geisterwesens, und führt mit einem Dreizack in der Hand auf der obersten Treppenstufe einen Tanz aus. Schließlich tanzen Lamas in abscheulichen Teufelsmasken; andere stellen phantastische, aber immer gleich fürchterliche wilde Tiere dar. Bei jeder neuen Vorführung klingeln die drei Oberpriester mit ihren Glocken, und ununterbrochen lärmt die Musik, die mit ihrem mißtönenden Spektakel von den steinernen Fassaden des engen Hofes dröhnend widerhallt. Von Zeit zu Zeit wird das Tempo beschleunigt, die Trommelschläge donnern immer dichter hintereinander, und das Klappern der aneinandergeschlagenen Becken verschmilzt in ein einziges ununterbrochenes Getöse. Das fanatische Schauspiel macht ohne Zweifel einen tiefen Eindruck auf die Anwesenden. Dann und wann sieht man einen davon überwältigten Fanatiker aufspringen, dem Taschi-Lama zugewandt sich mit den Händen an den Kopf greifen, vornüber mit der Stirn und den Händen auf den Boden fallen und diese Art Verbeugung dreimal ausführen — er hat ja eine Mensch gewordene Gottheit vor sich! Ein Greis aus Tschangtang, der in seinem Pelz unmittelbar unter meinem Balkon sitzt, ist hierin unermüdlich und springt unaufhörlich auf, um dem Großlama seine Verbeugung zu machen. Andere Pilger ziehen aus ihrem Gürtel ein Säckchen Reis oder Gerste hervor und werfen ein paar Fingerspitzen voll auf den Hof. Dies sind Osterspenden an den Tempel, die den Tauben und den Sperlingen zugute kommen.

Nur das nördliche Drittel des Hofes wird von der religiösen Maskerade in Anspruch genommen, die beiden übrigen sind den Armen Schigatses und seiner Umgegend zur Benutzung freigegeben. Dort herrscht ein ungeheures Gedränge, von Zeit zu Zeit wird von einer Art Liktoren, die mit Peitschen und Gerten bewaffnet sind, Platz geschaffen. Unter den Pilgern auf den

Plattformen und den Galerien wird von Mönchen niederen Grades kostenfrei Tee gereicht; sie tragen große glänzende, mit Messing beschlagene Kupferkannen auf der rechten Schulter, aus denen sie die ihnen hingehaltenen Holzbecher der Gäste füllen. Panem et circenses! Die Mönche wissen, wie sie ihre Schäflein behandeln müssen! Was macht es ihnen aus, einige Yaklasten Ziegeltee zu spenden, wenn sie selber ausschließlich auf Kosten des Volkes und von den frommen Gaben leben, die aus den Beuteln der Pilger ununterbrochen in die Tempel fließen!

Schließlich machen die Liktoren in der unter uns befindlichen Menge einen Platz frei, auf dem ein Feuer angezündet wird. Zwei Mönche treten vor und halten ein großes Stück Papier möglichst hoch waagerecht über dem Feuer; auf dieses Papier hat man alles Böse, was man in dem jetzt beginnenden Jahr loszuwerden wünscht, und alle Dinge, in denen man über die Macht der bösen Dämonen zu triumphieren hofft, aufgezeichnet. Das Papier verkörpert auch das vergangene Jahr mit all seinen Leiden und all seinen Sünden. Mit einem Stäbchen in der einen und einer Schale in der anderen Hand tritt ein Lama an das Feuer. Er spricht einige Beschwörungsformeln, führt mit den Armen allerlei mystischen Hokuspokus aus und wirft dann den Inhalt der Schale in die Flammen, die hell auflodern und das Papier, das fliehende Jahr und seine Sünden und alle Macht der Dämonen im Handumdrehen verzehren. Alle Zuschauer haben sich erhoben und brechen in ein nicht endenwollendes Jubelgeschrei aus. Die letzte Nummer des heutigen Programms war ein gemeinsamer Tanz so vieler Lamas, wie auf dem Hofe Platz fanden.

Nun erhebt sich der Taschi Lama und verläßt langsam den Festraum, gefolgt von den Seinen. Nachdem er verschwunden ist, ziehen die Pilger in bester Ordnung ab.

Auf dem Heimweg machten wir meinem Freunde Ma einen Gegenbesuch. Sein »Jamen« war im gewöhnlichen chinesischen Stil erbaut und von einer Mauer umgeben. Ich wurde gebeten, auf dem Ehrensitz Platz zu nehmen, neben dem ein Tischlein stand, auf das aufmerksame Diener Tee, Süßigkeiten und Zigaretten stellten. Das ganze Zimmer war voller Chinesen, und Ma war ebenso liebenswürdig wie das vorige Mal.

In unserem Garten warteten schon Lobsang Tsering und Tsaktserkan. Sie hatten eine ganze Eselkarawane mitgebracht, die mit Tsamba, Reis, Mehl, Dörrobst und Gerste für unsere Pferde beladen war — Vorräte, die für meine ganze Gesellschaft einen vollen Monat ausreichten. Sie überlieferten mir auch in Papier gewickelt 46 Silbertengas (gegen zwanzig Mark) — wofür wir uns, ihrer Meinung nach, Fleisch kaufen sollten, denn der Taschi-Lama durfte ja nichts damit zu tun haben, daß irgendein Lebensfunke ausgelöscht wurde. Die Gesandten sagten auch, daß Seine Heiligkeit mich am nächsten Morgen um neun Uhr erwarte und daß die Gesandten kommen würden, mich abzuholen! Aber ich dürfe ja nicht Ma oder sonst jemand erzählen, daß der Taschi-Lama mich empfangen wolle. Übrigens brauche ich nur ein Wort zu sagen, um alle meine Wünsche erfüllt zu sehen! Später am Abend stellte sich ein unterer Beamter bei mir ein mit dem Bescheid, daß mich niemand abholen werde; ich solle nur um neun Uhr am großen

Portal sein — denn die Chinesen könnten sonst Verdacht schöpfen! Am Abend suchte ich aus Burroughs Wellcomes großer Reiseapotheke alle die Drogen heraus, von denen ich annahm, daß wir sie selbst noch brauchen könnten. Der Apothekenkasten von Aluminium aber, mit seinen eleganten Dosen, Flaschen, Schachteln, Binden und Instrumenten, wurde abgerieben und poliert, bis er wie Silber glänzte, und dann in ein großes Stück gelber Seide, das Muhamed Isa im Basar aufgestöbert hatte, eingewickelt, da er am nächsten Morgen — meine Freundesgabe an den Pantschen Rinpotsche sein sollte.

Der Taschi-Lama

Der 12. Februar brach an, der Tag, an dem ich von dem heiligsten Manne in Tibet empfangen werden sollte. Ich machte mich daher so fein, wie ich es nur je zu einem Ball in einem britischen Government House getan hatte, und ritt dann, begleitet von denselben Leuten wie bei den Spielen, nach dem Haupteingang Taschi-lunpos hinauf, wo mich Tsaktserkan, Lobsang Tsering und einige Mönche erwarteten. In ihrer Gesellschaft ging es nun in die höheren Bereiche hinauf, durch ein Labyrinth finsterer Gassen und enger, dunkler Klostergänge nach dem Labrang, wo der Taschi-Lama wohnt, jenem Vatikan, der mit seiner weißen Fassade, den großen Fenstern und kleinen massiven Balkons hoch über dieser Stadt von Tempelgebäuden thront. Unsere Ciceroni führen uns durch ein Labyrinth dunkler Gänge und steiler Treppen. In einer Kammer, auf deren Boden rote Kissen liegen, bittet man mich zu warten. Es dauert nicht lange, bis man mir meldet, daß der dem Taschi-Lama im Rang zunächststehende Mann, der vornehme, feiste kleine Lama, der das Amt eines Staatsministers bekleidet, zu meinem Empfang bereit sei. Sein Empfangszimmer, oder wohl eigentlich seine private Mönchszelle, war ein ganz kleines Gemach, aus dessen einzigem Fenster er aber eine wunderschöne Aussicht über die Tempelstadt Schigatse und die Felsengebirge der Umgegend hat. Das Zimmer war mit gediegenem, nicht aufdringlichem und echt lamaistischem Luxus ausgestattet. Auf dem Fußboden rote Teppiche, Wände und Decke ebenfalls rot, soviel man nämlich davon sah, denn der größte Teil der Wände wurde durch kunstvoll geschnitzte, rotlackierte Schränke mit bunten Verzierungen und Metalleinlagen verdeckt. Auf ihnen standen größere Silbergaos, die Götterstatuen enthielten, und vor ihnen kleinere aus massivem Gold zwischen Schalen mit Opferspenden oder mit Dochten, die mit matter Flamme in Butter brannten. Man sah auch viel andere Gegenstände, die die Mönche beim Gottesdienst benutzen, Glocken, Zimbeln, Kannen mit Weihwasser und einen »Dortsche«, den Donnerkeil, das Sinnbild der Kraft, der einem Zepter gleicht. Links in der Fensternische hing ein fahnenähnliches Gemälde (»Tanka«) des ersten Taschi-Lama, und rechts eine ähnliche Darstellung des Kirchenfürsten Schakya Pandita.

Der ehrwürdige Prälat saß mit gekreuzten Beinen auf einer mit roten Kissen belegten, an der Wand befestigten Bank, vor sich einen kleinen gelben, geschnitzten Tisch. Er glänzte von Fett, innerlichem Behagen und Wohlwollen wie nur irgendein Kardinal; sein Gesicht war fein geschnitten, seine Augen sprachen von großer Intelligenz. Als ich eintrat, erhob er sich mit höflichem Lächeln und bat mich, auf einem Stuhl am Tische Platz zu nehmen, worauf die unvermeidlichen Teetassen gebracht wurden. Ebenso unumgänglich nötig ist es, »Kadachs« und Geschenke auszutauschen. Ich schenkte ihm einen ziselierten Dolch aus Kaschmir und er mir ein vergoldetes Götterbild — da sieht man den Unterschied zwischen weltlichen und geistlichen Gaben! Wohl eine Stunde plauderten wir über dieses und jenes, und Seine Hochwürden baten mich, die Verzögerung zu entschuldigen, aber der Pantschen Rinpotsche sei in Meditation versunken und dürfte nicht eher gestört werden, als bis er selber geruhe, das Zeichen dazu zu geben.

Aber auch dieser Augenblick kam; ein Lama flüsterte dem Kardinal zu, daß man mich erwarte. Immer höher geht es auf glatten, steilen Treppen über offene Vorplätze, über neue Treppen, immer höher und höher nach dem Allerheiligsten der Klostertempel Taschi-lunpos. Immer leiser und gedämpfter wird die Unterhaltung; in Korridoren und Gängen stehen kleine Gruppen von Lamas, die mich stumm wie Bildsäulen ansehen. Lobsang Tsering teilt mir flüsternd mit, daß wir jetzt in der letzten Vorhalle seien, wo ich mich zurechtmachen könne. Hier heißt man meine Diener, außer Robert und Muhamed Isa, zurückbleiben. Wenn ich ohne Dolmetscher hätte fertig werden können, hätte Seine Heiligkeit mich allein sehen wollen.

Wir treten ein — nicht ohne ein feierliches Gefühl. An der Tür mache ich eine tiefe Verbeugung und dann noch ein paar, ehe ich vor ihm stehe. Der Taschi-Lama sitzt auf einer Bank in einer Fensternische und hat vor sich einen kleinen Tisch mit einer Teetasse, einem Fernglas und einigen gedruckten Blättern. Er ist ebenso einfach gekleidet wie ein gewöhnlicher Mönch, trägt einen kirschroten Anzug von dem üblichen Schnitt, Rock, Weste, Unterjacke und die lange Zeugbahn, die wie eine Toga über die Schulter geworfen und um den Leib gewunden wird; zwischen ihren Falten sieht eine gelbe Unterweste mit Goldstickereien hervor; beide Arme sind nackt und der Kopf ist unbedeckt.

Seine Gesichtsfarbe ist hell, mit einem kleinen Stich ins Gelbliche, er ist eher klein als mittelgroß, ebenmäßig gebaut, sieht gesund und unverdorben aus und hat bei seinen kürzlich zurückgelegten 25 Jahren Aussicht, ein hohes Alter zu erreichen. In seinen kleinen, weichen Händen hält er einen Rosenkranz aus roten Kugeln. Das kurzgeschorene Haar ist schwarz, auf der Oberlippe kaum eine Andeutung von Bartwuchs, die Lippen sind nicht dick und voll wie bei andern Tibetern, sondern fein und harmonisch geformt, die Farbe der Augen ist kastanienbraun.

Freundlich nickend reicht er mir beide Hände und fordert mich auf, neben ihm in einem Lehnstuhl Platz zu nehmen. Das Zimmer, in dem er den größten Teil des Tages verbringt, ist im Gegensatz zu dem des Kardinals erstaunlich einfach. Es ist klein und besteht aus zwei Teilen; die äußere ist eine Art Vorhalle ohne Dach, allen Winden des Himmels, dem Schnee des Winters wie den Regengüssen des Herbstes preisgegeben; die innere liegt eine Stufe höher und ist noch durch ein Geländer abgeteilt, das in einer Gitterwand endet, hinter der sein Schlafgemach liegt. Kein einziges Götterbild, keine Wandmalereien oder sonstiger Wandschmuck, keine Möbel, außer den bereits erwähnten, keine Spur von Teppich, nur der kahle Steinfußboden — und durch das Fenster schwebt sein wehmütig träumerischer, aber klarer und offener Blick über die goldenen Tempeldächer hin, über die unter ihnen liegende Stadt mit all ihrer Sündhaftigkeit und ihrem Schmutz, über die öden Gebirge, die seinen irdischen Horizont abschließen, hinweg in die weite Ferne über den blauen Himmel hinaus nach einem uns unsichtbaren Nirwana hin, wo sein Geist dereinst Ruhe finden wird. Die ganze Zeit über bewahrte er eine wunderbare Ruhe, eine feine, liebenswürdige Höflichkeit und Würde und redete mit weicher und gedämpfter Stimme, bescheiden, ja beinahe schüchtern; er sprach schnell und in kurzen Sätzen, aber sehr leise.

Worüber wir sprachen? Ja, von allem möglichen zwischen Himmel und Erde, von seiner eigenen Religion angefangen, in deren Pantheon er selber den höchsten Rang unter den jetzt lebenden Prälaten einnimmt, bis zu den Yaks, die wild in Tschang-tang umherstreifen. Er zeigte eine Aufgewecktheit, ein Interesse an allem und eine Intelligenz, die mich in Erstaunen versetzten — bei einem Tibeter. Nie bin ich so taktvoll und zugleich so gründlich interviewt worden! Zuerst erkundigte er sich, ob ich unter der Kälte und den Mühseligkeiten in Tschang-tang gelitten habe und ob wir große Verluste gehabt hätten. Dann bat er mich zu verzeihen, daß ich so schlecht aufgenommen worden sei. Ich sei so still und unbemerkt angekommen, und niemand habe gewußt, ob ich auch der Richtige sei, den man erwartet habe und von dessen wahrscheinlicher Ankunft man von Indien aus unterrichtet worden sei. Jetzt aber solle alles nur Mögliche für meine Bequemlichkeit und mein Wohlbefinden geschehen, und er wünsche und hoffe, daß ich eine angenehme Erinnerung aus seinem Lande mitnehme.

Darauf folgten Fragen nach meinem Namen, Alter, meiner Karawane, den Wegen, auf denen ich gekommen, meinem Vaterlande, seiner Größe und Einwohnerzahl, seiner Lage im Verhältnis zu Rußland und England, ob Schweden von seinen Nachbarn abhängig sei oder einen eigenen König habe, auf welchem Weg man am besten nach Schweden reise, wie lange Zeit die Reise dauere und welche Jahreszeit dazu die geeignetste sei — ganz als ob er beabsichtige, mir dort einen Gegenbesuch zu machen! Dann fragte er nach den verschiedenen europäischen Ländern und ihren Staatsoberhäuptern, ihrer Machtstellung und Größe im Verhältnis zueinander, nach dem Krieg zwischen Rußland und Japan, nach den großen Seeschlachten und den eisernen Panzerschiffen, die untergegangen seien, nach der Bedeutung, die der Ausgang des Krieges für Ostasien haben könne, nach dem Kaiser von Japan und dem Kaiser von China — vor letzterem hatte er augenscheinlich den größten Respekt. Er fragte, welche Länder ich besucht und ob ich von Indien, wo er selber vor einem Jahr so gut aufgenommen worden sei, viel gesehen habe. Mit Vorliebe sprach er von seinen Eindrücken in Indien, von den großen Städten mit ihren herrlichen Gebäuden, von der indischen Armee, den Eisenbahnen, der Pracht und dem überall herrschenden Reichtum und der großen Gastfreiheit, die ihm der Lord Sahib (der

Vizekönig) erwiesen. »Grüßen Sie den Lord Sahib, wenn Sie ihm schreiben, versprechen Sie es mir, sagen Sie ihm, daß ich oft an seine Güte denke, und grüßen Sie Lord Kitchener«, und dabei zeigte er mir eine Photographie mit der eigenhändigen Namensunterschrift des großen Feldherrn. Besonders habe er sich gefreut, die heiligen Stellen, die er aus Beschreibungen und Tempelgemälden so gut gekannt und die im Leben des großen Religionsstifters Buddha eine Rolle gespielt, besuchen zu können, vor allem Buddhagaya in Magada, wo Prinz Sarvathasidda, der Buddhasohn, sechs Jahre in Einsamkeit und Meditation zugebracht, Mâra, den Versucher, den Herrscher in der Welt der Gelüste, besiegt und die vollendete Weisheit erlangt habe.

Dann brachte er die Rede wieder auf die europäischen Mächte und fand, daß Europa ein seltsames Mosaik von Staaten sei. Er holte ein Bild, das eine Gruppe aller mächtigeren Staatsoberhäupter der Erde darstellte. Unter jedem Porträt stand Name und Land in tibetischer Schrift. Er stellte eine Menge Fragen über jeden einzelnen Monarchen und zeigte das lebhafteste Interesse für ihre Schicksale — er, der mächtiger ist als alle Könige dieser Erde, denn er beherrscht den Glauben und den Geist der Menschen von den Kalmücken an der Wolga bis zu den Burjäten am Baikalsee, von der Küste des Eismeeres bis unter Indiens glühende Sonne!

Von den beiden Oberpriestern der Gelbmützen sagt Koeppen: »Von diesen gilt der Pantschen Rinpotsche auf Taschi-lunpo in letzter Instanz meistens für die Verkörperung des Dhyani-Buddha der gegenwärtigen Weltperiode, Amitabha, aber auch der Bodhisattvas Mandschuschri und Vadschrapani, näher endlich für die übernatürliche Wiedergeburt des Reformators und Stifters der Gelbmützen Tsongkapa; der Dalai-Lama von Lhasa dagegen immer für die Inkarnation des Bodhisattva Avalokiteschvara (Padmapani) . . . In der Tat ist das Lehramt und das königliche Amt zwischen den beiden lamaistischen Päpsten geteilt dergestalt, daß jenes vorzugsweise dem Pantschen, dieses dem Dalai-Lama zukommt. Das wird auch im Titel beider ausgesprochen; denn der erstere heißt eben Pantschen Rinpotsche, der ‚große kostbare Lehrer', der andere dagegen Gjalpo Rinpotsche, der ‚kostbare König'. Dieser Idee zufolge ist denn auch zuletzt der Dalai-Lama weltlicher Beherrscher des größten Teils von Tibet geworden, was er freilich mehr der Lage und den historischen Beziehungen seiner Residenz, als jener scholastischen Heiligkeitstheorie verdankt, wie etwa der Statthalter Gottes auf den sieben Hügeln diese Statthalterschaft mehr der Bedeutung der Stadt Rom, als zweien wohlfeilen Bibelstellen schuldet. Der ‚große Lehrer' des jenseitigen Tibets (der Taschi-Lama) muß sich dafür einstweilen mit einem verhältnismäßig kleinen Gebiete, mit dem Ruf seiner Heiligkeit und schrankenlosen Allwissenheit, mit der Rolle eines Lehrers und Vormunds des unmündigen Dalai-Lama und mit gewissen Hoffnungen für die Zukunft, wenn die Zeit der ‚fünfhundertjährigen Trübsale' erfüllt sein wird, begnügen.«

Und ein englischer Gelehrter, Waddell, sagt über das gegenseitige Verhältnis der beiden Päpste: »Die Großlamas von Taschi-lunpo gelten, wenn möglich, für noch heiliger als die Großlamas von Lhasa, weil sie weniger durch weltliche Regierungsgeschäfte und politische Angelegenheiten befleckt und berühmter wegen ihrer Gelehrsamkeit sind.«

Daß dieses Verhältnis zwischen den beiden lamaistischen Päpsten gerade während der Zeit meiner letzten Reise große Veränderungen zugunsten des Taschi-Lama erfuhr, werde ich später zeigen. Die Berechnungen der Engländer, durch die Freundschaft des Taschi-Lama Einfluß in Tibet zu gewinnen, waren an und für sich richtig; aber sie hatten nicht damit gerechnet, daß die verlorene weltliche Macht des Dalai-Lama keineswegs auf den Taschi-Lama überging, dessen weltliche Herrschaft auch fernerhin an den Grenzen der Provinz Tschang endete und selbst dort durch Chinas alles verschlingende Herrschermacht eingeschränkt wurde. Der Dalai-Lama hatte also viel zu verlieren, der Taschi-Lama wenig oder nichts. Der Dalai-Lama war ein herrschsüchtiger Intrigant, der durch unvorsichtige politische Kombinationen Lord Curzons für Tibet so unglückliche Offensivpolitik herausforderte und dadurch so gut wie alles verlor. Und wenn der Taschi-Lama bereits vorher seiner Heiligkeit und Gelehrsamkeit wegen größeres Ansehen genossen hatte als sein Mitpapst in Lhasa, so stiegen sein Ruhm und seine geistliche Macht noch höher, als der Ausgang des Krieges bewiesen hatte, daß die schönen Versprechungen des Dalai-Lama eitel Lug und Trug waren und nur zur Beugung der Nacken unter das schwere Joch der Chinesen führten.

Doch kehren wir zur Audienz zurück. Lamas, die auf den Zehen gingen und stumm wie Schattenwesen waren, reichten uns die ganze Zeit über Tee und Früchte. Der Taschi-Lama selbst trank gleichzeitig mit mir ein Schlückchen aus seiner einfachen Tasse, wie um zu zeigen, daß er sich nicht als zu heilig betrachte, um mit einem Ungläubigen am Tische zu sitzen. Einige Lamas, die ein wenig von uns entfernt im Zimmer standen, wurden dann und wann durch eine Handbewegung hinausgeschickt, wenn er nach etwas fragen wollte, das sie seiner Meinung nach nicht zu wissen brauchten. Dies geschah besonders, als er mich bat, es die Chinesen nicht wissen zu lassen, daß er mir Gastfreundschaft erweise, obwohl es ihrer Aufmerksamkeit wohl schwerlich hatte entgehen können.

Ich selber benutzte die Gelegenheit, um einige Vergünstigungen zu bitten; ich bat, ihn photographieren zu dürfen. Ich bat, ganz Taschi-lunpo ansehen und in der Klosterstadt ungehindert zeichnen und photographieren zu dürfen. Und schließlich bat ich um einen Paß für künftige Reisen in seinem Lande, um einen der Beamten des Labrang und einige zuverlässige Leute als Eskorte. Alles dies wurde mir gewährt, und alles sollte geordnet werden, sobald der Tag meiner Abreise bestimmt sei. Alle Versprechungen wurden auch bis ins kleinste erfüllt, und wenn nicht China gerade in dieser Zeit Tibet mit seinen Drachenkrallen so scharf wie nie zuvor gepackt hätte, so wäre der Taschi-Lama sicherlich mächtig genug gewesen, um mir alle Tore zu öffnen. Aber seine Freundschaft und seine Güte wurden mir tatsächlich während meiner ganzen ferneren Reise zur vorzüglichsten Empfehlung und haben mich aus mancher schwierigen Lage befreit. Pilger aus ganz Tibet hatten mit eigenen Augen gesehen, wie gut ich aufgenommen worden war. Sie hatten vor dem Taschi-Lama unbegrenzte Ehrfurcht. Noch anderthalb Jahre später kam es vor, daß Häuptlinge und Mönche sagten: »Bombo Tschimbo, wir wissen, daß ihr der Freund des Taschi-Lama seid, wir stehen euch zu Diensten.«

Als wir uns zwei Stunden unterhalten hatten, machte ich Miene, mich zu erheben, aber der Taschi-Lama drückte mich wieder auf den Stuhl nieder und sagte: »Nein, bleiben Sie noch ein Weilchen.« Und dieses wiederholte sich, bis drei volle Stunden vergangen waren. Wie viele Millionen Gläubige hätten für eine solche Gunst nicht Jahre ihres Lebens hingegeben! Auch die Pilger, die Hunderte von Meilen zurückgelegt haben, um ihn zu sehen, müssen sich mit einem Kopfnicken und einem Segen aus der Ferne begnügen.

Nun aber war die Zeit zur Ablieferung meiner Freundesgabe gekommen; die elegante englische Apotheke wurde aus ihrem Seidentuch ausgewickelt, geöffnet und gezeigt und erregte sein großes Erstaunen und sein lebhaftes Interesse — alles mußte ihm erklärt werden; die Morphiumspritze in ihrem Aluminiumetui mit sämtlichem Zubehör gefiel ihm besonders. Zwei Mönche aus der medizinischen Fakultät wurden dann mehrere Tage hintereinander in mein Lager geschickt, um den Inhalt der verschiedenen Dosen und die Anwendung der verschiedenen Medikamente tibetisch aufzuschreiben. Aber ich warnte sowohl sie wie den Taschi-Lama, ihre Wirkung zu erproben, ohne vorher Major O'Connors Arzt in Gyangtse um Rat gefragt zu haben. Die Gefahr war jedoch nicht so groß, denn die Lamas sind der Ansicht, daß ihre eigene medizinische Weisheit auf einer viel höheren Entwicklungsstufe steht als die der Europäer.

Wunderbarer, unvergeßlicher Taschi-Lama! Nie hat ein Mensch einen so tiefen Eindruck auf mich gemacht. Nicht als Gottheit in Menschengestalt, sondern als ein Mensch, der sich in Herzensgüte, Reinheit und Keuschheit der Grenze der Vollkommenheit so sehr nähert, wie dies überhaupt möglich ist. Seinen Blick werde ich nie vergessen; er strahlt eine Welt von Güte, Demut und Menschenliebe aus, und niemals habe ich ein solches Lächeln, einen so fein geschnittenen Mund, ein so edles Antlitz gesehen. Sein Lächeln verließ ihn keinen Augenblick, er lächelte wie ein Schlafender, der von etwas Schönem und Ersehntem träumt, und jedesmal, wenn unsere Blicke sich trafen, steigerte sich sein Lächeln, und er nickte mir so freundlich und gütig zu, als ob er sagen wolle: »Vertraue nur blind meiner Freundschaft, denn ich meine es mit allen Menschen gut.«

Ich sagte ihm, daß ich mich glücklich schätzte, ihn gesehen zu haben, und daß ich die Stunden, die ich in seiner Nähe zugebracht, nie vergessen würde; und er antwortete nur, daß es ihn freuen werde, wenn ich einmal wiederkommen könnte.

Nachdem ich ihm noch einmal für seine große Gastfreundschaft und Güte gedankt hatte, rief er einige Lamas herauf und erteilte ihnen Befehl, mir die Tempel zu zeigen. Dann reichte er mir wieder beide Hände und folgte mir mit seinem wunderbaren Lächeln, als ich mich entfernte. Seine freundlichen Blicke verließen mich nicht, bis ich durch die in das Vorzimmer führende Tür verschwand. Am Fuß der ersten Treppe warteten mehrere Lamas; sie lächelten stumm, machten große Augen und fanden gewiß, daß mir durch eine so lange Audienz eine seltene Gunst erwiesen worden sei. Von nun an behandelten mich alle mit noch größerer Achtung als vorher, und es war klar, daß schon an demselben Abend der ganze Basar und die ganze Stadt Schigatse wußte, daß ich drei Stunden bei dem Heiligen zugebracht hatte. Ich selber konnte kaum an anderes denken und verließ den Labrang berauscht und bezaubert von seiner Persönlichkeit.

Während unseres Aufenthaltes in Schigatse erwarb ich mir unter den Mönchen Taschi-lunpos viele Freunde, die mir mit der größten Bereitwilligkeit alle Aufklärungen gaben, um die ich sie bat. Man erzählte mir, daß ein Taschi-Lama, wenn er den Tod herannahen fühle, nach den Vorschriften des heiligen Gesetzes in sitzender Stellung bleiben müsse, mit untergeschlagenen Beinen und die Hände mit der Innenseite nach oben im Schoß, um in derselben Stellung zu sterben wie der meditierende Buddha. Im letzten Augenblick sind um ihn viele Mönche, die die Luft durch das Murmeln ihrer Gebete erfüllen, unaufhörlich mit den Handflächen und der Stirn vor ihm auf den Boden niederfallen und ihm und seinem fliehenden Geist göttliche Anbetung zuteil werden lassen. Wenn er das Bewußtsein verloren und keine Gewalt mehr über seinen Körper hat, wird er gestützt, und wenn das Leben entflohen ist, setzt man ihn so, daß er in der orthodoxen Stellung erstarrt. Der Tote wird mit dem priesterlichen Ornat bekleidet — jedes Stück ist neu und noch nie getragen —, dann setzt man ihm die hohe Mitra auf den Kopf. Totengebete werden gesprochen, mystische Zeremonien vorgenommen, und so schnell es sich machen läßt, setzt man den Toten in ein metallenes Gefäß, das dann mit Salz gefüllt und hermetisch verschlossen wird. Darauf wird die Grabkapelle errichtet; da diese ein Steingebäude sein muß und kostspielig und künstlerisch ausgestattet, mag wohl lange Zeit vergehen, ehe sein Staub endgültig Ruhe findet. Die Kosten tragen die Pilger und die Frommen im Lande, und gerade aus Anlaß des Todes strömen die Gaben reichlicher als je, denn es ist eine gute Tat, zur letzten Ruhestätte eines Taschi-Lamas beizutragen; eine solche Freigebigkeit sichert dem Geber Verdienste in der Kette der Seelenwanderung.

Nach dem Tode verkörpert sich Amitabha in dem Leib eines neugeborenen Knaben; die Schwierigkeit besteht nur darin, zu erfahren, wo dieser sich befindet. Man schickt daher in ganz Tibet und überall in den lamaistischen Nachbarländern Schreiben umher, ob sich irgendein mit ungewöhnlichen Geistesgaben ausgerüstetes Kind männlichen Geschlechts gezeigt habe. Zahlreiche Antworten laufen ein. Nachdem einer oder der andere verworfen worden ist, handelt es sich darum, unter der Auslese denjenigen herauszufinden, von dem man überzeugt ist, daß er die Inkarnation Amitabhas sei. Die Namen der Knaben werden auf Papierstreifen geschrieben, die aufgerollt in eine Deckelschale gelegt werden, und diese stellt man vor die Statue eines Hauptgottes, wahrscheinlich vor die des Amitabha oder die des Tsongkapa, worauf dann hohe Kardinäle vor der Schale Gebete sprechen, den Göttern Opfergaben darbringen, Weihrauch aufsteigen lassen und andere Zeremonien vornehmen, bis dann der Deckel schnell entfernt wird und der zuerst herausgenommene Zettel den neuen Pantschen Rinpotsche angibt. Die Entscheidung dieser Verlosung muß jedoch vom Dalai-Lama bestätigt werden, ehe sie Gesetzeskraft erlangt, und der neue Oberpriester, ein unschuldiges Kind, erhält von ihm die Weihen. Wenn der Dalai-Lama abwesend oder selber minderjährig ist, geschieht dies durch ein Konklave hochgestellter Priester.

Die Gräber der Großlamas

Bände wären dazu erforderlich, um ein Kloster wie Taschi-lunpo in seinen Einzelheiten zu beschreiben, seine unentwirrbare Anhäufung steinerner Gebäude, seine Tempelsäle mit einem unzähligen Heer von Götterstatuen, seine Mönchszellen, Vorlesungssäle, Grabkapellen, Küchen, Fabriken und Speicher; seine verwickelte Organisation sowohl in geistlichen wie in weltlichen Angelegenheiten, seine Feste und seine Zeremonien. Eine solche Beschreibung könnte man aber ohne gründliche Kenntnis der lamaistischen Hierarchie und Kirche nicht liefern, und diese Kenntnis läßt sich nur durch das Studium eines ganzen Lebens erlangen. Denn wer in die Tiefe der Mysterien des Lamaismus eindringen will, muß erst den Buddhismus und sein Verhältnis zum Brahmanismus und Hinduismus beherrschen und den Einfluß verstehen, den der Schivaismus auf die Religion der Tibeter ausgeübt hat, sowie auch die Elemente der uralten Bon-Religion mit ihrer Fetischverehrung und ihrem Schamanismus kennen, die sich eingeschlichen und die lamaistische Form des Buddhismus verzerrt hat. Solch eine Aufgabe liegt daher außerhalb des Rahmens dieses Buches, nicht zum wenigsten schon deshalb, weil ich nur sehr dunkle Begriffe vom innersten Wesen des Lamaismus habe*. Ich werde mich daher auch in der Folge damit begnügen, nur die malerische Seite der Sache und die äußeren Anordnungen, die ich mit eigenen Augen zu sehen Gelegenheit gehabt habe, zu schildern. Ich werde die Namen auch phonetisch schreiben, ohne alle die stummen Konsonanten, die denen, welche dem Studium der tibetischen Sprache nicht viel Zeit gewidmet haben, ihre gewissenhafte Übersetzung ganz unverständlich machen.

Man stelle sich Taschi-lunpo nicht als einen einzigen riesigen Gebäudekomplex vor, sondern als eine Klosterstadt innerhalb einer Ringmauer, eine Stadt von mindestens hundert verschiedenen Häusern. Auf der Südseite des Tsangpo ragt ein felsiger Vorsprung des Gebirges ostwärts in das Tal des Njang-tschu hinein; unterhalb und im Osten dieses Vorgebirges liegt Schigatse in dem breiten Tal auf dem nördlichen linken Ufer des Flusses, während das Kloster auf dem unteren Teil des Südabhanges jenes Bergrückens erbaut ist und also mit seiner ganzen Front nach Süden schaut.

Taschi-lunpo wurde im Jahre 1445 n. Chr. von Ge-dun-dup, dem Brudersohn des Tsongkapa, gegründet, der im Jahre 1439 als erster Großlama der Gelugpasekte eingesetzt worden war, obgleich er noch nicht den Titel Dalai-Lama trug. Der jetzige Großlama von Lhasa, Ngavang Lobsang Tubdän Gjamtso, der sein Amt jetzt 34 Jahre bekleidet hat, ist der dreizehnte in der Reihe. Mit den hohen Zahlen der römischen Päpste können

* Denjenigen, welche den Lamaismus gründlicher studieren wollen, möchte ich besonders folgende Werke empfehlen: Koeppen, »Die lamaische Hierarchie und Kirche«; Waddell, »The Buddhism of Tibet«, und Grünwedel, »Mythologie des Buddhismus in Tibet und in der Mongolei«. In dem folgenden Text habe ich diesen Werken mehrere historische und rituelle Aufklärungen entnommen.

sie sich also durchaus nicht messen. Der erste Pantschen Rinpotsche von Taschi-lunpo hieß Pantschen Lobsang Tschöki Gjaltsan und bekleidete seine Papstwürde von 1569 bis 1662, also ganze 93 Jahre, sicherlich ein Weltrekord! Seine Grabkapelle, Tschukang-schär ist es, nach der wir nun zuerst unsere Schritte richten.

Ihre Fassade ist dem rechteckigen Hof der Festspiele zugekehrt; über dem Eingangsportal hängen große weiße Markisen unter einem symbolischen Zeichen: einem Rad zwischen zwei vergoldeten Hirschen. Das Dach ist aus vergoldetem Kupferblech und wird in der Mitte durch eine Plattform, die von einem Geländer umgeben ist, in zwei Teile geteilt.

Das Innere des Mausoleums ist ein kubischer Raum, der nur vom Tageslicht erhellt wird, das durch das Portal eindringt und von dem blaßgelben Schein der Butterdochte in einer Reihe silberner Tassen und Messingschalen. Die mittelste Schale ist größer als die übrigen, gleicht einem Kessel und hat einen Deckel, durch dessen Loch aus der zerfließenden Butter eine Opferflamme aufsteigt. Vor dieser Rampe von Butterlampen steht auf einem etwas höheren Absatz des Altartisches eine Reihe pyramidenförmiger Figuren, die aus Butterteig gebacken, auf der Vorderseite bunt angemalt sind und verschiedene lamaistische Symbole vorstellen. Hinter ihnen befindet sich noch eine Reihe Schalen und Becher von massivem Gold und Silber, Geschenke reicher Pilger. Sie enthalten reines Wasser, Mehl, Gerste, Reis und andere eßbare Opfergaben.

Das Grabdenkmal selbst ist ein Tschorten, der in seiner Form an eine Pyramide mit Stufen und Absätzen erinnert, und dürfte sechs bis sieben Meter hoch sein. Die ganze Vorderseite ist mit Gold und Silber in Ornamenten und einer Menge eingesetzter Edelsteine verziert. Ganz oben thront ein meterhoher »Gao«, der einem Schilderhaus mit einer Front von Lotosblättern ähnelt, und darin sitzt eine Statue des Toten, die die gewöhnliche Mitra trägt, in der Tsongkapa stets abgebildet wird. Hinter seinem eigenen Bilde ist der Großlama beigesetzt. In die erhobenen Hände der Statue hat man eine Menge langer, seidener »Kadachs« gelegt, die sich strahlenförmig auf beiden Seiten des Monuments herabsenken. Dieses ist übrigens von einem Wald von »Tankas«, Tempelfahnen, umgeben, die in Lhasa und Taschilunpo gemalt worden sind und verschiedene Szenen aus dem Leben des Religionsstifters und der Kirchenväter darstellen.

Dieser Tschorten steht frei in der würfelförmigen Kapelle, und ein schmaler, finsterer Gang führt um ihn herum. Die Pilger umwandern ihn in diesem Gang, je öfter, desto besser, und die orthodoxen »Gelugpa«, Glieder der »Tugendsekte«, gehen dabei stets in der Richtung des Zeigers einer Uhr. Die Mönche, die uns als Führer dienen, halten darauf, daß auch wir uns nicht gegen diese Vorschrift versündigen.

Jetzt überschreiten wir wieder den Hof der Festspiele und werden durch enge, finstere Korridore nach einer etwas helleren Galerie geführt, über deren Balustrade man ungehindert in einen »Dukang« hinunterschauen kann, in einen Saal, in dem fünfmal am Tage Gottesdienst abgehalten wird. Auf dem glatten Mosaik des steinernen Fußbodens liegen Reihen roter, sehr verbrauchter Matratzen, auf denen die Mönche während der Zeremonie mit gekreuzten Beinen sitzen. In der Mitte der einen kurzen Seite steht ein hoher Papststuhl, der mit gelber Seide überzogen ist — es ist der Sitz des Taschi-Lama, der bei bestimmten Gelegenheiten hier predigen und Unterricht erteilen soll.

Darauf führte man uns nach dem Jalloa-tschampa, einem heiligen Raum mit einem Vorhang aus einem Netz von eisernen Ringen, durch das man einige dunkle Götterstatuen und eine Anzahl chinesischer Porzellanschalen schimmern sieht. Erhellt durch Butterlampen und behängt mit langen, seidenen Tüchern, steht hier eine Bildsäule der Dolma, einer der beiden Gemahlinnen des Srong Tsan Ganpo, des ersten tibetischen Königs, die beide in Tibet sehr volkstümlich und in den meisten Lamatempeln verewigt sind.

Kandschur-lhakang heißt der Bibliotheksaal, wo die 100 oder 108 Folianten umfasende Bibel der Tibeter, der Kandschur, verwahrt, studiert und erklärt wird. Sie enthält eine Sammlung kanonischer Werke, die im neunten Jahrhundert nach dem Sanskritoriginal übersetzt worden sind. Der Saal ist so dunkel wie eine unterirdische Krypta; seine rotangestrichenen Holzsäulen sind mit Bildern, »Tankas«, behängt, und auch auf den Wänden ist ein Gewimmel bunter Götter dargestellt. An der oberen kurzen Seite des Saales sieht man eine Reihe Altäre, in deren verschiedenen Nischen man Götterstatuen und Abbildungen der Taschi-Lamas und anderer vornehmer Priester findet. Auch vor ihnen brennen Butterlampen, und glänzende Messingschalen sind bis an den Rand mit Opfergaben gefüllt. Die Beleuchtung ist spärlich und mystisch wie überall in Taschi-lunpo.

In der Gasse nach Westen weiterschreitend, sehen wir in das Grabmal des zweiten Oberpriesters (1663—1737) und des dritten (1737—1779) hinein, die genau nach dem Muster der schon beschriebenen erbaut sind.

Unser nächster Besuch gilt dem sogenannten Namgjal-lhakang, dem Tempel des Tsongkapa, einem großen Pfeilersaal mit einer gigantischen Bildsäule des großen Reformators.

Tsongkapas Name ist in der lamaistischen Kirche ebenso berühmt und wird ebenso hochgeehrt wie der des Buddha selber; ich kann mich nicht entsinnen, daß in einem einzigen der vielen Tempel, die ich in Tibet besucht habe, seine Statue gefehlt hätte. Er wurde im Jahre 1355 in Amdo geboren, und seine Geburt war selbstverständlich von allerlei übernatürlichen Umständen begleitet. Im Alter von drei Jahren beschloß er, sich von dieser Welt abzuwenden, und zu diesem Zweck schnitt seine Mutter ihm das Haar ab, das die Wurzel und der Ursprung des berühmten Wunderbaumes in Kum-bum (der Tempel der »hunderttausend Bildsäulen«) wurde, auf dessen Blättern Pater Huc mit eigenen Augen heilige Schriftzeichen gelesen hat. Leider fand mein Besuch in Kum-bum im Jahre 1896 im Winter statt, als der heilige Baum entlaubt dastand. Nach gründlichen Studien reifte in Tsongkapa der Entschluß, den stark verwilderten und entarteten Lamaismus zu reformieren, und in mehreren öffentlichen Disputationen widerlegte er, ganz wie Luther, alle seine Gegner. Die Zahl seiner Anhänger wuchs schnell, und im Jahre 1407 gründete er bei Lhasa das Kloster Galdan, dessen erster Abt er wurde, und darauf die beiden ebenso großen und ebenso berühmten Klöster Brebung und Sera. Tsongkapa führte das Zölibat unter den Mönchen seiner Sekte ein, die er »Gelugpa«, die »Tugendsekte«, nannte und deren Kennzeichen die gelbe Mütze wurde. Denn Gelb war die heilige Farbe der alten buddhistischen Mönche. Unter anderen Geboten, die er einführte, war auch die Vorschrift, daß die tugendhaften Mönche sich zu gewissen Zeiten in die Einsamkeit zurückziehen sollten, um sich in Meditation zu versenken, zu studieren und sich auf Disputationen vorzubereiten. Heutzutage sind die Gelbmützen in Tibet viel zahlreicher als die Rotmützen. Tsongkapa starb im Jahre 1417 und liegt in Galdan begraben, wo sein Sarkophag oder »Tschorten« frei in der Luft schwebt. Er wird als eine Inkarnation des Amitabha, aber zugleich auch als eine des Mandschuschri und des Vadschrapani betrachtet, lebt also noch in meinem Freunde, dem jetzigen Taschi-Lama und allen seinen Vorgängern fort.

Als wir gerade vor der Statue saßen und Tsongkapas freundlich lächelnde Gesichtszüge unter der üblichen spitzen Mitra betrachteten, erschienen einige jüngere Lamas mit Früchten, Süßigkeiten und Tee, nebst Grüßen vom Taschi-Lama, der die Hoffnung aussprechen ließ, daß es mich nicht zu sehr ermüden möge. In der Dämmerung der Seitenwände lasen einige sitzende Mönche laut aus heiligen Schriften vor, die auf kleinen Schemeln vor ihnen lagen; dabei hielten sie in der Hand einen »Dortsche«, das Sinnbild der Kraft, und eine Glocke, mit der sie dann und wann klingelten. Als wir wieder in das Sonnenlicht hinaustraten, ging der indische Elefant des Taschi-Lama in der Gasse spazieren; er ist der einzige seiner Art in der ganzen Gegend und soll das Geschenk eines reichen Kaufmanns sein, der ihn vor acht Jahren von Siliguri hierhergebracht hat.

Auch der vierte Taschi-Lama, Pantschen Tenbe Nima (1781—1854), hat eine Grabkapelle, die denen seiner Vorgänger gleicht. Zu beiden Seiten des Eingangstors sehen wir die in doppelter Lebensgröße auf die Wände der Vorhalle gemalten Bilder der »vier großen Könige«, Namböse, Jukorschung, Pagjepo und Tschenmigsang, deren Aufgabe es ist, die Dämonen fernzuhalten. Sie sind in grellen Farben gemalt und sehen, mit Schwert, Bogen und Spieß bewaffnet und mit einem Gewirr von Wolken, Wellen und züngelnden Flammen, Tigern, Drachen und andern wilden Tieren umgeben, geradezu abscheulich aus. Kaum in einem einzigen Tempel Tibets fehlen diese vier Bilder am Eingang, und auf jeder der vier Seiten der fünf Grabmale ist einer dieser vier Schutzkönige dargestellt.

Schließlich richten wir unsere Schritte nach der Grabkapelle, in der der fünfte Taschi-Lama, der Pantschen Tenbe Vangtschuk (1854—1882), den letzten Schlaf schläft. Da dieses Mausoleum erst einige zwanzig Jahre alt ist, sieht es neuer und sauberer aus als die anderen. Es ist außen und innen besonders reich verziert und glänzt von Gold, Türkisen und Korallen; gegen den reinen lamaistischen Klosterstil aber stechen ein Glaskronleuchter aus Indien und einige gewöhnliche Glaskugeln grell ab — billiger Kram, wie man ihn in Gärten auf dem Lande findet. Auf dem Altartisch stehen die üblichen Opfergefäße, von denen viele ganz besonders elegant und geschmackvoll sind. Eine große Schale auf hohem Fuß mit brennendem Docht ist von Gold. Rechts hängen an Nägeln einfache Gaben von armen Pilgern.

Die ersten vier Gräber waren mit vielen kunstvollen Schlössern verschlossen. Die Grabkapelle des fünften Großlamas aber stand der Menge offen, und dort kam und ging ein Strom von Pilgern.

Meine erste Runde in Taschi-lunpo war beendet, und übersättigt von seltsamen Eindrücken kehrten wir, als es dämmerte, wieder nach unseren Zelten in Kung Guschuks Garten zurück. Es war früher als gewöhnlich dunkel geworden, denn im Westen ballte es sich wieder zum Unwetter zusammen, und noch ehe wir zu Hause ankamen, hatten wir es über uns.

Tibetische Volksbelustigungen

Das leichtgläubige Volk, auf dessen Kosten die Mönche in tatenloser Faulheit dahinleben — und gut leben —, ist mit den religiösen Spielen, die nur seine geistigen Bedürfnisse befriedigen, allein nicht zufrieden; es muß auch mit weltlichen Schauspielen unterhalten werden. Am 15. Februar sollte ein derartiges Schauspiel auf der Ebene außerhalb der Stadt Schigatse vor sich gehen; auch wir wurden eingeladen und ritten nach Norden durch die kleine Stadt, die nicht mehr als 300 Häuser haben soll — Städte sind in Tibet ebenso selten wie unbedeutend. Die Häuser sind weiß abgeputzt und haben oben einen schwarzen oder roten Rand; mit wenigen Ausnahmen sind sie nur ein Stockwerk hoch; das Dach ist immer flach und von einem Geländer umgeben. Die Dächer sind mit einem ganzen Wald von Reisigbündeln und Gerten verziert, an denen Gebetswimpel in allen Regenbogenfarben hängen; sie haben den Zweck, die Dämonen zu verjagen. Zwischen den unregelmäßigen Häuserreihen ziehen sich schmale Gassen und Wege hin, auf denen schwarze Schweine in Abfällen wühlen, tote Hunde umherliegen und stinkende Lachen stehen; außerdem gibt es auch offene Plätze.

Ein schwarzer Zug von Schaulustigen wandert nach der großen Ebene im Nordosten des Dsong hinaus. Am Schauplatz angekommen, lassen wir Rabsang unsere Pferde hüten und beobachten mit gespanntem Interesse das eigentümliche festliche Bild, das sich ringsumher entrollt. Es ist ein Menschenmeer, Tausende und aber Tausende von Tibetern und reisenden Fremdlingen in bunten Trachten, von denen jede ein dankbarer Vorwurf für den Pinsel eines Malers sein würde. Vor uns im Osten haben wir die Gärten der Dörfer des Njangtschu-Tales am Fuß der Berge, und hinter uns haben wir eine ganze Stadt von blau und weißen Zelten mit mehr oder weniger vornehmen Zuschauern. Auf dem besten Platz erhebt sich ein großes blauweißes Zelt, das nach dem Schauplatz offen ist — dort sitzen mit gekreuzten Beinen auf weichen Teppichen die Beamten des Dsong in gelben Gewändern, feierlich wie Buddhastatuen, und nehmen Erfrischungen ein.

Mitten durch die Menge zieht sich von Norden nach Süden eine Reitbahn, die nur zwei Meter breit ist und auf den Seiten fußhohe Erdwälle hat. Unmittelbar an der Reitbahn sind zwei Ziele errichtet, an Stangen hängende Schießscheiben mit einem weißen und einem schwarzen Ring und einem roten Punkt in der Mitte. Polizisten in rot und weißen Röcken, mit gelben Hüten und sowohl vorn als hinten bezopft, halten das Volk in Ordnung. Zwei dieser Polizisten sind mir zur Verfügung gestellt, um mir die Aussicht freizuhalten, aber ich habe von ihnen mehr Verdruß als Nutzen, denn unaufhörlich muß ich sie beruhigen, wenn sie halbnackte Jungen schlagen, die mir durchaus nicht im Wege sind.

Jetzt geht es los! Aller Augen richten sich auf eine Schar von siebzig Reitern in außerordentlich bunten Kostümen, die im Gänsemarsch langsamen Schrittes nordwärts durch die Bahn reiten.

Es ist eine sehr farbenreiche, phantastisch aufgeputzte Reiterschar, die jetzt in umgekehrter Richtung durch die Bahn zurückkehrt, diesmal aber in tollstem Galopp. Sie reiten so schnell die Pferde nur laufen können, sie hopsen und hüpfen mit Beinen und Ellbogen auf und nieder, die Federbüsche wehen, die Köcher klappern in ihrem Gehänge, die Schellen klingeln, und ihre Quasten, Lappen und Bänder fliegen nach allen Seiten. Die Rosse schnauben, der Schaum bildet Flocken auf dem Zaum, und jeder Reiter rührt für seinen Nachfolger eine Staubwolke auf. Diese Vorführung wiederholt sich zweimal, beim dritten Rennen aber schießen die Reiter mit ihren langen Bogen auf beide Schießscheiben. Der Abstand zwischen beiden beträgt etwa 60 Meter, und es gilt, in jede Scheibe einen Pfeil zu schicken. Die erste Scheibe zu treffen ist nicht so schwierig, dann aber muß der Schütze sehr schnell sein, wenn er den Köcher, der ihm auf dem Rücken baumelt und hüpft, noch rechtzeitig ergreifen, den Pfeil herausziehen, ihn auf die Sehne legen und abschießen will — ehe er schon an der zweiten Scheibe vorbei ist! Viele Schützen trafen beide Scheiben, andere jagten den ersten Pfeil in die Scheibe, den zweiten aber in den Erdboden oder gegen den Holzrahmen der Scheibe, während noch andere versuchten, sich im Sattel umzudrehen und zur großen Gefahr der Zuschauer, den Pfeil nach rückwärts abzuschießen. Der rote Punkt in der Mitte ist mit einem roten Pulver gefüllt, das in einer Wolke aufstäubt, wenn das Zentrum getroffen ist.

Die Pferde sind klein und lebhaft, einige halbwild und feurig; sie sind langhaarig, aber schlecht gestriegelt, zottig und ungepflegt. Während des Schießens liegen sie fast langgestreckt im Lauf auf der Bahn, und die losen Zügel hängen über den Hals herab.

Beim vierten Rennen schossen die Reiter mit losem Pulver nach beiden Scheiben, und beim fünften mit der Flinte nach der ersten und mit dem Bogen nach der zweiten Scheibe. Sie benutzten dabei ihre langen, schweren Musketen und hatten nicht einmal die unbequeme Gabel abgenommen. In der Mündung des Flintenrohrs steckt ein Ball zusammengedrückter Papierstreifen, die sich, wenn der Schuß fällt, nach allen Seiten zerstreuen — des größeren Effektes wegen! Der Start findet in großer Entfernung statt, und der Reiter ist schon in vollem Galopp, wenn er sich der ersten Scheibe nähert. Er hält die Flinte in der Linken, erhebt sie langsam und elegant an die rechte Schulter, umfaßt mit der Rechten den Kolben, hält die Mündung nach vorn in der Richtung der Bahn, und in dem Augenblick, wenn er an der Scheibe vorbeisaust, dreht er den Lauf nach der Scheibe hin und schießt, denn die Zündschnur ist schon beim Start angezündet worden. Bei einigen Schützen fiel der Schuß zu spät, und dann begannen die der Gefahr ausgesetzten Zuschauer davonzustürmen. Sowie der Schuß gefallen war, wurde der Flintenriemen schnell über die Schulter geworfen, und jetzt galt es, in zwei Sekunden Köcher und Pfeil zu ergreifen und ihn auf die zweite Scheibe abzuschnellen. Die Entfernung war jedoch so kurz, daß die meisten fehlschossen; wenn es aber gelang, brachen die Menschenmassen in nicht endenwollenden Jubel aus, und wenn es ihm mißglückte, jubelte man noch mehr. Anstrengend und heiß muß es sein, in diesen pompösen Anzügen mit Flinte, Bogen und Köcher der Sonne entgegenzureiten und von Zeit zu Zeit spurlos in einer Staubwolke zu verschwinden. Einige Pferde stoßen so, daß ihre Reiter nicht zum Schusse kommen, und dann amüsiert sich das Volk wieder. Einem Schützen fällt der Hut ab, das ihm folgende Pferd scheut vor der Scheibe und sprengt, die abgesteckte Bahn verlassend, mitten in den Zuschauerhaufen hinein. Ein anderer handhabt seine Flinte sicher, hüllt die erste Scheibe in eine rote Wolke und trifft auch die zweite, hat aber in der Eile zwei Pfeile hineingeschossen. Einer zerschießt die Scheibe in kleine Stücke, und einem anderen zerbricht die Flinte, so daß er mit einem bloßen Kolben in der erhobenen Hand weiterreitet — immer amüsiert sich das Volk grenzenlos.

In der Menge sehe ich mehrere alte Bekannte aus dem Kloster, aber auch Lamas aus Ladak, die an den geistlichen Hochschulen Taschi-lunpos studieren, Kaufleute aus Nepal und Bhutan, mongolische Pilger in Pelzmützen mit großen Ohrenklappen von Fuchsfell, etwa zwanzig Kaufleute aus Kaschmir und Ladak in hohen weißen Turbanen und schwarzen Kaftanen mit Leibgürteln. Die Chinesen, die in Tibet die Rolle der Engländer in Indien spielen, sitzen in kleinen Gruppen und rauchen ihre Pfeife; der Verlauf des Preisschießens scheint sie ganz gleichgültig zu lassen. Sie tragen blaue Anzüge, schwarze Westen und schwarze Scheitelkäppchen, auf denen oben in der Mitte ein Korallenknopf sitzt.

Als letzter im letzten Rennen kam ein zerlumpter Kerl auf einem jämmerlichen Gaul angehumpelt und erregte die größte Heiterkeit. Dies war das Signal, daß das Fest beendet war, und nun sah man die Reiter absitzen und in langer Reihe an dem Dsongzelt vorbeiziehen, wo jeder das Haupt vor dem »Vorsteher der Stadtverordneten« beugte und ihm ein Kadach um den Hals gelegt wurde. Dasselbe billige Gnadenzeichen erhielten sie auch von ihren Freunden und Bekannten, und einige Günstlinge wanderten sogar mit weißen Halstüchern umher, die bis zu sechzig Ellen lang waren. Ich selber spendierte der ganzen Gesellschaft Tee und gab ihnen allen ein Trinkgeld für das Vergnügen, das sie mir und meinem Gefolge bereitet hatten. Als wir schließlich wieder in Schigatse einritten, begleitete uns ein ganzes Heer schwarzer Tibeter.

Am 21. Februar lud mich Ma Daloi ein, auf dem inneren Hof seines Jamen einige Aufführungen zur Feier des chinesischen Neujahrsfestes mit anzusehen. Die Auftretenden sollten Soldaten der Garnison sein, das Schauspiel aber war von den vier chinesischen Tempeln in Schigatse inszeniert worden. Es war spät abends. Zwei Stühle mit einem Tisch wurden auf die Veranda gestellt, und während Ma mich mit echtem chinesischen Tee, Kuchen und Zigaretten bewirtete, traten zwanzig Mann ein, jeder mit zwei großen, kleeblattförmigen Laternen von weißem Stoff, die mit Blumen und Drachen bemalt waren. Die Männer tanzen und schwingen die Laternen, die eine in gleichmäßiger Wellenbewegung fortschreitende Linie bilden; sie drehen sich blitzschnell im Kreise, und die helleuchtenden Laternen gleichen großen, in der Nacht umherschwebenden Feuerkugeln. Während der ganzen Zeit werden Schwärmer und Frösche losgelassen, die zwischen den Beinen der Zuschauer sprühen und knallen, denn der Hof ist auch voll tibetischer Zuschauer, die ganz ungeniert hereinkommen. Schließlich bleiben die Laternen stehen, und ein Riesenvogel mit hohem, beweglichem Schwanz und langem, gebogenem Hals schreitet gravitätisch über den Hof. Die nächste Nummer wird von Nepalis ausgeführt; jeder von ihnen trägt zwei Laternen, die wie Bienenkörbe aussehen; die Spitze der vorderen besteht aber aus einem Pferdekopf mit üppiger, herabhängender Papiermähne, und an der Spitze der hinteren hängt ein Papierschwanz. Als sie um den Hof herum einen recht lustigen Reitertanz aufführten, hatte es daher den Anschein, als ob sie auf innen erleuchteten Pferden heranritten. Die ganze Zeit über sangen sie in langsamem Takt ein schwermütiges Lied. Und nun schlängelte sich ein Drache heran. Sein Kopf ist aus Holz und Papier und wird von einem Mann getragen, von dessen Rücken ein bemaltes Tuch, der Leib des Drachen, sich herabzieht, der einen zweiten niedergekauerten Mann bedeckt. Der Drache tanzt, windet sich, sperrt den Rachen auf und gebärdet sich, als wolle er alle Anwesenden verschlingen. Während der Spiele erschallt dröhnend eine bizarre Musik von Trommeln, Becken und Flöten, deren Töne an eine Sackpfeife erinnern. Diese Possenreißer stellen sich während der Neujahrstage auf den Höfen aller angesehenen Leute ein, um sich eine kleine Einnahme zu verschaffen. Sie drohten auch uns eines Abends; ich bat sie aber, lieber bei Tage zu kommen, um sie auf einigen Platten verewigen zu können.

Mönche und Pilger

Während der Zeit von 47 Tagen, die ich mich, durch die Macht der Verhältnisse gezwungen, in Schigatse aufhielt, hatte ich Gelegenheit, mich mit dem täglichen Leben und den Gewohnheiten der Mönche vertraut zu machen. Mit einem oder zwei Begleitern pflegte ich nach Taschi-lunpo hinaufzureiten und in seinen dunklen Grabkapellen und Tempelsälen den ganzen Tag zuzubringen.

Eines Tages ging eine Zeremonie vor sich, über deren Bedeutung ich leider keine ganz zuverlässige Aufklärung erhalten konnte. Auf dem gelbseidenen Thron des Hofes hatte der Taschi-Lama in vollem päpstlichen Ornat Platz genommen, als zwei Mönche in roten Gewändern und mit hohen, roten, helmähnlichen Kopfbedeckungen auf ihn zutraten. Nachdem sie Seine Heiligkeit begrüßt hatten, ging der eine Mönch zur steinernen Treppe und stellte sich auf die unterste Stufe, und nun begann eine höchst eigentümliche Unterhaltung. Der Lama auf der Treppenstufe ruft etwas, wahrscheinlich ein Zitat aus den heiligen Schriften, oder stellt vielleicht auch eine Frage, schlägt die Hände klatschend zusammen, daß es auf dem Hofe widerhallt, und macht dann mit der rechten Hand eine Gebärde, als ob er dem anderen Mönche irgend etwas direkt an den Kopf schleudern wollte. Dieser antwortet sofort ebenso laut und klatscht ebenso in die Hände. Dann und wann wirft der Taschi-Lama selbst ein Wort hinein. Lobsang Tsering, der mich begleitete, sagte, diese Zeremonie sei eine Art Doktordisputation, und die beiden disputierenden Mönche erlangten, wenn sie die Prüfung bestanden hätten, einen höheren priesterlichen Rang.

Auf dem Teppich des Hofes sitzen sechs Lamas in gelber Tracht. Zwischen den Säulen ist die Galerie gedrängt voll von rotgekleideten Lamas niederen Ranges, vor ihnen sitzen vornehmere Mönche in roten, reich mit Gold gestickten Kaftanen. Unmittelbar an der rechten Seite des Taschi-Lama hat Lobsang Tsundo Gjamtso seinen Platz.

Dienende Brüder stellen auf den offenen Platz vor dem Taschi-Lama lange Reihen kleiner Tische auf, die im Handumdrehen mit Schalen voll getrockneter Früchte, Backwerk und Mandarinen besetzt werden. Dann beginnt ein Festmahl zu Ehren der Promotion. Sobald die Tische und Schalen leer sind, werden sie ebenso schnell, wie sie gebracht worden waren, hinausgetragen, und nun erscheint eine feierliche Prozession von Mönchen mit Teekannen — eine Art Teezeremonie beginnt, weniger kompliziert, aber ebenso vornehm wie die in Japan. Vor den Thron des Taschi-Lama stellen sich zwei hochgestellte Priester und bleiben dort so regungslos stehen, daß sie an die am Altar betenden Geistlichen unserer Kirchen erinnern. Ihre Aufgabe ist es, Seiner Heiligkeit Tee zu servieren. Der erste Mönch der Prozession trägt eine Kanne von massivem Gold, die ihm der eine der beiden vor dem Thron stehenden Priester abnimmt, um die Tasse des Taschi-Lama zu füllen. Die übrigen Mönche der Prozession tragen silberne Kannen, deren jede 900 Mark wert ist und aus denen allen nicht inkarnierten Mönchen eingeschenkt wird. Jeder Mönch trägt seine eigene Holztasse in den Falten seiner Toga stets bei sich, und wenn der Einschenkende mit der Kanne kommt, hält er ihm nur die Tasse hin.

Während der Zeremonie fahren die beiden Kandidaten unausgesetzt fort zu disputieren und in die Hände zu klatschen. Nachdem er drei Stunden lang mit gekreuzten Beinen so unbeweglich wie eine Buddhastatue dagesessen, steigt Seine Heiligkeit vom Thron herab und schreitet langsam, auf zwei Mönche gestützt, die Steintreppe hinauf, die mit einem schmalen, bunten Läufer belegt worden ist. Hinter ihm geht ein Mönch, der ihm einen gewaltigen gelbseidenen Sonnenschirm mit herabhängenden Fransen über den Kopf hält.

Der ganze Hof schien finster geworden zu sein, nachdem er gegangen war. Die Mönche, die sich eben noch so still verhalten hatten, begannen zu plaudern und zu lachen, die jüngeren spielten und rangen miteinander, und schmutzige Novizen mit nackten Armen verjagten mit Gerten zwei räudige Hunde, die sich auf dem heiligen Platze eingeschlichen hatten.

Es war jedoch nicht nur die Abwesenheit des Taschi-Lama, die den Hof verfinsterte; gelbe Staubwolken wurden vom Weststurm über Taschi--lunpo gejagt. Alle Wimpel, Fenstergehänge und Markisen und die langen weißen Fahnen begannen zu flattern und zu klatschen, und der Klang von tausend Tempelglocken verschmolz in einen einzigen Ton, der die Luft erfüllte. Denn an allen Ecken, Vorsprüngen und Dachleisten hängen Messingglocken, an deren Klöppel eine Feder befestigt ist, so daß auch ein unbedeutender Wind Töne aus dem Erz hervorzulocken vermag. Beim Durchwandern der Labyrinthe Taschi-lunpos lauscht man gern diesem großen Glockenspiel der Winde.

Ein Lama aus Ladak, der seit fünf Jahren in Taschi-lunpo studierte, erzählte mir, das Kloster habe vier verschiedene Grade gelehrter Priester. Wenn es in einer Familie mehrere Söhne gibt, muß sich stets einer von ihnen dem Klosterleben widmen. Um aufgenommen zu werden, muß er erst das Klostergelübde ablegen und sich verpflichten, keusch und enthaltsam zu leben, nicht zu trinken, zu stehlen, zu töten usw. Er wird dann Novize bei der Brüderschaft der gelben Mönche. Nach diesen vorbereitenden Studien erlangt er den ersten Grad als Priester, der Getsul heißt und ihm die Pflicht auferlegt, gewisse heilige Schriften zu studieren und am Unterricht teilzunehmen, den ein Kanpo-Lama erteilt. Es ist auch seine Pflicht, sich bestimmten dienstlichen Verrichtungen zu unterziehen, höheren Mönchen mit Tee aufzuwarten, Holz und Wasser zu tragen, die Tempel zu reinigen, Opferschalen zu füllen, die Dochte der Butterlampen geradezuschneiden und dergleichen mehr. Der nächste Grad, Gelong, zerfällt in drei Abteilungen: Ringding, Riktschen und Katschen, von denen erst der letzte seinem Inhaber die Berechtigung verleiht, sich als Lehrer zu betätigen. Dann folgt der Grad Kanpo-Lama oder Abt, und schließlich der Jungtschen, der der nächste zum Pantschen Rinpotsche ist.

Ein Getsul-Lama muß eine Abgabe von 20 Rupien bezahlen, um zum Rang eines Ringding-Lama erhöht zu werden; das ist also nur eine Geldfrage, und der Grad kann einen Monat nach seinem Eintritt ins Kloster erworben werden, kann aber auch, wenn der Lama mittellos ist, mehrere Jahre dauern. Ein Ringding-Lama muß eine ganze Menge Schriften studieren und zahlt, um Riktschen-Lama zu werden, wieder 50 oder 60 Rupien, um Katschen zu werden aber 300. Einem anderen Gewährsmann zufolge werden die Ringding und der Riktschen noch zum Getsulgrad und nur der Katschen zum Gelonggrad gerechnet. In diesen Graden wird es ihm jedoch leichter, die nötigen Mittel aufzutreiben, denn jetzt hat er Gelegenheit, den Priesterberuf unter dem Volke auszuüben. Um zum Kanpo-Lama befördert zu werden, bezahlt man nichts, die Ernennung erfolgt durch den Taschi-Lama; sie ist verhältnismäßig selten, und es ist große Gelehrsamkeit dazu erforderlich. Der Ernannte erhält ein Zeugnis, mit dem Siegel des Taschi-Lama. Zur Erlangung des Jungtschengrades muß man die heiligen Bücher vollständig beherrschen, und ein Konklave hoher Mönche reicht Vorschläge zur Verleihung der Würde ein.

Von den 3800 Mönchen in Taschi-lunpo sollen 2600 dem Getsulgrad und 1200 dem Gelonggrad angehören. Die Gelong-Lamas brauchen sich nicht mit weltlichen Arbeiten zu befassen, sondern haben nur den Tempeldienst zu besorgen und beim Gottesdienst mitzuwirken. Den Kanpograd haben jetzt nur vier in Taschi-lunpo und den Jungtschen nur zwei.

Unter den 3800 Mönchen sind im ganzen 400 aus Ladak und anderen Ländern im westlichen Himalaja; einige wenige sind Mongolen, die übrigen Tibeter. Die Kirchenmusik besorgen 240 Mönche, das Tanzen wird von 60 ausgeführt. Sie tanzen nur zweimal im Jahr. Während der Zwischenzeiten liegen die wertvollen Kostüme in versiegelten Kisten in einer Rüstkammer, die »Ngakang« heißt. Da sie nur sehr geringer Abnutzung ausgesetzt sind, halten sie Hunderte von Jahren.

Das eben geschilderte Disputationsfest galt der Erlangung des Katschengrades, dessen Promotion nur während des Neujahrsfestes stattfindet; an diesem werden jährlich 18 Lamas vom Getsul zum Gelong promoviert. Die Zeremonie dauert drei Tage.

Am 16. Februar ritt ich zum Kloster hinauf, um den Taschi-Lama zu photographieren, der mir am Morgen hatte sagen lassen, daß er bereit sei. Das Wetter war das beste, das man sich wünschen konnte, windstill und klar. Auf der obersten Plattform, vor dem Eingang des östlichen Grabes, herrschte starkes Gedränge. Besonders interessierte es mich, einen endlosen Zug von Nonnen zu sehen, die aus benachbarten Tempeln gekommen waren, um zum neuen Jahre den Segen des Taschi-Lama zu erbitten. Alle Altersstufen waren vertreten, von alten runzligen Weibern bis zu ganz jungen Mädchen. Schrecklich häßlich und schmutzig waren sie alle, in ihrer ganzen Reihe konnte ich nur zwei entdecken, die leidlich hübsch waren. Sie hatten kurzgeschnittenes Haar, und ihre Kostüme glichen denen der Mönche; einige hätte man für Männer gehalten, wenn man nicht das Gegenteil gewußt hätte.

Diesmal begleitete mich nur Muhamed Isa. Der Taschi-Lama empfing mich in demselben halboffenen Raum wie das letztemal. Er war ebenso bezaubernd wie damals und lenkte das Gespräch wieder auf ferne Länder, weit fort von diesem so hermetisch verschlossenen Tibet. Diesmal sprach er indessen hauptsächlich von Agra, Benares, Peschawar, Afghanistan und dem Weg von Herat nach dem Khaiberpasse. »Was liegt westlich von Jarkent?« fragte er.

»Pamir und Turkestan.«

»Und westlich davon?«

»Das Kaspische Meer, das von großen Dampfern befahren wird.«

»Und westlich vom Kaspischen Meer?«

»Kaukasien.«

»Und wohin kommt man, wenn man immerfort nach Westen weitergeht?«

»Nach dem Schwarzen Meer, der Türkei, Rußland, Österreich, Deutschland, Frankreich und dann nach England, das draußen im Weltmeer liegt.«

»Und was gibt es westlich von diesem Weltmeer?«

»Amerika, und darauf wieder ein Weltmeer und dann Japan, China und wieder Tibet.«

»Die Welt ist unendlich groß«, sagte er nachdenklich und nickte mir freundlich lächelnd zu.

Ich bat ihn, nach Schweden zu kommen, wo ich sein Cicerone sein wolle. Da lächelte er wieder: er möchte gern nach Schweden und nach London reisen, aber hohe, teuere Pflichten hielten ihn beständig an Taschi-lunpos Klostermauern gefesselt.

Nach dem Tee und dem Imbiß bat er mich, die Kamera aufzustellen. In dem von der Sonne beschienenen Teil des Gemaches wurde ein gelber Teppich ausgebreitet und ein Stuhl daraufgesetzt. Leider hatte er nicht sein bezauberndes Lächeln, als die drei Aufnahmen gemacht wurden, sondern sah ernst aus. Ein langer junger Lama mit angenehmem Gesicht verstand sich auch aufs Photographieren und machte ein paar Aufnahmen von mir für den Taschi-Lama. Er hatte selbst eine Dunkelkammer, wo wir unsere Platten entwickeln sollten — lamaistische Tempel eignen sich vorzüglich zu Dunkelkammern!

Dann nahmen wir unsere Plätze wieder ein, und der Taschi-Lama erkundigte sich, wie mir das Reiterspiel gestern gefallen habe; ich antwortete, daß ich einen solchen Spaß noch nicht erlebt hätte; er selbst hatte diese weltlichen Vergnügungen noch nie besucht, denn er war an diesem Tage stets durch seine religiösen Pflichten in Anspruch genommen. Nun machte er ein Zeichen, worauf einige Mönche sein Ehrengeschenk für mich hereinbrachten: zwei Stück des kirschroten Wollstoffes, der in Gyangtse gewebt wird, einige Abschnitte goldgewirktes Zeug aus China, zwei Kupferschalen mit silbernem Rand und eine vergoldete Untertasse nebst einem ebensolchen Deckel zu einer Porzellantasse. Eigenhändig gab er mir dann ein vergoldetes, in rot und gelbe Seide gekleidetes Götterbild und ein großes hellgelbes »Kadach«. Die Figur, die er mir gab, war ein sitzender Buddha mit blauem Haar, einer Krone und einer Schale in den Händen, aus der eine Pflanze aufkeimte; er nannte es Tsepagmed. Es ist dies die Form des Amitabha Buddha, die Amitayus oder »derjenige, der ein unermeßlich langes Leben besitzt«, genannt wird. Es ist bezeichnend, daß der Taschi-Lama mir gerade dieses Götterbild gab. Denn er ist selber eine Inkarnation des Amitabha, und er ist allmächtig. Durch das Bild des Tsepagmed wollte er mir also gleichsam ein Unterpfand geben, daß mir noch ein langes Leben bevorstehe. Das aber begriff ich damals noch nicht; erst als ich in Grünwedels »Mythologie« blätterte, erkannte ich die Bedeutung des Geschenks.

Dieses Mal dauerte die Audienz zwei und eine halbe Stunde. Und es war das letztemal, daß ich den Taschi-Lama von Angesicht zu Angesicht sah. Denn später traten allerlei politische Verwicklungen ein, die ihm — nicht mir — gefährlich werden konnten, und ich hielt es daher für meine Pflicht, ihn nicht durch neue Besuche, die den Argwohn der Chinesen hätten erregen können, Unannehmlichkeiten auszusetzen. Aber es schmerzte mich, wochenlang in seiner Nähe zu sein, zu wissen, daß er täglich von seinem kleinen Klosterfenster aus mein weißes Zelt sah, und ihn doch nicht besuchen und mit ihm reden zu dürfen.

Der Taschi-Lama war sechs Jahre alt, als ihn das Schicksal zum Papst in Taschi-lunpo berief, einer Würde, die er bei meinem Besuch schon

19 Jahre bekleidete. Er soll in Tagbo im Lande Gongbo geboren sein. Wie der Papst in Rom, ist auch er, trotz seines großen religiösen Einflusses, ein Gefangener im tibetischen Vatikan und führt ein nur durch religiöse Vorschriften geregeltes Leben, da jeder Tag des Jahres seine bestimmten kirchlichen Verrichtungen hat.

Eines Tages erhielten auch alle meine lamaistischen Begleiter Zutritt bei Seiner Heiligkeit. Es war vorher vereinbart worden, daß sie keine größeren Tempelabgaben als drei Rupien pro Mann zahlen sollten. Natürlich bezahlte ich für sie, und sie versicherten mir nachher, daß der heilige Segen ihnen für den ganzen Rest ihres Lebens nützlich sein werde.

Über die Zahl der Pilger, die jährlich nach Taschi-lunpo strömen, Auskunft zu erhalten, gelang mir nicht. Fragte ich danach, so lachte man und antwortete mir, sie seien so zahlreich, daß es ganz unmöglich sei, sie zu zählen. Vornehme und wohlhabende Pilger bezahlen gut, andere eine kleine Silbermünze oder einen Beutel mit Tsamba oder mit Reis, andere kommen haufenweise im Gefolge irgendeines wohlhabenden Häuptlings, der für sie alle zahlt. Ist der Zulauf zu groß, so werden sie von den höheren Mönchen durch Handauflegen gesegnet; erscheinen sie in geringerer Anzahl, so empfangen sie den Segen vom Taschi-Lama selbst, aber nicht mit der Hand, sondern mit einem Stabe, der mit gelber Seide umwickelt ist. Mit seiner Hand segnet er bloß vornehme Leute und Mönche.

Man findet unter den Pilgern auch wandernde Lamas. Eines Tages machte ich von einem solchen, der weit und breit herumgekommen war, eine Zeichnung. Um den Hals trug er seinen Rosenkranz, ein Muschelhalsband und ein »Gao« mit einem Götterbild, das ihm der Taschi-Lama geschenkt hatte. Vor nicht langer Zeit hatte er die Kniefallwanderung um alle Klöster von Lhasa ausgeführt, und eben hatte er dieselbe den Göttern wohlgefällige Tat um Taschi-lunpo herum vollbracht. Er bewegt sich dabei in der Richtung des Uhrzeigers und mißt die Länge des Weges um das Kloster mit der Länge seines eigenen Körpers. Er faltet die Hände vor der Stirn, fällt auf die Knie, legt sich dann der Länge nach auf den Weg, streckt beide Arme nach vorn, kratzt ein Zeichen in die Erde, steht auf, geht bis an das Zeichen, fällt dort wieder auf die Knie und setzt diese Prozedur so lange fort, bis er um das Kloster herum ist. Ein solches Umwandern Taschilunpos erfordert einen ganzen Tag, will er aber auch in die Gassen hinein und auch um alle Grabkapellen und Tempel herum, so verbringt er mit dieser religiösen Gymnastik drei Tage. Täglich sahen wir ganze Reihen sowohl geistlicher als weltlicher Pilger, die auf diese Weise Taschi-lunpo und seine Götter umkreisten. Ich fragte mehrere von ihnen, wievielmal sie bei einer Umkreisung der Mauer der Länge nach auf die Erde fielen, aber sie wußten es nicht; denn, sagten sie, wir beten die ganze Zeit: »Om mani padme hum«, jede Niederwerfung bedeutet zwanzig Manis, wir können daher die Zahl der Kniefälle nicht auch noch zählen.

Die Abgaben der Pilger sind eine der Haupteinnahmequellen Taschilunpos. Aber das Kloster besitzt auch bedeutende Landgüter und Herden, und gewisse Mönche, die die wirtschaftlichen Angelegenheiten besorgen und den Ertrag verwalten, treiben sowohl mit der Umgegend wie mit Nepal

Handel. Der Ertrag von ganz Tschang fällt an Taschi-lunpo. Ein jeder der 3800 Mönche erhält, ohne Unterschied des Grades, jährlich 15 Rupien und lebt natürlich kostenlos im Kloster.

Eine andere große Einnahmequelle ist der Verkauf von Amuletten, Talismanen und Reliquien, Götterbildern aus Metall oder Terrakotta, religiösen Malereien (Tankas), Räucherspänen und dergleichen. Auch für unbedeutende, beinahe wertlose Tongötter oder Papierstreifen mit symbolischen Figuren, die die Pilger als Talismane um den Hals tragen, werden die Priester recht gut bezahlt, wenn der Taschi-Lama diese Dinge gebührenderweise gesegnet hat.

Am 21. Februar verbrachte ich beinahe den ganzen Tag in Teilen des Klosters, die ich noch nicht gesehen hatte. Wir wanderten durch enge, gewundene Korridore und Gassen in tiefem Schatten zwischen hohen, weißabgeputzten Steinhäusern, in denen die Mönche ihre Zellen haben. Eines der Häuser bewohnten ausschließlich studierende Mönche aus den Gegenden um Leh, Spittok und Tikse. Wir traten denn auch in die kleinen, dunklen Verschläge ein, wo kaum mehr Raum war als in meinem kleinen Zelt. An der einen Längswand hat das Bett seinen Platz: eine rotbezogene Matratze, ein Kopfkissen und eine Filzdecke. Im übrigen besteht die Einrichtung aus einigen Kisten mit Büchern, Kleidungsstücken und religiösen Gegenständen. Heilige Schriften liegen aufgeschlagen. Ein paar Beutel enthalten Tsamba und Salz. Ein kleiner Altar mit einigen Götterstatuen, Opfergefäßen und brennenden Butterlampen — das ist alles. Hier ist es dunkel, kühl, feucht und muffig, nichts weniger als gemütlich, eher wie in einem Gefängnis. Mönche niederen Grades wohnen zu zweien oder dreien in einer Zelle, Gelongs haben eine Zelle für sich; die höchsten Prälaten jedoch besitzen viel elegantere und geräumigere Wohnungen.

Jeder Mönch erhält täglich drei Schalen Tsamba und nimmt seine Mahlzeiten in seiner Zelle ein, wohin ihm auch dreimal am Tage Tee gebracht wird. Auch während des Gottesdienstes wird Tee gereicht, in den Tempelsälen, in den Vorlesungssälen und auf dem großen Hofe. Keine religiöse Handlung scheint so heilig zu sein, daß sie nicht zu beliebiger Zeit durch ein Schälchen Tee unterbrochen werden könnte.

Eines Tages beobachtete ich von der roten Säulengalerie (Kabung) herab den Hof voller Lamas, die in kleinen Gruppen saßen und nur enge Durchgänge frei ließen, durch die Novizen mit den heißen silbernen und kupfernen Teekannen gingen und das mit Butter angerührte, suppenähnliche Getränk anboten. Allem Anschein nach ein gemeinsamer »Five o'clock tea« nach irgendeinem Gottesdienst! Aber einen gewissen religiösen Anstrich hatte der Teeklatsch doch, denn bisweilen sangen sie gemeinschaftlich eine feierliche, monotone Hymne, die in dem engen, widerhallenden Hofe schön und ergreifend klang. Am 4. März wimmelte es auf dem Hof und anderen Plätzen innerhalb der Mauern Taschi-lunpos von Weibern — es war der letzte Tag, an dem ihnen das Gebiet des Klosters offenstand; vor dem nächsten Losarfest werden sie nicht wieder zugelassen.

Der junge Mönch, der als Reisebegleiter des Taschi-Lama in Indien Gelegenheit gehabt hatte, photographieren zu lernen, hatte seine Dunkelkammer neben seiner großen eleganten Zelle. Auch ich konnte einige meiner Platten dort entwickeln. Er bat mich, ja recht oft zu kommen, um ihm Anweisungen zu geben. Er hatte massive Tische, bequeme Diwans und schwere, vornehme Draperien in seinem Salon, der abends durch Öllampen erleuchtet wurde. Dort konnten wir stundenlang sitzen und plaudern. Plötzlich war er auf den Gedanken verfallen, Englisch zu lernen. Wir begannen mit den Zahlworten, die er mit tibetischen Schriftzeichen aufschrieb; nachdem er sie auswendig gelernt hatte, fragte er nach anderen Worten und Begriffen. Sehr bedeutende Fortschritte machte er indessen während der wenigen Lektionen, die ich ihm erteilte, gerade nicht.

Streifzüge in Taschi-lunpo. Der Weg der Toten

Unmittelbar unter der roten Säulengalerie liegt die Soktschin-runkangtschimbo, die Küche mit ihrem aufgemauerten Herd von ungeheuren Ausmaßen und sechs eingemauerten gewaltigen Kesseln. Glühende, flammende Heizlöcher gähnen unter den Kesseln, mit langen Eisengabeln werden Haufen von Reisig hineingeschoben. Im Dach ist eine Öffnung für den Rauch, der in grauen Ringen emporwirbelt und in der heiligen Küche, die eher einer Grotte gleicht, eine malerische Beleuchtung hervorzaubert. Eine ununterbrochene Reihe junger Lamas und Tagelöhner steigt die von der Gasse in die Küche hinaufführende Treppe empor. Auf dem Rücken tragen sie Wasserzuber verschiedener Größe, die den Kräften des Tragenden angepaßt sind, denn es sind ganz kleine Buben darunter. Einer nach dem anderen stülpen sie ihren Zuber über den Rand des Kessels aus, während der Heizer mit der Gabel neues Holz in den Herd hineinschiebt. Andere dienende Brüder bringen Ziegelteewürfel angeschleppt, die sie in das kochende Wasser werfen. Am Rand der Kessel stehen zwei Köche, die mit gewaltigen Stangen, größer als Ruder, umrühren und völlig in den aufsteigenden Dampfwolken verschwinden. Bei ihrer Arbeit singen sie ein langsames, rhythmisches Lied.

Wenn der Tee fertig ist, wird er in große glänzende Kupferkannen mit blitzenden Messingbeschlägen gefüllt, die einen Henkel und allerlei Verzierungen haben; Novizen tragen die Kannen auf den Schultern nach den verschiedenen Sälen und Zellen. Vorher wird jedoch vom Tempeldach auf einer Meermuschel ein dröhnendes Signal geblasen.

Ein Lama gab mir Aufklärungen über einen merkwürdigen Brauch. Gewisse Mönche übernehmen freiwillig die Verpflichtung, sich für drei, sechs, höchstens zwölf Jahre in dunkle Grotten oder Höhlen einmauern zu lassen. Bei dem kleinen Kloster Schalu-gumpa, eine Tagereise von Taschi-lunpo, gibt es einen Mönch, der schon fünf Jahre in seiner Grotte zugebracht hat und noch sieben darin bleibt. In der Wand der Grotte ist eine Öffnung von einer Spanne im Durchmesser. Wenn die zwölf Jahre vergangen sind und der Eingeschlossene wieder an das Tageslicht zurückkehren darf, kriecht er aus der Öffnung heraus. Ich wandte ein, daß dies ja eine physische Unmöglichkeit sei, aber der Lama erwiderte, daß dies Wunder geschehe, übrigens werde der Eingemauerte in den zwölf Jahren so mager, daß er mit Leichtigkeit durch die Öffnung schlüpfen könne! Einer der Mönche des Klosters geht täglich mit Tee, Wasser und Tsamba nach der Grotte und schiebt diese Lebensmittel in die Öffnung; er darf aber nicht mit dem Eingeschlossenen sprechen, da sonst der Zauber gebrochen wird. Durch die Öffnung dringt so viel Licht in die Grotte, daß der darin Sitzende Tag und Nacht unterscheiden kann, mehr aber nicht. Beim Lesen der heiligen Schriften, die mit dem sich Kasteienden zugleich in die Grotte gebracht worden sind, muß er daher eine Öllampe benutzen; von Zeit zu Zeit wird neues Öl in die Öffnung gesetzt. Den ganzen Tag über sagt er seine Gebete her, und die Nacht teilt er in drei Wachen, von denen zwei mit Schlafen und eine mit Lesen verbracht werden. Während der zwölf Jahre darf er die Grotte kein einziges Mal verlassen, weder die Sonne sehen noch Feuer anzünden. Seine Kleidung ist nicht die gewöhnliche Lamatracht, sondern besteht nur aus einem dünnen baumwollenen Hemd und einem Gürtel um den Leib.

Unter anderen tiefsinnigen Schriften muß er sich in einer Art Magie üben, die ihn unempfindlich gegen Kälte und beinahe unabhängig von den Gesetzen der Schwere macht; er wird leicht und geht, wenn die Stunde der Freiheit schlägt, auf beflügelten Sohlen; während er sonst drei Tage gebraucht hat, um von Taschi-lunpo nach Gyangtse zu kommen, eilt er nun in weniger als einem Tage dorthin. Sobald die zwölfjährige Prüfung beendet ist, hat er sich nach Taschi-lunpo zu begeben, um dort auf dem Dache in ein Horn zu stoßen, worauf er nach Schalu-gumpa zurückkehrt. Solange er noch lebt, gilt er als Heiliger und hat den Rang eines Kanpo-Lama. Eremiten gibt es in Hülle und Fülle. Sie leben in Grotten oder kleinen Steinhütten und werden von den in ihrer Nachbarschaft lebenden Nomaden unterhalten. Wir werden später noch von fanatischen Mönchen hören, die der Welt auf eine noch viel strengere Weise entsagen.

In Taschi-lunpo ist das Klosterleben streng; es gibt besondere Aufseher und Liktoren, die das Leben in den Mönchszellen kontrollieren und aufpassen, daß niemand sich gegen die Klostergelübde vergeht. Kürzlich hatte ein Mönch das Keuschheitsgelübde gebrochen; er war auf immer aus der Gelugpabrüderschaft ausgestoßen und aus dem Gebiet Taschi-lunpos verbannt worden.

Bevor wir von Taschi-lunpo Abschied nehmen, noch einiges über die Totengebräuche.

Südwestlich von Taschi-lunpo liegt ein kleines Dorf, Gumpa-sarpa, »das neue Kloster«, wo der Tradition nach früher ein Tempel stand, den die Dsungaren geplündert haben. Hier ist jetzt Schigatses und des Klosters Begräbnisplatz, die Schädelstätte, wo die Leiber der Mönche und der Laien in gleicher Weise der Verwesung überlassen werden.

Wenn die Seele eines Lama der irdischen Hülle, in der sie ein Menschenleben zugebracht hat, überdrüssig geworden ist, und sein Leben zu erlöschen droht, so versammeln sich einige Brüder um sein Krankenbett, und beten zu Göttern des Todes oder der Seelenwanderung. Sobald das Leben entflohen ist, werden besondere Totengebete gesprochen, die der Seele das

Scheiden aus dem Körper erleichtern. Die Leiche eines Lamas bleibt drei Tage lang in der Zelle liegen, die eines Laien drei bis fünf Tage, damit man die nötige Zeit zu allen Totengebeten und Zeremonien gewinnt. Reiche Leute behalten die Leichen länger im Hause; dies ist allerdings kostspieliger, aber es lassen sich mehr Gebete sprechen, die dem Toten Nutzen bringen. Mönche bestimmen den Zeitpunkt der Beerdigung und auch den Augenblick, in dem die Seele aus ihren irdischen Banden befreit ist und sich emporgeschwungen hat, um sich eine neue Wohnstatt zu suchen.

In ein neues Gewand eingekleidet, wird der tote Lama in ein Stück Zeug gewickelt und von einem oder zweien seiner Amtsbrüder auf dem Rücken, ein toter Laie auf einer Bahre, von Leichenträgern fortgetragen. Letztere heißen »Lagba« und bilden eine verachtete Kaste von 50 Personen, die abgesondert im Dorf Gumpa-sarpa 15 jämmerliche kleine Hütten bewohnt. Sie dürfen sich nur innerhalb der Leichenträgerzunft verheiraten, und ihre Kinder dürfen keinen anderen Beruf ergreifen als das Gewerbe, von dem ihre Väter gelebt haben. Sie müssen in erbärmlichen, tür- und fensterlosen Hütten wohnen; die Luftlöcher und Türen stehen den Winden des Himmels und jeder Witterung offen. Selbst wenn sie gut verdienen, ist es ihnen nicht erlaubt, sich bequemere Häuser zu bauen. Es gehört auch zu ihren Obliegenheiten, tote Hunde und Kadaver aus Taschi-lunpo fortzuschaffen, das Klostergebiet aber innerhalb der Ringmauer dürfen sie nicht betreten. Erregt ihnen das Heil ihrer Seele Skrupel, so bezahlen sie einen Lama, der für sie betet. Wenn sie sterben, gehen ihre Seelen in Tierleiber oder in die Körper schlechter Menschen über. Doch kann ihnen auch infolge ihrer bereits erduldeten Qualen ein zu schweres Schicksal in der endlosen Kette der Seelenwanderung erspart bleiben.

Die Lagbas brauchen nur die Lamas, ihre eigenen Verwandten und die Leichen armer Heimatloser zu zerstückeln. Wohlhabende Laien besorgen dies bei den Ihren selbst, ohne berufsmäßige Hilfe in Anspruch zu nehmen. Dies ist überhaupt die Regel, denn nur in Taschi-lunpo und Lhasa kann man von einer Zunft der Leichenzerschneider sprechen.

Wenn die Mönche mit dem toten Bruder am Leichenzerstückelungsplatz angelangt sind, entkleiden sie ihn vollständig, teilen sich seine Kleidungsstücke und machen sich nichts daraus, sie schon am nächsten Tag selber anzuziehen. Die Lagbas erhalten zwei bis fünf Tengas (1—2,25 Mark) pro Leiche und einen Teil der alten Kleider eines Lamas; bei Laien erhält der Lagba alle Anzüge des Toten, und bei Frauen darf er ihre Ohrgehänge und andere einfachere Schmucksachen behalten. Die Mönche, die den Toten gebracht haben, eilen so schnell wie möglich wieder fort.

Haben die Lagbas ihre Arbeit getan, lassen sie einen Lockton erschallen, und Geier, die in der Nähe horsten, kommen mit schweren Flügelschlägen, stoßen auf ihre leichte Beute nieder und reißen und zerren an ihr herum, bis das Gerippe freigelegt ist. Sie besorgen ihre Sache schnell und gründlich.

Die Zunft der Leichenschneider besorgt ihre Arbeit mit größter Gemütsruhe; mitten in dieser greulichen Hantierung machen sie auch wohl eine Pause, um Tee zu trinken und Tsamba zu essen; es ist mir höchst zweifelhaft, ob sie sich je waschen! Ein alter Lagba, den ich in mein Zelt rufen ließ, damit er mir zu den Aufklärungen, die ich bereits von den Mönchen erhalten hatte, noch ergänzende Auskunft gebe, hatte an demselben Morgen eine alte Lamaleiche zerschnitten. Muhamed Isa hielt sich während der ganzen Unterhaltung die Mütze vors Gesicht und mußte schließlich hinausgehen, weil er einen Anfall von Übelkeit bekam. Der Mann sah unangenehm und roh aus, trug eine kleine, graue Schlappmütze und war mit einigen Lumpen aus gröbster Sackleinwand bekleidet. Die ganze Geierbestattung soll darauf hinauslaufen, daß der Tote sich noch Verdienste erwirbt, indem er den Vögeln, die sonst hungern würden, seinen Leib schenkt. Die Geier spielen hier ganz dieselbe Rolle wie in den »Türmen des Schweigens« bei den Parsi in Bombay und Persien.

Sobald die Forderungen der Religion erfüllt sind, haben die Angehörigen von dem Toten Abschied genommen. Seine Leiche ist vollkommen wertlos, sobald die Seele ihre Wanderung fortgesetzt hat; der Körper wird daher der brutalen Behandlung der Lagbas ohne die geringsten Bedenken überlassen.

Die Bestattungsweise der Tibeter und ihr Verhalten gegen die Toten kennt keine Poesie. Die Kinder des Islam besuchen die Gräber ihrer Lieben und weinen ihren Kummer unter den Zypressen aus, die Tibeter aber haben keine Gräber und keine grünbewachsenen Hügel, an denen sie in Erinnerung an ein vergangenes Glück trauern. Sie weinen nicht, denn sie trauern nicht, weil sie nicht geliebt haben. Wie hätten sie auch eine Gattin lieben können, die sie mit anderen besessen haben, so daß es den Begriff der Treue in der Ehe nicht gibt. Die Familienbande sind locker und unsicher, der Bruder geleitet nicht den Bruder, der Mann nicht sein Weib und noch viel weniger sein Kind zu Grabe — er weiß ja nicht einmal, ob es sein eigenes ist! Und überdies ist die Leiche an und für sich eine wertlose Hülle; selbst eine Mutter, die ihr Kind zärtlich geliebt hat, empfindet nichts für seinen toten Leib und nicht mehr Abscheu vor dem Messer des Totenzerstücklers als wir vor dem des Arztes am Seziertisch.

Mein Leben in Schigatse

An einem der ersten Tage, die ich in Schigatse zubrachte, machte mir der Konsul von Nepal einen Besuch. Er war ein vierundzwanzigjähriger Leutnant, hieß Nara Bahadur und trug zwischen den Augen das gelbe Abzeichen seiner Kaste. Zu der Reise von Katmandu, der Hauptstadt von Nepal, hatten er und seine junge Frau zwei Monate gebraucht; die erste Woche hatten sie reiten können, dann aber ihre Pferde zurückgeschickt und waren 15 Tage lang zu Fuß durch gefährliche, unwegsame Gebirgsgegenden gezogen; den Rest des Weges hatten sie auf gemieteten tibetischen Pferden zurückgelegt. Hier liegt es ihm ob, die Interessen der 150 nepalesischen Kaufleute zu schützen und den Pilgern seines Landes zu helfen. Der Konsul erhielt 200 Tenga monatlich, also etwas weniger als 1200 Mark Jahresgehalt, und fand selber, daß der Maharadscha ihn außerordentlich schlecht bezahle.

Am 14. Februar erhielt ich den sehr unerwarteten Besuch eines Lama und eines Beamten aus Lhasa! Als der Devaschung, die Regierung, den Brief Hladsche Tserings über meine Ankunft am Ngangtse-tso erhalten hatte, hatten der chinesische Gesandte und die Regierung nach gemeinsamer Beratung diese beiden Herren in Eilmärschen nach dem See geschickt, wo sie jedoch erst mehrere Tage nach meinem Aufbruch angekommen waren! Seltsamerweise hatten sie über den Weg, den wir eingeschlagen hatten, ganz irreführende Auskünfte erhalten, vielleicht aus dem Grunde, weil unsere Eiswanderungen kreuz und quer über den See die Nomaden verwirrt hatten. Daher hatten sie uns 22 Tage lang an den Ufern des Ngangtse-tso und des Dangra-jum-tso (!) gesucht, bis sie schließlich dahinter kamen, daß wir schon längst nach Südosten abgezogen waren. Nun waren sie unserer Spur gefolgt und hatten sich bei den Nomaden weitergefragt, die überall gesagt hatten, daß sie freundlich behandelt und für das, was sie uns verkauft hätten, auch gut bezahlt worden seien. Die Herren ritten schnell und hörten in Je-schung, daß wir erst vor ein paar Tagen durchgezogen seien; unsere Lagerfeuer waren kaum erkaltet. Sie wechselten die Pferde und spornten sie zu noch größerer Eile an, denn sie hatten Befehl erhalten, mich um jeden Preis zu zwingen, auf demselben Weg, auf dem wir gekommen waren, wieder nach Norden zurückzukehren! Aber sie erreichten Schigatse erst 36 Stunden nach uns, und auch eine andere Mannschaft, die von Lhasa abgeschickt worden war, um uns auf einem näheren Weg zuvorzukommen, hatte in dem Labyrinth von Bergen und Tälern unsere Spur gänzlich verloren!

»Wir haben unseren Auftrag so gut als wir konnten ausgeführt«, sagten sie nun, »und es bleibt uns weiter nichts zu tun, als um Ihren Namen und alle Einzelheiten über Ihre Reise und Ihre Begleiter zu bitten.«

»Alles das habe ich Ma Daloi und Duan Suän, die meinen Paß gesehen haben, bereits mitgeteilt; wünschen Sie aber eine zweite Auflage, so kann es gern geschehen.«

»Ja, es ist unsere Schuldigkeit, dem Devaschung einen Bericht zu schikken. Nach dem Vertrag von Lhasa stehen nur die Marktflecken in Jatung, Gyangtse und Gartok den Sahibs und nur unter gewissen Bedingungen offen, aber keine anderen Wege. Sie sind auf einem verbotenen Weg gekommen und müssen wieder umkehren.«

»Warum haben Sie mir nicht den Weg verlegt? Es ist ihre eigene Schuld. Sie können dem Devaschung mitteilen, daß ich mich nicht eher zufrieden gebe, als bis ich ganz Tibet gesehen habe. Übrigens verlohnt es sich gar nicht der Mühe, daß der Devaschung mir Hindernisse in den Weg zu legen versucht, denn ich stehe gut mit Ihren Göttern, und Sie haben selber gesehen, wie freundlich der Taschi-Lama gegen mich gewesen ist.«

»Das wissen wir, und es hat den Anschein, als trügen Sie die Gnade der Götter wie ein Kastenabzeichen auf der Stirn.«

»Wie steht es mit Hladsche Tsering?«

»Er ist im Verdacht, von Ihnen bestochen zu sein; er ist abgesetzt worden und hat seinen Rang und seine ganze Habe verloren.«

»Es ist eine Gemeinheit vom Devaschung, ihn zu verfolgen! Aber die Regierung besteht aus dem erbärmlichsten Pack, das in ganz Tibet zu finden ist! Sie sollten sich freuen, unter chinesischen Schutz zu kommen!«

Erst warfen sie einander vielsagende Blicke zu, allmählich aber bekannten sie sich zu meiner Ansicht und fanden auch, daß ihre Regierung eine unangenehme Gesellschaft sei. Daß sie sich mir nicht gleich bei ihrer Ankunft zu erkennen gegeben hatten, lag daran, daß sie erst meine Beschäftigungen und unseren Verkehr ausspionieren wollten. Denn, falls sie ausfindig machen sollten, daß wir hier Freunde besäßen, sollten diese natürlich denunziert werden! Sonst aber waren sie nette Leute und ließen sich gern mit Tee und Zigaretten bewirten. Leider war gerade Tsaktserkan bei mir, und ihm muß die Sache nicht geheuer erschienen sein, denn er verduftete sofort hintenherum, als sie in mein Zelt traten, bat mich aber nachher, ihm doch mitzuteilen, was sie gesagt hätten.

Am meisten machte es ihnen Eindruck, daß es mir trotz aller Hinterhalte und Schlingen in Gestalt herumziehender Patrouillen, die nach uns ausspähten, überhaupt gelungen war, nach Schigatse vorzudringen. Jetzt wollten sie zunächst Befehle aus Lhasa abwarten. Mit dem Dalai-Lama rechnete man gar nicht, er war wie tot und begraben.

Während der folgenden Tage kamen sie oft, um mich zu begrüßen, und sprachen sich dabei immer freimütiger über ihre hohen Vorgesetzten aus. Ihr Verbleiben auf dem Schauplatz bewies jedoch, daß sowohl die tibetische Regierung als die Chinesen ihre Augen auf mich gerichtet hatten; ich zerbrach mir den Kopf darüber, wie dies wohl enden würde.

Als ich am 15. Februar von den Reiterspielen zurückkehrte, fand ich eine große Postsendung von Major O'Connor vor und verschlang gierig die neuen Briefe aus dem Elternhaus und von Freunden in Indien, Lady Minto, den Obersten Dunlop Smith und Younghusband und von O'Connor selbst. Er hatte auch die große Güte gehabt, mich mit zwei Kisten zu überraschen, die Konserven, Keks, Whisky und vier Flaschen Champagner enthielten! Man denke, ich einsam in meinem Zelt in Tibet Champagner trinkend! Jeden Mittag trank ich, so lange der Vorrat reichte, in aller Einsamkeit ein Glas auf das Wohl des Majors O'Connor!

In dem Kapitel über Leh habe ich schon den Hadschi Naser Schah und seinen Sohn Gulam Rasul erwähnt. Der alte Hadschi hatte auch in Schigatse einen Sohn Gulam Kadir, der zehn Jahre in Tibet gewesen war und jetzt die Filiale in Schigatse leitete. Er verkaufte hauptsächlich golddurchwirkte Stoffe aus China und Benares, die ihm Lamas zu Paradeanzügen abkaufen, und sagte mir, daß er jährlich 6000 Rupien verdiene. Ein Ballen solcher Goldstoffe, den er mir zeigte, war 10 000 Rupien wert. Gulam Kadir leistete mir mancherlei Dienste während dieser Zeit und besorgte uns alles, was wir brauchten.

Am Fuß des Dsongberges liegt der offene Basarplatz, auf dem täglich zwei Stunden lang Handel getrieben wird. Tische oder Stände gibt es dort nicht, man sitzt auf dem staubigen Boden des Marktplatzes und hat seine Waren auf Tüchern ausgebreitet oder in Körben neben sich. In der einen Reihe sitzen die Geschirrhändler, in einer anderen werden Bretter und

Planken verkauft, Eisenwaren, Stoffe, Korallen, Glasperlen, Muscheln, Nähgarn, Nadeln, Farbstoffe, billige Öldrucke, Gewürze und Zucker aus Indien, Porzellan, Pfeifen, Feigen und Tee aus China, Mandarinen aus Sikkim, getrocknete Früchte und Türkise aus Ladak, Yakhäute und Yakschwänze aus Tschang-tang, Kessel, Metallschüsseln, Deckel und Untertassen, die hier am Orte angefertigt werden, religiöse Bücher und andere für die Pilger bestimmte Gegenstände. Stroh und Häcksel, Reis, Korn, Tsamba und Salz verkaufen mehrere Krämer, ebenso Walnüsse, Rosinen, Süßigkeiten und Rettiche. Pferde, Kühe, Esel, Schweine und Schafe wurden feilgeboten; für letztere verlangten sie sieben Rupien; wir hatten in Tschang-tang, wo man ein Schaf doch schon für zwei Rupien erhalten kann, nie mehr als höchstens vier Rupien gegeben.

Meistens bieten Frauen die Waren aus; sie tragen gewaltige Haarbogen mit schlechten Türkisen, Glasperlen und bunten Gehängen, die grell gegen ihre mit schwarzer Salbe eingeschmierten Gesichter abstechen. Wenn sie auf diesen Putz verzichten und sich dafür lieber ordentlich waschen wollten, würden einige von ihnen vielleicht ganz menschlich aussehen. Welche Farbe ihre Kleider ursprünglich gehabt haben, läßt sich nicht gut sagen, denn jetzt ist sie unter Staub, Ruß und Schmutz verschwunden. Aber diese Hökerinnen sind immer höflich und freundlich; sie sitzen in langen Reihen, parallel mit der Nordmauer der Chinesenstadt, die eher einer Ruine gleicht. Dann und wann zieht eine Eselkarawane zwischen den Reihen der Verkäuferinnen und bringt neue Waren auf den Markt. Manchmal reiten halb chinesisch gekleidete Herren aus dem Dsong vorbei. Und unter dem Kundengewimmel sieht man jede Art Leute, Geistliche und Pilger, Kinder des Landes und Fremdlinge, weiße Turbane aus Ladak und Kaschmir und schwarze Scheitelkäppchen aus China. Der Markt ist Schigatses Klatschnest; von dort her dringen allerlei mehr oder weniger wahrscheinliche Gerüchte zu uns. Im Basar wurde erzählt, daß Lamas in Lhasa einen blutigen Aufstand gegen die Chinesen vorbereiteten, weil diese verlangt hätten, daß die Hälfte aller Lamas Kriegsdienste leisten solle. Ferner hieß es, daß man mich und meine Begleiter bald zwingen werde, das Land zu verlassen, und daß es nicht mehr lange dauern werde, bis die englische Handelsagentur in Gyangtse aufgehoben würde. Jeder, der etwas Neues gehört hat, trägt es sofort auf den Markt, wo ebenso viele Besucher sind, die nur hören wollen, was es Neues gibt, wie solche, die wirklich einkaufen. Der Markt ist, mit einem Wort, Schigatses einzige Zeitung.

Gulam Kadir erzählte mir, daß die beiden Herren aus Lhasa Spione besoldeten, die täglich über das, was sie von uns wußten, Bericht erstatteten. Als Hausierer pflegten diese in unsere Zelte zu kommen und dort stundenlang zu sitzen. Auch Ma umgab mich mit Spionen. Mit Hilfe Gulam Kadirs stellte auch ich zwei Ladakis als Spione an, um den Spionen der Lhasaspione nachzuspionieren! Ich konnte mich nun in acht nehmen, da ich wußte, was um uns herum vorging.

Meine eigenen Ladakis hatten in Schigatse eine ihnen sehr notwendige Ruhezeit. Ich schenkte ihnen neue Anzüge, die sie sich allein nähten; nach einigen Tagen stolzierten sie von Kopf bis Fuß frisch eingekleidet umher.

Auch konnte ich ihnen einen Krug »Tschang« täglich nicht verweigern; sie tranken sehr selten zuviel, nachdem einer von ihnen unter dem Einfluß des Bieres sich eines Tages das Gesicht schwarz angemalt und so verziert auf dem Hof herumgetanzt hatte. Muhamed Isa kam gerade vom Markt nach Hause, griff sich den Tänzer und prügelte ihn windelweich, und dieser ließ es sich nicht wieder einfallen, geschminkt aufzutreten! Sowohl Chinesen wie Tibeter sagten, daß meine Leute sich musterhaft betrügen und keine Veranlassung zu Streitigkeiten gäben. Aber man hätte Tsering abends singen hören sollen! Es klang wie das Knarren einer schlecht geschmierten Stakettür auf den Schären meines Heimatlandes, und darum hörte ich seinem rauhen Gesang gern zu. Zwar, wenn er dann manchmal drei Stunden hintereinander gesungen hatte, konnte es auch mir zuviel werden. Doch ließ ich ihn gewähren — es ist so angenehm, heitere, zufriedene Menschen um sich zu haben.

Unterm 19. Februar steht in meinem Tagebuch: Trotz des windigen, staubigen Wetters habe ich den ganzen Tag gezeichnet, meistens Frauen, die mir vor meinem Zelt Modell saßen. Die ersten waren vom Nam-tso (Tengri-nor), trugen mit Muscheln, Porzellanperlen und Silberflittern besetzte Kopfbedeckungen und glichen in ihren mit roten und blauen Bändern besetzten Schafpelzen Mädchen aus Dalekarlien; jedenfalls wirkten ihre Kleider als Nationaltrachten. Die Mädchen waren grobknochig, stark gebaut, sahen frisch und gesund aus, und ihre breiten, angenehmen Gesichter waren merkwürdig rein. Die Frauen aus Schigatse dagegen hatten sich das Gesicht mit einer braunen, mit Ruß angerührten Salbe eingeschmiert, die wie Teer aussah. Diese Maske macht sie abscheulich; es ist unmöglich zu unterscheiden, ob sie hübsch sind oder nicht. Eine hatte sich nur die Nase beschmiert und sie so blank wie Metall gerieben. Diese eigentümliche Sitte soll aus einer Zeit stammen, als die Moral der Lhasamönche sehr tief stand und ein Dalai-Lama deshalb ein Gebot ergehen ließ, daß kein weibliches Wesen sich im Freien sehen lassen dürfe, ohne schwarz angemalt zu sein, damit die Reize der Frauen möglichst wenig verführerisch auf die Männer wirken sollten! Seitdem ist das Schwarzschminken eine Mode geblieben, die jetzt jedoch im Abnehmen begriffen zu sein scheint.

Taschi-Buti hieß eine vierzigjährige Frau aus Schigatse; sie sah aus wie bei uns eine Sechzigerin; man altert hier sehr schnell. Ein Nomadenweib aus Kamba trug den rechten Arm und die rechte Schulter unbedeckt und war so kräftig und muskulös gebaut wie ein Mann, aber so verzweifelt schmutzig, daß man sich von ihrer Hautfarbe keinen Begriff machen konnte. Sie hatte keinen Kopfschmuck, sondern das schwarze Haar war in unzählige dünne Rattenschwänze geflochten, die auf die Schultern herabhingen und auf der Stirn zu einer gitterförmigen Ponymähne zusammengebunden waren. Sie hätte gut ausgesehen, wenn ihre Züge nicht so männlich gewesen wären; ernst war sie und still saß sie wie eine Buddhastatue. Ein fünfzehnjähriges Mädchen hatte in der Mitte des Kopfes einen Scheitel, ihr Haar war in zwei sich nach den Ohren hinabziehenden Wülsten frisiert, die gekämmt, eingefettet und glänzend wie bei den Japanerinnen waren, und als Schmuck trug sie ein mit Korallen besetztes Diadem. Sie war niedlich und rein gewaschen und hatte rosige Wangen.

Burtso war eine kleine Schigatsedame von 17 Lenzen und mit dem Schmutz dieser 17 Lenze im Gesicht. Wie die meisten anderen, hatte auch sie in ihren Zügen die scharf ausgeprägten Kennzeichen der mongolischen Rasse: schrägstehende Augen, die schmal wie Ritzen sind und sich nach den Seiten hin wie Nadeln zuspitzen; der untere Teil des Augenlides ist teleskopisch unter den oberen geschoben, so daß eine scharfgezogene, schwach bogenförmige Linie entsteht und die kurzen Wimpern beinahe ganz verdeckt; die Iris ist dunkel kastanienbraun und erscheint in dem betonten Rahmen der Augenlider schwarz; die Augenbrauen sind gewöhnlich wenig entwickelt, dünn und unregelmäßig und bilden niemals den schön geschweiften persischen und kaukasischen Bogen, der an eine Sichel erinnert. Die Backenknochen stehen hervor, aber nicht so kräftig wie bei den Mongolen; die Lippen sind ziemlich groß und fleischig; die Nase aber weniger platt als bei den Mongolen. Unter den männlichen Tibetern findet man oft Gesichter mit klassisch edlen Zügen. Aber die Verschiedenheiten zwischen einzelnen Tibetern sind oft größer, als die zwischen Tibetern einerseits und Mongolen, Chinesen und Gurkhas andererseits. Die Nomaden von Tschang-tang sind augenscheinlich ein Stamm für sich, der sich selten oder nie mit anderen vermischt. Sonst aber ist das tibetische Volk ohne Zweifel sehr stark mit Nachbarelementen versetzt. Chinesen, die in Lhasa und Schigatse wohnen, verheiraten sich mit Tibeterinnen. Im Himalaja, südlich von der tibetischen Grenze, leben die Bothias, ein Mischvolk, halb aus indischen, halb aus tibetischen Elementen hervorgegangen. Das Volk von Ladak hat sich in noch höherem Grad mit arischen und türkischen Nachbarn vermischt, weil es in näherer und lebhafterer Berührung mit ihnen gestanden hat. In anthropologischer, ethnographischer und linguistischer Hinsicht bietet also das tibetische Volk eine Menge merkwürdiger, eigenartiger Probleme, die zu lösen die Aufgabe künftiger Forschung sein wird.

So zeichnete ich weiter, und ein Modell nach dem andern landete in meinem Skizzenbuch. Der Ausdruck meiner Modelle ist geistlos und gleichgültig, der Blick abwesend und leidenschaftslos; sie scheinen sich um das, was vorgeht, wenig zu bekümmern, wenn sie nur nach der Sitzung die versprochene Rupie einheimsen. Sie sitzen regungslos, ohne zu lachen oder zu quengeln. Eher sind sie zu ernst, und nie spielt ein Lächeln um ihre Mundwinkel, wenn ihr Blick dem meinen begegnet. In dieser stummen aber gefühllosen Damengesellschaft verbrachte ich den größten Teil des Tages!

Dann und wann kommt eine Gruppe Neugieriger, um mir zuzusehen, bald Tibeter, bald Chinesen, bald Pilger, die etwas zu erzählen haben wollen, wenn sie wieder daheim in ihren schwarzen Zelten sein werden. Sie stehen um mich herum und zerbrechen sich den Kopf, ob es wohl gefährlich ist, von einem Europäer abgezeichnet zu werden, und weshalb das eigentlich geschehe. Unter ihnen befinden sich natürlich viele Spione.

Nachmittags erschien oft eine Gesellschaft von Tänzern und Tänzerinnen auf dem Hofe und führte ihre durchaus nicht üblen Leistungen vor, die mich lebhaft an die Tänze in Leh erinnerten. Sie werden stets von unserem Mütterchen Mamu eingeführt, die die Aufsicht über das Gartengrundstück hat und lächelnd und freundlich wie ein Sperling umherhüpft. Sie spricht

Hindi, und Robert kann sie infolgedessen als Dolmetscher benutzen. Dann erscheinen Eselkarawanen, die Heu, Brennholz, Häcksel und Gerste für unsere letzten Tiere oder Proviant für uns selber bringen, und unaufhörlich kommen Leute, die allerhand Eßbares zu verkaufen haben, Hühner, Eier, Butter oder Fische aus dem Tsangpo; die Milchmänner rennen mit ihren klappernden Metallkannen, und Saitenspiel und Flöten ertönen unter unseren Bäumen. Wie ein Troubadour nähert sich ein Bettler mit einer Laute meinem Zelt und singt ein melodisches Lied. Wenn ich nach ihm hinsehe, unterbricht er den Gesang und streckt die Zunge heraus. Barhäuptige Jungen, die nicht schwärzer aussehen könnten, wenn man sie zweimal durch einen Schornstein zöge, laufen mit hellem Gelächter umher oder gucken hinter den Bäumen hervor. Drei von ihnen zeigen sich auf einem ausgespannten Seil, tanzen wie richtige Seiltänzer und schlagen auf ihre Trommeln los, während sie in buntem Durcheinander halsbrecherische Purzelbäume machen.

Auch fromme Herrschaften besuchen mich auf meinem Hofe; so zwei Nonnen mit einer großen »Tanka«, die eine Reihe verwickelter Ereignisse aus der heiligen Geschichte darstellt. Während die eine die Erklärung singt, deutet die andere mit einem Stock auf die dazugehörenden Bilder. Und sie singt so weich und gefühlvoll, daß es ein Vergnügen ist, ihr zu lauschen.

Oder es kommt ein bettelnder Lama mit der Gebetmühle in der Hand und zwei Handschienen an einem um den Nacken gelegten Riemen. In diese fährt er, wie in Striegelbürsten, mit den Händen, wenn er sich beim Umwandern der Tempel der Länge nach auf die Erde wirft.

Diese Frommen sind Tibets Schmarotzer, die auf Kosten des arbeitenden Volkes leben. Und dennoch werden sie geduldet und von jedermann mit der größten Rücksicht und Ehrerbietung behandelt. Das Volk wird von den Lamas in geistiger Sklaverei gehalten, und die Lamas selber sind die gehorsamen Sklaven jener Folianten engherziger Dogmen, die seit Jahrhunderten verknöchert sind, an denen aber nicht gerührt werden kann und die nicht kritisiert werden dürfen, denn sie sind kanonisch, verkündigen die absolute Wahrheit und verrammeln jeglichem freien und selbständigen Denken den Weg. Die Geistlichen bilden einen sehr bedeutenden Prozentsatz der spärlichen Bevölkerung dieses kargen Landes. Ohne die frommen Gaben der Pilger würde Tibet sich wirtschaftlich nicht im Gleichgewicht halten können. So ist Taschi-lunpo eine gewaltige Sparbüchse, in die der Reiche seinen Goldklumpen, der Arme sein letztes Scherflein einlegt. Und weshalb? Um die Mönche milde zu stimmen, denn sie sind die Vermittler zwischen dem Volk und den Göttern. Kaum irgendein anderes Land auf der Erde steht so unter der Herrschaft der Priester wie Tibet. Und während das Volk sich abrackert, versammeln sich auf den Ruf des Muschelhorns die Mönche um ihre schweren silbernen Teekannen und ihre Schalen voll Tsamba.

Am 4. März machte mir Gulam Kadir einen Abschiedsbesuch; er wollte am folgenden Morgen nach Lhasa, das, seiner Rechnung nach, neun Tagereisen entfernt liegt. Am Tag vorher hatte er eine Karawane von 201 mit Ziegeltee beladenen Yaks nach Ladak abgeschickt. Ein Yak trägt 24 Ziegel, ein Ziegel kostet in Schigatse 6 Rupien, in Ladak aber 9—11. Es ist nur der Abfall des Teestrauchs, der in China verschmäht wird, aber für Tibeter und Ladakis gut genug ist. Gulam Kadir mietet die Yaks und muß bis Gartok für jeden 5 Rupien bezahlen — ungeheuer billig, aber sie ziehen die Gebirgspfade, und daher kostet ihr Unterhalt nichts. Fünf Monate sind sie unterwegs, denn die Karawane macht kurze Tagemärsche und bleibt an Stellen, wo üppiges Gras wächst, liegen. Von Gartok, wo der Hadschi Naser Schah eine große Niederlage hat, der sein anderer Sohn Gulam Rasul vorsteht, wird der Tee auf anderen Yaks weiterbefördert. Durch einen einzigen solchen Transport hat das Handelshaus des Hadschi höchst bedeutenden Gewinn. Moschus, Korallen, chinesische Stoffe und andere wertvolle Waren werden auf Mauleseln auf der großen Heerstraße verschickt, die am Tsangpo und am oberen Indus entlang geht.

Bei mehreren Gelegenheiten hatte ich im Kloster Kung Guschuk, den Herzog, getroffen und ihm für seine Güte, mir meine Post nach den Seen zu schicken, gedankt. Erst am 7. März machte ich ihm meinen Besuch in seinem Hause. Nachdem man zwei leiterähnliche Treppen erstiegen hat, gelangt man in das elegante Empfangszimmer. An den Wänden stehen Götterschreine aus vergoldetem Holz mit brennenden Butterlampen, und über ihnen hängen Photographien des Taschi-Lama, die in Kalkutta aufgenommen worden sind. Im übrigen sind die Wände unter Tempelfahnen versteckt.

Das mit Papier überklebte Gitterfenster, das beinahe die ganze Breite der dem Hof zugekehrten Längswand einnimmt und auf der Außenseite mit einer weißen Gardine verhängt ist, liegt ziemlich hoch. Unmittelbar unter dem Fenster zieht sich eine lange Matratze hin, auf deren Ehrenplatz ein mit Pantherfell bedecktes Kissen liegt. An der kurzen Querwand steht ein würfelförmiger Thron; hier nimmt der Taschi-Lama Platz, wenn er seinen einundzwanzigjährigen Bruder besucht.

Kung Guschuk ist also noch jung, sehr schüchtern und sichtlich erfreut, wenn der Gast spricht und er selber sein eigenes kleines, schlecht möbliertes Gehirn nicht anzustrengen braucht. Von Indien, wohin er seinen hohen Bruder begleitete, hatte er sehr unklare Erinnerungen mitgebracht, aber er wußte doch noch, daß Kalkutta eine große Stadt ist und daß es dort unten entsetzlich heiß gewesen war. Über meine bevorstehende Reise erlaubte er sich keine Meinung, sagte aber offen, daß die Lamas es nicht gern sähen, daß ich so oft in Taschi-lunpo sei. Seine Frau hatte mich fragen lassen, ob ich sie nicht porträtieren wolle, und ich bat nun, mich erkundigen zu dürfen, wann es ihr genehm sei. Jederzeit. Als ich fortging, stand die Gnädige mit ihren schwarzen Ehrendamen am anderen Ende des offenen Balkons, der einen Lichthof umgab. Ich grüßte höflich hinauf und bezauberte gewiß die Dame im Vorübergehen — es war nicht weiter gefährlich, sie war gründlich passée, da sie Kung Guschuk gemeinsam mit einem älteren Bruder gehört hatte, der auf der Rückreise von Indien in Sikkim gestorben war. Sie soll es sein, die die Finanzen des Hauses in Ordnung hält und das Regiment hat. Und das ist auch notwendig, denn Kung Guschuk führt ein wüstes Leben, spielt Hasard und ist bis über die Ohren verschuldet.

Erst am 22. März wurde etwas aus dem Porträtzeichnen, das in dem großen Gemache stattfand. Die Herzogin ist groß und etwas aufgeschwemmt und behauptete, 33 Jahre alt zu sein — ich taxierte sie auf 45! Ihre Haut ist hell und schlecht, das Weiße im Auge glanzlos. Sie hatte sich zu dieser Gelegenheit mit so viel Schmuck beladen, wie nur auf ihr Platz hatte; ein Perlengehänge, das an der linken Seite ihrer Fassade herabhing, hatte 1200 Rupien gekostet. Im Haar hatte sie dicke Perlenbogen, Korallenbüschel und Türkise. Freundlich und liebenswürdig war sie; es sei ihr einerlei, wie lange sie sitzen müsse, wenn es nur gut werde, sagte sie. Ihr kleiner Pantoffelheld von Gatte saß dabei und sah zu, und um uns herum standen die anderen Hausbewohner und noch ein kleiner Bruder Kung Guschuks und des Taschi-Lama. Sie selber tranken Buttertee, setzten ihn mir aber nicht vor, was den Besuch bedeutend angenehmer machte.

Dann gingen wir in die übrigen Zimmer, die auch an sonnigen Tagen so düster wie Kerkerlöcher sind, denn die Fenster sind klein, das Papier dick, und die weißen Gardinen verstärken die Dämmerung.

Mit dem Porträtieren dauerte der Besuch vier geschlagene Stunden — zuletzt war ich mit der Familie schon so intim, als ob wir uns von Kindheit an gekannt hätten!

Politischer Wirrwarr

In den ersten Kapiteln dieses Buches habe ich kurz von den Schwierigkeiten berichtet, die mir von englischer Seite in den Weg gelegt wurden, und erzählt, wie die liberale Regierung in London sich nicht allein weigerte, mir die Vergünstigungen, um die ich gebeten hatte, zu gewähren, sondern sogar versuchte, die ganze Reise zu hintertreiben. Aus diesem Grunde wurde ich gezwungen, den ungeheuren Umweg durch ganz Tschang-tang zu machen, wo wir mehr als einmal unser Leben aufs Spiel setzten und so große Verluste erlitten. Dann stießen wir auf den schwachen Widerstand seitens der Tibeter, kamen aber trotzdem nach Schigatse; es war reines Glück, daß die gegen uns ausgeschickten Patrouillen uns nicht hatten finden können. Am 14. Februar hatten Vertreter der tibetischen Regierung mich darauf aufmerksam gemacht, daß ich nicht berechtigt sei, mich lange in Tibet aufzuhalten, sondern daß ich das Land verlassen müsse. Als ob ich nicht schon an den englischen, indischen und tibetischen Regierungen genug hätte, erschien am 18. Februar auch noch die chinesische Regierung auf der Bildfläche! Ich stand nun allein einem vierblättrigen Kleeblatt von Regierungen gegenüber und wünschte alles, was Politik und Diplomaten hieß, dahin, wo der Pfeffer wächst!

An diesem Tag erschien also der junge Chinese Duan Suän im Auftrag Gaw Dalois, des politischen Agenten Chinas in Gyangtse. Er brachte mir einen Brief, der folgenden lakonischen Inhalt hatte:

Übereinkommen zwischen Großbritannien und China, unterzeichnet in Peking im Jahre 1906, § 2: Die großbritannische Regierung ver-

pflichtet sich, kein tibetisches Territorium zu annektieren und sich nicht in Tibets Verwaltung zu mischen.

Vertrag, abgeschlossen am 7. September 1904, § 9 b: Keine Vertreter oder Agenten irgendeiner fremden Macht sollen Erlaubnis erhalten, Tibet zu besuchen.

Duan Suän bestellte mir außerdem noch mündlich von Gaw Daloi, daß ich unter keiner Bedingung nach Gyangtse reisen dürfe, nachdem ich schon ohne Paß und Erlaubnis bis Schigatse vorgedrungen sei, und daß mir nur ein einziger Weg offen stehe, nämlich der durch Tschang-tang, auf dem ich gekommen sei. Ich antwortete ebenso lakonisch, daß Gaw Daloi, wenn er etwas über mich wissen wolle, sich an Major O'Connor, den Vertreter Großbritanniens in Gyangtse, wenden möge, anstatt mir unverschämte Briefe zu schreiben!

Es war mein Plan und mein Wunsch gewesen, O'Connor zu besuchen; ich kannte ihn sehr gut vom Hörensagen, er hatte mich mit Freundlichkeiten überhäuft, und ich wußte, daß er einer der außerordentlich Wenigen ist, die Tibet gründlich kennen.

Von meiner Ankunft an hatten wir miteinander in Briefwechsel gestanden, ich hatte ihm meine bisherigen Gedanken über die westliche Fortsetzung des großen Gebirgssystems auseinandergesetzt. O'Connor hatte geantwortet, daß er schon lange das Vorhandensein eines mächtigen Bergsystems im Norden des Tsangpo vermutet habe. Noch kannte ich dieses System nur mangelhaft, und deshalb hatte ich O'Connor vorgeschlagen, daß wir das Gebirge künftig Nientschen-tang-la nach dem hohen Gipfel am Südufer des Tengri-nor nennen wollten. Für mich würde es die größte Bedeutung gehabt haben, gerade jetzt mit einem Manne wie Major O'Connor zusammenzutreffen.

Indessen begann ich die Sache bald in einem anderen Lichte zu betrachten, denn ich sah ein, daß ich in Gyangtse in einer noch unhaltbareren Lage sein würde als hier in Schigatse. Solange ich in Schigatse blieb, wußten die Chinesen nicht, was sie mit mir anfangen sollten; in Gyangtse aber kam ich direkt unter die Vertragsparagraphen und konnte also gezwungen werden, südwärts nach Indien zurückzugehen. Gaw Dalois Verbot in betreff Gyangtses reizte mich ein wenig, aber ich hatte ihn in Verdacht, dies nur als Kriegslist gebraucht zu haben, und zwar um so mehr, als die Behörden von Schigatse mir gleichzeitig anboten, daß ich Lasttiere zu meiner Reise dorthin mieten dürfe. Sowohl Tsaktserkan wie Ma wußten, daß ich einen Brief von Gaw erhalten hatte, und Ma hatte lange Unterhandlungen mit den beiden Herren aus Lhasa. Es war klar, daß eine politische Intrige im Gange war; für mich kam es nun darauf an, meine Karten gut auszuspielen.

Schon um den 20. Februar herum hatte ich bemerkt, daß die Lamas wegen meiner vielen Besuche im Kloster vor den Chinesen in Sorge waren und täglich zurückhaltender wurden. Ich fuhr jedoch ganz ruhig fort, ihnen dicht vor der Nase zu sitzen und sogar den Schakya Toba (Buddha) zu zeichnen. Die Chinesen gaben sich den Anschein, als fürchteten sie, daß die Engländer ihnen Vertragsbruch vorwerfen könnten, wenn sie mein Bleiben auf verbotenem Boden duldeten. Meine englischen Freunde dagegen freuten sich darüber, daß mir bis dahin alles geglückt war, und hofften, daß ich mich auch fernerhin halten könne. Indessen konnte jeden Tag ein Umschlag eintreten, und ich lebte daher in aufregender Ungewißheit.

In meiner Antwort an Gaw Daloi bat ich ihn, sich völlig darüber zu beruhigen, daß ich als Schwede Absichten haben könnte, tibetisches Territorium zu annektieren, und was den § 9 anbetreffe, so habe er ihn unvollständig zitiert, da er nämlich folgendermaßen laute: »Die Regierung Tibets übernimmt die Verpflichtung, ohne vorhergehende Zustimmung der Regierung Großbritanniens keinen Vertreter oder Agenten irgendeiner fremden Macht den Besuch Tibets zu gestatten.« Dieser Paragraph finde auf mich durchaus keine Anwendung, da ich bereits in Tibet sei, und es gehe mich gar nichts an, was für Vereinbarungen die beiden Regierungen miteinander getroffen hätten. Mein Fall müsse von ganz anderen Gesichtspunkten behandelt werden.

Ma hatte sich anfangs bereit erklärt, meine Post nach Gyangtse zu schicken, jetzt aber lehnte er es mit der Entschuldigung ab, daß es so aussehen könne, als ob er mir zu gern gefällig sein wolle. Daher mußte am 24. Februar Muhamed Isa nach Gyangtse reiten, um Gaw Daloi meinen Brief und den Paß zu bringen, und auch 3000 Rupien in Gold mitzunehmen, die Major O'Connor mir gegen Silbergeld einzuwechseln versprochen hatte.

Ich schickte auch ein ausführliches Telegramm an den englischen Premierminister und bat um die »Zustimmung der Regierung Großbritanniens«, da die tibetische Regierung mir bis jetzt tatsächlich kein Hindernis in den Weg gelegt habe. Auf dieses Telegramm erhielt ich aber keine Antwort!

Am 27. Februar traf Gaws Antwort ein — nicht mit Muhamed Isa, sondern mit einem besonderen Kurier; das war diplomatisch, aber unvorsichtig. Gaw schrieb, er könne nicht glauben, daß ich, nur um der wissenschaftlichen Forschung zu dienen, einen Vertrag zwischen zwei Großmächten werde brechen wollen, mein chinesischer Paß sei hier wertlos, und wenn man mir erlaube, in Tibet herumzureisen, könnten Russen und Engländer dieselben Vergünstigungen beanspruchen. Er schloß mit den Worten: »Ich habe von meiner Regierung Befehl erhalten, Sie sofort zu verhaften, falls Sie nach Gyangtse kommen sollten, und Sie mit Soldaten über die indische Grenze schaffen zu lassen.« Ich erwiderte, daß ich sehr gern aufbrechen wolle, aber nach Nordwesten, wenn Gaw mir eine genügend große Karawane besorgen könne!

Am 1. März besuchte mich Ma. Er war ganz außer sich. Der Amban Lien in Lhasa habe ihm scharfe Vorwürfe darüber gemacht, daß er, der über 1000 eingeborene und 150 chinesische Krieger befehle, nicht genug Verstand und Wachsamkeit besessen habe, um mein Einschleichen in Schigatse zu verhindern! Er solle mir auch bestellen, daß ich die Stadt sofort zu verlassen hätte, und bat mich nun, ihm zu sagen, an welchem Tage ich abzureisen gedächte. »Damit hat es noch gute Weile«, antwortete ich. »Erst muß die Karawane fertig sein, die mich durch Tschang-tang zurückbefördern soll.« Auch den Mönchen war von Lhasa aus geraten worden, sich so wenig wie möglich mit mir abzugeben.

Mein Aufenthalt in Schigatse hatte also nach und nach zu einem Noten- und Telegrammwechsel zwischen Lhasa, Gyangtse, Schigatse, Peking, Kalkutta und London Veranlassung gegeben, und ich war ganz wider meinen Willen ein kleiner, hochpolitischer Zankapfel geworden! Meine Lage war jedoch so unsicher, daß ich keine Bemühung unversucht ließ. Der schwedische Gesandte, Herr G. O. Wallenberg, tat in Peking alles, was in seiner Macht stand, um die Erlaubnis der chinesischen Regierung und einen Paß für mich zu erhalten; er sprach mit allen hohen Mandarinen, aber sie beriefen sich mit größter Liebenswürdigkeit auf die bindenden Verträge. Auch die japanische Gesandtschaft in Peking machte, auf des Grafen Otani (Kyōto) Wunsch, Vorstellungen, erhielt aber die überraschende Antwort, daß ich, wenn ich überhaupt in Tibet sei, was man bezweifle, sofort aus dem Lande ausgewiesen werden müsse. Also überall abschlägiger Bescheid! Aber in einer Beziehung war ich stark: ich war allein, während meine Gegner nur zu sehr von der Rücksicht, die sie aufeinander nehmen mußten, abhängig waren.

Zwischendurch wurde ich in kleine Bruchstücke innerer tibetischer Politik eingeweiht. Vom Taschi-Lama geschickt, pflegte Tsaktserkan mich in der Dämmerung zu besuchen. Er fragte mich, wie es möglich sei, daß, nachdem die Engländer im Krieg gegen Tibet gesiegt hätten, China alle Vorteile dieses Sieges ernte und daß Chinas Macht im Lande wachse, während das englische Prestige abnehme. Das lange Fortbleiben des Dalai-Lama beunruhigte den Taschi-Lama aufs höchste. Gleich nach seiner Rückkehr aus Indien hatte er dem Dalai-Lama Geschenke gesandt und ihm viele Briefe geschrieben, aber nie eine Antwort erhalten. Der Dalai-Lama war sein Lehrer gewesen, und er grämte sich darüber, daß er ihm in seiner schwierigen Lage nicht helfen könne. Die Behörden in Lhasa waren ihrerseits wütend auf Taschi-lunpo und behaupteten, daß der Taschi-Lama sich von den Engländern habe bestechen lassen, um nicht am Kriege teilzunehmen. Der Taschi-Lama ließ mich auch fragen, ob ich glaube, daß der Kaiser von China ihm wegen seiner Reise nach Indien zürne, worauf ich antwortete, meiner Meinung nach sei der Kaiser zufrieden, wenn der Taschi-Lama mit seinen mächtigen Nachbarn im Süden Frieden halte und ein gutes Verhältnis zwischen Tibet und Indien bestehe.

Da erhielt ich am 5. März einen merkwürdigen Brief von Gaw Daloi. »Im größten Vertrauen«, riet er mir, an Chang Yin Tang (Tang Darin, »Kaiserlich Chinesischer Oberkommissar in Tibet«) und an den Amban Lien Yü in Lhasa zu schreiben und die beiden Exzellenzen zu bitten, mir als besondere Gnade die Erlaubnis zu erteilen, über Gyangtse nach Sikkim ziehen zu dürfen; er zweifele nicht daran, daß sie damit einverstanden sein würden. Erst hatte er mir geschrieben, daß seine Regierung ihm befohlen habe, mich zu verhaften, wenn ich nach Gyangtse käme; jetzt riet er mir selbst dazu? Dadurch aber, daß er nun gegen die Befehle seiner Regierung handelte, gab er mir ein gefährliches Übergewicht; ich hatte ihn jetzt in der Hand und betrachtete ihn als aus dem Spiele ausgeschieden. Auf Umwegen erfuhr ich aber dann, daß sein Brief auf Befehl aus Lhasa geschrieben worden sei, wo man fürchtete, daß man mich überhaupt nicht wieder loswerden würde, wenn man mir erlaubte, auf dem Rückweg weiter nach Tibet hinein zu ziehen. Ma teilte mir mit, daß er Befehl habe, meinetwegen Kuriere stets in Bereitschaft zu halten, und daß ein Brief jetzt in fünf Tagen Lhasa erreiche.

Ich schrieb nun an Tang Darin und sagte ihm, daß ich durchaus nicht den Wünschen der chinesischen Regierung durch meine Rückreise über Gyangtse zuwiderhandeln wolle, sondern nach Nordwesten zurückzukehren gedächte, wenn Seine Exzellenz Befehl geben wolle, daß mir Yaks zur Verfügung gestellt würden. In meiner Eigenschaft als Schwede gehörte ich einem Lande an, das mit China seit uralten Zeiten in freundlichem Verhältnis stehe und in Tibet keine politischen Interessen habe.

Gleichzeitig schrieb ich auch an Lien Darin und betonte, daß weder die chinesische, noch die tibetische Regierung das Recht habe, mich wegen meiner Reise nach Schigatse anzuklagen; wenn ihnen mein Kommen unangenehm sei, hätten sie mich rechtzeitig daran verhindern sollen! Sie müßten mir im Gegenteil dankbar sein, weil ich sie auf diese Möglichkeit einer Durchquerung des Landes aufmerksam gemacht hätte, und ich riete ihnen, in Zukunft wachsamer zu sein, wenn sie Europäern das Land verschließen wollten! Nach Indien zu reisen falle mir nicht ein, meine Leute seien Bergbewohner und würden in der Hitze wie Fliegen umfallen; sie seien übrigens britische Untertanen, und ich sei für ihre glückliche Heimkehr nach Ladak verantwortlich. Durch Tschang-tang zu reisen, sei unmöglich, aber ich würde gern einen Weg auf der Nordseite des Tsangpo, wo es Nomaden gebe, einschlagen. Wenn sie mich los zu sein wünschten, sollten sie mir die Rückreise doch nicht erschweren, sondern sie mir lieber in jeder Weise erleichtern.

Als nun die Herren aus Lhasa und die Abgesandten aus Schigatse-Dsong mir an demselben Tag aufs neue vorstellten, daß ich unverzüglich aufbrechen müsse, konnte ich ihnen erwidern, daß dies vor zehn Tagen nicht geschehen könne, da es so lange dauere, bis aus Lhasa Antwort eintreffe!

Meine Lage glich immer mehr einer Gefangenschaft, und doch tat man alles, um mich loszuwerden. Am 4. März war ich zum letztenmal in Taschilunpo gewesen. Jetzt war mir das Kloster verschlossen, da man mich aus Furcht vor dem Argwohn der Chinesen ausdrücklich gebeten hatte, dort keine Besuche mehr zu machen.

Am 12. März tobte einer der heftigsten Weststürme, die wir erlebt haben. Die Klosterglocken klingen wie Sturmglocken, aber ihr Klang dringt bei dem Heulen des Sturmes nicht zu uns. Die Küche ist ins Haus verlegt worden, auf dem Hofe läßt sich niemand sehen und in den Pappeln knackt und pfeift es. Nur hin und wieder hört man die Schellen eines Kurierpferdes, das an der Außenmauer vorbeisprengt und vielleicht neue Verhaltungsmaßregeln bringt. Ma läßt nichts von sich hören, Lobsang Tsering ist verschwunden, und Tsaktserkan kommt nur, wenn ich ihn darum bitten lasse. Ich werde immer mehr isoliert. Daß wir Schigatse einmal verlassen müssen, ist klar, aber auf welchem Wege? Daß ich nicht über Gyangtse gehe oder Katmandu, wie Ma mir vorschlug, habe ich ihnen schon mitgeteilt, und hier eine Karawane für Tschang-tang auszurüsten, ist undenkbar. Ich habe nur ein Ziel, den Norden des Tsangpo, wo die wichtigsten Entdeckungen meiner harren!

Am 15. März fanden sich die beiden Herren aus Lhasa wieder bei mir ein. Sie waren in Gyangtse gewesen und hatten von Gaw Befehl erhalten, alle meine Schritte scharf zu überwachen. Wieder wollten sie den Tag meiner Abreise wissen, und ich antwortete, daß ich darüber nichts entscheiden könnte, bevor ich wüßte, welchen Weg ich einschlagen würde. Sollte dieser durch Tschang-tang gehen, so müßten sie sich auf langes Warten gefaßt machen; sie könnten sich inzwischen ruhig ein Haus kaufen und sich verheiraten! Sie beklagten sich nun selbst über das Zunehmen der Macht der Chinesen in Tibet und glaubten, daß die infolge des neuen, strengen Regimes in Lhasa entstandene Gärung allein es mir möglich gemacht habe, unbemerkt quer durch Tibet zu reisen.

Darin werden sie wohl recht gehabt haben. Der Mißgriff des Dalai-Lama und der unerwartete Frontwechsel der Engländer hatten den Chinesen eine Gelegenheit gegeben, die Herrschaft über Tibet so zu übernehmen, wie sie es seit den Tagen des Kang-hi und des Kien-lung im 17. und 18. Jahrhundert nicht wieder gekonnt hatten. Von dem englischen Prestige konnte ich keinen Schatten mehr entdecken und hatte ja selber gehört, daß der Taschi-Lama seine Reise nach Indien bereute. Vielleicht war es von der liberalen Regierung in London klug, Tschumbi aufzugeben und durch Sperrung der Grenze alle Möglichkeiten zu Grenzkonflikten und Reibereien von der indischen Seite aus auszuschließen. Denn in unserer Zeit beginnt das alte Asien aus seinem tiefen Schlafe zu erwachen, und die europäischen Großmächte, die dort Interessen haben, sollten lieber dafür sorgen, daß sie behalten können, was sie schon besitzen, als darauf ausgehen, neue Eroberungen zu machen! Jedenfalls zeigten die chinesischen Staatsmänner diesmal wie stets eine bewunderungswürdige Klugheit und Achtsamkeit und ernteten den ganzen Gewinn der englischen Opfer. Wenn der Dalai-Lama überhaupt mit heiler Haut nach Lhasa zurückkehrt (im September 1909 inzwischen geschehen), wird er sich mit der Anbetung, die ihm als Inkarnation in seinem Palaste Potala zuteil wird, begnügen müssen und sich nicht mehr mit politischen Angelegenheiten befassen dürfen. Tibet wird ohne Zweifel in Zukunft ebenso streng verschlossen bleiben wie früher. Denn die Herrschaft über Tibet ist für China eine politische Frage ersten Ranges. Nicht nur weil Tibet sozusagen eine gigantische Festung mit Wällen, Mauern und Gräben zum Schutze Chinas ist, sondern auch wegen des großen geistigen Einflusses, den die beiden Päpste auf alle Mongolen ausüben. Solange China den Dalai-Lama in seiner Hand hat, kann es die Mongolen im Zaume halten, im entgegengesetzten Fall aber kann der Dalai-Lama sie zur Empörung gegen China aufreizen.

Am 19. März erhellte sich endlich meine Lage. Ma hatte eine Zusammenkunft mit den beiden Herren aus Lhasa und den Behörden des Schigatse-dsong gehabt. Letztere stellten sich bei mir ein und baten nun ihrerseits um Bescheid, wohin meine Reise gehen solle. Ich antwortete: längs des Raga-tsangpo bis an seine Quelle!

Die Herren waren augenscheinlich zu dem Entschluß gekommen, die Folgen meiner Reise nach Westen auf ihre Verantwortung zu nehmen. Aber sie bestanden energisch darauf, daß ich nach Je-schung auf genau demselben Weg, auf dem ich gekommen sei, also über Tanak und Rungma, abziehen müsse, da sie sonst Unannehmlichkeiten haben würden.

Am 20. trat Ma durch unser Tor, schwenkte triumphierend einen Brief mit großem roten Siegel und rief schon von weitem: »Vom Tang Darin!« Der Brief war vom 15. März aus Lhasa datiert, und ich teile ihn hier als Probe der diplomatischen Briefschreibekunst der Chinesen mit:

Lieber Doktor Sven Hedin!

Es hat mich sehr gefreut, Ihren Brief vom 5. dieses Monats zu erhalten und zu hören, daß Sie nach Schigatse gekommen sind, um die Geographie der unbekannten Teile dieses Landes zu erforschen. Ich weiß, daß Sie einer der berühmten Geographen Europas sind und daß Sie hier im Lande umherziehen, ohne sich in Tibets politische oder sonstige Angelegenheiten einzumischen, und einzig und allein geographische Arbeiten ausführen.

Ich habe große Achtung vor Ihnen als Mann der Wissenschaft, der sich ernstlich um das Fortschreiten der Erdkunde bemüht. Solche Männer schätze ich immer hoch und erweise ihnen die größte Ehrerbietung.

Zu meinem Bedauern aber muß ich Ihnen sagen, daß der letzte Vertrag zwischen China und Großbritannien über Tibet einen Paragraphen enthält, der besagt, daß keine Fremden, seien es nun Engländer oder Russen, Amerikaner oder Europäer, berechtigt sind, Tibet zu besuchen, die drei Handelsplätze Gyangtse, Jatung und Gartok ausgenommen. Sie sind es also nicht allein, dem ich das Land verbiete.

Ich wünsche daher, daß Sie auf demselben Weg, auf dem Sie gekommen sind, wieder abziehen, und Sie würden mich dadurch außerordentlich verbinden.

China und Schweden sind in Wahrheit befreundete Mächte, und die beiden Völker sind wirklich Brüder.

Ich hoffe, daß Sie mich nicht falsch beurteilen werden, wenn ich Ihnen nicht erlaube weiterzureisen, denn ich bin durch den Vertrag gebunden.

Ich habe den chinesischen und den eingeborenen Behörden auf Ihrer Route bereits Befehl erteilt, daß sie Ihnen alle Erleichterungen, die sich möglicherweise erreichen lassen, verschaffen sollen.

Ihnen eine glückliche Rückreise wünschend, bin ich

Ihr ergebener

Chang Yin Tang.

An liebenswürdiger Verbindlichkeit ließ der Brief nichts zu wünschen übrig, dem Inhalt nach war er diplomatisch dunkel. Chinesische und eingeborene Behörden in Tschang-tang, wo wir 81 Tage hintereinander keine lebende Seele erblickt hatten? Wie Gaw berief er sich auf den Vertrag, den England unterzeichnet hatte, um das interessanteste Land der Erde jeder Forschung zu versperren.

Ma kannte den Inhalt des Briefes und fragte, ob es bei meinem Entschluß, am Raga-tsangpo flußaufwärts zu ziehen, bleibe. In solchem Fall stehe mir der Weg offen. Ich antwortete, ohne meine Befriedigung merken zu lassen, bejahend, obgleich diese Straße im Gegensatz zu Tangs Brief stand.

Jetzt durften zwei Herren des Dsong die Verproviantierung besorgen — alles auf Tangs Befehl!

Im Handumdrehen wurden die Behörden Schigatses außerordentlich höflich und überliefen mich mit Besuchen, seitdem sie gesehen hatten, daß ich bei dem in weltlichen Angelegenheiten mächtigsten Manne Tibets gut angeschrieben war. Man erbat genaue Auskunft über die Punkte, die ich jenseits der Mündung des Raga-tsangpo zu berühren gedächte. Darauf fiel ich jedoch nicht herein, sondern sagte, daß mir von den Namen dort oben kein einziger bekannt sei. Im stillen dachte ich, daß es am klügsten sein werde, nicht durch allzuviel Einzelheiten ihr Mißtrauen zu erregen; je weiter wir uns von den Zentralbehörden entfernten, desto größere Aussicht hatten wir, uns allein überlassen zu bleiben. Sie erkundigten sich, wieviel Pferde wir brauchten, und ich nannte gleich 65, um reichlich versorgt zu sein.

Am 24. März großes Konzil: Ma, die beiden Herren aus Lhasa, der ganze Schigatse-dsong und Tsaktserkan, wohl an die 20 Beamte, etwa 100 Diener, chinesische Soldaten und Neugierige, so daß der ganze Hof voller Menschen war! Der neue Paß wurde mir feierlich vorgelesen. Darin waren die Orte aufgezählt, die ich zu berühren hatte: den Raga-tsangpo, dann Saka-dsong, Tradum, Tuksum, Gartok, Demtschok und die Ladakgrenze. Ich durfte mich an keinem einzigen Punkt aufhalten, mußte lange Tagemärsche machen und in gerader Linie im Tal des Brahmaputra und Indus ziehen! Ich hielt es für unpraktisch, gegen diese Vorschriften Einwendungen zu erheben; von dem Land im Norden des Tsangpo, wo ich das große Gebirgssystem vermutete, war kein Wort gesagt. Aber ich dachte bei mir, daß wir den Zug dahin schon auf eine oder die andere Weise selber würden ins Werk setzen können. Zwei Chinesen, ein Beamter aus dem Labrang von Taschi-lunpo und einer aus dem Schigatse-dsong sollten uns zuerst geleiten und dann von vier andern abgelöst werden. Die Eskorte wurde mir vorgestellt. Die Herren bestanden darauf, daß wir schon am folgenden Morgen aufbrechen sollten. Ich erklärte, daß wir zu den Vorbereitungen noch zwei Tage brauchten.

Die braune Puppy bescherte uns am Morgen des 25. eine allerdings nicht unerwartete Überraschung. Infolge unzulänglicher Begriffe über die Heiligkeit meines Zeltes hatte die Hündin lange nicht hineingedurft. Aber nun, als ich gerade beim Schreiben meiner letzten Briefe saß, kam sie und kratzte in der einen Ecke des Zeltes mit den Vorderpfoten eine Grube, winselte ängstlich, legte den Kopf an mein Knie und sah sehr unglücklich aus, als wolle sie mir zu verstehen geben, wie hilflos sie sich fühle. Ehe ich mich dessen versah — lagen zwei kleine Hündchen quiekend zu meinen Füßen! Während die junge Mutter ihre Erstgeborenen mit unbeschreiblicher Zärtlichkeit leckte, richtete Muhamed Isa ein weiches Lager für die Familie her. Auf diesem hatte Puppy kaum Platz genommen, als noch zwei Hündchen ihren Einzug in diese seltsame Welt hielten! Dann aber meinte sie wohl, daß es des Guten genug sei; denn nach einer guten Fleischmahlzeit und einer Schale Milch rollte sie sich mit den vier gut behüteten Jungen zusammen und schlief ein. Die neuen Hündchen sind kohlschwarz und klein wie Ratten. Ich kaufte ihnen einen Korb, in dem sie reisen sollten, bis sie die

Karawane, in der sie geboren worden, um echte Karawanenhunde zu werden, auf eigenen Beinen begleiten können. Von nun an durfte Puppy in meinem Zelte wohnen, und wir wurden die besten Freunde von der Welt, denn ich war ebenso ängstlich um die Jungen besorgt wie sie selber. Unbefugte aber ließ sie nicht heran; kaum eine halbe Stunde nach der Katastrophe fuhr sie bereits auf zwei Knaben los, die auf dem Hofe umherlungerten. Es war ein entsetzliches Gejaule in der Zeltecke, und es duftete in weitem Umkreis nach Kleinkinderstube, aber »sowohl die Mutter wie die Kleinen befanden sich den Umständen nach wohl«, wie es in vornehmeren Bulletins zu heißen pflegt.

Währenddessen herrschte auf unserem Hofe ein fürchterliches Getriebe. Das schwere Gepäck wurde verstaut, Reis und Tsamba der Leute nebst der Gerste für die Pferde in genau abgewogene Säcke genäht; chinesische Makkaroni, Kohlköpfe, Zwiebeln, feines Weizenmehl, Gewürze, Kartoffeln und so viel Eier, wie wir erhalten konnten, vom Markt herbeigeschafft. Die Bücher, die ich von O'Connor erhalten hatte, füllten allein eine ganze Kiste. Als alles eingepackt war, sah es in meinem Zelte schrecklich leer aus.

Am 26. März, meinem letzten Tag in Schigatse, kam Ma Tschi Fu, ein junger Beamter in Tschumbi, aus Lhasa an und brachte mir Grüße von den Exzellenzen. Er war Dungane (Mohammedaner), sprach weich und höflich und war einer der edelsten und sympathischsten Chinesen, die ich je kennengelernt habe. Er bat mich, nicht zu glauben, daß die Eskorte eine kontrollierende Bewachung sein solle; sie sei nur eine Sicherheitswache und habe Befehl, mir aufs beste zu dienen! Ma Tschi Fu brachte auch einen artigen Brief von Lien Darin, dem Amban von Lhasa, in dem es unter anderem hieß: »Ich wußte, daß Sie ein gelehrter Geograph aus Schweden sind. Es tut mir sehr leid, daß ich infolge des Vertrages dieses Mal nicht in der Lage bin, bessere Anordnungen für Sie in Tibet zu treffen. Aber Sie sind ein weiser Mann und werden daher die Schwierigkeiten verstehen, in denen ich mich wider meinen Willen befinde.«

Sooft ich persönlich oder schriftlich mit den Chinesen in Berührung kam, zeigten sie mir stets die größte Liebenswürdigkeit und Rücksicht. Sie waren die Herren des Landes, und ich hatte nicht die Berechtigung, mich in Tibet herumzutreiben. Sie gingen in ihrer Gastlichkeit so weit, wie es ihnen möglich war. Daher bewahre ich ihnen von dieser Reise wie von allen meinen früheren her das beste Andenken.

Abends sagte ich dem guten Ma Lebewohl und dankte ihm für all seine Freundlichkeit gegen mich. Er sprach die Hoffnung aus, daß wir uns noch einmal im Leben treffen würden. Alle, die uns gedient hatten, erhielten beträchtliche Geldgeschenke, und Kung Guschuk, der Herzog, auf sein Verlangen, 45 Rupien Miete für sein Gartengrundstück. Ich hätte ihm für die unvergeßlichen Tage, die ich unter den schlanken Pappeln verlebt hatte, mit Freuden das Vielfache dieser Summe gegeben!

Tarting-gumpa und Taschi-gembe

Am 27. März wurde ich früh geweckt. Ich stieg zu Pferd, begleitet von Robert, Muhamed Isa und drei Herren der Eskorte, während der vierte schon mit der Karawane vorausgezogen war. Muhamed Isa durfte dem Taschi-Lama meinen Abschiedsgruß bringen. Ich machte währenddessen einen kurzen Gegenbesuch bei Ma Tschi Fu und hatte ihn noch nicht verlassen, als mein prächtiger Karawanenführer mit den freundlichsten Grüßen vom Taschi-Lama zurückkehrte und mir von ihm ein großes Seidenkadach brachte, das ich als eine Reliquie bei dem Götterbild, das er mir geschenkt hat, aufbewahre. Und dann ritten wir zum letztenmal durch die verbotenen Straßen und sahen die goldenen Tempeldächer des Klosters hinter dem Dsong verschwinden.

Sobald wir das Quertal des Njang-tschu verließen und in das Tsangpotal hinauskamen, waren wir dem Sturm preisgegeben, der die ganze Landschaft in undurchdringlichen Staubnebel hüllte. Die weißschäumenden Wellen des Flusses gingen so hoch, daß man das andere Ufer nicht sah. Die Pferde waren unruhig und wollten nicht in die Fellboote hinein, aber schließlich brachten wir sie doch glücklich hinüber. Ich ritt jetzt einen großen Braunen, den ich in Schigatse gekauft hatte. Mein kleiner weißer Ladaki war noch immer gesund, aber von jeder Arbeit befreit. Nur drei Veteranen aus Leh hatte ich noch, zwei Pferde und einen Maulesel. Robert ritt eines der Pferde vom Ngangtse-tso und Muhamed Isa einen großen Schimmel aus Schigatse, wo wir noch zwei Maulesel gekauft hatten; im übrigen wurde das Gepäck auf gemieteten Pferden und Eseln befördert. Die Karawane hatte im Dorfe Sadung auf dem Nordufer des Tsangpo das Lager aufgeschlagen. Ische hatte die vier Hündchen im Gewand an seiner Brust getragen und Puppy an einem Strick mitgenommen, damit die Kleinen unterwegs von Zeit zu Zeit gesäugt werden könnten.

Am nächsten Morgen erwachten wir bei herrlichem Wetter. Nach Osten hin sieht man eine Reihe von Bergen. Die Anwohner nannten den Brahmaputra hier Tamtschok-kamba.

Die vier Herren, die uns begleiten, haben ihre Diener mitgenommen und sorgen selbst für ihre Unterkunft, ihre Pferde und Beköstigung. Sie sollen bei der Abreise eine bestimmte Summe dazu erhalten haben, leben aber trotzdem auf Kosten der Dorfbewohner, essen und wohnen umsonst und lassen sich zu jeder Tagereise frische Pferde stellen, ohne Miete dafür zu bezahlen. Das Reisegeld haben sie nachher noch vollzählig in der Tasche und sind daher mit ihrem Auftrag sehr zufrieden.

Sowohl am 28. wie am 29. haben wir heftigen Sturm. Von der Umgebung sehen wir keine Spur, und oft kann ich nicht einmal den Mann, der unmittelbar vor mir hergeht, erkennen. Man wird mit Sand imprägniert; er knirscht zwischen den Zähnen, kitzelt auf dem Rücken und schmerzt in den Augen. Wenn das Tal sich verengt, wird der Wind zu doppelter Stärke zusammengepreßt, und wie eine graugelbe Masse rollen die Sandwolken durch das Brahmaputratal hin.

Bei herrlichem Wetter ging es am 30. nach Karu weiter, immer am Tsangpo entlang. Gelegentlich gleitet ein Boot stromabwärts. Die Wildenten an den Ufern sind zahm; keiner darf sie töten und keiner würde es wollen. An den steilen Wänden sieht man Felsenpfade, die während der Hochwasserzeit benutzt werden, da die Straße, auf der wir ziehen, im Sommer, wenn der Fluß eineinhalb Meter steigt, vollständig unter Wasser steht.

Unsere Eskorte ist willig und freundlich. Alle vier Männer sagen mir im Vertrauen, daß sie ihr Allerbestes zu tun gedächten, damit ich zufrieden sei und ihnen ein gutes Zeugnis gäbe.

Während die Karawane direkt nach Je marschieren mußte, ritten wir anderen ein Quertal hinauf, in dessen Mündung das Dorf Tarting-tschoro liegt. Ein kleines, gutgepflegtes Mani trägt nicht die gewöhnliche Formel, sondern in roten und blauen Schriftzeichen ist eine andere, die »Om mati moji sale do« eingeritzt. Die Figur 卍 wiederholt sich oft und gibt die Zugehörigkeit zur Pembosekte an, während die Figur 卐 die orthodoxen Gelbmützen bezeichnet.

Weiter aufwärts liegt Tarting-gumpa. Wir treten in das Lhakang ein, und ich muß gestehen, daß ich im Portal erstaunt zurückfuhr, denn wohl hatten wir viele Göttersäle in Taschi-lunpo gesehen, einen so großen, alten und in seiner mystischen Beleuchtung so wunderbaren aber noch nicht.

Das Segotschummo-lhakang, wie es genannt wird, gleicht einer Krypta, 48 Säulen tragen das Dach. Das Tageslicht fällt durch ein Oberlicht, das ein Kettennetz überspannt, in den Saal. Dort steht ein Thron für den Taschi-Lama, der das Kloster vor zwei Jahren besucht hat und in zwei Jahren wieder erwartet wird. An einem beinahe zwei Meter hohen Gebetzylinder (Korlo oder Mankor) sitzt den ganzen Tag ein Lama vor einem Stapel loser Blätter, die er so hastig umschlägt und deren Inhalt er so schnell herplappert, daß man sich wundert, wie es seiner Zunge möglich ist, mitzukommen. Manchmal schlägt er auf eine Trommel, dann wieder klappert er mit Becken oder dreht den Gebetzylinder in entgegengesetzter Richtung.

In einer anderen Säulenhalle neben diesem Saal ruhen Großlamas der Pembosekte, oberste Priester von Tarting-gumpa. Wir finden hier denselben quadratischen Gang, der sich um die Gräber in Taschi-lunpo zieht. Als ich aber wie gewöhnlich von rechts nach links gehen wollte, eilten Lamas herbei, um mich davon abzuhalten. Die Grabmale gleichen Tschorten und sind mit Goldplatten und Edelsteinen bedeckt. Zwölf Bildsäulen verstorbener Oberpriester haben hinter sich gewaltige, reich geschnitzte und vergoldete Heiligenschreine.

»Wann wurde das Kloster gegründet?« fragte ich.

»Das ist schon so lange her, daß keiner mehr lebt, der es weiß.«

»Wer hat es denn gegründet?«

»Gungtschen Ische Loto, lange vor Tsongkapas Zeit.«

Die Lamas verbringen zwar ihr ganzes Leben in den Klöstern, haben aber keine Ahnung, wie alt diese wohl sein können.

Wir hatten gehört, daß am Abend vor unserer Ankunft ein achtzigjähriger Lama gestorben sei, und ich bat, in seine Zelle sehen zu dürfen. Man entschuldigte sich, daß gerade einige Mönche die Totengebete sprächen, die im Augenblick nicht gestört werden dürften. Sie zeigten uns jedoch das Haus des Verstorbenen. Nach langem Warten erschien ein Mann, der uns das Hoftor auftat. Die Hälfte des kleinen Hofes nahm ein schwarzes Zelt ein, in dem zwei Männer und eine Frau Hunderte von zweifußlangen Holzspänen schnitten, auf die Gebete und heilige Worte geschrieben wurden, mit denen der Holzstoß des Toten angezündet werden sollte. Einer zeichnete religiöse Symbole auf ein großes Papier, das ebenfalls verbrannt werden sollte. Wir stiegen eine kurze Treppe hinauf und kamen in eine schmale Veranda vor einem Speicher mit Lederkisten, die die Kleider des Toten enthielten, und einem Verschlag, worin sein Diener wohnte. Er war jetzt damit beschäftigt, mit einem Holzstempel Gebete in Rot auf weißes Papier zu drucken; 700 solcher Papierstreifen werden mit dem Toten verbrannt, und die Gebete folgen seinem Geiste durch die unbekannten Welträume.

Von hier aus kam man in seine Zelle. Dort saßen zwei alte Mönche. Vor sich hatten sie die Bücher mit den Totengebeten liegen. Mit zwei anderen Mönchen, die in der Mitte der Zelle auf dem Boden saßen, müssen sie dreimal vierundzwanzig Stunden lang für die Seele des Verstorbenen beten. Die Zelle hat eine Säule und ist voller Götterstatuen, heiliger Gefäße, Standarten und Bücher, ein kleines Museum.

Auf dem Bett saß der Tote, stark vornübergeneigt mit gekreuzten Beinen. Er war in buntem Gewande mit Schuhen an den Füßen, einem dünnen Kadach vor dem Gesicht und einer Kopfbedeckung, die einer Krone glich, bekleidet. Vor ihm stand ein Schemel mit Götterbildern, Schalen und zwei kleinen brennenden Kerzen.

In diesem Gewande wird er jedoch nicht der Vernichtung übergeben. Man zieht ihm eine weiße Kutte an und breitet ihm über die Knie ein viereckiges Tuch mit symbolischen Zeichen, und setzt ihm eine Krone (Vangscha) von Papier auf das Haupt. So wird er in sitzender Stellung in einer Talmulde unterhalb des Tempels verbrannt. Seine Asche bringt ein Lama zum Kangrinpotsche (Kailas), wo sie in einem heiligen Tschorten beigesetzt wird.

Im Alter von fünf Jahren war Jundung Sulting im Jahre 1832 von seinen Eltern der Brüderschaft Tarting-gumpas übergeben worden, sein Klostername war Namgang Rinpotsche. Auch er war also eine Inkarnation und stand wegen seiner Heiligkeit, Weisheit und Gelehrsamkeit in hohem Ansehen. Darum auch wird er verbrannt, während die anderen Mönche in Tarting zerstückelt werden. Seine Schwester, ein altes runzliges Weibchen, war als einzige Verwandte anwesend. Die Leichenwachen verzehrten gerade ihr Mittagessen, das auf einem Schemel bereit stand, gedörrtes kaltes Fleisch, Tsamba und Tschang.

Zwei Tage blieben wir in Je oder Je-schung liegen, wo wir auch vor zwei Monaten eine Nacht Rast gehalten hatten. Damit nahmen wir uns also schon einige Freiheiten heraus, die mit dem Wortlaut des Passes in Widerstreit standen; aber die Eskorte hatte nichts dagegen einzuwenden. Am ersten Tag ritt ich nach Tugdän-gumpa, einer Reihe würfelförmiger, zweistöckiger Häuser. Das Kloster soll jener Sekte angehören, die den Lamas das Eingehen einer Ehe unter gewissen Bedingungen erlaubt.

Das ganze weite Tal bei Je wird von einem Kranz von Klöstern umrahmt. Für den 2. April hatten unsere Chinesen Taschi-gembe, einem großen Kloster mit 200 Mönchen, die zu derselben Farbe wie die Mönche Taschilunpos gehören, meinen Besuch angekündigt.

Dort sah ich die Folianten des Kandschur, des Buches der kanonischen Bücher, das 108 Bände umfaßt, ebenso viele wie ein Rosenkranz Kugeln. Der Tandschur, die andere Sammlung, die nicht kanonisch ist, besteht aus 235 Folianten — es bedarf einer Karawane von etwa 150 Pferden, um beide Bibeln der Tibeter zu transportieren! Nur reiche Klöster sind im Besitz beider Werke.

Wir verlebten den ganzen Tag in Taschi-gembe, das nächst Taschilunpo das reichste und schönste Kloster ist, das ich in Tibet gesehen habe. Hinsichtlich der Reinlichkeit und des guten Geschmacks steht es unter ihnen allen am höchsten. Die Tempelsäle waren durch zahlreiche Fenster gut erhellt, die Mittagssonne schien freundlich zwischen den Säulen hindurch.

Der Raga-tsangpo und der My-tschu

Der Tagesbefehl des 5. April hieß, daß Muhamed Isa mit den gemieteten Tieren und dem Gepäck an der Stelle lagern solle, wo sich der Raga-tsangpo in den oberen Brahmaputra ergießt. Wir anderen ritten nach dem kleinen Paß Tsuktschung-tschang hinauf. Von dort aus hat man einen großartigen Überblick über das Haupttal mit dem Fluß, der sich in zwei Armen über Kies und Sand hinschlängelt. Von dem Paß führte der Weg halsbrecherisch steil abwärts, so daß wir Leute hatten dingen müssen, die das Gepäck trugen, mit dem die Pferde die schroffen Wände nicht hinunterklettern konnten. In abgeschnürten Flußarmen schwammen große, dunkle Fische, und bei ihnen saß Schukkur Ali mit seiner Angel.

Im Südwesten öffnet sich ein mächtiges Taltor mit steilen Bergen und kurzen Quertälern im Hintergrund. Durch dieses Tor tritt der Brahmaputra dem Raga-tsangpo entgegen. Dieser ist hier unter dem Namen Dok-tschu bekannt, während der Hauptfluß Dam-tschu (= Tamtschok) genannt wird. Am Vereinigungspunkt beider waren keine Zelte zu sehen, und Muhamed Isa erklärte mir später, daß er dort nicht habe bleiben können, weil die Gegend vollkommen vegetationslos sei. Wir ritten daher durch das Dok-tschu-Tal hinauf weiter nach dem Dorfe Tangna.

Ich wollte unter keiner Bedingung versäumen, die Vereinigung der beiden Flüsse zu sehen, und befahl daher meinen Leuten, am folgenden Tag durch das Dok-tschu-Tal hinunter nach diesem Punkt zu ziehen. Hiervon wollte aber die Eskorte nichts hören. Es stehe deutlich im Paß, daß ich nicht nach meinem Belieben vorwärts oder rückwärts gehen dürfte, sondern nur geradewegs nach Ladak zu marschieren hätte! Schließlich gaben sie sich aber zufrieden unter der Bedingung, daß der Ausflug nicht länger als einen Tag dauern dürfe.

Morgens brachte Muhamed Isa das Boot zum Fluß. Ich fand das Boot schon zusammengesetzt bereitliegen und setzte mich mit einem mit dem Flusse vertrauten Tibeter hinein.

Das Gefälle ist durchaus nicht gleichmäßig; brausende Stromschnellen wechseln mit tiefen Becken. Von den Bergen sind große Blöcke in den Fluß gestürzt. Aber der Ruderer weiß, wie er das Boot zu steuern hat. Schon aus der Entfernung hören wir das Tosen der nächsten Stromschnelle und spähen scharf, wie wir hindurchkommen. Auf dem Ufer laufen einige unserer Ladakis, um uns zu warnen, wenn wirkliche Gefahren drohen.

In fliegender Eile saust das Boot stromabwärts. Der Ruderer saß stumm mit zusammengebissenen Zähnen und fest gegen den Boden gestemmten Füßen. Mit seinen schwieligen Händen umspannte er die Griffe der Ruder so fest, daß seine Handknöchel weiß wurden. Wir waren glücklich über mehrere Stromschnellen hinüber, da hörten wir vor uns das warnende Tosen, aber diesmal stärker als bisher. Zwei Ladakis standen rufend und gestikulierend. Ich erhob mich im Boot und sah, daß der Dok-tschu sich in zwei Arme teilte, deren Wasser weißschäumend zwischen scharfkantigen Blöcken hinunterstürzten. Die Stelle sah unbefahrbar aus. Aber schon waren wir in der saugenden Strömung, die keinen Widerstand duldete, und trieben den beiden Stromschnellen zu. Mit kräftigen Ruderschlägen zwang der Ruderer das Boot, in den linken Arm einzubiegen. Die Ladakis standen sprachlos am Ufer und warteten, bis wir Schiffbruch leiden würden. Da stießen wir gegen den ersten Block, aber der Ruderer führte das Boot in das tiefe Wasser hinaus und ließ es einen kleinen Wasserfall hinabgleiten, hinter dem wir einen Stoß von der anderen Seite erhielten. Jetzt erweiterte sich das Fahrwasser, wurde aber auch seichter, und das Boot schrammte gegen den Grund, zum Glück nur mit dem Kiel und ohne leck zu werden. Die Strömung war stark genug, uns über Steine und Schutt hinwegzuspülen.

Nach einer Weile vereinigten sich die beiden Arme, der Fluß wurde ruhig und tief. Der Ruderer hatte keine Miene verändert; jetzt half er mit den Rudern nach. Wir waren noch auf der nördlichen Talseite; aber dort, wo der Fluß sich der südlichen zuwandte, tobte und kochte das Wasser wilder als je zuvor, und hier erklärte der unerschrockene Mann, daß das Weiterfahren unmöglich sei. Mir stockte der Atem bei dem Anblick des weißschäumenden Wassers, das sich auf der Schwelle des Falles brach; in einer Sekunde mußte das Boot vom Sog gepackt werden und ohne Gnade kentern! Aber im rechten Augenblick trieb der Ruderer unsere Nußschale in eine kleine Bucht mit Gegenströmung, wo wir landen konnten. Die Ladakis waren herbeigeeilt, zogen das Boot aufs Land und setzten es unterhalb des Wasserfalles wieder auf den Fluß.

Nun trieben wir herrlich an den steilen Felswänden des Südufers vorbei, wo die Tiefe manchmal 1,6 Meter und manchmal wenig mehr als einen Fuß betrug. Hier und dort schrammen wir freilich auch gegen den Boden, aber der hölzerne Kiel pariert die Stöße. Alles läuft glücklich ab, und schließlich sind wir an dem Punkt, wo der Dok-tschu sich in den Brahmaputra ergießt.

Der Dok-tschu ist reißend und rauschend, der Brahmaputra langsam, tief und ruhig. Seine Breite betrug 46 Meter und die größte Tiefe 4,67 Meter; das Bett ist folglich sehr ausgehöhlt und schmal; die Wassermenge ergab 84 Kubikmeter in der Sekunde, so daß der Tsangpo jetzt nur anderthalbmal so groß war wie sein Nebenfluß, der Dok-tschu. Die Seehöhe betrug hier 4013 Meter.

Als ich mit meiner Arbeit fertig war, durften unsere Freunde Tso Ting Pang und Lava Taschi mich auf einer kleinen Fahrt den Hauptfluß hinunter begleiten; wir landeten an einem Vorsprung, wo unsere Leute ein Feuer angezündet und das Beste, was sie besaßen, aufgetischt hatten, nämlich harte Eier, kalten Aufschnitt von Hühnern und Milch. In ebenso gemütlicher wie bunter Gesellschaft, ein Schwede unter Tibetern, Chinesen und Ladakis, verzehrten wir unser spätes Essen in der großartigsten Landschaft, die man sich nur denken kann. Während die anderen ihr Pfeifchen rauchten und ihren fettigen Tee schlürften, zeichnete ich eine Skizze des riesigen Tors von festem Granit, durch das sich die Wassermassen des Brahmaputra auf ihrem Weg nach Osten wälzen, nach dem Dihongtal und den Ebenen Assams hin.

Am 8. April hatten wir wieder einen herrlichen Tag, um ein Uhr 11,4 Grad im Schatten. Gleich hinter Lingö biegen wir in das My-tschu-Tal ein, reiten nordwärts und lassen das Tal des Raga-tsangpo westlich hinter uns zurück. In der Biegung selbst geht es über einen gewaltigen Kegel von Granit mit rundgeschliffenen Blöcken, zwischen denen der Weg im Zickzack auf und nieder kriecht, die beladene Tiere unmöglich passieren können. Wir nahmen deshalb verschiedene Bauern aus dem Dorf zu Hilfe, um das Gepäck zu tragen. Zur Linken haben wir den Fluß, breit, tief und langsam. Ein Mani folgt dem anderen. In einer Grotte mit schwarzberußter Decke und einer kleinen Schutzmauer von Steinblöcken haust ein Schmied, um Reisenden zu Dienst zu stehen. Hoch oben auf einer Felsenterrasse liegt Gunda-tammo, ein kleines Nonnenkloster; unten führt eine Kettenbrücke zwischen zwei verstümmelten Pyramiden über den Fluß, der tief zwischen Uferterrassen eingeschnitten ist.

Je höher wir kommen, desto öfter werden wir daran erinnert, daß wir auf einem heiligen Wege sind, einem Klosterweg der Mönche, einem Wallfahrtsweg der Pilger. Bald kommen wir an bemalten Steinblöcken und Felsen vorbei, bald sehen wir schornsteinförmige Monumente mit Büscheln wimpelgeschmückter Gerten, bald wieder lange Manihaufen, von denen einer 120 Meter lang war. Unaufhörlich begegnen uns Yak- und Eselkarawanen, Reiter und Wanderer, Mönche, Bauern und Bettler. Sie grüßen höflich, die Mütze in der Linken, mit der Rechten den Kopf kratzend, die Zunge weit aus dem Munde gestreckt und rufen mir zu: »Glückliche Reise, Bombo!«

Auch am 10. April folgten wir dem Lauf des My-tschu an unbekannten Dörfern und Klöstern vorbei. Nach kurzem Marsch lagerten wir in Ghe.

Hier kehrte die Eskorte von Schigatse um, nachdem sie unseren Paß vier neuen Männern, deren vornehmster der Gova von Tong war, feierlich überliefert hatte. Sie hatten uns vorzügliche Dienste geleistet, ich gab ihnen daher sehr gute Zeugnisse und Trinkgelder. Sie waren zufrieden und wollten bis an ihr Lebensende für mein Wohlergehen beten. Besondere Sympathie empfand ich für den einen Tibeter, der seine beiden Söhne in der Schlacht bei Guru verloren hatte; der eine war 23 und der andere 25 Jahre alt gewesen, und der Vater konnte nicht begreifen, weshalb sie gefallen waren, da sie doch nichts Böses getan hätten.

Klingelnd wie eine Schlittenpartie begleitete uns die neue Eskorte am nächsten Tag den My-tschu aufwärts. Granit und Schiefer wechseln ab.

Den Tag darauf besuchten wir das nahe Lehlung-gumpa, dessen 26 Mönche irgendeiner heterodoxen Sekte angehören, denn sie erkennen weder Tsongkapa noch den Taschi-Lama an. Von seinem Dache hatte man eine wunderbare orientierende Aussicht über das Tal des My-tschu.

Das Land wird immer hochalpiner, das Tal wilder und öder. Schließlich ritten wir auf einer Geröllterrasse, wohl 40 Meter hoch über dem Fluß. In der Nähe des Seitentales Kathing hatte die Karawane in dem engen Tal unmittelbar am Ufer des My-tschu ihr Lager aufgeschlagen. Das Gepäck war zum größten Teil von Tibetern getragen worden, weil keine Lasttiere vorhanden waren, und jetzt saßen wohl 100 Schwarzköpfe gruppenweise zwischen großen Felsblöcken an ihren Feuern.

Wir befanden uns auf einer Höhe von 4229 Meter, waren also von Schigatse, dessen Höhe 3871 Meter beträgt, nur 358 Meter gestiegen. Aber die Luft wurde wieder kühler; die letzte Nacht hatten wir 13 Grad Kälte gehabt.

Nach Linga-gumpa

Der Tagesmarsch am 13. April führte uns im Tal des My-tschu wie in einem Hohlweg, der in anstehenden feinkörnigen Granit, Porphyr und kristallinischen Schiefer eingeschnitten und eines der großartigsten Landschaftsbilder ist, die ich je gesehen habe. Auf der Westseite öffnen sich Nebentäler, in deren Hintergrund man Teile eines schneebedeckten Hauptkammes sieht. Dieser ist jedoch nur ein Kamm zweiter Ordnung, denn er zweigt sich vom Transhimalaja nach Süden ab und begrenzt das Flußgebiet des My-tschu im Westen. Er schickt Verzweigungen dritter Ordnung nach Osten aus, zwischen denen die westlichen Nebenflüsse des My-tschu fließen.

Jenseits des Nonnenklosters Döle-gumpa vereinigt sich mit dem Tale des My-tschu das von Westen kommende mächtige Seitental Lendscho. Aus diesem Tal erhält der My-tschu einen bedeutenden Nebenfluß, über den eine feste Brücke in drei Bogen hinüberführt. Hier finden wir zwei Manis mit Türmen an beiden Enden, in denen sechseckige Sterne in flache Steine eingemeißelt sind. Oft stehen diese ewigen Manis in langen Reihen so dicht nebeneinander, daß sie wie ein langer Güterzug aussehen und man erwartet, daß sie sich gleich in Bewegung setzen und nach den Wohnstätten der Heiligen abfahren. Alles zeigt eine große Heerstraße an, eine mächtige Verkehrsader, die das festansässige Volk der tiefer liegenden Gegenden mit den Nomaden der Hochebenen verbindet. Der Weg selbst ist der größte und bestgehaltene, den ich in ganz Tibet gesehen habe. Unaufhörlich begegnen wir Karawanen, Reitern, Bauern und Bettlern, die den Kaufleuten, die nach guten Geschäften in ihre Heimat zurückkehren, Geld abzwacken.

Nun verengt sich das Tal so, daß der Fluß es ganz ausfüllt. Auf der rechten Seite, der wir noch immer folgen, fallen die Schieferklippen beinahe senkrecht ab; der lebensgefährlich schmale Weg zieht sich wie ein Sims längs der schroffen Wand hin. Hier hat die Natur der Wegebaukunst der Tibeter fast unüberwindliche Hindernisse in den Weg gelegt. Das Gepäck muß getragen werden, und man wundert sich nur, daß die Pferde imstande sind, die Stellen zu passieren. In Spalten und Furchen der Bergwand hat man 40 Meter über dem Fluß flache Schieferplatten, Zweige und Wurzeln befestigt und diese mit Planken, Stangen und Steinen belegt, wodurch eine fußbreite Dachrinne entsteht, ohne Spur von Geländer; hier muß man sogar die Zunge gerade im Munde halten, um nicht das Gleichgewicht zu verlieren! Man atmet erleichtert auf, wenn man die große Talmulde vor sich sieht, in der bei Linga zwei wichtige Täler zusammenstoßen.

Denn hier vereinigt sich mit dem My-tschu ein von Osten kommender Fluß Scha-tschu, der weiter aufwärts Bup-tschu heißt und den wir vor zweieinhalb Monaten auf seiner dicken Eisdecke überschritten hatten.

In einem kurzen Tal in den westlichen Bergen erhebt sich auf einer steil abfallenden Terrasse Linga-gumpa wie ein Märchenschloß. Unterhalb des Klosters liegt das Dorf Linga-kok, wo unser Lager nicht weit von einer festen Brücke über den My-tschu aufgeschlagen wird. Zeuge unserer Ankunft war eine Menge Tibeter, schwarz wie Mohren, schmutzig, zerlumpt, mützen- und hosenlos, stumm und verwundert.

Den Sonntag brachte ich mit Rabsang und Tundup Sonam im Kloster zu.

Linga hat 30 Mönche, von denen uns einige auf unserer Runde begleiteten, die wie stets artig und freundlich waren und nie dreist wurden, wie die Mönche in Kum-bum, die ich im Jahre 1896 besuchte. Das Kloster steht unter Sekijas Oberhoheit. Vom Taschi-Lama sind sie nicht abhängig, und von Tsongkapa haben sie nicht eine einzige Statue, was darauf schließen läßt, daß ihre Sekte älter ist als seine reformierte Kirche. Aber irgendwelche Auskunft über das Alter des Klosters zu erhalten war, wie gewöhnlich, unmöglich. Es scheint im Interesse der Mönche zu liegen, den Ursprung in die graueste Vorzeit zu datieren, aus der keine menschlichen Urkunden vorhanden sind.

Eine Treppe von Schieferplatten führt nach dem »Doptscha«, einer offenen, mit Steinfliesen gepflasterten Marktplattform hinauf, wo während der Festtage die religiösen Spiele abgehalten werden. In seiner Mitte steht der gewöhnliche Standartenmast, aber irgendwelche Brüstung hat der Platz nicht; und nach allen Seiten gähnen bodenlose Abgründe. Hier hatten die Mönche Teppiche und Kissen gelegt und luden mich zum Tee ein. Ich genoß die herrliche Aussicht über das Tal, die Vereinigung der beiden Flüsse, die zerstreuten Dörfer und die schachbrettähnlichen Felder. Fern im Osten, im Hintergrund des Bup-tschu-Tales, zeichnen sich jene hohen Berge ab, über die wir auf dem Weg vom Ngangtse-tso gewandert waren.

Ich muß daran denken, wie seltsam es doch ist, daß das höchste und großartigste Bergland der Erde, das das menschliche Gemüt mehr als alles andere beeindrucken müßte, es nicht vermocht hat, bei den Tibetern eine höhere, edlere Religionsform als diesen engherzigen, beschränkten, dogmatischen Lamaismus zu wecken. Ich gebe zu, daß er vor mehr als tausend Jahren aus Indien eingeführt und zu dem sogenannten nördlichen Buddhismus erst zurechtgestutzt worden ist, aber er gedeiht trotz alledem vortrefflich in Tibet. Man sollte meinen, daß die uralte Bon-Religion mit ihrer weitläufigen Dämonologie, ihrem weitverbreiteten Aberglauben und ihren in Gebirgen und Seen und in der Luft hausenden Geisterwesen besser hierher passen müsse. Allerdings hat ja auch der Lamaismus viele ihrer Elemente aufgenommen.

Eingemauerte Mönche

Wir hatten von einem Lama reden hören, der seit drei Jahren in einer Höhle oberhalb der Klosterstadt Linga eingemauert lebte. Obgleich ich wußte, daß ich weder den Mönch noch das Innere seiner schaurigen Wohnung würde sehen dürfen, wollte ich mir die Gelegenheit nicht entgehen lassen, wenigstens einen Blick auf seine Behausung zu werfen.

Am 16. April 1907, dem Tage, an dem ich vor anderthalb Jahren Stockholm verlassen hatte, herrschte trübes, windiges Wetter mit dichtem Schneefall und undurchdringlichen Wolken. Wir ritten über Linga hinaus dem kleinen Kloster Samde-puk zu. Es hat nur vier Brüder, die mir am Eingang alle freundlich entgegenkamen.

In seiner unmittelbaren Nachbarschaft liegt die Einsiedelei Dupkang, wo ein Eremit seine Tage und Jahre verlebt. Sie ist über einer Quelle erbaut, die in der Mitte des einzigen Raumes aufsprudelt. Die Wände sollen eine Seitenlänge von fünf Schritt haben. Die Mauern sind sehr dick und bestehen aus einer festen Masse ohne Fenster. Die Türöffnung ist niedrig und die hölzerne Tür davor verschlossen; aber damit nicht genug, man hatte davor noch eine Mauer aus großen Steinblöcken errichtet und auch die kleinsten Zwischenräume sorgfältig mit Kieseln ausgefüllt. Von der Tür war also keine Spur zu sehen. Durch einen kleinen Tunnel neben dem Eingang wird dem Eremiten die Nahrung hineingeschoben. Das Tageslicht, das durch die lange schmale Scharte eindringen kann, kommt erst aus zweiter Hand, da die Vorderseite der Hütte von einer Mauer umschlossen wird, die einen kleinen Vorhof bildet, den nur derjenige der vier Mönche betreten darf, der dem Einsiedler täglich seine Speise bringt. Das Dach hat einen kleinen Schornstein, denn jeden siebenten Tag darf sich der Einsiedler Tee kochen, zu welchem Zweck ihm zweimal im Monat einige Reiser zum Anheizen durch die Scharte geschoben werden.

»Wie heißt der Lama, der jetzt in der Höhle eingemauert ist?« fragte ich.

»Er hat keinen Namen, und wenn wir ihn auch wüßten, dürften wir ihn doch niemals aussprechen. Wir nennen ihn nur den Lama Rinpotsche.« (Nach Koeppen bedeutet Lama: quo nemo est superior, »einen, der keinen über sich hat«. Und Rinpotsche bedeutet: Kleinod, Juwel, Heiligkeit.)

»Woher ist er gekommen?«

»Er ist in Ngor in Naktsang geboren.«

»Hat er Verwandte?«

»Das wissen wir nicht, und wenn er welche hat, so wissen sie nicht, daß er hier ist.«

»Wie lange lebt er schon in der Dunkelheit?«

»Es sind jetzt drei Jahre, seit er dort eingezogen ist.«

»Und wie lange wird er da bleiben?«

»Bis er stirbt.«

»Darf er vor seinem Tode nie wieder ans Tageslicht kommen?«

»Nein, er hat das strengste aller Gelübde abgelegt, nämlich das heilige Versprechen, die Höhle erst als Leiche wieder zu verlassen.«

»Wie alt mag er sein?«

»Sein Alter wissen wir nicht; aber er sah aus, als sei er ungefähr vierzig.«

»Aber wie ist es, wenn er krank wird? Kann er dann nicht Hilfe erhalten?«

»Nein, er darf nie mit einem anderen Menschen sprechen. Wird er krank, so muß er geduldig warten, bis es wieder besser wird—oder er stirbt.«

»Sie erfahren also nie, wie es ihm geht?«

»Vor seinem Tode nicht. Jeden Tag wird eine Schale Tsamba in die Öffnung hineingeschoben und jeden siebenten Tag ein Stück Tee und ein Stück Butter; dies nimmt er sich bei Nacht und setzt die leere Schale wieder hin, damit wir sie zur nächsten Mahlzeit füllen. Wenn wir eines Tages die Schale unberührt in der Öffnung finden, dann wissen wir, daß es dem Eingemauerten schlecht geht. Hat er das Tsamba auch den nächsten Tag noch nicht angerührt, so vergrößern sich unsere Befürchtungen. Und wenn sechs Tage vergangen sind, ohne daß er die Speise angerührt, dann halten wir ihn für tot und brechen den Eingang auf.«

»Ist das schon einmal vorgekommen?«

»Ja, vor drei Jahren starb ein Lama, der zwölf Jahre darin zugebracht hatte. Und vor 15 Jahren starb einer, der im Alter von 20 Jahren in die Dunkelheit einging und 40 Jahre dort gelebt hat. Der Bombo hat doch in Tong gewiß von dem Lama gehört, der in der Eremitenhöhle des Klosters Lung-gandän 69 Jahre lang vollständig von Welt und Licht abgeschlossen gelebt hat?«

»Ist es denn aber nicht möglich, daß der Eingemauerte mit dem Mönch, der die Tsambaschüssel in die Scharte schiebt, sprechen kann? Es ist ja kein Zeuge dabei.«

»Das würde nie geschehen können und geschehen dürfen«, antwortete mein Berichterstatter lächelnd. »Denn der außenstehende Mönch würde sich ewige Verdammnis zuziehen, wenn er mit dem Eingeschlossenen zu reden versuchte; und jener würde die Verzauberung brechen, wenn er das Schweigen bräche. Wenn dagegen in Linga oder Samde-puk ein Lama erkrankt und der Fürbitte bei den Göttern bedarf, so darf er sein Leiden auf ein Papier schreiben und ihn in die Tsambaschale legen, die in die Öffnung geschoben wird. Dann betet der Eingemauerte für den Kranken, und wenn dieser an die Kraft der Gebete glaubt, so hilft die Fürbitte des Lama Rinpotsche schon nach zwei Tagen, und der Kranke wird wieder gesund. Der Eingemauerte macht dagegen nie eine schriftliche Mitteilung.«

»Wir sind jetzt ja nur ein paar Schritte von ihm entfernt; hört er nicht, was wir miteinander sprechen, oder wenigstens, daß jemand außerhalb seiner Höhle spricht?«

»Nein, der Ton unserer Stimmen vermag nicht bis zu ihm zu dringen, die Mauern sind zu dick; und selbst wenn es der Fall wäre, würde er nicht darauf achten, denn er ist in tiefes Nachdenken versunken; er gehört dieser Welt nicht mehr an, er kauert wahrscheinlich Tag und Nacht in einer Ecke und spricht Gebete, die er auswendig weiß, oder er liest in den heiligen Büchern, die er bei sich hat.«

»Dann muß er doch so viel Licht haben, daß er lesen kann?«

»Ja, auf einem Wandbrett der Höhle steht vor zwei Götterbildern eine kleine Butterlampe, und ihr Licht genügt ihm. Wenn die Lampe erlischt, ist es stockfinster.«

Von seltsamen Gedanken erfüllt, nahm ich von dem Mönch Abschied und ging langsam den Weg hinab, den der Eingemauerte nur einmal in seinem Leben gewandert war! Vor uns hatten wir die herrliche Aussicht, die seine Augen nie entzücken darf. Und als ich unten im Lager angekommen war, konnte ich nicht das Klostertal hinaufsehen, ohne des Unglücklichen zu gedenken, der dort oben in seinem dunklen Loch sitzt.

Arm, namenlos, keinem bekannt, kam er nach Linga und teilte den Mönchen mit, daß er das bindende Gelübde abgelegt habe, auf immer ins Dunkel einzugehen. Als sein letzter Tag in dieser Welt der Eitelkeit angebrochen war, folgten ihm alle Mönche Lingas unter tiefem Schweigen nach seinem Grab in der Höhle, deren Tür für den Rest seines Lebens verschlossen werden sollte. Ob sie wohl von Bewunderung für seine ungeheure Seelenstärke ergriffen waren, mit der verglichen mir alles, was ich mir denken kann, sogar Gefahren, die unvermeidlich den Tod herbeiführen, unbedeutend erscheint? Denn, soweit ich es beurteilen kann, gehört weniger Seelenstärke dazu, wenn ein Held wie Hirosé Port Arthurs Hafeneinlauf verstopft, wissend, daß die Batterien über ihm ihn vernichten werden, als dazu, sich auf 40 oder auf 60 Jahre lebendig in der Dunkelheit begraben zu lassen! In jenem Fall ist die Qual kurz und der Ruhm unvergänglich, in diesem bleibt das Opfer nach dem Tode ebenso unbekannt wie im Leben, und die Qual ist unendlich und kann nur durch eine Geduld ertragen werden, von der wir uns keinen Begriff machen können!

Was mag er selbst während dieser letzten Wanderung auf Erden gedacht haben? Was mag er empfunden haben, als die Tür zum letztenmal zugeworfen wurde, um erst seiner Leiche wieder geöffnet zu werden?

Gerät er in Verzweiflung, springt er auf, stemmt er die Hände gegen die Tür und versucht er mit den Blicken noch einen Schimmer der Sonne aufzufangen, die seinen Augen im nächsten Augenblick auf immer erlöschen wird? Niemand weiß es, und man wird es nie erfahren.

Waddell, der ein gründlicher Kenner des Lamaismus ist, glaubt, daß der Brauch, sich auf Lebenszeit einmauern zu lassen, nur eine Nachahmung des Gebotes des reinen indischen Buddhismus sei, das periodische Entsagung der Welt fordert und dessen Zweck Selbstprüfung und das Erlangen größerer Klarheit in dunklen Fragen ist. Seiner Ansicht nach haben die Tibeter das Mittel zum Zweck gemacht.

Das Erdenleben im Dunkel ist dem Gläubigen nur eine Vorbereitung für die Ewigkeit in strahlendem Licht. Tag und Nacht und lange Jahre hindurch einsam, sucht der grübelnde Mönch die Antwort auf das ungelöste Rätsel des Lebens und das Rätsel des Todes und glaubt, daß er in einer herrlicheren Daseinsform wieder aufleben wird, wenn die Zeit der Prüfung vorüber ist. Der Glaube ist es, durch den allein sich seine unfaßbare Seelenstärke erklären läßt.

Über den Tschang-la-Pod-la

Drei Tage hatten wir uns beim Kloster Linga aufgehalten, als wir am 17. April in dem engen My-tschu-Tal nach Nordwesten weiterzogen. Der Raum verbietet es, diesen wunderbaren Weg und seine Wildheit ausführlicher zu beschreiben. Der Verkehr nimmt ab, obwohl an den Seiten des Wildnispfades noch immer zahlreiche Manis und andere religiöse Zeichen stehen.

Am nächsten Tage nähern wir uns wieder dem Hauptkamm des Transhimalaja, denn zu meiner großen Überraschung und Freude werden wir in diese Richtung gelenkt. Noch immer herrscht Granit vor, in dem die Erosion die wilden Formen der Täler ausgeschnitten hat. Eine Art Wacholdersträucher, »Pama«, erfreuen durch ihr tiefes Grün den Blick, der sonst nur auf graue Schuttabhänge fällt.

Der Fluß heißt Langmar-tsangpo, es ist der Oberlauf des My-tschu, der aus dem vom Norden kommenden Ke-tsangpo und dem von Westen kommenden Govo-tsangpo entsteht. Jener heißt in seinem Oberlauf Ogorung-tsangpo, kommt von der Hauptwasserscheide des Transhimalaja und ist also als der Hauptfluß anzusehen.

Govo ist das letzte Dorf, das Ackerbau treibt; wir befanden uns auf der Grenze zwischen Ackerbau und Viehzucht, auch auf der zwischen Steinhäusern und schwarzen Zelten.

Es ist also noch Zeit, in eine tibetische Steinhütte hineinzutreten, die einer in gesicherten Verhältnissen lebenden Familie gehörte. Die Mauern waren aus unbehauenem, nicht geputztem Feldstein. Über ein Labyrinth von Mauern und kleinen runden Blöcken kam man in zwei Höfe, in denen Ziegen und Kälber gehalten wurden. In einem dritten arbeitete eine halbnackte, kupferbraune Frau an einem Webstuhl, in einem vierten war ein alter Mann mit Abzweigen und Spalten von Pamasträuchern beschäftigt.

Aus diesem Hof traten wir in ein halbdunkles Zimmer mit Lehmboden und zwei Öffnungen in der Decke, aus denen der Rauch entwich und durch die das Tageslicht einfiel. Das Dach bestand aus Balken und quer darübergelegtem Reisig, alles mit Erde und flachen Steinen bedeckt — es mußte schön trocken sein, wenn es regnete! Hier saß eine ältere Frau und zählte ihre Om manis an einem Rosenkranz aus Porzellankügelchen ab.

Der nächste Raum war die Küche. An einer vorspringenden Mauer stand der steinerne Herd mit runden, schwarzumrandeten Löchern für Kochtöpfe und Teekannen von gebranntem Ton. Ein großer irdener Topf, der über dem Feuer stand, enthielt Gerste, die gedörrt gegessen wurde. Sie schmeckte vorzüglich.

Es gab vielerlei Gefäße von Eisen, Ton und Holz zu den verschiedensten Zwecken. Unter dem einen Rauchfang stand auf dem Boden ein zweiter kleiner Herd für offenes Feuer mit einem eisernen Dreifuß. Ein großer Ledersack war mit Tsamba gefüllt, zwei Schafmagen enthielten Fett und Butter; auf einem Regal aus Stäbchen hatte man eine Menge Schafsfüße, jetzt staubig und schmutzig, aufgereiht; sie werden, erst wenn sie mehrere Monate alt sind, zu einer Suppe gebraucht, die im übrigen aus Tsamba besteht. In großen und kleinen Beuteln bewahrte man Tee, Salz und Tabak.

Sonst sah ich noch allerlei Opferschalen, Weihrauchspäne und kleine Götterfutterale; ferner Ballen im Hause gewebter Stoffe, bunte Bänder, die auf Pelze und Stiefel genäht wurden, Messer, Beile, Säbel und Spieße, die, wie man sagte, als Waffen gegen Räuber und Diebe benutzt wurden. Ein Blasebalg, zwei Säcke trocknen Dungs zur Feuerung, Körbe, Handmühlen, um Gerste zu mahlen, aus zwei flachen Steinen mit einem Griff bestehend. Endlich eine Öllampe und Ölkanne, ein zylinderförmiger Zuber mit eisernen Reifen, mit Wasser gefüllt. In einer Ecke lagen Haufen von Pelzen und Kleidungsstücken, an der Wand waren zwei Schlafstellen.

In einem Vorratsraum wurden in Säcken Gerste, Grünfutter, Erbsen und große Fleischstücke aufbewahrt. Hierhin hatten sich drei junge Frauen und eine Kinderschar ängstlich geflüchtet; wir bewilligten ihnen freien Abzug, und sie schlichen laut heulend fort, als ob ihnen alle Messer des Hauses an der Kehle säßen! In dem Zimmer war auch eine Waage, bestehend aus einem rundgeschnittenen Stab mit einem Steingewicht an dem einen und einer getrockneten Yakhaut an dem anderen Ende. In einem Verschlag dahinter wurde Stroh aufbewahrt. Zwischen den verschiedenen Zimmern waren hohe, unbequeme Holzschwellen, auf dem Dach die gewöhnlichen Sträuße von Gertenbündeln, die das Haus gegen böse Geister schützen.

Nach dieser Expedition besuchte ich das Zelt unserer Eskorte, wo ein Feuer unter dem auf einem Dreifuß stehenden Tiegel brannte. Der Rauch entwich durch die längliche Spalte zwischen den beiden Hälften, aus denen das Zelt bestand. Die Besitzer des Zeltes schrieben gerade ihre Berichte an die Behörden in Schigatse und teilten ihnen mit, daß wir auf dem richtigen Wege seien. Dabei verzehrten sie ihr Mittagessen aus Schaffleisch, das ein halbes Jahr alt, dürr und hart war; es darf überhaupt nicht mit Feuer in Berührung kommen. Einer von ihnen schnitt es in Streifen, die er unter seine Kameraden verteilte. Er war zwanzig Jahre Lama im Kloster Lung-gandän in Tong gewesen, aber vor einigen Jahren aus der Brüderschaft ausgestoßen worden, weil er ein Weib geliebt hatte.

Am Morgen des 20. April ritten wir auf unangenehmen Blockkegeln wieder höheren Regionen entgegen, aber das Tal wurde offener, und die relativen Höhen nahmen ab. Die Aussicht erweiterte sich, und die Landschaft wurde hochalpin. Dunkle Wolken zogen über die Kämme; im Nu hatten wir eisiges Schneetreiben.

Die letzte Strecke war greulich; nur Blöcke und Schutt. Der Lagerplatz hieß Tschomo-sumdo, eine Talgabelung in einer öden Gegend; aber die Eskorte hatte dafür gesorgt, daß einige Yaks Stroh und Gerste für unsere Tiere heraufgebracht hatten.

Von da an mußte man auf dem Eis reiten, das nach 15 Grad Kälte in der Nacht glatt und fest war.

Auf der rechten Talseite erhebt sich ein senkrechter Felsen, in dessen Wand zwei Grotten wie aufgerissene schwarze Mäuler gähnen. Dort hat ein berühmter Eremit seinen einsamen Wohnsitz aufgeschlagen.

Vor uns zeichnet sich die flache Wölbung des Tschang-la-Pod-la ab. Ohne große Anstrengung überwinden wir die Steigung, obgleich uns der eisige Wind gerade ins Gesicht bläst. Die Aussicht ist begrenzt, flach und wenig orientierend. Doch nach der Seite hin, von der wir gekommen sind, sieht man die tiefeingeschnittenen Täler, und es scheint, als seien wir höher als die Grate, die sie begrenzen. Die Höhe betrug 5573 Meter! Tschang bedeutet Norden, Nordland, Pod oder Pö Tibet, d. h. das eigentliche, hauptsächlich von ansässiger Bevölkerung bewohnte Land. Tschang-la-Pod-la ist also der Paß zwischen der nördlichen Hochebene der Nomaden und dem Lande im Süden, das Abfluß nach dem Meer hat. Gerade in dieser Eigenschaft einer Grenze zwischen beiden ist der Transhimalaja von so außerordentlich großer Bedeutung. Daher gibt es so viele Pässe, die Tschang-la-Pod-la heißen. Wie oft wurde mir nicht gesagt, daß ein Paß, wie er an sich auch heißen möge, immer ein Tschang-la-Pod-la sei, wenn er auf der Wasserscheide zwischen den abflußlosen Becken im Norden und dem Flußgebiet des Tsangpo im Süden liege. So hatte ich denn den Transhimalaja jetzt zum zweitenmal auf einem Paß überschritten, der 71 Kilometer westlich vom Sela-la liegt, und hatte feststellen können, daß die gewaltige Bergkette des Nien-tschen-tang-la sich bis hierhin erstreckt! Immer lebhafter wurde mein Wunsch, ihr Schritt für Schritt nach Westen folgen zu dürfen.

Nachdem wir am Paß gelagert hatten, wo die Nachtkälte auf minus 23 Grad sank, ritten wir am 22. April langsam im Tal des Schak-tschu-Flusses abwärts. Wieder sehen wir uns aus dem Berglabyrinth, das die von Regengüssen gesättigten Zuflüsse des My-tschu durchschneiden, auf die weiten Ebenen des Hochlandes versetzt, und wieder merke ich, daß der Transhimalaja auch klimatisch eine außerordentlich wichtige Grenze ist.

Von Lapsen-tari hat man eine herrliche Aussicht über das Hochland und den Kranz von Bergen. In N 55 ° W sehen wir wieder den Targo-gangri, aber majestätischer, isolierter und beherrschender als vom Ngangtse-tso aus, wo er von anderen, den Blick irreführenden Bergen umgeben war.

Blendend, silberweiß und großartig, tritt der ganze Bergstock hervor. Auch unsere Führer entblößten ihr Haupt und murmelten Gebete beim Anblick des heiligen Berges. Im Süden und Südwesten zieht sich eine gleichmäßig hohe Kette braunvioletter Berge hin; wieder ein Teil des Transhimalaja!

Seine Heiligkeit der
Pantschen Rinpotsche
oder Taschi-Lama.

Lama mit Tempeltrommel.

Oben links: Muhammed Isa, mein unvergeßlicher Karawanenführer. — Oben rechts: Robert.
Unten links: Der Mohammedaner Guffaru, der sein Leichentuch stets mit sich führte.

chts: Der Paß
n La-rock.
.nis mit
tternden
beten.

: Puntsuk
Tsering
, die ersten
er.

: Sampul
Tschenmo,
orfältesten
obrang
Tankse.

: Fellboote
m Tsangpo.

Oben: Rehim Ali aus Ladak.

Mittlere Bildreihe:
Oben: Eine Schlucht beim Lager Nr. 8 — Mitte: Tibetischer Gruß.
Unten: Der Labrang, der Palast des Taschi-Lama.

Oben: Manis beim Dorf Amtschok-jung.

Unten: Hof der religiösen Festspiele in Taschi-lunpo.
Im Bild links oben die Fassade des Labrang, des Palastes des Taschi-Lama.

Oben: Pilger aus Kamba-dsong. — Unten: Eine religiöse Disputation auf dem Festspielhof in Taschi-lunpo. (Nach Skizzen des Verfassers.)

Oben: Lama mit Muschelltrompete. — Unten: Ansicht von Taschi-lunpo. (Nach Skizzen des Verfassers.)

Die Burg (Dsong) von Schigatse. (Nach einer Skizze des Verfassers.)

Oben: Inneres der großen roten Galerie von Taschi-lunpo.
Unten: Eine der Klosterküchen in Taschi-lunpo. (Nach Skizzen des Verfassers.)

Das Kubi-gangri-Gebirge, in dem in etwa 6000 Metern Höhe

Unten: Das Audienzzimmer des Taschi-Lama, sein Sitzplatz an den beiden kleinen Fenstern.

der Brahmaputra entspringt; aufgenommen am 14. Juli 1907.

Unten: Bei nächtlichem Tanz verwenden die Tibeter von innen beleuchtete Papierpferde.

Kettenbrücke über den Brahmaputra auf dem Weg zum Kloster Pinsoling.

Links: Abdul Kerim, neuer Karawanenführer. — Rechts: Pantschor, Führer zum Teri-nam-tso. (Nach einer Skizze des Verfassers.)

Oben: Gulam Rasul; hinter ihm Ballen chinesischen Ziegeltees.

Rechts unten: Klein Puppy.

Unten: Muhammed Isas Grabmal. Er starb am 1. Juni 1907 in Saka-dsong.

Oben: Die Schafe und Yaks durchqueren den Soma-tsangpo.

Der Abschied von meinen letzten Getreuen vor dem Hauptportal des vizeköniglichen Palastes in Simla.

Abends erschien die Eskorte aus Ghe bei mir, um zu erklären, daß sie, da wir uns im Distrikt Largäp befänden, der unter der Herrschaft des Labrang steht, wieder nach Hause zurückkehren und uns einer neuen Bedeckung anvertrauen würden. Diese bestand aus fünf schon recht bejahrten Männern. Ihr Anführer war ein Greis, der sehr undeutlich sprach. Als die Leute aus Ghe, die sich nach ihren wärmeren Dörfern zurücksehnten, am folgenden Morgen trotz heftigen Sturmes abgezogen waren, redete ich mit den neuen ein vernünftiges Wort. Es war ihre Absicht, mich über den Scha-la (Transhimalaja!) im Südwesten zu führen, wo der Targo-tsangpo seine Quellen hat. Nach Nain Sings Karte umfließt dieser Fluß den Targo-gangri auf seiner Ostseite und ergießt sich dann in den Dangra-tso, wie der heilige See hier genannt wird. Aber Nain Sing ist nie dort gewesen. Daher kamen wir überein, daß wir nach Nordwesten weiterziehen wollten und setzten den Männern auseinander, daß in unserem Reisepaß als nächster Ort Ragatasam genannt sei; daß zwei Wege dorthin führten, einer über den Scha-la, der andere nördlich nach dem Targo-gangri ausbiegend, und daß ich mich für den letzteren entschieden hätte. Der Reisepaß verbiete uns die Orte Lhasa, Gyangtse und Sekija-gumpa zu besuchen, aber von dem Weg nach dem Dangra-jum-tso enthalte er kein Wort. Sie hätten sich also nach unsern Wünschen zu richten. Der Alte stutzte, bedachte sich und versammelte seine Getreuen zum Kriegsrat. Sein Zelt war bald voll von schwarzen, barhäuptigen Männern in grauen Schafpelzen. Dann wurde die Beratung in Muhamed Isas Zelt fortgesetzt. Nach einigem Bedenken gingen sie auf meine Vorschläge ein, wenn ich ihnen täglich für jeden Yak einen ganzen Tenga statt einen halben zahlen wollte. Allerdings setzte ich mich Unannehmlichkeiten aus, wenn ich den Paß mied. Aber hier handelte es sich um geographische Entdeckungen, und da mußten alle Rücksichten schweigen.

Eskortiert von dem alten Herrn und vier Reitern, die einander so ähnlich waren, als seien sie aus demselben Guß, die Gabelflinten auf dem Rücken, ritt ich am 24. April am Ufer des Targo-tsangpo in dem sich verengenden Tale abwärts, das außerordentlich langsam nach dem See abfällt. Schließlich wird das Tal so eng, daß sein ganzer Boden von Eis ausgefüllt wird. Schwarze Zelte, weidende zahme Yaks, Steinhürden für Schafe, Wildesel und Millionen Erdmäuse erinnern an das Leben in Tschang-tang. Der wilde Yak dagegen kommt in dieser Gegend überhaupt nicht vor.

Unser Lager im Tal Kokbo zählte nicht weniger als elf Zelte, denn jetzt hatten wir etwa 40 Begleiter jeglichen Alters bekommen und wenigstens 100 Yaks. Wenn die Karawane sich über die Hügel hinbewegt, gleicht sie einem Nomadenstamm auf der Wanderung.

Wir hatten einen kurzen Tagemarsch gemacht, und es blieb mir reichlich Zeit umherzugehen, in jedem Zelt einen Besuch zu machen und mir anzusehen, wie es den Leuten dort ging. Überall tranken sie Tee und aßen Tsamba, was der höchste Genuß ihres Lebens ist. In der Mitte brennt das Dungfeuer zwischen drei Steinen, und sicher ist es die Form des Zeltes, der man die starke Zugluft zuschreiben muß; Rauch sammelt sich innen nicht an. Ringsumher stehen Kessel, Teekannen und hölzerne Tassen. An den Wänden liegt eine unglaubliche Menge Proviant. Sättel und Geschirre sind vor dem Zelt in einer Reihe hingelegt. Wenn ich eintrete, erheben sich alle, aber ich bitte sie, sich wieder zu setzen und ruhig weiterzuspeisen, während ich auf einem Gerstensack am Eingang des Zeltes Platz nehme. Bei allen ist der rechte Arm nackt, bei vielen sogar beide; wenn sie den Pelz auf den Rücken hinuntergleiten lassen, ist der ganze Oberkörper entblößt. Sie sind kupferbraun und mit einer Schmutzschicht bedeckt, aber gut gewachsen, kraftvoll, männlich und ebenmäßig gebaut. Der Koch der Zeltgemeinschaft schenkt allen Tee ein, dann zieht jeder seinen eigenen Lederbeutel hervor und entnimmt ihm eine Prise Tsamba, die er in den Tee streut. Dazwischen essen sie Fleisch, roh oder im Topf gekocht. Alles geht ruhig und besonnen zu, man hört keine bösen Worte, kein Zanken und Lärmen, alle sind die besten Freunde und haben es sich nach dem Marsch gemütlich gemacht, sie plaudern und lachen miteinander. Mit den Staubfängern von Perücken gleichen sie Indianern. Die meisten tragen auch einen Zopf, der jedoch zum größten Teil aus ineinandergeflochtenen Schnüren mit weißen beinernen Ringen und kleinen silbernen Götterdosen besteht. Einige haben den Zopf um den Scheitel gewunden, wo er eine seltsame Krone, das Diadem der Wildnis, bildet.

In einem anderen Zelt war man schon mit dem Essen fertig. Dort saß ein Mann mit einem Pfriemen und flickte seine zerrissenen Stiefel, ein zweiter nähte die Riemen seines Sattels fest, und ein dritter lag und schnarchte sein Mittagsschläfchen. Aus der Vogelperspektive sah er urkomisch aus mit so großen Nasenlöchern, daß die Erdmäuse, wenn sie sie gesehen hätten, leicht aus Versehen hineinspaziert wären. Ein schmunzelnder Jüngling rauchte seine chinesische Mittagspfeife, während sein Nachbar eifrig, aber vorsichtig in seinem Pelz nach verdächtigen Einwohnern suchte.

Ich zeichnete mehrere von ihnen, ohne die geringste Unruhe zu erregen, im Gegenteil, die Sitzung schien ihnen Spaß zu machen, und sie lachten aus vollem Halse, wenn sie ihr Konterfei erblickten, dessen Ränder sie durch dekorative Abdrücke ihrer mit Butter beschmierten Daumen verschönten. Sie baten mich nur, ihnen zu sagen, weshalb ich sie abzeichne und wozu ich ihren Namen und ihr Alter wissen müsse. Sympathisch, höflich und freundlich waren sie alle, und ich fühlte mich in ihrer Gesellschaft sehr wohl.

Auch ein Bettellama schaute herein; er war auf dem Weg nach dem Kailas und wurde schnell noch gezeichnet, zum unbeschreiblichen Vergnügen der anderen. Er trug eine Lanze mit schwarzer Quaste und roten Zeuglappen, eine Handtrommel, ein Antilopenhorn, das er zur Verteidigung gegen bissige Hunde gebrauchte, und eine Trompete aus Menschenknochen, die er beim Blasen in die eine Mundecke setzte. Es machte ihm viel Spaß, Gegenstand der allgemeinen Aufmerksamkeit zu sein, die er als Einleitung zum Appell an ihre Freigebigkeit benutzte.

Der Targo-gangri und der Schuru-tso

Bisher hatten wir keine Schwierigkeiten gehabt, aber bei Kokbo sah es beunruhigend aus. Unser Alter teilte mir mit, daß er vor zwei Tagen durch einen Boten die Nomaden am Targo-gangri gebeten habe, Yaks bereit zu halten. Eben hätten sie geantwortet, daß sie ohne ausdrücklichen Befehl einem Europäer nicht zu dienen gedächten und daß sie Gewalt brauchen würden, wenn unsere jetzigen Wächter uns zum Dangra-jum-tso führten. Der Alte regte sich jedoch darüber nicht auf, sondern glaubte, er werde sie zur Vernunft bringen.

Wir zogen also am 26. April in scharfem Wind nach Nordwesten über den Tarbung-la weiter. Der heilige Berg zeichnet sich wieder strahlend mit 16 Gipfeln ab, in N 33° W sieht man die Lücke, in der man den Dangra-jum-tso ahnt.

Als wir wieder freieres Gelände erreicht haben, öffnet sich in Westsüdwest eine der großartigsten Landschaften, die ich in diesem Teil Tibets gesehen habe, eine gigantische Kette gleichmäßig hoher, mit Schnee bedeckter Spitzen, die dem näher gelegenen Targo-gangri an imponierender Schönheit und Größe kaum nachstehen. Die Kette ist unter den weißen Schneezinnen blauschwarz; an ihrem Fuß soll ein unbekannter See, der Schuru-tso, liegen. Bis an den Ngangtse-tso rechnet man nur drei Tagereisen nach Nordnordost, wenn man über den Schangbuk-la geht! An der Ostseite des Targogangri zeigen sich jetzt fünf tiefeingeschnittene Gletscher, während östlich vom Berge das offene Tal des Targo-tsangpo hervortritt, dem wir uns allmählich nähern, während wir fünf deutliche Terrassen überschreiten, Überbleibsel aus einer Zeit, in der der Dangra-jum-tso viel größer war als jetzt.

Von einer sich scharf abhebenden Doppelterrasse steigen wir schließlich in das Tal des Targo-tsangpo hinab, wo es zwischen den Flußarmen von Wildgänsen und -enten wimmelt. Auf dem rechten Ufer liegt unser Lager Nr. 150, nicht weit vom Fuß des majestätischen Targo-gangri.

So weit sollte ich kommen, aber nicht weiter! Hier erwarteten uns 20 bis an die Zähne bewaffnete Reiter, die der Statthalter von Naktsang aus Schansa-dsong mit dem Befehl geschickt hatte, uns anzuhalten, »falls wir es versuchen sollten, nach dem heiligen See vorzudringen«. Diesmal hatten sie besser aufgepaßt und vorausgesehen, daß ich mir allerlei Freiheiten herausnehmen würde! Vor 15 Tagen hatten sie Schansa-dsong verlassen, seit drei Tagen lagerten sie hier und erwarteten uns. Wenn wir uns gesputet hätten, wäre ich ihnen wieder zuvorgekommen! Der eine der Führer war derselbe Lundup Tsering, der, wie er mir selber sagte, Dutreuil de Rhins und Grenard Halt geboten hatte und auch im Januar mit Hladsche Tsering am Ngangtse-tso gewesen war. Er erzählte, daß Hladsche Tsering noch im Amt sei aber meinetwegen große Unannehmlichkeiten gehabt und dem Devaschung 60 Jambaus, ungefähr 13 500 Mark, Strafe habe zahlen müssen! Als ich einwandte, daß Hladsche Tsering mir selber gesagt habe, er sei so arm, daß er nichts mehr zu verlieren habe, antwortete Lundup, daß er den Betrag von seinen Untergebenen erpreßt habe. Auch alle, die uns Yaks verkauft und uns als Führer gedient hatten, seien streng bestraft worden.

Lundup zeigte auf einen roten Granitvorsprung, 200 Meter im Norden unseres Lagers, und sagte: »Dort ist die Grenze zwischen dem Labrang (Taschi-lunpo) und Naktsang (Lhasa). So weit dürfen wir Sie gehen lassen, aber keinen Schritt weiter; anderenfalls haben wir Befehl zu schießen.«

Sie lasen den Paß aus Schigatse und erklärten, daß, wenn darin stehe »auf dem geraden Weg nach Ladak«, damit noch durchaus nicht gesagt sei, daß ich die Erlaubnis hätte, Umwege zu machen, am allerwenigsten aber, daß wir nach dem Dangra-jum-tso ziehen dürften, der heilig sei und unter der Herrschaft von Lhasa stehe. Gaw Daloi habe Befehl gegeben, ihm über den Weg, den wir zögen, täglich zu berichten. Wenn sie diesem Befehl nicht gehorchten, koste es ihnen allen den Kopf. So war es denn klar, daß ich den Dangra-jum-tso nun zum drittenmal aufgeben mußte, jetzt, wo ich nur noch zwei kurze Tagereisen von ihm entfernt war!

Auch am nächsten Tag hatten wir wieder ein langes Palaver mit den Reitern aus Naktsang. Ich sagte ihnen, daß ich dieses Lager nicht eher verlassen würde, bis ich den See wenigstens aus der Ferne gesehen hätte. Sie erwiderten zu meiner Freude, daß sie, weil sie mir wider ihren Willen die Enttäuschung verursachen mußten, nicht an das Seeufer ziehen zu dürfen, mich nicht hindern wollten, den heiligen See wenigstens von weitem zu sehen; sie würden aber scharf aufpassen, daß ich hinter jenem roten Berg nicht weiter nach Norden ritte!

Kaum waren sie gegangen, so erschienen unsere alten Führer aus Kjangdam, um sich zu beklagen, daß die Reiter aus Naktsang ihr Leben bedroht hätten, weil sie mich hierhergebracht haben. Ich ließ mir nun die Naktsangleute wieder holen und erklärte ihnen energisch, daß sie niemand zu bedrohen hätten, da es ausschließlich meine Schuld sei, daß wir uns hier befänden. Sie versprachen, da sie ja das große Glück gehabt hätten, mich noch im richtigen Augenblick abzufangen, nicht länger unfreundlich gegen die Kjangdamleute zu sein. Diese konnten den Frieden schließenden Parteien gar nicht genug danken, und ihre Freude wurde noch größer, als ich der ganzen Gesellschaft Geld schenkte, um ihre knapp bemessenen Lebensmittelvorräte zu verstärken. Sie machten ihrem Entzücken Luft, indem sie vor meinem Zelt Spiele, Tänze und Ringkämpfe aufführten, und ihr fröhliches Lachen und Lärmen hallte noch in später Nacht von den Bergen wider.

Da kamen aber zwölf neue Soldaten von Naktsang mit frischeren Befehlen: unter keiner Bedingung werde mir gestattet, weiter nordwärts zu gehen! Aber alle waren freundlich und höflich; wir scherzten und lachten miteinander und wurden die besten Freunde. Merkwürdig, daß ihnen nie die Geduld riß, obwohl ich ihnen immer wieder Scherereien, Wirrwarr und lästige Reisen verursachte!

Am 28. April stand ich um acht Uhr auf, nahm eine Sonnenhöhe, photographierte den Berg und maß die Winkel der höchsten Spitze, wozu einige Ladakis mit den nötigen Instrumenten und mit Brennstoff vorausgeschickt wurden. Gerade als ich mich zu Pferd setzen wollte, kam der Häuptling von Largäp mit einer Reiterschar und wurde von seinen auf dem Lagerplatz befindlichen Untergebenen mit wildem Hurraruf begrüßt. In gebieterischem Ton ließ er meine Leute sofort zurückrufen, und 60 Tibeter aus Largäp und Naktsang drängten sich um mein Zelt und meldeten sich zu neuen Beratungen.

Der Häuptling von Largäp aber war unnachgiebiger als die Naktsang-Herren, unsere alten Freunde. Er ließ mich den roten Berg nicht besteigen, sondern verlangte, daß wir am nächsten Tag die Gegend verlassen und geradewegs nach Raga-tasam ziehen sollten. Ich fuhr ihn aber an, wie er, ein kleiner Häuptling im Gebirge, sich unterstehen könne, so gebieterische Reden zu führen? Sogar die Chinesen in Lhasa seien liebenswürdig gewesen und hätten mir große Freiheit gelassen. Ich würde nicht eher von der Stelle gehen, als bis ich den See gesehen hätte! Ich drohte den Schigatsepaß in kleine Stücke zu zerreißen, aber sofort einen Kurier an Tang Darin und Lien Darin zu schicken und ihre Antwort am Fuß des Targo-gangri abzuwarten. Da wurde der Häuptling verlegen, erhob sich schweigend und ging, von den anderen begleitet, weg. Vor Abend noch sah ich sie jedoch wieder bei mir. Mit demütigem Lächeln sagten sie, daß ich gern auf den roten Berg hinaufreiten dürfe, wenn ich ihnen nur versprechen wolle, nicht bis an das Ufer des Sees zu gehen!

Den ganzen Tag lag ein dünner Nebelschleier über dem Lande. Aber als die Sonne unterging, glühte der Westhimmel in Purpurflammen, und eiskalte Gletscher und Schneefelder zeichneten sich auf einem Hintergrund von loderndem Feuer ab.

Am 29. April machten wir uns endlich auf den Weg und ritten über den von rechts kommenden Nebenfluß Tschuma, der in seinem Oberlauf Nagmatsangpo heißt. Die Aussicht erweiterte sich, je mehr wir uns dem Gipfel näherten, wo die Ladakis mich mit einem Feuer erwarteten. Das südliche Becken des Dangra-jum-tso war wie eine bläuliche Säbelklinge vollkommen deutlich sichtbar, in die weite Uferebene mündet das Tal des Targo-tsangpo trompetenförmig ein. Es war um so leichter, den Lauf des Flusses bis in die Nähe des Sees zu verfolgen, als sein ganzer Weg durch weißglänzende Eisschollen und dunkle Flecken, an denen Gebüsch wuchs, markiert wurde.

Das Seewasser soll ebenso salzig wie das des Ngangtse-tso sein, aber die Pilger trinken es trotzdem, weil es heilig ist. Im Gegensatz zu den meisten anderen Seen Tibets zieht sich der Dangra-jum-tso in nordsüdlicher Richtung hin; er ist sehr schmal und in der Mitte eingeschnürt, genau so, wie ihn Nain Sing auf seiner Karte zeichnet, obgleich er den See im ganzen ein wenig zu groß gemacht und besonders die Ausmaße des südlichen Beckens übertrieben hat. Ein Reiter braucht zur Reise um den See fünf gewöhnliche oder sieben kurze Tagereisen; die Pilgerstraße zieht sich überall nahe am Ufer hin. Die Pilger unternehmen ihre Seeumwanderung stets in der Richtung des Uhrzeigers — wenn sie nämlich orthodox sind; gehören sie aber, wie die Mönche des Klosters Särschik-gumpa, zur Pembosekte, so führen sie den Marsch in entgegengesetzter Richtung aus. Die meisten kommen im Spätsommer und im Herbst. Man sagte mir, daß die Seeumwanderung, die natürlich zu Fuß gemacht werden muß, zu Ehren des Padmasambhava geschehe, jenes Heiligen, der im Jahre 747 nach Tibet kam, der Gründer des Lamaismus wurde und sich beinahe ebenso großen Ansehens erfreut wie Buddha selbst. In Tibet heißt er Lopön Rinpotsche, und sein Bild ist fast in allen Tempeln zu finden.

Die kurze, hohe, meridionale Kette, die Targo-gangri heißt und eher als ein frei stehender Gebirgsstock anzusehen ist, endet im Norden unweit des Ufers, nach dessen Ebene das Gehänge des letzten Gipfels langsam abfällt. Nain Sing nennt den Bergstock Targot-la oder Snowy Peaks und das Land im Süden des Berges Tárgot Lhágeb (Largäp).

Auf dem Rückweg führte ich mit Robert ein Nivellement aus und fand, daß die höchste erkennbare Seeterrasse 89 Meter über der Oberfläche des Flusses lag. Der Targo-tsangpo ist hier gewiß nur zwei Meter höher als der Seespiegel. Da der Dangra-jum-tso auf mehreren Seiten, besonders im Süden, von ziemlich flachem Gelände umgeben ist, muß der See früher einen sehr großen Umfang gehabt haben. Damals zog sich der Targo-gangri wie eine Halbinsel des westlichen Ufers in den See hinein.

In der Nacht ertönte ein Gepolter, das an eine Lawine erinnerte; es wurde schwächer und verhallte. Die Pferde und Yaks der Tibeter waren, durch irgend etwas erschreckt, den Schuttabhang der Terrasse hinaufgestürmt. Eine halbe Stunde später hörte ich Pfiffe und Rufe — die Leute kamen mit den Ausreißern wieder.

Bevor ich unseren lästigen Freunden Lebewohl sagte, mußten sie alle zu Pferde steigen und sich photographieren lassen. Ich bat sie, Hladsche Tsering herzlich zu grüßen und ihm zu sagen, daß ich hoffte, ihn noch einmal wiederzusehen.

Auch wir brachen auf, und ich überließ den Dangra-jum-tso seinem Schicksal.

1. Mai. Der Frühling ist gekommen; wohl haben wir während der letzten Nächte noch bis zu 16 Grad Kälte gehabt, aber die Tage sind herrlich und klar. Im Lager Nr. 150 waren wir auf 4708 Meter Höhe; jetzt steigen wir wieder langsam, folgen erst dem Flusse, lassen ihn aber bald zur Linken liegen, als wir ihn wie durch ein Tor aus dem Gebirge heraustreten sehen. Auf einer festen Ebene ohne Risse oder Bodenerhebungen nähern wir uns in südwestlicher Richtung der Schwelle, die den Schuru-tso vom Dangra-jum-tso trennt. Auf der südwestlichen Seite des Targo-gangri zeigen sich sechs Gletscher, viel kleiner als die nördlichen und östlichen, sie können eher als Ausläufer und Zipfel des Eismantels angesehen werden, der die höheren Regionen des Gebirgsstockes bedeckt. Wie eine feine blaue Linie zeichnet sich der Schuru-tso ab.

Jetzt haben wir den See unmittelbar zur Rechten. Im Süden zeichnet sich ein großartiges Gebirge ab, eine der höchsten Ketten des Transhimalaja. Um die Ufer stehen bedeutende Terrassen, die Täler, die sich von Osten nach dem See herabziehen, durchschneiden sie und bilden tiefe Hohlwege, in denen hier und da ein einsames, von wütenden Hunden bewachtes Zelt steht. Auf der Terrasse oberhalb des Parvatals lagerten wir in 4753 Meter Höhe. Unsere alten Tibeter aus Kschangdam sagten nun Lebewohl und erhielten doppelte Bezahlung und Geschenke.

Am 2. Mai ritten wir südwärts am Ufer entlang. Ebenso wie der Dangra-jum-tso zieht sich der Schuru-tso in beinahe nordsüdlicher Richtung hin, er liegt in einem Längstal, das diese in Tibet ungewöhnliche Richtung hat. Längs des Ufers ist schon offenes Wasser, und die Wellen plätschern gegen den porösen Eisrand, auf dem oft lange Reihen Wildenten sitzen. Als wir das Südufer des Sees erreichen, sehen wir vor uns auf der Ebene wohlbekannte Sturmwarnungen: weiße Staubtromben, die der Wind spiralförmig vom Erdboden aufwirbelt, dem Rauch nach einem Schusse gleichend. Nach einer Weile sind auch wir in der Bahn des fliegenden Sturmes — solcher Stürme braucht es nicht viele, um den ganzen See aufzureißen und seine losgelösten Eisfelder nach dem Ostufer zu treiben. Wir reiten über den vom Transhimalaja kommenden Fluß Kjangdom-tsangpo und lagern auf seiner westlichen Terrasse (4739 Meter). Dort hatten wir nach Norden den ganzen See vor uns und hinter ihm den Targo-gangri.

Auch hier wurde unsere Begleitmannschaft gewechselt. Der Largäper Häuptling, der erst so übermütig aufgetreten war, war im Augenblick des Abschieds so weich wie Wachs und schenkte mir ein Kadach, ein Schaf und vier Magen Butter.

Jeden Morgen, wenn die Karawane aufbricht, kommt Ische in mein Zelt, um sich meine beiden Hündchen zu holen; Muhamed Isa hat den dritten übernommen, den er zu einem Wundertier zu erziehen beabsichtigt, und den vierten hat Sonam Tsering erhalten. Sie sind schon sehr gewachsen und jaulen und beißen sich während des Marsches, den sie in einem Korb auf dem Rücken eines Maulesels mitmachen.

Am nächsten Tag überschritten wir den Bän-la. Es wehte und stürmte Tag und Nacht, aber die Luft blieb vollkommen klar. Am 6. ritten wir auf steilem Weg zum Angden-la hinauf. In dem tiefen Schnee und dem anstrengenden Schutt kommen die Pferde nur Schritt für Schritt vorwärts, müssen oft haltmachen und sich ausruhen. Tsering reitet mit seiner Yakkompanie an uns vorbei, unten im Tal sind vier Ladakis zurückgeblieben — wegen wütender Kopfschmerzen. Auf der Paßhöhe (5643 Meter) steht ein gewaltiges Steinmal.

Worte können den Blick, der sich vor uns auftut, nicht beschreiben! Wir schweben über einem Meer von Bergen, aus dem sich hier und dort gewaltige Schneegipfel erheben. Im Süden sehen wir den Himalaja klarer und schärfer als früher, und diesseits seiner schneeweißen Grate ahnen wir das Tal des Brahmaputra. Im Norden zeigt sich der Schuru-tso in starker Verkürzung, den Dangra-jum-tso aber verdeckt der Targo-gangri, der scharf gezeichnet ist, obgleich wir sechs Tagereisen von ihm entfernt sind. Ja, sogar die mächtigen Berge am Nordostufer des Sees, die wir im Winter von Norden sahen, sind deutlich zu erkennen und liegen doch volle zehn Tagereisen von hier. Ich sitze am Feuer, zeichne und messe. Ich bin wieder auf dem Transhimalaja, 86 Kilometer vom Tschang-la-Pod-la, und überschreite ihn jetzt zum drittenmal! Nördlich geht das Wasser nach dem Schuru-tso, südlich nach dem Raga-tsangpo; ich trete mit den Füßen die ozeanische Wasserscheide, umfasse dieses gewaltige System mit den Blicken, ich liebe es wie mein Eigentum! Denn der Teil, auf dem ich mich jetzt befinde, war unbekannt und hat seit Millionen Jahren auf mich gewartet, während ihn zahllose Stürme gepeitscht, die Herbstregen bespült und die winterlichen Schneedecken eingehüllt haben! Mit jedem neuen Paß, den in der Wasserscheide der indischen Riesenflüsse zu erobern ich das Glück habe, wird meine Sehnsucht und Hoffnung größer, ihrer Linie westwärts folgen zu dürfen und den großen weißen Fleck der Karte im Norden des Tsangpo ausfüllen zu können! Wohl weiß ich, daß Generationen von Forschern dazu gehören, dieses gewaltige, verwickelte Bergland zu erforschen, aber mein Ehrgeiz wird befriedigt sein, wenn ich mir die erste Erkundung des Landes erkämpfe.

Wir verlassen das Steinmal und das Feuer, dessen Rauch wie ein zerrissener Schleier über dem Scheitel des Passes liegt, und folgen dem Paßbecken, dessen rieselnde Fluten nach tausend Schicksalen das warme Meer erreichen werden. — Ich wende ein Blatt um und beginne ein neues Kapitel meines Forscherlebens; hinter mir bleibt wieder das öde Tschang-tang, und der Targo-gangri verschwindet unter dem Horizont — werde ich seine majestätischen Spitzen je wiedersehen?

Jäh geht es abwärts, dem Wind entgegen. Große Eisstücke füllen zwischen Wänden von schwarzem Schiefer und Porphyr den Talboden. Mehrere bedeutende Nebentäler münden in das Paßtal ein, verlassene Lagerplätze zeugen von Sommerbesuchen der Nomaden. Unser Tal vereinigt sich mit dem zehn Kilometer breiten Kjam-tschu-Tal, das vom Scha-la herabkommt, dem Paß des Transhimalaja, über den die Tibeter uns hatten führen wollen.

Am 7. Mai zogen wir bei schrecklichem Sturm weiter, im Süden den blauen Spiegel des Amtschok-tso. Der Boden ist eben und hart. Robert hat den Pelz über den Kopf gezogen und sitzt mit beiden Beinen an der vor dem Wind geschützten Seite baumelnd im Sattel, während Taschi sein Maultier führt. Mein Pferd schwankt, da der Wind sich an der breiten Brust des Reiters fängt. Es heult und stöhnt in den Ohren, es winselt und pfeift wie ehemals in Tschang-tang.

Die Ebene heißt Amtschok-tang, über ihren Boden ziehen wir am Hauptfluß entlang. Amtschok-jung ist ein Dorf von fünf Zelten. Die Bewohner verschwanden furchtsam wie mit einem Zauberschlag.

Der Wind bohrt eine Trombe von dichtem, gelbem Staub aus dem Erdboden auf. Sie schraubt sich in zyklonischer Spirale in die Höhe wie der Rauch einer ungeheuren Explosion. Als ein seltsames Gespenst tanzt sie diagonal über die Ebene hin und löst sich erst am Fuß der östlichen Berge auf.

Im Lager dieses Tages, das am nordwestlichen Ufer des Amtschok-tso lag, hörten wir von chinesischen und tibetischen Beamten reden, die in der nächsten Zeit das Land nach allen Richtungen hin durchreisen würden, um Zelte, Volk und Herden zu zählen. Man glaubt, daß dies in Verbindung steht mit neuen Steuergesetzen, die die Chinesen einzuführen beabsichtigen.

Nach der Mündung des Tschaktak-tsangpo in den Brahmaputra

Der Fluß Kjam-tschu ergießt sich in den Amtschok-tso an der Nordseite, und nur zwei Kilometer westlich von seinem schlammigen Delta tritt der Dongmo-tschu aus dem See heraus, um sich östlich mit dem Raga-tsangpo zu vereinen. Genau genommen ist der Dongmo nur die Fortsetzung des Kjam-tschu, an dessen rechtem Ufer der See wie ein Beutel hängt.

Der Frühling läßt immer noch auf sich warten, in den Abendliedern der Ladakis glaube ich einen weichen Unterton von Heimweh zu hören. Der Wind weht eigensinnig wie ein Passatwind. Als wir am nächsten Morgen aufbrachen, wehte es so frisch wie immer, Robert hatte sich eine Gesichtsmaske von Filz mit einer tibetischen Brille als Gucklöcher angefertigt; er sah in dem Kleidungsstück, das gut in das Land der religiösen Maskeraden paßte, urkomisch aus.

Der Weg, der in dem breiten Tal des Pu-tschu aufwärts steigt, führte bis Serme-lartsa durch offenes, schwach gewelltes Gelände. Hier wurde der alte Guffaru krank gemeldet, er litt an Kolik und wurde aufs beste verpflegt. Spät am Abend kam Robert atemlos in mein Zelt, um mitzuteilen, der Alte liege im Sterben. Als ich in sein Zelt kam, saß der Sohn, der schon beauftragt worden war, das Leichentuch bereit zu halten, weinend neben seinem Vater, die anderen wärmten der Reihe nach ihre Mützen über dem Feuer und legten sie dem Kranken auf den Leib. Ich verordnete einen kalten Umschlag, aber da bat er mich, zur unbeschreiblichen Erheiterung der anderen, nur ja wieder in mein Zelt zu gehen! Guffaru saß aufrecht auf dem Lager, ächzte und stöhnte und bat mich, zu gehen. Vorher gab ich ihm aber noch eine ordentliche Dosis Opium, und am anderen Morgen war er wieder so munter, daß er wie gewöhnlich den ganzen Weg zu Fuß ging, obwohl ihm ein Pferd zur Verfügung stand. Die Überreste der Apotheke von Burroughs Wellcome hatten ihm das Leben gerettet; er war dankbar und zufrieden, daß er diesmal sein Leichentuch noch nicht gebraucht hatte.

Am 11. Mai gingen wir in eisigem Schneetreiben über den Paß Lungring (5394 Meter) und durch das Tal gleichen Namens zum Ufer des oberen Raga-tsangpo. Am 12. zogen wir am Fluß stromaufwärts; sein Tal ist breit und wird im Norden von mächtigen Bergen begrenzt. Der Sturm kam uns gerade entgegen. Man war erstarrt, ehe man das Lager erreichte.

Während des nächsten Tagemarsches überschritten wir die Stelle Kambasumdo, wo sich die beiden Quellflüsse des Raga-tsangpo vereinigen.

In spitzem Winkel und noch immer gegen Südwesten nähern wir uns der großen Heerstraße zwischen Lhasa und Ladak, der sogenannten »Tasam«. Wie um ihre Bedeutung zu zeigen, zog gerade eine Karawane in drei Kolonnen westwärts. Sie kam so langsam vorwärts, daß man sie mit den hinter ihr liegenden Bergvorsprüngen vergleichen mußte, um sich zu überzeugen, daß die kleinen schwarzen Linien sich bewegten. Bald darauf schlugen wir unsere Zelte in Raga-tasam auf (4948 Meter), einer Station der großen Heerstraße, wo ich zum erstenmal seit Schigatse die Route der englischen Expedition unter Ryder und Rawling berührte. Was nun auch die nächste Zukunft bringen mochte, mir kam es vor allem darauf an, diese Route soviel als möglich zu vermeiden. Denn die Karte, die Ryder und Wood über ihre Expedition ausgearbeitet haben, ist die vorzüglichste, die je von einem Teile Tibets aufgenommen worden ist; ihr konnte ich, bei meiner bescheidenen Ausrüstung, nichts Neues hinzufügen. Wenn ich aber nördlich oder südlich von ihrer Straße zog, konnte ich ihre Karte immerhin ergänzen. Tatsächlich ist mir dies auch so gut gelungen, daß ich von den 83 Tagereisen nach Toktschen am Manasarovar nur zweieinhalb Tagemärsche auf demselben Wege wie sie zurücklegte.

Indessen erschienen beide Häuptlinge von Raga-tasam. Sie waren artig und freundlich, erklärten mir aber entschieden, sie würden mich keinesfalls auf einem anderen Weg als der Tasam weiterziehen lassen; in meinem Paß stehe ausdrücklich, daß Saka-dsong unsere nächste Station sei. Ohne Erlaubnis des Statthalters von Saka könnten sie uns auf keinem anderen Weg durchlassen.

Als ich einsah, daß wir von jetzt an jenen Weg würden ziehen müssen, den Nain Sing im Jahre 1865 und Ryder und Rawling mit seinen Kameraden im Jahre 1904 zurückgelegt hatten, schrieb ich, nach Beratung mit Robert und Muhamed Isa, an Tang Darin und Lien Darin in Lhasa. Dem Oberkommissar setzte ich in flehentlichen Ausdrücken auseinander, daß es keinem Vertrag widerspräche, wenn ich, der bereits in Innertibet sei, auf dem einen oder dem anderen Weg nach Ladak zöge, und daß ich ihn daher um folgende Erlaubnis bäte: Ich wolle die Rückreise über den See Tedenam-tso nehmen, von dem Nain Sing nur gehört hat, dann den Dangra-jum-tso besuchen, von dort nach Tradum und darauf nach dem Ghalaring-tso gehen, den heiligen Berg Kailas, den Manasarovarsee, die Indus- und die Brahmaputraquellen und schließlich Gartok berühren! An den Amban von Lhasa schrieb ich ebenfalls über den gewünschten Weg und versprach, ihm von Gartok einen Bericht darüber zu senden.

Sobald mein Entschluß gefaßt war, rief ich Tundup Sonam und Taschi in mein Zelt und veranlaßte sie, sich bis Mitternacht auszuschlafen. Dann schrieb ich Briefe an meine Eltern und an Major O'Connor. Das Lager lag schon mehrere Stunden in tiefem Schlaf, als ich durch den Nachtwächter die beiden Eilboten und Muhamed Isa wecken ließ. Jetzt erhielten sie Befehle wie noch nie zuvor! Sie sollten Tag und Nacht 350 Kilometer nach Schigatse marschieren und meine Post dem Ma übergeben. Auf Antwort brauchten sie nicht zu warten, da ich die Mandarinen gebeten hatte, mir besondere Kuriere zu schicken. In zehn Tagen mußten sie ihr Ziel erreichen können, in einem Monat mußten wir Antwort haben. Wenn sie uns bei ihrer Rückkehr nicht in Raga-tasam fänden, sollten sie unserer Spur folgen.

Tundup Sonam und Taschi waren fröhlich und hoffnungsvoll, als Muhamed Isa und ich sie hinausbegleiteten und ihre Schatten in der dunklen Nacht verschwinden sahen. Bis an die große Heerstraße war es nicht weit, und in der nächsten »Tasam«, wie auch die Stationen genannt werden, konnten sie bei Tagesanbruch Pferde mieten. Muhamed Isa und ich saßen noch eine Weile in lebhafter Unterhaltung über unsere Aussichten in meinem Zelt. Erst als ich, nach diesem anstrengenden Tag, ins Bett gekrochen war, fiel es mir ein, daß es vielleicht grausam war, die beiden Männer allein Tag und Nacht durch Tibet reisen zu lassen. Doch es war zu spät, sie mußten ihre Mission ausführen.

Nun hatten wir keine Eile. Wir lagen hier sieben Tage. Nach Westen hin war der Weg offen, aber nicht der Weg, den ich einschlagen wollte; wir waren daher Gefangene in unseren eigenen Zelten. »Geduld!« flüsterten die ewigen Winde. Im Norden dehnte sich das unbekannte Land; ich konnte es erst fahrenlassen, wenn sich alle Versuche als unmöglich erwiesen hatten. Wir hatten kaltes, unfreundliches Wetter, manchmal über 20 Grad Kälte, in der Nacht auf den 15. Mai sogar 25,8 Grad! Die Tibeter sagten, diese Gegend sei stets kalt, auch wenn ringsumher Frühling herrsche.

Da lag ich nun auf meinem Bett und las David Copperfield, Dombey & Son und The Newcomes und hatte noch eine ganze Bibliothek durchzulesen, ein Geschenk des liebenswürdigen Majors O'Connor. Robert gab mir Unterricht in Hindi oder ich zeichnete Volkstypen.

Täglich erschienen Tibeter in meinem Zelt und baten mich in flehentlichen Tönen aufzubrechen. Als dies nichts nützte, erklärten sie schließlich, daß sie uns nicht länger mit Lebensmitteln versorgen könnten, da in dieser Gegend nichts mehr zu haben sei. Ich fragte versuchsweise, ob sie zwei Briefe an die Mandarinen in Lhasa befördern wollten, aber sie erwiderten, daß sie dazu nicht berechtigt seien. Sie waren sehr verwundert, als sie erfuhren, daß ich die Briefe schon vor fünf Tagen abgeschickt hatte. Zwei Tage lag auch ich zu Bett, da ich vor Erschöpfung am Ende meiner Kräfte war, und ließ mir von Robert vorlesen.

Zu Pfingsten, am 19. Mai, hatten wir wieder ein langes Palaver. Die Tibeter lasen mir die Instruktion vor, die sie aus Lhasa erhalten hatten und die »vom zehnten Tage des zweiten Monats im Jahre des feurigen Schafes« datiert war. Ich wurde darin Hedin Sahib genannt, und der Befehl enthielt unter anderem folgendes: »Schickt ihn schnell nach seinem Lande. Laßt ihn nicht seitwärts von der Tasam abbiegen und führt ihn weder nach rechts noch nach links. Gebt ihm Pferde, Yaks, Diener, Brennstoff, Gras und alles, was er braucht. Die Preise, die er zu bezahlen hat, sind die gewöhnlichen von der Regierung festgesetzten. Gebt ihm sofort alles, was er begehrt, verweigert ihm nichts. Wenn er aber seinem Passe nicht gehorcht, sondern sagt, daß er auf eigene Hand andere Wege gehen wolle, so gebt ihm keinen Proviant, sondern haltet ihn fest und schickt sofort Eilboten an den Devaschung. Macht euch darüber keine eigenen Gedanken, sondern gehorcht! Jeder in den Provinzen, der nicht gehorcht, erhält Prügel; so lautet die Vorschrift, nach der ihr euch zu richten habt. Verursacht ihm keine Unannehmlichkeiten, sorgt dafür, daß die Nomaden ihn gut bedienen und ihm auf dem Weg nach Gartok nichts zuleide tun. Dann wird es die Sache der Garpuns (der beiden Vizekönige) sein, ihn in ihren Schutz zu nehmen.«

Und dennoch war ich nicht zufrieden! Ich sagte ihnen, daß ich meinem Passe nicht zu gehorchen gedächte, da er meiner Religion widerspräche, und daß ich nördlich vom Tschomo-utschong nach Saka-dsong gehen müsse. Es stehe ihnen daher frei, jetzt Eilboten an den Devaschung zu senden. Wir würden warten. Nun hielten sie Kriegsrat und einigten sich schließlich dahin, daß sie uns den nördlichen Weg einschlagen lassen wollten, daß wir aber am 21. Mai aufbrechen müßten.

Ich lag auf meinem Bett und träumte von Pferdegetrappel, das sowohl von Osten wie von Westen her kam, von mir offenstehenden Wegen nach dem geheimnisvollen Gebirgssystem im Norden, um dessen Gipfel meine Pläne und meine Träume beständig kreisten.

Ich brach also am 21. Mai nach Nordwesten auf und sah die Gipfel des Tschomo-utschong hinter seinen eigenen Vorbergen verschwinden. Vom Lager aus sahen wir im Nordwesten mehrere der Täler, die von den Quellflüssen des Raga-tsangpo durchströmt werden. Gleich hinter Raga-tasam verließen wir wieder die Route der englischen Expedition. Am 23. überschritten wir vier Pässe. Der Kitschung-la ist die Wasserscheide zwischen dem Raga-loschung und dem Tschungsang, einem Fluß, der selbständig in den Tsangpo mündet. Der Aufstieg zu dem vierten Paß, dem Kanglung-la, war sehr mühsam; der Untergrund bestand aus fließendem Boden, worin die Pferde so tief einsanken, daß man es vorzog, zu Fuß zu gehen und durch den Schlamm zu patschen. Wir bewegten uns jetzt auf den Höhen, deren Wasser nach dreien der nördlichen Nebenflüsse des Brahmaputra hinabrinnt — der dritte geht nämlich nach dem Tschaktak-tsangpo, der westlich von Saka-dsong fließt.

Am Morgen des 24. machte dichtes Schneetreiben die ganze Gegend unsichtbar, und das Wetter war hier Ende Mai winterlicher als in Tschangtang im Dezember. Wir reiten zwischen steilen Felsen ein tiefeingeschnittenes Tal abwärts.

Am 25. ging es weiter bergauf. Der Fluß, an dem wir abwärts ziehen, heißt Kanglung-buptschu, wird aber in Saka Satschu-tsangpo genannt. Im Eingang des Tales Basang auf der Nordseite der Ebene schlugen wir unser Lager auf.

Von hier bis Saka-dsong ist es nur eine kurze Tagereise. Aber anstatt diesen Weg zurückzulegen, den Ryder schon in seine Karte aufgenommen hat, wollte ich die Stelle sehen, wo sich der Tschaktak-tsangpo mit dem oberen Brahmaputra vereinigt. Das bedeutete einen vier Tagereisen weiten Umweg, und dazu konnten unsere Freunde von Raga ohne die Erlaubnis des Statthalters von Saka ihre Einwilligung nicht geben. Wir blieben daher einen Tag in Basang, während ein Bote an den Statthalter abgesandt wurde. Als die Antwort kam, war sie merkwürdigerweise bejahend, unter der Bedingung, daß die Hauptmasse der Karawane direkt nach Saka-dsong gehe. Ich erhielt sogar einen kleinen Lokalpaß für den beabsichtigten Abstecher!

Unser Gepäck für die Exkursion wurde vorbereitet. Kerzengerade und hochgewachsen stand mein prächtiger Karawanenführer dabei und ließ die Säcke füllen, die wir mitnehmen wollten. Er ließ auch das Boot und alles andere einpacken, was ich zu Strommessungen brauchte. Am Abend veranstaltete er einen Abschiedsball für Tsering, Schukkur Ali, Rabsang, Islam Ahun und Ische, die mich und Robert nach dem Tsangpo begleiten sollten. In Schigatse hatte er eine große Gitarre gekauft, auf der er selber in seinem Zelt spielte. An diesem Abend wurde flotter getanzt und gesungen, denn wir erwarteten gute Nachricht aus Lhasa und freuten uns, daß uns die Leute in Saka die erbetene Erlaubnis gewährt hatten.

Am Morgen des 27. Mai war es nach einem Minimum von nur fünf Grad wirklich schönes Wetter; war der Frühling schließlich doch noch gekommen? Die große Karawane war schon in westlicher Richtung nach Saka abgezogen, und meine Gesellschaft reisefertig, als Muhamed Isa kam, um mir Lebewohl zu sagen. Er erhielt Befehl, in Saka zu bleiben, bis ich zurückkehren würde, und auf alle Weise zu versuchen, durch Freundlichkeit und Klugheit das Vertrauen der Behörden zu gewinnen. Meine kleine Karawane war schon auf dem Weg nach Süden, wir beide standen allein auf dem verlassenen Lagerplatz. Als er seine Instruktionen erhalten hatte, stiegen wir gleichzeitig zu Pferd, und ich ritt den Meinen nach. Einmal wandte ich mich noch im Sattel um und sah Muhamed Isa stattlich und gerade auf seinem Schimmel, die Pfeife im Munde, die grüne Samtmütze auf dem Scheitel und den schwarzen Schafpelz lose über den Schultern, in schnellem Trab der Karawane folgen. Es war das letztemal, daß ich ihn sah!

Das Lager Nr. 168 war auf der Spitze der Kieszunge zwischen den beiden Flüssen aufgeschlagen. Der Tschaktak-tsangpo hatte hier eine Breite von 28,1 Meter, eine Maximaltiefe von 0,73 Meter, eine durchschnittliche Stromgeschwindigkeit von 1,39 Meter und 18,8 Kubikmeter Wassermenge in der Sekunde. Sein Wasser war fast ganz klar und drang infolge der größeren Stromgeschwindigkeit weit in das trübere Brahmaputrawasser ein. Unsere Begleiter sagten, daß alle, die an den großen Fluß kämen, von seinem Wasser tränken. Es sei heilig, da es von dem heiligen Berg Kailas oder Kang-rinpotsche im fernen Westen komme.

An einer tiefen Bucht mit langsam kreisenden Wirbeln saß Schukkur Ali mit seiner Grundschnur und holte zehn prächtige Fische aus dem Wasser, eine Welsart mit vier weichen Bartfäden. Er hat an seinen fünf Angelhaken rohes Fleisch als Köder; an einem Ende der Schnur ist ein Stein angebunden, so daß er sie weit in das tiefe Wasser hineinwerfen kann, das andere Ende wird oben an einem in den Uferrand eingerammten Pflock festgemacht, in dessen oberer Gabel ein Stein so leicht auf die Schnur gelegt ist, daß er herunterfällt, wenn ein Fisch anbeißt; der Fischer kann sich infolgedessen inzwischen mit einer Handarbeit — dem Häkeln von Schuhen — beschäftigen. Seinen Fang legt er in ein kleines, abgeschnürtes Becken. Die Fische hatten weißes Fleisch und waren delikat.

Am 29. Mai maß ich den Hauptfluß an einer Stelle, wo eine flache Insel ihn in zwei Arme von 53,5 und 55 Meter Breite und 1,15 Meter Maximaltiefe teilte. Hier führte der Brahmaputra 71,7 Kubikmeter Wasser, 90,5 nach dem Einfließen des Tschaktak-tsangpo. Beim Einfließen des Dok-tschu hatte ich nur 84 Kubikmeter errechnet, aber die Messung war auch schon vor anderthalb Monaten vorgenommen worden. Das Verhältnis zwischen dem Brahmaputra und dem Dok-tschu war 5 : 2, und das zwischen dem Brahmaputra und dem Tschaktak-tsangpo 7 : 2. Der Dok-tschu ist also bedeutend größer als der Tschaktak-tsangpo.

Am 30. Mai folgten wir dem breiten Tal des Tschaktak-tsangpo nach Nordwesten und Westnordwesten aufwärts, bis wir in eine Gegend kamen, die Takbur hieß und von der aus wir den nächsten Morgen über den Takbur-la nach Saka-dsong reiten wollten. Daraus wurde jedoch nichts, denn ehe ich noch geweckt worden war, kam ein Häuptling mit fünf Begleitern und machte einen entsetzlichen Spektakel mit meinen Leuten und unsern Tibetern aus Kjärkjä. Letztere mißhandelte er mit der flachen Klinge seines Säbels, und jenen nahm er die Milch und die Butter, die sie am Abend vorher gekauft hatten, mit der Erklärung, daß niemand Erlaubnis habe, uns Proviant zu verkaufen. Robert hatte er gesagt, ihm sei befohlen, uns nicht nach Saka-dsong durchzulassen, und er wolle uns zwingen, hier drei Monate liegenzubleiben! Yaks dürften wir auch nicht mieten, was sehr unangenehm war, da wir nur noch ein Pferd und einen Maulesel besaßen, nachdem alle gemieteten wieder ausgerissen waren.

Ich schickte daher Islam Ahun und Ische nach Saka mit dem Auftrag, Muhamed Isa solle uns sofort fünf Pferde senden. Dann ließ ich mir den hochnäsigen Häuptling in mein Zelt rufen, wo er mir die Angaben der anderen bestätigte. Er erklärte, ich sei nicht berechtigt, auch nur einen Schritt von der großen Heerstraße abzuweichen, und die Gegend, in der wir uns jetzt befänden, stehe unter ihm, nicht unter Saka-dsong; der lokale Paß sei also wertlos. Er beabsichtige, den Befehlen, die er erhalten habe, zu gehorchen, so wahr ihm sein Kopf lieb sei. Als ich ihm sagte, daß ich den Mandarinen in Lhasa sein unmanierliches Benehmen mitteilen werde, sprang er auf und zog drohend seinen Säbel! Meine unerschütterliche Ruhe beruhigte ihn aber schnell. Abends aber kam er mit dem Bescheid zurück, daß wir über den Takbur-la gehen könnten, und brachte sowohl Yaks als auch Proviant mit! Wer er war, erfuhren wir nie, denn in Saka-dsong wollte ihn niemand kennen! Jedenfalls war es schade, daß wir gerade hier einen Tag verloren. Schon als der Morgen des 1. Juni graute, kamen Islam Ahun und Ische mit unsern Pferden und brachten uns auch Salams und Grüße von Muhamed Isa, der mir melden ließ, daß bei der Hauptkarawane alles gut stehe; sie ständen auf freundschaftlichem Fuß mit den Behörden und dürften alles kaufen, was sie brauchten.

Wir brachen daher wieder nach Norden auf und zogen durch das Takburtal, das reich an Wild, Hasen, Fasanen und Rebhühnern, Füchsen, Murmeltieren und Erdmäusen war. Auch Kiangs kamen vor und waren sehr vertraut. Im Nordwesten, Norden und Nordosten sah man vom Takbur-la (5066 Meter) aus gewaltige Schneeberge, die Ryder und Wood gemessen hatten. Ebenso wie jene Engländer hielt ich es für gewiß, daß diese Gipfel auf der Wasserscheide des Tsangpo lagen und zum Hauptkamme des Transhimalaja gehörten. Ich sollte aber später Gelegenheit haben nachzuweisen, daß dies ein Irrtum war. Vom Paß führt ein Fluß hinunter, der sich in den Satschu-tsangpo ergießt. Hier sahen wir eine Menge Yaks im üppigen Grase, ein beinahe zahmer Kulan leistete ihnen Gesellschaft.

Im Ostnordosten zeigten sich in weiter Ferne die weißen Häuser Sakadsongs; mit dem Fernglas konnten wir unser Lager sehen, zwei schwarze Zelte und ein weißes; letzteres war das Zelt Muhamed Isas.

Wir überschritten die Ebene. Es weht heftig aus Westen, und wir sehnen uns nach den Zelten und der Wärme der Lagerfeuer. Endlich sind wir da. Guffaru kommt uns grüßend entgegen, und alle anderen rufen uns »Salam« und »Dschu« zu. Vergebens aber suche ich Muhamed Isas Hünengestalt und frage nach ihm. »Er liegt zu Bett und ist schon den ganzen Tag krank«, antworten sie. Ich nahm an, daß er wieder seine Kopfschmerzen habe, an denen er häufig leidet, ging zu dem Kohlenbecken in meinem Zelt und ließ Robert die Sachen auspacken, die ich zu meiner Abendarbeit brauchte. Wir waren müde und durchfroren und sehnten uns nach dem Abendessen.

Muhamed Isas Tod

Noch saßen wir nicht lange, als Rabsang hereinkam und meldete, Muhamed Isa habe das Bewußtsein verloren und antworte nicht, wenn man mit ihm spreche! Ich eilte mit Robert in sein Zelt und ahnte sofort, daß er von einem Gehirnschlag getroffen war. Am Kopfende saß weinend sein Bruder Tsering. Der Kranke lag auf dem Rücken ausgestreckt auf seinem Bett, groß, stark und gerade. Der Mund war auf der linken Seite ein wenig verzogen, und die linke Pupille erschien sehr klein, die rechte normal. Der Puls war gleichmäßig und kräftig, 72 Schläge. Sofort verordnete ich heiße Kruken unter die Füße und eine Eisblase auf den Kopf. Seine beengenden Kleider wurden aufgemacht; er atmete gleichmäßig und tief. Die Augen standen halb offen, waren jedoch ohne Glanz. Ich rief laut seinen Namen, aber er reagierte nur schwach darauf, versuchte den Kopf zu drehen und den rechten Arm zu bewegen, und ließ ein leises Stöhnen hören, blieb dann aber wieder regungslos liegen. Robert erschrak tief, als ich ihm sagte, daß Muhamed Isa den nächsten Sonnenaufgang nicht mehr erleben werde!

Während wir an seinem Bette saßen, fragte ich Rehim Ali und Guffaru, die den ganzen Tag über bei ihm gewesen waren, nach dem Hergang. Während der vier Tage, die sie hier auf uns gewartet hatten, war er ganz gesund gewesen und hatte nie über Kopfschmerzen geklagt. Meiner letzten Instruktion gemäß, die ich ihm im Lager im Basangtal gegeben, hatte er versucht, Freundschaft und Vertrauen der Behörden zu gewinnen. Gestern abend war er noch ganz vorzüglicher Stimmung gewesen, hatte mit seinen vertrautesten Freunden aus der Karawane Tee getrunken und zur Gitarre gesungen.

Heute, am 1. Juni, war er mit der Sonne aufgestanden, hatte Tee getrunken und mehrere Stunden lang eine heftige Unterredung mit zwei Tibetern aus dem Dsong gehabt. Sie hatten sich geweigert, das Lager mit Proviant zu versorgen, und darauf gedrungen, daß die Karawane sofort den Ort verlasse. Er hatte geantwortet, der Sahib komme bald zurück und es werde ihnen schlimm ergehen, wenn sie ihm nicht gehorchten. Sie waren zornig ihrer Wege gegangen, worauf Muhamed Isa gegen zehn Uhr gefrühstückt und dann eine Stunde geschlafen hatte. Als er aufgestanden war, hatte er über heftige Kopfschmerzen geklagt.

Zu Mittag war er hinausgegangen, um nach uns Ausschau zu halten; dabei hatte er einen heftigen Brechanfall bekommen, war nach der linken Seite gestürzt und bewußtlos liegengeblieben. Die anderen waren herbeigeeilt, hatten ihn ins Zelt getragen und ihm den Leib massiert. Dann war das Bewußtsein zurückgekehrt, er hatte viel gesprochen, aber undeutlich und hauptsächlich zum Gott des Islam:

»Ich war Lamaist, trat aber zum Islam über; hilf mir nun, o Allah, aus dieser schweren Krankheit; laß mich wieder gesund werden, vergib mir meine Sünden und alles Unrecht, das ich anderen zugefügt habe; laß mich leben, o Allah, so will ich immer deine Gebote halten und nie meine Gebetstunden versäumen!«

Dann hatte er die andern ermahnt, wie bisher ihre Pflicht zu tun, und ihnen gedankt, daß sie ihm in seinem Unglück so geduldig beiständen. Von Zeit zu Zeit hatte er um kaltes Wasser gebeten. Mit der rechten Hand hatte er seinen linken Arm befühlt und gefragt, wessen Arm das sei; dann äußerte er, daß er an seinem linken Fuß keinen Schuh fühle. Die ganze linke Seite war völlig gelähmt. Er hatte aufrecht sitzend, mit Kissen gestützt, Guffaru gebeten: »Du, der du alt bist und die Gebote der Religion hältst, wirst deine Hände nicht besudeln, wenn du ein Messer nimmst und mich in den Nacken schneidest; schneide tief nach dem Rücken hinunter, das wird meine höllischen Kopfschmerzen lindern.« In seinem verzweifelten Schmerz hatte er mit der rechten Hand auf eine Kiste geschlagen. Ungefähr eine Stunde später hatte ihn ein neuer Schlaganfall auch der Sprache beraubt. Nun hatte er nur noch mit der rechten Hand Zeichen gegeben, wie in Verzweiflung über das Herannahen des Todes. Gegen halb vier Uhr war Tsering gekommen und hatte sich laut weinend über ihn geworfen. Muhamed Isa hatte ebenfalls geweint und die Hand an die Lippen geführt, um zu zeigen, daß er nicht sprechen konnte. Als wir um fünf Uhr in das Zelt traten, war nur noch ein schwacher Reflex seines schwindenden Bewußtseins vorhanden. Anderthalb Stunden lang veränderte sich sein Zustand nicht, er atmete ruhig und mit geschlossenem Munde.

Robert und ich kehrten in mein Zelt zurück und studierten Burroughs Wellcomes medizinisches Handbuch, um uns zu überzeugen, daß nichts versäumt worden war. Um acht Uhr kehrten wir an das Krankenbett zurück. Er atmete jetzt mit offenem Munde, ein schlimmes Zeichen, das auf Erschlaffung der Kiefermuskeln schließen ließ; der Puls machte 108 Schläge und war sehr schwach. Die Verzweiflung des alten Tsering, als ich ihm sagte, daß keine Hoffnung mehr sei, war herzzerreißend. Eine halbe Stunde später wurde der Atem schwächer und langsamer, und um neun Uhr begann das Todesröcheln. Ungefähr jeder vierzigste Atemzug war tief, worauf dann eine Pause folgte, ehe der nächste kam. Ihnen folgte ein Stöhnen. Seine Füße erkalteten trotz der heißen Kruken, die oft erneuert wurden. Ein Viertel nach neun Uhr wurde der Atem immer langsamer, die Pausen wurden immer länger. Eine Todeszuckung erschütterte seinen Körper und ließ ihn schwach die Schultern heben; ihr folgte noch eine.

Die Mohammedaner flüsterten Tsering zu, den Platz am Kopfende zu verlassen, denn ein Mohammedaner müsse ihm den Unterkiefer halten und ihm nach dem letzten Atemzug den Mund schließen. Aber der trauernde Bruder konnte nur mit Gewalt dazu gebracht werden, seinen Platz zu verlassen. Den Sterbenden überfiel eine dritte und letzte Zuckung. Nach einem tiefen Atemzug blieb er 20 Sekunden still. Wir glaubten, daß das Leben entflohen sei, aber er atmete noch einmal, und nach noch einer Minute erfolgte der letzte, schwache Atemzug, nachdem ihm Guffaru ein Tuch unter das Kinn gebunden und ihm ein weißes Zeugstück über das Gesicht gedeckt hatte. Dann blieb alles still, und tiefbetrübt entblößte ich mein Haupt vor der unheimlichen Majestät des Todes. —

Erschreckt und bestürzt füllten die Mohammedaner und hinter ihnen die Lamaisten das Todeszelt, und von Zeit zu Zeit hörte ich sie halblaut ausrufen: »La illaha il Allah!« Tsering war außer sich; er kniete neben dem Toten, schlug sich mit den Händen vor die Stirn, weinte laut, ja heulte und brüllte, während ihm große Tränen über die gefurchten, sonnverbrannten Wangen rollten. Ich klopfte ihm auf die Schulter und bat, er möge doch versuchen, sich zu beruhigen. Als er aber weder hörte noch sah, mußten die anderen ihn nach dem Zelt tragen, und solange ich in dieser Nacht noch wach lag, hörte ich ihn dort jammern. Ja, der Tod ist ein unheimlicher Gast! Wir alle konnten es kaum fassen, daß er so plötzlich in unser friedliches Lager eingekehrt war.

Noch lange sprach ich darüber mit Robert in meinem Zelt; hierhin war auch der alte Guffaru gerufen worden, um meine Befehle wegen der Beerdigung zu erhalten. Während der Nacht sollten die Mohammedaner abwechselnd Leichenwache halten. Am nächsten Morgen sollte in aller Frühe die Erlaubnis der Behörden wegen einer Grabstelle eingeholt werden, und dann die Beerdigung stattfinden.

Um Mitternacht machte ich einen letzten Besuch bei meinem prächtigen, treuen Karawanenführer, der mitten in den besten Jahren auf seinem Posten zusammengebrochen war. Lang und gerade lag er, in Leichentuch und Filzdecken gehüllt, mitten im Zelt. Neben seinem Kopf brannte seine Öllampe, die leise in der Zugluft flackerte. Die Leichenwache, fünf Mann, saß stumm und regungslos, erhob sich aber, als ich eintrat. Wir entblößten sein Gesicht; es war ruhig und würdig, um die Lippen spielte ein schwaches Lächeln. Über ihm wölbte sich die halbdunkle Glocke des Zeltes, dieses Zeltes, das durch das ganze Tschang-tang unter allen Winden des Himmels geflattert hatte und aus dessen Innern Muhamed Isas frohes Scherzen so oft zu den Tönen der Flöten und der Gitarre in stillen, kalten tibetischen Nächten ertönt war. Jetzt lag niederschmetterndes Schweigen über der Gegend; nur die Sterne funkelten mit elektrischem Glanz.

Wie leer und öde erschien mir alles, als ich am Sonntag, dem 2. Juni, an Muhamed Isas Beerdigungstag, erwachte! Ich ging hinaus und sah mir das Grab an; es lag im Südwesten, 300 Meter vom Lager entfernt. Früh hatten die Mohammedaner sich im Dorf eine Tür geliehen und auf ihr den Toten gewaschen. Dann hatten sie ihn in Guffarus Leichentuch gehüllt, das von dünner Leinwand, glänzend weiß und sauber war. Muhamed Isa und ich hatten oft zusammen gelacht über die originelle Idee des Alten, sich diese Sterbegewandung mit auf die Reise zu nehmen! Über das Leichentuch (»Kafan«) hatten sie eine graue Filzdecke gewickelt. Der Tote lag jetzt im strahlenden Sonnenschein vor dem Zelt auf einer Bahre, die aus den Böden der beiden Bootshälften bestand.

Acht Mohammedaner hoben die Bahre auf die Schultern und trugen ihren Häuptling und Führer von Leh zu seiner letzten Ruhestätte. Ich ging unmittelbar hinter der Bahre, dann Robert und einige Lamaisten; die übrigen waren beim Grab beschäftigt, nur zwei waren im Lager, das nicht unbewacht bleiben durfte, zurückgeblieben. Aus Tserings Zelt ertönte noch immer verzweifeltes Weinen. Man hatte ihn überredet, nicht mit zu dem Grabe zu kommen. Er war mit Leib und Seele Lamaist, und nun quälte ihn der Gedanke, daß er seinen Bruder, der auf das Paradies der Mohammedaner gehofft, nie wiedersehen werde! In der Ferne standen einige Tibeter. Langsam, feierlich und düster setzte sich der Zug in Bewegung. Kein Glockengeläute, keine gestreuten Tannenzweige! Keine Gesänge sprachen von einem Wiedererwachen jenseits des Todes. Über uns spannte der Himmel sein türkisblaues Gewölbe aus, und auf den Seiten hielten die hohen öden Gebirge Wacht. Mit tiefer, klagender Stimme sangen die Träger »La illaha il Allah« im Takt ihrer schweren Schritte. Sie schwankten unter der Last und mußten sie oft auf die andere Schulter nehmen, denn Muhamed Isa war groß und schwer.

Endlich schritten wir zu der Kiesterrasse zwischen zwei Quellbächen hinauf. Die Bahre wurde am Rand des Grabes niedergesetzt, das noch nicht ganz fertig war. Es war tief und hatte auf der linken Seite einen Einschnitt, eine Nische, unter deren Wölbung die Leiche gelegt werden sollte, damit die Erde sie nicht drücke, wenn das Grab ausgefüllt worden sei. Vier Männer standen im Grabe und nahmen den Toten in Empfang, der jetzt nur in dem weißen Leichentuch unter die Wölbung geschoben und dort so niedergelegt wurde, daß er das Antlitz nach Mekka wandte, dem Ziel der Sehnsucht aller rechtgläubigen Pilger.

Kaum war er zurechtgelegt, so geschah etwas Peinliches: das überhängende Gewölbe von losem Kies stürzte ein und begrub die Leiche vollständig und die vier Männer, die mit ihr beschäftigt waren, zur Hälfte. Es wurde ganz still, die Männer blickten einander unschlüssig an. Schukkur Ali brach das drückende Schweigen, sprang ins Grab hinein, aus dessen Tiefe die anderen herauskletterten, grub die Leiche wieder aus und strich den Kies, so gut es sich machen ließ, vom Leichentuch herunter. Von Erdschollen, die am Bachufer ausgestochen wurden, errichteten sie nun eine Mauer zum Schutze des Toten, füllten dann die äußere Grabkammer mit Sand und Steinen und warfen schließlich einen meterhohen Hügel über dem Grabe auf, an dessen Kopf- und Fußende flache Steinplatten angebracht wurden.

Als alles getan war, gingen die Lamaisten nach Hause, die Mohammedaner aber blieben am Grab und beteten für den Toten, wobei sie bald auf den Knien lagen, bald sich mit den Handflächen vor dem Gesicht erhoben. Schukkur Ali, der Muhamed Isas alter Freund und Kamerad auf vielen seiner Reisen in Asien gewesen war, brach in heftiges Weinen und Klagen aus, die andern trauerten stiller. Zuletzt sprach ich in Turkisprache einige Worte. Während aller meiner Reisen hätte ich nie einen tüchtigeren, erfahreneren und treueren Karawanenführer gehabt; er habe in unserer Karawane Disziplin gehalten, sei den Männern ein Vater gewesen und habe aufs beste für die Tiere gesorgt; er sei ein vorzüglicher Dolmetscher gewesen und habe die Eingeborenen klug und taktvoll behandelt; nie hätte ich über ihn klagen oder auf ihn schelten hören. Durch sein frohes Wesen habe er alle andern erheitert. In schwierigen Lagen habe er stets den richtigen Ausweg gefunden. In dem unbekannten Land habe er Pässe und Gipfel erklommen, um den besten Weg zu finden — stets sei er selber gegangen und habe nie einen anderen geschickt. Unter uns werde sein Andenken geachtet und geehrt fortleben, und auch in der Erforschung Asiens habe er sich einen großen Namen gemacht, denn dreißig Jahre lang habe er vielen anderen Sahibs ebenso treu und redlich gedient wie mir.

Schweigend gingen wir nach Hause an unsere Tagesarbeit.

Unter den Kirchentexten dieses Sonntags stand der Bibelvers: »Du Tor, in dieser Nacht wird deine Seele von dir gefordert werden!« —

Weitgereist und in Asien ruhmvoll bekannt, war Muhamed Isa früher schon einmal in Saka-dsong gewesen, im Jahre 1904 als Rawlings und Ryders Karawanenführer. Damals ahnte er wohl nicht, daß er noch einmal und auf immer dorthin zurückkehren und hier zum letztenmal nach langen Wanderungen sein Lager aufschlagen werde! In der Zeitschrift »The Geographical Journal« vom April 1909, Seite 442, widmet ihm Rawling folgenden Nachruf: »Ich kann nicht von Saka-dsong sprechen, ohne dem Andenken des dort verstorbenen treuen Dieners Sven Hedins meine Ehrfurcht zu bezeugen. Muhamed Isa war einer der besten Charaktere, mit denen zusammenzutreffen ich das Glück gehabt habe. Zuverlässig und unermüdlich in seiner Arbeit, wurde er in seiner Kenntnis Asiens von keinem Eingeborenen übertroffen. Denn er hatte Younghusband auf dessen berühmter Reise von China begleitet, er war mit Carey gezogen, mit Dalgleish, der später ermordet wurde, und auch mit Dutreuil de Rhins; er war ein hilfloser Zeuge des gewaltsamen Todes seines Herrn durch die Hände der Tibeter gewesen. Er war mein Karawan-baschi auf der Expedition nach Gartok, begleitete Sven Hedin auf dessen letzter Reise und starb nach dreißigjährigen treuen Diensten an diesem weltverlassenen Orte.«

Aus Briefen, die ich später von Younghusband, O'Connor und Ryder erhielt, ging hervor, daß auch sie sein Hinscheiden tief beklagten.

Die Grabterrasse erhob sich unmittelbar an der Nordseite der großen Heerstraße zwischen Ladak und Lhasa. Der Hügel wurde am nächsten Tag treppenartig mit ausgestochenen Erdschollen bedeckt, auf der Westseite des Grabes neben dem Haupt des Toten eine kleine Steinplatte eingegraben, auf der vorbeiziehende Mohammedaner einen Gebetteppich ausbreiten und für die Ruhe des Verstorbenen beten können. Auf einer Scheibe von Tonschiefer, deren Fläche mit einem Stemmeisen geglättet worden war, ritzte ich mit lateinischen Buchstaben in englischer Sprache folgende Inschrift ein:

MUHAMED ISA
KARAWANENFÜHRER UNTER
CAREY, DALGLEISH, DE RHINS, YOUNGHUSBAND,
RAWLING, RYDER UND ANDEREN
STARB
IN SVEN HEDINS DIENST
BEI SAKA-DSONG, AM 1. JUNI 1907,
IM ALTER VON 53 JAHREN

Die Schrift wurde von Islam Ahun in den Stein eingehauen. Der Name wurde auch arabisch eingraviert und darüber in tibetischer Schrift die Formel »Om mani padme hum« eingemeißelt, damit die Kinder des Landes dem Grabe Achtung erweisen sollten.

Am Nachmittag des 3. Juni ließ ich Tsering in mein Zelt rufen. Er hatte sich jetzt beruhigt und fand sich in sein Schicksal. Er sollte wie bisher mein Koch und Leibdiener bleiben, sein Lohn wurde auf 20 Rupien monatlich erhöht; auch sollte diese Erhöhung rückwirkend von Leh an gelten. Er durfte die Uhr behalten, die ich seinem Bruder geschenkt hatte. Guffaru, der älteste der Leute, wurde Muhamed Isas Nachfolger als Karawan-baschi und erhielt dieselbe Lohnerhöhung wie Tsering.

Da ich voraussah, daß die Disziplin nicht bleiben würde, wie sie zu Muhamed Isas Zeiten gewesen, sprach ich mit den Männern ein ernstes Wort. Sie hätten Guffaru ebenso blind zu gehorchen wie seinem Vorgänger. Wenn jemand Zank anfange und ungehorsam sei, werde er augenblicklich seinen ausstehenden Lohn erhalten und fortgeschickt werden. Jetzt, da wir mit gemieteten Yaks reisten, könne ich gut die Hälfte der Mannschaft entbehren; es liege daher in ihrem eigenen Interesse, sich so zu betragen, daß sie bleiben dürften. Rabsang und Namgjal antworteten darauf, daß sie wie bisher zusammenhalten, mir treu dienen und mir folgen würden, wohin es auch gehe.

Dann erhielt Robert den Auftrag, die ganze Habe des Verstorbenen durchzusehen und sie, nachdem er ein Verzeichnis aufgenommen, in besondere Kisten zu packen, die versiegelt und nebst seinem ausstehenden Lohn später seiner Witwe in Leh eingehändigt werden sollten. Unter seinen Sachen fand man einige wertvolle Dinge, die er in Schigatse gekauft hatte, Teppiche, Schmucksachen und Stoffe. An Bargeld hatte er nur zehn Rupien hinterlassen, ein Beweis, daß er auf seinem Verwaltungsposten durchaus ehrlich geblieben war.

Nachdem alles, was zum Begräbnis gehörte, besorgt worden war, kamen die Mohammedaner mit der Bitte um einige Rupien, damit sie am Abend ein Erinnerungsfest zu Ehren des Toten feiern könnten. Sie wollten einen Pudding, Halva genannt, aus Mehl, Butter und Zucker bereiten, Tee trinken und ein Schaf schlachten. Auch die Heiden, wie die Mohammedaner ihre lamaistischen Kameraden nannten, sollten dabei sein. Sie sangen, aßen und tranken — und dachten wohl kaum an den Toten! —

Schon am 2. Juni hatten mich zwei Herren aus Saka-dsong besucht. Der Statthalter selber war abwesend, er reiste in seiner Provinz umher, um die Zelte, die unter seiner Herrschaft standen, zu zählen und ein Verzeichnis der Namen aller bewohnten Täler aufzunehmen — alles auf chinesischen Befehl. Pemba Tsering, der ihm im Rang am nächsten stand, war sehr liebenswürdig und höflich, bedauerte aber, uns nicht länger Proviant besorgen zu können. Um seine Worte zu bekräftigen, rief er die fünf »Govas« oder Distriktvorsteher der Gegend, die beteuerten, das arme Land könne nicht all das Tsamba und alle Gerste aufbringen! Ich bereitete sie darauf vor, daß wir in Erwartung der Antwort aus Lhasa noch einige Tage bleiben würden; da erhoben sie sich demonstrativ und erklärten, ich könne hier so lange liegenbleiben, wie es mir gefalle, sie würden uns aber nicht mit Lebensmitteln versorgen!

Am selben Tag noch wurde dicht bei unserem Lager ein großes Zelt aufgeschlagen, aber erst am 4. Juni machten mir seine Bewohner, die Govas von Tradum und Njuku, ihren Besuch. Der Gova von Njuku ergriff zuerst das Wort:

»In Ihrem Paß stehen Saka und Tradum, aber nicht Njuku. Kommen Sie trotzdem dorthin, so erlaube ich Ihnen, eine Nacht zu bleiben, jedoch nicht länger, denn in dem Paß steht, daß Sie geradewegs nach Tradum reisen müssen.«

»Lieber Freund«, antwortete ich, »wenn ich erst in Ihrem Orte bin, dann werden wir so gute Freunde werden, daß Sie mich noch bitten, einen ganzen Monat zur Befestigung der Freundschaft zu bleiben! Wenn Sie mich dann später in Indien besuchen, wird mir Ihr Besuch um so angenehmer sein, je länger er dauert.«

Er nickte mir schelmisch lächelnd zu und hielt mich gewiß für einen Spaßvogel, fügte aber hinzu, daß er den Befehlen, die er vom Devaschung erhalten habe, gehorchen müsse.

»Wenn ich mit den Mandarinen in Lhasa im Briefwechsel stehe und auf Antwort von ihnen warte, so hat der Devaschung kein Recht, mich zu hindern.«

»Nun gut, dann wird es wohl das beste sein, daß Sie hier liegenbleiben und nicht nach Njuku oder Tradum kommen; dort ist noch weniger Proviant zu bekommen.«

Später stellte sich Pemba Tsering wieder ein und brachte doch zwei Säcke Gerste und ein Schaf mit! Er war, seit er mit den anderen gesprochen hatte, bedeutend gefügiger geworden und versprach zu versuchen, uns zu verschaffen, was wir brauchten.

Nun aber sehnte ich mich aus diesem jammervollen Saka-dsong mit seinen traurigen Erinnerungen fort. Draußen in Gottes freier, herrlicher Natur verwehten die Sorgen mit den Winden des Himmels. Täglich rechneten Robert und ich aus, wie lange es noch dauern könne, bis Tundup Sonam und Taschi zurückkehrten. Falls die Antwort mit sogenannter fliegender chinesischer Post geschickt wurde, mußte sie jeden Augenblick eintreffen. Aber die Tage vergingen, und keiner ließ von sich hören. Eines Tages ritten einige Reiter auf dem Wege nach Westen an unserem Lager vorbei; sie erzählten, daß sie meine beiden Boten in Kung Guschuks Garten in Schigatse gesehen hätten, wußten aber nichts von ihren weiteren Absichten. »Geduld!« flüsterte der Westwind wieder. In dem Netz von Schwierigkeiten, in dem wir uns immer mehr verwickelten, ruhte meine Hoffnung auf die Antwort der Chinesen. Den Behörden hier hatte ich gesagt, daß ich augenblicklich aufbrechen würde, wenn man uns erlaube, auf einem nördlicheren Weg nach Njuku zu ziehen; da sie aber davon noch immer nichts hören wollten, so blieben wir liegen.

Wenn ich aus meinem Zelte sah, zog das dunkle Grab auf seinem Hügel meine Blicke an. Es war, als ob das Grab uns festhalte, und doch gerade von ihm sehnten wir uns fort. Alles war öde und düster, wir vermißten Muhamed Isa und empfanden eine große Leere nach seinem Tode.

Schon bald verspürte ich den entmutigenden Einfluß, den der Verlust des großen, kräftigen Karawanenführers auf meine Leute hatte; sie bekamen Heimweh. Sie sprachen von der Wärme ihres eigenen Herdes und begannen epidemisch Schuhe für ihre Kinder und Bekannten zu häkeln und zu knüpfen. Eilig versammelten sie sich um das Abendfeuer und redeten dort nur noch von dem gemütlichen Leben in den Dörfern Ladaks. Robert sprach davon, wie wüst und unheimlich Tibet, wie warm und herrlich dagegen Indien sei; er sehnte sich nach seiner Mutter und nach seiner jungen Frau. Ich möchte wissen, ob jemand sich eifriger fortsehnte als ich selbst, der noch so vieles vorhatte, was getan werden mußte! Ja, ich sah nur zu deutlich, daß ich mit dieser jetzigen Karawane alles, was ich erstrebte, nicht würde erreichen können; sie war erschöpft und verbraucht, worüber man sich nach allem, was sie durchgemacht hatte, wahrhaftig nicht wundern konnte. Mein Schicksal jagte mich förmlich nach Ladak zurück. Unterwegs aber mußte ich versuchen, noch möglichst große Entdeckungen zu machen. Und dann? Darüber wußte ich nichts. Aber das wußte ich, daß ich nie kapitulieren und Tibet nicht eher verlassen würde, bis ich alles, was in meiner Macht stand, getan, um das unbekannte Land im Norden des oberen Brahmaputra zu erobern!

Am Morgen des 5. kam mein alter Freund, der Gova von Raga-tasam. Er hatte gehört, daß wir in schwieriger Lage seien und erbot sich, ein vernünftiges Wort mit Pemba Tsering zu sprechen. Später kamen beide in mein Zelt und teilten mir mit, daß ich auf dem nördlichen Wege nach Njuku ziehen dürfe! Der Gova erhielt für seine Bemühungen eines unserer besten Pferde. Nun hatten wir von unsern eigenen Tieren noch sechs, darunter drei Veteranen aus Leh, zwei Pferde und einen Maulesel. Am nächsten Abend kam Guffaru zum erstenmal, um sich Instruktionen zu holen. Und am 7. Juni brachen wir in aller Frühe auf.

Am Grabe machte ich einen Augenblick halt. Es sah in all seiner Einfachheit vornehm und würdig aus. In seiner dunklen Kammer schlummert nun der Müde bis ans Ende der Zeiten. Ich dachte an den Lama Rinpotsche in seiner dunklen Höhle bei Linga!

Leb' wohl und Dank für gute Wacht!

Auf Schleichwegen nach Tradum

Der Tag war strahlend, es war nicht Frühling, es war Sommer. In der Luft summten plötzlich Fliegen, Wespen und Bremsen, auf dem Erdboden war allerlei Gewürm herausgekrochen und beeilte sich, die warme Jahreszeit, die hier so kurz ist, zu genießen. Es war heiß! Um ein Uhr 21,2 Grad! Die Sonne erschien mir ebenso brennend wie in Indien. Das Tal des Satschu erweitert sich nach Westen hin; an den Ufern des Flusses saßen Wildgänse, Reiher und Enten, und auf den Bergen, an deren Fuß wir auf der rechten Seite des Tales hinzogen, krächzten die Dohlen. Das neue Gras war schon sommerlich grün und frisch.

Wir begegneten einer Karawane von 200 Yaks in fünf Abteilungen, die je zwei pfeifende Treiber hatten.

»Woher kommt ihr?« fragte ich.

»Vom Tabie-tsaka, wo wir Salz geholt haben.«

»Wo liegt der See?«

»Nordwärts in Bongba, 30 Tagereisen von hier.«

»Geht der Weg dorthin über hohe Pässe?«

»Ja, zwölf Tagereisen nördlich ist ein hoher Paß.«

Es war das erstemal, daß ich von diesem wichtigen Salzsee reden hörte, und ich beneidete die Leute der Salzkarawane, denn sie hatten diesen den Europäern gänzlich unbekannten Weg durch den Transhimalaja hinter sich.

Die Tasam hatten wir links liegenlassen; wir schwenkten nach Nordwesten ab, gerade auf Targjaling-gumpa zu. Unterhalb des Klosters hatte Guffaru das Lager aufgeschlagen. Zehn Lamas waren gekommen sich zu erkundigen, ob wir Diebe und Räuber seien, die das Kloster angreifen wollten! »O bewahre«, hatte er geantwortet, »wir sind friedliche Reisende, die die Nacht hier zubringen.« »Das erlauben wir nicht«, hatten sie erwidert, »ihr müßt auf der großen Straße bleiben.« Ich schickte nun Rabsang hinauf, den schon am Tor 30 Mönche umringten. Er erhielt denselben Bescheid; nie sei ein Europäer hier gewesen, nie werde einer das Kloster betreten! Wenn die Herren des Dsong es versuchten, uns hineinzuhelfen, sollten sie es mit dem Leben büßen! Angenehme Geistlichkeit! Nicht einmal Rabsang, der Lamaist war und mehrere Gaos am Halse trug, durfte hinein. Er stand ja im Dienst eines Europäers. So feindlich waren uns diese Mönche gesinnt, daß sie die kleine Quellader verstopften, aus der wir Wasser holten! Der Devaschung ging sie, ihrer Aussage nach, gar nichts an. Wir hatten schon in Saka-dsong gehört, daß diese Mönche kriegerisch und unabhängig seien. Aber wir konnten auch ohne sie und ihr Kloster, das ziemlich klein und unbedeutend aussah, fertig werden.

Hier erkrankten unsere vier Hündchen an einer seltsamen Krankheit, liefen unruhig umher, schnoben und niesten, hatten Eiter in den Augen und keinen Hunger. Abends hörte ich den einen meiner kleinen Zeltkameraden winseln und heulen, am nächsten Morgen lag er tot auf seiner Filzdecke.

Rawlings und Ryders Route zur Linken lassend, zogen wir bis an das Ufer des Tschaktak-tsangpo und dann nordwärts am Fluß entlang. Der Fluß hat starke Strömung. Im Süden sieht man das Tor, durch das er aus dem Gebirge heraustritt. Beim Dorfe Pasa-guk, das größer als Saka-dsong ist, lagerten wir auf dem rechten Ufer. Der Fluß war hier 43 Meter breit, höchstens 0,78 Meter tief und hatte 17,8 Kubikmeter Wasser. Den Sa-tschu und andere Nebenflüsse nimmt er erst unterhalb des Dorfes Pasa-guk auf.

Mitten im Dorf war ein Serai mit großen Salzvorräten in Säcken. Hier wird von Zeit zu Zeit ein Tauschmarkt abgehalten, bei dem Salz die Scheidemünze bildet. Ich versuchte, weitere Erkundigungen über das Land im Norden einzuziehen, aber als ich die verschiedenen Angaben miteinander verglich, war das Ergebnis ein hoffnungsloser Wirrwarr. So fragte ich z. B. Wanderer, die von Tabie-tsaka kamen, wie weit sie jeden Tag gingen und wo sie Seen, Flüsse und Pässe überschritten, und als ich die angegebenen

Wegstrecken addierte und die Richtung auf die Karte setzte, reichte die Linie bis Kaschgar — durch ganz Tibet und Ostturkestan! Verwendbare Daten über das Land im Norden zu erhalten, war unmöglich. Ich mußte es also mit eigenen Augen sehen! Aber wie würde das möglich sein? —

Empört und voller Wut kam plötzlich der Hadschi zu mir, um sich zu beklagen, daß Guffaru ihn geschlagen habe. Ich saß zu Gericht und stellte ein Verhör an. Der Hadschi hatte sich geweigert, die Pferde zu hüten, als er an der Reihe war, und der Karawan-baschi hatte ihn deswegen durchgeprügelt. Das Urteil lautete, daß der Hadschi in Njuku seinen Abschied erhalte.

In dem sammetweichen Ufergras saßen Robert und ich und sahen mit sehnsüchtigen Blicken dem Flußwaser zu, wie es in munterm Spiel nach den ersehnten Küsten hintanzte. Ein Greis und ein Jüngling gesellten sich zu uns und erheiterten uns durch Tanz und Gesang. Der Alte in einer dreieckigen Maske von Ziegenleder mit roten Zeugstreifen und Schellen tanzte und stampfte auf den Boden, und der Jüngling sang folgendes unbegreifliche Lied:

Heil dir, Gott, du Gott des Passes!
Viele Sterne funkeln in der Nacht.
Heute ist ein schöner Tag.
Möchte doch Regen kommen!
Schenk' mir ein Stück Tee oder eine kleine Münze!
O Koch, schenkst du mir eine Prise Mehl und ein Radieschen?
So ist die Maske, die man in Tschang-tang trägt.
Am rechten Ohr eine Locke, weder groß noch klein,
Am linken ein Stöckchen, weder groß noch klein;
Weder Schatten noch Sonne.
Es ist ein väterliches Stöckchen und ein mütterliches Stöckchen,
Überall haben wir Stöckchen, mit Ästen,
Denn sie beschützen uns vor allen Gefahren.
Das Pferd hält seinen Kopf hoch,
Und der Reiter hält seinen Kopf hoch.
Die Götter sind hoch, der Erdboden ist tief.
Ihr habt Gold und Silber vollauf.
Möchten sich euer Vieh, eure Schafherden und eure Habe vermehren!
Möchte sich eure Familie vermehren!
Der König von Ladak sitzt zwischen einem goldenen und einem [silbernen König. —
Jetzt ist das Lied zu Ende.

Am 10. Juni ließ ich den Tschaktak-tsangpo rechts liegen, leider ohne aus seinem Oberlauf klug geworden zu sein. Wir zogen in seinem Nebental Rock in nordwestlicher Richtung aufwärts. Im Lager am Teiche Tschuru erschien mir der Abend endlos. Das Heimweh schien auf einmal ansteckend geworden zu sein! Die Ladakis sangen nicht mehr; sie machten nur Schuhe für ihre Kinder und verknüpften dabei ihre Gedanken noch fester mit der Heimat. Auch ich fand nach der Tagesarbeit keine Ruhe. Wenn wir wenigstens wüßten, welche Antwort uns die Mandarinen geben würden, aber unsere Boten kamen nicht wieder! O du unheimliches, ödes Tibet, du schwarzes, armes, abergläubisches Volk! In der stillen Nacht waren mir die

Schritte des Lagerwächters eine angenehme Gesellschaft. Nach minus 9,8 Grad in der Nacht ritten wir nach Westen weiter über einen flachen Paß, eine Wasserscheide zwischen dem Tschartak-tsangpo und dem Njuku, auf einem Weg, der einst eine Tasam gewesen war; zahlreiche Ruinen und Manis erinnerten an jene Zeit. Die Gegend hatte viel Nomaden, oft schwarze Zelte, bei denen man Schafe blöken und Hunde bellen hörte; Frauen und Knaben hüteten die Herden, an den Abhängen grasten Yaks. Das Land erinnerte an die Sommerweiden des Pamir. Auch das zweite Hündchen starb über Nacht und war am Morgen beinahe schon von den Raben verspeist.

Am 12. Juni kamen wir wieder an die Tasam, und zwar bei Njuku, wo wir das Lager aufschlugen. Der Gova von Njuku, dessen Freundschaft ich in Saka-dsong gewonnen hatte, war sehr zuvorkommend und meinte, ich könne gern wieder einen Bogen nach Norden machen, da ich die Landstraße ja zu verabscheuen schiene. Er werde mich auf einen Paß hinaufführen, von wo aus man beinahe alle Berge auf der ganzen Erde, besonders aber den unmittelbar nördlichen Lumbo-gangri sehen könne!

In Njuku starb auch das dritte Hündchen. Die Tibeter sagten, daß sie an einer Halskrankheit zugrunde gegangen seien, die »Gakpa« heiße und sehr häufig vorkomme. Mama Puppy kümmerte sich übrigens kein bißchen um ihre Kleinen, als sie krank waren, sie schien ihnen eher aus dem Wege zu gehen. Wir hatten sie mit warmem Wasser gewaschen und nach besten Kräften gepflegt und taten jetzt alles, um den letzten zu retten. Die Tibeter konnten nicht begreifen, wie man sich um einen Hund soviel Arbeit machen könne.

Blauweiß zitternde Lichtscheine zuckten den ganzen Abend über dem Gebirge im Südwesten; unter den Blitzen traten die Umrisse der Berge scharf und schwarz hervor. Das ist das Zeichen der kommenden Monsunregen auf den Südabhängen des Himalaja. Alle sehnen sich danach. Wenn hier oben Regen fällt, ist das Gras in ein paar Tagen üppig, das Vieh wird fett und behäbig, die Milch dick und gelb; jetzt ist sie dünn und weiß und gibt wenig Butter. Das Leben der Nomaden, ja der Wohlstand des ganzen Landes hängt vom Monsun ab. Die Sommerweide hilft den Herden die Kargheit des übrigen Jahres überstehen. Bleibt der Regen aus, so verkümmern die Herden und sterben.

Der 13. wurde ein fauler Ruhetag — wir mußten jetzt auf Tundup Sonam und Taschi warten. Während der Rasttage rasierte ich mich immer — es ist ein schönes Gefühl, sauber zu sein, auch wenn man niemand hat, für den man sich hübsch machen möchte. Robert schoß drei Wildgänse und fing zwei noch gelbe Junge, die in sein Zelt spaziert waren und dort Spinat gemacht hatten. Wir setzten sie in den kristallklaren Men-tschu-Fluß in der Hoffnung, daß irgendeine freundliche Gänsemama sich ihrer annehmen werde.

Von hier aus sollten es nur vier Tagereisen nach einer Gegend in Nepal sein, wo Tannenwald steht. Man denke: Tannenwald wie in Schweden und in Simla! Doch wir mußten auf diesen öden Hochebenen bleiben.

Gerade als wir am folgenden Tag aufbrechen wollten, kamen der Hadschi, Islam Ahun und Gaffar zu mir und verlangten, wenn sie bei mir bleiben sollten, Befreiung von den Nachtwachen und eigene Beköstigung. Ich rief nun alle zusammen und fragte sie, ob noch sonst jemand sich ihnen jetzt, wo sie weggejagt würden, anschließen wolle? Aber keiner wollte. Hadschi, der einzige der Mohammedaner, der in Mekka gewesen, ja sogar zweimal dort gewesen, war der einzige Schuft in der Karawane! Er hatte die beiden andern aufgewiegelt. — Als wir nach Nordwesten durch das Tal des Men-tschu bergan weiterzogen, verschwanden die drei Männer uns aus dem Gesicht.

Im Lager Nr. 177 hatte ich am 15. Juni großen Empfangstag, denn einige Häuptlinge von der Bongbaseite besuchten mich; auch der Gova von Tradum, unser alter Freund, war gekommen. Sie beschlossen, mich eine kleine Strecke nach Norden reiten zu lassen, unter der Bedingung, daß ich am selben Tag wieder zurückkehre. Am 16. ritten wir daher auf gemieteten frischen Pferden zum Kilung-la hinauf. Vor uns hatten wir das schwarze Lumbo-gangri-Gebirge mit tiefen, wilden Tälern und steilen Felswänden. Die Leute sagten, der Berg sei heilig, eine Art Pforte oder Vorhof zum Kang-rinpotsche, dem berühmten Wallfahrtsberg in der Nähe der Indusquellen. Hinter dem Lumbo-gangri liegen Tal und Fluß Rukjok-tsangpo, der dem Tschaktak-tsangpo zuströmt.

Schon hier wurde mir klar, daß diese Gipfel, die Ryder und Wood gemessen hatten, nicht mehr auf der Wasserscheide der ozeanischen Flüsse liegen konnten. Aber wie das nördlich von ihnen liegende Land aussah, das wußte keiner. Die Bongbaleute hatten Befehl erhalten, uns Halt zu gebieten, wenn wir versuchen sollten, uns nach Norden durchzuzwängen. Es gelang mir weder durch Bitten noch durch Drohungen, mehr zu erreichen als die Aussicht vom Kilung-la. Je weiter wir nach Westen schritten, desto größere Stücke des weißen Fleckes auf der Karte blieben hinter mir zurück! Es war mir ein entsetzlich bitteres Gefühl; ich setzte noch immer meine Hoffnung auf die chinesische Post aus Lhasa.

Am Morgen des 17. waren alle Berge verschneit; der Tag wurde aber warm und schön, als wir nach dem Sertschung-la hinaufritten und im Südwesten den nördlichsten Kamm des Himalaja und das breite Brahmaputratal sahen. Das abwärts führende Paßtal ist reich an Buschholz und Flugsand, der hier bis zu sechs Meter hohe Dünen gebildet hat.

Nach einem interessanten, ergebnisreichen Marsch lagerten wir in dem Talknoten Dambak-rong. Aber der Tag war noch nicht zu Ende. Wir hörten, daß Naser Schahs Sohn gestern auf dem Weg nach Ladak mit 22 Mauleseln in Tradum eingetroffen sei. Sofort wurde ein Eilbote zu ihm geschickt mit der Bitte, mich zu erwarten und mir Nachricht von Tundup Sonam und Taschi zu geben. Der Gova von Tradum ritt selbst nach Hause, um alles zu unserer Ankunft vorzubereiten. Eine Weile verging. Da hörten wir Schellengeklingel. Ein Reiter kam in starkem Trab aus dem Sertschungtal. Er war sichtlich unserer Spur gefolgt, ritt gerade auf mein Zelt zu und überreichte mir einen Brief, dessen großes Siegel die Worte: »Imperial Chinese Mission, Tibet« und dasselbe in chinesischen Schriftzeichen enthielt.

Jetzt sollte sich mein Schicksal entscheiden! Die Ladakis drängten sich um mein Zelt. Ich merkte ihnen an, wie sehr sie wünschten, daß man uns zwänge, auf dem geradesten Weg nach Ladak zurückzukehren. Sie konnten nicht von denselben ideellen Interessen beseelt sein wie ich. In der größten Spannung erbrach ich den Brief. Er war »Lhasa, am 3. Juni« datiert und also 14 Tage unterwegs gewesen. Er war in fehlerfreiem Englisch von Ho Tsao Hsing, First Secretary to His Excellency Chang (Tang Darin), geschrieben und lautete:

Dear Doktor Hedin!

Ihr Brief an Seine Exzellenz Tschang, datiert vom 14. Mai, ist uns richtig zu Händen gekommen. Nachdem Seine Exzellenz erfahren haben, daß Sie in Raga-tasam angelangt sind und daß der Devaschung Sie am Weiterreisen verhindert hat, bedauert er aufrichtig, daß so etwas hat vorkommen können, und hat mich beauftragt, Ihnen folgende Mitteilung zu senden:

In seinem letzten Briefe an Sie bat Seine Exzellenz, daß Sie auf demselben Wege, auf dem Sie gekommen, zurückkehren möchten; er kann daher nicht verstehen, weshalb Sie, seinen Wünschen entgegen, einen anderen Weg eingeschlagen haben. Daher sind Sie auch in eine so unangenehme Lage geraten, was Seine Exzellenz in der Tat aufrichtig bedauert.

Seine Exzellenz hat nun wiederum dem Devaschung und den Behörden längs der Heerstraße Befehl erteilt, Ihnen allen nur möglichen Schutz und alle nur mögliche Unterstützung zuteil werden zu lassen. Aber er wünscht aufs bestimmteste, daß Sie Ihre Richtung nicht nach Nordwesten hin ändern, wo sowohl das Land wie das Volk wild sind (ich möchte nur wissen, woher er das weiß!) und wo Ihnen Unglücksfälle zustoßen könnten, wofür Seine Exzellenz schwerlich auch nur die geringste Verantwortung übernehmen könnte.

Seine Exzellenz wünscht daher, daß Sie auf dem Weg, auf dem Sie gekommen sind, wieder heimkehren, und kann Ihnen nicht erlauben, eine andere Richtung einzuschlagen.

Seine Exzellenz schickt Ihnen seine besten Grüße und wünscht, daß Sie glücklich und gesund zu Hause eintreffen möchten.

Das war alles, was ich bei dem Streich gewann, der uns schon so viel Zeit gekostet hatte! Ein bestimmtes Verbot, nordwestwärts nach dem Land meiner Träume zu ziehen! Jetzt mußte der Devaschung neue Verhaltungsmaßregeln empfangen und die Bewachung immer schärfer werden, und auch von Süden her wurden mir die eisernen Tore des Weges, der in das Verbotene Land hineinführt, zugeschlagen. Tang Darin war ebenso unerbittlich wie der Staatssekretär für Indien, Mr. Morley! Aber auch er stachelte nur meinen Ehrgeiz an, und dafür bin ich ihm Dank schuldig. Vorläufig belegten wir das Exemplar meines Passes, das auf der ganzen Straße vor uns von Gova zu Gova gehen sollte, mit Beschlag.

Aber noch immer war der verhängnisvolle Tag nicht zu Ende. Als die Sonne unterging, kamen meine verschollenen Eilboten, Tundup Sonam und Taschi angewandert, staubig und zerlumpt, ihre Bündel auf dem Rücken! »Gut gemacht und willkommen, zehn Rupien pro Mann und einen neuen Anzug erhaltet ihr als Belohnung! Was bringt ihr Neues?« Keine Briefe!

Nur eine Bescheinigung von Ma, daß er meine Post nach Lhasa gesandt hat, und einen Brief von Gulam Kadir an Muhamed Isa. Schigatse hatten sie in elf Tagen erreicht und sich dort drei Tage ausgeruht. Dann waren sie von Taschi-lunpo aus direkt nach Westen aufgebrochen. Sie waren den ersten Tag schnell und lange marschiert und bei Sonnenuntergang nach dem Ta-la hinaufgestiegen, als neun Wegelagerer, zwei mit Flinten und die andern mit Säbeln, über sie hergefallen waren und sie zu Boden geworfen hatten. Die beiden Flinten waren auf die Gabeln gestellt, die Läufe auf ihren Kopf gerichtet worden, die sieben Säbel waren aus der Scheide geflogen und einer der Männer hatte gesagt:

»So wahr euch euer Leben lieb ist, her mit allem, was ihr Wertvolles habt!«

Zu Tode erschrocken, hatten die beiden Ladakis gebeten, ihnen alles zu nehmen, was sie haben wollten, wenn sie ihnen nur das Leben ließen. Die neun Räuber hatten nun die Überfallenen gründlich ausgeplündert. Die Kleider, die sie auf dem Leibe trugen, hatten sie behalten dürfen. Aus reinem Zufall hatten die Räuber ein kleines Bündel mit 30 Tengas übersehen, das Tundup Sonam in der Rückseite seiner Leibbinde versteckt hatte. Im Handumdrehen waren die Wegelagerer im Gebirge verschwunden. Unsere beiden besiegten Helden waren weinend auf der Walstatt geblieben, bis es dunkel wurde. Todmüde waren sie schließlich unter zwei Steinblöcke am Wegrand gekrochen und hatten am nächsten Morgen drei schwarze Zelte erreicht, wo man ihnen zu essen gegeben und ihnen erzählt hatte, daß vor zwei Tagen ein Lama auf demselben Ta-la bis auf die Haut ausgeraubt worden sei. Nun aber waren sie gerettet, und es war rührend zu sehen, wie sie sich freuten, wieder hier zu sein. Sie hatten Muhamed Isas Grab gesehen, und die Unterhaltung hierüber rief Tserings Kummer wieder wach.

Am 18. Juni zogen wir durch offenes Gelände nach Tradum, wobei wir den Weg auf der nördlichen Talseite nahmen, während die Tasam auf der südlichen blieb. Der Boden war sandig. Kleine boshafte Bremsen fliegen summend in die Nüstern der Pferde und machen sie toll. Sie gehen jetzt wie die Wildesel mit dem Maul am Boden, um sich vor den Bremsen zu schützen. Rechts liegt der Tuto-pukpa, ein Berg, zu dem die Leichen aus Tradum auf Yaks gebracht werden, um dort zerstückelt zu werden. Im Südosten sieht man die Tasam sich wie ein helles Band schlängeln; unser Pfad mündet in sie ein; sie ist zwölf Meter breit zwischen grasbewachsenen Sandterrassen; sie ist die »great trunk road« Tibets.

Wir hatten kaum unser Lager aufgeschlagen, als der entlassene Hadschi und seine beiden Begleiter ankamen und uns mit einem »Salam« begrüßten! Aber ich war böse und jagte sie wieder fort. Nachher hörte ich, daß sie geweint hätten; da tat es mir bitterlich leid, daß ich unfreundlich gewesen war. Nun aber war es zu spät; man hatte sie, als die Abendschatten sich herabsenkten, schweren Schrittes in die Steppe hinauswandern sehen.

Hier starb auch unser viertes Hündchen, das ich als Andenken aus Schigatse behalten zu dürfen gehofft hatte. Mama Puppy war jetzt wieder allein auf ihrer Matte, und vor den Zelten lagen die beiden schwarzen Hunde vom Ngangtse-tso.

Der Gova von Tradum war ein angenehmer, gemütlicher Schalk und verachtete den Devaschung gründlich. Er wollte mich das Tsa-tschu-Tal nicht hinaufziehen lassen, aber er hatte nichts gegen einen Ausflug nach dem Kore-la; dieser ist zwei Tagereisen weit südwestlich entfernt und gehört zu dem Himalajakamm, der eine Wasserscheide zwischen dem Brahmaputra und dem Ganges ist! Er ließ uns sogar sechs Pferde mieten und gab mir zwei Führer für den Ausflug mit, der am Morgen des 20. Juni angetreten wurde.

Die erste Nacht sollten wir dort lagern, wo der Tsatschu-tsangpo sich in den oberen Brahmaputra ergießt. Mit meinen gewöhnlichen Begleitern ritt ich über die Grassteppe und Sanddünen nach Südsüdwesten. Vor uns zeigten sich drei Wanderer mit Bündeln auf dem Rücken und Stöcken in den Händen. Als wir sie eingeholt hatten, kamen sie heran, um ihre Stirn an meine Füße zu legen. Es waren der Hadschi und die beiden anderen! Ich war innerlich froh über die Gelegenheit, sie wieder in Gnaden aufnehmen zu können. Sie sollten künftig die Yaks begleiten.

Auf dem rechten Flußufer am Fuß des Hügels (4565 Meter), auf dessen Gipfel die Ruinen des alten Klosters Liktse liegen, war das Lager schon aufgeschlagen. Hier führt eine wichtige Handelsstraße über den Fluß, eine Fähre sorgt für die Verbindung zwischen beiden Ufern. Der Tsa-tschu-Fluß hatte jetzt eine Breite von 32,5 Meter und eine Tiefe von kaum einem Meter; der Brahmaputra war 110 Meter breit und bis zu 1,75 Meter tief und machte einen viel stattlicheren Eindruck als weiter abwärts.

Es war nicht leicht, das Seil über den Fluß zu spannen, weil heftiger Südweststurm wehte und starker Wellengang war. Als wir es endlich über den Fluß gespannt hatten, riß es durch den Druck des Windes und der Wellen und mußte noch einmal gespannt werden.

In der Nacht blieb die Minimumtemperatur zum erstenmal über Null, plus 3,2 Grad! Und der Morgen war nach dem gestrigen Sturme herrlich, der Himmel zur Hälfte mit heitern Sommerwölkchen bedeckt, kein Lüftchen regte sich. Die Fähre war schon mit Fahrgästen und Gütern in Betrieb. Für jede Überfahrt erhielt der Fährmann einen Tenga. Unsere Pferde und Yaks wurden schwimmend hinüberbefördert, nachdem sie nachts auf der Steppe des linken Ufers gegrast hatten.

Auf dem Weg nach dem kleinen Tsasa-la begegneten wir einer großen Yakkarawane.

»Woher kommt ihr?« fragte ich.

»Aus Mundang im Lande Lo Gapus.«

Mundang findet man auf den englischen Karten von Nepal, aber wer war Lo Gapu, »der König des Südlandes?«

Die nächste Paßschwelle hieß Dorab-la, von ihr aus sahen wir das Tal des Tschockar-schung-tschu, ein breites Tal, dessen Bach teilweise vom Kore-la kommt und sich in den Brahmaputra ergießt.

Ein kurzer Besuch in Nepal

Der 22. Juni war es, an dem ich vom Kore-la einen verstohlenen Blick auf das Land Nepal werfen und versuchen wollte, zwischen den Wolken einen Schimmer von dem 8130 Meter hohen Gipfel des Dhaulagiri zu erhaschen. Aber der Morgen war trübe, schwere Wolken lagen wie Matratzen über der Erde, und von den umliegenden Bergen war nichts zu sehen. »Wir warten, bis es sich aufklärt«, war die einzige Weisung, die ich geben konnte. Gerade in dem Moment kam ein Milchmädchen aus einem Lager von 20 Zelten, die wir in der Nähe liegen sahen. Die Leute waren Untertanen von Nepal, lagerten aber auf der tibetischen Seite des Passes. Das Mädchen erzählte, daß wir von den ersten fest angesiedelten Dörfern und Gärten nur eine kurze Tagereise entfernt seien und daß man von hier in zwei Marschtagen nach der Sommerresidenz Lo Gapus käme.

Da war es entschieden: »Wir können ebensogut die Südseite des Passes hinunterreiten, als hier oben wartend im Winde liegen.« Gesagt, getan! Die Zelte werden zusammengeschlagen, die Tiere beladen, wir reiten längs der östlichen Talseite langsam zum Kore-la hinauf, der auf der tibetischen Seite keine Ähnlichkeit mit einem regelrechten Paß hat, denn das bald mit Gras bewachsene, bald aus unfruchtbarer, loser Erde bestehende Gelände scheint völlig eben.

Vergebens schauen wir uns nach der Wasserscheide um; erst an Hand der Rinnsale, die sich vereinigen, um nach dem Süden zu fließen, finden wir sie. Hier zünden wir ein Feuer an, und ich zeichne und messe. Die Aussicht ist staunenerregend, jedenfalls ein Relief, wie wir es lange nicht gesehen haben. Wohl sind die mächtigen Schneeberge im Süden, die noch gestern die Wolken durchbrachen, jetzt verhüllt, aber unsere Täler fallen schroff ab und vereinigen sich zu einem größeren Tal, in dessen Tiefe Wiesen und Felder frühlingsgrün in der ewig-grauen, gelben und roten Berglandschaft aufleuchten.

Wir stehen auf der Grenze zwischen Tibet und Nepal. Hinter uns im Norden haben wir das flache Land am Südufer des Tsangpo. Vom Flusse sind wir nur 96 Meter nach dem Kore-la (4661 Meter) hinaufgestiegen. Und vom Paß geht es Hals über Kopf nach dem Kali Gandak hinab, einem Nebenfluß des Ganges. Wenn man einen Kanal durch den Kore-la grübe, könnte man den oberen Brahmaputra zwingen, ein Nebenfluß des Ganges zu werden! Nordindien bedarf des Irrigationswassers, aber vielleicht wäre der Gewinn gering, da der Brahmaputra in Assam um ebensoviel verringert würde, wie sich der Ganges vergrößerte. Tibet würde dabei verlieren, und eine Menge Dörfer an den Ufern des Kali Gandak würden fortgeschwemmt werden. Von Norden her würde sich ein neuer Einfallsweg in Indien erschließen — vielleicht ist es daher für alle Teile das beste, wenn man die Flüsse so läßt, wie sie sind! Die hier angedeutete Veränderung durch menschliche Kunst wird ihrerzeit schon von selbst eintreten. Denn die Fühlfäden des Kali Gandak setzen ihre Erosion im Gebirge nach Norden hin in viel schnellerem Tempo fort, als die Erosion des Tsangpo in seinem Tale fortschreitet. Einmal im Laufe der Zeit, vielleicht in hunderttausend Jahren, wird der am weitesten nach Norden vorgeschobene Fühlfaden des Gangessystems doch das Ufer des Tsangpo erreichen, und dann tritt zunächst eine Gabelung ein, die mit der Zeit in eine vollständige Veränderung des gegenseitigen Verhältnisses der beiden Flüsse und ihres Gebiets übergeht.

Jetzt sind wir in Nepal! Es ist ein angenehmes, leichtes Gefühl, bergab nach Süden zu gehen, immer dichter werdenden Luftschichten entgegen; es wird wärmer und man atmet leichter; das Grün nimmt zu, verschiedenfarbige Blumen prangen im Grase. Wir denken so wenig wie möglich daran, daß wir uns alle diese Abhänge auch wieder hinaufarbeiten müssen; hinab, hinab laßt uns ziehen, um, wenn auch nur 24 Stunden lang, ein Sommerleben zu führen und das wüste Tibet zu vergessen. Auf dem Paß wehte es vor einer Stunde eisig kalt, jetzt wehen linde Lüfte. Robert glaubt das Säuseln eines Willkomms aus Indien zu hören; Tsering und Rabsang werden lebendig und vergnügt; und ich selber trage mich mit dem Gedanken, dem Könige des Südlandes einen Besuch abzustatten.

Drei Täler stoßen zusammen: Kungtschuk-kong, dem wir gefolgt sind, in der Mitte, Pama im Osten und Damm im Westen. Nur aus dem Dammtal kommt ein kleiner Bach. Wir ziehen auf der rechten Seite des Vereinigungstales weiter. Im Dorfe Jamtschuk sehen wir die ersten Häuser und Bäume!

Unterhalb des linken Nebentales Gurkang-pu bilden die Geröllbetten senkrechte Wände mit zahlreichen Höhlen und Grotten; diese werden augenscheinlich zu Wohnungen benutzt. Weiter unten haben wir das von Gärten umgebene Dorf Nebuk. Die Architektur ist die gewöhnliche tibetische: weißes und rotes Mauerwerk, flache Dächer mit Wimpelstangen. Die Vegetation wird reicher, die Felder größer. Wir kommen an Ruinen vorüber, vielleicht noch Andenken aus der Zeit, als Nepal mit Tibet in Fehde lag. Jetzt hat das dicht bewohnte und reich bebaute Tal friedliches Gepräge, und keine Grenzwächter hindern uns am Weiterziehen.

Längs der Straße liegen die gewöhnlichen Manis, und ein großer, roter Tschorten oder »Stupa« hat einen Anflug indischer Bauart. In der Nähe eines einsamen Gehöftes lagerten wir in einem herrlichen Garten mit prachtvollen Bäumen inmitten wogender Kornfelder! Eine Frau klärte uns darüber auf, daß dieser Platz, den sie Nama-schu nannte, dem Lo Gapu gehöre, und daß ohne seine Erlaubnis niemand sich in dem Garten aufhalten dürfe. Aber wir richteten uns trotzdem häuslich darin ein, atmeten mit Entzücken die linde, dichte Luft und hörten den Wind in den Kronen der Bäume sausen.

Bald stellten sich zwei Männer bei uns ein, die in Lo Gapus Diensten standen, und verlangten Aufklärung über unsere Persönlichkeiten. Sie sagten, wir befänden uns in dem Distrikt Tso und der Fluß heiße Tso-charki-tsangpo. Ein Dorf, das wir gleich unterhalb unseres Lagers liegen sähen, heiße Njanjo; von dort aus habe man nur noch zwei Ausläufer des Gebirges zu überschreiten, um nach Mentang zu kommen, der Residenz Lo Gapus. Dieser sei ein Grenzhäuptling, der dem Maharadscha von Nepal nicht tributpflichtig sei, aber die Verpflichtung habe, Seiner Hoheit alle fünf Jahre einen Besuch abzustatten. Er habe 500 Untertanen. Noch drei Tagereisen weit südwärts sei die Bevölkerung lamaistisch und spreche einen tibetischen Dialekt, aus dem man jedoch verschiedene indische und persische Worte heraushören könne.

Nachdem wir alle Aufklärungen gegeben hatten, ritt einer der Männer talabwärts, um dem Grenzhäuptling Bericht zu erstatten. Während der Zeit hielten wir Rat. Ich hatte nur Robert, Tsering, Rabsang und zwei Tibeter bei mir, und meine Kasse bestand aus 24 Rupien! Der Gedanke, noch einige Tage südwärts durch die tiefen, zerklüfteten Täler des Himalaja ziehen zu können, war eine große Versuchung. Hier, im Lager Nama-schu, befanden wir uns auf einer Höhe von 3806 Meter, waren also vom Kore-la 855 Meter abgestiegen. Mit jeder Tagereise würden wir in dichtere Luft kommen und waren schon jetzt nicht mehr weit von den schattigen Nadelholzwäldern. Aber würde es klug sein, noch weiter nach Nepal zu gehen? Ich zerbrach mir den Kopf darüber und überlegte die Sache hin und her. Weiter als zwei Tage konnte meine Kasse nicht reichen! Unsere Pferde gehörten dem Gova von Tradum, und wir hatten mit ihm vereinbart, daß wir vom Kore-la nur nach Nepal hineinschauen würden; jetzt hatten wir schon die Grenze überschritten und waren in einem Land, wo wir uns viel weniger sicher als in Tibet fühlten. Ohne es zu ahnen, konnte ich mich in einer Mausefalle fangen! Lo Gapu konnte uns festhalten und sich von Katmandu Verhaltungsbefehle erbitten. Die größte Gefahr aber war, daß die Tibeter uns durch Blockieren der Grenze den Rückzug unmöglich machten. Dann würden wir von der Hauptkarawane abgeschnitten sein und meine bisherigen Ergebnisse wären gefährdet. Ich beschloß daher, am folgenden Morgen schon so früh wieder umzukehren, daß Lo Gapus Leute nicht die Zeit hätten, uns festzuhalten.

Aber der Abend war schön und lang, und wir genossen ihn in vollen Zügen unter dem Rauschen der dichtbelaubten Bäume. Ich hatte ein Gefühl vollkommenen Behagens, es atmete sich leicht, das Herz brauchte nicht so angestrengt zu arbeiten wie in Tschang-tang; man hatte warme Füße, und die Nacht schliefen wir so schön wie selten. Denn wenn man in Tschangtang auch acht Stunden schläft, fühlt man sich beim Aufstehen doch nie erfrischt und ausgeruht; man hat dort nicht den genügenden Gewinn vom Schlaf. Hier dagegen hatten wir nach der Nachtruhe ein uns ganz durchdringendes Wohlgefühl; die einzige Enttäuschung waren die Wolken, die die gewaltigen Himalajagipfel im Süden und Südsüdwesten verdeckten.

Am 23. Juni saßen wir wieder zu Pferd. Von Lo Gapu hatten wir noch kein Wort gehört. Als der Bote uns verlassen hatte, war er überzeugt gewesen, daß wir talabwärts weiterziehen würden, und der kleine Potentat wartete jetzt wohl auf unser Kommen. Er mochte warten! Wir ritten langsam wieder bergauf, ließen unsere frühere Straße zur Rechten liegen und lagerten bei Kung-muga.

Ich saß gerade beim Zeichnen, als ein Reiter angeklingelt kam. In der Hand hielt er eine grüne Zeugfahne, also eine Botschaft, chinesisch und tibetisch. Ich war sicher, daß es sich um strenge Maßregeln gegen mich handelte, fand aber, daß es nur ein Ukas aus Lhasa war, an alle Stationen bis Gartok hin: daß man zwei Chinesen, die beauftragt seien, mich ausfindig zu machen, um mit mir zu »reden« und mir einen Brief von Exzellenz Lien

Darin zu überbringen, überall Pferde und Lasttiere zur Verfügung zu stellen habe. Man könne sie jeden Augenblick erwarten.

Das ganze Land lag in undurchdringlichem Nebel eingebettet, nicht einmal die benachbarten Zelte waren sichtbar. Auch als er sich ein wenig verzogen hatte, blieben die Berge noch verhüllt. Auf vorzüglichem Wege ritten wir nach Nordwesten und staunten über die zahlreichen Manis.

Wir ritten an Zeltlagern mit großen Herden vorüber; Wildesel grasten neben zahmen Yaks. Alle, die uns begegneten, blieben stehen und begrüßten uns. Der Gova von Tradum kam uns entgegen; er machte ein sehr unglückliches Gesicht und zerbrach sich den Kopf, ob Lo Gapu wohl über unsern Besuch in Nepal böse sein werde. Über die kleine Schwelle Tasang-la erreichten wir glücklich Bando in der Nähe des kleinen Sees Tsototkarpo, wo uns Guffaru mit der Hauptkarawane erwartete.

Wir hatten nur auf einen Tag Proviant, der Gova von Tradum erbot sich aber, uns mehr zu besorgen, wenn wir für die Pferde, die wir mieten müßten, gut bezahlen wollten. Vor den Chinesen, die im Anzug waren, hatte er, wie er sagte, nicht die geringste Angst; sollten sie ihm darüber Vorwürfe machen, daß er uns habe auf dem Südufer des Tsangpo ziehen lassen, so werde er ihnen erwidern, daß es dort leichter sei, uns mit Proviant zu versorgen, als auf dem nördlichen. Er war früher Lama in Taschi-gembe gewesen, hatte aber sein Herz an eine Dame verloren; um die Geschichte zu vertuschen, hatte er eine Pilgerfahrt nach dem Kang-rinpotsche angetreten, sie war aber doch herausgekommen, und man hatte ihm die Rückkehr verboten. Dann hatte er allmählich doch Karriere gemacht und war nun Häuptling von Tradum und ein ebenso großer Schelm auf weltlichem Gebiet, als er es auf dem religiösen gewesen war. Mir leistete er jedoch vorzügliche Dienste.

Die Aussicht von unserem hochliegenden Lagerplatz war großartig. Als der Vollmond etwas höher gestiegen war, glänzte der kleine See wie eine silberne Klinge. Die Sonne hatte nur einen Widerschein über dem westlichen Horizont hinterlassen, aber die ganze Brahmaputraebene und die Gebirge von Tschang-tang im Norden traten deutlich hervor.

Als der Tag graute, ritten wir durch Wolken von Fliegen, stechenden Mücken und Bremsen bergauf über den Tagu-la und im Tambaktal abwärts. Im Westen entfaltet sich ein großartiger Ausblick der nördlichsten Kette des Himalaja, im Nordwesten haben wir die breite offene Ebene des Brahmaputra.

Am Morgen kam ein schnell vorüberziehender Regenschauer, am Vormittag noch einer; wir beobachteten alle Anzeichen am Himmel und sehnen uns ebenso sehr wie die Tibeter nach Regen, aber nicht nur unsertwegen, sondern auch um der Antilopen, der Wildesel und der Bergschafe willen. Über den Gebirgen im Süden sind die Wolken blauschwarz, und von ihnen hängen Fransen von eitel Regen herab. Man glaubt zu hören, wie er auf den Steinplatten plätschert, und wie neugeborene Gewässer klingend durch die Täler rieseln. Das bißchen Regen, das in unsern Gegenden gefallen ist, vermag die Erde nur auf kurze Zeit anzufeuchten. Es klang gemütlich, als seine Tropfen auf dem Regenschirm des Govas von Tradum und meinem Curzonhut trommelten. Dumpf und feierlich wie das Echo einer Posaune des jüngsten Gerichts rollte der Donner ringsumher in den Bergen.

Dann überschreiten wir den Närung-tsangpo, kommen auf die gewaltige Talebene des Brahmaputra hinaus und lagern in einer von zahlreichen Nomaden bewohnten Gegend. Der Gova von Nagor war ein hochgewachsener, angenehmer Mensch, der uns Tsamba, Tschang und Gänseeier verschaffte, eine angenehme Abwechslung in unserer ewigen Schaffleischkost. Robert und Schukkur Ali fingen Fische. Der Gova erzählte mir, seine Eltern, die in Kham zu Hause seien, hätten einst eine Pilgerfahrt nach dem Kangrinpotsche gemacht und dabei ihn, ihren kleinen Sohn, entweder aus Vergeßlichkeit oder absichtlich hier zurückgelassen. Der Junge war in den Zelten der wilden Nomaden aufgewachsen und jetzt, obwohl ein Fremdling, Häuptling der Gegend!

Über eine Ebene von rissigem Lehmboden, die in der Hochwasserzeit überschwemmt wird, kamen wir zu dem Lager am Ufer des Tsangpo; der Fluß gleicht einem See. Die Breite betrug 890 Meter, die größte Tiefe nur 0,74 Meter. Man durchreitet ihn daher ungehindert, und die Yakkarawanen gehen ruhig durch das Wasser — wie anders weiter abwärts im Osten, wo der zwischen steilen Bergen eingezwängte Fluß reißend und tief ist.

Am nächsten Tag wurde das empfindliche Gepäck mit dem Boote hinüberbefördert, alles übrige auf gemieteten Yaks, die plump und schwarz durch das trübe, grauschmutzige Wasser stampften. Auf dem Nordufer ritten wir dann durch eine ungewöhnliche Landschaft. Hier gab es Seen und Sümpfe, die aus Flußarmen entstanden sind und in einem Labyrinth von bis zu acht Meter hohen Dünen liegen. Wir gehen in allen möglichen Richtungen, um Sanddünen oder tiefere Buchten zu vermeiden, oft aber reiten wir quer durch unangenehme Becken, deren Boden nachgibt; in einigen spürt man eine schwache Strömung, andere haben stillstehendes Wasser. Mücken verfolgen uns in wahren Wolken. Einige Männer gehen als Lotsen voran. Manchmal geraten sie in zu tiefes Wasser und müssen schnell umkehren. Das Hochwasser spült den größten Teil des Flugsandes fort, um ihn weiter unten an den Ufern des Brahmaputra wieder abzusetzen. Wenn aber der Fluß fällt, häuft sich wieder neuer Sand an, und es entstehen neue Dünen. Der Flugsand hat also hier nur eine Raststelle auf seinem Weg nach Osten. Wir lagerten am letzten Ufersee und hörten die Fische im Wasser plätschern. Das ganze Land erinnert an Lop, das Sumpfgebiet in Ostturkestan, und seinen ewigen Kampf zwischen Flugsand und fließendem Wasser. Die Gegend heißt Dongbo. Hier erwarteten mich der Gova von Tuksum und andere Häuptlinge. Der erstgenannte hatte Nachricht erhalten, daß die Chinesen, von deren Nahen wir schon gehört hatten, aus Saka-dsong abgereist und nun auf dem Weg hierher seien. Er glaubte, daß sie noch vor Abend eintreffen würden.

Am 30. Juni zogen wir einen großen Teil der Tagereise auf der Tasam hin, auf der schon Nain Sing und die englische Expedition gereist waren. Denn ich durfte Tuksum, das in meinem Paß verzeichnet stand, nicht umgehen. Den größeren Teil des Weges begleiteten uns schöne, halbmondförmige Dünen, die mit dem vorherrschenden Wind ostwärts über die Ebene wandern. Sie sind ephemere Erscheinungen, die leben und sterben, aber immer wieder durch andere ersetzt werden. Die Hörner ihres Halbmondes sind stark in der Richtung des Windes vorgeschoben, und das Gefälle der Windseite ist sehr steil, bis zu 17 Grad; die vor dem Winde geschützte Seite ist so steil, wie es der herabrieselnde Sand nur zuläßt.

Die ganze Einwohnerschaft Tuksums kam uns vor dem Dorfe entgegen. Mit dem Gova wurde vereinbart, daß Guffaru und die Hauptkarawane nach Schamsang ziehen sollten, während ich mit ein paar Begleitern auf unerlaubten Wegen die Südseite des Flusses abstreifte. Am Abend machte mir eine Abordnung unserer Ladakis ihre Aufwartung, um anzufragen, ob ihnen Muhamed Isa nicht von seinem ausstehenden Lohn ein Fest geben könne! Das fand ich denn doch zu frech, das Geld gehörte ja der Gattin des Verstorbenen; ein Fest könnten sie immerhin veranstalten, und zwar auf meine Kosten, aber es werde nichts weiter als Schaffleisch, Tschang und Tee geben.

Und am Morgen des 1. Juli machte mir wieder jemand seine Aufwartung, nämlich fünf junge Betteldirnen, zerlumpt und schwarz, mit Bündeln in Holzgestellen auf dem Rücken und großen Wanderstäben in den Händen. Sie waren, wie so viele andere, am Kang-rinpotsche gewesen und rechneten auf die Rückreise nach Kham, wo ihre Heimat war, noch ein volles Wanderjahr. Sie betteln sich auf dem ganzen Wege von Zelt zu Zelt durch — es muß für die Nomaden eine drückende Last sein, die zahlreichen Pilger zu unterhalten, die auf dieser Straße wandern.

Am 2. Juli sagten wir also Guffaru und seinem Gefolge Lebewohl, ritten in südwestlicher Richtung über die Ebene und schlugen das Lager 191 auf dem linken Ufer des Tsangpo auf, der hier 56 Kubikmeter Wasser führte. Am nächsten Morgen wurde das Gepäck hinübergebracht, und wir hatten zugleich die Ehre, einem vornehmen Lama, den ich in Taschi-lunpo kennengelernt hatte, über den Fluß zu helfen. Er trug ein gelbes Gewand mit rotem Mantel und hatte einen kleinen, gelben Holzhut, der wie Metall glänzte. Seine Diener waren mit Flinten und Säbeln bewaffnet und brachten ihr ganzes Gepäck auf Yaks über den Fluß. Sie hatten jedoch das Pech, daß die Yaks in zu tiefes Wasser hineingerieten und zu schwimmen begannen, wobei sämtliches Gepäck natürlich durch und durch naß wurde. Wir halfen auch einem Hirten und einigen Lämmern nach der anderen Seite hinüber, und wären wir noch länger geblieben, so hätten wir den ganzen Tag mit unserem Boot Fährdienste leisten können.

Nun setzten wir über zwei weitere Arme, so daß sich für den ganzen Brahmaputra hier 92 Kubikmeter Wasser ergaben. Die Werte, die man erhält, wenn man die Flüsse so nahe an ihrer Quelle mißt, haben jedoch nur untergeordnete Bedeutung, besonders wenn gerade die Schneeschmelze ernstlich begonnen hat. Denn teils steigen gegen Abend, wenn das Schmelzwasser des Tages in das Haupttal hinuntergelangt, die Quellflüsse ganz bedeutend, teils hängt die Wassermenge in hohem Grade vom Wetter ab.

Es wurde eine lange Tagereise, denn in mehreren Zelten weigerten sich die Leute, uns die Unterstützung, die wir brauchten, zu geben, und wir zogen daher weiter nach dem von Süden kommenden großen Nebenfluß Gjang-tschu, der selber mehrere Nebenflüsse vom nördlichsten Kamme des Himalaja aufnimmt.

Ich habe hier keine Zeit, über die Geographie dieser Gebiete auf der Südseite des Brahmaputra zu berichten. Es sei nur gesagt, daß uns während der folgenden Tage niedrige Berge vom Hauptfluß schieden, und daß wir erst am 6. Juli in der Gegend Tschärok wieder an seinem Ufer lagerten. Wir hatten mehrere Nebenflüsse hinter uns gelassen, der Hauptfluß führte nur noch 44 Kubikmeter Wasser.

Nach einer kurzen Tagereise vereinigten wir uns wieder mit Guffarus Truppe in Schamsang (4697 Meter) an der großen Heerstraße, wo jetzt 21 Zelte lagen. Die Häuptlinge der Gegend waren sehr entgegenkommend; sie hatten gegen meinen Plan, nach dem Kubi-gangri hinaufzugehen, dessen Schneegipfel im Südwesten sichtbar waren und in dem die Quellen des Brahmaputra liegen sollen, kein Wort einzuwenden. Sie besorgten uns Proviant auf zwölf Tage; wir hatten lange nicht so freie Hand gehabt wie jetzt. Hier hatte man von chinesischen oder tibetischen Verfolgern aus Lhasa noch nichts gehört.

Auf der Suche nach der Quelle des Brahmaputra

Jetzt waren wir schon weit nach Westen gekommen; Schritt für Schritt hatte die Macht der Verhältnisse mich gezwungen, immer größere Gebiete des Landes im Norden hinter mir zurückzulassen! Es grämte mich, aber ich wollte wenigstens versuchen, aus der mir aufgezwungenen Lage noch das Bestmögliche zu machen. Bei Schamsang, dem Lahtsang Ryders, waren wir an dem Punkt, wo die eigentlichen Quellflüsse des Brahmaputra von verschiedenen Seiten zusammentreffen. Ich hatte schon lange bei mir beschlossen, nach der unbekannten Quelle selbst vorzudringen, falls mir die Tibeter nicht unüberwindliche Hindernisse in den Weg legten.

Der kenntnisreiche, scharfsichtige Oberst Montgomerie hatte Nain Sing im Jahre 1865 das obere Brahmaputratal hinaufgeschickt. Von unserem Schamsang aus ging der Pundit über den Marium-la und sagt in seinem Bericht, daß die Quellen des Flusses in der gigantischen Kette im Süden lägen und von den Gletschern dieses Gebirges gespeist würden. Aber er hat die eigentliche Quelle nicht selbst aufgesucht, sondern ist in westlicher Richtung weitergezogen.

Ein Jahr darauf, 1866, machte Thomas Webber von Süden her eine Exkursion in das tibetische Gebiet; sein Weg liegt etwas südlicher als der Nain Sings. Auf seiner Kartenskizze sieht es aus, als ob er einige Quellflüsse des Tsangpo überschritten habe, aber über die Gegend, wo sie entspringen, gibt er weiter keine Auskunft als: »Snowy ranges unexplored.« Und da er im Text sagt: »Hier waren die Quellen des großen Brahmaputra, der von den Gletschern des Gurla herkommt«, wird die Verwirrung heillos, denn die Quellen des Flusses liegen 100 Kilometer weit vom Gurla, einem Berg, der mit dem Brahmaputra nicht das geringste zu tun hat!

Die politische Expedition, die zu Ende des Jahres 1904 unter Rawlings

Befehl stand, deren Ziel Gartok war und deren Hauptergebnis die bewunderungswürdige Karte des oberen Brahmaputratales ist, die Ryder und seine Helfer aufnahmen, zog von Schamsang über den Marium-la und an der Nordseite des Guntschu-tso entlang nach dem Manasarovar. Mir war es daher von der größten Wichtigkeit, südlich von ihrer Route durch ein Land ziehen zu können, das sie nicht berührt hatten. Sie zogen dieselbe Straße wie Nain Sing und ließen die Quelle des Flusses in einer Entfernung von etwa 40 englischen Meilen südwärts liegen. Aus Ryders Bericht könnte man die Anschauung gewinnen, als ob er den Marium-la als Quelle des Brahmaputra ansehe. Aber in einem Brief, den ich letzthin von ihm erhalten habe, erklärt er, dies sei nicht der Fall gewesen, sondern er habe sich stets gesagt, die wirkliche Quelle müsse zwischen den Schneebergen im Südwesten liegen, deren Gipfel er gemessen und die er auf seiner Karte eingetragen habe.

Kein anderer Reisender ist je in dieser Gegend gewesen, ich aber wollte unter keiner Bedingung die Gelegenheit versäumen, bis an die wirkliche Quelle des Brahmaputra vorzudringen, um ihre Lage endgültig festzustellen.

Wie aber konnte dies geschehen? Bei Schamsang vereinigen sich die Quellflüsse, und erst unterhalb dieses Punktes trägt der vereinigte Fluß den Namen Martsang-tsangpo. Ich hatte natürlich zunächst die Wassermenge der Quellflüsse zu messen; wenn sie ungefähr gleich groß waren, mußte man sich damit begnügen, zu sagen, daß der Brahmaputra mehrere Quellen habe.

Mit zehn Mann, dem Boot und den notwendigen Meßinstrumenten begab ich mich daher am 8. Juli zunächst zu der Stelle am Bergfuß der südlichen Talseite, wo zwei Flüsse zusammenfließen, nämlich der Kubi-tsangpo von Südwesten und der Tschema-jundung von Westen. Eine kurze Tagereise weiter westwärts nimmt der Tschema-jundung den Marium-tschu auf, der vom Marium-la kommt. Erst aber wurde noch der ganze vereinigte Fluß gemessen: er führte 44 Kubikmeter Wasser in der Sekunde, unmittelbar darauf der Tschema-jundung, der beinahe 10 Kubikmeter führte. Wenn wir diese von dem Volumen des vereinigten Flusses abziehen, erhalten wir 34 Kubikmeter als Wassermenge des Kubi-tsangpo. Dieser ist, mit andern Worten, dreieinhalbmal so groß wie der Tschema, wobei aber zu beachten ist, daß der Tschema auch das Wasser des Marium-tschu enthält, so daß seine 10 Kubikmeter also die vereinigte Wassermenge zweier Nebenflüsse darstellen.

Als wir am Abend mit der Hauptkarawane zusammen in der Gegend Umbo (4702 Meter) lagerten, wo der Tschema-jundung und der Marium-tschu sich vereinigen, waren die Flüsse bedeutend angeschwollen. Also ließen sich nur die beiden zu gleicher Zeit vorgenommenen Messungen direkt miteinander vergleichen. Ich übergehe hier alle später vorgenommenen Detailmessungen. Um nach der Quelle zu gelangen, brauchte ich nur zu wissen, daß der Kubi-tsangpo unvergleichlich viel größer war als die beiden andern; seinem Lauf aufwärts in das Gebirge hinein hatte ich also zu folgen. Auch die Tibeter sagten, der Kubi sei der oberste Teil des Martsang-tsangpo.

Am 9. Juli verabschiedeten wir Guffaru und die Hauptkarawane, die immer der großen Straße folgen und über den Marium-la nach Toktschen gehen sollte, während ich mit Robert, drei Ladakis und drei bewaffneten

Tibetern dem Kubi-tsangpo bis an seine Quelle nachgehen wollte. Unser Weg führte nach Westsüdwest. Da wo wir, eine gute Strecke oberhalb des letzten Deltaarms des Marium-tschu, durch den Tschema-jundung gingen, führte der Fluß wenig mehr als 4 Kubikmeter Wasser; der südöstlich von ihm fließende Kubi-tsangpo ist hier also etwa achtmal größer. An der Furt schlugen unsere Tibeter einen Holzpflock mit einem weißen Zeuglappen in den Ufersand ein, »damit der Fluß nicht der Mühe überdrüssig werde, sein Wasser nach den Tälern hinunterzuschicken!«

In Tok-dschonsung, wo wir zwischen einigen Nomadenzelten lagerten, sah der Tschema mächtig aus, aber sein Wasser floß langsam. Auch hier erfuhren wir, wie schon früher bei mehreren Gelegenheiten, daß in Purang die schwarzen Pocken wüteten und daß alle dorthin führenden Wege gesperrt seien. Keine Gegend liegt so hoch, daß der Tod nicht den Weg dorthin findet!

In der Nacht hatten wir 9,2 Grad Kälte, mitten im Juli, aber wir befanden uns auch auf einer Höhe von 4874 Meter. Vor uns im Südwesten traten die Schneegebirge immer schärfer hervor. Der Tschemafluß schlängelt sich mit langsamem Gefäll; noch ehe wir das Lager in Schärjak erreichten, ließen wir ihn zur Rechten liegen.

Bei heftigem Wind ritten wir am 11. Juli weiter südwestlich. Wir folgen einem deutlich erkennbaren Nomadenpfad, der zu dem kleinen Paß Tsoniti-kargang in dem Landrücken, der eine Wasserscheide zwischen dem Tschema-jundung und dem Kubi-tsangpo ist, hinaufführt. Das mächtige Tal des letzteren haben wir jetzt südlich unter uns. Von Südosten her tritt der Nebenfluß Lung-jung aus seinem ausgeprägten Tal heraus. Die Aussicht ist nach allen Seiten hin großartig. Von Nordwesten bis Nordosten zieht sich ein unentwirrbares Meer von Gebirgen hin: die Kämme und Abzweigungen des Transhimalaja, durchschnitten von den nördlichen Nebenflüssen des oberen Tsangpo. Im Süden ein Panorama, das in seiner Wildheit und Weiße überwältigend großartig ist. Den Süden beherrscht ein mächtiger Bergstock, Ngomo-dingding; von seinen Gletschern kommt ein bedeutender Teil der Wassermenge des Kubi-tsangpo. In Westsüdwest liegt der Dongdong, ein anderer Bergstock mit einem ebenso mächtigen Gletscher; das Gebirge rechts davon heißt Tschema-jundung-pu; in ihm entspringt der Fluß dieses Namens, um dann auf Umwegen nach der Vereinigungsstelle bei Schamsang hinabzuströmen. Im Südosten zeigt man mir den Nangsa-la jenseits der nächsten Berge, wo der Gjang-tschu entspringt.

Zwischen Moränen, Granitschutt und Steinblöcken geht es steil abwärts. Hier liegen auf verschiedener Höhe drei kleine, klare Moränenseen, Tso-niti genannt. Das Gelände wird flacher. Beim Lager 200 in Lhajak am Ufer des Kubi-tsangpo, wo die Weide vortrefflich ist, zeigen sich zahlreiche Spuren von Nomadenlagern.

Unsere drei Musketiere erzählten uns, daß viele Menschen und Tiere in den Schneewehen umkommen, wenn die Herden zu hoch hinaufgestiegen sind und von frühzeitigen heftigen Schneetreiben überrascht wurden. Im vorigen Herbst weideten, wie man mir sagte, 23 Yaks am Fuß des Ngomodingding, als es heftig zu schneien begann. Mehrere Hirten eilten hin, um die Tiere nach tiefer liegenden Gegenden zu treiben, aber der Schnee hatte sich schon in solchen Massen angehäuft, daß sie umkehren mußten, um nicht selber darin umzukommen. Jetzt im Frühling hatte man die Gerippe und Häute der umgekommenen Tiere gefunden. Nicht einmal die Wildesel können sich vor diesem Frühschnee retten. Unsere drei Führer, die selber den Sommer hier oben verleben, versicherten mir, der Wildesel erfriere stehend und das erfrorene Tier stehe oft noch auf allen Vieren, wenn die Sommersonne den Schnee aufgetaut habe. Sie hätten tote Wildesel ganz wie lebende in Herden stehen sehen!

Der Schnee, der während des Winters in den Gegenden um die Quellflüsse des Brahmaputra herum fällt, schmilzt im Frühling und bildet nebst dem Flußeis eine Frühlingsflut, deren Ausmaße viel bedeutender sein sollen als die der durch Regengüsse verursachten Sommerflut. Dies wird wohl für den obersten Tsangpolauf richtig sein, weiter abwärts aber ist sicherlich die Regenflut mächtiger. Im allgemeinen sind die Oszillationen im Wasserstand in den höheren Gegenden ausgeprägter, denn je weiter es flußabwärts geht, desto mehr gleichen die Fluktuationen sich aus. — — —

Schon im Lager Nr. 200 war es mir ziemlich klar, wie es sich mit der gesuchten Quelle verhalten mußte, aber noch waren wir nicht zu ihr vorgedrungen und zogen daher am 12. Juli nach Südwesten weiter. Der Fuß der Schneegebirge schien ganz nahe zu sein. Der Fluß ist breit und teilt sich wieder in mehrere Arme. Wir überschreiten einen Fluß, der aus der Gegend unterhalb des Dongdong kommt und sich in den Kubi-tsangpo ergießt. Der Tse-tschung-tso ist ein kleiner Moränensee. Der Talboden hebt sich allmählich, besteht aus weichem Material und hat nur spärlichen Graswuchs. Gelegentlich sieht man einen kleineren erratischen Block von grauem Granit. Auf den Sommerlagerplätzen liegen Lumpen, Dung und Knochenstücke. Schließlich wird der Fluß so breit wie ein kleiner, von Moränen und Flugsand umschlossener See.

Wir lagerten an der Steinmauer von Schapka, einem Hauptquartier der Nomaden. Hier erhebt sich am rechten Ufer des Kubi-tsangpo ein mittelhoher, dunkelvioletter Bergrücken mit Schneestreifen, die im Lauf des Sommers auftauen. Der Boden am Fuß dieser kolossalen Gebirge ist merkwürdig flach, statt eines Schuttkegels findet man einen seeartig angeschwollenen Fluß. Das Schmelzwasser hat eben alles feste Material weggeschwemmt.

Als wir das Lager 201 erreichten, verschwanden gerade die Gipfel in Wolken; aber unmittelbar vor Sonnenuntergang klärte es sich auf, und die letzten Wolken glitten leicht und weiß wie Dämpfe über den Ngomo-ding-ding-Gletscher hin, dessen herrlicher Bau mit den Seitenmoränen und konzentrischen Ringen von grauen hügeligen Stirnmoränen deutlich hervortrat.

Als die Sonne untergegangen war, zeichneten sich die neun Gipfel, die man von Südosten nach Südwesten sieht, mit außerordentlicher Schärfe ab. Aus den blendend weißen Schneefeldern sehen rabenschwarze Felsspitzen, Vorsprünge und Rücken hervor, und zwischen kolossalen Propyläen treten die Gletscherzungen heraus. Hier ist es, hier an der Front dreier Gletscherzungen, wo der den Hinduvölkern heiligste Fluß seinen fast 3000 Kilometer langen Lauf durch das großartigste Bergland der Erde beginnt, von wo aus

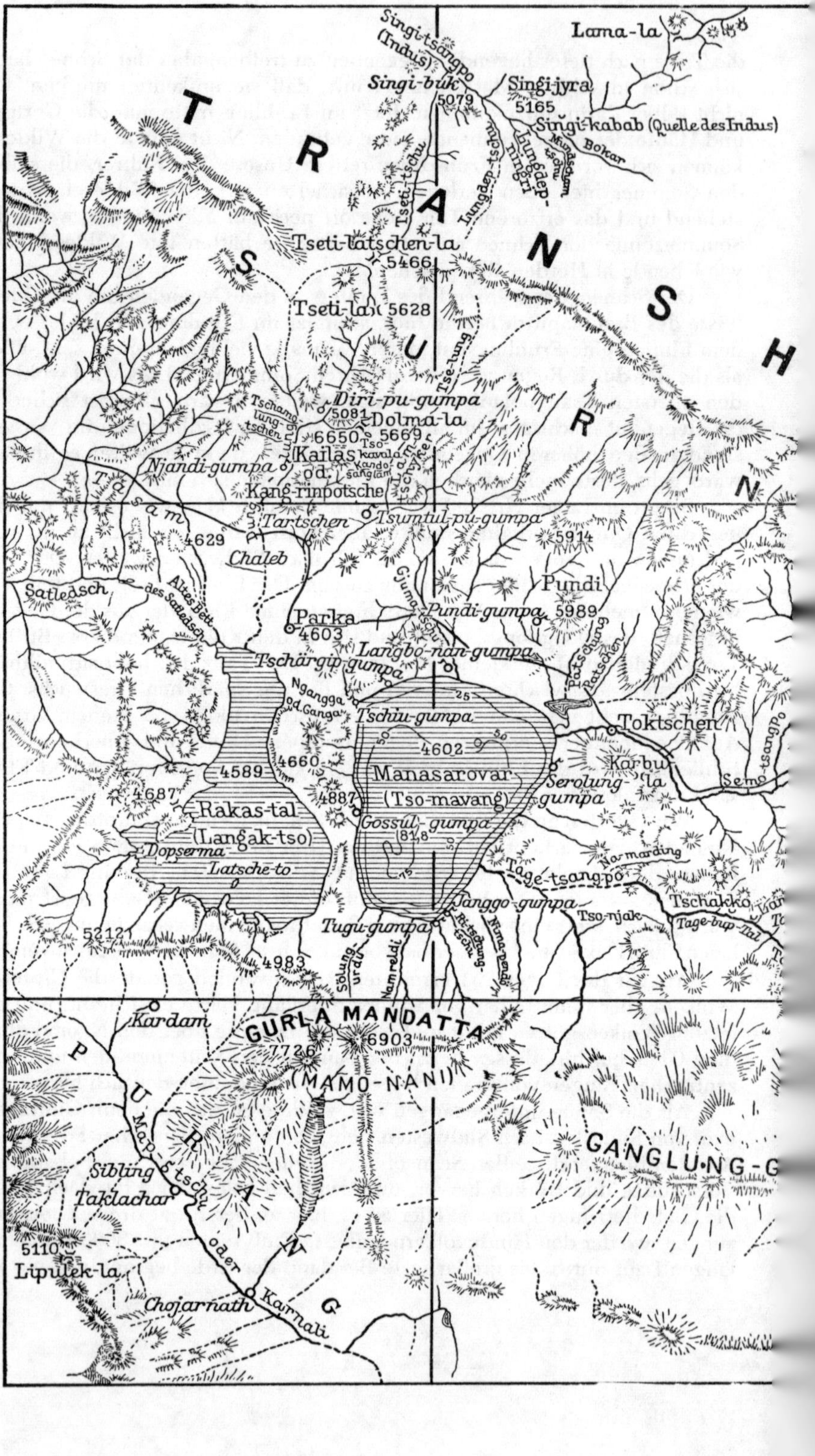
TRANSHIMALAJA
TSURRN
Lama-la
Singi-tsangpo (Indus)
Singi-buk
5079
Singi-jyra
5165
Singi-kabab (Quelle des Indus)
Bokar
Lungdep-Tingri
Lungdep-tschu
Tseti-tschu
Tseti-latschen-la
5466
Tseti-la
5628
Tse-lung
Diri-pu-gumpa
5081
Dolma-la
Tschamo-lung-tschen
6650
5669
Kailas od. Kang-rinpotsche
Tso-kavala
Kando-sanglam
Njandi-gumpa
Tarschen
Tsumtul-pu-gumpa
5914
Tasam
4629
Chaleb
Satledsch
Altes Bett des Satledsch
Pundi
5989
Pundi-gumpa
Parka
4603
Langbo-nan-gumpa
Tschärgip-gumpa
Ngangga od. Ganga
Tschiu-gumpa
Toktschen
4602
4589
4660
Manasarovar (Tso-mavang)
Karbu-la
Serolung-gumpa
Semo-tsangpo
4687
4887
Rakas-tal (Langak-tso)
Gossul-gumpa
81,8
Dopserma
Latsche-to
Na-marding
Tage-tsangpo
Janggo-gumpa
Tschakko
Tugu-gumpa
Tso-njak
Tage-bup-Tal
5212
4983
Namreldi
Kardam
GURLA MANDATTA
7726
6903
(MAMO-NANI)
PURANG
GANGLUNG-G
Map-tschu
Sibling
Taklachar
5110
Lipulek-la
oder Karnali
Chojarnath

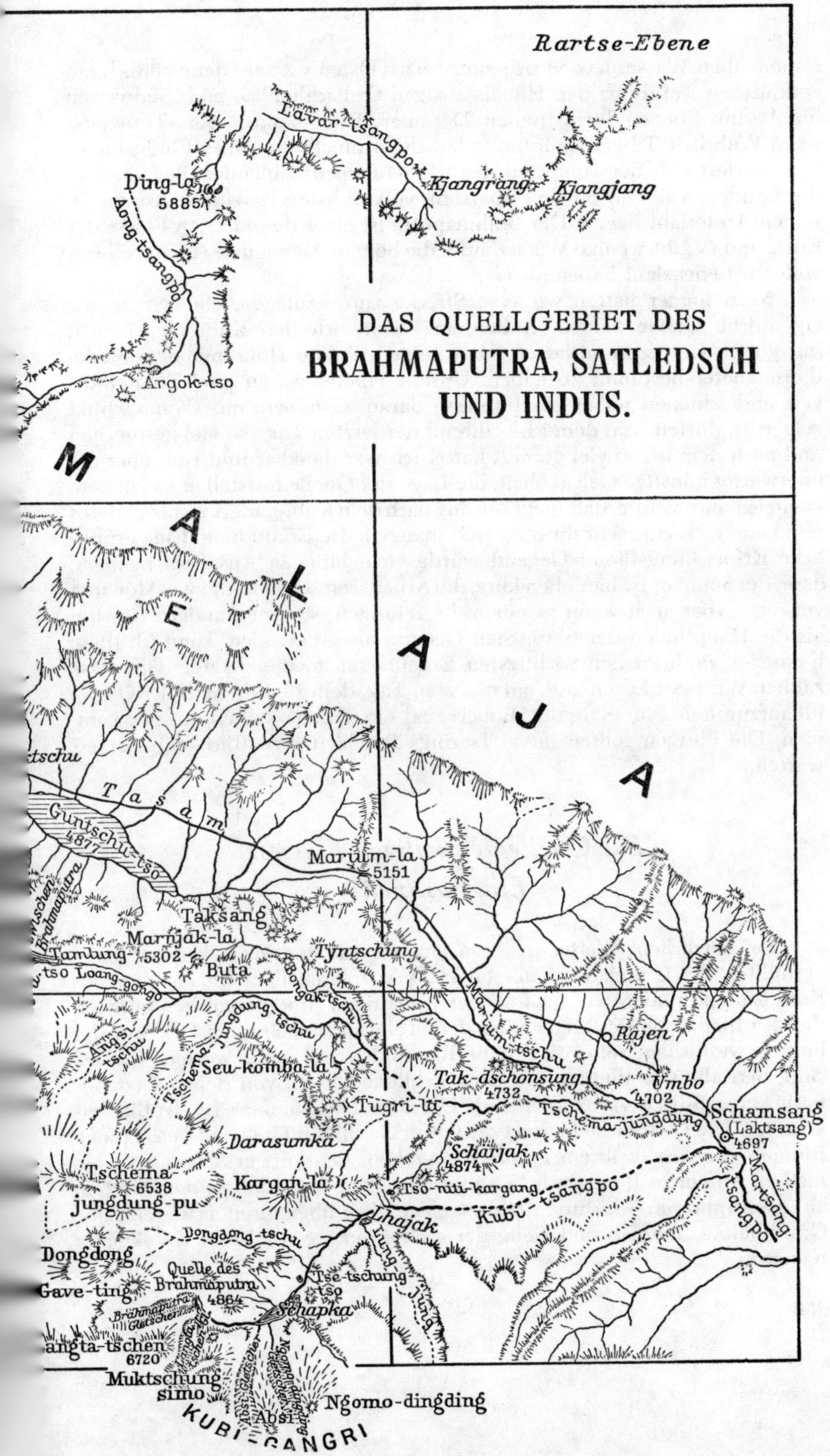
DAS QUELLGEBIET DES
BRAHMAPUTRA, SATLEDSCH
UND INDUS.
Rartse-Ebene
Lavar-tsangpo
Kjangrang
Kjangjang
Ding-la
5885
Aong-tsangpo
Argok-tso
M
A
L
E
A
J
A
Tasam
Guntschu-tso
4877
Marium-la
5151
Taksang
Marnjak-la
5302
Buta
Tamlung-tso
Loang-gongo
Tyntschung
Bongak-tschu
Marium-tschu
Rajen
Angsi-tschu
Tschema-Jungdung-tschu
Seu-komba-la
Tak-dschonsung
4732
Umbo
4702
Schamsang
(Laktsang)
4697
Tugri-la
Tschema-Jungdung
Darasumka
Scharjak
4874
Tschema-
6538
jungdung-pu
Kargan-la
Tso-niti-kargang
Kubi-tsangpo
Martsang-tsangpo
Lhajak
Lung-Jung
Dongdong-tschu
Dongdong
Quelle des
Brahmaputra
4864
Gave-ting
Tse-tschung-tso
Schapka
Brahmaputra Gletscher
angta-tschen
6720
Muktschung
simo
Absi
Ngomo-dingding
KUBI-GANGRI

seine trüben Wassermassen sich zuerst nach Osten wälzen, dann südlich ein zerklüftetes Tal durch den Himalaja sägen und schließlich nach Südwesten hin Assams Ebenen durchströmen. Der obere Brahmaputra, der »Tsangpo«, ist in Wahrheit Tibets Hauptpulsader, denn innerhalb seines Flußgebietes konzentriert sich der Hauptteil der 2½ Millionen zählenden Bevölkerung des Landes, während die fruchtbarsten, volkreichsten Provinzen Assams an seinem Unterlauf liegen. Der Brahmaputra ist einer der edelsten Flüsse der Erde, und es gibt wenige Wasserläufe, die höhere Ahnen und einen wechselvolleren Lebenslauf haben als er.

Noch immer hatten wir eine Strecke zurückzulegen, ehe wir an die eigentliche Quelle kamen. Außerdem konnte ich den Kubi-gangri nicht mit gutem Gewissen verlassen, ohne seine absolute Höhe mit dem Siedethermometer bestimmt zu haben. Unsere Tibeter waren eitel Freundlichkeit und schienen selber ein Interesse daran zu haben, uns diesen Punkt zeigen zu dürfen, von dem ich während der letzten Tage so viel gesprochen und nach dem ich so viel gefragt hatte. Ich war dankbar und froh über die unerwartet günstige Gelegenheit, die Lage der Quelle feststellen zu können, wenn ich auch wußte, daß mein Ausflug nach dem Kubi-gangri nichts anderes sein konnte als eine sehr flüchtige und mangelhafte Erkundung. Eine gründliche Erforschung dieser Gegend würde viele Jahre in Anspruch nehmen, denn der Sommer ist hier oben kurz, die Arbeitszeit schon nach zwei Monaten vorüber. Aber auch wenn es mir nicht gelungen ist, einen andern Gewinn als die Hauptlinien der physischen Geographie zu erzielen, kann ich diese Exkursion doch zu den wichtigsten Ergebnissen meiner letzten Tibetreise zählen. Wir beschlossen also, am nächsten Tag, dem 13. Juli, nach der Quelle hinaufzureiten. Nur Rabsang, Robert und ein Tibeter sollten mit mir kommen. Die übrigen sollten unter Tserings Befehl unsere Rückkehr hier erwarten.

Die Quelle des heiligen Flusses. Ein Abschied

Bei herrlichem Wetter machten wir uns auf den Weg, keine Wolken verhüllten die Gipfel des Kubi-gangri. Wir folgten dem linken Ufer des Kubi-tsangpo und ritten am Fuß der gewaltigen Moränenmassen entlang, die sich hier wohl 150 Meter über dem Talgrund erheben und die auf der linken, westlichen Seite von dem Riesengletscher aufgeworfen worden sind, den alle Gletscherzungen einst gebildet hatten, von denen jetzt nur noch kurze Stücke vorhanden sind. Der Moränencharakter ist deutlich erkennbar. Die Oberfläche bedeckt oft feines Geröll mit Gras und hochalpinen Blumen, die sich in ihrem Liebreiz bemühen, den kurzen Sommer zu genießen. An einem Bergrutsch hier und dort sieht man, daß es dem Gestein an jeder Spur von Schichtung fehlt. Gelegentlich überschreiten wir einzelne Granitblöcke, aber sie sind klein; der größte mochte wohl acht Kubikmeter haben.

Von den Moränen strömen zahlreiche Bäche herab. Sie werden von schmelzenden Schneefeldern gespeist und sind daher, im Gegensatz zu den Gletscherbächen, kristallklar. Ein sehr wesentlicher Teil des Brahmaputrawassers stammt von schmelzendem Schnee. Überall hörte man Bächlein im Schutt rieseln und sprudeln, und alle kamen von Schneefeldern, die vergeblich gegen die Glut der Frühlingssonne ankämpften.

Jetzt haben wir den gewaltigen Gletscher, der sich von einem ausgedehnten Firnbecken im Westen des Muktschung-simo-Stockes herabzieht, gerade vor uns. Zwischen seinen Stirnmoränen und der älteren Moräne, der wir gefolgt sind, hat sich ein ziemlich wasserreicher Fluß sein Tal geschnitten. Sein Wasser ist halbklar und grün; es stammt also von Schneefeldern her. Ein wenig unterhalb der Endmoräne vereinigt er sich mit den zahlreichen trüben Armen des Gletscherflusses, von denen derjenige der größte ist, der am dichtesten am Fuß des Muktschung-simo-Stockes fließt. Beim Lager Nr. 201, wo der Fluß, der noch immer in mehrere gewundene Arme gespalten bleibt, nach Nordosten abbiegt, empfängt er bedeutende Beiträge von den weiter ostwärts liegenden Gletschern, und so entsteht der Kubi-tsangpo.

Schließlich ritten wir auf jäh abstürzendem Gelände zwischen Blöcken und Geröllabhängen, über Bäche und tückisches schwankendes Moos, über Grasflecke und dickichtartig miteinander verwachsene Büschel zu einem beherrschenden Aussichtspunkt (5015 Meter) auf dem alten Moränenrücken hinauf. Vor uns haben wir ein Labyrinth mächtiger, zerklüfteter, schwarzer, nackter Felsen, Hörner, Pyramiden, Säulen, Dome und Grate, Moränen, Eiszungen, Schnee- und Firnfelder, kurz eine Landschaft, die an großartiger Wildheit ihresgleichen sucht.

Hier hielten wir Rast. Die größte Gletscherzunge, die von dem eigentlichen Kubi-gangri kommt, sehen wir unter uns aus der Vogelperspektive. Sie wird von drei verschiedenen Firnfeldern gespeist und hat zwei deutliche Mittelmoränen, die hier und dort Rücken bilden, nachdem das nackte Eis auf den Seiten abgeschmolzen ist. Ihre rechte Randmoräne ist gut entwickelt und teilweise noch mit Schnee bedeckt. Die linke ist in ihrem oberen Teil mächtig, weiter unten, wo der grüne Fluß ihre Basis bespült, schmal. Oberhalb mündet eine von Westen kommende Eiszunge in den Hauptgletscher ein, und bei der Vereinigung beider hat der Nebengletscher einen ungeheuren Stirnwall aufgetürmt, der mit der linken Seitenmoräne des Hauptgletschers verschmilzt. Der ganze unterste Teil der Front des Hauptgletschers ist mit Schutt bedeckt; nur hier und dort tritt das Eis zutage. Hier stehen mehrere kleine Wasseransammlungen; einige haben intensiv blaues Wasser, andere sind braun von Schleifmaterial und zeigen, daß sie mit den Wassern der Grundmoräne in Verbindung stehen. Zwei dieser kleinen Seen haben senkrechte Seiten von blauschillerndem Eis. Die Endmoräne ist ein Gewirr von Hügeln, Geröll und Blöcken. In einem Tal zwischen diesen Hügeln fließt der mittelste Gletscherfluß, nachdem er zwei Seen durchflossen hat. Die Endmoräne kommt jedoch nicht dazu, sich anzuhäufen, weil ihr abgeladenes Material nach und nach von dem Gletscherfluß zerrieben und fortgeschwemmt wird, dessen Arme sich unmittelbar unterhalb über das ebene Bett des Talbodens hinschlängeln.

Eine Wanderung auf dem Gletscher wäre nicht schwer, wenn man erst auf seinen Rücken hinaufgekommen wäre. Es gibt manche gefährliche, unter Schnee verborgene Spalten, denen man aber dadurch ausweichen könnte, daß man auf den Schuttwällen der Mittelmoränen bliebe. Das Massiv des Kubi-gangri, das von unserem Aussichtspunkt aus am weitesten rechts, in Westnordwest, sichtbar ist, heißt Gave-ting; von ihm geht der große Nebengletscher aus.

Die Front des Hauptgletschers, wo der wasserreichste aller Gletscherflüsse des Kubi-gangri beginnt, ist die wirkliche Quelle des Brahmaputra. Die übrigen, im Südosten des Lagers Nr. 201 in ihn einmündenden Flüsse sind kleiner und kürzer. Wir konnten nicht zu ihnen vorstoßen, weil die Pferde zu tief im Sand und Schlammboden des Hauptflusses einsanken.

Auf dem Rückweg machten wir an der Stelle halt, wo der Hauptarm des Kubi-tsangpo unter dem Eis heraustritt, und ich fand, daß die Quelle des Brahmaputra 4864 Meter über dem Meeresspiegel liegt. Einzelheiten darüber kann ich nur in meiner wissenschaftlichen Arbeit beschreiben.

Am 14. Juli schien es mir in meinem Zelt glühend heiß, schon um sieben Uhr hatten wir plus 7,3 Grad; in der Nacht war es beinahe 8 Grad kalt gewesen. Der Himmel war absolut klar, ich konnte daher nicht darauf verzichten, mir noch einen orientierenden Überblick über die herrliche Gletscherwelt des Kubi-gangri zu verschaffen.

Nachdem ich mit Tsering verabredet hatte, daß wir uns im Tal des Dongdongflusses treffen wollten, ritten wir die Abhänge und Rücken der alten Moräne aufwärts, durch Täler und über Terrassen von unfruchtbarer Erde, die jetzt infolge der Schneeschmelze weich und tückisch war, an kleinen Seen mit klarem, grünem Wasser vorüber nach dem höchsten Punkt ihres Rückens, wo es nichts gab, was uns die Aussicht hätte verdecken können.

Zum Schutz gegen den heftigen Wind wurde ein Mantel über das Stativ gehängt, und in diesem Schilderhäuschen saß ich beinahe vier Stunden lang und zeichnete ein Panorama, das den ganzen Horizont umfaßte. Unterdessen schnarchten meine Begleiter am Boden, und ich freute mich, diesen königlichen Bergriesen von Angesicht zu Angesicht allein gegenüber zu sitzen. Der ganze Aufbau ist phantastisch wild, und das einzige Gesetz, das gehorsam befolgt wird, ist, daß jeder Gletscher von zwei gewaltigen schwarzen Felskämmen eingerahmt wird.

In S 27 ° O haben wir den tetraederförmigen Gipfel, den unsere Führer Ngomo-dingding nannten. In S 11 ° O erhebt sich ein Gipfel von beinahe derselben Form, der Absi. Östlich von ihm liegt also der Ngomo-dingding-Gletscher, und auf dessen Westseite der Absigletscher. Westlich von diesem folgt das plumpe Massiv des Muktschung-simo, dessen Scheitelpunkt in S 24 ° W sichtbar ist. Die Nordseite gleicht einem Pferdestall mit geraden, kurzen Ständen, von denen jeder einen kleinen Hängegletscher hat. Im Südwesten erheben sich zwei scharfe Spitzen und in S 57 ° W zwei domförmige Kuppen, die nur aus Eis und Schnee bestehen; sie gehören zu dem Langtatschen-Massiv, und ihre Firnfelder speisen zum großen Teil den Gletscher, an dessen Front die Brahmaputraquelle liegt. Auch der Gletscher muß daher Langta-tschen genannt werden. In S 70 ° W, S 88 ° W und N 83 ° W erheben sich Gipfel des Gave-ting-Stockes. In N 55 ° W tauchen drei Gipfel des Dongdong auf, von dem einer der Quellarme des Brahmaputra ausgeht, der aber mit dem Kubi-tsangpo verglichen nur unbedeutend ist.

Gegen Nordosten fällt das scharfgezeichnete Tal des Kubi-tsangpo ab, und in der Ferne zeigen sich die Gebirge von Tschang-tang, unzählige, unglaublich gleichmäßige, dichtgedrängte Pyramidenspitzen, die infolge der großen Entfernung ineinander verschmelzen. Der Transhimalaja scheint sich nach dieser Seite hin zu verbreitern und flacher zu werden, als er im Osten ist.

Erst spät ritten wir auf abschüssigem Weg nach dem Lager am Dongdong hinunter. Und nun hieß es schnell westwärts eilen und den Mandarinen und dem Devaschung zum Trotz noch möglichst viele Entdeckungen und Kenntnisse — auf verbotenen Wegen — sammeln!

Am 15. Juli ließen wir unsere frühere Straße zur Rechten liegen, zogen über verwickelte Moränen nordwärts und sahen vom Kargan-la die Schneegipfel des Dongdong und des Tschema-jundung immer deutlicher werden. Am 16. Juli war der Himmel bewölkt, es hagelte, und die Hügel um uns glänzten weiß von den Schloßen. Vom Tugri-la aus hatten wir eine prachtvolle Aussicht über eine Welt von Bergen, deren Namen ich jetzt nicht alle aufzählen kann. Noch eine Schwelle, den Sen-kamba-la, überschritten wir, um in das breite Tal des Tschema-jundung-Flusses zu kommen, der von einem Gletscher im Süden stammt, der zu der Gruppe Tschema-undung-pu gehört. Hier gab es mehrere Nomadenzelte und sieben von Pilgern aus Bongba bewohnte Zelte. Mit Kind und Kegel waren diese Pilger nach dem Kang-rinpotsche unterwegs, um die Wallfahrt um den heiligen Berg zu machen.

17. Juli. Bei zehn Grad Wärme und völlig windstiller Luft war es im Sattel sehr heiß. Der braunen Puppy wurde das Laufen sauer, das Wasser tropfte ihr von der heraushängenden Zunge. Aber die Antilopen und die Hasen konnte sie trotzdem nicht in Frieden lassen.

Der Ronggak-tschu ist ein Nebenfluß des Tschema und kommt von Nordwesten. Im Süden ließen wir den kleinen Doppelsee Kuru-tschok liegen. In Westsüdwest sieht man den Punkt, wo der Tschema-jundung den Angsi-tschu aufnimmt, den westlichsten der Quellflüsse des Brahmaputra.

Im Tal des Tyntschung lagerten wir bei netten Nomaden, die uns schnell neue Yaks besorgten, denn von hier aus kehrten die drei Musketiere nach gut ausgeführtem Auftrag wieder nach Schamsang zurück. Die ganze Exkursion nach der Quelle des Brahmaputra hatte nur 110 Rupien gekostet! Sie war mehr wert gewesen! Die Eingeborenen erzählten, daß zehn Räuber in der letzten Zeit die Gegend unsicher gemacht hätten, aber spurlos verschwunden seien, sowie sich im Tyntschung das Gerücht verbreitet habe, daß eine europäische Karawane im Anzug sei; wir wurden daher als Befreier empfangen, und die Leute wußten kaum, was sie uns alles zuliebe tun sollten.

Am nächsten Tag zogen wir über den Marnjak-la (5302 Meter) und hatten den Angsi-tschu unmittelbar unter uns liegen; am 19. Juli ließen wir diesen Fluß hinter uns und folgten dem Flüßchen Loang-gonga aufwärts bis an seine Quelle auf dem außerordentlich flachen Tam-lung-la oder Tag-la, der nichts anderes ist als eine Querschwelle in einem offenen Längstal. Aber dieser Paß ist trotzdem von außerordentlicher Bedeutung, denn er ist die Wasserscheide zwischen dem Brahmaputra und dem Manasarovar. Seine Höhe beträgt 5298 Meter. Im Süden rollt sich vor uns eine Reihe Schneeberge auf, im Westsüdwesten zeigt sich der Gurla Mandatta oder Memonani, ein majestätisches Gebirgsjoch, das derselben Himalajakette angehört wie der Kubi-gangri. Der Paß liegt zwischen alten Moränen, die einen kleinen unbedeutenden See, den Tamlung-tso, umschließen, aus dem der Loanggonga heraustritt. In einiger Entfernung sieht man im Süden die flache Wasserscheide zwischen dem Angsi-tschu und dem Gang-lung, einem Flusse, der von dem Gebirgsstock gleichen Namens herkommt und sich unter dem Namen Tage-tsangpo in den Manasarovar ergießt. Die letzten Karten über Westtibet geben ein sehr unrichtiges Bild dieses Landes, das bisher noch nie von Europäern besucht worden ist. Anstatt einer scharf markierten, meridionalen Bergkette fand ich ein offenes hügeliges Längstal, zwischen dessen Moränen sich die Wasserscheide hinzieht. Und hier sagte ich dem Brahmaputra Lebewohl; in seinem Flußgebiet hatte ich, vom Sela-la an, ein halbes Jahr verlebt!

Am 21. Juli ritten wir das zwischen zerklüfteten Felsen zusammengedrängte Tage-bup-Tal abwärts. Langtschen-kamba ist ein kleines Nebental auf der rechten Seite, von dem aus Räuber wehrlose Wanderer zu überfallen pflegen.

Etwas weiter abwärts liegt auf einer steilen Halde am rechten Ufer die Quelle Tschakko, deren Wasser (plus 4,6 Grad) sich in einem runden, metertiefen Brunnen sammelt. Um diesen herum ist eine Mauer gezogen, auf deren flachen Decksteinen Buddhabilder und heilige Worte eingemeißelt sind. Durch das Wasser, das so klar wie Spiegelglas war, sah man am Boden des Brunnens einige Perlen, schlechte Türkise, ein paar Muscheln und allerlei andern Trödel, den fromme Pilger als Opfergaben hineingeworfen hatten. Das Wasser gilt für wundertätig. Gebete murmelnd, schöpfte unser Führer sich seine Holzschale voll und goß sie dann über sein eigenes Haupt und die Mähne seines Pferdes aus, um es dadurch gegen die Wölfe zu feien. Zu demselben Zweck band er dem Pferd einen Lappen von der Stange in der Stirnmähne fest. Er selbst trank einen tüchtigen Schluck, um sich gegen Räuberkugeln unverwundbar zu machen.

Jetzt ritten wir über den Tage-tsangpo, da, wo sein Tal sich nach dem flachen Becken des Manasarovar hin erweitert — ein neues Kapitel in der Chronik unserer Reise beginnt.

Wieder tritt der Gurla Mandatta in all seinem Glanz hervor, und im Nordwesten erhebt sich der Kang-rinpotsche oder Kailas, der heilige Berg, wie ein gewaltiger Tschorten auf dem Grab eines Lama. Bei diesem Anblick sprangen plötzlich alle unsere Leute aus dem Sattel und warfen sich mit der Stirn auf die Erde nieder. Nur Rabsang, der ein eingefleischter Heide ist, blieb auf seinem Pferd sitzen und wurde nachher von Tsering gehörig ausgescholten.

Wir befinden uns jetzt auf offenem, hügeligem Gelände und sehen einen Schimmer des heiligen Sees Tso-mavang oder Manasarovar. Tso-njak heißt ein kleiner See, an dem wir lagerten und wohin Islam Ahun und

Schukkur Ali kamen, von Guffaru geschickt, den unser langes Ausbleiben beunruhigte. Sie wurden nach Toktschen zurückgesandt, um Guffaru den Befehl zu überbringen, sich nach Serolung-gumpa am heiligen See zu begeben, wo wir uns treffen würden.

Am folgenden Morgen tauchte Tundup Sonam mit der Nachricht auf, der Gova von Toktschen wolle uns zu einer Reise nach Serolung keine Yaks vermieten. Ich mußte daher selbst nach Toktschen reiten. Dort waren wir nun alle wieder vereint. Der Gova stellte sich aber als ein netter Mensch heraus, der mich mit einem großen Kadach und einer Schüssel Tsamba willkommen hieß.

Jetzt hatte die Stunde einer Trennung geschlagen, denn von Toktschen schickte ich dreizehn meiner Leute nach Ladak zurück. Aus mehreren Gründen. In Westtibet brauchte ich nicht so viel Leute, zwölf genügten; eine leichtbewegliche Karawane richtet mehr aus und erregt weniger Aufsehen. Unter dem Befehl des erprobten Guffaru sollten sie sich auf der großen Heerstraße nach Gartok begeben und dort alles Gepäck, das ich entbehren konnte, dem britischen Agenten Thakur Jai Chand überliefern. An ihn sandte ich auch eine dreihundert Seiten umfassende Briefpost an meine Eltern und andere. Besonders wichtig war aber ein Brief an Oberst Dunlop Smith, den ich um 6000 Rupien, um Proviant, Bücher, Revolver mit Munition, zu Geschenken passende Dinge wie goldene und silberne Uhren, und vor allem um die Post bat, die sich mittlerweile für mich im Viceregal Lodge in Simla angesammelt haben mußte.

Als ich am ersten Abend alle 25 Männer zusammenrufen ließ und ihnen meinen Beschluß, dreizehn zu verabschieden, ankündigte und fragte, wer nach Hause reisen wolle, meldete sich kein einziger. Sie wollten mich begleiten, bis ich von Tibet selber genug hätte! So wählte ich die dreizehn aus und behielt die besten zwölf.

Zwei Tage blieben wir hier liegen, um alles zu ordnen. Robert saß in meinem Zelt wie ein Bankier und stapelte Sovereigns und Rupien in kleine Haufen auf: die Löhne, Geschenke und Reisegelder der Heimziehenden. Meine Kasse wurde mit einem Schlag um 2118 Rupien leichter! Die wichtige Post wurde in eine Schachtel gepackt, die Guffaru in seinem Leibgürtel trug. Die Abziehenden durften auch zwei unserer fünf Flinten behalten. Spät am Abend kam Guffaru in mein Zelt, um sich meine letzten Befehle zu holen. Alter, ehrlicher Guffaru, er war im Herbst seines Lebens und im Winter Tschang-tangs bewunderungswürdig gewesen, immer unerschütterlich ruhig und zufrieden, immer seine Pflicht bis ins kleinste erfüllend. Jetzt saß er mir zum letztenmal gegenüber, weinte, daß ihm die Tränen in den weißen Bart liefen, und dankte mir für das hinter uns liegende Jahr. Ich bat ihn, nicht länger zu weinen, sondern sich zu freuen, daß die schwere Zeit für ihn nun zu Ende sei und er gesund und mit 400 Rupien im Beutel zu den Seinen zurückkehren könne. Als wir Leh verließen, war er so arm wie eine Kirchenmaus, jetzt war er für seine Verhältnisse ein reicher Mann, und — sein Leichentuch hatte er nicht gebraucht! Ich sagte ihm auch, daß ich ihn sehr vermissen würde, daß ich aber das wertvolle Gepäck und die wichtige Post keinen anderen Händen als den seinen anvertrauen könne.

Als ich frühmorgens am 26. aus meinem Zelt trat, standen die 13 Yaks der 13 Männer beladen da und schickten sich an, mit ihren tibetischen Führern abzumarschieren. Ich sprach den Männern meinen Dank für die Zeit aus, in der sie in meinem Dienst so viele Gefahren zu bestehen gehabt hatten, dankte ihnen für ihre Treue und ihre Geduld und bat sie, daran zu denken, daß sie für die nach Hause zurückkehrende Karawane verantwortlich seien, und daß sie Guffaru gehorchen müßten. Wenn sie auf diesem Zug ebenso gewissenhaft seien wie in meinem Dienst, so werde es ihnen in ihrem ferneren Leben gut gehen, und vielleicht würden sich unsere Wege noch einmal kreuzen.

Nun trat Guffaru vor und fiel laut weinend vor mir auf die Knie, und seinem Beispiel folgten alle anderen der Reihe nach unter Schluchzen und Tränen; ich klopfte ihnen allen auf die Schulter und sehnte mich innerlich danach, daß dieser bittere Augenblick bald vorübergehen möchte. Darauf verabschiedeten sie sich von ihren Kameraden, die ihnen voller Rührung Grüße an Eltern, Gattinnen und Kinder in Ladak auftrugen, und dann gingen sie, wie früher so viele hundert Meilen zu Fuß, stumm, gebeugt und niedergeschlagen fort und waren bald hinter den Hügeln verschwunden.

Eine Nacht auf dem Manasarovar

Als Guffaru mit den Seinen verschwunden war, wurde die kleine Karawane, die mich begleiten sollte, neu geordnet. Ihr Führer wurde Tsering, die übrigen bei mir bleibenden Männer waren: Bolu, Tundup Sonam, Rabsang, Rehim Ali, Schukkur Ali, Namgjal, Adul, Lama, Ische, Galsang und Rub Das. Der Gova von Toktschen erhielt Geschenke für die Dienste, die er mir geleistet hatte; ebenso alle anderen Tibeter, die sich uns freundlich und hilfreich erwiesen hatten. Die Teilung der Karawane hatte den Vorteil, daß man glaubte, wir zögen wie bisher, nur auf verschiedenen Wegen, demselben Ziel zu und ich würde mich von Gartok aus nach Ladak begeben, wie es der Paß vorschrieb!

Mit Robert, Rabsang und zwei Tibetern ritt ich das Toktschental hinunter und über die südwestlichen Hügel. Rechts breitet der heilige See seine türkisblaue Fläche aus; welch ein herrliches Bild! Der Manasarovar ist der heiligste und berühmteste aller Seen der Erde, ein Ziel der Wallfahrt und der Sehnsucht unzähliger Hindupilger, ein in uralten religiösen Hymnen und Liedern besungener See, in dessen klarer Flut die Asche des Hindu ein ebenso gesuchtes und ehrenvolles Grab findet wie in den trüben Fluten des Ganges! Während meines Aufenthaltes in Indien hatte ich Briefe von Hindus erhalten, die mich baten, den See und den heiligen Berg Kailas zu erforschen, auf dessen Gipfel einer der Götter der indischen Dreieinigkeit, Schiwa, in seinem Paradiese inmitten eines Geisterheeres wohne; und sie sagten mir, daß sie meiner dafür in ihren Gebeten gedenken wollten und daß ihre Götter mich segnen würden! Aber nicht deshalb hatte ich mich schon so lange hierhin gesehnt. Die Tiefe des Sees war noch nie durch Lotungen festgestellt worden — ich wollte eine Karte seines Bettes aufnehmen und erforschen, wieviel Wasser sich an einem Sommertag in seinen Schoß ergießt; ich wollte sein hydrographisches Verhältnis zu seinem Nachbarsee im Westen, dem Rakas-tal, untersuchen, ein Problem, das die verschiedenen Reisenden, die diese Gegend durchzogen haben, von Moorcroft und Strachey an bis zu Ryder und Rawling, auf verschiedene Weise erklären; ich wollte etwas von den Klöstern sehen und das Leben der Hindu- und tibetischen Pilger kennenlernen; denn auch den Lamaisten ist der See heilig, und sie nennen ihn Tso-mavang oder Tso-rinpotsche, »den heiligen See«. Wie würden wohl zwei so verschiedene Religionen, wie der Hinduismus und Lamaismus, dem Manasarovar und dem Kailas göttliche Anbetung schenken, wenn diese nicht durch ihre machtvolle Schönheit das menschliche Gemüt ansprächen und tief beeindrucken würden, wenn diese nicht wirklich eher dem Himmel als der Erde anzugehören schienen? Schon die erste Aussicht, die ich jetzt von den Uferhügeln hatte, war überwältigend. Der eirunde See liegt wie ein ungeheurer Türkis in der Einfassung zweier der herrlichsten Bergriesen der Erde, des Kailas im Norden und des Gula Mandatta im Süden.

Ich saß dort oben wohl eine Stunde. Im Südsüdwesten und im Südwesten erblickte man beide Gipfel des Gurla Mandatta, von denen der westliche sehr flach ist und an den Mus-tag-ata im östlichen Pamir erinnert. Die Tibeter nannten den Berg bald Namo, bald Memo-nani. In S 60 ° W steigt hinter dem Purangtal eine Reihe schneebedeckter Berge auf. Im Westnordwesten zeigte man mir den kleinen, pyramidenförmigen Hügel, wo sich Tschiu-gumpa am Ufer des Wasserarmes, der einst nach dem Rakas-tal hinströmte, erhebt. Im Nordwesten liegen zwei flache Lagunen am Ufer des Manasarovar, und hinter ihnen erheben sich die Ketten und Verzweigungen des Transhimalaja, unter denen der Kailas oder Kang-rinpotsche, »der heilige Berg«, auch Gangri oder »der Eisberg« genannt, den Horizont beherrscht. Und schließlich sehen wir in N 20 ° W die Doppelspitze Pundi unweit des Ufers und im Norden die beiden Täler Patschen und Patschung mit Straßen, die über die Wasserscheide des Transhimalaja nach Tschang-tang hinaufführen.

Als ich unsere Führer fragte, was sie zu einer Bootsfahrt quer über den See meinten, erwiderten sie, ohne sich zu bedenken, daß eine solche Fahrt unmöglich sei; Menschen, die sich auf einen See hinauswagten, der das Heim der Götter sei, müßten dabei umkommen! Und in der Mitte des Tsomavang sei das Wasser nicht eben wie an den Ufern, sondern es bilde eine durchsichtige Glocke, auf deren Wölbung kein Boot hinauffahren könne; und selbst wenn es uns gelinge, das Boot hinaufzubringen, werde es auf der anderen Seite in solcher Fahrt hinunterrutschen, daß es kentern müsse, und wir würden, da wir den Zorn des Seegottes erweckt hätten, in den Wellen umkommen.

Wir ritten nach Südsüdwesten über die Hügel nach Serolung, dem goldenen Tal, in dessen Schlucht Serolung-gumpa versteckt liegt. Serolung, das 30 Mönche hat, von denen die meisten gerade in der Umgegend umherstreiften, ist eines der acht Klöster, die wie Edelsteine in die Kette eingefaßt sind, welche die Pilger bei der Umwanderung des Sees spannen.

Am Eingang des Serolungtales hatten wir dicht am Strand das Lager Nr. 212 aufgeschlagen. Der Uferstreifen ist hier ziemlich schmal, an den Hügeln, die sich auf seiner Ostseite erheben, sind sechs horizontale Strandlinien sichtbar, deren höchste 49½ Meter über dem jetzigen Spiegel des Sees liegt, der sich 4602 Meter über dem Meere ausdehnt!

Am 27. Juli schlief ich gründlich aus und benutzte dann den Tag zu Vorbereitungen zu der ersten Lotungslinie, die diagonal über den See S 59 ° W gehen sollte. Ich wartete auf gutes Wetter, aber der Wind wehte heftig, und die Brandung schlug schäumend gegen das Ufer. Ich beschloß daher bis zur Nacht zu warten, die in letzter Zeit windstiller gewesen war als der Tag. Bei einer Probefahrt hatten wir nicht weit vom Ufer schon über 40 Meter Tiefe gefunden und machten daher eine 150 Meter lange Lotleine zurecht. Vielleicht würde auch sie nicht lang genug sein, denn ein See, der zwischen so hohen Bergen liegt, ist aller Wahrscheinlichkeit nach tief. Schukkur Ali sollte mich begleiten; er nahm sein Schicksal mit dem gewöhnlichen Gleichmut hin, aber Rehim Ali, das andere Opfer, ängstigte sich; bei Tage gehe es wohl an, meinte er, aber in der finsteren, unheimlichen Nacht auf einem so großen See!

Als die Sonne unterging, wurde der Wind stärker, und im Südwesten zogen schwere Wolken herauf. Um sieben Uhr war die ganze Gegend pechfinster, kein Stern funkelte am Himmel, von den Uferkonturen und den Schneebergen sah man keine Spur, und der See verschwand in der schwarzen Nacht. Eine Stunde später legte sich der Wind aber, die Luft wurde vollkommen ruhig, nur die Wellen schlugen noch eintönig ans Ufer. Der Rauch der Lagerfeuer stieg senkrecht in die Luft.

Nun gab ich Befehl zum Aufbrechen. Proviant auf zwei Tage wurde im Boot verstaut. Ich trug eine Lederjacke, Kaschmirstiefel und einen indischen Strohhelm und saß auf einem Kissen und einem zusammengelegten Pelz an der Backbordseite des Steuerruders, auf dessen anderer Seite die Lotleine mit ihren Knoten wurfbereit über der Reling hing. Das Lot, Lyths Strommesser, war am Boot befestigt, um die ganze Länge des zurückgelegten Weges zu registrieren, Kompaß, Uhr, Notizbuch und Kartenblätter, alles lag dicht bei mir und wurde durch eine chinesische Papierlaterne erhellt. Rehim Ali nahm in der vorderen Bootshälfte Platz, Schukkur Ali achtern, wo wir es recht eng hatten und aufpassen mußten, uns nicht in die Lotleine zu verwickeln.

Tsering betrachtete das ganze Abenteuer recht skeptisch. Er sagte, der ganze See sei voller Wunder, und im besten Fall würden wir von geheimnisvollen Mächten wieder zurückgetrieben werden, wenn wir eine Strecke weit hinausgefahren seien. Und darin gab ihm ein Tibeter recht, der erklärte, daß wir das westliche Ufer nie erreichen würden, wenn wir auch ruderten, was das Zeug halte, denn der Seegott werde unser Boot festhalten; wir würden zwar glauben, daß es sich vorwärtsbewege, aber in Wirklichkeit werde es sich nicht von der Stelle rühren, und schließlich werde der zürnende Gott es in die Tiefe ziehen!

Robert hatte Befehl, im Lager Nr. 212 liegenzubleiben, bis wir wieder zurückkämen; aber als wir um neun Uhr vom Ufer abstießen, riefen uns alle mit so warmem, weichem Ton einen Abschiedsgruß nach, als ob sie glaubten, daß sie uns zum letztenmal gesehen hätten! Die Stimmung wurde durch die Blitze nicht gehoben, die im Süden zuckten.

Dunkel und geheimnisvoll gähnte der See vor uns in der Nacht, und unter uns lauerten unbekannte Tiefen. Als wir 20 Minuten gerudert sind, halten wir und lassen das Lot hinunter — 41 Meter. Das Rauschen der Uferbrandung ist der einzige Laut, der die nächtliche Stille unterbricht. Beim nächsten Lotungspunkt betrug die Tiefe 43 Meter. Wenn der Seegrund nicht schneller abfällt, reicht unsere Lotleine. Jede volle Stunde messe ich die Temperatur der Luft und des Wassers. Schon jetzt stellt sich der Schlaf ein; Schukkur Ali gähnt bei jedem neunten Ruderschlag, aber jedes Gähnen ist so lang, daß es sich über drei Ruderschläge erstreckt!

Die Luft ist vollkommen ruhig. Alles ist still und seltsam stumm. Es ist warm bei 8,3 Grad um elf Uhr nachts. Die beiden folgenden Tiefen ergaben 43,5 und 50 Meter. Meine Ruderer verfolgen die Lotungen mit gespanntem Interesse und sehnen sich nach dem Punkt, hinter dem die Tiefen abnehmen. Sie finden es unheimlich. Wieder zucken blaue Blitze hinter dem Gurla Mandatta. Eine Weile später flammte es am ganzen Südhimmel wie ein Feuermeer; die Blitze folgten einander Schlag auf Schlag, ihr Schein reichte bis an den Zenit hinauf, sie schienen eine Weile zitternd hinter den Bergen zu stehen, es wurde taghell, aber wenn sie erloschen waren, erschien das Dunkel noch undurchdringlicher als vorher. In ihrem Schein sah ich die Gesichter der beiden Männer, sie waren bestürzt und unruhig und wagten die unheimliche Stille nicht mehr durch ihr Ruderlied zu unterbrechen.

Als ich das Lot auf dem fünften Punkt hinabsenkte, baten die beiden Männer um Erlaubnis, ihre Wasserpfeife anzünden zu dürfen. Die Tiefe war 55,1 Meter. Eine schwache Südwestbrise kräuselt die Dünung. Der Schrei eines Seevogels durchschneidet schrill die nächtliche Stille. Im Süden ballen sich die Wolken um das Haupt des Gurla Mandatta, die Brise hat aufgehört. Wir gleiten langsam auf dem pechschwarzen Wasser hin, zwischen dessen flachen Wellenbergen sich die Mondstraße in blanken Serpentinen ringelt; die Tiefen nehmen langsam zu: 55,9 Meter, 57,7, 58,5 und 64,8 Meter.

An die Reling gelehnt genieße ich die Fahrt in vollen Zügen, denn nichts von allem, dessen ich mich aus meinen jahrelangen Wanderungen durch Asien erinnern kann, läßt sich an überwältigender Schönheit mit dieser nächtlichen Fahrt vergleichen. Man glaubt das große Herz der Natur seine leisen und doch mächtigen Schläge tun zu hören. Es ist, als ob diese Landschaft, die sich während des langsamen Verstreichens der Stunden verwandelt, nicht der Erde angehöre, sondern den äußersten Grenzen des unerreichbaren Weltenraumes; als liege sie dem Himmel, dem dunklen Märchenland der Träume und der Phantasie, der Hoffnung und der Sehnsucht viel näher als der Erde mit all ihren Menschen, ihren Sorgen, ihren Sünden und ihrer Eitelkeit. Der Mond beschrieb seinen Bogen, sein unruhiges Spiegelbild zitterte auf der Flut.

Es dämmert schwach über den östlichen Gebirgen, und bald stehen ihre Silhouetten scharf da, als seien sie aus schwarzem Erz geschnitten. Die Wolken, die eben noch weiß und flüchtig über dem See schwebten, nehmen eine schwache Rosafärbung an, die nach und nach kräftiger werdend sich in dem blanken Wasser spiegelt, auf dessen Fläche eine ganze Welt frischer Rosen hervorzaubernd; es duftet nach Morgen und reinem Wasser, es wird heller, die Landschaft erhält wieder Farbe, der neue Tag beginnt seinen Siegeszug über die Erde. Nur ein verzauberter Pinsel und behexte Farben könnten das Bild malen, das sich meinen Blicken nun darbot, als das ganze Land noch im Schatten lag und nur der höchste Gipfel des Gurla Mandatta die erste Glut der aufgehenden Sonne auffing! In einem Augenblick begann die äußerste Spitze des Gipfels purpurn wie flüssiges Gold zu glühen, das allmählich wie ein Mantel an den Seiten des Berges herabglitt. Weiße Morgenwölkchen, die tiefer unten die Halden umschwebten und auf einer scharf begrenzten Höhenschicht einen Gürtel bildeten, der ebenso frei schwebte wie der Ring des Saturn und auch wie dieser einen Schatten auf die ewigen Schneefelder warf, auch sie wurden vergoldet und röteten sich in Purpurglanz, wie es kein Sterblicher beschreiben kann. Zauberisch breitet sich das Licht über dem See aus; ein Berggipfel nach dem anderen wird von der Sonne entzündet; die Einzelheiten der Landschaft treten deutlicher hervor; die Farben, eben noch leicht und flüchtig, werden schärfer, konzentriertes Licht häuft sich über den Gebirgen im Osten, und über ihre scharfe Kontur schießt ein Bündel blendender Strahlen vom oberen Rand der Sonne über den See. Und wie in einem Traumrausch erlebe ich den Sieg des Tages über die Nacht.

Erscheinungen wie diese sind auf Erden flüchtige Gäste, sie kommen und gehen in früher Morgenstunde, sie lassen sich im Leben nur einmal schauen, sie sind wie ein Gruß aus einer besseren Welt, wie ein Widerschein der Insel des Vogels Phönix. Tausend und aber tausend Pilger sind im Lauf der Jahrhunderte um den See gewandert und haben das Morgenrot und den Sonnenuntergang geschaut, aber nie haben sie die Bilder gesehen, die wir in dieser Nacht von der Mitte des heiligen Sees aus erblickten! Bald verschwinden die zauberischen Licht- und Farbenwirkungen, die einander schnell abgelöst haben. Das Land wird alltäglich und von dichten Wolken beschattet. Der Kailas und der Gurla Mandatta verschwinden ganz und gar, nur ein Schneejoch fern im Nordwesten glänzt tief — nur dorthin dringt noch durch einen Wolkentunnel ein Bündel der Sonnenstrahlen. Die Wildgänse sind erwacht, man hört sie auf ihren luftigen Fahrten miteinander schnattern, dann und wann schreit eine Möwe oder eine Seeschwalbe. Der Himmel sieht drohend aus, aber die Luft ist still. Das Boot gleitet seinem Ziel trostlos langsam entgegen, denn jetzt, sechs Uhr morgens, sind meine Ruderer vor Müdigkeit am Ende ihrer Kräfte. Sie schlafen abwechselnd beim Rudern ein. »Hem-mala-hém«, ruft Schukkur Ali, die letzte Silbe betonend, wenn er das Ruder energisch eintaucht, aber er schläft inzwischen ein und das Ruder schwebt in der Luft, seine eigene Stimme weckt ihn, er taucht wieder ein und entschlummert von neuem!

Die Stunden vergehen, nichts aber zeigt, daß wir uns unserem Ziele nähern. Wir können nicht entscheiden, welches Ufer uns das nähere ist, wir scheinen selbst der Mittelpunkt dieses grenzenlosen Sees zu sein. Die Täler und Erosionsrinnen zwischen den verschiedenen Vorsprüngen des Gebirgsstockes treten scharf hervor und schlängeln sich nach dem See hinunter, zwischen flachen Schuttkegeln hindurch, deren äußerster Rand auf dem Seegrund die wechselnden Tiefen verursacht. Diese nahmen jetzt wieder zu und betrugen 61, 62, 65 und 73 Meter. Vom vierzehnten Punkt an, diesen selbst mitgerechnet, wurde auch die auf dem Seegrund herrschende Temperatur untersucht. Die Lotungen nahmen aber Zeit in Anspruch. Erst mußte die Leine mit ihren 70 Metern ablaufen und dann stillgehalten werden, bis das Thermometer die Grundtemperatur annahm; dann mußte sie wieder eingeholt, die Tiefe aufgezeichnet und das Thermometer abgelesen, dann die Temperatur des Oberflächenwassers und der Luft bestimmt und das Log abgelesen werden.

Einen Kilometer nach Norden hin haben die blanken Wellen der Dünung einen seltsam brandgelben Ton, und ich kann mir gar nicht erklären, woher dieser eigentümliche Reflex kommt. Im Südwesten verdichtet sich das Gewölk, und eine Brise fährt über den See hin, ein Wellensystem hervorrufend, das die Fahrt des Bootes noch mehr hemmt. Rehim Ali kann sich nicht länger wach halten, und Schukkur Ali schlummert unschuldig mit hochgehobenen Rudern und rudert im Schlaf ein über das andere Mal in der Luft. Gegen sieben Uhr übermannte auch mich der Schlaf, aber es gilt wach zu bleiben, wir können jeden Augenblick Sturm erwarten; ich gebe meinen Ruderern mit der hohlen Hand eine gründliche Dusche, wasche mir selbst Gesicht und Hände, bestelle das Frühstück — ein hartgekochtes Gänseei, ein Stück Brot und eine Schale Milch, zünde dann meine Pfeife an und bin wieder so munter wie ein Kiebitz. Bei der 20. Lotungsstelle, 79 Meter Tiefe, folgen die beiden anderen meinem Beispiel.

Um neun Uhr, als wir genau zwölf Stunden auf dem Wasser waren, loten wir eine Tiefe von 81,8 Meter, aber das Südwestufer schien noch ebenso fern wie bisher! Rehim Ali meinte, daß es doch unheimlich sei, soviel Wasser unter dem Kiel zu haben. Die Wolkenmassen des Gurla heben sich ein wenig, und wir sehen immer tiefer in das mächtige Tal hinein. Die unteren Zipfel der Schneefelder zeigen sich unter den Wolken. Westlich davon zieht sich eine breite Erosionsrinne hin, die grau von Schutt und schwarzpunktiert durch Buschwerk ist.

Und wieder rinnen die Stunden des Tages dahin. Wir gleiten langsam vorwärts, bald über ruhige hügelartige Dünungen, bald über kleine Pyramidenwellen. Vier kleine Sturmjungen wollten uns von verschiedenen Seiten her etwas anhaben. Das Segel wurde gehißt. Aber noch immer schien das Ufer unendlich fern.

Jetzt loten wir 77, 74, 77, 68, 58, 54 und 25 Meter und merken endlich, daß das Ufer doch nahe ist, denn auf den Hügeln werden Yak- und Schafherden sichtbar. Der Seegang war jetzt ziemlich hoch, und zweimal mußten wir das Boot, auf dessen Boden mein Pelz naß geworden war, ausschöpfen. Müde und schläfrig arbeiten die beiden Männer mühsam mit den Rudern. Aber das Ufer weicht noch immer vor uns zurück und die Nachmittagsstunden verrinnen. Der Gurla scheint sich im Süden direkt aus dem Wasser zu erheben; man sieht sein ebenes Vorland und seine flachen Halden in viel zu starker Verkürzung. Die Mönche der dortigen Klöster sind nicht auf die

Bäche des Gebirges angewiesen, sie trinken das heilige Seewasser, das wirklich einen Geschmack wie das reinste, gesundeste Quellwasser hat.

Endlich sahen wir den Seeboden durch das klare Wasser, noch einige Ruderschläge und das Boot hält an einem Wall von Ton und faulenden Algen, die das Wintereis auf die Tonbank geschoben hat. Auf der Innenseite des Walles zieht sich eine längliche Lagune hin, in deren Schlamm man bis an die Knie einsinkt. Es war unmöglich, dort an Land zu gehen. Nachdem ich mir die Sache eine Weile überlegt hatte, ruderten wir nordwärts und fanden endlich nach anderthalb Stunden eine Stelle, wo sich das Boot aufs Land ziehen ließ. Wir waren 18 Stunden auf dem Wasser gewesen!

Brennstoff wurde gesammelt, ein Feuer angezündet, Tee gekocht und Schaffleisch gebraten. Aus den Rudern, dem Mast und dem Segel wurde ein provisorisches Zelt errichtet, in dem ich mich, in den Pelz gewickelt und mit den Rettungsringen als Kopfkissen, schlafen legte. Ich hatte 31 Stunden ununterbrochen gearbeitet, schlief sofort ein und ahnte nichts von dem Sturm, der die ganze Nacht hindurch tobte.

Neue Seefahrten

Um sechs Uhr wurde ich geweckt. Der Morgen war herrlich, nur viel zu heiß. Wir setzten das Boot wieder ins Wasser und ruderten nun etwa 80 Meter vom Ufer entfernt nach Nordnordosten und Nordnordwesten, bis zum Lager Nr. 214 hin einen schwachen Bogen beschreibend. Linker Hand hatten wir eine Reihe Geröllhügel, die langsam nach den Höhen der Landenge ansteigen, die den Manasarovar vom Rakas-tal trennt.

Bald trat ein Kloster hervor, das auf seiner gegen 40 Meter hohen Geröllterrasse wie ein Schwalbennest über dem See hängt. Dort stand eine Gruppe Lamas, die schweigend das Boot betrachteten; eine solche Erscheinung hatten sie in ihrem Leben noch nie auf dem heiligen See gesehen. Als wir uns näherten, verschwanden sie wie Mäuse in ihren Löchern; nur ein alter Mann blieb auf einer Balustrade sitzen. Ich fragte ihn, wie das Kloster heiße, und er antwortete: »Gossul-gumpa«. Die nächste Landspitze verdeckte das Kloster. Aber die Uferlagune setzte sich fort, obwohl der Ufersaum am Fuß der Hügel nur 10—20 Meter breit war. Der Ton, auf dem die Lagune steht, ist für Wasser undurchdringlich, der See braucht aber nur ein paar Fuß zu steigen, um durch darüberliegende Sandlager einen Abfluß nach dem Rakas-tal oder Langak-tso im Westen zu finden. Auch wenn der Kanal an der nordwestlichen Ecke wie jetzt verstopft ist, hat der Manasarovar einen unterirdischen Abfluß nach dem Nachbarsee, und sein Wasser bleibt folglich vollkommen süß.

Ich hatte die Absicht, auf einer geeigneten Stelle weiter nordwärts zu lagern und von dort aus am folgenden Tag wieder über den See nach dem Hauptquartier bei Serolung-gumpa zu rudern. Als Ziel bestimmte ich einen zinnoberroten Hügel, der auf der Nordseite einer wenig eingeschnittenen Bucht des Westufers lag. Bei frischer südlicher Brise hißten wir das Segel und flogen mit sausender Geschwindigkeit über den See. Die Pilger am Ufer sahen unserer Fahrt mit größtem Erstaunen zu; die Mönche von Gossul waren uns vorsichtig auf den Hügeln nachgekommen und zerbrachen sich den Kopf über das Ende, das eine solche Heiligtumsentweihung nehmen mußte. Auch die Wildgänse schwammen mit ihren Jungen eilig in den See hinaus, andere Schwimmvögel wieder begaben sich einige hundert Meter landeinwärts — sie hielten das Boot wohl für einen sonderbaren Seevogel von ungewöhnlichen Ausmaßen.

Bei der roten Spitze gingen wir an Land, und während das Nachtlager gerichtet wurde, erkundete ich auf den oberhalb des Landungsplatzes liegenden Höhen die Gegend. An der inneren Seite der flachen Bucht fand ich eine Mulde, deren Boden tiefer liegt als der Seespiegel, die mit salzigem Wasser gefüllt ist, und auf der Westseite dieses Salzsumpfes ist der niedrigste Sattel der Landenge, die beide Schwesterseen trennt. Droben zieht sich die Pilgerstraße hin, die Hunderttausende von müden Schritten ausgetreten haben. Ein rasender Südoststurm fuhr über den See hin; sein Spiegel geriet in wilden Aufruhr und zeigte kreideweiße Schaumkämme. Gegen vier Uhr wurde die Luft beängstigend ruhig, dann sprang der Wind um, und ein ebenso heftiger Nordweststurm zog herauf. Um den See herum regnete es an mehreren Stellen, aber wir bekamen nur einige Tropfen. Um sechs Uhr sah der Himmel unheimlich aus, überall pechschwarze Wolken, und vom Ostufer keine Spur sichtbar; es war, als lägen wir an der Küste des Weltmeers. Bald darauf sprang der Wind nach Ostsüdost um, und dann toste die Brandung den ganzen Abend gegen unser Ufer.

Wir saßen noch zwei Stunden am offenen Feuer und plauderten. Seine Flammen flackerten und loderten nach allen Seiten hin, so daß Schukkur Alis weißer Ziegenbart angesengt wurde. Das Wetter war noch immer so drohend, daß wir aus dem Boot eine Hütte herstellten, in der ich mich früh schlafen legte.

Die Männer hatten Befehl, mich vor Sonnenaufgang zu wecken, denn, falls wir das Lager 212 noch vor Einbruch der Dunkelheit wieder erreichen wollten, mußten wir uns sputen. Es war kaum hell geworden, als ich ins Freie trat. Beim Morgenfeuer wurde der letzte Proviant verzehrt, und dann stießen wir einhalbfünf Uhr in trübem, häßlichem Wetter vom Lande ab. Der starke Westwind trieb uns schnell vom Ufer fort, ja, er war eigentlich viel zu stark für unser Segel und unsern Mast, aber er brachte uns vorwärts. Schon einige Minuten vom Ufer ging der See ungemütlich hoch.

Jetzt war in den Leuten ein anderer Zug als auf der ersten, nächtlichen Fahrt! Sie hatten sich sichtlich in den Kopf gesetzt, das Ziel noch vor Dunkelheit zu erreichen.

Es wurde gelotet: 40, 52, 52, 54, 54, 56, 57 und 54 Meter. Wenn man erst über die Abrasionsterrassen und ihre ziemlich steile Abdachung hinausgekommen ist, dann ist der Seeboden so gut wie eben. Auf mehreren Seiten verkünden niederhängende Wolkenfransen, daß der Regen wie Gerten niedersaust, aber wir bleiben verschont.

Der Tag verrinnt, es wird im Zenit hell, der Wind fegt die Wolken fort, und sie scheinen sich um die Berge zu sammeln, die einen großartigen Kranz um diese Perle unter den Seen der Erde bilden. Der Wind flaut ab, die Sonne brennt auf meinem vom Wetter hart mitgenommenen Gesicht, und es strengt den Kopf an, wenn das funkelnde Licht der Sonnenstrahlen gerade in die Augen scheint. Die Wellen fallen und werden schlaffer, und der See ist wieder spiegelblank. Jetzt geht es langsamer, da der Wind nicht mehr von hinten schiebt, aber die Männer ermüden nicht; ihr Ruderlied verhallt ungehört auf dem Wasser und sucht vergeblich ein Echo. Der rhythmische Gesang und das Plätschern der Ruder schläfern ein. Ich glaube die Hufschläge eines Rosses zu hören, das einen Reiter über die Granitberge des Transhimalaja durch ein unbekanntes Land trägt, und im Traum glaube ich zu sehen, daß die Züge des Reiters meine eigenen sind. Ich werde traurig, denn das Traumgesicht ist unwahr. Wohl habe ich den Transhimalaja auf drei Pässen überschritten, aber das wichtigste ist noch nicht geschehen! Daß ich sowohl bei den Tibetern wie bei den Chinesen alles, was in meiner Macht stand, versucht habe, um in das Land im Norden des oberen Tsangpo ziehen zu dürfen, ist mir kein Trost. Wenn man die hindernden Bollwerke der Natur besiegen kann, müßte man auch den Eigensinn der Menschen bezwingen können. Dort oben im Norden, hinter dem Kailas, streckt der Transhimalaja seine Granitwälle aus, ich muß hin und sollte es mein Leben kosten! Ich muß hin, und wenn ich mich in die Lumpen eines Bettellamas kleiden und mich von einem schwarzen Zelt zum andern hinbetteln soll!

Eine leichte südöstliche Brise weckt mich aus meinen Gedanken. Die Täler Patschen und Patschung öffnen ihre Tore immer weiter und lassen uns tiefer in die Winkel des Gebirges sehen. Wir erkennen die Hügel über dem Lager 212 wieder. Eine langgestreckte, niedrige, blanke Dünung von dicht aufeinanderfolgenden Wellen, wie die Schlagwellen eines entfernten Dampfers, kommt uns entgegen. Wie ist sie nur entstanden, da der See ganz ruhig liegt — vielleicht durch eine kleine Erschütterung der Erdrinde, die das Ufer hat erzittern lassen? Der Wellengang auf diesem runden See ist seltsam. Am Punkt Nr. 20 ergeben sich nur 39 Meter Tiefe, und nun haben wir es nicht mehr weit.

Krach! Mit einem Knall brach Schukkur Alis Ruder in der Mitte durch. Der gute Mann war so verdutzt und bestürzt, daß er stammelte: »Das schadet nichts« und forfuhr, mit dem Schafte in der Luft zu rudern. Jetzt, wo die Zelte so nahe waren, hatte er zu viel Kraft entwickelt! »Ein Glück, daß der Alte nicht selber geplatzt ist!« dachte ich. Mit einem Strickende banden wir die Stücke aneinander. Am Ufer war Leben, als wir landeten! Die Wartenden waren sichtbar und hörbar erfreut, uns wiederzuhaben, nachdem sie sich schon trübe Gedanken über unser trauriges Ende gemacht hatten. Im Lager stand alles gut, nur unsere Tibeter waren betrübt, denn ihr Proviant war aufgezehrt. Ich gab ihnen daher Geld, damit sie sich im Kloster Tsamba kaufen könnten. Und am Abend besprach ich mit Robert den Plan, nach Süden zu rudern, um den See weiter zu untersuchen. In Serolung kauften wir ein Brett und zwei Stangen, und während des ersten Ruhetages fertigte Schukkur Ali daraus mit der Axt zwei vortreffliche Ruder nach einem Modell, das ich ihm aus dem Deckel einer Zigarrenkiste geschnitzt hatte.

Am nächsten Tag, dem Jahrestag unserer Ankunft in Leh, begann ein neuer Monat. Jedesmal, wenn ich in mein Tagebuch einschrieb »der Erste«, fragte ich mich, was der neue Monat wohl bringen werde: neue Entdekkungen oder neue Enttäuschungen? Aber ich hoffte stets und glaubte, daß ich schließlich doch Glück haben würde. Rabsang und Tundup Sonam ruderten, Robert steuerte, einer Einmeterlinie mit etwa 50 Meter Abstand vom Lande folgend; ich selber saß im Vorderteil mit dem Kompaß in der Hand und zeichnete die Karte der Uferlinie, ihrer Hügel und Täler und alles dessen, was sonst zur Charakteristik eines Sees gehört. Charles A. Sherring berichtet in seinem Buch über Westtibet, daß der Commissioner von Bareilly, Mr. Drummond, im Jahre 1855 in einem Boot auf dem Manasarovar gefahren sei, aber irgendwelche Ergebnisse sind mir nicht bekanntgeworden; ich fand im Gegenteil, daß auch die allerneueste Karte des Sees gründlicher Richtigstellung bedurfte. Tiefenlotungen waren bisher noch nie vorgenommen worden, und der Zweck meiner Fahrten war das Sammeln von Stoff zu einer eingehenden Isobathenkarte, einer Karte, auf der konzentrische Linien die Tiefen und die Gestalt des Seebeckens angeben. Schon als wir auf dem Tamlungpaß das Tal des Brahmaputra hinter uns zurückließen, hatte ich geargwöhnt, daß der Manasarovar ein Glied des hydrographischen Systems des Satledsch sei. Jetzt galt es zu versuchen, ob ich nicht einen Beitrag zur Lösung dieser Frage liefern könne. Ich weiß, daß meine Untersuchungen unzureichend sein mußten, aber sie gaben doch eine Anzahl bisher unbekannter Tatsachen. Dahin gehörten die systematischen Tiefenlotungen des Sees, mit deren Hilfe man Schlüsse über die Entstehung und Bildung des Beckens ziehen kann. Bald überzeugte ich mich, daß die Seedepressionen von alten Gletschern der südlichen Gebirge ausgehöhlt und nicht, wie ich erst geglaubt hatte, von Moränenwällen in dem breiten Tal aufgedämmt worden sind. Aber der Mangel an Raum verbietet mir, hier ausführlich auf diese höchst interessanten Fragen einzugehen.

Inzwischen gleiten wir in einem schwachen Bogen nach Südwesten und müssen den Abstand vom Ufer vergrößern, um nicht in dem sandigen Seeboden steckenzubleiben. Das Wasser hat in dieser Jahreszeit die ziemlich beständige Temperatur von etwa 10 Grad. Nun erreichten wir die Mündung des Tage-tsangpo. Wohl einen Kilometer lang strömt der Fluß mit dem Seeufer parallel, wird aber von ihm durch einen vier Meter hohen Uferwall, den Wellen und Eisdruck aufgeworfen haben, getrennt. Hier lagerten wir zwischen Flugsand und Gesträuch, und ich maß den Tage-tsangpo. Seine Breite war 17,3 Meter, seine Maximaltiefe 1,05 Meter, und die Wassermenge betrug 11,26 Kubikmeter in der Sekunde, oder drei Kubikmeter mehr als an der Stelle oberhalb seines Nebenflusses Na-marden, wo ich ihn zuletzt gemessen hatte. Ich habe schon früher erwähnt, daß wir auf dem Tamlung-la zuerst mit diesem Fluß in Berührung kamen, dessen Quellarm Gang-lung-tschu oder »das Wasser des Eistales« von den Gang-lung-Bergen im Süden kommt. Also ist die Quelle des Tage-tsangpo ein Gletscher oder »Eistal« jenes Gebirges. Man sieht ihn vom Tam-lung-la aus. Dieser Gletscher ist es, den ich mir erlaube die genetische Quelle, das heißt die ursprüngliche, wirkliche Quelle des Satledsch, zu nennen. Später werden wir auf dieses verlockende Problem noch zurückkommen.

Von jedem Lagerplatz aus mußte Robert mit zwei Leuten rechtwinklig vom Ufer hinausrudern und alle fünf Minuten die Tiefe messen. Auf Grund dieser Radien ergab sich die Schalenform des Beckens.

Am 2. August fuhren wir im Boot weiter, während die Karawane am Ufer entlangzog. Alles lief vortrefflich ab, wir hatten keinen Ton von irgendwelchen uns verfolgenden Beamten gehört, und die Tibeter stellten uns mit größter Bereitwilligkeit Yaks und Esel zur Verfügung. Ein paar Regenschauer fielen, der Donner rollte laut im Gurla Mandatta, eine heftige Südwestbrise zwang uns haltzumachen und an einer Stelle des Ufers zu warten, wo das Nima-pendi-Tal mit einem Bach mündet, der innerhalb einer durchbrochenen Barre ein Delta bildet. Der Bach ist sehr fischreich, aber auch hier baten die Tibeter uns, die Fische nicht zu fangen, und wir respektierten ihre Wünsche — nur Dummheit und Roheit kränkt die religiösen Gefühle anderer Menschen. Durch diesen Bach erhält der See einen Zuschuß von 1,4 Kubikmeter in der Sekunde, während der westsüdwestlich von diesem Bach mündende Ri-tschung-tschu ihm 1,8 Kubikmeter liefert.

Unter Segel passierten wir Janggo-gumpa in ziemlich kurzem Abstand und steuerten gerade auf Tugu-gumpa zu, das malerisch auf einer Uferterrasse liegt. Hier beginnt die lange Lagune und der Schlammdamm, die wir vom Westufer her kennen; ich wurde an Land getragen und von einer Hinduschar, die aus Pilgern und Wollhändlern bestand, höflich begrüßt. Eine Menge tibetischer Hirten aus dem Norden hielt sich auch hier auf, wo jeden Sommer ein nicht unbedeutender Wollmarkt abgehalten wird. Auf dem Dach stand eine Gruppe von Mönchen; unser Lager war unmittelbar am Fuß des Klosters auf der Uferstraße aufgeschlagen worden und hatte eine herrliche Aussicht auf den See und den dahinterliegenden Kailas. An der südlichen Klosterwand ist ein von einer Steinmauer umgebener Hof, wo 500 Schafe eng, wie Heringe in einer Tonne, standen, um der Reihe nach von Hindus und Botias, die aus Almora und dem Grenzland im Süden hierherkommen, geschoren zu werden. Die Nomaden erhalten acht Anna (69 Pfennige) für jedes Schaf, also gute Zinsen von ihrem lebenden Kapital. Die Wolle, die man von 500 Schafen erhält, soll 16 Yaklasten ausmachen.

Ich besuchte sofort das Kloster, dessen 13 Mönche mit dem Abt Tabga Rintschen an der Spitze mich mit der größten Höflichkeit und Freundlichkeit empfingen, mir alles zeigten und die verschiedenen Tempelsäle erklärten. Sie hatten von meinen Fahrten über den See reden hören und mich nun mit eigenen Augen bei günstigem Wind mit dem Boot heransausen sehen. Mit aufrichtiger Überzeugung erklärten sie, daß ich über geheime Kräfte verfügen müsse, da ich dem heiligen See des Seegottes ungestraft trotzen könne. Aber sie glaubten auch, daß dies möglich sei, weil der Taschi-Lama mein Freund sei und mir seinen heiligen Segen mitgegeben habe. Tugu-gumpa steht unter Schibeling-gumpa in Purang, und die meisten Mönche kommen von dorther, um drei Jahre am See zu bleiben. Sie besitzen Herden in Tschang-tang, treiben Handel und helfen armen Pilgern auf ihrer Wanderung um den Tso-mavang. Von wohlhabenden Pilgern erhalten sie selber Geschenke. Die Tempelsäle sind malerisch vornehm und sehr gut erhalten.

Das Schönste ist jedoch die Aussicht vom Klosterdach. Die höchsten Teile des Gurla Mandatta, den sie hier Mama-nani oder Mamo-nani nannten, werden von den Abhängen des Gebirges verdeckt, da wir ihm hier viel zu nahe sind, aber der spiegelnde See dehnt sich unendlich weit nach Norden aus. Ein Lama, der in mehreren verschieden langen Zwischenräumen im Kloster gedient hatte, sagte, der See steige nach einem regnerischen Sommer 60—70 Zentimeter, und behauptete, daß vor 18 Jahren die Seefläche bis an den Fuß der roten Fassade des Klosters gereicht habe. Dies klingt unwahrscheinlich, denn die Entfernung zwischen See und Kloster betrug jetzt 98,45 Meter, und der Fuß der Klosterfassade (die rechte Ecke, vom Ufer aus gesehen) lag 6,30 Meter über dem jetzigen Seespiegel; ich teile diese Werte aber mit, um einem künftigen Forscher Gelegenheit zur Feststellung zu geben, ob der See seit dem 2. August 1907 wieder gestiegen oder gefallen ist.

Die folgenden Tage brachte ich im Kloster zu und zeichnete. Der Lama Punso, ein junger Mönch, wurde mein besonderer Freund und zeigte mir alles mit der unerschöpflichen Sachkenntnis eines geübten Museumsdieners. In der Klostervorhalle hatten sich in Gesellschaft der vier Geisterkönige drei Beamte des Devaschung häuslich eingerichtet, Matratzen, Bündel, Schemeltische, Säbel und Flinten lagen und standen in profaner Unordnung am Eingang zur Wohnung hoher Götter.

Robert ruderte inzwischen vom Südufer hinaus und maß die Tiefen bis zur 63-Meter-Kurve. Am 5. August machten wir einen Besuch in Janggo-gumpa, das zehn Mönche und eine Nonne hat. Sie sagten mir, daß sie aus dem Lande Hor, im Norden des innersten Tibet, seien, und nennen sich daher Horpa, aber auch Dokpa; Tschangpa heißen die Nomaden in Tschangtang. Der Abt ist aus Sekija-gumpa. Im »Gunkang« des Klosters, einer finsteren, unterirdischen Krypta hängen Masken, Kadachs, Trommeln, Speere und Flinten. Ich fragte, wozu die Mönche die Schußwaffen benutzten, da ihnen doch eines ihrer Grunddogmen verbiete, ein Lebenslicht auszulöschen; sie erwiderten, daß mit diesen Flinten viele wilde Yaks erlegt worden seien, deren Fleisch Menschen als Nahrung gedient habe; die Flinten hätten deshalb einen Ehrenplatz im Kloster erhalten.

Janggo-gumpa war das dritte der acht Klöster des heiligen Sees, das ich besuchte; ich wollte sie alle ohne Ausnahme sehen. Und ich wollte alles Wasser messen, das sich in den See ergießt. Seine Menge wechselt von Tag zu Tag. Nur durch gewissenhafte Messungen werde ich die Wassermasse, die sich während eines Sommertags in den Tso-mavang ergießt, feststellen können.

Stürmische Fahrt über den heiligen See

Auch den 6. August blieben wir noch bei Tugu-gumpa, einem der interessantesten Klöster, die ich in Tibet gesehen habe. Den ganzen Tag war ich mit Robert und Rabsang beschäftigt, mit einem Meßband die drei verschiedenen Stockwerke auszumessen und von jedem einen Plan zu zeichnen.

Etwa 30 Hindupilger schlugen heute ihre dürftigen Zelte in unserer Nähe auf. Abends zündeten sie Feuer auf einer flachen Metallschüssel an, die dann auf dem Wasser treiben mußte und wie ein Leuchtfeuer strahlte. Der schwimmende Scheiterhaufen sollte eine dem See dargebrachte Huldigung sein.

Am 7. August wurde ich in aller Frühe geweckt. Ich eilte nach dem Ufer, wo das Boot bereit lag. Wie die Wildgänse umsäumten die Hindus das Ufer, ließen ihre Anzüge auf dem Trocknen und wateten, nur mit einem Tuch um die Hüften, ins Wasser, um in dem heiligen, segenbringenden, seligmachenden See zu baden. An einem so kühlen Morgen muß es Menschen aus den stickigen Dschungeln Indiens sehr erfrischend erscheinen, wenn sie sich in Wasser waschen, das nur einige Grad über Null hat. Die meisten gehen bis an die Knie ins Wasser; dort hocken sie nieder oder beugen sich vornüber und schöpfen das Wasser mit beiden Händen, die sie schalenförmig zusammenlegen. Sie machen symbolische Zeichen mit den Fingern, nehmen den Mund voll Wasser, das sie in einem Strahl wieder herausspritzen, halten sich die Handflächen gegen das Gesicht und sehen nach der aufgehenden Sonne hin; sie betreiben alle jene unergründlichen Manipulationen, deren ich mich von den Kais der Stadt Benares her erinnere. Braun gebrannt sind sie, mager und elend sehen sie aus; sie sind viel zu dünn angezogen — ich sah keinen einzigen Pelz — und klagen daher über das rauhe Klima, erkälten sich und kommen in mein Zelt, um sich Heilmittel zu erbitten. Einige stehen wohl eine Stunde im Wasser, ehe sie wieder ans Ufer gehen, um sich anzukleiden und in Gruppen umherzusitzen und zu plaudern. Aber sie kehren mit dem Bewußtsein nach den Tälern Indiens zurück, daß sie eine den Göttern wohlgefällige Tat vollbracht haben. Sie nehmen kleine Metallbüchsen mit heiligem Wasser mit nach Hause, um sie ihren Verwandten zu schenken. Sie glauben, daß einer der Wege der Seligen über den Manasarovar führt. Hoffnung hegen sie ja immer, und das ist etwas Schönes für arme Erdenpilger.

Mit erstaunten Blicken folgten sie meinem Boot, das kräftige Ruderschläge vom Kloster fortführten. Diese unsere dritte Lotungslinie war nach dem Lager 214 in N 27° W gerichtet. Wir loteten 53, 63, 69, 72, 72, 75 und 77 Meter, während der Seegang stärker wurde und das stampfende Boot in seiner Geschwindigkeit hemmte. Der Gurla Mandatta war beinahe klar, aber der Kailas hüllte sich in Wolken. Der Wind legte sich, und die Sonne glühte, alles prophezeite einen herrlichen Tag. Beim neunten Punkt nahm die Tiefe wieder ab: 75 Meter; wir hatten hier unsere nächtliche Linie mit ihren großen Tiefen passiert. Nachher wurden 68, 60, 57, 59 und 61 Meter gelotet.

Wieder hatte es begonnen, aus Nordwesten zu wehen, und um die Mittagszeit wurden die Wolken im Norden dichter. Eine schwere, bleigraue Wolkenschicht senkte sich langsam an den Bergen herab. Berge und Ufer verschwanden im Norden spurlos, die Wolkenmassen schienen auf den See hinunterfallen zu wollen.

Unmittelbar vor ein Uhr zeigten sich gelbe Tromben von Staub und Sand in der Nähe der Landspitze, die unser Ziel war. Sie wurden dichter und größer und sahen auf dem Hintergrund sich verdichtender Wolkenmassen brandgelb und unheimlich aus. Es war nicht das erstemal, daß ich solche Sturmwarnungen sah!

»Wir bekommen Sturm«, sagte ich ruhig.

»Gott ist mit uns«, antwortete Schukkur Ali ebenso ruhig.

»Rudert nur zu, so kommen wir noch hin, ehe die Wellen hoch gehen!«

»Wenn wir direkt nach dem Ufer abschwenken, wird es noch näher sein«, schlug Schukkur Ali vor.

»Nein, wir ändern den Kurs nicht, wir gehen gerade auf das Ziel los; bald sind wir unter den Uferhügeln vor dem Wind geschützt, es fehlen nur noch drei Lotungspunkte, und die können für ein andermal bleiben.«

Der Wind legte sich wieder, und es begann in spärlichen, großen Tropfen zu regnen. Darauf folgte ein dichter Hagelschauer, der die Wasserfläche peitschte, als er herabschmetterte, uns in Halbdunkel hüllte, den Seespiegel in Millionen kleiner Springbrunnen aufspritzen ließ und in zwei Minuten das Innere des Bootes weiß färbte. Nichts außer uns selbst und dem Boot war erkennbar, sonst nur Wasser und der Hagel, der wie Gerten auf den See aufschlug und einen sausenden, gurgelnden Laut hervorrief. Dann und wann wurden die Wolken durch zitternde Blitze erhellt, drohend und dumpf grollte im Norden der Donner.

Dem Hagel folgte ein Regenguß von so ungeheurer Heftigkeit, wie ich ihn mir überhaupt nicht hatte vorstellen können. Er stürzte in solchen Massen und mit solcher Kraft herab, daß man dadurch niedergebeugt wurde. Ich hatte drei Hemden und eine Lederjoppe an, spürte aber schon nach einer kleinen Weile, wie mir das Wasser auf dem bloßen Leibe hinabrann, was den Vorteil hatte, daß die tolle Dusche, die uns noch bevorstand, mich nicht mehr zu durchnässen brauchte. Ich hatte meinen Pelz mit der Fellseite nach oben über die Knie gelegt; in seinen Vertiefungen sammelten sich kleine Lachen an.

Endlich wurde der Regen dünner, aber plötzlich hörten wir ein betäubendes Tosen im Nordosten, einen Ton, wie ihn nur der stärkste Sturm hervorrufen kann. Hagel und Regen waren nichts dagegen gewesen; jetzt hatte der Sturm freien Spielraum und fuhr mit einem Schlag wie ein Rasender über den See! Warum waren wir nicht eine Stunde früher abgefahren, anstatt uns das religiöse Baden der Hindus anzusehen!

Eine Minute kämpfte ich wie wahnsinnig um den rechten Kurs mit den Wellen, die wir direkt von der rechten Seite hatten. Sie schwollen mit ungeheurer Schnelligkeit an, und jede Woge, die sich an dem gespannten Rumpf des Bootes in sprühende Spritzwasser zersplitterte, rief einen Knall hervor, bei dem unser Schifflein zu platzen drohte. Nach der dritten, die ihren Schaumgipfel über die Reling schleuderte, stand das Wasser zehn Zentimeter hoch im Boot, die kleine Nußschale lag unter dem Gewicht dreier Männer viel zu tief im Wasser, und das Wasser plätscherte und gluckste mit dem Rollen des Bootes hin und her.

Ich sah ein, daß der Versuch, unseren Kurs beizubehalten, aussichtslos war. Wir mußten mit Wind und Wellen abfallen. In S 50 ° W hatten wir Gossul-gumpa, der Sturm kam aus Nordosten, das paßte gut; im Kloster konnten wir Obdach finden, wenn wir überhaupt so weit kamen! Es handelte sich nur darum, im rechten Winkel zu wenden, ohne zu kentern! Zweimal mißlang es mir, wir nahmen noch mehr Wasser ein, aber das drittemal gelang es, und wir mußten, wenn uns unser Leben lieb war, das Boot verhindern, sich wieder im Winde zu drehen.

Nun begann eine Fahrt, wie ich sie auf keiner meiner früheren Seereisen in Tibet erlebt habe! Der Sturm schwoll zum Orkan an, unter seinem pressenden Druck wurden die Wellen so hoch wie die Wogen der Ostsee bei stürmischem Wetter; jeder Dampfer wäre in diesem Seegang ins Rollen geraten; wir in dem kleinen Zeugboot mußten in den schnellen, unerwarteten Schwankungen, die beim Schlingern dicht aufeinander folgten, ständig parieren und balancieren. Gepeitscht, gejagt, gehetzt von der wütenden Kraft des Windes, fegten wir über den See hin. Jede neue Welle, die uns emporhob, schien größer als die vorhergehende. Es wurde uns schwarz vor den Augen bei dem Gedanken, daß sie in einer Sekunde das Boot füllen und unter Wasser drücken würden. Aber der Wellenkamm hob es in die Höhe, die Aussicht wurde nach allen Seiten frei, im Süden schien noch die Sonne, der Gurla Mandatta war klar und scharf zu sehen, in S 50 ° W sah man sogar die Terrasse von Gossul-gumpa, nur im Norden war alles schwarz und drohend.

Wir kämpfen tapfer, ich sitze auf dem Boden des Bootes und muß mit ganzer Kraft auf das Steuer drücken, um das Boot in der richtigen Bahn zu halten, während das vom Sturm aufgepeitschte Spritzwasser wie der zersplitterte Strahl einer Feuerspritze über uns hinfliegt. Das Boot füllt sich allmählich — werden wir das Ufer erreichen, ehe es sinkt?

Wir waren von unserem Lotungskurs rechtwinklig abgebogen, es galt jetzt nur noch, das Leben zu retten — das Land zu erreichen, ehe das Boot sank! Da, im kritischsten Moment, als eine ungleichmäßig heranrollende Welle das Boot bedrohte, rief ich Tundup zu, die ganze Kraft aufzubieten — er tat es so gründlich, daß sein Ruder mit einem Knall zersprang! Nun hing alles an einem Haar; wir konnten das Boot nicht mehr regieren, es mußte unfehlbar kentern und sich unter diesem schäumenden Wellenkamm umkehren. Aber auch Tundup erkannte die Gefahr und riß mit schnellem Griff ein Reserveruder los, während Schukkur Ali mit dem Backbordruder rückwärts ruderte; nach einer neuen Dusche waren wir wieder in der richtigen Lage!

Je länger es dauert und je größer das Seegebiet wird, das wir im Nordosten hinter uns zurücklassen, desto höher schwellen die Wogen an. Tundup ist so bleich, wie seine sonnenverbrannte Haut es zuläßt; Schukkur Ali scheint ruhig, aber heute singt er nicht beim Eintauchen des Ruders. Tundup gestand mir später, er sei fest überzeugt gewesen, daß wir umkommen würden.

Meine Brille trocken und klar zu halten, ist unmöglich, es rinnt und tropft von den Gläsern, und auf dem Leibe habe ich schon lange keinen trockenen Faden mehr.

So werden wir vorwärts gejagt, die Zeit erscheint uns endlos. Endlich zeigt sich Gossul-gumpa; es vergrößert sich, ich sehe seine Fenster und Dachwimpel und hinter einer Balustrade einige Mönche, regungslos den Blick auf unser Boot gerichtet. Aber unter der Klosterterrasse steht eine wilde Brandung. Wie wir landen werden, weiß ich nicht. Das Log ist die ganze Zeit über draußen gewesen, ich rette es mit einem schnellen Griff und rufe den Leuten zu, sich bereit zu halten, um auf ein gegebenes Zeichen über Bord zu springen. Das heutige Notizbuch und die heutige Kartenaufnahme, die von Wasser triefen, stecken vorn in meiner Lederjoppe. damit wenigstens die gesammelten Ziffern nicht verlorengehen.

Wir haben nur noch zwei Minuten Zeit. Es gelingt mir noch, mich mit Schukkur Alis Hilfe von meinen vollgesogenen, schweren Kaschmirstiefeln zu befreien, aber kaum bin ich sie los, als das Boot auch schon ungestüm in die Sturzseen der Uferbrandung hineingeschleudert wird. Hier ist das Wasser bräunlichtrüb wie Hafergrütze, und eine Welle saugt das Boot wieder seewärts. Tundup Sonam will aus dem Boot springen, aber ich rate ihm, erst mit dem Ruder nachzufühlen, ob er auch Grund habe; er fühlt keinen Grund und geduldet sich noch. Das Boot erhält einen neuen Stoß und droht umzuschlagen; nun arbeiten die Ruderer wie besessen, um sich dem Ufersog zu widersetzen, und ehe ich mich versehe, ist Tundup ins Wasser gesprungen, das ihm bis an die Brust reicht, und zieht das Boot mit Aufbietung seiner ganzen Kraft landeinwärts. Wir beide folgen seinem Beispiel, und mit vereinten Kräften gelingt es uns, das Boot auf den Uferrand zu ziehen, ehe die wütende Brandung es zerschlagen konnte. Noch ein letzter Zug, und wir bringen es über die Schlammbarre in das Lagunenwasser, wohin die Wellen nicht dringen.

Nun haben wir genug, und erschöpft werfen wir uns auf den Sand. Der ungeheuren Aufregung und Anspannung, in der Leib und Seele anderthalb Stunden lang waren, folgte ein Gefühl der Betäubung und Ermattung — wir hatten einander nichts zu sagen, und ich gab keine Befehle für die Nacht. Wir waren Schiffbrüchige, hatten aber alle Veranlassung, froh und dankbar zu sein, daß wir gerettet waren.

Wir hatten erst wenige Minuten geschlummert, als zwei Mönche und drei Novizenknaben mit leisen Schritten über den Sand kamen und sich uns so vorsichtig näherten, als wüßten sie nicht, ob wir tot oder lebendig seien. Da richteten wir uns auf, und nun begrüßten sie uns freundlich und erkundigten sich, wie es uns gehe und ob wir der Hilfe bedürften. Sie erzählten, daß sie vom Altan aus das Boot gesehen hätten und überzeugt gewesen seien, daß es in dem ungewöhnlichen Sturm untergehen müsse. Es sei ein furchtbarer Anblick gewesen, wenn die Wellen das Boot verdeckt hätten, und sie jeden Augenblick erwartet hätten, daß die Wellen es verschlingen. Und beim Landen hätten sie uns dicht unter sich gehabt; es habe unheimlich ausgesehen. Ob wir irgendwie verletzt seien und ob wir nicht ins Kloster hinaufkommen und die Nacht in warmen Zimmern zubringen wollten? Aber ich dankte ihnen für ihr gütiges Anerbieten und zog es vor, wie gewöhnlich im Freien zu schlafen. Könnten sie uns aber Brennholz und Essen verschaffen, so wären wir von Herzen dankbar.

Sie verbeugten sich und verschwanden in den verwickelten Treppengängen, um mit Säcken voll Dung, Reisig und Scheiten wiederzukommen, und bald loderte ein herrliches Feuer auf der Terrasse auf. Sie zündeten es selbst an, denn unsere Zündhölzer und Feuerzeuge waren wie alles andere gänzlich unbrauchbar geworden. Und dann gingen sie wieder ihrer Wege, um uns etwas Eßbares zu besorgen, denn der Inhalt unserer Proviantbündel hatte sich in dem Bootwasser in Teig verwandelt.

Unterdessen richteten wir uns auf dem schmalen Uferstreifen unterhalb des Klosters häuslich ein. In der Terrasse gähnten zwei große Höhlen, deren gewölbte Decken rußig waren; Pilger und Hirten pflegten hier zu übernachten. Sie hätten uns gegen den Wind schützen können, sahen aber so unsauber aus, daß wir beschlossen, das Lager lieber auf dem Uferrand aufzuschlagen. Er war freilich naß vom Regen, aber wir gruben uns mit den Händen trocknen Sand aus. Das Boot wurde ausgegossen und auseinandergenommen und am Feuer in einen Windschirm verwandelt.

Als das Feuer ordentlich in Brand war, zogen wir uns splitterfasernackt aus, rangen ein Kleidungsstück nach dem anderen aus und hockten dann am Feuer, um unsere Sachen zu trocknen und selber wieder trocken zu werden.

Noch ist es heller Tag, aber der Sturm wütet, der Gurla Mandatta und das ganze Land im Süden sind verschwunden, dorthin zieht das Unwetter. Es regnet wieder fein und dicht. Falken schreien in den Löchern der Geröllabhänge, eine gefährliche Nachbarschaft für die blaugrauen Tauben, die auf den Vorsprüngen girren.

Mit süßer und saurer Milch und Tsamba kommen die Mönche wieder herunter, Tee haben wir selber, und das einfache Essen schmeckt vortrefflich.

Endlich klärt es sich im Norden auf, und alle Berge erscheinen tief verschneit. Sonst zeichneten sich nur der Kailas und seine nächsten Nachbarn durch ihre weißen Hauben aus, jetzt aber ist alles weiß. Wir sind über die ersten Tage des August hinaus, sollte der Herbst bereits beginnen? Der Sommer war so kurz, wir haben kaum Zeit gehabt, uns an ihn zu gewöhnen.

Auf dem Klosterdach von Gossul

Mitten in der dunklen Nacht weckte mich ein entsetzlicher Spektakel, ein Klosterhund war unter die Bootshälfte meiner Leute gekrochen, um zu mausen, trat aber dabei zufällig Schukkur Ali auf den Hals und erhielt Prügel. Die Temperatur ging auf plus 3 Grad herunter. Bei Sonnenaufgang kam Rabsang angeritten. Die Unseren hatten gefürchtet, daß wir in den Wellen umgekommen seien; er brachte Proviant und ein Postpaket von Thakur Jai Chand, dem britischen Handelsagenten in Gartok, der sich augenblicklich in Gyanima, wo die Jahresmesse stattfand, aufhielt. Er schrieb mir, daß Oberst Dunlop Smith ihn am 27. Juni beauftragt habe, zu versuchen, Nachricht von mir zu erhalten. Guffaru habe seinen Auftrag gut ausgeführt, mein ganzes Gepäck sei in Gartok in guter Hut und meine umfangreiche Post nach Simla abgeschickt worden. Von Mr. Sherring, der vor einigen Jahren eine Reise nach dem Manasarovar gemacht hatte, erhielt ich einen sehr liebenswürdigen Brief; er hatte auch die große Freundlichkeit, mir sein interessantes Buch über Westtibet zu schicken, während seine Gattin mich mit einem ganzen Paket englischer und französischer Zeitschriften überraschte, einer Lektüre, die mir um so willkommener war, als ich die reichhaltige Bibliothek, die mir O'Connor geschenkt hatte, längst ausgelesen und in alle vier Winde zerstreut hatte. Es war ganz eigentümlich, gerade an dem Ort, wo ich Schiffbruch erlitten hatte, so unvermutet wieder mit der Außenwelt in Berührung zu kommen.

Seltsam und warm berührte mich Rabsangs Mitteilung, daß die Mönche in Tugu-gumpa, als sie das Unwetter über unserem zerbrechlichen Boot losbrechen sahen, Weihrauch vor dem Bild des Seegottes angezündet und ihn angefleht hatten, uns zu retten! Keiner habe sie darum gebeten, sie hätten es aus eigenem Antrieb getan.

In Begleitung Rabsangs stieg ich dann am frühen Morgen den gewundenen Pfad, der zum Kloster führt, hinauf. An den Biegungen und auf Vorsprüngen stehen würfelförmige Tschorten und Votivmale, hier und dort flattert ein Wimpel an einem Maste. Eine »Tsamkang«, eine Eremitenwohnung, hängt über einer Grotte, die dadurch entstanden ist, daß vor elf Jahren ein gewaltiges Stück aus der Wand der Geröllterrasse fiel. Ich konnte den Mönchen sagen, daß sie sich auf den Grund, der Gossuls Kloster trägt, nicht gar zu fest verlassen sollten. Sie rechnen zwar auf die Seelenwanderung Millionen Jahre, ihre irdischen Behausungen aber sind nicht für die Ewigkeit gebaut. Sie erwiderten sehr ruhig, daß das Kloster hier schon 100 Jahre gestanden habe und sicherlich noch so lange stehen werde, wie sie dort lebten. Im allgemeinen wechseln die Mönche alle drei Jahre und kommen aus dem Kloster Schibeling in Purang, von dem sie auch ihren Unterhalt beziehen, hierher. Es sind ihrer nur drei, aber ich sah auch vier Novizen, sieben, neun, zehn und elf Jahre alt, die so flink wie Mäuse überall umherliefen und die Mönche bedienten. Ihre Mutter, eine Nonne aus Purang, wohnt auch im Kloster. Sie war verheiratet, ehe sie »den Schleier nahm«, da ihr Mann aber starb, schenkte sie sowohl sich selbst wie alle ihre Kinder der Kirche. Später erfuhr ich, daß der eine »Junge« ein Mädchen war. Sie sahen einander so ähnlich, daß ich sie nicht unterscheiden konnte; zuerst waren sie blöde und ängstlich, aber nachdem sie einige Silbermünzen erhalten hatten, wurden sie schnell zutraulich. Für ihr Alter waren sie klein und verschrumpft; der Abt sagte, sie hätten sich so über den Tod ihres Vaters gegrämt, daß sie dadurch im Wachstum zurückgeblieben seien. Beinahe den ganzen Tag sah man sie vom See Wasser in Tonkrügen heraufschleppen, die sie in einem Korbe tragen, dessen Riemen sie sich über die Stirn legen; sie tragen also mit dem Kopf und den Halsmuskeln, die sich dadurch so entwickeln, daß der Körper im Verhältnis zu klein erscheint. Aber sie erhalten auch Unterricht und machen ihre ersten unsicheren Schritte auf dem Gebiete der Weisheit.

Ich ging in den Tempel und studierte ihn recht gründlich — ich blieb über zwölf Stunden da, zeichnete, nahm Messungen vor, erkundigte mich nach allem Wissenswerten.

In früheren Zeiten hausten hier Räuber und Wegelagerer, die ihre Schlupfwinkel in den Grotten unter dem Kloster hatten. Von dort aus überfielen sie die wandernden Pilger und töteten viele. Da offenbarte der Gott des Tso-mavang sich dem Dschimpa Ngurbu, einem edlen Lama, und befahl ihm, das Kloster zu erbauen, damit es als eine feste Burg den Pilgern Schutz gewähre und die Götter ehre. Sicher ist die Gegend aber auch jetzt nicht. Im vorigen Jahre waren zwei Schurken, welche die Nomaden geplündert hatten, gefangen und hingerichtet worden, und wir selber sahen zehn mit Flinten bewaffnete Gurkhas, die an uns vorbeiritten und versuchen wollten, eine Räuberbande ausfindig zu machen, die Pferde und Schafe geraubt hatte.

Die Mönche erzählten, der See friere gewöhnlich im Januar zu; wenn das Wetter ruhig und scharfer Frost sei, friere der ganze See an einem einzigen Tage zu und ebenso breche er auch, wenn Sturm herrsche, an einem einzigen Tage wieder auf. Leider sind die Aufklärungen, die man über den Wasserstand und den Abfluß erhält, sehr unzuverlässig und widersprechend. Ein 35jähriger Lama, der sich jetzt hier aufhielt, hatte schon als Kind am Tso-mavang gelebt. Er erinnerte sich noch sehr gut der Zeit, als so viel Wasser aus dem See nach dem Rakas-tal geströmt sei, daß ein Reiter nicht ohne Gefahr durch den Flußarm, der Ganga geheißen, habe reiten können. Nun aber seien schon neun Jahre vergangen, seit dieser Kanal aufgehört habe überhaupt Wasser zu führen. Man zeigte mir, wo die Uferlinie sich im vorigen Herbst hingezogen hatte, nämlich fünf Klafter weit see-einwärts, so daß der See damals 57 Zentimeter höher gewesen ist. Man zeigte auch einen gelben Steinblock, bis wohin das Wasser vor zwölf Jahren gereicht haben sollte, welcher Punkt 3,15 Meter über dem jetzigen Spiegel des Sees lag. Ein Fallen in solchem Tempo ist indessen unwahrscheinlich, wenn auch diese Angabe mit der, die ich in Tugu-gumpa erhalten hatte, so ziemlich übereinstimmte. Die Schwelle der einen Grotte lag jetzt 6,88 Meter über dem Wasser, die der anderen, 36,7 Meter vom Ufer entfernten, 5,75 Meter über dem Wasser. Man sagte mir, daß, als das Kloster vor 100 Jahren erbaut worden sei, der See bis an diese beiden Grotten gereicht und nur einen schmalen Strandweg, der zu den Grotten führte, freigelassen habe. Die Zeitbestimmungen der Tibeter sind jedoch außerordentlich unklar, und um zu sicheren Schlüssen zu gelangen, müssen wir uns an die Angaben halten, die europäische Reisende gemacht haben. Darüber werde ich später ein paar Worte sagen. Als ich einen der Mönche fragte, wo denn all das Wasser bleibe, das sich in einer Menge Bäche und Flüsse in den Tso-mavang ergieße, antwortete er:

»Wenn es auch noch so sehr regnet und wenn alle Zuflüsse zum Überlaufen anschwellen, ist dem See doch nichts anzumerken, weil ebensoviel Wasser austrocknet wie hineinfließt. In unseren heiligen Büchern steht geschrieben, daß, wenn auch alle Zuflüsse versiegen, der See doch nie sinken und nie verschwinden wird, denn er ist ewig und die Wohnstätte hoher Götter. Jetzt aber sehen wir mit eigenen Augen, daß seine Oberfläche immer mehr sinkt, und verstehen nicht, was dies zu bedeuten hat.«

Folgendes Merkzeichen kann irgendein künftiger Forschungsreisender benutzen: der untere Rand der massiven Holzschwelle des Hauptportals in der Fassade von Gossul-gumpa lag am 8. August 1907 gerade 37,40 Meter über dem Spiegel des Sees, wie ich mit Hilfe des Nivellierspiegels festgestellt habe.

Keine irdische Sprache verfügt über Worte, um zu beschreiben, welcher Blick sich uns vom Dach Gossul-gumpas bot. Die Beleuchtung war so zauberisch, das Farbenspiel so wunderbar, daß man sein Herz schneller schlagen fühlte, als man aus dem Dunkel der Tempelsäle auf die freie Dachplattform hinaustrat. Tundup Sonam sagte in seiner einfachen Weise, der See und die ihn umkränzenden Gebirge sähen aus wie der Himmel selbst mit seinen leichten Wölkchen. Auch ich wurde das Opfer einer Täuschung, die mich beinahe nach der schützenden Brüstung greifen ließ. Ich fragte mich, ob es wohl ein Schwindelanfall sei. Ich hielt den Gebirgsrahmen am Ostufer für einen Streifen leichter Wölkchen und die Oberfläche des Sees für einen Teil des Himmelsfeldes. Der Tag war vollständig windstill und der See wie ein Spiegel, in dem sich der Himmel beschaute; beide hatten dasselbe Aussehen, dieselbe Farbe, und die Gebirge, die infolge der Entfernung verschmolzen, glichen einem Wolkengürtel. Die Luft war nicht klar, alles trat in matten Tönen hervor. Himmel, Erde und Wasser.

Wo ist die Erde geblieben, wenn alles aus Himmel und Wolken besteht? Total behext sind wir ja nicht, denn wir stehen auf dem Dach des Klosters und lehnen an seiner Brüstung. Was vor uns schwebt, ist ein Traumbild in verschwindenden Tönen. Wir scheinen auf einem Vorgebirge zu stehen, das hinausragt in den unendlichen Weltenraum, der unter uns gähnt. Und wo ist der heilige See, der uns gestern beinahe das Leben gekostet hat? Von Gebirgen, Land und Erdboden ist nichts zu sehen.

»O doch, wenn Sie sich ein wenig über die Brüstung beugen«, sagt ein Mönch lächelnd. Ja freilich! Da verschwand die Illusion, und ich vermißte sie schmerzlich; ich hätte gern noch eine Weile unter ihrem Zauber geträumt. Gerade unter uns zieht sich der schmale Uferstreifen mit schwarzem Ton- und Algendamm, seinen länglichen Lagunen hin. Durch das kristallklare Wasser sehen wir den gelbgrauen Lehm auf dem Seegrund, den dunklen Algengürtel und die dann folgenden dunklen großen Tiefen. Es ähnelt einem gewaltigen, mit einer Spiegelglasscheibe bedeckten Aquarium. Alles ist so unbeschreiblich still, durchsichtig und flüchtig, so fein und empfindlich, daß man kaum zu atmen wagt.

Sollte mein Geschick mich zwingen, mein Leben in einem der Klöster Tibets zu verbringen, so würde ich ohne Besinnen Gossul-gumpa wählen! Dort würde ich an festen Merkzeichen die Oszillationen des Seespiegels und den Jahreslauf der Temperaturkurve beobachten. Wie ein Wächter würde ich oben sitzen und über den See blicken und sehen, wie sich in den zwölf Monaten sein Antlitz mit jeder Stunde verändert.

Vielleicht ist nur während einer einzigen Stunde des Jahres die Stimmung möglich, in der ich an der Brüstung Gossuls stand. Diese Stimmung erfordert eine bestimmte Temperatur, einen bestimmten Prozentsatz an Feuchtigkeit, Windstille, vorhergegangenen Regen und eben beendeten Nordoststurm. Wie selten werden alle diese Bedingungen zugleich erfüllt sein? Höchstens einmal im Jahr, und gerade in dieser Stunde, der Stunde aller Stunden stand ich auf dem Tempeldach und sah den blauen See von seinem Spiele ausruhen.

Wunderbarer See! Mittelpunkt der Sage und Legende, Tummelplatz der Stürme und der Farben, Ziel der Sehnsucht müder Pilger. Mittelpunkt der Protuberanz des alten Asiens, zwischen deren Bergriesen vier der berühmtesten Flüsse der Erde, der Brahmaputra, der Indus, der Satledsch und der Ganges, ihre Quellen haben; umgeben von einer Welt von Bergen, von denen der Kailas der berühmteste der Welt ist, denn er ist Hunderten von Millionen Hindus heilig. Das ist der Manasarovar! Schon zu uralten Zeiten, als die Vedabücher geschrieben wurden, sind unzählige gläubige Hindus und Tibeter an seine Ufer gekommen, um dort zu trinken, zu baden und Ruhe für ihre Seele zu finden. Es gibt gewiß schönere Seen auf Erden. Der Nachbar im Westen, der Langak-tso, ist zum Beispiel malerischer. Aber es gibt keinen, der mit der Naturschönheit eine solche Macht über das Glaubensleben und die Geisteswelt der Menschen verbindet, wie dieser.

Erst als das Abendrot mit seinem Purpurschein den See überflutete, ging ich wieder zu meinem Lagerplatz am Ufer hinab. Noch einmal wandte ich mich dem Tso-mavang zu und rief ein lautes, gedehntes »Om a hum!« Rabsang sprach nicht, aber ich konnte ihm ansehen, daß er sich fragte, ob ich der jüngste Adept der lamaistischen Kirche geworden sei. Um so mehr, als ich von Anfang an darauf bestanden hatte, daß wir die Wanderung um den See in orthodoxer Richtung machten: südwärts auf dem Ostufer und nordwärts auf dem Westufer.

Drunten waren im Sande noch die Spuren von 120 Yaks zu sehen, die am Morgen mit Ziegeltee beladen nach Norden gezogen waren. Ein alter Hindu, der seine Umwanderung des Sees in derselben Richtung wie die Tibeter ausführte, bat, bei uns lagern zu dürfen, weil er sich vor Räubern fürchte; wir bewirteten ihn mit Tee, Brot und Tabak, wogegen er uns bat, eine Handvoll Reis anzunehmen. Seltsamerweise scheinen auch die Hindupilger Ehrfurcht vor den lamaistischen Klöstern zu haben. Wenigstens sah ich, daß sie sich in Tugu-gumpa vor den lamaistischen Göttern verneigten und eine Handvoll Reis in die Schale legten, die ein Mönch ihnen hinhielt.

Nach nur 6,6 Grad in der Nacht erschien die Morgenluft warm. Der Tag war herrlich, man freute sich seines Lebens und ich sehnte mich wieder auf den See hinaus. Der alte Hindu erklärte, daß er beschlossen habe, seine Wanderung aufzuschieben und mich im Boot zu begleiten! Aber ich versicherte ihm, daß wir keinen unnötigen Ballast mitnehmen könnten.

Die neue Lotungslinie hatte die Nummer vier auf meiner Karte des Sees, ihre größte Tiefe betrug 76 Meter. Beim neunten Lotungspunkt verwickelte sich leider die Lotleine in die rote Metallscheibe des Strommessers. Diese wurde aus ihren Schrauben gehoben und ringelte sich wie ein Bumerang in seltsamen Windungen 63 Meter tief durch das kristallklare Wasser hinab, um bis zum Jüngsten Gericht im Bodenschlamm des Tso-mavang zu schlafen! Glücklicherweise war sie leicht zu ersetzen.

Als wir bei Tugu-gumpa landeten, waren alle die Unseren, Mönche und Pilger am Ufer, um uns herzlich zu empfangen.

Die letzten Tage am Tso-mavang

Um diese Zeit hatte sich Robert mehr als ich in der tibetischen Sprache vervollkommnet, er sprach beinahe gut. Daher konnte er, während andere Arbeiten meine ganze Zeit in Anspruch nahmen, Erkundigungen über Land und Leute einziehen und allerlei Aufträge ausführen. An der linken, kurzen Querwand der Eingangshalle Tugu-gumpas stand z. B. zur Belehrung der Pilger eine Inschrift, die Robert ins Hindi und ins Englische übersetzte und die in freier Übertragung so lautet:

»Der Tso-mavang ist die heiligste Stelle der Welt. In seiner Mitte wohnt ein Gott in Menschengestalt, der in einem Zelt haust, das aus Türkisen und Edelsteinen aller Art besteht. In seiner Mitte wächst ein Baum mit tausend Zweigen, und jeder Zweig hat tausend Zellen, in denen tausend Lamas leben. Der Seebaum hat eine doppelte Krone; die eine erhebt sich wie ein Sonnenschirm und beschattet den Kang-rinpotsche, die andere beschattet die ganze Welt. Jeder der 1022 Zweige trägt ein Götterbild, und alle diese Götterbilder wenden ihr Gesicht nach Gossul-gumpa, und alle Götter versammelten sich hier in früheren Zeiten. Einst wurde Goldwasser aus dem See geholt, und damit wurde in Tschiu-gumpa das Gesicht Hlobun Rinpotsches vergoldet; mit dem übrigen Wasser vergoldete man die Tempeldächer Taschi-lunpos. In alten Zeiten floß das Wasser über einen Paß, der Paktschu-la hieß, nach dem Ganga-tschimbo ab. Von allen Seiten strömt Wasser nach dem See hin: kaltes, warmes, heißes und kühles. Vom See geht Wasser nach dem Ganga-schäi und kommt dann wieder zurück. Alljährlich steigt Dampf aus dem See auf und umschwebt ihn einmal im Jahr, taucht in seiner Mitte unter und macht es das nächste Jahr wieder so. Wenn jemand aus der Mitte des Sees Ton heraufholt, so ist der Ton in Wirklichkeit Gold. Der See ist das Eigentum des Seegottes. Der See ist der Mittelpunkt der ganzen Welt. Der Sambu Taschi wuchs aus dem Seebaum heraus. Der Sotschim Pema Dabge ist von sehr heiligem, klarem und feinem Wasser. Im See liegt der Gjagar Schilki Tschorten. Das Schloß des Seegottes ist im See. Alle jene Lamas sprechen ihre Gebete mit einer Stimme. Alle Götter versammeln sich auf einmal im See und sitzen dort zwischen mit Gold und Edelsteinen bedeckten Tschorten aller Art. Der Geisterkönig des Südlandes residiert hier in einem goldenen Hause, und wenn jemand kommt, um sich zu waschen und zu reinigen, so wird der Geisterkönig nicht böse. Wenn wir den Geisterkönig des Südlandes anbeten, werden wir sehr reich und glücklich. Von dem See gehen unter der Erde vier große und vier kleine Flüsse aus. Die vier großen Flüsse sind: ein warmer, ein kalter, ein heißer und ein kühler. (Der Karnali, der Brahmaputra, der Indus und der Satledsch.) Wenn jemand sich im See wäscht, wird er von allen Sünden und allem Schmutz befreit. Wenn jemand sich ein einziges Mal im See wäscht, sollen die Sünden seiner Vorfahren vergeben sein und seine Vorfahren aus dem Fegefeuer erlöst werden. Datping Ngatscha kam mit 500 Pilgern vom Kang-rinpotsche, um sich im See zu waschen. Lo Mato Gjamo begegnete ihnen und bat sie, nach dem Tso-mavang zu kommen. Datschung Ngatscha und die Pilger kamen mit Massen von Blumen, die sie in den See streuten. Datschung Ngatscha ging dreimal um den See herum und stieg dann in den Himmel auf.«

Besonderes Interesse hat die hier ausgesprochene Vermutung, daß die vier großen Flüsse auf unterirdischem Wege vom Tso-mavang ausgehen. Hinsichtlich des Satledsch ist dieser Glaube, meiner Ansicht nach, vollkommen richtig. Man erzählte auch, daß der fünfte Taschi-Lama, dessen Grabkapelle wir in Taschi-lunpo besuchten, einmal die Wallfahrt nach dem Tso-mavang gemacht habe und bei Tugu-gumpa nach dem Ufer hinuntergegangen sei, um dem Seegott ein Kadach anzubieten. Das Kadach sei in der Luft hängengeblieben, d. h. es habe in Wirklichkeit an einem der Zweige des heiligen Seebaums gehangen; da aber der Baum nur Rinpotsches und wirklichen Inkarnationen sichtbar sei, habe es für gewöhnliche Sterbliche so ausgesehen, als hänge das Kadach frei in der Luft.

Am 11. August nahm ich langen Abschied von den liebenswürdigen Mönchen Tugu-gumpas, die reiche Geschenke erhielten. Sie begleiteten uns zum Ufer hinunter, als wir abstießen, um nach Westen weiterzurudern. In einer großen Uferlagune, deren Wasser von den vielen Wildgänsen und Möwen, die hier den Bodenschlamm aufwühlen, braun und schmutzig ist, mündet ein vom Gurla Mandatta kommender Bach, der jetzt 1,07 Kubikmeter Wasser in der Sekunde führte. Den ganzen Weg entlang zieht sich ein sechs Meter hoher Schuttwall hin, die Fortsetzung der Geröllterrasse, auf der Tugu-gumpa steht. Der Seegrund besteht bald aus Sand, bald aus Schutt — Ausläufern der Schuttkegel des Gurla Mandatta. Große Algenbündel bilden dunkle Flecke. Oben in zwei Talmündungen des Gurla sieht man schäumende Flüsse und wundert sich, daß sie sich nicht in den See ergießen. Aber die Erklärung ist leicht. Man sieht, wie 20—50 Meter vom Ufer entfernt sich unzählige kleine Löcher im Sande des Seebodens wie die Klappen eines Blutgefäßes öffnen und schließen, und wie über ihnen auf der Oberfläche des Sees das Wasser brodelt. Das sind Quellen. Die Flüsse verschwinden in den Schuttkegeln, unter denen das Wasser auf Schichten undurchlässigen Glazialtons hinströmt. Erst am Saum des Schuttkegels tritt das Wasser unter dem Seespiegel hervor. Ich sah also, daß ich die Flüsse an der Stelle, wo sie aus den Tälern der Gebirge heraustreten, messen mußte, wenn ich den richtigen Wert des Zuflusses, den der Tso-mavang durch sie erhält, feststellen wollte.

Bei dem Lager Nr. 218 trat ganz nahe am Ufer eine Quellader zutage und hatte an der Stelle, wo sie aufsprang, eine Temperatur von nur 3,4 Grad, brachte also die Gletscherkälte bis zum See hinunter. Da das Schmelzwasser der Gurlagletscher demnach auf seinen unterirdischen Wegen seine niedrige Temperatur behält, ist es wahrscheinlich, daß es dazu beiträgt, das Seewasser während des Sommers kühl zu erhalten. Ganze Schwärme von Fischen spielten an der Oberfläche des Wassers und schnappten nach Mükken, die gleichsam einen Federbusch trugen und in Wolken auftraten.

Am 12. August ritt ich mit Rabsang und einem Tibeter zum Fuß des Gurla Mandatta hinauf. Wir überschritten die große Heerstraße zwischen Tugu-gumpa und Purang. Ein Wolf ergriff die Flucht; hier und dort fährt ein Hase aus dem Steppengras in die Höhe, und Heuschrecken fliegen geräuschvoll umher. Wir reiten in die Mündung des Tales Namreldi hinein, in dem Räuber hausen. Der kristallklare Fluß zwischen Wänden von anstehendem Gestein führte 2,86 Kubikmeter Wasser, gegen 1,07, die er an der Stelle, wo er sich in den See ergießt, noch hatte. Das übrige Wasser strömt dem See also unter dem Schutt zu. Einige Kilometer weiter nach Westen hielten wir am Eingang des Tales Sälung-urdu Rast; in seinem oberen Teil liegt eine Gletscherzunge. Um halb zehn Uhr war das Bett des Tales trocken, aber um halb zwei Uhr toste dort ein Fluß mit Stromschnellen und Wasserfällen, dessen außerordentlich trübes Wasser ein Volumen von 1,81 Kubikmeter hatte und den See nur in unterirdischen Quellen erreicht. Die Aussicht von diesen hochgelegenen Punkten ist großartig. Wir sehen den Tso-mavang noch mehr aus der Vogelperspektive, und im Westen schimmert das glänzende Blau des Langak-tso. Die Verwitterungskegel des Gurla Mandatta, die aus Sand, Schutt und Blöcken bestehen, erstrecken sich wie umgekehrte Löffel nach Norden; ihre Stielenden tauchen unter den Seespiegel und geben zu den wechselnden Tiefen auf den Lotungslinien I und II Veranlassung. Vom Lager Nr. 218 fuhr Robert rechtwinklig zum Ufer auf eine Lotungslinie hinaus, bis er 58 Meter Tiefe erreicht hatte.

Jeder Tag und seine Beobachtungen brachten mich der Lösung des Problems, das ich mir gestellt hatte, einen Schritt näher. Als wir am 13. längs des Westufers nordwärts ruderten, gruben wir an einigen Stellen zehn Meter vom Ufer Brunnen. Der Boden bestand abwechselnd aus Sand- und Tonlagern; zuoberst Sand, darauf eine Schicht verfaulter Pflanzenteile, dann ein 50 Zentimeter dickes Sandlager, das auf Ton ruhte. Ein 62 Zentimeter tiefer Schacht füllte sich langsam mit Wasser; es hatte dasselbe Niveau wie der Seespiegel. Es durchdrang den Sand und stand auf dem Ton. Wenn dieses Tonlager sich, wie anzunehmen, durch die schmale Landenge hindurch bis an das Ufer des Langak-tso erstreckt, so ist es klar, daß das Wasser des Tso-mavang überall durch die Sand- und Geröllbetten sickert und nach dem westlichen See abfließt. Schon jetzt erhielt ich die Überzeugung, daß auch, nachdem der alte Kanal kein Wasser mehr führte, eine unterirdische Verbindung zwischen den beiden Seen bestehen mußte. Denn die Tatsache, daß der Tso-mavang vollkommen süßes Wasser hat, ist allein noch kein Beweis, daß der See Abfluß hat, da erst einige Jahre verstrichen sind, seit der Kanal abgeschnürt worden ist.

Wieder lagerten wir unter dem gastfreien Kloster Gossul. Am 15. August ritt ich mit Rabsang und einem Tibeter über die hügelige Landenge zwischen den beiden Seen, um auch nach dieser Seite hin einen Überblick über das Land zu erhalten. Es geht steil nach dem höchsten Punkt des Landrückens hinauf, von dem man eine herrliche Aussicht über den Langak-tso, dessen malerische Felsufer, über seine Buchten und Inseln und die ringsum liegenden steilen Gebirge hat. Der Form nach unterscheidet er sich in hohem Grade von seinem Nachbar, der rund ist und keine Inseln hat. Wir standen auf einer Höhe von 4887 Meter und befanden uns also 285 Meter über dem Spiegel des Manasarovar. Dann ritten wir ein flaches, mit Buschholz bewachsenes Tal abwärts. Es geht in den flachen Ufergürtel über. Hier sind alte, außerordentlich deutlich markierte Uferlinien, deren höchste

20,7 Meter über der Seefläche liegt. Als der Langak-tso noch so hoch stand, hatte er Abfluß nach dem Satledsch, dessen altes Bett man noch von der Nordostecke des Sees ausgehen sieht.

Heftiger Südwind wehte, und die Wellen wälzten sich nach dem Ufer, wo wir eine gute Stunde, ich zeichnend und messend, saßen. Darauf ritten wir wieder über die Landenge, dort, wo sie am niedrigsten (4660 Meter) und breitesten ist. In ihrer östlichen Hälfte liegt ganz nahe am Ufer des Tso-mavang ein von Hügeln umgebener Salzsumpf, dessen Spiegel 2,35 Meter unter dem des Sees liegt. Im Sand- und Schuttwall zwischen beiden sieht man wasserreiche Quellen, die von dem See nach dem Sumpfe gehen. Der Sumpf steht in einer flachen Schüssel von Ton, in der das Wasser verdunstet, die geringe Salzmenge aber, die das Salzwasser enthält, sich anhäuft. An dieser Stelle kann also das Wasser des östlichen Sees nicht nach dem westlichen durchsickern.

Am folgenden Tag segelten wir mit günstigem Wind nach der Nordwestecke des Tso-mavang, wo sich Tschiu-gumpa auf einer Felspyramide erhebt. Dort sollte einige Tage unser Hauptquartier sein. Ein Ruhetag wurde zu einer ersten Erkundung im Kanalarm benutzt, wo mehrere kalte und heiße Quellen entspringen; zwei der letzteren hatten eine Temperatur von 47 und 50 Grad, aber bei einer dritten reichte ein 65gradiges Thermometer nicht aus, sondern die Röhre zersprang. Eine 47gradige Quelle mit gemauertem Becken wird als Heilbad benutzt, obgleich man Tibeter sein muß, um sich in dem heißen Wasser nicht zu verbrühen. Eine daneben liegende kleine Steinhütte dient als Entkleidungsraum. Etwas weiter abwärts führt eine Brücke, die aus vier auf zwei Steinpfeilern ruhenden Balken besteht, über den Kanal; sie ist außerordentlich gut intakt und liefert einen Beweis mehr, daß der Kanal vor noch gar nicht so langer Zeit Wasser geführt hat. An den Pfeilern der Brücke sieht man noch deutliche Wassermarken 47 Zentimeter über den jetzigen stillstehenden, nach Schwefel riechenden Becken, die reich an schleimigen Algen sind und durch Quellen gebildet werden. In ihnen hielten sich junge Wildgänse auf, die sich nur mühsam vor der braunen Puppy schützen konnten.

Tschiu-gumpa, das fünfte der acht Klöster des Sees, das ich besuchte, ist klein und hat 15 Lamas, die hier auf Lebenszeit eintreten, während der Abt alle drei Jahre wechselt. Ein Mönch, ein zwanzigjähriger Jüngling aus Rudok, Tsering Tundup, gehört zu den Tibetern, deren ich mit besonderer Sympathie gedenke. Seine Mutter wohnte auch im Kloster und besorgte Schafe und Ziegen. Er selbst war ungewöhnlich, fein, liebenswürdig und gefällig und zeigte und erklärte mir alles. Von seiner kleinen, armseligen Klosterzelle auf dem Felsengipfel aus konnte er ungestört träumend auf den heiligen See im Osten und den von den Göttern verschmähten Langak-tso im Westen sehen, aber trotzdem war er melancholisch, was dazu beitrug, ihn mir sympathisch zu machen. Er gestand aufrichtig, daß er des einförmigen Lebens in Tschiu-gumpa müde sei; jeder Tag sei seinem Vorgänger gleich, und ständig müsse man um dürftigen Unterhalt kämpfen und auf räuberische Überfälle vorbereitet sein. Da sei es doch schöner, so wie ich zu leben und frei zwischen den Gebirgen umherzuwandern. Er bat daher, ob er nicht mit mir kommen dürfe; ich antwortete, daß ich ihn gern mit nach Ladak nehmen würde. Da erhellte sich sein Gesicht; aber dann bat er mich, sich die Sache noch überlegen zu dürfen, bis ich von der nächsten Seefahrt zurückkehre.

Die ganze Nacht regnete es. Am Morgen des 18. war alles naß, auch die Sachen in meinem vom Winde gepeitschten und zerfetzten Zelt. Wir hatten eine lange Fahrt vor uns, deren Ziel das Lager Nr. 212 war, der erste Punkt am heiligen See, wo wir gelagert hatten. Das Programm der Exkursion umfaßte noch einen Besuch der drei übrigen Klöster, das Messen der Wassermenge der von Norden kommenden Zuflüsse und das Zeichnen einer Karte des Nordufers. Wir nahmen daher auf vier Tage Proviant, den Rabsang und Adul zu Pferd längs des Ufers befördern sollten. Am Eingange des Tales Serolung bei Serolung-gumpa wollten wir uns treffen. Diese letzte Fahrt sollte meine Untersuchungen des Sees abschließen, aber gerade, weil sie die letzte war, wurde sie von meinen Leuten mit Argwohn betrachtet. Sie meinten, ich hätte dem Seegott jetzt so lange getrotzt, daß nun mein Stündlein gekommen sei, und er werde mich jetzt für immer behalten!

Aber der Morgen war herrlich; als wir halb sechs auf den blanken See hinausruderten, waren es 9,2 Grad. Der Wolkenmantel des Gurla reichte bis zum Wasser, das südliche Land war nicht zu sehen. Der Pundiberg war völlig beschneit. Beim ersten Lotungspunkt (20 Meter) sah man die Zelte wie weiße Punkte über dem See schweben. Beim zweiten Lotungspunkte sank das Lot tiefer als 40 Meter. Schukkur Ali und Tundup Sonam rudern wie Galeerensklaven, denn sie hoffen, auch mit dieser letzten Linie fertig zu werden; und dann hat die Sache ein Ende.

»Jetzt haben wir ein Drittel des Weges hinter uns«, sagte ich.

»Gott sei Dank«, erwiderte Schukkur Ali, »möchte sich das Wetter heute nur halten.«

Ein toter Fisch trieb, mit dem Bauch nach oben, auf dem Wasser; solche an Land getriebene Fische benutzt das Volk als Medizin. Die Tiefen bleiben sich gleich, der Seegrund ist sehr eben. Beim 13. Punkt hatten wir aber doch 33 Meter und beim 14. 55 Meter, was einen Landrücken auf dem Seeboden oder einen Schuttkegel vom Fuße der nördlichen Gebirge bedeutete. In einem Abstand vom Ostufer, der wohl eine Wegstunde betragen mochte, sahen wir Rabsang und Adul reiten; sie erwarteten uns bereits an dem verabredeten Ort. Sechs Mönche aus dem Kloster, unsere alten Freunde, besuchten mich, und vier muntere und lachende, aber schwarze und schmutzige Weiber kamen mit Feuerungskörben auf dem Rücken wie ein Wirbelwind die steilen Halden herunter. Es war ein schönes Gefühl, auch diese letzte Messungslinie getan zu haben und unter dem Licht der Sterne auf dem Sandufer einzuschlafen.

Mit Rabsang machte ich am folgenden Morgen einen 27 Kilometer langen Ritt nach Norden, um die Wassermenge der Flüsse des Patschen- und des Patschungtales zu messen.

Wir fangen langsam an, Not zu leiden; ich lebe von Brot und Tee. Die Frikandellen, mit denen mich Adul anzuschmieren versuchte, waren durchaus verdorben und strandeten daher in Puppys Magen.

Als Rabsang und ich am Morgen des 21. nordwärts nach Pundi-gumpa ritten, war es bei plus 13 Grad geradezu heiß, so daß uns ein kleiner Regenschauer nur angenehm war. Pundi liegt auf einem Felsabsatz in einer Talschlucht. Auch von dort hat man eine prachtvolle Aussicht über den See. Gerade als wir nach dem Lager Nr. 222 am Ufer hinabreiten wollten, kam ein Bote von Robert mit der Nachricht, daß die Behörden in Parka sich wieder einmal weigerten, uns Transporttiere zu liefern oder uns sonst zu helfen, da sie nie gehört hätten, daß es mir erlaubt worden sei, einen ganzen Monat am See zu bleiben! Er erzählte auch, unsere Ladakis seien durch allerlei Räubergeschichten, die in der Gegend kursierten, sehr in Angst versetzt worden, so daß sie sich alle nach mir sehnten.

Das Lager war ganz in der Nähe des Klosters Langbo-nan an der Mündung des Gjuma-tschu. Nachdem dieser Fluß gemessen war, hatten wir alles oberirdische Wasser, das sich in den Manasarovar ergießt, aufgespürt und gefunden, daß es 31 Kubikmeter in der Sekunde betrug, oder 2 616 400 Kubikmeter in 24 Stunden, die ungefähr einem Wasserwürfel von 139 Meter Seitenlänge entsprechen. Aber wieviel Wasser mag dem See auf unterirdischen Wegen, die ich nicht hatte prüfen können, zuströmen? Wahrscheinlich ein Volumen, welches das des oberirdischen Wassers bedeutend übersteigt! Denn der Manasarovar liegt in einer Mulde zwischen gewaltigen Gebirgen, die beständig unterirdische Quellen speisen. Jedenfalls sickert das Überschußwasser, soweit es nicht durch Verdunstung verlorengeht, auf unterirdischen Wegen nach dem Langak-tso, der niedriger liegt.

Am 22. ruderten wir wieder vom Ufer gerade in den See hinein, bis wir eine Stelle mit 41 Meter Tiefe erreicht hatten, und kehrten dann, in scharfem günstigen Winde segelnd, nach unserm Ausgangspunkt zurück. Es war das letztemal, daß ich das Lot in die heiligen Wellen hinabsenkte. Denn jetzt hatte ich 138 ausgelotete Punkte, die gleichmäßig über den See verteilt waren und ein ausreichendes Material für eine Isobathenkarte bildeten. Schukkur Ali war komisch anzuhören, als ich ihn darauf aufmerksam machte, daß dies unsere letzte Fahrt auf dem Tso-mavang gewesen sei. Er hielt sich die Hände vors Gesicht, als ob er beten wollte, und sagte feierlich, daß wir trotz aller Gefahren »durch die Gnade Allahs, die Gnade des Sahib, die Gnade des Papas und der Mama des Sahib und die Gnade aller Verwandten des Sahib doch das Glück gehabt hätten, die Arbeit glücklich zu Ende führen zu können!« Ich erlaubte mir zu bemerken, daß er die »Gnade des Seegottes« vergesse! Aber da machte er eine wegwerfende Handbewegung und sagte, daß er an den Seegott nicht mehr glaube!

Während die anderen nach Tschiu-gumpa ziehen sollten, ritt ich mit Rabsang zum Kloster Langbo-nan hinauf. Ich unterlasse es, das Kloster jetzt zu beschreiben, dessen größte Sehenswürdigkeit der zwölfjährige Abt Tsering war, ein aufgeweckter, freimütiger und heiterer Knabe mit blitzenden lebhaften Augen und frischer, gesunder Gesichtshaut. Er interessierte sich sehr für alles, was ich vorhatte, sah in mein Skizzenbuch, probierte mein Fernglas und bat mich um ein paar Bleistifte. Während der Stunde, in der ich in seiner Zelle zu Gast war, wurden wir gute Freunde, und als ich ihm schließlich Lebewohl sagte, ahnten wir beide nicht, daß wir uns noch einmal im Leben treffen würden — ein Jahr darauf!

Während der Runde durch das Kloster stießen wir in der Hofgalerie auf einen armen Kerl, der krank dalag und leidend aussah. Er erzählte mir, daß er am 18. August, also am Tage, an dem uns Rabsang und Adul entgegengeritten waren, elf Maulesel und zwei Pferde, mit Tsamba und Gerste beladen, nach Parka geführt habe, dessen Gova der Besitzer dieser Karawane sei. An der Mündung des Patschungflusses in die östliche Uferlagune sei er elf Uhr morgens von zwölf Räubern überfallen worden. Sie wären sämtlich beritten und mit Flinten, Säbeln und Spießen bewaffnet gewesen, hätten zwei Pferde für Proviant bei sich gehabt und Masken vor dem Gesicht getragen! Im Handumdrehen wären sie abgesessen, hätten ihm einen Mantel über den Kopf geworfen, die Hände auf den Rücken gebunden, ihn gründlich ausgeplündert, unter anderem ihm auch 400 Silberrupien geraubt und wären dann nach dem Patschungtal zurückgeritten, dem Rabsang und ich am Tage darauf einen flüchtigen Besuch abgestattet hatten. Er habe dann durch sein Geschrei Hilfe herbeigerufen und in sehr jämmerlichem Zustand eine Zuflucht in Langbo-nan gefunden. Er zeigte uns einige tiefe Messerstiche an den Beinen, seinem Pelz und dem Sattel, denen arg mitgespielt worden war, als er einen verzweifelten Versuch gemacht hatte, sich zu verteidigen. Dies war das Ereignis gewesen, mit dem man unsere Ladakis so in Angst versetzt hatte.

Unser Weg führte weiter nach Tschiu-gumpa. Senkrechte, manchmal sogar überhängende Felsen von grünem und rotem Schiefer fallen steil nach dem Ufer ab, dessen Kiesstreifen nur einige 20 Meter breit sind. Eine Wasserstandsmarke, die einunddreiviertel Meter über dem jetzigen Seespiegel liegt, ist sehr deutlich erkennbar. Auf den Felsspitzen sitzen, regungslos wie Statuen, nach Beute ausspähende Adler.

Tschärgip-gumpa, ein kleines, armes Kloster, liegt auf einer Terrasse in einer breiten Talmündung. Wenn die Glocke morgens und bei Sonnenuntergang läutet, wird die unergründliche Wahrheit »Om mani padme hum« über den heiligen See getragen. Aber ihrem Klange lauscht kein anderer Mensch als Tschärgips einziger Mönch! Armer Mann, wie muß ihm an den langen Winterabenden zumute sein, wenn der Sturm den Treibschnee über das Eis des Tso-mavang fegt!

Ich blieb zwei gute Stunden bei ihm, denn er hatte viel zu erzählen. Er war ein weitgereister Mann, war in Selipuk und am Nganglaring-tso gewesen und erbot sich, mich von dort in 20 Tagen nach dem Dangra-jum-tso zu führen; er ahnte nichts von dem politischen Bann, unter dem ich im Verbotenen Lande umherzog! Aber er weckte von neuem meine Sehnsucht nach dem großen unbekannten Lande im Norden des heiligen Flusses. Ich war voller Gedanken, voller Pläne und voll von jenem unersättlichen desiderium incogniti, das mir nie Ruhe läßt, als ich endlich, während die Dämmerung ihren dunklen Schleier über den See ausbreitete, aus diesem achten und letzten der Klöster des Tso-mavang schied.

Noch hatten wir eine lange Strecke nach dem Lager zurückzulegen. An dem letzten vorspringenden Berg steht ein Tschorten, von wo aus unsere

Feuer sichtbar waren. Bald saßen wir wieder bei den Unseren. In später Nacht ritten zwei Reiter an unserem Lager vorbei; der Nachtwächter rief: »Wer da?«, aber sie antworteten nicht. Nun weckte er Rabsang, der den Unbekannten in der Überzeugung, daß sie Räuber seien, unbedachtsamerweise eine Kugel nachschickte. Meine Leute waren jetzt schon so weit, daß sie überall Räuber sahen.

Dies war meine letzte Nacht am Ufer des Tso-rinpotsche, »des heiligen Sees«, und mit Wehmut lauschte ich dem verrauschenden Liede der Uferbrandung im abflauenden Winde.

Abenteuer auf dem Langak-tso

Ich habe die Schilderung meines Lebens am heiligen See nicht mit Berichten über unsere politische Lage gestört. Es genügt zu sagen, daß es mir gelang, uns dort einen ganzen Monat zu halten. Oft kamen Reiter und andere Boten, um sich über mich zu beschweren, und dann antworteten meine Leute ganz einfach: »Der Sahib ist draußen auf dem See, versucht ihn zu fangen, wenn ihr könnt; er ist der Freund des Seegottes und kann so lange zwischen den Zweigen des heiligen Baumes bleiben, wie er will.« Und wenn ich dann zurückkam, waren sie schon abgezogen. Infolge der Bootfahrten hatten sie kein Mittel, meine Bewegungen zu kontrollieren. Aber als wir bei Tschiu-gumpa lagerten, wurden sie energischer. Während meiner Abwesenheit kam ein Bote nach dem anderen mit dem Befehl, daß ich mich sofort nach Parka begeben und von dort die Reise nach Ladak fortsetzen solle. Am 23. August schickte ich Robert und Rabsang nach Parka, um sich mit den Behörden zunächst vernünftig auseinanderzusetzen; man wollte mich jedoch den Langak-tso, mein nächstes Ziel, unter keiner Bedingung besuchen lassen; wollte ich einen Monat oder ein Jahr in Tschiu-gumpa bleiben, so gehe das sie nichts an, da das Kloster nicht in ihrem Distrikt liege, aber der westliche See stehe unter ihrer Aufsicht. Sie rieten mir jedoch, um meiner selbst willen schleunigst nach Parka zu kommen; sie würden gleich morgen 15 Yaks schicken, die mein Gepäck tragen sollten!

Aber den Langak-tso wollte ich sehen, was es auch kostete! Als daher am folgenden Morgen die 15 Yaks eintrafen, entschloß ich mich schnell dazu, Tsering, Rabsang und vier Mann mit der Bagage nach Parka zu schicken, während Robert und die anderen sechs mich nach dem Langak-tso begleiteten. Das Boot und das bißchen Gepäck, das wir mitnahmen, konnten unsere sechs eigenen Pferde und der letzte Maulesel aus Poonch leicht tragen. Die Yaks wurden beladen, und meine Leute verschwanden hinter den Hügeln. Meine eigene kleine Karawane hatte Befehl, gerade da am Ufer des Langak-tso zu lagern, wo der alte Kanal mündet. Ich selbst ging mit Robert und zwei Mann zu Fuß und führte eine Präzisionsnivellierung der Landenge zwischen den beiden Seen aus. Zugleich nahm ich eine Karte über den Lauf des Kanals auf. Das Maßband wurde an einem Ruder, das Robert trug, festgenagelt; das Universalinstrument trug ich selbst. Der Abstand zwischen

Stange und Instrument betrug 50 Meter und wurde von unseren beiden Gehilfen mit Meßbändern aufgemessen. Die Stange wurde auf eine eiserne Schüssel gestellt, damit sie nicht in den weichen Boden einsinken konnte.

Im Jahre 1812 wurden die Seen von Moorcroft besucht, der noch keinen Kanal zwischen ihnen fand. Im Oktober 1846 fand Henry Strachey dort einen 100 Fuß breiten und 3 Fuß tiefen Seearm. Landor (1897) erklärt, daß an irgendwelche Verbindung gar nicht zu denken sei, weil, nach ihm, die niedrigste Stelle der Landenge 300 Fuß hoch ist! Ryder fand im Spätherbst des Jahres 1904 kein vom Manasarovar ausströmendes Wasser, hörte aber von den Eingeborenen, daß während der Regenzeit ein wenig Wasser durch den Kanal abfließe. Sherring sah ebenfalls kein fließendes Wasser, hält es aber für wahrscheinlich, daß der See nach regenreichen Sommern übertritt. Ich selbst folgte dem Kanalbett von einem See zum anderen und fand, daß im Jahre 1907 kein Wasser von dem östlichen nach dem westlichen See abfloß und ebensowenig war dies nachher, im Jahre 1908, der Fall, obwohl meine beiden Besuche in die Regenzeit fielen. Es würde auch gehöriger Regengüsse bedürfen, um den Manasarovar übertreten zu lassen, denn der höchste Punkt des Kanalbettes liegt etwas mehr als zwei Meter über dem Spiegel des östlichen Sees.

Daß verschiedene Reisende in verschiedenen Jahren verschiedene Angaben geliefert haben, ist indessen sehr leicht zu erklären. Es hängt alles von den Niederschlägen ab; sind diese reichlich, so steigt der Spiegel des Manasarovar, sind sie sehr reichlich, so fließt sein Wasser nach dem Langak-tso (Rakas-tal) ab. Ist der Sommer, wie im Jahre 1907, trocken, so erhält der Langak-tso keinen Zufluß durch den Kanal, wohl aber auf unterirdischem Wege. Im großen ganzen aber sinken auch diese beiden Seen, wie alle anderen Seen in Tibet, und es naht die Zeit, in der auch der unterirdische Zufluß abgeschnürt sein wird und die beiden Seen salzig werden.

Vom höchsten Punkt des Kanals, von dem aus sein Bett nach Westen abfällt, warf ich noch einen letzten Abschiedsblick auf den Tso-mavang und hatte ein Gefühl des Verlustes bei dem Gedanken, seine Ufer jetzt, und aller Wahrscheinlichkeit nach für immer, verlassen zu müssen. Ich hatte einen unvergeßlichen Monat meines Lebens auf diesem See zugebracht und war der Freund der Wellen und der Vertraute der großen Tiefen geworden. Noch heute höre ich das Rauschen der Brandungswellen in meiner Erinnerung.

Wir gingen in westlicher Richtung weiter, an schmalen Wasserarmen und Tümpeln mit stagnierendem Wasser entlang; als aber der Abend so dämmerig geworden war, daß ich die Zahlen der Meßstange nicht mehr lesen konnte, gaben wir die Arbeit auf, markierten den letzten Fixpunkt und gingen zum Lager, das wir müde in nächtlichem Dunkel erreichten.

Am nächsten Morgen wurde die Arbeit fortgesetzt. In der Nacht hatten wir 5,2 Grad Kälte gehabt, und heftiger Südweststurm erschwerte uns die Arbeit. Der 104. Fixpunkt stand endlich am Wasserspiegel des Langak-tso — und die Nivellierung war fertig! Es fehlt mir hier an Raum, ihre Ergebnisse zu analysieren. Der Kanal geht nach Westnordwest, und die nivellierte Linie ist 9366 Meter lang, also doppelt so lang, wie auf den allerneuesten Karten angegeben ist. Der Spiegel des Langak-tso lag 13,45 Meter, 44 Fuß, niedriger als der des Tso-mavang, was mit dem Höhenunterschied auf Ryders Karte, der 50 Fuß beträgt, gut übereinstimmt. Beim 94. Fixpunkt hörte alles Wasser im Bett auf.

Von der Entstehung des Kanals erzählten die Tibeter eine Legende. Zwei große Fische im Tso-mavang waren Todfeinde und jagten einander. Der eine wurde besiegt und, um sich zu retten, rannte er quer durch die Landenge an der Westseite des Sees. Die Krümmungen des Kanalbettes zeigen den Weg, den der fliehende Fisch zurückgelegt hat. —

Am 26. August war der Morgen trübe und naßkalt. Schwere Wolkenmassen segelten über die Erde hin als Herolde des Monsunregens, und der Langak-tso lud nicht zum Befahren ein. Aber wir hatten den ganzen langen Tag vor uns, und jeden Augenblick konnten Reiter aus Parka kommen, um uns, gutwillig oder böswillig, auf den Weg der Pflicht zurückzuführen!

Der Langak-tso hat eine sehr unregelmäßige Form. Sein Hauptbecken im Süden ist von Felsen umgeben, im Norden weitet er sich etwas, und zwischen beiden läuft ein abgeschnürter Kanal. Was wir immerhin wagen konnten, war über das schmale Wasser in westlicher Richtung und von dort wieder nach Südosten zu rudern, nach einer Stelle am Ostufer, wohin das Lager unterdessen verlegt werden konnte. Es ließ sich in einigen Stunden abmachen, wir nahmen daher nichts anderes mit als Mast und Segel.

Tundup Sonam und Ische waren meine Ruderer, und um halb sechs Uhr fuhren wir ab. Ein vorspringender Berg im Süden gewährte uns Schutz vor dem Wind. Als wir ihn aber passiert hatten, drang das ganze Wasser des Sees mit rollenden Wellen, Spritzwasser und drohenden Sturzseen auf uns ein! Das Wasser war hellgrün und ebenso klar und süß wir das des Tso-mavang. Ich konnte sogar loten und fand, daß die größte Tiefe 16,6 Meter betrug; der Seegrund war beinahe eben. Vier Stunden hatten wir gegen den See gekämpft, als wir vor dem Winde geschützt auf der Nordseite der Landspitze landeten.

Die Landzunge zeigt nach Nordosten und ist mit Flugsand bedeckt, der in beständiger Bewegung ist. Auf der Uferebene im Südwesten wandern gelbe Tromben, sich wie Korkzieher drehend mit der Windrichtung, und unsere Landspitze erhält ihr angemessenes Teil von dieser Sandbelastung. Nach Norden ist die Düne sehr steil; von Zeit zu Zeit stürzt neuer Sand ihre Wand herab und gleitet etwas in den See hinein, wo ihn die Wellen fortschwemmen. Von dem scharfen Kulminationskamm der Düne weht der Flugsand wie ein dichter Federbusch nach dem See hin, dessen Wasser wohl 200 Meter weit in der Windrichtung gelb schimmert, von Myriaden Sandkörnern, die zu Boden sinken, um einen Unterwassersockel zu bilden, auf dem die Landzunge dann weiter in den See hineinwachsen kann. Noch eben war der Wind heftig, jetzt haben wir Sturm. Zurückgehen ist unmöglich. Der Flugsand liegt jetzt so dicht über dem See, daß das östliche und nördliche Ufer nicht zu sehen sind; wir könnten ebensogut auf einer Düne im Herzen der Wüste Taklamakan wartend sitzen!

Wir rutschten auf der geschützten Seite der Düne hinunter. Aber dort, vom Winde abgekehrt, war es noch schlimmer. Wir wurden in Wolken von

Sand eingehüllt, der überall eindrang, in Augen, Ohren und Nase, und die Haut auf dem Rücken reizte, wenn er mit dem Körper in Berührung kam. Über uns und seitlich ertönte ununterbrochen das klagende Heulen des Sturmes. Meine Ruderer schliefen oder streiften umher; unsere Fußspuren aber wehte der Wind sofort wieder zu. Ich spielte wie ein Kind im Sand und wartete. Aber der Sturm wurde nicht schwächer.

Vier Stunden lagen wir dort und warteten. Auf dem Ostufer hatten die Unseren das Lager mehr nach Süden verlegt. Wir sahen die Zelte ganz deutlich. Ob wir es wagen sollten, uns längs des Ufers nach Süden zu schleichen, um zu dem Lager zu kommen? Draußen ging der See unangenehm hoch. Wir ruderten längs der Küste hin, wo wir etwas Schutz hatten, und landeten auf der geschützten Seite einer Landspitze, wo das Boot wieder an Land gezogen wurde. Die Südseite der Spitze bedrängte der ganze See mit schweren, donnernden hochaufspritzenden Wellen. Weiter konnten wir also nicht kommen. Ich stand oben auf der Landspitze und genoß das herrliche Schauspiel. Roberts Zelt glänzte blendend in der sinkenden Sonne. Wir sahen die Männer, die am Ufer grasenden Pferde und den Rauch des Lagerfeuers, den der Sturm auf die Erde hinabdrückte; die Fahrt dorthin mochte eine knappe Stunde sein, aber zwischen uns gähnte dieser dunkelgrüne Abgrund!

Die Sonne geht unter, wir sitzen und warten weiter.

Und der Tag, ein langer Tag des Wartens, näherte sich erbarmungslos langsam seinem Ende. Lange Schatten strichen über die weißschäumenden Wogenkämme, die Sonne ging unter und der Pundiberg, unser alter Freund vom Tso-mavang her, glühte wie Feuer im Schein des Abendrots. Die Stunden schlichen dahin. Der Sturm hatte dreimal 24 Stunden getobt, einmal mußte es doch genug sein! Aber er wurde nicht schwächer, und da mein Warten vergeblich blieb und ich mir die Zeit und den nagenden Hunger nicht einmal mit einem Stück Brot vertreiben konnte, wickelte ich mich in das Segel, bohrte mich in den Sand ein und fiel in schweren Schlaf.

Ein paarmal weckte mich der Regen, der auf das Segel herabschmetterte; um vier Uhr erwachte ich durch die Morgenkälte. Da lag das Land grau in grau und regenschwer. Ische machte trotzdem den Vorschlag, uns hinüberzuwagen, denn der Sturm hatte etwas nachgelassen. Kaum hatte das Boot seine Nase über das geschützte Ufer der Landspitze hinausgesteckt, als es einen Stoß erhielt, daß es in den Fugen knackte. »Rudert, rudert so stark ihr nur könnt«, brüllte ich durch den heulenden Sturm. Wir kamen bedeutend vom Kurs ab, teilten aber endlich die Sturzseen und steuerten gegen die Schaumkränze auf. Und hinüber kamen wir mit knapper Not!

Namgjal war gerade aus Parka eingetroffen und brachte die Nachricht, daß der Gova gedroht habe, meine Männer mit Gewalt abzuschieben, um mich dadurch zu zwingen, den Langak-tso zu verlassen. Schreckschüsse wirken jedoch nicht auf mich! Schlimmer war, daß Puppy seit 48 Stunden verschwunden war und daß auch Schukkur Ali, der gestern morgen nach Tschiugumpa zurückgegangen war, um sie zu suchen, seitdem nichts hatte von sich hören lassen. Indessen fand sich Puppy schließlich von selbst wieder im Lager ein, und nun war es Schukkur Ali, welcher verloren war!

Am 28. stürmte es ebenso wie bisher. Wir hörten später von mehreren Tibetern, daß über dem Langak-tso gewöhnlich stürmisches Wetter herrsche, auch wenn der Tso-mavang ruhig und glatt daliege.

Ich selbst sehnte mich nach gutem Wetter, um über den See nach den Inseln fahren zu können. Da ich jetzt aber den Gedanken an eine Seefahrt aufgeben mußte, beschloß ich, um den See zu gehen, um wenigstens eine Karte seiner Uferlinie aufzunehmen. Der weiße Maulesel aus Poonch trug das Boot. Auf dem Felsen zeigten sich einige Ammonschafe, die Tundup Sonam vergeblich verfolgte. Auch Schukkur Ali erschien in aller Ruhe wieder, nachdem er Puppy vergeblich gesucht hatte, die im wünschenswertesten Wohlbefinden in meinem Zelt schnarchte.

29. August. Man schläft bei Wellenrauschen und Sturmgeheul ein und erwacht wieder bei Sturmgeheul und Wellenrauschen! Es ist als ob man am Fuße eines Wasserfalls wohnt. Wir folgen dem Südufer nach Westen. Hier stürzen die Felsen beinahe überall steil ab, die Gesteinarten sind Porphyr, Granit und Schiefer; der Ufersaum ist außerordentlich schmal und abschüssig und in scharf ausgeprägte Terrassen geteilt. Es geht kopfüber in große Tiefen.

Eine spitze, nach Nordwesten gerichtete Halbinsel hielt uns auf. Im Hintergrunde der Bucht lagerte eine Karawane, und es freute uns, wieder Tibeter zu treffen, nachdem alle anderen ihre Hand von uns abgezogen hatten. Sie ihrerseits freuten sich, einem Europäer zu begegnen, der am Luma-ring-tso, in ihrer Heimat, gewesen war. Aber es war ihnen unbegreiflich, daß wir auf alle Vorsprünge hinaus- und in alle Buchten hineingingen, anstatt auf dem geraden Wege zu marschieren, der sich ein wenig weiter südlich hinzog. Einer von ihnen hielt mir seine Hand mit weitgespreizten Fingern hin und sagte dabei, daß das Südufer des Sees genau so voller Einschnitte sei. Als ich ihnen sagte, daß ich eine Karte des Ufers haben wolle, meinten sie, es sei doch ganz gleichgültig, wie das Ufer aussehe, da außer Eiersammlern niemand hinkomme.

Wir lagerten auf der Spitze des steilen Vorgebirges, in dessen Verlängerung die südlichste der Inseln liegt. Es stürmte, aber hier fanden wir Schutz unter der Felswand. Steinmauern, Lumpen und Eierschalen zeugten von menschlichen Besuchen. Im Osten und Westen des Vorgebirges hatten wir offene Buchten mit hohem Seegang, und in N 19 ° O sah man die südlichste Spitze der Insel, einen abschüssigen dunklen Felsen. Wir hatten von dieser Insel, Latsche-to, schon gehört; im Mai legen die Wildgänse hier ihre Eier, und Leute aus Parka kommen über das Eis, um sie zu sammeln. Ich konnte es daher nicht unterlassen, sie zu besuchen. Die Insel lag ganz nahe. Wir würden gleich zurück sein, und Adul könne schon mit dem Braten der Wildgans beginnen, die Tundup während des heutigen Marsches geschossen hatte. Proviant brauchten wir also nicht, aber Robert riet Ische, doch lieber einen Beutel Tsamba mitzunehmen, damit er nicht zu lange auf das Essen warten müsse.

Diese beiden saßen an den Rudern, als wir abfuhren. Aber unter dem Vorgebirge war der Schutz trügerisch. Nur zwei Minuten vom Ufer versuchte ich zu loten, das Lot erreichte den Grund jedoch erst, als die Leine einen

Bogen bildete, da der Sturm das Boot nordwärts jagte. Dann kam ich auf einen anderen Gedanken. Die Ruderer sollten die Ruder nur in die Luft halten, um das Boot vorwärtssausen zu lassen. Aber so leicht ging es nicht. Die Wogen erhoben sich zu Bergen und Pyramiden, und es galt, sie mit den Rudern zu parieren. Wir näherten uns schnell der Insel; ihre Felsen wurden immer höher und drohender. Wir waren schon dicht an der Südspitze, als ich einsah, daß es unmöglich sei, hier zu landen. Das aus Schutt und Felsblöcken bestehende Ufer war sehr steil, und in seiner schäumenden Brandung wären wir und das Boot kurz und klein geschlagen worden. Robert wollte unter der Nordspitze an der geschützten Seite landen, aber das wäre riskant gewesen, denn der Sturm fegte ungehindert längs der Insel hin.

Wir schaukelten auf und nieder; ich steuerte dicht ans Ostufer, wo aber ebenso heftige Wellen waren. Nun blieb uns keine Wahl. Ich drehte das Boot dem Lande zu und ließ die Männer rudern, als ob es hinter ihnen brenne. Ein unheimlicher Wellenkamm schleuderte uns an Land. Robert sprang ins Wasser, glitt aus und nahm ein Bad. Ische eilte ihm zu Hilfe. Ich selbst wurde von drei Wellen überschüttet, ehe auch ich das Land erreichte.

Obgleich wir im Schutt langsam vorwärts kamen, dauerte es doch nur 25 Minuten, um die Insel herumzugehen und ihre Gestalt mit dem Kompaß auszupeilen. Während des Spazierganges trockneten wir im Wind. Am nordöstlichen Fuße des Berges ist ein Geröllplateau. Hier nisten im Frühling die Wildgänse, und noch mehrere tausend Eier lagen zu zweien, dreien oder vieren in einem Nest von Steinen und Sand.

Das war ein Fund! Wir hatten Aussicht, hier, wie neulich, die Nacht verbringen zu müssen, und nun hatten wir ganz unerwartet Proviant für mehrere Monate gefunden! Und einmal würde dieser ewige Wind doch wohl aufhören. Die Eier sahen so hübsch und appetitlich aus, wie sie zur Hälfte in den Sand eingebettet lagen, und ich stellte mir das friedliche und glückliche Geschnatter vor, das im Frühling herrscht, wenn die Gänsemütter auf ihren harten Nestern sitzen.

Wir schlugen zwei Eier auf. Sie waren faul! Wir versuchten es mit anderen, die im Schatten und tiefer im Sande lagen. Sie verbreiteten einen widerlichen Gestank, als die Schale mit einem Knall an dem Steine zersprang. Unter etwa 200 Eiern, die wir aufschlugen, fanden wir doch schließlich noch acht, die sich essen ließen, und mehr brauchten wir nicht! Dann halfen wir Ische beim Sammeln dürrer Pflanzen, die auf den Abhängen standen, und als die Sonne unterging, hatten wir einen gewaltigen Haufen, den wir bei einer kleinen Ringmauer auftürmten. Wir hatten es warm und schön. Die Eier wurden in der Glut erhitzt und gedreht und schmeckten nicht übel.

Der Sturm heulte weiter in dem Felsen über uns und in den Löchern und Ritzen der Mauer.

Ische und Robert schliefen ein. Eine Weile noch saß ich mit meinen Gedanken allein und lauschte dem Donnern der Wellen auf dem See und schaute dem flackernden Spiel der Flammen zu. Dann schlummerte auch ich ein.

Noch bei Dunkelheit brachen wir auf. Der Sturm hatte sich gelegt, aber unentschiedene Windstöße kamen noch aus verschiedenen Richtungen.

Der Mond stand hoch, als wir abstießen. Bald schimmerte das schwarze Kap der Lagerspitze vor dem verschwommenen Hintergrund des Südufers. Mitten im Sunde betrug die Tiefe 34,5 Meter. Wir schrien so laut wir konnten, so daß unser Lärm bald durch ein Feuer auf der Landspitze, nach der unsere Leute hinabgestiegen waren, beantwortet wurde. Und der Wildgansbraten, der so lange auf uns hatte warten müssen, mit einem Becher heißen Tees in aller Herrgottsfrühe schmeckte ganz vorzüglich. Aber noch schöner war es, nach dem flüchtigen Besuch der Gänseinsel ins Bett kriechen zu können!

Die Quelle des Satledsch

Wir waren am Morgen kaum fertig, als der Sturm schon wieder tobte. Da trafen Galsan und ein Gova aus Parka bei uns ein. Jener brachte Lebensmittel, dieser den strengen Befehl von seinem Vorgesetzten, dem »Parka Tasam«, mir zu sagen, daß er, falls ich nicht unverzüglich nach Parka komme, meine ganze Bagage nach dem Langak-tso schicken, mich aber zwingen werde, nach Purang hinunterzuziehen. Der Gova war ein jovialer alter Herr, der von mir die Antwort erhielt: wenn der Parka Tasam sich unterstehe, meine Kisten anzurühren, solle er sofort abgesetzt werden! Wenn er sich noch ein paar Tage gedulde, würde ich sowieso nach Parka kommen, da auch ich es unmöglich fände, in dieser Jahreszeit noch auf dem See herumzufahren.

Darauf zogen wir westlich weiter, in die Buchten hinein und wieder heraus und an allen jenen Vorgebirgen vorbei, die dadurch entstehen, daß ein im Norden des Gurla liegender Gebirgsarm seine Verzweigungen nach dem See hinabschickt. Die beiden großen Inseln, die weiter draußen im See liegen, sehen wir, wo wir sind; die eine heißt Dopserma; dort nisten keine Wildgänse, wohl aber andere Wasservögel. Im Winter treibt man Yaks und Schafe über das Eis nach der Insel, wo gute Weide ist. Wenn Viehseuchen im Lande herrschen, sterben Tiere nicht, die sich auf Dopserma aufhalten.

In wütendem Sturm mit blendenden Sandwolken gingen wir um die westlichste Seebucht. Dasselbe angenehme Wetter hielt auch am letzten August an, als wir nach Nordosten weiterzogen und den Langak-tso in neuen herrlichen Perspektiven sahen. Die Luft war jetzt klar, der Kang-rinpotsche und der Gurla Mandatta standen unverhüllt und wachten über ihre Seen.

In der nordwestlichen Bucht überschreiten wir das alte Satledschbett, das aus tückischem Moorboden oder trocknem, hartem Ton besteht; es ist breit, hat keine Terrassen und ist in jüngerer Zeit durch Winderosion und Treibsand deformiert und verwischt. In der Mitte entspringen zwei Quellen, die zum See fließen. Nach Westen scheint das Bett vollkommen eben, tatsächlich aber steigt es langsam und allmählich bis zu einer flachen Erhebung an, von der es dann endgültig nach der anderen Seite, nach dem Indus hinunter, abfällt.

Es war dunkel geworden. Eine Stunde nach der anderen ritten wir zwischen Hügeln und Dünen über Wiesen und Wasserarme. Ich glaubte schon, wir hätten uns verirrt, als die Glocken weidenden Viehs klingelten, ein Feuer sich zeigte und Rabsang uns mit einer Laterne entgegenkam, um uns nach dem Dorf Parka zu führen, wo mein Zelt auf einem Hofe aufgeschlagen war.

Während des sehr notwendigen Rasttages, den wir uns in Parka gönnten, wurde mit den Govas der Gegend hin und her verhandelt. Sie baten mich, am nächsten Tage doch nun endlich nach Westen aufzubrechen, und ich versprach es ihnen, aber unter der Bedingung, daß ich in Chaleb, eine halbe Tagereise weiter westlich, drei Tage bleiben dürfe. Sie gingen darauf ein, ohne meine Nebenabsichten zu durchschauen. Ich wollte nämlich um jeden Preis den heiligen Berg auf der Pilgerstraße umwandern, sah aber ein, daß die Behörden hierzu nie ihre Erlaubnis geben könnten. Nur mit List konnte es glücken.

Hier erhielten wir auch Aufklärung über das Gerücht, das uns so lange hartnäckig verfolgt hatte, daß sechs chinesische und tibetische Beamte aus Lhasa gesandt worden seien, um mich zur Vernunft zu bringen. Das Gerücht stimmte, aber als diese Herren bei ihrer Ankunft in Saka-dsong gehört hatten, daß ich schon längst nach Westen weitermarschiert sei, waren sie wieder umgekehrt.

Von Tibetern, die lange in der Gegend gelebt hatten, erhielt ich noch allerlei Auskünfte über die beiden Seen und ihre periodischen Wasserarme. Noch vor vier Jahren war etwas Wasser vom Tso-mavang nach dem Langak-tso geströmt, eine Angabe, die mit der Ryders übereinstimmt. Vor zwölf Jahren war der Abfluß so reichlich gewesen, daß man ihn ohne Brücke nicht hatte überschreiten können. Den Kanal nannte man teils Ngangga, teils Ganga. Das Wasser des Langak-tso soll unter der Erde westwärts strömen und an einer Stelle des alten Bettes, die Langtschen-kamba heißt, aus einem Loch wieder herauskommen. Dies Wasser soll die eigentliche Satledschquelle sein und in die großen Flüsse gehen, welche zusammen diesen Strom bilden, dessen tibetischer Name Langtschen-kamba ist. Vor 12 und 48 Jahren ist die Quelle des alten Bettes viel ergiebiger geflossen als jetzt. Derartige Aufklärungen sammelte auch Sherring im Jahre 1905.

Der Langak-tso soll in alten Zeiten giftig gewesen sein, so daß jeder, der das Wasser trank, sterben mußte. Aber seitdem der heilige Fisch aus dem Tso-mavang die Landenge durchbrochen hat und in den See hineingegangen ist, ist das Seewasser wieder süß geworden. Der See friert Anfang Dezember zu, einen halben Monat früher als sein östlicher Nachbar, und zwar felderweise und langsam, während der Tso-mavang innerhalb einer Stunde zufriert. Das Eis des Langak-tso bricht auch einen halben Monat früher auf als das des Tso-mavang. Beide Seen haben meterdickes Eis. Im Winter sinkt der Spiegel des Tso-mavang unter dem Eise um einen halben Meter, wodurch es Spalten und Risse erhält und sich vom Ufer abwärts neigt. Der Langak-tso aber sinkt nur um einen oder zwei Zentimeter. Dies deutet darauf hin, daß er immer Wasserzufluß aus dem östlichen See erhält, aber im Winter selbst nur eine unbedeutende Menge Wasser abgibt.

Über die Gänseinsel erzählte man, daß drei Männer vom Devaschung beauftragt werden, sich sofort nach Ankunft der Wildgänse auf der Insel niederzulassen, um die Vögel vor Wölfen und Füchsen zu schützen. Sie bekommen acht Rupien, ein Schaf und einen Kloß Butter als Gehalt. Um diese Zeit, im Mai, ist das Eis noch ellendick, aber die Eiersammler müssen sich doch vorsehen, daß sie nicht durch einen Sturm vom Festland abgeschnitten werden. Vor einigen Jahren geschah es, daß zwei Wächter auf diese Weise auf der Insel isoliert wurden. Sie lebten dort acht Monate von Eiern und Kräutern und kehrten im nächsten Winter, sobald der See zugefroren war, über das Eis zurück. Da war der eine aber schon so entkräftet, daß er bei der Ankunft in Parka starb.

Nach einem fröhlichen Feste, das die Ladakis am Abend veranstalteten, ritten wir am 2. September nun wieder nordwestwärts, begleitet von einem alten grauhaarigen Gova, der bereits mein ganz besonderer Freund geworden war. Das Wetter war herrlich, aber schon jetzt spürte man morgens eine beißende Kälte, ungefähr wie daheim auf den Schären, wenn die gelben Blätter fallen und eine dünne Eishaut sich über die Buchten gespannt hat. Ganz Parka war auf den Beinen, um sich unsere Abreise anzuschauen. Während des Marsches durchwateten wir die Flüsse Dam-tschu, Sung-tschu, Latschu und Chaleb, die dem Langak-tso jetzt zusammen etwa zehn Kubikmeter Wasser in der Sekunde zuführten.

Je näher wir dem heiligen Berge kamen, desto weniger imposant erschien er. Der Form nach gleicht er einem auf ein Prisma gestellten Tetraeder. Von der Mitte des weißen Scheitels geht ein senkrechter Eisstreifen aus, unter dem sich ein flacher Eisstalagmit erhebt, den von oben ein dicker Wasserstrahl bespült. Der Strahl zersplittert auf dem Eiskegel in glitzernde Sprühtropfen und Wasserglocken — ein großartiges Schauspiel, dem man stundenlang zuschauen könnte.

Unser Lager auf der Chalebheide hatte den Vorzug, fern von allen menschlichen Wohnungen zu liegen, und das war auch nötig, denn von hier aus bewerkstelligte ich drei unerlaubte Ausflüge! Der zweite dieser Ausflüge nahm nur einen Tag in Anspruch, den 6. September, sein Ziel war das alte Bett des Satledsch. Dort, wo wir das Bett erreichten, schien es nach Osten wie nach Westen hin stillstehende Wasseransammlungen zu enthalten, der Boden war aber völlig eben. An der Stelle, die mir die höchste schien, ließ ich das Siedethermometer entscheiden, das einige zehn Meter Höhe über dem See angab. Folgt man dem Bett nach Westen, so kommt man zuerst an einen sehr enten- und algenreichen großen Süßwassertümpel, darauf an eine Reihe durch kleine Wasserarme miteinander verbundener Sümpfe und schließlich an einen Bach, der langsam nach Südwesten fließt. Der Bach ergießt sich bald in einen großen Süßwassertümpel Nr. 2, der keinen sichtbaren Abfluß hat. Gehen wir aber weiter nach dem Punkt, wo das Bett sich zwischen steilen Wänden anstehenden Gesteins zusammendrängt, so stoßen wir auf zwei Quellen, die einen neuen Bach bilden, und dieser fließt durch das hier sehr markierte Tal nach Südwesten weiter. Nach meiner Überzeugung sickert dieses Wasser unter der Erde durch und kommt aus dem Langak-tso. Folgt man, wie ich es ein Jahr später tat, dem alten Bett eine Tagereise weiter nach Westen abwärts, so findet man bei Döltschu-gumpa wasserreichere permanente Quellen, die ebenfalls im Boden des Bettes entspringen. Von hier an und auf dem ganzen Weg durch den Himalaja abwärts nennen die Tibeter den Satledsch Langtschen-kamba, den Elefantenfluß; der Hügel, auf dem Döltschu-gumpa erbaut ist, soll Ähnlichkeit mit einem Elefanten haben, daher der Name. Die Quelle selbst bei Döltschu heißt Langtschen-kabab oder »der Mund, aus dem der Elefantenfluß kommt«, ebenso, wie die Brahmaputraquelle Tamtschok-kabab, »der Mund, aus dem der Pferdefluß kommt«, und die Indusquelle Singi-kabab, »der Mund, aus dem der Löwenfluß kommt«, heißen. Der vierte in der Reihe ist der Maptschu-kamba, der Pfauenfluß oder Karnali. Die Tibeter behaupten also, daß die Quelle des Satledsch jetzt beim Kloster Döltschu liege, nicht im Himalaja oder Transhimalaja, aus denen er jedoch sehr wasserreiche Nebenflüsse erhält. Sie sind auch überzeugt, daß das Quellwasser des Langtschen-kamba aus dem Langak-tso stammt. Und ich bitte auf die außerordentlich beachtenswerte Tatsache aufmerksam machen zu dürfen, daß die erste der beiden heiligen Quellen, deren Wasser sich in den Tage-tsangpo ergießt, ebenfalls Langtschen-kamba heißt, ein Beweis, daß man die Quelle in alten Zeiten im Osten des Tso-mavang annahm.

Jetzt rate ich dem, der an der Frage der Lage der Satledschquelle kein Interesse nimmt, das nun folgende Zitat zu überschlagen. Während meines Aufenthalts in Kyōto im Dezember 1908 zeigte mir der Professor der Geographie der dortigen Universität, Herr Ogawa, eine Sammlung chinesischer Bücher über die Geographie Tibets. Eines davon, Schui-tao-ti-kang, »Die Grundzüge der Hydrographie«, ist eine Kompilation, die Tschi Tschao Nan im 26. Jahre des Kaisers Kien Lung, also im Jahre 1762, ausgeführt hat. Im 22. Buche dieses Werks steht folgende Mitteilung über die Quelle des Satledsch, die Professor Ogawa mir mit großer Liebenswürdigkeit übersetzt hat:

»Der Kang-ka-kiang tritt aus dem Kang-ti-ssu-schan (Kailas, Gangri) aus, auf dessen Südostseite der Lang-tschuan-ka-pa-pu-schan (Langtschen-kamba oder Langtschen-kabab), groß wie ein Elefant, liegt. Das Relief wird allmählich immer hügeliger nach der südwestlichen Grenze hin und kulminiert im Kang-ti-ssu-schan (Kailas). Der Berg hat einen Umfang von mehr als 140 Li. Auf allen Seiten bildet er abschüssige Wände, die die umliegenden Berge um mehr als tausend Fuß überragen, und angehäufter Schnee scheint auf den Felsen zu hängen. Hunderte von Quellen strömen von dem Gipfel nieder, fließen aber am Fuße des Berges unter der Erde. Er liegt im äußersten Westen der Provinz Tsang, 310 Li nordöstlich von Ta-ko-la-tscheng (Taklachar?) in A-li (Ngari?), aber mehr als 5590 Li südwestlich von Sining-fu in der Provinz Schensi. Seine Länge ist 36 Grad 4 Minuten westlich und seine Breite 30 Grad 5 Minuten nördlich. In alten Zeiten war die Gegend unbekannt, läßt sich aber mit einigem Vorbehalt mit dem A-nok-ta-schan der Schui-ching-Aufzeichnungen identifizieren. In der Nachbarschaft gibt es vier hohe Berge, von denen der südliche Lang-tschuan-ka-pa-pu-schan heißt und 250 Li südöstlich von Ta-ka-lo-tscheng liegt. Die Eingeborenen nennen den Berg so, weil seine Gestalt der eines Elefanten gleicht. Östlich von diesem Berge liegt der Ta-mu-tschu-ko-ka-pa-pu-schan (Tamtschok-kabab, die Quelle des Flusses Jalu-tsang-pu oder Jere-tsangpo). Quellen treten aus dem Nordfuß des Berges aus und sammeln sich zu einem See an. Das Wasser strömt 70 Li nach Nordwesten und nimmt einen Fluß auf, der von Nordosten kommt. Der Fluß befindet sich im Gebirge 80 Li nordöstlich vom Langtschuan-ka-pa-pu. Zwei Flüsse fließen von dem Berge nach Westen und biegen nach ihrer Vereinigung nach Nordwesten um. Der Lauf des vereinigten Flusses schlängelt sich dann 60 Li weiter, biegt nach Südwesten ab und vereinigt sich mit dem Hauptfluß. Dies ist eine Quelle.

»Der Fluß strömt 40 Li nach Westen bei Norden weiter, dann nach Nordosten dem Wasser aus dem See Kung-scheng (Guntschu-tso) entgegen, das unter das Bett des Seebeckens sinkt, das aber, nachdem es wieder zutage getreten ist und drei nördliche Zuflüsse aufgenommen hat, nach Südwesten dem Flusse (Satledsch) zuströmt.

»Der See Kung-schen-o-mo hat zwei Quellen, die eine kommt von Nordosten, vom Ta-ko-la-kung-ma-schan und fließt 150—160 Li, die andere von Osten vom westlichen Fuße des Ma-erh-yo-mu-ling (Marium-la) auf der Westgrenze von Tscho-schu-te. Dieses letztere Gebirge bildet die Ostgrenze von A-li und ist die Hauptkette, die vom Kang-ti-ssu (Kailas) nach Südosten geht. Das Wasser des Sees Kung-scheng (Guntschu-tso) strömt über 50 Li nach Westen und bildet einen zweiten See, der 80 Li groß ist und keinen Abfluß hat. Mehr als 10 Li weiter nach Westen gibt es jedoch einen dritten See mit einer unterirdischen Quelle, der 30 Li lang ist. Von Norden her kommt ein Fluß nach dem See. Jetzt strömt der Fluß 60 Li nach Südwesten und empfängt einen von Nordosten kommenden Fluß, und 40 Li weiter südwestwärts nimmt er einen Fluß auf, der aus den nördlichen Gebirgen kommt, und noch weiter nach Südwesten hin begegnet der Fluß dem Wasser aus dem Lang-tschuan-ka-pa-pu-schan.

»Dieses Wasser bildet den See Ma-piu-mu-ta-lai (Mavang, Manasarovar). Von Süden nach Norden ist er 150 Li lang, von Osten nach Westen 80 oder 100 Li breit, und er hat mehr als 200 Li Umfang. Am Nordufer des Sees sind zwei Flüsse, die von Norden kommen. Der See liegt 120 Li südlich vom Kang-ti-ssu (Kailas). Das Wasser fließt auf der westlichen Seite aus dem See hinaus und in den See Lang-ka (Langak-tso) hinein, der 60 Li entfernt liegt. Dieser letztere See nimmt einen Fluß auf, der von Norden herkommt. Der See Lang-ka hat eine schmale, rechtwinklige Form mit Vorgebirgen und ist länglich; seine Länge von Süden nach Norden beträgt 170 Li, seine Breite von Osten nach Westen beläuft sich auf 100 Li. An seiner nördlichen spitzen Ecke empfängt er den Fluß, der von Nordosten kommt. Dort gibt es drei Quellen, 70 Li vom Südfuß eines südlichen Ausläufers des Kang-ti-ssu (Kailas) entfernt; sie fließen nach Süden ab, vereinigen sich in einem Bett und strömen dann als ein Fluß 150—160 Li südwestwärts, ehe sie sich in den See ergießen. Der See ist dem Umfang und Areal nach ebenso (wie der Tso-mavang), hat aber eine andere Gestalt.

»Das Wasser des Sees Lang-ka fließt von Westen aus (aus dem See), und nachdem es über 100 Li westwärts geströmt ist, biegt es nach Südwesten ab, heißt jetzt Lang-tschu-ho und hat mehr als 200 Li lang einen gewundenen Lauf. Darauf empfängt der Fluß den Tschu-ka-la-ho, der von Nordosten kommt.«

Diese Schilderung der Lage der Satledschquelle hat so außerordentlich großes Interesse, daß ich ihre Veröffentlichung um so mehr nicht bis zu meiner wissenschaftlichen Arbeit habe aufschieben wollen, als sie mir in meiner schon in Indien ausgesprochenen Vermutung, daß der Tage-tsangpo nichts anderes als der oberste Teil des Laufes des Satledsch oder, mit anderen Worten, daß die Quelle des Tage-tsangpo auch die Quelle des Satledsch sei, recht gibt. Bei der Debatte, die sich um das Problem entsponnen hat, sind viele Zitate herausgesucht worden, aber sie lassen sich an Bedeutung nicht vergleichen mit dem soeben angeführten, das 60 Jahre älter ist als das älteste der anderen, nämlich Gerards Ansicht, daß der Guntschu-tso die Quelle des Satledsch sei.

Die Beschreibung in Tschi Tschao Nans Hydrographie zeichnet sich durch ebenso peinliche Übereinstimmung mit der Wahrheit und Gewissenhaftigkeit aus wie alle anderen chinesischen Erdbeschreibungen. Man vergleiche die Beschreibung des Kailas (Kang-rinpotsche) mit dem, was ich bereits über ihn gesagt habe!

Lang-tschuan-ka-pa-pu ist die chinesische Übertragung des tibetischen Langtschen-kabab, das wortgetreu »Quelle des Satledsch« bedeutet. Wenn uns der chinesische Verfasser nun mitteilt, daß »östlich von Langtschen-kabab Tamtschok-kabab liegt«, das die Quelle des Flusses Jere-tsangpo (Brahmaputra) ist, so muß man gestehen, daß seine Beschreibung ganz genau mit der Wirklichkeit übereinstimmt, wie der erste Europäer in dieser Gegend, ich selbst, sie gefunden habe! Denn auf dem Tamlung-la stand ich auf dem Paß, der das Wasser zwischen Brahmaputra und Satledsch scheidet, und unmittelbar südlich vom Paß sah man den Ganglung-gangri und den Gletscher, aus dem der Tage-tsangpo entsteht und in dem die Quelle des Satledsch liegt.

Ferner heißt es, daß der See Guntschu-tso zwei Quellen habe, die eine von Nordosten her vom Berg Ta-ko-la-kung-ma, der augenscheinlich mit D'Anvilles Tacra-concla identisch ist, die andere von der Westseite vom Paß Marium-la, eine Angabe, die mit Ryders Karte in allen Einzelheiten übereinstimmt. Heutzutage ist der Guntschu-tso vollständig abgeschnürt und salzig; er gehört also nicht mehr zum Satledschsystem. Vor 147 Jahren aber hatte er einen Abfluß, der zum Teil unterirdisch weiterströmte, dann wieder zutage trat und sich mit dem Langtschen-kamba oder Tage-tsangpo vereinigte. Der chinesische Verfasser betont an zwei verschiedenen Stellen seiner Beschreibung, daß der Fluß des Guntschu-tso, der damals in seinem Unterlauf mit dem jetzigen Toktschenfluß identisch war, nur ein Nebenfluß des Langtschen-kabab oder Tage-tsangpo sei. Und daß der Tage-tsangpo seinerzeit auch von den Tibetern für den Quellfluß des Satledsch gehalten wurde, geht daraus hervor, daß sein Name, Langtschen-kamba, noch der oberen der beiden heiligen Quellen im Tale des Tage-tsangpo verblieben ist.

Und ferner heißt es: Dieses Wasser, nämlich das Wasser des Langtschen-kabab oder des Quellarmes des Satledsch, bildet den See Ma-piu-mu-ta-lai, also den Tso-mavang oder Tso-mavam, wie der Name auch ausgesprochen wird; auf D'Anvilles Karte wird er Ma-pama Talai geschrieben, wobei D'Anville mitteilt, daß Talai See bedeute. Er hätte hinzufügen können, daß es dasselbe Wort ist wie in Dalai-Lama, dem Priester, dessen Weisheit so unendlich wie der Ozean ist, denn das mongolische Wort Talai oder Dalai bedeutet Ozean. Mit diesem Wort hat der chinesische Verfasser hervorheben wollen, daß der Tso-mavang viel größer ist als die anderen im Text angeführten Seen.

Wie man anzunehmen allen Grund hat, strömte das überflüssige Wasser des Tso-mavang im Jahre 1762 durch den Kanal nach dem Langak-tso. Die Länge des Kanals betrug 60 Li, die meinen neun Kilometern entsprechen. Alle von Norden aus den Tälern des Transhimalaja kommenden Flüsse, die sich in die beiden Seen ergießen, sind richtig angeführt. Der See Langak wird Lang-ka genannt. Auf D'Anvilles Karte, zu der die Jesuiten, die zur Zeit des Kaisers Kang Hi (am Anfang des 18. Jahrhunderts) in Peking lebten, das Material geliefert haben, heißt der See Lanken. Auf derselben Karte heißt der von dort nach Westen gehende Fluß Lanc-tschou (Satledsch), es wird aber ungereimterweise die Vermutung ausgesprochen, daß er der Oberlauf des Ganges sei. Die Gebirge im Süden des Tso-mavang nennt D'Anville Lantchia-Kepou, was Langtschen-kabab ist, und das südöstlich davon liegende Gebirge Tam-tchou, also Tam-tschok, in dem er ganz richtig den Yarou Tsanpou, den Brahmaputra, entspringen läßt. Das Material zu der Karte des ganzen Chinesischen Reichs, das die Jesuiten dem Kaiser Kang Hi im Jahre 1718 übergaben, wurde vom Jahre 1708 bis zum Jahre 1716 gesammelt, aber über Tibet verschaffte der Kaiser sich Aufklärungen durch Eingeborene, die zu ihrer Arbeit von den Jesuiten angelernt wurden, ganz wie in späterer Zeit englische Topographen die indischen Punditen angelernt haben.

Aus D'Anvilles Karte erfahren wir also, daß vor 200 Jahren der Satledsch durch das Bett, das ich bereits beschrieben habe, aus dem Langak-tso abfloß. Durch Professor Ogawas Übersetzung des chinesischen Textes erfahren wir, daß im Jahre 1762, oder einige Jahre früher, der Fluß noch immer aus dem Langak-tso heraustrat. Und es wird ausdrücklich gesagt, daß der Fluß Tschu-ka-la-ho (= Tschu-kar, der jedoch, der Angabe nach, aus Nordosten anstatt aus Südosten kommt) nur ein Nebenfluß sei.

Im Jahre 1846 fand Henry Strachey keinen sichtbaren Abfluß, sagt aber, daß ein solcher unter der Erde vorhanden sei, und hält es für wahrscheinlich, daß auch der Kanal Wasser führen könne, wenn der See nach heftigen Regengüssen sehr gestiegen sei.

Am 30. Juli 1908 hörte ich vom Oberlama des Klosters Döltschu-gumpa, der in der Gegend geboren und damals 55 Jahre alt war, folgendes: Als er noch ganz klein gewesen sei, sei von Zeit zu Zeit Wasser aus dem See herausgeströmt. Als er zehn Jahre alt war, also im Jahre 1863, sei auch dieses Wasser versiegt und habe sich seitdem nie wieder gezeigt. Dagegen flössen die Quellen im Bett permanent, sowohl im Winter wie im Sommer und unabhängig von den Niederschlägen. Man sei daher im Kloster der Ansicht, daß sie aus dem Langak-tso stammten, nenne sie aber trotzdem Langtschen-kabab, den Fluß, der aus dem Munde des Elefanten herauskommt.

Meine Untersuchungen an Ort und Stelle, sowie das chinesische Zitat beweisen, daß Oberst S. G. Burrard vollkommen recht hat, wenn er in seiner meisterhaften Beschreibung der Flüsse des Himalaja und Tibets (Kalkutta

1907) den Tso-mavang und den Langak-tso und alle ihre Zuflüsse zum Flußgebiete des Satledsch rechnet, und ich möchte hier die beiden folgenden, von Oberst Burrard ausgesprochenen Sätze besonders hervorheben:

»Die Verbindung zwischen den beiden Seen kann als festgestellt angesehen werden, aber die zwischen dem westlichen See und dem Satledschbecken ist noch fraglich. Wenn das Wasser aus dem Rakastal nur einmal in 100 Jahren in den Satledsch fließt und dann nur während einer so kurzen Periode, daß sie niemand beobachtet, werden wir noch berechtigt sein, die Seen in das Stromgebiet des Flusses einzuschließen.«

In Verbindung hiermit will ich hervorheben, daß der Wasserstand der tibetischen Flüsse und Seen je nach der Menge der Niederschläge periodischem Wechsel derselben Art wie die Brücknerschen Perioden unterworfen ist. In den beiden Seen verändert sich der Wasserstand von Jahr zu Jahr. Gegenwärtig stehen sie sehr niedrig, aber nichts könnte hindern, daß sie sich in naher oder ferner Zukunft wieder langsam heben; daß der Tso-mavang so anschwölle, daß er sein Wasser durch den Kanal an den Langak-tso abgäbe, und daß schließlich dieser See, wie einst, sich seines überflüssigen Wassers durch das jetzt ausgetrocknete Bett des Satledsch entledigte. Das Wahrscheinlichste ist jedoch, daß der Langak-tso dem Zeitpunkt entgegengeht, an dem er auch seinen unterirdischen Abfluß verliert und ebenso wie der Gungtschu-tso und der Panggong-tso vollständig abgeschnürt und infolgedessen mit der Zeit salzig wird.

Nachdem festgestellt ist, daß die beiden Seen zum Flußgebiet des Satledsch gehören, ist die nächste Frage die: welcher der Flüsse, die sich in den Tso-mavang ergießen, ist der Quellfluß des Satledsch? Natürlich der wasserreichste und längste. Auf diese Ehre hat der Fluß, der seinerzeit dem Guntschu-tso entströmte, nie Anspruch erheben können, und der Guntschu-tso kann daher als Quelle des Satledsch nicht in Frage kommen. Der Tage-tsangpo führte elf Kubikmeter Wasser in der Sekunde, während alle anderen in den Tso-mavang mündenden Flüsse höchstens zwei bis drei Kubikmeter führten. Die Quelle des Tage-tsangpo an der Front des Ganglunggletschers ist daher die Quelle des Satledsch.

Eine Pilgerfahrt um den Kang-rinpotsche

Morgen ist der 3. September, an dem die Umwanderung des heiligen Berges beginnen soll! Der vornehmste Gova von Parka ist bei uns, um mich im Zaum zu halten; aber ich lasse es hübsch bleiben, meine Pläne zu verraten. Tsering, Rabsang, Namgjal und Ische sollen mit; sie sind Lamaisten und freuen sich auf die Gelegenheit, durch Umwandern des heiligsten Berges der Erde den Toren der Seligkeit näher zu kommen. Das ganze Gepäck ist nur eine leichte Pferdelast. Ich reite auf meinem kleinen Ladakischimmel, die vier Männer gehen zu Fuß, denn den heiligen Berg darf keiner umreiten, der nicht, wie ich, ein Heide ist! Die übrige Karawane sollte uns in Chaleb erwarten.

Tsering, Namgjal und Ische brachen früh auf, ich und Rabsang ein wenig später. Der Gova und seine Leute kamen, um zu fragen, was dies bedeute und wohin ich wolle. »Ich bin bald wieder da«, antwortete ich und ritt nach N 30 ° O nach dem Eingange des Dunglungtales.

Zwischen den ersten Moränen erwarten uns die andern, und nun geht es in geschlossener Kolonne bergauf und bergab über alte Moränen, die von verschwundenen Gletschern abgestoßen worden sind. Am Ufer des Dunglungflusses rastet eine Pilgergesellschaft aus Kham im fernen Osten. Sie haben die Zelte aufgeschlagen, und ihre Pferde weiden im frischen Gras.

Wir reiten das Tal hinauf und haben bald auf beiden Seiten festes Gestein von hartem grünen und violetten Konglomerat mit gewaltigen Schuttkegeln am Fuß der Abhänge. Ungeheure Konglomeratblöcke sind abgestürzt. Am linken Flußufer stehen Manis und Tschorten in langen Reihen; es ist ein heiliger Weg, der Weg der Pilger um den Kang-rinpotsche.

Die Bergwände nehmen immer wildere Formen an, sie fallen senkrecht nach Terrassen und Geröllkegeln ab, sie bilden Stufen, Festungsmauern, Zinnen und Türme, sie scheinen von Menschenhand aufgemauert zu sein. Eine kleine Brücke führt über den Fluß. Wir sind auf dem rechten Ufer, und über uns thront Njandi-gumpa auf einer Terrasse. Über ihm erhebt sich die senkrechte Wand eines Bergmassivs, ein gefährlicher Hintergrund für ein Kloster. Auf einem Absatz haust ein Eremit, und ganz oben auf dem Gipfel steht eine Wimpelstange, Njandi-kong genannt. Vor fünf Jahren stürzte ein gewaltiger Felsblock gerade auf das Kloster und zertrümmerte es zur Hälfte. Der Block liegt noch auf dem inneren Klosterhofe. Es war früh morgens nach langem, anhaltendem Regen; keiner kam zu Schaden, aber das Kloster mußte neu aufgebaut werden.

Zwei Mönche, zwei alte Weiber und ein Junge empfingen uns freundlich und sagten, es sei das erstemal, daß sie einen Europäer in Njandi sähen. Das Kloster steht ebenso wie die drei anderen am Kailas liegenden unter dem Tartschen-labrang, der am Südfuß des Berges liegt und bei dem die Pilger ihre Wanderung beginnen und beenden. — Seltsamerweise gehören diese Klöster Tongsa Penlop, dem Radscha von Bhutan. Das Jahr 1906 war ein »Jahr des Feuerpferdes«; das Jahr 1918 wurde »Jahr des Erdpferdes« genannt; jedes zwölfte Jahr ist ein Pferdejahr, und dem Wort »Pferd« werden die Bezeichnungen Holz, Feuer, Erde, Eisen oder Wasser abwechselnd vorangesetzt; der tibetische Zyklus (die Zeitperioden, nach denen gerechnet wird) erstreckt sich über 60 Jahre mit zwölf verschiedenen Tiernamen. In jedem Pferdejahr, also jedem zwölften Jahr, kommen Massen von Pilgern nach dem Kailas. Die Mönche sagen, man könne sie nicht zählen, sie wüßten aber, daß im Jahre 1907 über 5000 Pilger in Njandi gewesen und ein großer Teil aus Ladak gekommen sei.

Das Lhakang, der Göttersaal, ist recht originell. Vier Säulen tragen seine Decke. Der Altar steht frei und im tiefen Schatten, aber er wird durch so zahlreiche Opferlichter erhellt, daß die Beleuchtung einen festlichen Eindruck macht. Vor dem Altar steht ein gewaltiger Kupferkessel mit Deckel, der Tosungdschön genannt wird. Man erzählt, daß er in alten Zeiten aus Indien durch die Luft hierhergeflogen sei. Im Winter ist er mit Butter gefüllt, im

Sommer mit Tschang; ein Lama füllte mit einer langen Messingkelle das geweihte Getränk in die Holzschalen meiner Leute. Und aus der silbernen Kanne mit den Pfauenfedern goß er Weihwasser in ihre hingereichten hohlen Hände; sie tranken davon und bestrichen sich mit dem Rest das Gesicht. Alle außer Rabsang huldigten den Götterbildern vorschriftsmäßig und beteten, Tsering hatte außerdem noch auf dem ganzen Weg Gebete gemurmelt und die Kugeln seines Rosenkranzes durch die Finger gleiten lassen.

Im Tsänkangsaal steht eine in Goldbrokat und Kadachs gekleidete Statue des Hlabsen, des Gottes des Kang-rinpotsche und des Tso-mavang. Im Vorzimmer des Saals ist ein ganzes Arsenal von Säbeln und Flinten nebst hölzernen und ledernen Schilden, die je vier eiserne Buckel haben. Auf der Außenmauer des Klosters, deren Front dem heiligen Berg zugekehrt ist, sind Schieferplatten angebracht, in denen die heiligen Schriftzeichen und Götterbilder mit großer Kunstfertigkeit eingeritzt sind.

Die Aussicht vom Dache ist unbeschreiblich schön. Der vereiste Gipfel des Kang-rinpotsche erhebt sich inmitten wildzerklüfteter Bergwände.

Nachdem wir Njandi drei Stunden geopfert haben, steigen wir den steilen, zwischen Schutt und Blöcken durchführenden Zickzackpfad abwärts und setzen die Wanderung nach Nordnordosten auf dem rechten Ufer flußaufwärts fort. Das Tal ist an wilder Naturschönheit eines der großartigsten, die ich je gesehen habe. Die Bergwand der rechten Talseite besteht aus zwei Absätzen; mitten in der Wand gähnt eine schwarze Schlucht. Auf der linken Seite bildet das Gestein eine einzige senkrechte Wand. Von schmelzenden Schneefeldern rieselt Wasser an den steilen Gehängen herab. Ein solcher Wasserstrahl ist wohl 250 Meter hoch und weiß wie Milch; der Wind zerstäubt ihn, aber er sammelt sich wieder, um dann an einem Vorsprung zu zersplittern. Über eine senkrechte, schmale Kluft führt eine natürliche Steinbrücke.

Wir zogen an zwölf Pilgern und bald darauf an einer zweiten Gesellschaft vorüber, die sich an einem Abhang ausruhte. Sie machen feierliche Gesichter und reden nicht miteinander. Gebete murmelnd schreiten sie vornübergebeugt dahin.

Überall erheben sich kleine, kegelförmige Steinmale. Tsering versäumt nie, einen Stein vom Wegrande aufzuheben und seinen Beitrag auf jeden solchen Votivhaufen zu legen; und damit tut er auch ein gutes Werk, indem er den Weg weniger holprig macht.

Dunglung-do ist ein wichtiger Talknoten, drei Täler stoßen hier zusammen; das Tschamo-lung-tschen kommt von N 70 ° W, das Dunglung von N 5 ° W; im dritten Tal, das in seinem oberen Teil Hle-lungpa heißt, ziehen wir aufwärts. Der Kailas wendet eine scharfe Kante nach Norden. Wieder wird der Berg von einer Höhe des Bergringes verdeckt, der den Gipfel umgibt, wie der Vesuv von seiner Somma umgeben ist. Der Hauptfluß ist gegen Abend angeschwollen; über die beiden anderen Flüsse führen Brücken. Blöcke liegen massenhaft umher. Alles ist Granit, und daher sind die Bergformen runder und plumper.

Endlich sehen wir vor uns das Kloster Diri-pu am Abhang der rechten Talseite. Ein gewaltiger Granitblock neben dem hinaufführenden Wege trägt die heiligen Schriftzeichen, und dort sieht man auch lange Manis, Wimpel und Steinhaufen. Alle Pilger, die wir im Laufe des Tages überholt hatten, kehrten im Kloster ein, in dessen Herberge sie kostenfrei übernachten dürfen. Sie war zum Bersten voll, nachdem auch noch eine Gesellschaft von Wanderern, die zur Pembosekte gehörten, angekommen war; diese umwandern den Berg natürlich in verkehrter Richtung, und die Orthodoxen, die ihnen begegnen, werfen ihnen verächtliche Blicke zu. Ich zog es daher vor, mein Zelt auf dem Dache aufzuschlagen, wo das Gepäck der Pilger in Haufen aufgestapelt lag. Auch von hier hat man eine prachtvolle Aussicht auf den Kailas, dessen Gipfel sich gerade im Süden zeigt. Bei plus 4,5 Grad um neun Uhr war es kalt und unfreundlich, weil heftiger Wind wehte, und mein Zelt, das nur aus dem mit Leinwand überdeckten Stativ des photographischen Apparates bestand, zu klein war, um darin ein Feuer anzuzünden.

Seit es mir geglückt war, die Lage der Quellen des Brahmaputra und des Satledsch feststellen zu können, war mein alter Traum von der Entdeckung der Indusquelle wieder erwacht, mein ganzes Sehnen und mein ganzer Ehrgeiz hatten sich nun auf dieses Ziel gerichtet. Da ich von den Mönchen erfuhr, daß der Punkt, wo der berühmte Fluß aus dem »Munde des Löwen« hervorquillt, in nur drei Tagereisen nach Nordosten unter Überschreitung eines hohen Passes zu erreichen sei, erschien mir alles andere im Vergleich mit dem Vordringen durch das unbekannte Land im Norden gleichgültig und unbedeutend. Wir hielten Kriegsrat; Proviant hatten wir nur noch für zwei Tage, und Geld hatte ich zu wenig mitgenommen, unsere Lage in Chaleb war außerdem viel zu unsicher, um uns größere Wagnisse zu erlauben. Ich beschloß daher, vorläufig die Pilgerwanderung zu beenden und dann die Indusquelle zum Ziele einer neuen Exkursion von Chaleb oder schlimmstenfalls selbst von Gartok aus zu machen.

Am 4. September überschritten wir auf einer Brücke den Fluß, der vom Tseti-latschen-la im Transhimalaja, auf dessen anderer Seite das Wasser zum Indus geht, herabkommt, und stiegen über holprige, steile, mit Granitblöcken und Steinmalen dicht bedeckte Halden in östlicher Richtung bergan. Zu unserer Rechten haben wir den Fluß, der von den Gletschern des Kailas gespeist wird. Von einem ersten Absatz aus sehen wir den kurzen Gletscher, der, aus einem scharf begrenzten, muldenartigen Firnbecken gespeist, von der Nordseite des Kailas ausgeht. Von allen Zipfeln des Eismantels und der Schneefelder eilen schäumende Bäche nach dem Flusse hinunter. Zu unserer Linken, im Norden, besteht das Gebirge aus vertikal zerklüftetem Granit in wilden Formen. Der Kailas wird also im Norden durch mächtige Granitmassen geschützt, aber daß der Berg selber allem Anscheine nach aus Konglomerat besteht, ergibt sich schon aus der beinahe horizontalen Schichtung, die infolge ihrer vorspringenden Leisten, scharf gezeichneten Schneelinien und Eisstreifen so deutlich erkennbar ist. Der Gipfel erhebt sich über diesem Meere wilder Berge wie ein ungeheurer Bergkristall von sechseckiger Form.

Eine Gesellschaft armer Frauen und Kinder klimmt mühsam zum Paß hinauf. Ein älterer Mann, der schon bei der neunten Umkreisung war, hatte nichts dagegen, sich uns anzuschließen; er kannte die Gegend und konnte

Auskunft darüber geben. Auf einer neuen Anhöhe, Tutu-dapso genannt, sahen wir Hunderte von meterhohen Votivhaufen, einen wirklichen Wald von Steinpyramiden, der an einen Kirchhof mit unzähligen Grabmalen erinnerte.

Mühsam und langsam erklimmen wir diesen anstrengenden Paß, einen der schwierigsten auf der ganzen Reise. Immer dichter liegen die Blöcke, ausschließlich Granit in allen möglichen Abarten. Zwischen zwei Steinblöcken lag ein Kleiderbündel. Wir untersuchten es und fanden die Leiche eines Mannes, der auf der Wanderung um den Berg der Götter zusammengebrochen war. Seine Züge waren erstarrt, er sah arm und abgezehrt aus. Keiner wußte, wer er war.

An einem flachen Granitblock von ungeheuren Ausmaßen bleibt unser Alter stehen und erklärt, daß dies ein »Dikpa-karnak«, ein Prüfstein für Sünder sei. Unter dem Block läuft ein enger Tunnel durch. Wer ohne Sünde ist oder wenigstens ein gutes Gewissen hat, kann durch den Gang kriechen, wer aber in der Mitte steckenbleibt, ist ein Schurke! Ich fragte den Alten, ob es nicht vorkommen könne, daß ein magerer Schuft sich hindurchwinde, während ein dicker guter Kerl im Gang steckenbleibe, aber er erwiderte sehr ernsthaft, die Dicke habe nicht das geringste bei der Probe zu bedeuten, sondern der Erfolg hänge ganz allein von den seelischen Eigenschaften ab. Indessen muß unser ehrlicher Ische sich über die Gleichgewichtslage seines Gewissens doch nicht völlig klar gewesen sein, denn, ehe wir uns dessen versahen, sahen wir ihn unter dem Block verschwinden und hörten ihn pusten, keuchen und stöhnen, mit den Händen kratzen und nach hinten mit den Füßen Halt suchen. Als er aber lange und tüchtig drinnen gezappelt hatte, fand er sich schließlich doch veranlaßt, mit halberstickter Stimme um Hilfe zu rufen. Wir lachten, daß wir nicht mehr auf den Beinen stehen konnten, ließen ihn aber seiner nun offenbaren Sündhaftigkeit wegen noch eine Weile im Loche sitzen. Dann zogen die beiden anderen ihn an den Hinterbeinen wieder heraus, und er sah außerordentlich verdutzt und staubig aus, als er jetzt als entlarvter Schurke wieder die Außenwelt betrat! Der Alte erzählte uns, daß einmal eine Frau so gründlich festgesessen habe, daß man sie buchstäblich habe ausgraben müssen.

Etwa 200 Schritt weiter in diesem Irrgang gewaltiger Granitblöcke gibt es noch einen Prüfstein anderer Art. Er besteht aus drei Steinblöcken, die so aneinandergelehnt stehen, daß zwischen ihnen zwei Höhlungen sind. Es handelt sich nun darum, durch die linke Höhlung zu kriechen und durch die rechte zurückzukommen, also in der orthodoxen Richtung. Hier machte Ische seine eben erlittene Niederlage aber dadurch wieder gut, daß er durch beide Löcher schlüpfte! Ich sagte ihm freilich, daß dies wahrhaftig keine Kunst sei, da die Löcher so groß seien, daß sogar kleine Yaks hindurchgehen könnten!

Unsere Wanderung um den Kang-rinpotsche, den »heiligen Berg« oder »das Eisjuwel«, ist eine meiner merkwürdigsten Erinnerungen aus Tibet, und ich verstehe es gut, daß die Tibeter ein göttliches Heiligtum in diesem wunderbaren Berge sehen, der in seiner Form eine so auffallende Ähnlichkeit mit einem Tschorten hat.

Aus dem Bergland Kham im äußersten Osten, aus Naktsang und Amdo, aus dem unbekannten Bongba, dessen Existenz mir nur dunkel vom Hörensagen bekannt war, aus den schwarzen Zelten in Tibets öden Tälern, aus Ladak in den Bergen des fernen Westens und aus den Himalajaländern im Süden kommen alljährlich Tausende von Pilgern hierher, um in tiefer Meditation langsam die vier Meilen um den »Nabel der Erde«, den Berg der Seligkeit, abzuschreiten. Ich sah ihren schweigenden Zug, ihre gläubigen Scharen, unter denen alle Lebensalter und Geschlechter vertreten waren, Jünglinge und Mädchen, kräftige Männer mit Weib und Kind, Greise, die vor ihrem Tode noch der Spur der unzähligen Pilger folgen wollten, um sich ein glücklicheres Dasein zu erschließen, zerlumpte Kerle, die wie Schmarotzer von der Barmherzigkeit der anderen Pilger lebten, Schurken, die ein Verbrechen abzubüßen hatten, Räuber, die friedliche Wanderer ausgeplündert hatten, Häuptlinge, Beamte, Hirten und Nomaden, ein bunter Zug dunkler Menschengeschicke auf dem dornenvollen Weg, der nach grenzenlosen Zeitaltern in der großen, stillen Ruhe des Nirwana endet!

Man kommt bald dahinter, daß die meisten dieser einfachen Wanderer nicht einmal einen klaren Begriff von den Vorteilen haben, die dieser Spaziergang ihnen bringen wird. Fragt man sie danach, so antworten sie gewöhnlich, daß sie nach ihrem Tode in der Nähe des Gottes des Gangri sitzen dürfen. Woran sie aber alle steif und fest glauben, das ist, daß die Wanderung ihnen auf Erden zum Segen gereichen wird. Sie wendet alles Böse von ihren Zelten und Hütten ab, hält ihnen selber, ihren Kindern und Herden Krankheiten fern, schützt sie vor Räubern, Dieben und Verlusten, schenkt ihnen Regen, gutes Weidegras und Vermehrung der Yaks und der Schafe, ist wie ein Talisman und beschirmt sie und ihr Eigentum vor den Dämonen. Sie beginnen ihre Bahn bei Tartschen-labrang. Während der ganzen Umwanderung beten sie »Om mani padme hum« und lassen dabei eine Kugel des Rosenkranzes durch die Finger gleiten.

Aber auch der Fremdling nähert sich dem Kang-rinpotsche mit Ehrfurcht. Es ist der unvergleichlich berühmteste Berg der Erde. Der Mount Everest und der Montblanc können sich mit ihm nicht messen. Es gibt Millionen Europäer, die nie vom Kang-rinpotsche gehört haben, aber ein Viertel aller Menschen, die Hindus und die Buddhisten, die keine Ahnung haben, wo der Montblanc seinen Scheitel erhebt, kennen alle den Kailas! Daher nähert man sich ihm mit demselben Gefühl von Achtung, das man in Lhasa, Taschi-lunpo, Buddha Gaya, Benares, Mekka, Jerusalem und Rom empfindet, jenen heiligen Orten, die unzählige Scharen Schuldbewußter oder Wahrheitssucher zu ihren Altären hingezogen haben.

Unser freiwilliger Führer erzählte, daß er gerade bei seiner neunten Umkreisung des Berges sei. Er brauche zu jeder zwei Tage. Und er werde dreizehnmal um den Berg herumgehen. Er nannte die Strecke »Kang-kora«, den Gangrikreis. Vor vielen Jahren hatte er sogar einmal die verdienstliche Handlung ausgeführt, die »Gjangtschag-tsallgen« genannt wird und die darin besteht, daß man die Länge des Weges mit der Länge seines eigenen Leibes ausmißt. Eine einzige solche Umwanderung ist ebensoviel wert wie dreizehn gewöhnliche Umkreisungen zu Fuß. Meine Wallfahrt aber gelte überhaupt nicht, weil ich beritten sei, meinte der Alte, ich müsse wenigstens zu Fuß gehen, wenn ich irgendwelchen Nutzen davon haben wolle!

Als wir uns einige Tage später zum zweitenmal Diri-pu näherten, sahen wir zwei junge Lamas, die die Niederwerfungswanderung um den Berg gerade ausführten. Sie waren aus Kham, und zwar aus der Gegend dieses Landes, »wo die letzten Menschen wohnen«, und schon ein ganzes Jahr unterwegs, um nach dem Kailas zu gelangen. Sie waren arm und zerlumpt und hatten nichts zu tragen, da sie nur von frommen Gaben lebten. Ich begleitete sie eine halbe Stunde lang zu Fuß, um ihre Bewegungen zu studieren. Diese bestanden aus sechs Tempi. Denken wir uns den Lama auf dem Pfade stehend, wobei er die Stirn ein wenig gesenkt hält und seine Arme schlaff an den Seiten herabhängen: 1. er legt die Handflächen zusammen und hebt sie nach dem Scheitel empor, indem er den Kopf etwas abwärts beugt; 2. er legt die Hände auf dieselbe Weise unter sein Kinn, wobei er den Kopf wieder aufrichtet; 3. er kniet auf der Erde nieder, beugt sich nach vorn und legt sich mit vorgestreckten Armen der Länge nach auf den Weg; 4. er fährt sich mit den zusammengelegten Händen über den Scheitel; 5. er streckt die rechte Hand, so weit er nur kann, nach vorn und kratzt mit einem Knochenstück ein Zeichen in den Weg, das die Linie bezeichnet, die beim nächsten Vorrücken von seinen Zehen berührt werden wird, und 6. er erhebt sich mit Hilfe der Hände und geht mit zwei oder drei Schritten nach dem Zeichen hin, um dort dieselbe Prozedur zu wiederholen. Und so geht es um den ganzen Berg herum!

Schnell geht es nicht; sie übereilen sich nicht, sie betreiben die Sache mit Gemütsruhe, werden aber doch atemlos, besonders auf dem Weg nach dem Paß hinauf. Und auch auf dem vom Dolma-la hinabführenden Weg gibt es Stellen, die so steil sind, daß es ein gymnastisches Kunststück sein muß, sich mit dem Kopfe voran hinzulegen. Einer der beiden jungen Mönche hatte schon eine Umkreisung ausgeführt und war jetzt bei der zweiten. Wenn er in elf Tagen fertig sein würde, wollte er sich nach einem Kloster am Tsangpo begeben und sich dort für den Rest seines Lebens in einer Grotte einmauern lassen. Und er war erst zwanzig Jahre alt! Wir, die wir in unserer erhabenen Weisheit über diese Erscheinungen von Fanatismus und Selbstkasteiung lächeln, sollten einmal unseren eigenen Glauben mit dem ihrigen vergleichen. Das Leben jenseits des Grabes ist für alle Völker gleich dunkel, aber die religiösen Vorstellungen davon haben verschiedene Formen gefunden. Welche Überzeugung wir auch haben mögen, wir müssen diejenigen bewundern, die zwar nach unserer Ansicht auf Irrwegen gehen, aber einen so starken Glauben besitzen, daß er Berge versetzen kann!

Om mani padme hum

Nun beginnt die letzte sehr steile Zickzacksteigung in dem beschwerlichen Pfad. Dung-tschapdsche heißt eine steinerne Ringmauer mit einem ausgehöhlten Granitblock, dessen Vertiefung einen Stein enthält, der die

Form des gespaltenen Hufes eines wilden Yaks haben soll. Der gläubige Pilger nimmt den Stein, schlägt damit auf den Boden der Höhlung und dreht ihn einmal wie eine Mörserkeule um. Die Höhlung des Granitblockes wird infolgedessen immer tiefer und wird wohl eines Tages durch den Stein hindurchgehen.

Auf jedem Felsblock, dessen Oberfläche einigermaßen eben ist, sind kleine Steine aufgestapelt, und mancher dieser pyramidenartigen Haufen ist so vollgepackt, daß kein einziger Stein mehr Platz findet. Dank diesen Steinmalen findet der Pilger auch im Schneesturm und im Nebel den Weg, der selbst bei Sonnenschein nicht immer leicht zu finden ist.

Jetzt endlich sehen wir vor uns einen gigantischen Block von 200 bis 300 Kubikmeter Größe, der wie ein riesiger Meilenstein auf dem Sattel des Dolma-la steht, der die ungeheure Höhe von 5669 Meter erreicht. Auf dem Block sind kleinere Steine zu einer Pyramide gestapelt, die einer Stange Halt verleiht, von deren Spitze Schnüre mit Lumpen und Wimpeln sich nach anderen im Erdboden befestigten Stangen hinziehen. Hörner und Knochenstücke, meistens Schafschulterblätter, sind in Massen niedergelegt, Huldigungsgaben an den Paß, der auf dem halben Wege des Wallfahrtskreises liegen soll. Wenn der Pilger den Block erreicht, schmiert er mit dem Daumen ein Klümpchen Butter auf die Seite des Steines, reißt sich eine Locke seines eigenen Haares aus und drückt sie in die Butter hinein. Er hat damit etwas von sich selbst und etwas von seiner Habe geopfert. Der Block glich infolgedessen einem gigantischen Perückenstock, dessen schwarze Locken im Winde flatterten. Daß er nicht mit der Zeit ganz unter tibetischem Haar versteckt wird, kommt wohl daher, daß die Locken abfallen und fortgeweht werden. In alle Ritzen des Dolmablockes sind Zähne gesteckt worden, sie glichen Rosenkränzen von Menschenzähnen. Hast du einen losen Zahn, so opfere ihn den Paßgeistern! Tsering war leider schon zu zahnlos, sonst hätte er auch dieses Gebot gewiß gern befolgt.

Lumpen liegen haufenweise überall umher; die Pilger haben immer irgendeinen Fetzen übrig, um ihn an die Stricke zu hängen oder am Fuß des Blockes niederzulegen. Aber man gibt nicht nur, sondern man nimmt auch. Unser Alter nahm sich einen Lumpen aus dem Haufen; er hatte eine ganze Menge derartiger Reliquien um den Hals hängen, da er jedesmal eine mitgenommen hatte.

Die Aussicht ist großartig, obgleich man den Kailas gar nicht sieht.

Während ich, am Fuße des Blockes sitzend, Messungen anstellte und zeichnete, kam ein Lama auf seinen Stab gestützt angewandert. Er trug ein Buch, eine Trommel, eine »Dortsche« und eine Klingel, dazu auf dem Rücken in einem Korb ein kleines Kind, das jämmerlich aussah. Er hatte von den Eltern des Kindes, Nomaden unten im Tale, Tsamba für ein paar Tage bekommen, wenn er das Kind um den Berg herumtrüge, damit es seine verlorene Gesundheit wiedererhalte. Viele Pilger erwerben sich ihren Unterhalt durch solche Dienste, und einige machen die Wallfahrt nur zum Besten anderer Leute.

Auf dem Paß setzte sich der Lama nieder, das Gesicht der Richtung des Kang-rinpotsche zugewandt, legte die Hände zusammen und sagte in singendem Ton eine endlose Reihe Gebete her. Darauf trat er an den Block heran und fiel mit der Stirn auf die Erde nieder, wie oft, weiß ich nicht, aber er war noch dabei, als wir zwischen Blockmassen hindurch nach dem Miniatursee Tso-kavala hinunterstiegen. Wir folgten seinem Nordufer, wo ein schmaler Streifen offenen Wassers ist; sonst ist der See zugefroren, und unser Freund, der Alte, sagte mir, daß das Eis nie aufbreche.

Wir gehen, rutschen und schrammen die steilen Abhänge hinunter, auf denen man leicht kopfüber hinabschießen kann. Der Alte ist sicher auf den Füßen, ihm sind diese Halden alte Bekannte. Endlich erreichen wir das Hauptttal, dessen oberer Teil Tselung und dessen unterer Lamtschyker heißt. Durch das große Tal, das auf der rechten Seite in das Haupttal einmündet und Kando-sanglam heißt, sehen wir von Osten aus die höchste Spitze des Kailasgipfels, die eine scharfe Kante nach Nordosten richtet und noch immer einem Kristall ähnelt. Bei zwei nebeneinander errichteten Manis überschreitet man die Grenze zwischen Granit und dem jetzt wieder beginnenden Konglomerat. Wir ziehen nach Südwesten und lagern auf dem Dach des Klosters Tsumtul-pu. Den ganzen Tag hatte ich während der Wanderung, bei allen Steinmalen und an allen Rastorten nichts anderes gehört als ein ewiges Summen der Worte »Om mani padme hum!«, und auch am Abend ertönte, solange ich noch wach war, aus allen Winkeln und Ecken »Om mani padme hum!«.

Der Tempelsaal hatte weiter keine Sehenswürdigkeiten. Unser Besuch wurde daher nicht lang ausgedehnt, und wir ritten durch das Tal abwärts, an dessen Ende wir von neuem den Langak-tso und das herrliche Gurlagebirge sehen.

Bei Tartschen-labrang hatten wir den Endpunkt der Wallfahrt erreicht; dreiundzwanzig Zelte waren aufgeschlagen, und man erwies uns die größte Aufmerksamkeit, wir wurden mit Milch und Tschang erquickt und ruhten uns zwei Stunden aus. Dann ließen wir die Pilgerstraße rechts liegen, und nun zeigte sich hoch oben unter dem heiligen Gipfel das vierte und letzte Kloster.

Durch diese Wanderung um den heiligen Berg, die ich durch einen so unerwartet glücklichen Zufall hatte ausführen können, hatte ich einen neuen Einblick in das religiöse Leben der Tibeter erhalten. Sie war gleichsam eine Wiederholung aller Erfahrungen, die ich in dieser Beziehung bereits gesammelt hatte.

Noch sind unsere Kenntnisse über Tibet zu mangelhaft, aber irgendein künftiger Forscher wird über genügend Material verfügen, um auf einer Karte der ganzen lamaistischen Welt alle großen Pilgerstraßen nach unzähligen Heiligtümern angeben zu können. Auf dieser Karte würden fern im Norden zahlreiche Straßen, wie Speichen eines Rades, bei Da Kuren, dem Tempel des Maidari in Urga, zusammenlaufen. Noch dichter würden die Radien von jeder bewohnten Gegend des ungeheuren Gebietes der Lamaherrschaft nach ihrem Hauptbrennpunkt Lhasa hinzeigen. Etwas weniger dicht würden sie sich in Taschi-lunpo vereinigen. Von den äußersten Grenzgebieten Tibets würden wir unzählige gewundene Wege und Stege ausgehen sehen, die alle zu dem heiligen Kailas streben. Zwischen den großen Brennpunkten aber würde die Karte noch eine Menge kleinerer Wegsterne zeigen, die von einem Heiligtum, einem See oder einer Quelle strahlenförmig ausgehen. Und aus dem Mittelpunkt aller dieser Sterne ertönt ein Mahnruf an die Gläubigen, der mit den Mahnworten des Jesaia verwandt ist: »Schaue, Zion, die Stadt unseres Stifts; deine Augen werden Jerusalem sehen« (Jesaia 33, 20).

In den Ohren der Tibeter aber ertönt nicht nur auf der Wanderung nach dem Ziel der Wallfahrt, sondern während ihres ganzen Lebens der Spruch, die mystische Formel: »Om mani padme hum!«. Über diese sagt Waddel unter anderem folgendes: »Sie bedeutet wörtlich: Om! Das Juwel ist in der Lotosblume! Hum! und sie wird an den Bodhisattva Padmapani gerichtet, der, wie Buddha, in einer Lotosblume sitzend oder stehend dargestellt wird. Er ist der Schutzheilige Tibets und der Seelenwanderung. Kein Wunder also, daß dieser Zauberspruch so volkstümlich ist. So wird in der Mani-kah-bum mit rhapsodischer Überschwänglichkeit versichert, daß die Formel ‚die Quintessenz jedes Glückes, Wohlergehens und Wissens und das große Mittel zur Erlösung' sei. Denn om macht der Wiedergeburt unter den Göttern ein Ende, ma unter den Titanen, ni als Mensch, pad in Tiergestalt, me als ein Tantalus und hum als ein Bewohner des Totenreichs. Und daneben wird noch jedem der sechs Schriftzeichen gerade die Farbe gegeben, die den sechs Stadien der Wiedergeburt zukommt, dem Om das göttliche Weiß, dem Ma das titanische Blau, dem Ni das menschliche Gelb, dem Pad das tierische Grün, dem Me das tantalische Rot und dem Hum das höllische Schwarz.«

Koeppen und Grünwedel übersetzen die vier Worte: »O, Kleinod in der Lotosblume, Amen!«

Wohin man sich in Tibet wendet, sieht man die sechs heiligen Schriftzeichen eingegraben oder ausgemeißelt, und überall hört man sie. In jedem Tempel haben wir sie zu Hunderttausenden, nein zu Millionen, gefunden, denn in den großen Gebetmühlen sind sie mit feiner Schrift auf dünnem Papier gedruckt. Auf Klosterdächern, auf Dächern der Wohnhäuser und auf den schwarzen Zelten flattern sie in Gestalt bunter Wimpel. Auf allen Wegen reiten wir täglich an jenen mauerähnlichen Steinwällen vorbei, die mit Schieferplatten bedeckt sind, in denen die Formel »Om mani padme hum!« eingehauen ist. Auf dem kleinsten Paß ist ein Steinmal errichtet, dessen Steine den Wanderer an die Abhängigkeit von guten oder bösen Geistern erinnern. Und auf der Spitze eines jeden solchen »Lhato« oder »Lhadse« erhebt sich eine Stange oder ein Stock mit Wimpeln, deren jeder mit schwarzer Schrift die ewige Wahrheit verkündet. An vorspringenden Felsen hat man am Wegrand würfelförmige »Tschorten« oder »Lhatos« in Rot und Weiß errichtet. Auf den von Wind und Wetter blankpolierten Seiten der Granitfelsen findet man Buddhabilder eingehauen, und unter ihnen, wie auch auf herabgefallenen Blöcken, liest man in riesengroßen Schriftzeichen: »Om mani padme hum!« Auf Steinpfeilern, zwischen denen eine Kettenbrücke über einen Fluß gespannt ist, sind wieder segenbringende Steinhaufen aufgetürmt, und auf allen diesen unzähligen Opferhaufen liegen Schädel von Yaks, sowie von Wildschafen und Antilopen. In die Hörner und das weißgebleichte Stirnbein des Yaks ist die ewige Formel eingeschnitten und die einzelnen Schriftzeichen sind mit Rot oder einer anderen der heiligen Farben ausgefüllt.

In jeder Karawane hat mindestens einer, gewöhnlich mehrere der Leute eine Gebetmühle in der Hand. Durch ein Gewicht rotiert diese um die Achse des Stiels; sie ist mit Papierstreifen, auf denen die heilige Formel viele tausendmal gedruckt ist, vollgepfropft. Den ganzen Tag lang dreht der Gläubige seine Gebetmühle und plappert dabei in rhythmisch singendem Tone: »Om mani padme hum!«. Die Miliz, die aufgeboten wird, um eine Räuberbande zu fangen, hat auf dem Ritt größeres Vertrauen zu ihren Gebetmühlen als zu ihren Flinten und Säbeln, und sogar unter den Räubern gibt es einige, die auf der Flucht ihr Om und Hum abschnurren lassen, um zu entkommen! Der Hirt bei der Herde murmelt die sechs Silben, seine Frau tut es beim Melken der Schafe; der Kaufmann, wenn er nach der Messe zieht, der Jäger, wenn er auf ungebahnten Wegen den wilden Yak verfolgt; der Nomade, wenn er auszieht, um sein Zelt auf einem anderen Weideplatz aufzuschlagen; der Handwerker, wenn er über seiner Arbeit hockt. Mit ihnen beginnt der Tibeter seinen Tag, und mit ihnen auf der Zunge legt er sich zur Ruhe nieder. Das Om und das Hum sind das A und O des ganzen Lebens.

Das Leben des Tibeters ist von der Wiege bis zum Grabe in religiöse Vorschriften und Sitten eingeflochten. Auf ihm ruht die Last, mit seinem Scherflein zum Unterhalt der Klöster und zum »Peterspfennig« der Tempel beizusteuern. Wenn er an einem Votivmal vorübergeht, legt er einen Opferstein auf den Haufen; wenn er an einem Mani vorbeireitet, vergißt er nie, sein Reittier so zu lenken, daß der Steinhaufen auf seiner rechten Seite liegenbleibt; wenn er einen der heiligen Berge erblickt, versäumt er nie, anbetend mit der Stirn den Boden zu berühren; bei allen wichtigeren Unternehmungen muß er um seines ewigen Heiles willen gesetzeskundige Mönche um Rat fragen; wenn der Bettellama an seine Tür kommt, weigert er sich nicht, ihm eine Handvoll Tsamba oder einen Kloß Butter zu geben; wenn er selber die Runde durch den Tempelsaal macht, spendet er in die Opferschalen.

Öfter als ein Ave-Maria oder ein Vaterunser in der katholischen Welt, rauscht das »Om mani padme hum!« wie ein Unterton des Lebens und der Wanderungen der Menschen über das halbe Asien hin.

Die Entdeckung der Indusquelle

Gleich bei meiner Ankunft in Chaleb sagte ich dem alten Gova, der den hoffnungslos undankbaren Auftrag hatte, meine Schritte zu überwachen, daß ich jetzt über Singi-kabab, über die Indusquelle ziehen würde.

»Wenn ihr euch dorthin begebt, Bombo«, antwortete er, »so schicke ich augenblicklich einen Kurier an die Garpuns, die beiden Häuptlinge in Gartok.«

»Ich glaube nicht, daß die Garpuns etwas dagegen haben, daß ich einen nördlicheren Weg einschlage.«

»O doch, vor fünf Tagen haben die Garpuns den Befehl aus Lhasa erhalten, genau aufzupassen, daß ihr keinen anderen Weg zieht als die große Heerstraße nach Gartok! Die Garpuns schickten sofort Kuriere nach zwölf verschiedenen Orten, Parka, Misser, Purang, Singtod und anderen, und meldeten, daß euch nicht erlaubt sei, Seitenwege zu benutzen. Wenn dieser Brief nicht gekommen wäre, hättet ihr gern nordwärts ziehen können; jetzt aber kann ich es meines Kopfes wegen nicht erlauben.«

»Was gedenkt ihr zu tun, wenn ich eines Nachts einfach verschwinde? Ich kann in Tartschen Yaks kaufen und bin dann nicht mehr auf die von euch gemieteten angewiesen.«

»Ja freilich, in Tartschen lebt ein Mann, der 60 Yaks hat, und sobald der Silbergeld sieht, verkauft er sie. Aber ich benachrichtige sofort die Garpuns, und sie werden euch Leute nachschicken und euch zwingen, wieder umzukehren. Der Yakkauf wäre daher unnötiges Geldwegwerfen. Wenn ihr aber die Hauptmasse eurer Karawane der großen Straße folgen laßt und selbst einen Abstecher ein paar Tage nordwärts nach Singi-kabab macht und euch dann wieder mit der Karawane vereinigt, werde ich euch keine Hindernisse in den Weg legen. Aber ihr tut es auf eure eigene Gefahr und werdet ganz gewiß angehalten, ehe ihr nach der Indusquelle kommt!«

Ebenso erstaunt wie erfreut über diesen plötzlichen Umschlag im Verhalten des Govas, verabredete ich mit Robert, daß er die Hauptkarawane in ganz kurzen Tagemärschen nach Gartok führen solle, während ich mich so schnell als möglich nach der Indusquelle begeben würde. Ich nahm nur mit, was in einem kleinen ledernen Handkoffer Platz hatte, und ließ mich von fünf Leuten, darunter Rabsang als Dolmetscher und Adul als Koch, und unseren sechs eigenen Tieren begleiten. Ich hatte Roberts Zelt; unser Arsenal bestand aus zwei Flinten und einem Revolver, weil Räuber die Gegend sehr unsicher machen sollten. Einen Führer konnte ich nicht auftreiben. Aber auf dem Weg nach Diri-pu, wo ich wieder lagerte, stieß ich auf einen älteren Mann aus Tok-dschalung, der den Kailas dreizehnmal umwandern wollte und der mir mancherlei wertvolle Auskunft erteilte. Er ließ sich aber um keinen Preis bewegen, uns weiter zu begleiten.

Am 8. setzten wir unseren Weg durch das Tal fort, das von Diri-pu nach Nordnordost geht und zum Tseti-la hinaufführt. Die Steigung nimmt zu, und die Landschaft wird immer hochalpiner. Zwischen gewaltigen Geröllkegeln mit rieselnden Schmelzbächen steigen wir auf abschüssigem Pfade zum Paß hinauf, dessen Höhe 5628 Meter beträgt. Auf seiner Nordseite wurde das Lager Nr. 234 aufgeschlagen.

Am Abend meldete Rabsang, daß unsere Brennstoffsammler Pfiffe und Signale, die von anderer Seite beantwortet wurden, gehört hätten; die Leute glaubten fest, daß hier Räuber seien, und wagten nicht draußen am Feuer zu sitzen.

Die Nacht verlief ruhig; die Minimumtemperatur ging auf 8,8 Grad Kälte hinunter; der Herbst war wieder in das öde Tibet eingezogen! Ich hatte angenommen, daß der Tseti-la der entscheidende Paß sei, aber wir waren noch nicht weit gekommen, als wir seinen nach Norden strömenden Bach eine Biegung nach Westen machen und durch ein scharf ausgeprägtes Tal nach dem Dunglung hinunterfließen sahen. Er gehört also zum Flußgebiet des Satledsch und nicht zu dem des Indus; der Tseti-la ist also nur ein Paß zweiter Ordnung. Aber den wirklichen Paß, eine außerordentlich flache Talschwelle, erreichten wir bald. Hier liegt ein kleiner, trüber See, aus dessen östlichem Teil der Bach, an dem wir nun den ganzen Tag entlangziehen, austritt. Dieser Paß ist der Tseti-latschen-la, er bildet die Wasserscheide zwischen dem Satledsch und dem Indus. Seine Höhe ist 5466 Meter, bleibt also hinter der des Tseti-la zurück. Er liegt im Hauptkamm des Transhimalaja. Der Kailas liegt eine starke Tagereise südwärts der Wasserscheide der beiden Ströme und gehört ganz zum Flußgebiet des Satledsch.

Von dem See an folgten wir diesem kleinen Nebenfluß des Indus nach Norden. Der Talboden war sumpfig und höckerig. Endlich sahen wir in weiter Ferne bergabziehende Männer mit großen Schafherden. Es sind Nomaden aus Gertse, die Salz nach Gyanima gebracht haben und nun auf ihren 500 Schafen Gerste befördern. Vor uns im Norden erhebt sich eine schroffe Bergkette, auf deren uns zugekehrter Seite der Indus fließen soll. Wir einigten uns mit den Leuten der Schafkarawane dahin, am selben Ort zu lagern. Sie waren ihrer fünf, alle mit Flinten bewaffnet, und sagten, daß die Gegend oft von Räubern heimgesucht werde.

Unser Lager am Ufer des Indus (5079 Meter) nannten sie Singi-buk. Nach Osten erscheint das Flußtal breit und offen, aber der Indus selbst ist hier ein sehr unbedeutender Fluß. Es setzte mich daher nicht in Erstaunen, als ich hörte, daß es nur eine kurze Tagereise nach der Quelle sei, von der mir gesagt wurde, daß sie weder von Schnee noch von einem Gletscher herrühre, sondern direkt aus der Erde entspringe. Den Fluß nannten sie Singi-tsangpo und Singi-kamba und die Quelle selbst Singi-kabab, obgleich wir das Wort später oft mehr Sängä als Singi aussprechen hörten.

Es stellte sich heraus, daß einer der fünf Männer ganz genau über uns unterrichtet war. Er war nämlich ein Bruder des Lobsang Tsering am Dungtse-tso, der uns im vorigen Winter drei Yaks verkauft hatte. Es war ein eigentümlicher Glückszufall, daß ich gerade auf ihn stieß! Er sagte, daß er gehört habe, wie nett wir gegen seinen Bruder gewesen, und bot uns auch seine Dienste an — gegen gute Bezahlung natürlich. Da er diese, Europäern völlig unbekannten Gegenden viele Male durchreist hatte und über alle Pässe, Wege und Täler genau unterrichtet war, erschien er mir hohen Preises wert, und ich bewilligte ihm täglich sieben Rupien — also täglich etwa den halben Monatslohn meiner Ladakis! Er trat natürlich sofort in meinen Dienst und wurde bald unser ganz besonderer Freund.

Damit aber waren unsere geschäftlichen Abmachungen noch nicht zu Ende. Er ließ sich darauf ein, mir acht Schafe zu vermieten und deren Lasten, die für unsere Tiere eine Woche ausreichen mußten, zu verkaufen. Für jedes Schaf sollte ich eine Rupie Miete zahlen, was viel war, da ein Schaf nur zwei bis drei Rupien wert ist. Der Alte wollte also, solange er bei mir war, allabendlich 18 Rupien erhalten — es war aber immer noch kein Preis, da es sich ja um die Entdeckung der Indusquelle handelte!

Die große Schafkarawane war schon aufgebrochen, als wir am 10. September mit unserem neuen Führer, der sein eigenes Tsamba auf einem neunten Schaf transportierte, ihrer Spur folgten. Nach einstündigem Marsch überschritten wir den Nebenfluß Lungdep-tschu, der von einem Tal aus Südosten kommt.

Etwas weiter aufwärts hatte sich der Singi-kamba zu einem Becken erweitert, in dem es Fische in dichten Schwärmen gab. Sie wurden von Rabsang bombardiert, aber seine ganze Beute bestand nur aus einem kleinen jämmerlichen Fisch. Nun machten wir am Ufer durch einen aufgeworfenen Damm einen an einer Seite offenen Teich, und in diesen trieben die Männer die Fische hinein, indem sie ins Wasser gingen, schrien und plätscherten. Und dann wurde auch die Öffnung verbaut. Nachdem wir diesen Scherz dreimal wiederholt hatten, waren wir im Besitz von 37 herrlichen Fischen, und ich sehnte mich förmlich nach dem Essen, dem ich sonst mit einem gewissen Grauen entgegenzusehen pflegte, da mir das harte, trockene Schaffleisch nachgerade gründlich zuwider geworden war. Unser Alter, der uns sitzend zuschaute, glaubte, daß wir total verrückt geworden seien.

Wir ritten talaufwärts weiter und ließen eine rote, semmelförmige Bergpartie, die Lungdep-ningri hieß, rechts liegen. Tundup Sonam erlegte ein Ammonschaf und wir erhielten neuen Zuschuß zu unserem ziemlich knappen Proviant.

Das Gelände hebt sich außerordentlich langsam. Singi-jyra ist eine rauhe Felsgruppe im Norden; Singi-tschava dominiert im Süden. Dann durchwaten wir den von Südosten kommenden Abfluß des Mundschamtals. Nun ist vom Indus nur noch ein unbedeutender Bach übrig, und ein Teil seiner Wassermenge stammt obendrein aus einem südöstlichen Tal, dem Bokar. Nach kurzer Zeit lagern wir am Auge der Quelle, das so gut verdeckt ist, daß man es ohne Führer leicht übersehen könnte.

Vom Gebirge der nördlichen Seite fällt ein flacher Schuttkegel oder richtiger ein mit Schutt bestreuter Abhang nach dem offenen Talboden ab. An seinem Fuß steht eine Felsplatte von einer weißen, beinahe horizontal geschichteten Gesteinsart vor, unter der eine Reihe kleiner Quellen aus der Erde tritt, um algenreiche Tümpel und den Quellbach zu bilden, an dem entlang wir aufwärts gezogen sind. Dies ist der später so gewaltige Indus. Die vier größten Quellen hatten an der Stelle, wo sie aus der Erde traten, eine Temperatur von 9,2, 9,5, 9,8 und 10,2 Grad. Sie sollen im Winter und im Sommer gleich viel Wasser geben. Auf der Felsplatte sind drei hohe Steinmale und ein kleiner würfelförmiger »Latho«, der tönerne Opferpyramiden enthält. Unterhalb des »Latho« steht ein viereckiges Mani mit zierlicher Schrift auf Hunderten roter Sandsteinplatten. Auf zwei von ihnen war das Lebensrad ausgemeißelt, auf einer anderen ein Götterbild, das ich mir als Andenken an die Indusquelle mitnahm!

Unser Führer sagte, daß der Quelle Singi-kabab ihres göttlichen Ursprunges wegen gehuldigt werde. Wanderer schöpften mit den Händen Wasser, tränken davon und benetzten sich damit Gesicht und Scheitel. Punditen Montgomeries entdeckten im Jahre 1867, daß der östliche Arm des Indus der eigentliche Quellfluß ist. Es gelang aber keinem bis an die Quelle vorzudringen. Der Pundit, der am weitesten vorgestoßen war, wurde 50 km vor dem Ziel von Räubern überfallen und zur Umkehr gezwungen. Infolgedessen hat bis zu unserer Zeit die irrtümliche Ansicht bestanden, daß der Indus seine Quelle auf der Nordseite des Kailas habe. Und Dank jenen vortrefflichen Räubern blieb die Entdeckung der Indusquelle mir und meinen fünf Ladakis vorbehalten!

Einen unvergeßlichen Abend und eine unvergeßliche Nacht brachten wir an diesem geographisch so wichtigen Ort zu, 5165 Meter über dem Meere. Hier stand ich und sah den Indus aus dem Schoß der Felswand hervorquellen. Hier stand ich und sah diesen unansehnlichen Bach sich das Tal hinabschlängeln. Ich dachte an seinen rastlosen Zug durch Westtibet, durch Ladak und Baltistan, an Skardu vorbei, wo die Aprikosenbäume am Ufer über seinen Fluten nicken, durch Dardistan und Kuhistan, an Peschawar vorüber und durch die Ebenen des westlichen Pandschab, bis sie schließlich in den Wellen des Meeres, dem Nirwana und dem Hafen ewiger Ruhe aller müden Flüsse ertrinken. Trotz großer Hindernisse war es mir geglückt, an die wirklichen Quellen sowohl des Brahmaputra wie des Indus zu gelangen und den Ursprung dieser beiden weltgeschichtlichen Ströme feststellen zu können, die wie die Doppelschere eines Taschenkrebses das höchste aller Gebirgssysteme der Erde, den Himalaja, umklammern. Nicht ohne Stolz, aber auch mit dem Gefühl demütiger Dankbarkeit stand ich da oben als der erste weiße Mann, der je bis an die Quellen des Indus und des Brahmaputra vorgedrungen ist.

Entschluß zu einer zweiten Reise

Von der Quelle des Indus zogen wir mit unserem freundlichen Führer weiter nordostwärts nach einer Gegend, die Jumba-matsen heißt. Von dort begab ich mich nach Gartok, dem Hauptort Westtibets und der Residenz der beiden Garpuns, wo ich, nachdem ich den Transhimalaja im Dschukti-la (5825 Meter hoch) zum fünftenmal überschritten hatte, nach vielen Abenteuern am 26. September 1907 ankam.

Hier begann ein neuer Abschnitt. Erstens trat ich wieder mit der Außenwelt in Berührung. Thakur Jai Chand, der britische Handelsagent, überlieferte mir gleich bei meiner Ankunft eine dicke Postsendung, eine Menge Briefe aus meinem geliebten Elternhause, von Lord und Lady Minto und ihren Töchtern, von Oberst Dunlop Smith, Younghusband, O'Connor, Rawling und vielen anderen Freunden in Europa und Asien. Dagegen verlautete noch nichts von dem großen Transport, den ich aus Simla erwartete. Aber bald darauf erfuhr ich von Dunlop Smith, daß alles Bestellte abgegangen sei. Bis zu seiner Ankunft mußte ich mich also gedulden.

Die Garpuns schickten mir sofort mit den gewöhnlichen Höflichkeitsbezeigungen Willkommensgeschenke; sie waren zu vornehm, um mir zuerst einen Besuch zu machen; ich ging deshalb am nächsten Tage zu ihnen. Der Ältere war krank, der Jüngere, ein fünfunddreißigjähriger, vornehm aussehender Herr aus Lhasa, empfing mich in seinem einfachen Regierungsgebäude außerordentlich liebenswürdig und war über die Freiheiten, die ich mir in der letzten Zeit genommen hatte, so wenig erzürnt, daß er mich nicht einmal fragte, wo ich gewesen sei! Es war eine Ironie des Schicksals, daß ein so freundlicher und in seinen Zugeständnissen so weitgehender Brief wie der, den ich jetzt aus der Hand des Garpun von Lien Darin erhielt, mich erst erreichte, als es zu spät war! Als Lien Darin meinen Brief aus Ragatasam erhalten hatte, hatte er mir sofort zwei Chinesen nachgeschickt, die bevollmächtigt waren, sich mit mir über den Weg, den ich einschlagen wollte, zu einigen. »Denn es wird mich freuen«, sagte der Amban von Lhasa, »zu wissen, daß Sie auf dem Wege reisen, der Ihnen am meisten zusagt!« Er sei überzeugt, daß meine Bewegungen, welchen Weg ich auch einschlüge, keine Veranlassung zu politischen Verwicklungen geben würden. Und er schloß mit den Worten: »Jetzt hoffe ich, daß Sie eine glückliche, friedliche Rückreise haben werden, und ich werde für Ihre gute Gesundheit und ihr Wohlergehen beten.«

Wie bereute ich es nun, daß ich nicht doch in Saka geblieben war, um so mehr, als der Garpun mir sagte, daß die beiden Chinesen mit vier Tibetern als Eskorte dort schon zwei Wochen, nachdem wir abgezogen waren, eingetroffen seien! Aber der hiesige Garpun war mir freundlich gesinnt, er war der mächtigste Mann in ganz Westtibet und konnte mir nun noch alle Tore öffnen, wenn er es wagte und wollte.

Wohl war ich froh und dankbar über die Ergebnisse, die ich mir schon hatte sichern können: außer mehreren anderen Problemen, die gelöst worden waren, hatte ich den Transhimalaja in fünf Pässen überschritten, nämlich im Sela-la, im Tschang-la-Pod-la, im Angden-la, im Tseti-latschen-la und im Dschukti-la, von denen die vier ersten bisher gänzlich unbekannt gewesen waren. Aber zwischen dem Angden-la und dem Tseti-latschen-la hatte ich eine Lücke im Verlauf des Transhimalaja lassen müssen, die ganze 500 Kilometer lang war! Von diesem Gebiet kannte man nichts als die Gipfel, die Ryder auf seinem Wege gesehen und die er und Wood gemessen hatten. Daneben besaßen wir einige schwankende Angaben von Nain Sings Reise im Jahre 1873, dessen Weg sich jedoch im Norden des weißen Flecks hinzieht. Und dieser weiße Fleck hatte noch ein Gebiet von 1400 Quadratkilometer! Ich konnte nicht nach Haus zurückkehren, ohne alles, was in Menschenmacht stand, getan zu haben, um dieses unbekannte Land wenigstens auf einem Wege zu durchziehen. Gerade dort war die Linie, die die Wasserscheide zwischen dem Indischen Ozean und den abflußlosen Salzseen auf der tibetischen Hochebene bildet; dort konnte man das Vorhandensein vieler Flüsse und Seen annehmen. Und dort lag die große Provinz Bongba, von deren Grenzen schon von Norden, Osten und Süden so viele dunkle Gerüchte zu uns gedrungen waren. Aber das Größte und Wichtigste war doch die Antwort auf die Frage: durchzieht der Nien-tschen-tang-la ununterbrochen ganz Tibet in westlicher und nordwestlicher Richtung im Norden des Tsangpo und des oberen Indus? Kein Europäer und kein Pundit hatte sich bisher an dieses Problem gewagt, aber Hodgson, Saunders und Atkinson hatten vor mehreren Jahren eine hypothetische Bergkette in ihre Karten über Tibet eingetragen! Bestand sie wirklich? Oder verbarg sich unter dem weißen Fleck ein Labyrinth von Ketten oder ein vergleichsweise flaches Plateauland, auf dessen Sockel sich einzelnliegende Schneegipfel und Ketten erhoben? Mit bewiesenen Tatsachen verglichen, sind Hypothesen absolut wertlos. Solche Tatsachen wollte ich liefern! Ich wußte, daß, wenn es mir jetzt nicht gelang, in das Land einzudringen, das auf der letzten englischen Karte von Tibet nur das Wort »Unexplored« enthält, eines schönen Tages ein anderer Forscher kommen und mir diese Eroberung rauben würde! Und diesen Gedanken konnte ich nicht ertragen.

In Gartok hielt sich mein alter Freund aus Leh, der reiche Kaufmann Gulam Rasul auf. Mit ihm hielt ich Rat, und er sollte mein rettender Engel werden. Er sah meine Lage in sehr rosigem Licht, denn der Garpun war ihm 7000 Rupien für gelieferte Waren schuldig und fürchtete seinen Einfluß; er konnte daher einen Druck auf den Vizekönig des westlichen Tibet ausüben. Zuerst versuchte er es mit einer List, die jedoch völlig mißglückte; der Garpun antwortete, daß ihm sein Kopf zu lieb sei, als daß er ihn aufs Spiel setzen werde, um einem Europäer zu dienen, der keine Erlaubnis habe, im Lande umherzureisen. Dann versuchten wir es mit Gold, worauf der Garpun mit einer hochdramatischen Geste erwiderte: »Wenn dieses Haus von Gold wäre und Sie es mir schenken wollten, würde ich es nicht annehmen! Wenn Sie auf verbotenen Wegen ziehen, schicke ich Ihnen Bewaffnete nach, die Sie zwingen werden, hierher zurückzukehren.«

Er war unbestechlich, und er war uns zu stark. Warum war ich nicht ostwärts weitergezogen, als ich mich an der Indusquelle und in Jumbamatsen vollkommener Freiheit erfreut hatte! Aber es wäre nicht gegangen, meine Kasse war damals zu schwach, ich hatte nur fünf Leute bei mir, und ich hätte die übrige Karawane nicht sich selbst überlassen können.

Wie wäre es, wenn ich nach Nepal hinunterzöge und von dort auf unbewachten Wegen wieder nach Tibet zurückkehrte? Nein, das würde nie gehen, der Schnee würde bald die Himalajapässe versperren! Und wenn wir nun versuchten, uns nach Rudok durchzuschmuggeln, und von dort ostwärts gingen? Auch das ist nicht möglich, in Rudok wimmelt es von Spionen. Und bald erfuhr auch Gulam Rasul, daß der Garpun in seinem ganzen Lande Befehl gegeben habe, mich anzuhalten, wo auch ich mich außerhalb der großen Heerstraße nach Ladak zeigen würde!

So überlegten wir hin und her und grübelten Tag und Nacht, bald in meinem, bald in Gulam Rasuls Zelt, und warteten auf die Sendung aus Simla, hörten Schellen klingeln, wenn Kuriere von Osten kamen, sahen einen Kaufmann nach dem anderen vom Jahrmarkt in Lhasa zurückkehren, trafen mit dem »Serpun« oder Goldkontrolleur, der aus Tokdschalung kam, zusammen und fühlten die Herbstkälte, die auf 24 Grad hinunterging, immer schärfer in unsere Haut einschneiden.

Da reifte in einsamen Stunden in mir der Entschluß: ich kehre nach Ladak zurück und dringe wie im vorigen Jahr von Norden her in Tibet ein, durchziehe das ganze Land noch einmal in der Diagonale und gehe quer durch den weißen Fleck! Wohl weiß ich, daß bei diesem ungeheuren Umweg ein halbes Jahr erforderlich ist, um Gegenden zu erreichen, die nur eine

Monatsreise von Gartok entfernt liegen! Wohl wird es eine neue Karawane kosten und neue Abenteuer und Gefahren geben, und der Winter erwartet mich mit seiner arktischen Kälte! Aber trotzdem muß es geschehen. Ich kehre erst dann um, wenn mir der Weg durch unüberwindliche Hindernisse versperrt wird! In Ladak englisches Schutzgebiet zu betreten, ist ein Wagnis; ich muß daher schnell wieder über die Grenze eilen. Rawlings und Deasys Gebiet kann ich dabei nicht vermeiden, aber was bedeutet das? Mein Ziel ist das unbekannte Land, das ich zu erobern suchen werde, auf welchem Wege es auch sei!

Gulam Rasul und Robert waren die einzigen, die in den neuen Plan eingeweiht waren; auf sie konnte ich mich blind verlassen. Während unserer Beratungen sprachen wir Persisch, und Robert paßte auf, daß sich keine Lauscher meinem Zelt näherten. Gulam Rasul übernahm es, die neue Karawane von Leh aus zu bilden; sie sollte rechtzeitig in Drugub eintreffen, wo ich meine letzten 13 Leute entlassen wollte; sie waren erschöpft und verbraucht und sehnten sich nach Hause. Gulam Rasul übernahm es, mir neue Leute zu besorgen.

Am 20. Oktober verließ ich Gartok, um in Gargunsa die Sendung aus Indien abzuwarten. Gulam Rasul, Thakur Iai Chand, der Postmeister Deni Das und der Arzt Mohanlal begleiteten uns. Robert hatte in Gartok eine Trauernachricht erhalten, sein älterer Bruder war in Hinterindien gestorben; jetzt traf ihn ein neuer Schlag, sein kleiner zehnjähriger Bruder war in Srinagar ertrunken. Er war untröstlich und bat mich, ihn zu seiner Mutter heimkehren zu lassen, die jetzt nur noch einen Sohn habe. Auch ihn sollte ich also verlieren!

Gulam Rasul hatte innerhalb eines Reisigzauns drei große Zelte. Dort saß er wie ein Pascha auf seinen Diwanen, rauchte eine große silberne Wasserpfeife und empfing seine Gäste mit morgenländischer Würde. Er war jovial und gemütlich, übernahm alles und kannte keine Schwierigkeiten. Da wir nun Vorbereitungen treffen mußten und meine Ankunft sich in Ladak auf die Dauer doch nicht verheimlichen ließ, verbreiteten wir das Gerücht, daß ich eine kleine Karawane brauche, mit der ich erst nach Chotan und im Frühling nach Peking zu gehen beabsichtige. Um den Plan durchführen zu können, kam es vor allem darauf an, daß niemand wegen meiner wirklichen Absichten Verdacht schöpfte. Meine eigenen Diener und Hadschi Naser Schahs ganzes Haus glaubten denn auch, daß ich jeden Gedanken an Tibet aufgegeben hätte. Ich mußte sogar so weit gehen, von Drugub aus ein Telegramm an den Korrespondenten Reuters in Indien, meinen Freund Mr. Buck mit der Nachricht zu schicken, daß ich eine kleine Reise nach Chotan machen wolle. Es galt auch die Mandarinen irrezuführen. Wollte mir kein anderer helfen, so mußte ich mir eben selber helfen, wenn nötig auch mit List und auf Schleichwegen. Keiner meiner indischen Freunde durfte eine Ahnung von meinen wirklichen Plänen haben; nicht einmal Oberst Dunlop Smith; es wäre taktlos gewesen, sie in eine Lage zu bringen, in der sie entweder mich verraten oder gegen ihre eigene Obrigkeit illoyal sein mußten. Außer Gulam Rasul und Robert waren nur meine Eltern und Geschwister eingeweiht. Aber leider hatte ich ihnen zu optimistisch eine viel zu kurze Zeitdauer des neuen Unternehmens angegeben, und daher wurden sie, als sie keine Nachrichten erhielten, von Tag zu Tag unruhiger und glaubten schließlich, daß ich umgekommen sei. Daher auch die Frage: »Hedin verschollen?« —

Am 29. Oktober 1907 kamen Gulam Rasuls Maulesel und wurden einer genauen Musterung unterworfen. Sie waren in ganz vorzüglichem Stand, kleine, kräftige und feiste Tiere aus Lhasa, die also an die dünne Luft gewöhnt waren und, nach Aussage ihres Besitzers, jede Art Strapazen ertragen konnten. Ich selbst besaß noch fünf Tiere. Der letzte Maulesel aus Poonch lebte noch, auch mein kleiner Ladakischimmel.

Außerdem übernahm es Gulam Rasul, mir fünfzehn vorzügliche Pferde aus Ladak zu besorgen. In Leh sollten elf Leute aufgenommen werden, aber nur solche, die bereits in Hadschi Naser Schahs Handelshaus gedient hatten und als ehrliche, anständige Menschen bekannt waren. Der Karawan-baschi sollte mit ganz besonderer Sorgfalt ausgesucht werden. Meine ganze Schuld an Gulam Rasul betrug gegen 5000 Rupien. Ich sandte an Oberst Dunlop Smith einen Schuldschein mit Anweisung, daß dieser Betrag Gulam Rasul ausbezahlt werden solle, damit er gedeckt sei, wenn ich von dieser Reise nicht wiederkäme.

Am 30. Oktober schickte Gulam Rasul seinen Sohn nach Leh, um die neue Karawane auszurüsten, die sich spätestens am 30. November fix und fertig in Drugub einfinden sollte. Für die großen Dienste, die Gulam Rasul mir leistete, erhielt er später von Sr. Majestät König Gustav von Schweden die goldene Verdienstmedaille. Bei der Indischen Regierung bewarb ich mich für ihn um den Ehrentitel Khan Bahadur, den er auch erhielt; hierbei berief ich mich verständlicherweise nur auf die großen kommerziellen Dienste, die er dem indischen Kaiserreich geleistet.

In Gar-gunsa erhielt ich Nachricht von dem neuen Vertrag zwischen England und Rußland, der im Oktober dieses Jahres abgeschlossen worden war. »Großbritannien und Rußland verpflichten sich, während der drei nächsten Jahre nicht ohne vorhergehende Vereinbarung irgendeine wissenschaftliche Expedition, welcher Art sie auch sei, in Tibet eindringen zu lassen und China aufzufordern, es ebenso zu halten.«

Es war, als sei diese Klausel persönlich für mich erfunden worden! Ich sagte Gulam Rasul kein Wort davon. Aber ich sah ein, daß ich nicht länger als Europäer in Tibet umherreisen konnte. Ein zweites Mal würde es mir nicht glücken! Ich mußte also verkleidet reisen. Ein neuer Kurier wurde daher nach Leh gesandt, um mir einen vollständigen Ladakianzug von mohammedanischem Schnitt zu besorgen. Auch Gulam Rasul meinte, daß es unter allen Umständen das klügste sei, als Kaufmann zu reisen. Der neue Karawanenführer sollte unser Herr sein, ich selber sollte als der geringste seiner Diener gelten und bei allen Verhandlungen im Schatten verschwinden.

Das Ganze war ein hohes Spiel, eine politische und diplomatische Schachpartie, der Einsatz: mein eigenes Leben — oder große geographische Entdeckungen! Ich, der ich bisher mit den Tibetern auf freundschaftlichem Fuße gestanden hatte, mußte ihnen nun wie Feinden aus dem Wege gehen! Ich würde keinem Tibeter in die Augen sehen können und mußte meine eigenen verhüllen, um nicht ertappt zu werden. Daher wurde eine große, runde Brille mit dunklen Gläsern und Korbrändern angeschafft; an ihrer inneren Seite befestigte ich geschliffene Gläser von der Schärfe, die meine Augen erfordern. Die europäische Ausrüstung mußte so gering wie nur denkbar gemacht werden, der große photographische Apparat und das Boot daher mit dem übrigen Gepäck nach Leh gehen, und ich nahm nur eine kleine Richardskamera mit.

Der Ausgang dieses tollen Planes schwebte mir selber noch in undurchdringlichem Dunkel vor. Ich wußte nur, daß ich von Drugub nordwärts in der Richtung des Kara-korum-Passes gehen, dann nach Osten und Südosten abbiegen und vom Lemtschung-tso aus versuchen müßte, den weißen Fleck, der im Süden der Route Bowers von 1891 lag, zu durchziehen, um von dort aus die Reise durch den großen weißen Fleck im Norden des oberen Tsangpo fortzusetzen. Gelang mir dies, so wollte ich entweder durch Nepal oder über Gyangtse, wo ich vielleicht noch Gelegenheit haben würde, Major O'Connor zu treffen, was ich mir schon immer gewünscht hatte, nach Indien hinunterziehen. Gulam Rasul riet mir, sehr vorsichtig zu sein, denn in Drugub besolde das Rudok-dsong einen Spion, der über die Bewegungen der Europäer auf der englischen Seite der Grenze zu berichten habe. Dieser Spion war eine der gefährlichsten Unterwasserklippen in meinem Fahrwasser; der Argwohn der Tibeter war schon erregt worden, als sie gesehen hatten, daß ich Gulam Rasul 20 Maulesel abgekauft hatte. Der Garpun schickte sogar einen Boten, der sich erkundigte, wozu ich sie brauche. Er erhielt die Antwort, daß sie zur Reise nach Chotan bestimmt seien.

Thakur Jai Chand hatte seinen vortrefflichen Tschamadar dem aus Indien kommenden Transport entgegengeschickt. Anfang November erhielten wir endlich Nachricht, daß die Sendung im Anmarsch sei. Robert schlug vor, mit einigen unserer neuen Maulesel den ersehnten Gästen entgegenzuziehen. Spät abends am 6. trafen sie ein. Es waren fünf Polizisten aus Rampur. Robert hatte sie beim Zusammentreffen völlig durchfroren und erschöpft gefunden.

Ich hieß sie willkommen, dankte ihnen, daß sie ihren Auftrag vorzüglich ausgeführt hätten, und ließ mir von ihrem Korporal über ihre anstrengende, beschwerliche Reise über den Adschi-la Bericht erstatten. Am nächsten Tag besichtigte ich die neun Kisten, die mir Oberst Dunlop Smith geschickt hatte. Drei von ihnen enthielten 6000 Rupien in Silber, lauter Königinnen, keine Könige, denn die Tibeter nehmen die Rupien, auf denen das Bild des Königs Eduard geprägt ist, nicht! Die übrigen Kisten enthielten Konserven aller Art, Lebensmittel, goldene und silberne Uhren und Revolver mit Munition, beides zu Geschenken bestimmt, einen Anemometer und einen Aräometer und eine Menge anderer ebenso notwendiger wie willkommener Dinge.

Jetzt hatte ich auf nichts mehr zu warten. Die Polizisten wurden gut bezahlt. Ich nahm herzlichen Abschied von meinem redlichen Freunde Gulam Rasul, ohne dessen Beistand die neue Reise unmöglich gewesen wäre, dankte Thakur Jai Chand und den anderen Hindus für ihre Freundlichkeit und brach am 9. November 1907 nach Nordwesten auf, dem Laufe des oberen Indus folgend.

Am 26. erreichten wir Tankse, wo die Honoratioren der Gegend und sogar der Tesildar aus Leh selbst uns empfingen. Sie hatten schon alle gehört, daß ich mitten im Winter nach Chotan reisen wolle.

Am folgenden Tag sollten meine alten Diener, außer Robert und dem Gurkha Rub Das, entlassen werden. Als ich gefrühstückt hatte, trug Tsering Teller und Schüsseln, deren Emaille jetzt bedenkliche Lücken zeigte, hinaus. »Es ist das letztemal, Tsering, daß du mich bedienst; du hast mir treu und gut gedient.« Da begann der Alte zu weinen und lief schnell hinaus.

Dann ließ ich alle nach meinem Zelt rufen und sagte, sie hätten sich treu und gehorsam in meinem Dienst abgearbeitet und die Gemütlichkeit und Ruhe, die sie im Familienkreis am häuslichen Herde erwarte, wohl verdient. Ich wünschte ihnen für die Zukunft Glück und Wohlergehen und erinnerte sie an den Verlust, den wir alle durch Muhamed Isas Tod erlitten hatten.

Während ihre fünf Pferde und fünf Yaks mit ihrer Habe beladen wurden, kamen sie der Reihe nach zu mir ins Zelt, um ihren Lohn und Geldgeschenke in Empfang zu nehmen. Der alte Tsering bat mich um den lahmen Hund vom Ngangtse-tso; Schukkur Ali durfte einen zweiten Hund behalten. Nun hatte ich nur noch die braune Puppy, die nebst Robert und dem Maulesel aus Poonch zu den ältesten Veteranen der Karawane gehörte, denn alle drei hatten mich schon von Srinagar an begleitet.

Und dann kam der bittere Augenblick des Abschieds. So viel Kummer, so viel lautes Weinen! Der Tesildar war ganz ergriffen. Aber es waren auch starke Bande, die zerrissen wurden, denn es gibt wohl nichts, was Menschen so fest verbindet, wie gemeinsam ausgestandene Leiden und Gefahren. Mir selbst wurde es irgendwo oben im Halse so eng, als ob mir die Kehle zugeschnürt würde, und als sie endlich zögernden Schrittes ihren Yaks auf dem Weg durch Drugub abwärts folgten, blieb ich noch lange stehen und schaute ihnen nach, bis sie nicht mehr zu sehen waren. Dann trocknete auch ich mir die Tränen ab, ehe ich wieder ins Zelt ging, wo mich Robert und der Tesildar bei Tee und Kuchen, serviert von Rub Das, erwarteten.

Am folgenden Morgen erwachte ich zu ganz Neuem. Die alten Gefährten waren in alle Winde verstreut, und alles kam mir leer und verlassen vor. Ich freute mich, daß ich trotzdem keine Spur von Unschlüssigkeit empfand. Derselbe Engel, der uns auf der vorigen Reise beschützt hatte, würde auch jetzt meine Schritte begleiten.

Ein neues Kapitel

Sobald wir fertig waren, stiegen wir zu Pferd und ritten nach Drugub hinunter. Bald zeichnete sich das alte Dorf mit dem Hause, wo wir im Jahre 1906 Rast gehalten hatten, ab. Der Tschamadar Ische, der alte Hiraman, der es noch nie unterlassen hatte, mich zu begrüßen, und der junge Anmar Dschu, auch einer meiner alten Freunde, salamten und stellten mir meine neuen Leute vor. Diese drei hatten vom Tesildar Befehl erhalten, mich nach Schejok zu begleiten.

»Wer ist der Karawan-baschi?« fragte ich.

»Ich«, antwortete ein kleiner, runzliger älterer Mann, der Abdul Kerim hieß und einen großen gelben Pelz trug.

»Wie heißen die anderen?«

»Kutus, Gulam, Suän, Abdul Rasak, Sedik, Lobsang, Kuntschuk, Gaffar, Abdullah und Sonam Kuntschuk.«

»Ihr seid also elf Mann im ganzen, drei Lamaisten und acht Mohammedaner?«

»Jawohl, Sahib.«

Keiner von ihnen hatte schon im Dienst eines Europäers gestanden, aber alle waren bei Naser Schah angestellt gewesen, dessen Sohn Gulam Rasul für sie einstand. Vier waren in Lhasa gewesen, die Mohammedaner fast alle in Jarkent, alle sahen angenehm und munter aus und waren im kräftigsten Mannesalter. —

»Wer von euch ist mein Koch?«

»Ich«, erwiderte Gulam, ein klassisches Kerlchen, dem Rub Das gerade eine Vorlesung hielt, wie mir aufzuwarten sei.

»Seid ihr alle Ladakis?«

»Ja, Sahib, alle, außer Lobsang, der ein Tibeter aus Gargunsa ist, sich aber in Leh verheiratet hat und beim Hadschi Naser Schah dient.«

Ich war eigentlich nicht dafür, einen Tibeter mit auf die Reise zu nehmen, bei der es gerade darauf ankam, die Tibeter so lange als irgend möglich hinters Licht zu führen. Wie leicht konnte er mich, wenn Gefahren drohten, seinen Landsleuten verraten! Ich überlegte, ob ich ihn nicht gegen einen anderen austauschen oder ihn einfach zurücklassen solle. Aber wie oft sollte ich später noch Gelegenheit haben, mich darüber zu freuen, daß ich den Gedanken nicht hatte zur Tat werden lassen! Wenn ich die vier russischen Kosaken und Robert ausnehme, war Lobsang der beste Diener, der mich je auf meinen Wildniswanderungen durch Asien begleitet hat. Er war ein prächtiger Mensch, und ich erinnere mich seiner gern und mit warmer Empfindung.

Alle wurden nun in meinem Dienst willkommen geheißen, wobei ich die Hoffnung äußerte, daß sie ihre Pflicht ebenso treu erfüllen würden wie ihre Vorgänger, und ihnen je 50 Rupien als Geschenk versprach, wenn ich mit ihnen zufrieden gewesen sei. Als es in Leh bekanntgeworden war, daß ich neue Diener zur Reise nach Chotan suche, hatten sich Guffaru und alle von Toktschen aus nach Hause geschickten Leute wieder gemeldet und dringend um Wiederanstellung in meinem Dienst gebeten. Aber der alte Hadschi hatte von seinem Sohn strenge Verhaltungsmaßregeln erhalten. Kein einziger meiner früheren Dienerschar dürfe mich diesmal begleiten. Es hätte die Gefahr vergrößert.

Am Morgen des 29. November 1907 kamen drei Tibeter aus dem Rudok-dsong angeritten und schlugen ihr Zelt auf unserem linken Flügel auf. Sieh da, dachte ich, nun geht das Spionieren schon wieder los. Eine Stunde später hörten wir Schellengeläute von 34 prächtigen kleinen Mauleseln mit Salzlasten, die an meinem Zelt vorüberzogen. Die Besitzer mußten Kaufleute sein. Sie kamen in mein Zelt, erhielten Tee und Zigaretten und fragten Abdul Kerim, wohin wir reisen würden. Er antwortete ohne zu lügen: »Nach Chotan.« Ich war es, der log. Doch hätte ich die Wahrheit gesagt, so hätte ich schon nach 14 Tagen festgesessen, und da hätte ich ja ebensogut gleich jetzt nach Hause reisen können.

Wir hatten drei neue Zelte. Die zwei größeren erhielten meine elf Diener, das kleinste, das so klein war, daß man unter seiner Firststange eben noch aufrecht stehen und ein Bett und zwei Kisten darin unterbringen konnte, wurde das meine.

Gulam Rasuls Sohn, Abdul Hai, besuchte mich, und mit ihm wurde das Geschäftliche abgemacht. Robert sollte für mein großes Gepäck verantwortlich bleiben, bis er es im Hause des Hadschi Naser Schah abgeliefert hätte. Es bestand aus zehn Pferdelasten.

Wir hatten nun 21 Maulesel und 19 Pferde, die braune Puppy und einen großen gelben Hund aus Gartok. Alle Maulesel und Pferde, außer meinem und Abdul Kerims Reitpferd, trugen Lasten. Ich ritt meinen kleinen Ladakischimmel, der sich wieder unglaublich gekräftigt hatte und ebenso munter war wie eins der neuen Pferde. Er und noch zwei hatten die große Karawane, die aus Leh ausgezogen war, überlebt. Um sicherzugehen, daß Abdul Kerim auch genügend Proviant mitnahm, sagte ich ihm, er solle nicht denken, daß ich wie gewöhnliche Karawanen den geraden Weg einschlagen wolle. Es könne sein, daß ich Abstecher nach rechts und links machte und manchmal wochenlang stilläge. Er solle sich daher auf zweieinhalb Monate mit Gerste für die Tiere eindecken, und er sei verantwortlich, daß der Vorrat, den wir mitnähmen, so lange ausreiche. Es ist aber dumm, sich auf andere zu verlassen!

In der Nacht zum 3. Dezember hatten wir 23,4 Grad Kälte! Am nächsten Morgen wurde das ganze Gepäck verstaut und von Kulis das Tal hinab nach Schejok getragen. Eine Gruppe nach der anderen zog ab, und zuletzt blieb ich allein zurück. Da schüttelte ich meinem treuen Reisekameraden Robert die Hand, dankte ihm für seine unschätzbaren Dienste, seine Ehrlichkeit, seinen Mut und seine Geduld, nahm auch Abschied von dem redlichen Rub Das und all den anderen, setzte mich in meinem neuen Ladakisattel auf meinem treuen Schimmel zurecht und ritt in Begleitung Anmar Dschus nach dem Schejoktal hinunter. Ich war der einzige, der von der ursprünglichen Karawane geblieben war, und war nur von Männern umgeben, die mir völlig fremd waren. Aber auch ich war ihnen fremd, und sie hatten keine Ahnung von den Tollheiten und Abenteuern, auf die ich mit ihnen auszuziehen beabsichtigte! Der Wind jedoch war immer noch derselbe, und auch dieselben Sterne wie damals funkelten in den stillen, kalten tibetischen Nächten vom Himmel herab. Ganz einsam würde ich also nicht sein!

Nach Schejok sind es wenig mehr als zehn Kilometer, und dennoch nahm die kleine Strecke beinahe acht Stunden in Anspruch. Sechsmal muß man über den Fluß setzen, der sich gleich unterhalb des Dorfes Drugub tief in einen engen Hohlweg zwischen Granit- und Gneisfelsen eingräbt. Der erste Übergang war leicht, dort war der Fluß über Nacht zugefroren, und obwohl das Eis knackte, kamen wir doch auf einem mit Sand bestreuten Fußweg hinüber. Der dritte war schon recht ungemütlich, der schlimmste aber war der vierte Übergang. Am rechten Ufer, wo wir uns befanden, war der Fluß breit und tief und hatte eiskaltes, kristallklares Wasser, am linken Ufer aber lag ein breiter Eisrand. Suän, ein hochgewachsener, schwarzbärtiger, sehr jüdisch aussehender Mann, untersuchte die Furt mit entblößtem Oberkörper zu Pferd. Dabei geriet er in so tiefes Wasser, daß sein Pferd zu schwimmen begann; er selbst sprang nun auch in den Fluß und schwamm zum Rand des Eises hin, wo ihm das Hinaufklettern nur mit großer Mühe gelang. Der arme Kerl! Mich fror, wenn ich ihn nur ansah.

Vier andere versuchten es weiter flußaufwärts und kamen hinüber, aber auch bis an den Hals eingetaucht. Darauf wurde die ganze Herde Maulesel und Pferde in den Fluß gejagt; die Pferde machten es am besten. Von einem Maulesel glaubte ich bestimmt, daß er verlorengehen werde. Er versuchte es nicht einmal, sich auf den Eisrand hinaufzuschwingen, und entschloß sich erst dazu, als er von unserem Ufer aus mit Steinen bombardiert wurde.

Kaum 100 Meter weiter abwärts ist der fünfte Übergang. Zwischen beiden Ufern steht ein steiler, glatter, vorspringender Felsen, dessen Fuß der Fluß bespült. Man kann jedoch in kleinen Spalten und über einige unbedeutende Vorsprünge hinweg über den Felsen hinüberkommen und so die beiden gräßlichen Furten umgehen. Hier wurde sämtliches Gepäck von den Leuten hinübergetragen, und ich selber legte den Weg über die Felsen barfuß zurück; ein kleines Ende jenseits der Wand trug mich dann ein starker Mann über blankes, überschwemmtes Eis. Hier überlegten wir uns die Geschichte erst gründlich, während die Tiere wieder durch so tiefes Wasser, daß sie beinahe schwammen, nach der anderen Seite getrieben wurden. Keines von ihnen blieb bis zur Schwanzwurzel trocken, den meisten aber reichte das Wasser über den Rücken. Die armen Tiere standen zitternd auf einem Haufen, und die ihnen von den Seiten herabhängenden Eisklumpen klapperten wie Kastagnetten. Wir zündeten Feuer an, damit die fünf Leute, die im Wasser gewesen waren, sich trocknen und von Kopf bis zu Fuß anders anziehen konnten.

Dann ging es wieder eine Strecke abwärts bis zu einer Stelle, wo der schwere Proviant am Ufer aufgestapelt lag und die armen Tiere, ehe sie ihre Körperwärme wieder hatten, von neuem in das eisige Wasser hinein sollten. Hier mußte das Gepäck über den Fluß getragen werden, und zwar von den splitterfasernackten Männern, die mit Stäben in der Hand zwischen den tückischen, rundgeschliffenen Blöcken des Flußbettes durchbalancierten. Ein älterer Mann wurde, als er halb hinüber war, von einem Krampf befallen und konnte keinen Schritt weiterkommen. Zwei mutige Jünglinge sprangen ins Wasser und schleppten ihn an Land. Ein paar Maulesel, die weder durch Bitten noch Drohungen dazu gebracht werden konnten, freiwillig ins Wasser hineinzugehen, mußten an einem Strick hinübergezogen werden. Ich selbst hatte einen Lotsen vor meinem Pferde, das bis zur Hälfte des Sattels naß wurde. Jeder Mann, der frostbebend, triefend und blaugefroren herüberkam, mußte sich sofort ans Feuer setzen. Ich konnte nicht begreifen, daß sie nicht ganz erfroren waren.

Dann ritten wir in der Dämmerung bergauf und bergab über die Halden, und es war pechfinster, ehe freundlich lodernde Feuer uns anzeigten, daß wir in der Nähe des Dorfes Schejok waren. Ich konnte den Gedanken nicht unterdrücken, daß Verfolger von der englischen Seite her, die mich etwa suchten, wenigstens ein recht abkühlendes Bad nehmen müßten, ehe sie mich fänden!

In der Nacht hatten wir nur minus 9,2 Grad, aber wir waren auch nur auf einer Höhe von 3769 Meter. Am 5. Dezember blieben wir in Schejok, damit die Tiere sich nach dem anstrengenden Tage ausruhen konnten. Am Abend hatten die Leute ein Abschiedsfest veranstaltet — denn Schejok war das letzte Dorf in Ladak. Sobald die Trommeln und Flöten riefen, kamen alle Frauen und Mädchen der Gegend zum Tanz.

Am 6. Dezember sagten wir unseren letzten Freunden Lebewohl und zogen die Halden hinunter nach dem Grund des Schejoktales. Von hier aus zogen wir nördlich durch das Tal, das der große Nebenfluß des Indus ausgegraben hat. Von Weg und Steg kann keine Rede sein; es gibt nichts als Schutt und rundgeschliffene Blöcke. Fünfmal überschritten wir noch den Fluß, der etwa zwölf Kubikmeter Wasser führen mochte. Zwischen den in Sand eingebetteten Büschen von Tschongjangal, wo ich schon im Jahre 1902 zu Gast gewesen war, schlugen wir das Lager auf.

Nur noch ein nicht zu uns Gehörender war bei der Karawane, der Schejoker Tubges, der während der ersten Tagereisen die Aufsicht über unsere Schafe, besonders bei den Furten, führen sollte. Abends hatte ich eine Unterredung mit Abdul Kerim, Kutus und Gulam, in der ich ihnen sagte, daß ich nicht auf der gewöhnlichen Straße nach Chotan ziehen wolle, weil sie mir schon bekannt sei. Wir würden einen östlicheren Weg einschlagen, und es handle sich jetzt nur darum, je eher je lieber auf die Hochebene hinaufzukommen. Sie antworteten, daß Tubges die Gegend genau kenne. Er wurde zur Beratung zugezogen. Wie wäre es, wenn wir durch das Tschang-tschenmo-Tal nach Pamsal und dem Lanek-la hinaufzögen? »Nein«, antwortete er, »das ist unmöglich, bis Oro-rotse kann man kommen, dann aber wird das Tal so eng wie ein Korridor, und Eiskaskaden und Blöcke bedecken den Talboden. Auch ohne Lasten können Tiere dort nicht durch.« Nun war es klar: ich mußte im Schejoktal aufwärts und eine Gelegenheit abpassen, um nach Osten abzuschwenken.

Viermal ging es wieder über den Fluß, der ziemlich enge Eingang des Tschang-tschenmo-Tales blieb auf der rechten Seite liegen. Wir lagerten zwischen den Dünen von Kaptar-chane. In der Nacht sank die Temperatur auf minus 16,4 Grad.

Der Weg ist entsetzlich anstrengend; nur Geröll und Blöcke von grauem Granit, an denen die Pferde sich die Hufeisen abnutzen. Wieder gingen wir zweimal über den Fluß und schlugen die Zelte in der Oase Dungjeilak auf, wo eine erschöpfte Karawane aus Chotan sich bereits niedergelassen und um Hilfe beim Transport nach Nubra geschickt hatte, da mehrere Pferde verendet waren.

Solange es noch Weide gab, konnten wir die Sache mit Ruhe ansehen und kurze Tagemärsche machen; bald genug würde das Gras ja aufhören, und dann konnten wir uns mehr beeilen. Wir ruhten also einen Tag aus, als der Kaufmann Muhamed Rehim aus Chotan mit seiner Karawane in der

Oase ankam. Er blieb aber nur eine Stunde — er sehnte sich nach wärmeren Gegenden und war froh, daß er den Kara-korum-Paß hinter sich hatte. Er gab mir den dringenden Rat, mit dem Übergang bis zum Frühling zu warten, da der Schnee auf dem Paß höher als gewöhnlich liege. Auch einer seiner Karawanenleute trat an mich heran und schenkte mir eine Handvoll gedörrter Pfirsiche. »Kennt der Sahib mich noch?« fragte er. »Freilich, du bist ja Mollah Schah!« Der gute Kerl, der jetzt 57 Jahre alt und dessen Bart noch mehr ergraut war, hatte sein Heim in Tschertschen nicht wieder besucht, seit er im Frühling 1902 aus meinem Dienst getreten war. Welch seltsames Wanderleben voller Arbeit und Anstrengung führen doch diese Asiaten! Er bat mich flehentlich, ihn doch wieder anzustellen, ich sagte ihm aber, er solle froh sein, nach Ladak hinunterziehen zu können, statt jetzt mitten im eisigen Winter nach dem scheußlichen Paß zurückzukehren. Es wäre allerdings angenehm gewesen, einen alten bewährten Reisegefährten bei mir zu haben. Aber nein, er paßte nicht zu meiner Ladakigesellschaft. Mollah Schah erzählte mir auch noch zu unserer Ermutigung, daß eine große Karawane aus Chotan auf dem Paß 52 Pferde verloren und den größten Teil der Waren dort habe zurücklassen müssen!

Noch ahnte keiner meiner Leute meine wirklichen Pläne. Solange wir uns auf der großen Winterstraße nach Ostturkestan befanden, mußten alle glauben, daß Chotan mein Ziel sei. Dies hatte auch den Vorteil, daß alle, denen wir begegneten, in Ladak erzählen würden, daß sie uns auf der großen Heerstraße gesehen hätten; es würde also kein Verdacht entstehen können.

10. Dezember. Mein Curzonhut wurde im Morgenfeuer verbrannt. Dafür setzte ich eine große Pelzmütze auf, die mir Muhamed Isa noch genäht hatte, und umwand sie mit einer Binde als Schirm gegen die Sonne. Beim Lager in Tscharvak stürzt ein Quellbach in hellklingender Kaskade die Felswand herab; aber die Kälte tut, was sie kann, ihn zum Schweigen zu bringen. Die Tiere wurden die Abhänge hinaufgetrieben, wo das Gras besser war. Ein riesiges Feuer wurde angezündet als der Tag auf die Neige ging und eine dünne Mondsichel am Himmel stand. In der Nacht gab es einen donnernden Bergrutsch, einige Blöcke blieben zwischen unseren Zelten liegen. Es war ein gefährlicher Platz.

Auf dem Wege nach Julgunluk hatten wir einen kalten Marsch. Das Tal lag tot und verlassen. Sechsmal überschritten wir den Fluß.

Auch in Julgunluk, auf 4101 Meter Höhe, lagerten wir einen Tag. Dies war die letzte freundliche Oase, die wir berührten. Während des Ruhetags hörten wir die Pferde behaglich auf den Weideplätzen wiehern und die Schafe vergnügt blöken. Die Proviantlasten wurden schon kleiner; wir konnten daher vier Pferde mit Brennholz beladen. Die Wintertage sind kurz, aber sie erscheinen dem, der sich in Sehnsucht und Ungewißheit verzehrt, doch unendlich lang. Schon um acht Uhr wird es im Lager still; um neun bringt mir Gulam das letzte Kohlenbecken, nachdem ich die meteorologischen Instrumente abgelesen habe. Wie sehne ich mich aus diesem eingeschlossenen Tal nach dem Hochland hinauf! Hier gehen wir nach Nordnordwesten, und ich sollte doch nach Osten und Südosten ziehen!

Könnten wir nur in einem der östlichen Täler einen Weg nach Tschangtang hinauf finden, so würden wir Zeit und manchen Schritt sparen.

Auch am 13. Dezember spähten wir vergeblich nach einem solchen Weg aus. Noch zweimal überschritten wir den Fluß auf seiner Eisdecke. Nach einem dritten Übergang lagerten wir in öder Gegend, dem Tale Schialung gerade gegenüber. Es sah vielversprechend aus. Tubges und Kutus wurden talaufwärts geschickt, um das Gelände auszukundschaften. Spät abends kehrten sie mit dem Bescheid zurück, daß man zwar ziemlich weit talaufwärts ziehen könne, das Tal dann aber wegen tiefer Becken, Eis und großer Felsblöcke, ganz wie im Drugubflusse, unpassierbar werde! Wir mußten also unseren Weg nach dem Kara-korum-Paß fortsetzen. Dies vergrößerte das Risiko für die Karawane, denn es vergrößerte die Länge des Weges; aber es verringerte die Gefahr der Entdeckung, denn wir konnten, wenn wir einmal nach Tibet gekommen waren, die nördlichsten Nomaden ganz umgehen.

Tubges bat, ob er mich bis zu Ende begleiten dürfe, und seine Bitte wurde von allen anderen eifrig befürwortet. Ich nahm ihn um so lieber mit, als er ein geschickter Jäger sein sollte. Ich hatte jetzt zwölf Leute und war selbst der dreizehnte in der Karawane, aber wir waren nicht abergläubisch!

Auf die Höhen des Dapsang

Schwere Wolken und durchkältender Wind erschwerten am 14. Dezember den Marsch. Zwei Warenballen sahen wir an der Erde liegen, als ob sie von dem sterbenden Pferd, an dessen Kadaver wir eben vorübergekommen waren, heruntergeglitten seien. Höher oben noch zwei. Sie enthielten seidene Stoffe aus Chotan! Mit schwindenden Kräften kommen die Karawanen noch so weit, nachdem sie sich auf dem Paß über alle Gebühr haben anstrengen müssen. Bei Köteklik fanden wir leidliches Gras und Brennholz.

Wir ziehen nach Westnordwesten und entfernen uns immer mehr von unserem Ziel. Endlich erreichen wir einen Talknoten, der uns nach der richtigen Seite führen wird. Wir warteten, bis unsere Kundschafter das Eis untersucht hatten, das sie aber für unpassierbar erklärten. Tubges machte einen anderen, weiteren Weg über steile Hügel ausfindig.

Am folgenden Morgen gingen wir über einen steilen Porphyrvorsprung, um zu einer besseren Stelle des gefrorenen Flusses zu kommen. Unaufhörlich überschritten wir seine Eisstraße, die erst mit Sand bestreut werden muß, damit die Tiere sich nicht die Beine brechen. Wie gewöhnlich gingen zwei Kundschafter voraus. Der eine kam zurück und rief uns schon von weitem zu, daß abgestürzte Felsblöcke das Tal versperrten. Ich begab mich hin und fand, daß kürzlich ein Bergrutsch die Talrinne verrammelt hatte. Die Porphyrblöcke waren so groß wie Häuser, und zwischen ihnen hatte der Bach tiefe Tümpel gebildet, die nur mit einer dünnen Eishaut bedeckt waren. Wir mußten daher umkehren und den ganzen Weg nach dem Lager Nr. 279 zurückgehen, wieder über den greulichen Vorsprung hinüber, der auf dieser

Seite so steil war, daß jedes Tier einzeln hinaufgeschoben werden mußte. Dann zogen wir noch eine Strecke im Sassertal weiter. Eisiger Wind kam uns entgegen. Unser Lager war diesmal in einer beinahe vegetationslosen Gegend, und nach all den Flußübergängen des Tages klapperten Eiszapfen an den Seiten unserer müden Tiere.

Es ist wieder Abend. Die Ausläufer des Gebirges springen schroff und schwarz in das Tal vor. Die Ladakis singen nicht mehr, die Lieder sind ihnen auf den Lippen erfroren. Es ist entsetzlich still. Das Küchenfeuer flackert noch gelbrot im weißen Mondschein. Man glaubt den Frost draußen klingen zu hören.

Nachdem Gulam mir das letzte Kohlenbecken gebracht hat, setzte ich mich eine Weile buchstäblich über die Glut, um ein wenig Wärme in den Leib zu bekommen, ehe ich in meine Pelzhöhle krieche. Da hörte ich seltsame quiekende Töne aus Gulams Zelt. Wir hatten schon das nahe Bevorstehen eines freudigen Ereignisses geahnt, und ich erkundigte mich, ob die Puppyfamilie sich etwa vergrößert habe. Vier kleine Hündchen waren wieder zur Welt gekommen! Sie hatten gerade die kälteste Nacht, die wir bisher gehabt hatten, abgewartet. Gulam hatte von Filzdecken einen richtigen Vogelbauer hergestellt, in dem Puppy lag und ihre Jungen leckte. Zwei Männchen, zwei Weibchen. Die zwei Männchen ließen wir am Leben. Ich saß am Vogelbauer, bis ich so steifgefroren war, daß ich kaum wieder nach meinem Zelte gehen konnte. Am nächsten Morgen ging es den kleinen Kötern ganz vorzüglich; der eine jaulte und fand wohl nur, daß ihn das Schicksal in ein grimmig kaltes Land versetzt habe.

Es wurde ein böser Marsch an diesem 17. Dezember! Man hört keine anfeuernden Rufe, die Karawane bewegt sich in schneidender Kälte und bei scharfem Wind apathisch und langsam vorwärts. Innerhalb einer halben Stunde schlafen die Füße ein und werden vollständig gefühllos. Wie ein Helmvisier habe ich mir die Enden des Baschliks bis unter die Augen mehrmals ums Gesicht gewunden, aber der Atem verwandelt sie in eine schwere Eiskruste, die an meinem Schnurrbart und dem Vollbart festfriert; letzteren habe ich seit Gartok wachsen lassen, damit er zu meiner bevorstehenden mohammedanischen Verkleidung paßt.

Als wir endlich in der Gegend Long lagerten, war es schon um drei Uhr 18 Grad kalt. Eine große Jarkentkarawane hielt hier Rast. Ihre Führer meinten, ob wir nicht zusammen über den Kara-korum-Paß ziehen wollten, aber ich verneinte unter dem Vorwand, daß wir nur ganz kurze Tagemärsche machen könnten. Kontrolleure, die den Chinesen in Jarkent erzählten, daß ich wieder nach Tibet hineingezogen sei, waren gerade das, was ich meiden mußte!

Der heutige Marsch führte östlich nach einem Orte Bulak (die Quelle); er hätte eigentlich Guristan, der Friedhof, heißen müssen, denn hier lagen mindestens zwanzig tote Pferde. Während eines zweistündigen Rittes hatte ich 63 Pferdeleichen gezählt; es ist seltsam, daß der Handel auf diesem Karawanenwege, der der höchste auf der Erde ist, doch noch gewinnbringend sein kann!

Von da aus führte der Weg in dem engen, zerklüfteten Murgutal aufwärts. Erst bergauf und bergab über Hügel, auf denen Massen toter Pferde uns den Weg zeigen. Dann auf halsbrechend steilem Pfad in das tiefe Tal hinab, auf dessen Boden das Quellwasser geborstene Eisglocken gebildet hat. An den Abhängen der linken Talseite klettert man auf einem abschüssigen Zickzackweg wieder in die Höhe; die Schneemenge nimmt zu, und der Pfad ist glatt; ein Fehltritt des Pferdes, und man ist rettungslos verloren. Die Landschaft ist großartig, aber man hat keinen rechten Genuß davon, wenn es mittags um ein Uhr schon 17,6 Grad kalt ist! Und dann geht es wieder Hals über Kopf nach dem Talgrund hinunter. Unsere Richtung war östlich, wird aber jetzt immer nördlicher und nordwestlicher.

Endlich machen wir am Terrassenfuß der rechten Talseite halt, wo die Schafe in eine Höhle getrieben werden, um sich über Nacht warm zu halten. Ohne Gefühl in den Gliedern lasse ich mich vom Sattel gleiten und sehne mich nur nach dem Feuer. Keine Spur organischen Lebens zeigt sich beim Lager 283.

In diesem Unglückslager machte ich die erste Entdeckung auf dieser neuen Reise durch Tibet! Abdul Kerim kam zu mir ans Feuer und sagte:

»Sahib, wir haben noch für acht bis zehn Tage Gerste für die Tiere, aber in dieser Zeit erreichen wir Schahidullah, wo man alles erhalten kann.«

»Acht bis zehn Tage? Bist du toll? Habe ich dir nicht ausdrücklich gesagt, Gerste auf zweiundeinhalb Monate mitzunehmen?«

»Ich nahm einen Vorrat mit, der für die Reise nach Chotan genügte.«

»Sagte ich dir nicht, daß ich nicht auf der gewöhnlichen Straße nach Chotan ginge, sondern auf Umwegen, die wenigstens zwei Monate in Anspruch nehmen würden?«

»Ja, Sahib, ich habe unrecht gehandelt«, antwortete der alte Mann, und begann zu schluchzen. Abdul Kerim war ein Ehrenmann, aber er war dumm; ihm fehlte Muhamed Isas große Erfahrung.

»Du bist Karawan-baschi. Die Pflicht des Karawanenführers ist, für den nötigen Proviant zu sorgen. Wenn die zehn Tage vergangen sind, sterben unsere Tiere. Was gedenkst du dann zu tun?«

»Sahib, schickt mich mit einigen Tieren zum Gerstekaufen nach Schahidullah, ich kann in zwei Wochen wieder hier sein.«

»Du weißt, daß alles, was in Schahidullah geschieht, dem Amban von Chotan berichtet wird. Die Chinesen dürfen aber von meinem Vorhaben nichts ahnen!«

Mein erster Gedanke war, Abdul Kerim sofort zu entlassen und an Hadschi Naser Schah wegen neuer Vorräte zu schreiben, die uns auf gemieteten Tieren heraufgebracht werden könnten. Aber was würde man in Westtibet und Ladak denken, wenn man sah, daß ich mir neuen Proviant aus Leh kommen ließ, während ich kaum acht Tagereisen von Schahidullah entfernt war, das auf dem geraden Wege nach Chotan liegt! Mein ganzer Plan wäre verraten gewesen und hätte mißlingen müssen! Verschaffte ich mir aber alles, was wir brauchen, aus Schahidullah, so mußte der Chotaner Amban darüber nach Kaschgar berichten, von wo aus eine Telegraphenlinie durch ganz Asien nach Peking geht, und wo Exzellenz Na Tang sich ganz unerbittlich gezeigt hatte, als der Gesandte Wallenberg sich sehr bemüht hatte, mir die Erlaubnis zu einer neuen Reise durch Tibet zu erwirken. Hier oben in dem öden Tal war meine Stellung stark. Still und vorsichtig hatten wir uns über das britische Gebiet geschlichen, ohne Argwohn zu erregen. Sowie wir aber mit der Außenwelt in Berührung kamen, saß ich fest!

Den ganzen Abend saß ich in meinem Zelt, überlegte nach allen Seiten und maß mit dem Zirkel die Entfernungen auf meinen Karten. Wir waren von meinem Lager Nr. 8 im vorigen Jahr, wo das Weidegras so vorzüglich gewesen war, ungefähr 160 Kilometer entfernt. Soweit würden wir ohne die geringste Schwierigkeit kommen können. Aber von dort hatten wir dann bis nach der Gegend am Tong-tso noch 650 Kilometer! Indessen mußten wir, ehe wir dort ankamen, unterwegs Nomaden und Weideland antreffen. Die Pferde würden verloren sein, aber die tibetischen Maulesel waren nach Gulam Rasuls Aussage gewöhnt, für sich selber zu sorgen, und bekamen nie Gerste. Es kam aber zunächst darauf an, auf das freie, offene Tschangtang hinaufzukommen und diese scheußliche Mausefalle zu verlassen, das Schejoktal, das uns immer weiter nach Nordnordwesten geführt hatte.

Die Nacht kam mit klarem Himmel, funkelnden Sternen und scharfem Frost; schon um neun Uhr hatten wir minus 29,1 Grad. Die Tiere standen still in einem dichten Haufen, um sich aneinander zu wärmen. Wenn ich gelegentlich aufwachte, hörte ich sie nicht; ich konnte glauben, sie seien verschwunden. Das Minimum sank auf minus 35,1 Grad! Als ich geweckt wurde, hatte Kuntschuk sich schon als Kundschafter in einem breiten Tal, das gerade hier von Osten mündete, umgesehen und, soweit er hatte sehen können, einen vortrefflichen Weg gefunden. Vom Lager Nr. 283 hatten wir noch zwei Tagereisen nach dem gefürchteten Kara-korum-Paß, den ich umgehen wollte. Zogen wir durch das Nebental östlich aufwärts, so mußten wir bald zum Hauptkamm des Kara-korum-Systems kommen und ersparten zwei Tagereisen. Ich beschloß, es zu versuchen.

So zogen wir denn am 20. Dezember in laut knarrendem Schnee nach Ostnordosten hinauf. Das Tal sah vielversprechend aus, um so mehr als wir an einigen Stellen alte Pferdespuren fanden. Mitten im Tal zog sich ein mit tückischem Eis bedecktes Bachbett hin, sonst war alles Schutt. Um ein Uhr hatten wir 21 Grad Kälte. Der Bart ist weißbereift, mein Gesichtstuch hat sich in einen Eisklumpen verwandelt, und die Tiere sind alle weißhaarig geworden. Stundenlang schreitet der Zug langsam bergauf. An einigen Stellen verengt sich das Tal so, daß es nur noch zwei Meter breit ist. Die beste Zeit des Tages war schon vorüber, als die Karawane plötzlich haltmachte. Vorn an der Spitze war alles still, und ich wartete mit Kutus der Dinge, die da kommen sollten.

Nach einer Weile erschien Abdul Kerim sehr niedergeschlagen mit der Meldung, daß das Tal an zwei Stellen unpassierbar sei. Die erste Blocksperre ließ sich forcieren, aber die zweite war schlimmer. Wir hätten das Gepäck auf dem Eis zwischen und unter den Blöcken vorwärtsziehen können, aber für die Tiere war kein Weg. Sollten wir versuchen, den Tieren einzeln über die Blöcke hinwegzuhelfen? Aber erst mußten Leute talaufwärts geschickt werden, um zu sehen, ob noch mehr solche Sperren zu überwinden waren. Als sie mit der Nachricht wiederkehrten, daß der Weg oben noch schlechter sei, befahl ich das Lager aufzuschlagen.

Welch ein Lager! Kein Grashalm, kein Wasser! Wieder saßen wir in einer Mausefalle zwischen steilen Bergwänden, von deren Seiten der Frost jeden Augenblick vernichtende Blöcke absprengen konnte. Die Tiere scharrten grassuchend im Schnee. Während der Nacht gingen sie umher und stolperten über die Zeltstricke. Die Kälte ging auf 34,8 Grad hinunter! Der eine kleine Hund geriet auf Abwege, trieb sich im Freien herum und kam auf eigene Hand in mein Zelt; zu seinem Glück erwachte ich von dem Winseln und beherbergte ihn bei mir im Bett, wo er es warm und gut hatte.

Ein frostiger Morgen! Man mußte sich hüten, Metall zu berühren, es brannte wie Feuer! Ein Esel drang in mein Zelt und untersuchte meine Waschschüssel nach etwas Eßbarem. Zu seiner großen Verwunderung blieb sie ihm an der Nase hängen, und er nahm sie eine Strecke weit mit. Die hungrigen Tiere hatten während der Nacht zwei leere Säcke und sechs Stricke aufgezehrt und gegenseitig ihren Schwänzen übel mitgespielt. Im Winter ist das Leben hier oben nur ein verzweifelter Kampf mit dem Erfrieren.

Der Tagesbefehl erging nun dahin, an einer Stelle zu lagern und den ganzen nächsten Tag zu bleiben, wo Japtschan- (Japkak) und Burtsestauden standen. Bei 31 Grad Kälte brach ich auf und fand das Lager schon auf der rechten Talseite bereit. Die Tiere wurden sofort auf die bewachsenen Abhänge geschickt, und dort weideten sie mit gutem Appetit die hartgefrorenen, dürren Stauden ab. Während des Ruhetages wurden Eisstücke aus dem Bache losgehauen und in den großen Leutekesseln aufgetaut. Pferde und Maulesel durften sich der Reihe nach satt saufen.

In der Nacht trat ein hochwillkommener Witterungsumschlag ein, der ganze Himmel war bedeckt, und das Minimum sank auf nur minus 17,2 Grad; es kam uns am Morgen ordentlich warm vor.

Wir kehrten zu dem Unglückslager Nr. 283 zurück und waren nun wieder auf dem großen Karawanenweg, der Straße der toten Pferde! Die Hunde bellten die ersten Kadaver noch an, aber bald war ihnen dieser Anblick nichts Neues mehr. Welche Leiden und welch verzweifelter Kampf ums Leben haben diese öden Gebirge im Lauf der Zeiten mit ansehen müssen! Wenn man des Nachts wach liegt, glaubt man die Seufzer der entkräfteten Lasttiere und ihr mühsames Atmen auf dem geduldigen Gang zum Tode zu hören, einen endlosen Reigen zum Tode Verurteilter, die im Dienst grausamer Menschen nicht weiter können. Wenn irgendein Weg in der Welt den Namen »Via dolorosa« verdient, so ist es der Karawanenweg über den Kara-korum-Paß, der Ostturkestan mit Indien verbindet! Wie eine ungeheure Seufzerbrücke überspannt er das höchste Bergland Asiens und der ganzen Erde.

Immer höher schreitet unser langsamer Zug das zerklüftete Tal aufwärts. Von Süden tobt ein Orkan; feiner, roter Staub von verwittertem Sandstein weht wie blutige Wolken durch das Tal und färbt die Schneefelder rot.

Immer schmaler wird das Tal, ein Korridor zwischen roten Konglomeratwänden. Dies ist das Kisil-unkur oder »das rote Loch«. Hier hat die Karawane ihr Lager aufgeschlagen. Keine Spur organischen Lebens. Die Tiere stehen auf einem Haufen, die Maulesel knabbern an dem gefrorenen Dung früherer Gäste. Von diesem Loch aus steigt der Weg nach der Hochebene des Dapsang hinauf, wo jetzt der Schneesturm tobt, und auch hier im Tal tanzen die Flocken in der Luft. In der Dämmerung war Kuntschuk mit nur noch zwölf Schafen angekommen; die übrigen waren ihm unterwegs erfroren! Die Nacht senkt sich unheimlich und drohend über den ewigen Schnee herab. Alles ist düster und kalt; nichts Lebendes gibt es weit und breit. Wir sind auf 5128 Meter Höhe.

Die Männer hatten ihre Zelte so aufgeschlagen, daß sie einander nahe gegenüberlagen, und in dem Zwischenraum brannte nur ein spärliches Feuer — wir mußten mit dem Brennholz aus Köteklik sparsam umgehen. Die Mohammedaner stimmten ein wohllautendes Lied an, in dessen rhythmischem Aufundniederwogen dann und wann ein dumpfes »Allahu ekbär« einstimmte. Als Gulam mit dem Kohlenbecken kam, fragte ich ihn nach der Bedeutung und erhielt die Antwort, daß sie eine »Namas« oder Gebethymne zu Allah emporsendeten, damit der Höchste uns morgen vor Schneesturm bewahre. Denn wenn eine Karawane auf den Höhen des Dapsang vom Schneesturm überfallen wird, ist sie verloren.

An schweren Tagen hörte ich später noch oft diese melodische Hymne. Sie berührte mich stets schmerzlich, weil die Leute sie nur dann sangen, wenn sie mutlos waren und unsere Lage als verzweifelt ansahen.

Auf dem Dach der Welt

Der Morgen des 24. Dezember begann mit strahlendem Sonnenschein und windstillem Wetter, und die Karawane schritt langsam nach den Höhen des Dapsang hinauf, während ich und Kutus ihr in knarrendem Schnee folgten. Ich hatte Abdul Kerim befohlen, oben zu warten. Nachdem ich die Instrumente abgelesen und eine Höhe von 5428 Meter gefunden hatte, untersuchte ich mit dem Fernglas den Horizont — ein Gewirr beschneiter Berge. Nur nach Nordosten fiel eine breite Erosionsrinne allmählich ab, und ich entschied mich daher für diese Richtung.

»Jetzt verlassen wir die Kara-korum-Straße und reiten nach Osten«, sagte ich. »Folgt meinen Spuren, ich reite an der Spitze.« Die Männer machten erstaunte Gesichter; sie hatten sich nach den Gärten und Weintrauben Chotans gesehnt, und ich bot ihnen statt dessen die Granitblöcke und Schneefelder von Tschang-tang. Doch sie sagten nichts, sondern folgten stumm und geduldig meinen Spuren. Leicht war es diesmal nicht, den Lotsen zu spielen, denn das Land lag unter tiefem Schnee. Ich zeigte Kutus die Richtung, und er mußte vor meinem Pferde hergehen und die Tiefe des Schnees feststellen. Die Schneedecke, die manchmal so fest war, daß sie das Pferd trug, war außerordentlich tückisch, denn sie barst alle Augenblicke; ich wurde dann aus dem Sattel geworfen, das Pferd sprang und ertrank beinahe in dem mehlfeinen, trocknen Schnee. Wir mußten daher umkehren und anderswo unser Glück versuchen.

Auf jeden Fall, wir mußten über die Rinne, die Männer traten daher einen Pfad im Schnee aus, auf dem die Tiere einzeln geführt wurden. Mit den Pferden ging es am besten, aber die Maulesel fielen oft ungeschickt und hielten uns lange auf. Langsam wie Schnecken kamen wir vorwärts. Ich ging, durch den Schnee stampfend, zu Fuß; mein Pelz war so schwer wie Blei. Aber nach mehrstündiger, anstrengender Arbeit erreichten wir doch die rechte Uferterrasse der Erosionsrinne, wo nicht soviel Schnee lag, und kamen dort schneller vorwärts.

Lager 287 war das ödeste, an das ich mich von allen meinen Reisen erinnere — das Sandmeer der Takla-makan-Wüste ausgenommen.

Nachdem die Tagesarbeit getan war, zündete ich mir zwei Lichter an — sonst hatte ich nur eines — und stellte die Bilder meiner Eltern und Geschwister auf eine der Kisten in einer Reihe auf, wie ich es schon so manchen Weihnachtsabend in Asien getan hatte. Halb neun Uhr ging der Mond prachtvoll über den Gebirgen im Ostnordosten auf, und um neun Uhr war die Kälte auf 27,1 Grad hinuntergegangen. Im Zelt konnte ich das Quecksilber nicht dazu bringen, über — 20 Grad zu steigen! Meine Hände wurden so klamm, daß ich kein Buch halten konnte, sondern zu Bett gehen mußte. Und das war auch das beste, was ich tun konnte — so vergaß ich das Weihnachtsfest mit all seinen teuern Erinnerungen und seine einsame Wehmut.

Aber die Kälte sank auf 38,6 Grad! Ein Pferd lag hartgefroren auf seinem Platz in der Reihe; die anderen standen schlaff mit hängendem Kopf und großen Eiszapfen am Maul. Auch der erste Feiertag brachte uns gutes Wetter. Ich aber sehnte mich beinahe nach einem Schneesturm. Verfolgung hatte ich zwar hier nicht zu fürchten, aber falls etwa eine turkestanische Karawane nach Kisil-unkur hinabzog, konnte sie unsere Spuren im Schnee finden und erzählen, daß wir doch den Weg nach Tibet eingeschlagen hätten! Schneetreiben dagegen hätte alle Spuren verwischt.

Indessen arbeiteten wir uns in östlicher Richtung durch den Schnee weiter. Eine Quelle hatte da, wo sie entsprang, offenes Wasser, so daß alle Tiere getränkt werden konnten. In einer Schlucht mit Japkakstauden machten wir halt. Die Tiere fielen gierig über die dürren, harten Kräuter her, die auch uns herrliches Feuer gaben; in meinem Zelt war es diesen Abend schön warm. Ich freute mich bei dem Gedanken, daß die Tage jetzt wieder länger würden, und subtrahierte die Länge der zurückgelegten Strecke jedes Tages von der Entfernung, die uns noch von dem Tong-tso trennt. Ach, wären wir doch erst dort! — Aber auch dort sind wir erst am Nordrand des weißen Fleckes! Wie unendlich weit müssen wir noch marschieren!

Am zweiten Feiertag zogen wir in demselben Tal nach Osten aufwärts und benutzten einen Pfad, den Pantholopsantilopen ausgetreten hatten. Die Schneemenge nahm ab; nur stellenweise verursachte der Schnee uns Arbeit, während er sonst mit einer pergamentartig zähen Kruste bedeckt war. Nachdem wir das Lager in einer völlig sterilen Gegend aufgeschlagen hatten, hielt ich mit Abdul Kerim Rat. Wir hatten nur noch zwei Sack Gerste! Ich sah es dem Karawanenführer an, daß er geweint hatte, und mein Zorn machte sich infolgedessen nicht Luft; auch die anderen waren betrübt und verwundert; noch hatte ich mich nicht ausgesprochen, aber sie sagten sich selbst, daß Chotan nicht unser Reiseziel sein könne. Die Leute hatten noch Tsamba auf drei und Reis auf zwei Monate. Ich gab Befehl, die Tiere auch damit zu füttern, sobald die Gerste verzehrt sei; nur ein zwei Monate reichender Vorrat müsse für die Leute unberührt bleiben. Bei solchen Beratungen versammelten sich die anderen draußen vor dem Zelt. Nur Lobsang war so ruhig, als gehe ihn die ganze Sache nichts an; wenn er die Tiere hütete, hörte man ihn pfeifen und singen. Ich hatte ihn am liebsten, vielleicht lag es daran, daß er ein Tibeter war. Aber auch alle die anderen hatte ich gern, es waren prächtige Menschen. Abends wurden wieder Hymnen an Allah gesungen; die Leute begriffen jetzt, daß unsere Lage ernst war!

Am nächsten Tag brachen wir zeitig auf, und ich ritt wieder an der Spitze. Wir hatten alle entsetzliche Kopfschmerzen, die Höhe war ja auch gewaltig, 5378 Meter! Wir hatten erst zwei Kilometer zurückgelegt, als ein schwacher Schimmer auf den Abhängen im Norden dünnen Graswuchs anzeigte. Das war ein Weihnachtsgeschenk! Hier wurde das Lager aufgeschlagen. Die Tiere liefen schon nach dem Gras hin, als sie noch gar nicht von den Lasten befreit waren. Und wie fraßen sie! Es war eine Freude, ihnen zuzuschauen. Suän führte einen komischen Tanz zwischen den Zelten auf. Alle waren gehobener Stimmung. Diesmal hörte ich keine Hymne an Allah. Unser Brennholzvorrat war zu Ende, aber Lobsang entdeckte ein holziges Moos, das lange glühte und herrlich wärmte.

Am 28. Dezember hingen bleischwere Wolken über dem Land, und wir hatten daher keine so strenge Kälte. Wir zogen direkt östlich weiter und allmählich bergab, bis wir an eine Quellader kamen, deren Temperatur plus 0,9 Grad betrug; das Wasser erschien uns warm. Während die Männer am Rand des Eises die Zelte aufschlugen, mußte Puppy sich, wie gewöhnlich, auf einer zusammengelegten Filzdecke mit ihren Kleinen beschäftigen. Der eine kleine Hund hatte einen weißen Fleck auf der Stirn und war mein besonderer Liebling, denn er jaulte nie, wenn es nicht nötig war. Gerade heute hatte er die Augen geöffnet und einen flüchtigen Blick auf die unwirtliche Welt geworfen, die ihn umgab. Da starb er uns ganz plötzlich, noch ehe mein Zelt fertig war, und wir begruben ihn unter einigen Steinen. Mama Puppy suchte ihn eine Weile, beruhigte sich aber bald und gab sich mit dem letzten der Vier zufrieden. Hoffentlich behielten wir wenigstens dies kleine Tier.

Auf dem Weg nach dem nächsten Lagerplatz, Nr. 292, zogen wir noch immer in dem bequemen Längstal, das uns seit dem Heiligen Abend einen so vorzüglichen Weg geboten hatte, weiter. An einer Stelle hatten wilde Yaks ihre Visitenkarten hinterlassen, und die Männer sammelten uns einen Sack voll. Ein Maulesel starb, noch ehe wir eine von leidlicher Weide umgebene, zugefrorene Quelle erreichten. In den letzten sechs Tagen hatten wir nur 75 Kilometer zurückgelegt.

30. Dezember. Der Himmel war mit undurchdringlichen Wolken bedeckt; es schneite und war halb dunkel, die Leute hatten keine Ahnung von der Marschrichtung und fragten wiederholt, wo die Sonne aufgehe.

Am Abend teilte ich Abdul Kerim, Gulam und Kutus mit, daß wir unseren Weg nach dem Innern Tibets fortsetzen und über den Arport-tso nach dem oberen Brahmaputra ziehen würden! Ich eröffnete ihnen jetzt auch meine Absicht, die Reise in Verkleidung zu machen, um ganz unbemerkt zu bleiben. Bestürzt fragten sie, ob ich mich nicht zweifellos der Lebensgefahr aussetze? Aber ich beruhigte sie, es werde alles gut gehen, wenn sie meinen Befehlen in jeder Hinsicht gehorchten! Die Hauptsache sei, daß wir alles täten, um unsere Tiere zu retten. »Ja«, antwortete der Karawanenführer, »wenn wir nur so gute Weide finden, daß die Tiere sich satt fressen und ausruhen können, halten sie es gut noch zwei Monate aus; lange Tagemärsche können sie aber nicht machen.«

Gerade hier standen wir an einem Scheideweg. Unser Tal ging in ein anderes über, das von den südlichen hohen Pässen, einem Teil des Karakorum-Kammes, herabführte. Der vereinigte Fluß strömte nordwärts und mußte der Oberlauf des Kara-kasch-darja sein. Jetzt handelte es sich darum, ob wir bergauf oder bergab ziehen sollten, und um zu erforschen, welche Richtung die beste sei, beschloß ich, den letzten Tag des Jahres zu opfern und Abdullah nach Südosten, Tubges aber nach Nordosten hin auf Erkundung auszuschicken. Da wir in jedem Fall über das Eisfeld hinübermußten, wurde ein Sandweg gestreut.

Der Neujahrstag 1908 brachte strahlenden Sonnenschein — ein gutes Omen für alle dunklen Rätsel, die dieses Jahr in seinem Schoße trug. Die beiden Kundschafter brachten die gleiche Meldung: keinerlei Hindernisse. Ich ließ sie daher miteinander beraten und selbst entscheiden, welcher Weg der beste sei. Sie stimmten für Abdullahs Weg, der aufwärts nach Südosten führte. Der Weg war ausgezeichnet. Am Eingang des Tales fanden wir sogar zwei kleine runde Steinmauern, die aber schon viele hundert Jahre alt sein konnten. Ein toter Yak wirkte sehr belebend, so seltsam dies klingen mag. Immer höher ging es, bis an einen Punkt, von dem aus wir im Hintergrund des Tales hohe Schneeberge mit Gletschern sahen. Dort machten wir halt, und ich schickte Kundschafter talaufwärts. Sie erklärten den Weg für unmöglich und verlangten, daß Abdullah Prügel erhalten solle!

Es blieb uns nichts weiter übrig als zu lagern. Heftiger Südwestwind wehte und stäubte von allen Kämmen und Gipfeln mehlfeinen Schnee herab.

Der Rückzug begann früh am 2. Januar und führte uns wieder abwärts, am Lager 293 vorbei und über die Geröllabhänge am Ostrand des Eisfeldes weiter. Nachdem das Tal eine Biegung nach Ostnordosten gemacht hatte, lagerten wir an einer Ecke, wo der Flugsand sich zu kleinen Dünen angehäuft hatte.

Ich sehnte mich aus diesem Labyrinth von Bergen und Tälern, deren Wasser nach Ostturkestan hinunterströmt, hinaus. Noch waren wir im Gebiet des Kara-kasch-Flusses und mußten früher oder später über einen Paß hinüber, der dieses Gebiet von den abflußlosen Salzseebecken des Tschang-tang scheidet.

In dieser Gegend ist das Gebirge nicht zusammenhängend, es bildet scharfe Nadeln und Pyramiden, die keine große relative Höhe haben. Auf schneebedecktem Boden ging es am 5. Januar einen kleinen Paß (5485 Meter) hinauf, an dessen anderer Seite aber noch ein Arm des Kara-kasch unsern Weg kreuzte. Wir mußten heraus aus diesem ewigen Gewirr, das uns nur

Zeit raubte und unsere Kräfte mitnahm. Die Kälte durchdringt alles. Meine Füße sind gefühllos. Gulam knetet sie und massiert mich jeden Abend über dem Feuer, aber es gelingt ihm nicht, wieder Leben hineinzubringen. Der Inhalt des Tintenfasses gefriert zu einem Eisklumpen, der am Feuer aufgetaut werden muß. Wenn ich schreibe, muß ich über das Kohlenbecken gebeugt sitzen, und trotzdem erstarrt mir die Tinte in der Feder, die ihrerseits wieder am Papier festfriert!

Nach 33,4 Grad Kälte und einer windigen Nacht zogen wir zum nächsten Paß. Auf der Südseite ließen wir mächtige, schneebedeckte Berge hinter uns zurück. Am Fuß eines Hügels ging ein wilder Yak in Gedanken versunken spazieren. Als er unseren schwarzen Zug auf dem weißen Schnee bemerkte, stürmte er auf uns los, aber bald witterte er Gefahr und schwenkte in wilder Flucht mit beiden Hunden auf den Fersen nach Norden ab. Es war ordentlich ermunternd, in dieser gottverlassenen Gegend ein Zeichen von Leben zu sehen.

Steil und langsam ging es zum Paß hinauf; seine Höhe betrug 5488 Meter. Unerwarteterweise gab es auf der Ostseite des Passes keinen Schnee. Daher mußten wir vor allem darauf bedacht sein, daß uns am Abend das Wasser nicht fehle. Im Süden zeigte sich eine Eisscholle, aber sie lag zu weit außerhalb unseres Kurses. Wir füllten daher bei der letzten Schneewehe zwei Säcke mit Schnee, lagerten, wo spärliche Stauden uns Brennstoff gaben, und ließen fünf Leute mit allen Tieren südwärts nach dem Eis gehen und sich dort Wasser und Weide suchen.

Die Wasserfrage war jetzt die gefährlichste. Denn es hatte den Anschein, daß wir weiter ostwärts auf Schnee nicht würden rechnen können. Und wir konnten nicht, wie das vorige Mal, nach Wasser graben, denn die Erde war steinhart gefroren. Ich befahl daher, daß stets zwei Tiere Säcke mit Schnee oder Eis tragen sollten. Die Gesteinproben, die ich sammelte, wogen nicht schwer. Leider war der Gerstevorrat längst zu Ende, aber da, wo es schlechtes oder gar kein Gras gab, wurden für unsere Tiere Klöße von geröstetem Mehl geknetet.

Die andern sollten am 7. wiederkommen, so war ihnen gesagt worden, und wir warteten bis Mittag. Endlich erschien Suän mit der Meldung, daß einige der Tiere ausgerissen seien; die Folge davon war, daß wir den ganzen Tag in diesem erbärmlichen Lager bleiben mußten.

Wie langsam schreiten an einem solchen Tag die Stunden dahin! Ich sitze in meinem eigenen Zelt wie ein Gefangener. Kälte und Wind machen jegliches Arbeiten im Freien unmöglich. Solange die Sonne am Himmel steht, geht es noch, da sehe ich die Gebirge, diese stillen, öden, einsamen Gebirge, die nie von Menschen durchwandert werden, und ich sehe, wie die Sandsäulen wirbelnd im Winde tanzen. Wenn aber die Sonne untergegangen ist, beginnt der endlose Winterabend, und dann höre ich nur den Sturm draußen heulen. Geduld! Einmal wird es auch wieder Frühling! Die braune Puppy und ihr Sohn leisten mir Gesellschaft, meine Unglücksgefährten.

Am 8. fanden wir in einem Tal jenseits des Passes etwas Gras. Wasser gab es nicht, aber wir hatten vier Säcke Eis.

Das Hauptziel der nächsten Tagereise war also eine Stelle, wo wir Wasser für die Tiere fänden. Mein bewährter Ladakischimmel, den ich noch immer ritt, bekam jeden Morgen mein Waschwasser, und um es ihm nicht ungenießbar zu machen, verzichtete ich auf Seife. Von einer ganz kleinen Schwelle konnten wir endlich die Aussicht genießen, nach der ich mich schon solange gesehnt: die große, offene Hochebene, die wir im Herbst 1906 durchzogen hatten! Im Ostsüdosten erkannte ich leicht den vorspringenden Berg wieder, an dem wir damals entlanggezogen waren. Wir konnten daher nicht mehr als zwei Tagereisen vom Aksai-tschin-See entfernt sein. Während einiger Tagereisen war ich jetzt ungefähr demselben Weg gefolgt wie Crosby; am See mußte ich nun meine eigene Route vom Jahre 1906 überschreiten, dann mußten wir nach dem Arport-tso ziehen und wie im vorigen Jahr Bowers, Deasys, Rawlings und Zugmayers Wege kreuzen.

Das ganze Land lag unter einem tiefhängenden Wolkendach. Nach einem nur fünf Kilometer langen Marsch fanden wir die ersehnte offene Quelle mit herrlichem Wasser (plus 0,6 Grad), an der das Lager Nr. 300 (!) in einer Höhe von 4977 Meter aufgeschlagen wurde. An diesem Abend sangen meine Leute wieder fröhliche Lieder, und Suän tanzte ihnen seinen allerverrücktesten Tanz vor. Wir waren wieder oben auf dem »Dach der Welt«, und das ganze öde Tibet lag vor uns.

Vierzig Grad Kälte!

Mit neuen Eisblöcken in den Säcken brachen wir am 10. Januar auf, um geradeswegs zu jenem vorspringenden Berg zu ziehen, wo die Weide, wie ich wußte, gut war. 24 Kilometer hatten wir zurückzulegen! Der Wind war heftig, binnen kurzem waren wir bis ins Mark durchkältet. Schon aus weiter Ferne war die gelbe, vom Gras herrührende Färbung des Bodens erkennbar, ein Anblick, der meine Leute derartig belebte, daß sie schon während des Marsches zu singen begannen. Auch die Tiere setzten sich ohne Anfeuerungsrufe in Trab. Die Zelte wurden auf derselben Stelle wie im vorigen Jahr aufgeschlagen; hier knüpfte sich meine lange Route durch Tibet wieder zusammen. Mit einer gewissen Wehmut sah ich den Platz, wo Muhamed Isa sein hohes Steinmal errichtet hatte. Diesmal hatte ich alle Gefahren, die uns von Rudok her drohten, umgangen, und es war mir völlig gleichgültig, daß Rußland und England einander versprochen hatten, drei Jahre lang keinen Europäer nach Tibet hineinzulassen!

Schon vor mehreren Tagen hatte ich von dieser Stelle und ihrem guten Gras gesprochen, und als wir am 11. aufbrachen, konnte ich den Leuten zum Abend ein noch besseres Lager versprechen. Sie wunderten sich, daß ich in dieser Einöde so gut Bescheid wußte. Sechs Kiangpfade liefen bei der herrlichen Süßwasserquelle am Ufer des Aksai-tschin-Sees zusammen. Die Gegend ist eine wirkliche Oase, das beste Lager, das wir seit Köteklik gehabt hatten. Aber es stürmte, und der See ging in hohen Wellen.

Wenn alles gut geht, beten die Mohammedaner nicht. Sie glauben wohl, wenn wir uns selber helfen können, sei es unnötig, Allah zu belästigen!

Ein Pferd lag am Morgen des 13., als wir nach 28 Grad Kälte weiterzogen, steinhart gefroren beim Lager. Bei ihm blieb der gelbe Hund zurück, und als er spät abends im nächsten Lager ankam, war er so dick und faul, daß man sich sagen konnte, er habe sich gleich auf mehrere Tage versorgt. Zwei Raben folgten uns mit heiserem Krächzen. Der Schnee fiel in dichten Flocken. Ein Schaf starb auf dem Marsch, und zwei mußten geschlachtet werden, weil ihre Kräfte erschöpft waren; jetzt hatten wir nur noch drei. Die Kälte ging wieder auf 36,1 Grad hinunter.

Am 14. Januar zogen wir nach Südosten über eine Ebene, deren weicher, schwer zu durchschreitender Staub wieder einem Maulesel das Leben kostete. Beim Lager 304 war es mit der Weide wieder schlecht bestellt. Abends hatten wir grimmige Kälte. Sie sank auf 39,8 Grad, auf den Gefrierpunkt des Quecksilbers, also fast auf 40 Grad! Dies war der niedrigste Kältegrad, den ich während all meiner Reisen durch Asien abgelesen habe!

Am 15. Januar machten mir Abdul Kerim und alle Mohammedaner in tragikomischer Prozession mit gedörrten Aprikosen, Mandeln und dem gemeinsamen Ruf »Aid mubarek«, »gesegnetes Fest«, ihre Aufwartung. Auf diesen Tag fiel nämlich eines der kirchlichen Feste des Islam. Durchaus komisch war dann die Prozession der vier Lamaisten, die der rechtgläubigen auf dem Fuß folgte und bei der Lobsang, der sie anführte, auf tibetische Weise seine Mütze in der Hand hielt und sich den Kopf kratzte; die Zunge streckte er aber nicht heraus — er hatte wohl in Leh gelernt, daß dies Europäer nicht beeindruckt. Ich schenkte jedem zehn Rupien und dem Karawanbaschi eine Uhr, die er jeden Abend ordentlich aufziehen solle, um unsere Zeiten einhalten zu können.

Und dann ging es langsam weiter. Wie ein Leichenzug schritten wir durch das Tal aufwärts, und Suän vertrat dabei die Stelle des Pastors. Durst brauchten wir nicht mehr zu fürchten; der Boden war teilweise mit Schnee bedeckt. Aber jeden Kilometer mußten wir uns erkämpfen, und es dauerte lange, ehe wir die Vorsprünge, die wir uns als Ziel gesetzt hatten, erreichten.

Während des Ruhetages, den wir uns im Lager Nr. 306 gönnten, schoß Tubges eine Antilope und ein Ammonschaf. Am Abend herrschte hoffnungsfreudige Stimmung, da die Leute wieder an gefüllten Fleischtöpfen saßen.

Gulam Rasul hatte mich hier durch sechs Flaschen Whisky überrascht, die, in dicken Filz eingenäht, bis hierher mitgenommen worden waren. Die Ladakis behaupten nämlich, daß man einen Maulesel, der Zeichen von Erschöpfung zeige, retten könne, wenn man ihm Whisky oder Spiritus eingebe. Aber die Flaschen waren schwer. Drei wurden auf den Schutt gegossen. Die drei übrigen wurden einstweilen noch mitgenommen.

Am 18. marschierten wir in demselben Längstal weiter. Alle Bergketten ziehen in ostwestlicher Richtung, was in Tibet das Übliche ist. Zur Rechten hatten wir eine gewaltige Kette, die wir überschreiten mußten, um uns nach Südosten wenden zu können. Noch ehe wir das Lager aufschlugen, war wieder ein Maulesel gefallen, und mit ihm hatten wir schon ein Viertel der Karawane verloren!

Am folgenden Tag fanden wir an einer jäh abstürzenden Bergwand fünf Kesselsteine — bis hierhin waren also tibetische Jäger vorgedrungen! Die Ladakis wurden ganz vergnügt, als sie wieder Anzeichen von Menschen sahen. Das Tal lief in eine weite Ebene aus; im Südosten zeigte sich eine Lücke. Da aber das Gelände nach Osten hin niedriger war, setzten wir unsern Marsch in dieser Richtung fort. Als wir dort ankamen, war die Aussicht von der außerordentlich flachen Paßschwelle jedoch nichts weniger als ermutigend — eine Welt von Gebirgen! Wir beschlossen zu lagern und am nächsten Morgen den anderen Weg südlich einzuschlagen.

Ein scheußliches Lager! Der Sturm tobte so heftig, daß die Männer die Zelte kaum aufrichten konnten. Die Weide war erbärmlich; ein graues Pferd und der letzte Maulesel aus Poonch lagen am Morgen tot auf der Erde. Er war einer der ältesten Veteranen, und ich war betrübt über seinen Tod. Nun war nur noch ein einziges lebendes Wesen, das mich von Anfang an begleitet hatte, in der Karawane, nämlich die braune Puppy; sie und Klein-Puppy leisteten mir in dieser endlosen Einsamkeit Gesellschaft.

Auch im Lager Nr. 310 opferten wir einen Tag, da das Gras dort besser war als seit längerer Zeit. Seit dem Heiligen Abend hatten wir nur 302 Kilometer zurückgelegt, also im Durchschnitt 10 Kilometer täglich; es ging beinahe aussichtslos langsam! Drei Tage lang hatten wir wütenden Sturm gehabt. Abdul Kerim nähte mir einen mohammedanischen langen Kaftan; ich sollte ihn, wenn ich demnächst meine Verkleidung anzog, unter dem Pelz tragen.

Am 24. Januar fegte stürmischer Wind Treibschnee auf dem Erdboden hin. Noch ein Maulesel starb auf dem Marsch; dies Klima konnten nicht einmal tibetische Maulesel vertragen! Ich selbst war lahm und halbtot vor Kälte, ehe ich im Lager ankam.

Wie oft lese ich, wenn ich jetzt in meinen Tagebüchern von dieser Reise durch die Wildnis blättere, die Worte: »dieser Tag war der ärgste, den wir bisher erlebt haben!« Und dennoch kamen beständig Tage, die noch schlimmer waren. So der 26. Januar. Der Himmel war mit so dichten Wolken bedeckt, daß man unter dem Gewölbe eines Gefängnisses zu reiten glaubte. Der Sturm tobte mit unverminderter Heftigkeit; schon als ich eine Viertelstunde im Sattel gesessen hatte, war ich gelähmt und betäubt. Die Hände schmerzten, und mit dem Atem mußte ich die rechte Hand zu jeder neuen Aufzeichnung auftauen! Aber schon nach zwei Sekunden Kompaßbeobachtung war die Hand wieder gefühllos. Die Füße peinigten mich weniger, denn in ihnen hatte ich überhaupt kein Gefühl mehr. Nur den einen Wunsch hatte ich, noch das Lager des Tages zu erreichen, ehe mir das Blut in den Adern völlig zu Eis erstarrt sein würde!

Endlich sind wir am Arport-tso und haben das nördliche Becken des Sees links zurückgelassen, während sich ein großes Becken wie ein Fjord nach Süden hinzieht. Sollen wir rechts oder links weiterziehen? Ich hatte Lobsang auf Untersuchung ausgeschickt, ob die Karawane etwa über das Eis des Sees gehen kann. Er macht uns bald Zeichen nachzukommen. Wir ziehen nach dem Ufer hinab und auf eine Landspitze hinaus, die sich in einen nadelfeinen Erddamm verschmälert.

Hier hat das Eis sich links zu zwei Meter hohen Terrassen aufgetürmt; auf der rechten Seite aber breitet es sich, soweit man über das südliche Becken hinsehen kann, wie eine glatte Scheibe aus. Die Fläche hat die gewöhnliche Zauberkraft des Eises, man bleibt stehen und starrt in die dunkle, kalte Tiefe hinab. Der wirbelnde Schnee fährt in weißen Kometenschweifen über die Bahn. Wir stehen auf der Spitze der Landzunge und haben den schmalsten Teil des Arport-tso vor uns. Gerade hier sind durch die Eispressung Mauern und Gehege entstanden, zwischen denen der angehäufte Treibschnee fest und zäh auf der Eisfläche liegt. Auf dem freien Eis zu marschieren, wäre natürlich unmöglich gewesen, der Wind hätte die Karawane wie Spreu fortgeweht. Dagegen bot die Schneebahn einen ausgezeichneten Weg. Lobsang ging voran, und wir erreichten am Fuß eines vorspringenden Felsens das andere Ufer.

Dann aber kam es schlimmer. Der vorspringende Felsen fiel auf der östlichen Seite gerade ins Wasser ab, und hier mußten wir auf glattem, zwar zuvor mit Sand bestreutem Eis, von dem der Wind allen Schnee weggeweht hatte, weiter. Ein Pferd und ein Maulesel nach dem anderen glitten aus und stürzten. Einige versuchten nicht, sich wieder zu erheben; sie wurden auf dem Eis nach festem Boden geschleift und dort frisch beladen. Andere fielen unglücklich und schlugen dumpf auf das steinharte Eis auf. So mußten wir eine ganze Reihe vorspringender Felsen umziehen, bis wir endlich an einen kamen, wo der Weg versperrt war. An seinem Fuß entsprangen Quellen, die große Waken offenhielten. Wir mußten uns also über die steilen Hügel hinaufarbeiten, bis wir endlich erschöpft in einer Bucht landeten, die ein wenig Gras hatte. Einen Maulesel hatten wir auf dem Eis zurücklassen müssen. Zwei Männer gingen zurück und gaben ihm einen Schluck Whisky, wonach er noch mit ins Lager kam. Aber mein Brauner aus Schigatse blieb auf immer dort. Es ist so traurig, die Veteranen sterben zu sehen.

Der Arport-tso liegt 5298 Meter hoch; das Wasser, das aus einer Wake geholt wurde, war durchaus trinkbar. Vor uns lag ein hoher Paß, aber wir waren nicht mehr imstande, ihn in einem Tag zu erreichen; wir mußten auf der südöstlichen Uferebene des Sees lagern, die Rawling einst besucht hatte. Wir waren kaum zwei Kilometer marschiert, aber die Weide war gut, und die Tiere brauchten Futter. Den ganzen Tag fiel dichter Schnee.

Am Morgen des 28. fanden wir wieder zwei Pferde tot im Gras. Das eine war der Veteran aus Leh, den Robert geritten und der auch mich nach den Quellen des Satledsch getragen hatte. Ich besaß jetzt nur noch 23 Tiere, und mein kleiner Ladakischimmel war der allerletzte der Veteranen geworden. Als er mich über den Tschang-lung-jogma trug, hatte ich nicht geahnt, daß er etwa 150 Kameraden überleben würde! Jeden Morgen hingen zwei lange Eiszapfen an seinen Nüstern; er wurde besonders liebevoll behandelt, und ich hob ihm jeden Morgen ein Stück Brot von meinem Frühstück auf.

Ein Verlust von drei Tieren an einem Tag war für eine Karawane wie die unsere viel. Wie sollte das schließlich enden? Wir hatten noch unendliche Entfernungen vor uns. Drei Stunden lang arbeiteten wir uns heute mit ersterbenden Schritten nach diesem greulichen Paß, der eine Höhe von 5572 Meter hatte, hinauf, lagerten dann im Schutz eines Felsens und schlachteten das letzte, entkräftete Schaf. Wir besaßen nun keinen lebenden Proviant mehr!

Die Kälte war auf 31,4 Grad hinuntergegangen, und das erste, was ich am Morgen des 29. hörte, war wieder das ewige Heulen des Sturmes. Wir zogen in fußhohem Schnee nach Südosten. »Einer unserer schlimmsten Tage« heißt es in meinem Tagebuch. Man wird gegen alles gleichgültig, wenn man nur lebendig nach dem Lager kommt! Ich habe mir ein Tuch ums Gesicht gebunden, aber es verwandelt sich bald in ein Eisbrett, in dem es knackt, sobald ich den Kopf drehe. Ich versuche eine Zigarette zu rauchen, aber das Mundstück friert mir an den Lippen fest. Noch zwei Pferde starben unterwegs. Abdul Kerims Reitpferd übernahm die Last des einen; er selber mußte von nun an, wie die anderen, zu Fuß gehen. Ich folgte mit Kutus der Spur der Karawane. Dabei stießen wir auf Kuntschuk Sonam und Suän, die nicht weiterkonnten und über Herzschmerzen klagten! Ich versuchte sie zu ermutigen und versprach ihnen Medizin, wenn sie langsam unserer Spur folgten. Kamen jetzt, wo wir die halbe Karawane verloren hatten, die Männer an die Reihe? Todmüde schlichen sie in der Dämmerung ins Lager.

Tief niedergeschlagen kam Abdul Kerim in mein Zelt und fragte, ob ich glaube, daß wir in den nächsten zehn Tagen auf Nomaden stoßen würden? Sonst halte er unsere Lage für hoffnungslos. Leider konnte ich ihm nichts anderes sagen, als daß wir, solange wir noch einen Maulesel hätten, weitermarschieren und, wenn auch dieser gestürzt wäre, versuchen müßten, uns mit soviel Gepäck, wie wir tragen könnten, nach den nächsten Nomaden durchzuschleppen. Jetzt dachte ich nicht mehr an Verfolger, die uns nachkommen könnten! Auch nicht an die Gefahren, die unser warteten; jetzt ging es nur noch um das nackte Leben, um das Erreichen von Gegenden, wo man sich vor dem Tode retten konnte! Hinter uns verwischten die Schneestürme unsere Spur, und vor uns wartete die Zukunft mit undurchdringlichem Dunkel.

Erfrieren? Verhungern?

Die ganze Nacht heulte der Sturm, und unsere dünne Zeltwand flatterte im Winde. Gulam weckte mich mit den Worten: »es ist scheußliches Wetter, man sieht nichts.« Auch die nächsten Berge verschwanden im Schneetreiben, und wenn ich das Tal in S 35° O, in dem wir weiterziehen mußten, nicht schon gestern gepeilt hätte, hätten wir nicht aufbrechen können. In diesem Wetter mußten wir alle beisammen bleiben, da der wirbelnde Schnee die Spuren sofort verwischte. Wir hatten zwei Lotsen; ich ritt als letzter auf dem ausgetretenen Pfad. Ein Pferd, das schon unbeladen war, legte sich im Schnee zum Sterben nieder. Es verschwand hinter uns in der entsetzlichen Einsamkeit.

Langsam, langsam ziehen wir durch die Schneewehen weiter. Lobsang geht voran, oft verschwindet er ganz in dem Schneetreiben, um in anderer Richtung nach einem Weg zu suchen. In Mulden liegt meterhoher Schnee, nur schrittweise kommen wir vorwärts, da uns die beiden Lotsen mit ihren Spaten eine Rinne schaufeln. Unaufhörlich fallen die Tiere, das Umladen verursacht Aufenthalt, da alle in derselben Rinne bleiben müssen. Und Menschen und Tiere sind zu Tode erschöpft und ringen in der dünnen Luft mühsam nach Atem. Zum Ersticken dicht umhüllt uns Treibschnee und fegt uns wie mit Besen weiter. Geht dies noch einige Tage so, dann sind wir verloren!

Endlich erreichen wir eine flache Paßschwelle (5568 Meter). Auf der Ostseite des Passes lag streckenweise meterhoher Schnee; es schien, als sollten wir rettungslos in den Wächten steckenbleiben und dort warten müssen — aber auf was? Denn der Proviant näherte sich seinem Ende, und wollten wir überhaupt Weide finden, so mußten wir vorwärts. Langsam ging es bergab; der Schnee lag nicht mehr ganz so hoch, wir näherten uns einer Talerweiterung, wo der Wind einige Stellen reingefegt hatte. Zur Rechten zeigte sich eine Halde, auf der Abdul Kerim einige Grashalme in dem Schnee zu sehen glaubte und bat, das Lager aufschlagen zu dürfen. Mit Mühe gelang es uns die Zelte aufzurichten; erst in der Dämmerung kamen die beiden kranken Männer, ihre Gesichter waren geschwollen und blau!

Ein unheimliches Lager! Der Sturm wurde zum Orkan. Alles ist weiß, zwischen Erdboden, Bergen und Himmel ist kein Unterschied, alles weiß in weiß. Nicht einmal die Zelte sind in dem Schneetreiben zu erkennen, der feine Schnee stäubt herein und bedeckt alles mit seinem weißen Mehl. An Feuerung ist nicht zu denken, schon um drei Uhr habe ich daher im Zelt 17 Grad Kälte. Draußen sehe ich kein lebendes Wesen, ich könnte ebensogut ganz allein in dieser Einöde sein.

Mein treuer Gulam aber kommt schließlich doch noch mit Kohlen; Lobsang und Sedik haben einige dürre Stauden gefunden. Gulam berichtet, Sonam Kuntschuk wolle sich zum Sterben in den Schnee legen; aber ich rate ihm, vorläufig lieber eine tüchtige Dosis Chinin zu nehmen. Am späten Abend schlug wieder die Melodie der Allahhymne an mein Ohr, ganz schwach und unheimlicher als gewöhnlich zwischen den Windstößen. Wir gehen einem dunklen Geschick entgegen! Ich habe diesmal den Bogen zu straff gespannt.

Der Sturm tobte am 31. Januar mit unverminderter Heftigkeit weiter; wir beluden die 19 Maulesel und Pferde und zogen in demselben undurchdringlichen Schneetreiben aufs Geratewohl talabwärts. Wir waren nicht imstande, täglich mehr als vierundeinhalb Kilometer zurückzulegen. Die Tiere erhielten ihre Reisrationen und durften dann auf einem Hügel umhergehen, wo sie sich spärliches Gras aus dem Schnee herausscharrten.

Mit Abdul Kerim und Gulam musterte ich wieder das ganze Gepäck und entfernte alles Entbehrliche. Kleidungsstücke und zerrissene Stiefel wurden verbrannt und die Reserveanzüge angezogen. Meine Notizbücher und Instrumente steckten wir in zwei kleine Säcke; Schreibzeug und andere Dinge, die ich täglich brauchte, wurden in eine kleine Handtasche aus Stockholm gelegt; die leer gewordenen Kisten wurden als Brennholz benutzt. Auch die Küchen- und Proviantkisten wurden verbrannt. Von nun an wurde sämtliches Gepäck in Säcken befördert. So wurden die Lasten leichter, wenn es auch beschwerlicher war, erst den ganzen Sack auspacken zu müssen, wenn man etwas brauchte; denn das Gewünschte lag natürlich immer zu unterst.

Nachmittags trat eine kleine Pause im Schneefall ein. Im Südosten sah man den großen See Schemen-tso unter einem schwarzvioletten Himmel, der noch mehr Schnee versprach. Ich peilte die nächste Tagesroute ein, und das war gut, denn bald fiel der Schnee wieder ungeheuer dicht. Es schneite den ganzen Abend und die ganze Nacht, man hörte nur das Sausen der Schneeflocken, die der Wind gegen die Zeltwand trieb. Am Morgen des 1. Februar lag mein Zelt in Schneewällen. Wir beluden unsere müden, hungrigen Tiere und zogen langsam nach Südosten weiter. Der Wind kam aus Süden und wirbelte den Treibschnee uns gerade entgegen.

Lautlos und schwarz zog der Todeszug nach dem See hinunter. Alle Bärte waren kreideweiß; es sah aus, als seien wir alle in einer Nacht Greise geworden. Abdul Kerim ging mit seinem Stab an der Spitze, aber er stiefelte in verkehrter Richtung ab, und ich ernannte einen anderen zum Lotsen. An einigen Stellen versanken wir beinahe im Schnee. Ratlos blieben die Männer in den Schneewehen stehen und wußten nicht, was sie tun sollten. Dann stampften wir ein Stück weiter, blieben von neuem stehen, und gingen wieder eine Strecke. Es war klar, daß der Schnee jetzt die Pässe versperrte, die wir in den letzten Tagen noch bezwungen hatten. Wären wir ein paar Tage später gekommen, so hätten wir sie nicht mehr forcieren können. Nun war die Welt hinter uns verschlossen, nur in südlicher Richtung war noch Rettung zu finden.

Glücklicherweise senkte sich das Gelände; als wir uns eine Stunde nach der anderen weiterarbeiteten, nahm die Schneemenge ab, und es ließ sich leichter gehen. Aber der Sturm, der jetzt zwei Wochen hindurch ununterbrochen getobt hatte, wurde nicht schwächer. Wir lagerten in einer Gegend, wo das Gras nicht schlecht war. Jeden Abend gab ich den Männern einige Zigaretten, sie benutzten in ihren Wasserpfeifen schon Teeblätter und rauchten sonst Yakdung!

Die Nacht war ungewöhnlich »gelinde«, nur minus 14,9 Grad, aber es schneite unausgesetzt. Wir blieben im Lager 319, während der Südoststurm wahnsinniger tobte als je. Die Tiere grasten, den Kopf vom Winde abgekehrt, und mußten jedesmal, wenn sie das beschränkte Weideland überschritten hatten, gegen ihn zurückgetrieben werden. Auch am 3. Februar blieben wir noch hier. Die ganze Nacht herrschte orkanähnlicher Sturm; er tobte und wütete, zerrte an allem, wühlte den Schnee wie mit Riesenpflügen auf und bemühte sich, unsere Zelte loszureißen. Ich lag wach im Bett und habe für den Fall, daß das Zelt umgerissen werden würde, alles eingepackt, was hätte fortfliegen können. Am Morgen waren alle Tiere verschwunden, der Sturm schien auch sie fortgeweht zu haben; jedenfalls waren sie mit dem Wind nach dem Nordufer des Sees gezogen.

Ich habe aufgehört, mich nach dem Frühling zu sehnen, der mir nun hoffnungslos fern zu liegen scheint. Die braune Puppy und Klein-Puppy leisten mir Gesellschaft, und wir spielen miteinander, um die Stunden der Gefangenschaft hinzubringen.

Verkleidet durch das Verbotene Land

Mit funkelnden Sternen übersät, spannte der Winterhimmel sein dunkelblaues Zelt über unser einsames Lager, und 28 Grad Kälte prophezeiten einen klaren Tag. Am 4. Februar schwebte denn auch kein Wölkchen über dem Gebirge, und das von Menschen und Göttern verlassene Hochland, das unter der weißen Decke des Winters begraben lag, wurde endlich wieder von blendendem Sonnenlicht bestrahlt. Ein Pferd und ein Maulesel lagen tot vor dem Zelt. Mit den letzten 17 Tieren setzten wir unseren Weg nach Osten fort, an dem unregelmäßigen nördlichen Ufer des Schemen-tso hinziehend. Die Schneemenge nahm ab, und beim Lager 320 war der Kiesboden beinah schneefrei. Die Aussicht über den See war großartig. Hauptmann Rawlings Karte dieser Gegend ist mit großer Genauigkeit ausgeführt. —

Noch ein Maulesel starb auf dem Marsch. Obgleich wir alles irgendwie Entbehrliche schon verbrannt hatten, wurden die Lasten den überlebenden Tieren doch zu schwer. Im Lager wurde der Proviant erneut inspiziert, und ich beschloß, uns dreier schweren Reissäcke zu entledigen. Mit geröstetem Mehl und Wasser vermengt, sollte der Reis den Tieren während der nächstfolgenden Tage gegeben werden. Von meinem eigenen Proviant waren nur noch zwei Konservendosen da, nebst etwas Kompott und Zwieback. Fleisch hatten wir seit einiger Zeit nicht mehr gesehen. Den ganzen Tag über herrschte Sturm, und die Sonne war wieder verschwunden.

Am 6. Februar starb noch ein Maulesel; auch Abdul Kerims gelbes Pferd brach auf dem Marsch zusammen. Nur 14 Tiere erreichten heute noch das Lager, und von ihnen war mein kleiner Ladakischimmel am kraftlosesten; er stolperte und fiel, so daß ich einen Salto mortale über seinen Kopf weg machte.

Am Tag darauf legten wir nur eine kurze Strecke zurück, ließen den See und sein unfruchtbares Ufer hinter uns und schlugen die Zelte zwischen üppigem Gras auf. Das Wetter war herrlich, und als wir um ein Uhr 10 Grad Kälte hatten, war uns zumute, als sei der Frühling gekommen. Alle Tiere legten sich gleich nieder, um sich auszuruhen und sich im Sonnenschein zu wärmen. Nur mein kleiner Ladaki begann sofort zu grasen; er wollte nicht sterben, er wollte mich bis ans Ende begleiten. Wildesel und Antilopen weideten auf der Steppe, und Hasen gab es in Menge. Da wurde ich durch die Nachricht alarmiert, daß man im Norden in einiger Entfernung drei Männer gesehen habe, und der Karawan-baschi bat mich, herauszukommen und sie mit dem Fernglas zu beobachten. Lange betrachtete ich sie, bis sie sich als drei wilde Yaks entpuppten, die durch die Luftspiegelung verlängert worden waren. Noch brauchten wir uns also vor Menschen nicht zu ängstigen.

Meinen kleinen Schimmel hatte ich zum letztenmal geritten! Als wir am 8. Februar, nach wieder 28,3 Grad Kälte, nach Ostsüdosten weiterzogen, mußte er frei mit der Karawane gehen, stürzte aber auch ohne Reiter. Statt seiner ritt ich einen Grauschimmel aus Tikse. Jenseits eines flachen Hügels stand eine Pantholopsantilope, die nicht entfloh, obgleich wir ihr ganz nahe waren. Wir merkten bald, daß sie am Boden festsaß und sich abmühte loszukommen. Sie hatte sich in einer Schlinge gefangen, die auf dem Antilopenpfad ausgelegt war, und auf diesem zeigten sich auch die frischen Fußspuren zweier Männer. Wir befanden uns augenscheinlich in der Nähe einiger Winterjäger, die uns vielleicht schon beobachtet hatten! Vielleicht hatten sie auch mich, den einzigen Reiter und den einzigen in europäischer Kleidung, schon gesehen! Dann wäre mein ganzer Plan gescheitert und der Winter unnütz vergeudet gewesen!

Doch wir hatten wenigstens frisches Fleisch. Untersuchen wir die schlau konstruierte Falle, während das Tier noch darin sitzt. In einem Ring von fest zusammengedrehten Pflanzenfasern sind Knochenblättchen von Antilopenrippen so gleichmäßig eingefügt, daß sie einen Trichter bilden, dessen Spitze sich unten in der Grube befindet. Vor einer Reihe kleiner Steinhaufen scheuend, nähert sich die Antilope der Falle und tritt, wenn sie Pech hat, mitten in den Trichter, wobei die Blättchen nachgeben, aber unerbittlichen Widerstand leisten, sobald das Tier den Fuß aus dem Trichter herauszuziehen versucht. Denn um die beabsichtigte Wirkung zu erzielen, ist die Falle verankert. Zu diesem Zweck ist am Boden der Grube ein fingerdicker Strick befestigt, die Grube aber selber mit Wasser gefüllt, so daß man nach dem Gefrieren einen steinharten Ankergrund hat, aus dem der Strick sich nicht losreißen läßt. Das obere Ende des Strickes bildet oberhalb des Fasernringes eine Schlinge, die sich beim ersten Versuch des Tieres, den Fuß zu heben, zuzieht und den Trichter, worin der Fuß steckt, nicht durchläßt. Je länger das geängstigte Tier umherhüpft, desto fester umschließt die gedrehte Schlinge seinen Fuß.

Das gefangene Tier wurde zerlegt, die Hunde durften sich an den Eingeweiden satt fressen, und das Fleisch machte vier regelrechte Manneslasten aus. In einer Talmündung im Süden sahen wir eine Schafhürde und zwei schwarze Punkte, die wir für Steine hielten. Hinter einem mit Gras bewachsenen Hügel fanden wir einen Süßwassertümpel, eine viel zu willkommene Entdeckung, um nicht sofort das Lager aufzuschlagen. Es dauerte denn auch nicht lange, bis die Ladakis um die Feuer saßen und sich das lange ersehnte Fleisch brieten.

Da wir sichtlich Menschen in unmittelbarer Nähe hatten, schien es mir an der Zeit, meinen Leuten Verhaltungsbefehle zu geben. Alle wurden nach meinem Zelt gerufen. Ich erklärte ihnen, daß es uns nur durch List und Vorsicht gelingen würde, das verbotene Land zu bereisen, und daß ich mir die großen Entbehrungen, deren Zeugen sie bereits gewesen, nur auferlegt hätte, um Gegenden sehen zu können, in denen noch nie ein Sahib gewesen sei. Sollte der Plan glücken, so müsse jeder seine Pflicht tun und seine Rolle gut spielen. Jedesmal, wenn die Tibeter die gewöhnlichen Fragen »Woher« und »Wohin« stellten, müsse ihnen geantwortet werden, daß wir alle Ladakis seien und im Dienst eines Kaufmanns Gulam Rasul ständen, der uns nach Tschang-tang geschickt habe, um Erkundigungen einzuziehen, wieviel Schafwolle sich im nächsten Sommer bei den Nomaden aufkaufen lasse. Abdul Kerim sei der Führer und habe alle unsere geschäftlichen Angelegenheiten zu ordnen. Er erhielt daher 100 Rupien zu Auslagen und mußte abends, wenn niemand spionieren konnte, mit mir abrechnen. Ich selber sei einer seiner Diener, ein Mohammedaner namens — — — Adurrahman, schlug der Karawan-baschi vor — nein, Hadschi Baba klang, meinem Geschmack nach, besser. Also, wenn wir uns unter Tibetern befänden, dürften sie sich nie vergessen und mich Sahib nennen, immer nur Hadschi Baba! Alle begriffen die Lage und versprachen, ihr Bestes zu tun.

Eine Weile darauf kam Lobsang gelaufen, um mir zu melden, die beiden schwarzen Steine seien bestimmt Zelte. Ich ging ins Freie und beobachtete sie durch das Fernglas; richtig, aus dem einen stieg Rauch auf, Menschen und Tiere aber waren nicht sichtbar. Sofort befahl ich Abdul Kerim, Abdul Rasak und Kutus hinzugehen, die Antilope zu bezahlen, alles, was man uns ablassen könne, zu kaufen und Erkundigungen einzuziehen. Nach einer Weile kamen sie aber wieder zurück, um zu fragen, ob es nicht klüger sei, die Zelte zu vermeiden und auf dem Weg nach Osten weiterzuziehen, um so mehr als die Bewohner ja Räuber sein könnten. Nein, diese Männer hatten uns gesehen, sie konnten darüber nach Rudok berichten, und dann saßen wir fest. Daher war es doch besser, mit ihnen in freundschaftlichen Verkehr zu treten. »Bismillah«, riefen die drei und zogen ab, während die andern in lebhafter Unterhaltung am Feuer saßen und ihre Ansichten über die Tagesereignisse und die Zukunftsaussichten austauschten. Seit wir das letzte Dorf in Ladak verlassen hatten, waren gerade 64 Tage vergangen! Bei der vorigen Durchquerung hatte die Zeit der Einsamkeit 81 Tage gedauert.

Nach drei Stunden kamen meine Leute wieder. Die beiden Zelte enthielten neun Bewohner. Der älteste Mann hieß Purung Kungga und besaß außer 150 Schafen noch vier Hunde. Vor zwei Monaten seien sie von Sildan hier angekommen und gedächten, noch anderthalb Monate hierzubleiben. Gerade gestern hätten sie ihre Schlingen auf dem Antilopenpfad untersucht, als sie unsere Karawane gesehen hätten und aus Furcht fortgelaufen seien. Sie hätten es für selbstverständlich gehalten, daß nur Räuber in diesen Gegenden, die jenseits der Grenzen von Sitte und Redlichkeit lägen, umherziehen könnten! Abdul Kerim hatte sie mit drei Rupien bezahlt, ein Schaf mit drei Rupien und Milch und Butter mit einer Rupie. Wir könnten morgen früh mehr Milch erhalten, müßten sie aber selbst holen, denn nach unsern Zelten getrauten sie sich nicht hin. Die Antilope hätten wir gern ohne Vergütung behalten können; wir seien ja Reisende und als solche berechtigt zu nehmen, was wir fänden. Auf ihre Frage, was für Leute wir seien, habe Abdul Kerim die Geschichte hergesagt, die er eben von mir gelernt hatten.

Soweit war alles gut abgelaufen. Anstatt für 75 Tage hatten wir nur für 21 Proviant gehabt; anstatt einen Richtweg nach Osten zu finden, hatten wir den Kara-korum-Paß bezwingen müssen; auf dem ganzen Weg hatten uns Stürme, schneidende Kälte und furchtbare Schneemassen verfolgt, und dennoch war es uns geglückt, wieder zu Menschen zu kommen! Das heutige Lager, Nr. 326, war angenehm: sandiger Boden, Brennstoff und ein offener Quellbach. Es war schön, wieder rieselndes Wasser zu hören. Im Osten und Südosten erhebt sich ein Kranz mächtiger Gebirge. Wir müssen über sie hinüber! Solange das Gelände flach ist und wir Gras finden, halten sich unsere Tiere, aber hohe Pässe können sie nicht mehr bestehen. Mein weißer Ladaki erholt sich wieder; die Leute sind angewiesen, ihn mit größter Sorgfalt zu behandeln.

11. Februar. Wir stiegen im Tal aufwärts. Die Schneemenge nahm wieder zu. An einer Stelle sahen wir die frischen Fußspuren dreier Männer. Es war klar, daß wir jeden Augenblick auf Leute stoßen konnten, daher zog ich nun mein Ladakigewand an. Lobsang und Kutus mußten mir allabendlich eine Lektion im Tibetischen geben, und ich trug alle Worte in ein Wörterbuch ein, das nach und nach einen bedeutenden Umfang annahm. Damit wurden täglich zwei Stunden verbracht. Ich übte mich besonders in den Antworten, die ich geben mußte, wenn man mit Hadschi Baba ein Kreuzverhör anstellen sollte!

Am 12. Februar schritten wir durch die Schneewehen das Tal aufwärts. Der Lagerplatz hatte aber so magere Weide, daß alle unsere Tiere während der Nacht nach dem vorigen Lager zurückliefen. Dadurch ging uns ein Tag verloren. Beim Warten aber wird die Zeit unerträglich lang. Ich steche in meinem grauen Tschapan noch viel zu sehr von meinen zerlumpten Genossen ab, aber sowie sich Gelegenheit bietet, reibe ich Ruß und Fett in das Zeug und schneide auch hier und dort ein Loch hinein. Wenn er lange so behandelt wird, wird er wohl schließlich ebenso schmutzig aussehen wie die der anderen! Ich übe mich auch im Unterlassen des Händeund Gesichtwaschens, aber es gelingt mir nicht, ebenso schmutzig zu werden wie meine Diener! Bei ihnen scheint der Schmutz zur Haut zu gehören und überhaupt nicht zu verschwinden; unter den Nägeln haben sie ganze Kartoffeläcker.

Am 14. Februar 30,5 Grad Kälte! Wieder näherten wir uns unserem Ziel um nur zehn Kilometer. Aber man muß froh sein, solange es überhaupt noch vorwärts geht. Das Lager 329 liegt endlich in dem Tal, das zum Grenzpaß hinaufführt, nach dessen Höhen wir seit mehreren Tagen aufsteigen. Noch gab es ein wenig Gras, zu dem alle Tiere liefen, nur nicht mein kleiner Ladaki, der mit hängendem Kopf und zwei Eiszapfen unter den Augen vor meinem Zelt stand. Ich saß mehrere Stunden bei ihm, liebkoste und streichelte ihn und versuchte es, ihn mit Reis- und Mehlklößen vollzustopfen. Da wurde er wieder munter und ging mit langsamen Schritten zu seinen Kameraden.

15. Februar. 30,3 Grad kalt. Ein böser, anstrengender Tag. Durch scharfkantigen Schutt, Eis und Schnee ging es talaufwärts. Mein Schimmel führte aus eigenem Antrieb den Zug an; ich ritt als letzter. Lange blieben wir beisammen und stiegen Schritt für Schritt nach diesem mühsam zu erklimmenden Paß hinauf. Dann aber blieb eines, darauf ein zweites und schließlich blieben mehrere Tiere zurück. Unter ihnen mein Schimmel. Ich machte bei ihm halt und flüsterte ihm in unverfälschtem Schwedisch ins Ohr: »Verliere den Mut nicht, spanne deine Kraft aufs äußerste an, steig langsam nach dem Paß hinauf, nachher geht es mehrere Tage wieder abwärts zu schönen, üppigen Weiden!« Er hob nur den Kopf, spitzte die Ohren und sah mir und Kutus nach, als wir paßaufwärts weiterschritten.

Endlich machten wir die letzten Schritte zum Paß hinauf, dessen Scheitel die kolossale Höhe von 5655 Meter erreichte! Hier warteten wir lange. Der große schwarze Maulesel steigt über die schneeweiße Paßlinie empor, ein zweiter und ein dritter tauchen über ihr auf, neun Lasttiere ziehen an mir vorbei, die also gerettet sind, und mein grauer Tikse war Nummer zehn. Abdul Kerim meldet, daß vier Tiere vor Erschöpfung am Ende seien. Ich ordnete an, sie Schritt für Schritt heraufzuführen, wenn es darüber auch Nacht werden sollte.

Nach Westnordwest hin, also in der Richtung, aus der wir kamen, war die Aussicht prachtvoll, ein Meer wilder Berge. In den letzten Tagen waren wir Schiefer, Porphyr, rotem und grauem Granit begegnet. Die Gegend ist absolut unfruchtbar; wir müssen versuchen, das erste Gras in dem abwärtsführenden Tal zu erreichen, aber das Tal liegt voller Schnee, und der Zug schreitet langsam und mühsam durch Schneewehen. Ich gehe wie alle andern zu Fuß; jeder ist mit einer Bürde beladen, um den Tieren die Last zu erleichtern; man spricht nicht, man stapft in dem Weg, den der Führer gesucht hat. Das Tal schrumpft zu einem Hohlweg zusammen; an der Stelle, wo das erste Yakmoos steht, werfen wir unsere Bürden hin. Ein trauriges Lager! Die letzten Tiere mußten gekoppelt stehenbleiben und mit einer Mischung von pulverisiertem Yakdung, Moos, gedörrtem Mehl und Reis gefüttert werden.

In der Dunkelheit kamen die anderen, einen Maulesel führend, im Lager an; drei Tiere hatte der Paß uns also genommen, und eines von ihnen war mein kleiner Ladakischimmel! Er hatte sich bis auf die höchste Schwelle des Passes, wo ich vergeblich auf ihn gewartet hatte, hinaufgearbeitet, sich dort aber zum Sterben niedergelegt. Er hatte mich auf den Tag anderthalb Jahre treu und gut getragen. Öde und leer war es diesen Abend in der Karawane; mir war ein treuer Freund gestorben. Jetzt war die braune Puppy mein einziger Trost, mit ihrem Sohn, dem jüngsten, sorglosesten Mitglied unserer mit der Vernichtung kämpfenden Gemeinschaft.

Zwei der Maulesel waren zwar noch über den Paß hinübergekommen, starben aber im Tal. Wenn uns noch ein solcher Paß den Weg versperrte, so mußte unsere Karawane umkommen! Die Lasten waren jetzt viel zu schwer für die noch lebenden Tiere. Wiederum war eine gründliche Aussonderung notwendig! Die meisten meiner europäischen Kleidungsstücke wurden verbrannt. Filzmatten, Werkzeuge, Küchengeschirr und Reservehufeisen für die Pferde wurden kassiert. Die ganze Apotheke, außer der Chininbüchse, wurde geopfert; meine Toilettesachen, sogar die Rasiermesser wanderten denselben Weg; nur ein kleines Stück Seife wurde noch behalten! Aus Frödings Gedichten riß ich die Blätter heraus, deren Inhalt ich noch nicht auswendig wußte; der Rest landete in den Flammen. Die noch vorhandenen Zündhölzer wurden unter die Leute verteilt; ich selber behielt 24 Schachteln, die wohl bis zu der Zeit reichen würden, in der wir, um unser Inkognito zu schützen, nichts anderes als ein Stahlfeuerzeug benutzen durften.

Unheimlich kalt breitete die Nacht ihre Schwingen über das stille Tal, wo unser einsames Lager, ein Bild der Verödung, zwischen schwarzen Felswänden und weißen Schneewehen verschwand, und über ihm funkelten die ewigen Sterne.

Während den Tieren die bedeutend erleichterten Lasten aufgeladen wurden, brach ich in Begleitung zweier Männer zu Fuß auf. Mit unsicheren Schritten setzten wir am 17. und 18. Februar unsern Weg nach Ostsüdosten fort, bald durch Täler, bald über offenes Gelände und überall durch tiefen, mühsam zu durchwatenden Schnee. Das Lager 333 war kaum aufgeschlagen, als uns schwerer Sturm überfiel. Der Himmel war eben noch klar, im Nu verwischten brandgelbe Staubwolken, die aus Südwesten kamen, seine reine blaue Farbe. Wieder dröhnen uns die Ohren von dem Sturm, der mit ungezügelter Wut über die Erde hinfegt!

Ein Sturm von 30 Tagen

Am 19. Februar hatten wir günstiges Gelände, das nach dem in der Ferne sichtbaren Lemtschung-tso abfiel. Deasys und Rawlings Routen hatte ich seit zwei Tagen hinter mir zurückgelassen und befand mich jetzt am Westrand eines der größten weißen Flecke auf der Karte Tibets.

Wir besaßen noch zehn Tiere, ein Viertel der ursprünglichen Karawane! Sie wurden morgens mit Mehl und in Wasser gekochten Teeblättern bewirtet, die sie begierig hinunterschlürften. Unser Vorrat reichte nur noch knapp einen Monat.

Zehn Kilometer trennten uns noch vom Seeufer, als wir in der Nähe einer Höhle, in der noch vom Sommer her ein Mühlstein und zwei Yakfelle lagen, unser Lager aufschlugen. Längs des Ufers zog sich ein von Menschen ausgetretener Pfad hin. Wir blieben einen Tag liegen und nahmen nun noch eine Gepäckaussonderung vor! Alle Reserveinstrumente, wie Thermometer, Metermaße, Brillen, Verbandsachen und Brieftaschen und Unterwäsche wurden mit einigen Steinen in einen Sack eingenäht und durch eine Wake in den See geworfen, dessen Eisdecke beinahe meterdick war. Wir glichen einem Ballon, der Ballast auswirft, um sich schwebend zu erhalten.

Am 22. Februar ließen wir den kleinen Süßwassersee zur Linken, während der eigentliche Lemtschung-tso sich auf der rechten Seite unseres Weges ausbreitete. Nach Ostsüdosten hin sah das Land günstig aus, eine offene Ebene, die uns keine Hindernisse in den Weg legte. Der Sturm wurde noch heftiger, es klang unheimlich, als wenn der Wasserstrahl einer Feuerspritze in die Flammen hineinführe. Unser letzter eiserner Spaten und ein Kessel wurden vom Sturm fortgerissen, aber noch rechtzeitig wieder eingefangen.

23. Februar. Die Kälte ging auf 28,8 Grad herunter. Unsere letzten Tiere überstanden den kurzen Tagemarsch, der uns weiter durch das bequeme Tal führte, in dessen Verlängerung ich keine Spur von der »Snowy Range« der englischen Karte finden konnte. Ich lebte ausschließlich von Tee, Brot und Obstmarmelade, von der noch zwei Büchsen vorhanden waren.

Der Sturm hielt auch den nächsten Tag an. Selten konnten wir mehr als zehn Kilometer marschieren. Wir hatten im letzten Monat nur 350 Kilometer zurückgelegt, 50 Kilometer mehr als im vorletzten. Am Abend und in der Nacht trommelte stürmisches Schneetreiben auf unsere Zelte. Noch hatte ich mein bequemes, warmes Bett behalten, aber wenn es sein mußte, wanderte auch dieses ins Feuer.

Noch eine Tagereise weit konnten wir dieses herrliche Längstal benutzen; es stieg unmerklich nach einer flachen Schwelle an, auf deren Ostseite wir an einer Goldfundstelle vorbeikamen. Die Gruben, aus denen der goldhaltige Sand herausgeholt wird, haben ein bis fünf Meter Durchmesser und sind wenig mehr als einen Meter tief. Man sah deutlich, daß einige davon erst im Sommer aufgegraben worden waren. Ring- und Schutzmauern für auf der Lauer liegende Jäger und Steinmale gab es an mehreren Stellen.

Weiter talabwärts kamen wir am folgenden Tag wieder an eine Goldfundstelle. In einer 100 Meter langen Rinne schien der Goldstaub aus flachen Steinen ausgewaschen worden zu sein. Das Tal schrumpfte so zusammen, daß es nur noch fünf Meter breit war; der Boden war mit Eis bedeckt. Er mußte erst mit der Axt bearbeitet und mit Sand bestreut werden, und die Männer mußten jedes Tier einzeln stützen und führen; wir durften auch nicht eines von ihnen durch einen Beinbruch verlieren!

Vom Lager aus sah das Gelände nach Osten hin noch immer günstig aus, und keine »Snowy Range« versperrte uns den Weg. Man konnte 40 Kilometer weit vor sich sehen. Tubges erlegte fünf Hasen, die wir verspeisten. Während der Nacht ertönte um unser Lager herum wieder einmal das jämmerliche Heulen eines Rudels von Wölfen.

27. Februar. Auf der Ebene, die sich allmählich nach Ostsüdosten senkt, spazierten heute wohl tausend Kiangs umher. Vielleicht hatten sie sich hier zu einem großen Frühlingskongreß versammelt, auf dem über ihre Weidefragen entschieden werden sollte? Daß sie gleich den Nomaden regelmäßige Jahreszeitwanderungen unternehmen, ist sicher, denn auch sie sind vom Gras und seiner auf den einzelnen Höhen während der verschiedenen Jahreszeiten wechselnden Üppigkeit abhängig.

Hinter einem kleinen Felsvorsprung grasten noch fünf Kiangherden. In der uns zunächst weidenden zählten wir 133 Tiere.

Im Süden zeigten sich wieder zwei Zelte. Abdul Kerim ging mit zwei Leuten hin, während wir das Lager Nr. 341 aufschlugen. Es seien arme Leute aus Gertse, die nur 70 Schafe und Ziegen, sechs Yaks und einen Hund besäßen. Die Gegend unseres Lagers hätten sie Senes-jung-ringmo genannt und auch gesagt, daß wir, falls wir nach Südosten weiterzögen, beinahe täglich auf Nomaden aus Gertse und Senkor — Gebiete im Süden, die ich im Jahre 1901 durchzogen hatte — stoßen würden. Sie verkauften uns zwei prächtige Schafe und einen Kloß Butter, und wir fristeten damit unser Leben.

Vor uns im Südosten hatten wir eine gewaltige Talmulde, in deren Mitte die Eisdecke zweier kleiner Seen glänzte. Zwei Hirten treiben in einer flachen, nach dem See gehenden Rinne eine Schafherde vor sich her. Schnell her mit dem Turban! Gulam windet ihn mir um den Kopf, und ich gehe nun wie die andern zu Fuß. Am Ufer entlang treibt ein junger Mann sechs Yaks. Abdul Kerim und Gulam gehen zu ihm, während wir die Zelte am Ufer in 4633 Meter Höhe aufschlagen.

Nach einer Weile kehrten sie in Begleitung des Yaktreibers zurück, der, wie sich herausstellte, ein vierzehnjähriger Junge mit einer großen, weißen Pelzmütze war. Er hatte sich entsetzlich gefürchtet und sich nur mit Mühe überreden lassen, die Männer nach unseren Zelten zu begleiten. Es handelte sich nämlich darum, daß er zweien unserer Leute den Weg nach seinem Wohnort zeigen sollte. Den See nannte er Lumburringmo. Da ich nun vollständig verkleidet war, ging ich hinaus und sah mir den Burschen an, der durchaus nicht mißtrauisch schien.

Lobsang und Tsering begleiteten ihn nach seinem Zelt; als sie aber nach langer Zeit wiederkamen, brachten sie schlechte Nachrichten mit. Zwei Tibeter waren aus dem Zelt gekommen und hatten barsch gefragt, was sie hier zu suchen hätten. Sie hatten ruhig geantwortet, daß sie etwas Eßbares kaufen wollten, aber dergleichen war, wie es schien, nicht verkäuflich.

»Aber was seid ihr für Leute?« hatte ein älterer Mann gefragt.

»Wir sind Ladakis im Dienst eines Kaufmanns und ziehen nach Sakadsong«, war ihre Antwort.

»Ihr lügt!« hatte der Tibeter ausgerufen. »Diese Straße zieht kein Kaufmann, am allerwenigsten im Winter; in Tschang-tang treibt keiner Handel.«

»Wir treiben auch nicht Handel«, hatte Lobsang erwidert. »Wir sind beauftragt, Erkundigungen einzuziehen, wieviel Schafwolle sich hier im nächsten Sommer aufkaufen läßt.«

»Schafwolle — in unbewohnten Gegenden? Nein, ihr seid Diener eines Europäers, der sich in einem eurer Zelte versteckt hält. Heraus mit der Wahrheit, sonst geht es euch schlecht!«

»Fragt doch euren Jungen«, hatte Lobsang, der selbst Tibeter war, nun in seinem unschuldigen Tone gesagt, »ob er in unseren Zelten Europäer gesehen hat. Wir hassen die Europäer ebenso gründlich wie ihr. Wenn ihr uns nicht traut, so könnt ihr ja selber in unseren Zelten nachsehen.«

»Nein, danke, nach euren Zelten gehen wir nicht«, hatte der Alte geantwortet und war dann mit den Seinen wieder hinter seiner schwarzen Zeltwand verschwunden.

Lobsang war sehr ernst, als er wiederkam. Er schlug vor, wenn wir nicht schon hier angehalten würden, unser Lager künftig immer möglichst fern von den Zelten der Nomaden aufzuschlagen. Ich erschrak nicht wenig.

Jetzt war guter Rat teuer, denn die Nomaden zeigten uns sicher bei der nächsten Behörde an. Während meines abendlichen Unterrichts im Tibetischen, der mehrere Stunden dauerte, besprach ich die Lage mit meinen beiden Lehrern Lobsang und Kutus. Es wurde beschlossen, Abdul Kerim solle am nächsten Morgen in aller Frühe nochmals zu dem Nomadenzelt gehen; wenn die Nomaden uns weiter feindlich gesinnt wären, müßten wir versuchen, die Tagemärsche zu verlängern, um Vorsprung zu gewinnen.

Diesmal wurde Lobsang besser empfangen, da er unseren Häuptling und Anführer, den die Nomaden ganz richtig »Bombo« titulierten, in eigenster Person vorstellen konnte. Der alte Mann stellte sich selber unter dem Namen Sogbarong Tsering Tundup vor — Sogbarong ist sein Wohnort im Westen, und dieser Name wird mit dem Personennamen zusammengenannt, ungefähr so, wie man bei uns auf dem Lande »Anders Persson vom Großhof« sagt. Der Alte hatte seine Gäste gebeten, ins Zelt einzutreten, zwei Schaffüße genommen, sie mit einem Beil zerhackt und in einen Topf mit kochendem Wasser geworfen, dann Abdul Kerim von dieser Flüssigkeit vorgesetzt und gesagt, dies sei der einzige Tee, den er habe. Jetzt hatte der Alte keinen Verdacht mehr gegen uns ausgesprochen, aber erzählt, daß vor etwas länger als einem Jahr ein Europäer mit einer großen Karawane weiter nach Osten hin durch das Land gezogen sei! Er ahnte nicht, daß sich gerade dieser Europäer in einem unserer Zelte verbarg! Als die Gesandten zurückkehrten, brachten sie ein fettes Schaf und eine Kanne Milch mit.

An diesem Tag, dem 1. März, stürmte es so, daß an Weiterziehen nicht zu denken war. Von der Landschaft war keine Spur zu sehen. Um zwei Uhr kam unser »Anders Persson vom Großhof« mit einem anderen Tibeter, um Abdul Kerim seinen Gegenbesuch zu machen. Sie tauchten erst aus dem Staubnebel auf, als sie unmittelbar vor unserm Lager standen. Sofort eilten zwei meiner Leute hinaus, um sie vor den Hunden zu schützen. Der Besuch war uns eine außerordentlich große Überraschung, aber nichts lag umher, was im geringsten hätte Argwohn erregen können. Meine Sachen waren in einen Sack gestopft worden, und ich selber war verkleidet — ich hatte ja auch nichts anderes anzuziehen! Auch wenn sie in mein Zelt hineingesehen hätten, wäre es nicht gefährlich gewesen.

Unsere Gäste trugen weite Schafpelze und Schaffellmützen und sahen wie Samojeden oder Tschuktschen aus. Eine Weile standen sie mit unseren Leuten plaudernd draußen im Wind, aber ich hörte kein Wort, obgleich sie von dem Loch in der Zeltwand, durch das ich sie beobachtete, nur drei Meter entfernt waren. Nach einigem Zieren traten sie in Abdul Kerims Zelt ein, und nun wurde die Yakfrage verhandelt. Leider besaßen sie nur sechs Yaks, die sie selber zu ihren Wanderungen brauchten; wollten wir aber Schafe haben, so wären sie bereit, bis zu zwölf Tieren abzugeben; jedes Schaf trüge mit Leichtigkeit den fünften Teil einer Esellast. Das Anerbieten wurde freudig angenommen und der Preis auf 38 Rupien festgesetzt. Dann humpelten sie wieder fort, dem Sturm entgegen, und ich fühlte mich wieder unbehindert.

Am 2. März wurde der Kauf abgeschlossen. Die Schafe standen in einem Haufen mit den Köpfen nach innen hinter dem Leutezelt, wo sie vor dem Sturm geschützt waren. An Aufbrechen war nicht zu denken, man konnte kaum auf den Beinen stehen. Wir blieben daher auch noch diesen Tag im Lager. Die Leute hatten vollauf zu tun, da sie kleine Säcke für die Schaflasten nähen und sie dann packen und abwiegen mußten. Ich hatte es nicht so gut, denn ich hatte nichts zu tun und nichts zu lesen; ich schrieb daher tibetische Vokabeln auf und trug die neuen Worte in mein Wörterbuch ein. Dann hörte ich eilige Schritte in der Nähe des Zeltes; es ist Kuntschuk, der mir frische Kohlen bringt; da rasselt es laut, er flucht, die ganze Bescherung ist ihm von der Schaufel geweht, und er muß nach dem Lagerfeuer zurückkriechen, um noch eine Schaufelvoll zu holen. Und der Tag geht hin, und der Sturm tobt weiter, bis man ganz müde und gleichgültig geworden ist.

Während dieser stürmischen Tage des Abwartens hatten unsere Tiere still in einer Mulde gelegen, wo sie vor dem Wind geschützt waren. Der Sturm machte ihnen das Grasen unmöglich, das Fasten aber schwächte sie noch mehr. Einen weißen Maulesel hatten wir denn auch am Lumburringmo-tso zurücklassen müssen, als wir am 3. März nach Südosten weiterzogen. Die neuen Schafe trugen sämtlich Lasten — eine unschätzbare Hilfe für unsere erschöpften Tiere. Sie wurden jede Nacht zwischen den Zelten angebunden, um vor Wölfen geschützt zu sein, und der gelbe Gartokhund erwies sich als ein vorzüglicher Wächter.

Tag für Tag herrschte heftiger Sturm. In jedem Lager ist die größte Vorsicht zu beobachten; keine Papierfetzen, Zündholzschachteln, Lichtstümpfe und Zigarettenstummel dürfen liegenbleiben, denn man kann sicher sein, daß benachbarte Tibeter sofort nach unserem Aufbruch den Platz gründlich absuchen. Unser Weg führte über einen flachen Paß (4886 Meter). Jenseits des Passes folgten wir einem tief eingeschnittenen Tal, das in eine Ebene mündete. Wir waren gerade dabei, unsere Zelte aufzuschlagen, als zwei große schwarze Hunde mit lautem Gebell herankamen. Also lagerten in unmittelbarer Nähe Nomaden, und es hieß wieder sich vorsehen. Abdul Kerim, der stets taktvoll und klug war, sowie es sich um delikate Unterhandlungen drehte, ging zu dem Zelt, das von vier Senkornomaden bewohnt war, die 400 Schafe besaßen. Der vornehmste der Zeltbewohner hieß Schgoge; er verkaufte uns drei Schafe, ein wenig Butter und etwas Milch. Er sagte, die Gegend um das Lager Nr. 345 heiße Pankur; bis zum Dorfe des Gertse Pun, dem Zeltlager des Gertsehäuptlings, hätten wir noch drei Tagereisen nach Südosten. Mit dem Häuptling hatte ich jedoch nichts zu besprechen. Uns kam es im Gegenteil darauf an, allem, was Behörde hieß, möglichst aus dem Weg zu gehen und uns sowohl Gertse und Senkor im Westen, wie meiner Route vom Jahre 1906 im Osten nicht zu sehr zu nähern. Gerade hier überschritten wir den 84. Grad ö. L. Es war mein Plan, vom Tong-tso aus direkt nach Süden, quer durch den großen weißen Fleck, zu gehen.

Unser und der braunen Puppy Schicksal in Nagrong

Im Winter reist es sich auf den tibetischen Hochebenen schwer — mehr als vier Stunden kann man am Tag nicht marschieren. Der Morgen war klar, aber wir waren noch nicht weit über einen kleinen See hinaus, als der Sturm so stark wurde, daß ich im Sattel schwankte. Die Staubwolken werden immer dichter, die Tromben sind an der Basis rotbraun, die heftigsten Windstöße reißen wie ein Pflug Furchen in die Erde.

Zwei aufgemauerte Feuerstätten kamen unserem Lagerplatz, wo gutes Weideland war, sehr zu statten. Ich wartete mit Kutus und Gulam auf die anderen. Wir hatten aber kaum ein Feuer anzünden können, als der Sturm — um die Mittagszeit — zum Orkan anschwoll. Außer den nächsten Grashügeln verschwand alles, See und Berge, in einem undurchdringlichen Chaos. Das Feuer wurde mit Steinen und Lehmklumpen eingehegt, Sand und kleine Steine sausten trommelnd gegen meinen Pelz, die Haut schmerzte wie von Peitschenhieben, wenn man sie dem Wind nur einen Augenblick aussetzte. Glücklicherweise fanden die anderen uns. Alle Mann mußten beim Aufrichten meines Zeltes helfen. Endlich kam Gulam rückwärts zu mir herangekrochen und brüllte mir ins Ohr, das Zelt sei fertig. Breitbeinig und mit gespannten Muskeln ließ ich mich im Zickzack dorthintreiben und war froh, noch eins der Zelttaue ergreifen zu können, ehe ich umgerissen wurde. Nun war ich unter Dach und atmete auf. Die Hinterwand, auf die der Wind drückte, dehnte und straffte sich nach innen wie ein Ballon und drohte jeden Augenblick mit einem Knall zu platzen. Betäubend sauste der dagegen schmetternde Kies. Es war so dunkel wie in der Dämmerung, es pfiff und heulte im Grase. Die Leute versuchten eines ihrer Zelte aufzurichten, aber nachdem es ihnen zweimal wieder umgeweht war, ließen sie es liegen und bedeckten es nur mit Gepäckstücken, um es vor dem Fortfliegen zu bewahren. Fünf Ladakis hockten wie zusammengerollte Igel im Schutz meines Zeltes; ich ließ sie aber zu mir hereinkommen, wo sie ein paar Stunden stumm und regungslos saßen. Die anderen waren unter die Ruinen ihres verunglückten Zeltes gekrochen. Auch Puppy und Klein-Puppy lagen, sich aneinander wärmend, in einer Ecke. Und dabei zeigte das Thermometer plus 2,1 Grad; so warm hatten wir es seit drei Monaten nicht gehabt! Ein langer, düsterer Abend. Ich war wirr im Kopf und schwerhörig, als ich endlich in meiner Pelzhöhle Ruhe suchte, während der Sturm draußen weiterheulte.

Ich erwachte bei der gleichen Musik. Weder Himmel noch Horizont sind sichtbar, und die Berge treten nur dann und wann aus dem Nebel hervor. Ich breche mit Kutus und Gulam zuerst auf und folge einem begangenen Weg. Nachdem wir 13 Kilometer weit gewandert sind, machen wir halt am Rand eines breiten Eisbandes. Über die Eisdecke fegt der Wind, und roter Staub gleitet darüber hinweg. Auf Kutus gestützt, rutsche ich nach der anderen Seite hinüber; in einer kleinen Talmündung suchen wir Schutz und zünden das übliche Leuchtfeuer an.

Die Karawane trifft am Eisrand ein. Es ist unmöglich, einen Sandweg zu streuen, denn der Wind fegt ihn gleich wieder fort. Die Tiere müssen also einzeln von mehreren Männern hinübergebracht werden. Trotzdem fiel ein Maulesel und zog sich dabei eine verhängnisvolle Verrenkung des einen Hinterbeines zu. Nur mit großer Anstrengung konnte er noch nach dem Lager hinaufgebracht werden. Alle sahen grau und entstellt aus, unsere Augen waren voller Sand und Staub und tränten unaufhörlich. Meine Lippen sprangen auf und bluteten, meine Zähne waren schwarz. Der März ist zwar hier stets der schlimmste Monat des Jahres, aber so toll wie diesmal hatte ich ihn noch nie erlebt.

Der kranke Maulesel war für uns verloren, jetzt, wo wir nicht in der Lage waren, eines unserer besten Tiere entbehren zu können!

Am Morgen des 8. konnte er keinen Schritt mehr gehen. Es war mir schwer ums Herz, als ich ihn zum Tode verurteilen mußte. Er blieb in der Einsamkeit zurück, während wir weiterzogen, unbekannten Schicksalen entgegen.

Vorher aber war ich noch auf einen Hügel gestiegen und hatte Ausschau gehalten. Was war klüger: nach Nordosten oder nach Südwesten zu gehen? Beide Richtungen lagen außerhalb unseres jetzigen Weges. Ich entschied mich für Südwesten und lief durchfroren nach dem Zelt, wo Gulam gerade das Frühstück auftrug. Die braune Puppy und Klein-Puppy leisteten mir wie immer dabei Gesellschaft, um ihren Anteil zu erhalten. Klein-Puppy war jetzt schon so gewachsen, daß er seine Mama ungestraft behandeln konnte, wie es ihm beliebte. Wenn ich ihr ein Stück Fleisch gab, schoß er wie ein Pfeil darauf los und riß es ihr fort. Ich mußte den kleinen Puppy festhalten, damit die Mutter in Frieden fressen konnte.

Mit meinen gewöhnlichen Begleitern ritt ich voraus. Der erstickende, betäubende Sturm kam uns gerade entgegen. Gulam geht an der Spitze, bleibt plötzlich stehen, blickt durch das Fernglas und gibt mir das verabredete Zeichen zum Absitzen.

»Was gibt's?« frage ich Gulam, als wir bei ihm ankommen.

»Ein großes Steinhaus mit einer Mauer und zwei kleinere Hütten! Sie sind augenblicklich im Nebel nicht zu sehen, aber sie liegen ganz nahe am Fuß des Berges.«

»Merkwürdig, daß uns keine Hunde entgegenstürmen!«

»Was nun? Wollen wir umkehren? Hier wohnt sicher ein Häuptling, der uns bis auf die Haut untersuchen wird.«

»Dazu ist es zu spät, sie haben uns schon gesehen.«

Wie bereute ich es, daß wir nicht nach Nordosten gegangen waren! Jetzt hieß es gute Miene zum bösen Spiel machen. Wir zogen an dem Dorf in einer Entfernung von nur 100 Meter vorüber und hielten im Schutz des dunklen Porphyrfelsens. Es war herrlich, wenigstens eine Weile vor dem Sturm geschützt zu sein! Tot und öde lag die Gegend, Menschen zeigten sich nicht, nur zwei Dohlen krächzten auf einer schroffen Felswand. Kutus und Gulam gehen, um Brennstoff zu suchen. Ich selbst untersuche mit dem Fernglas diese rätselhafte Umgebung. Im Südosten wird es ein wenig heller, hinreichend, um 200 Meter von uns ein außergewöhnlich großes schwarzes Zelt mit weißen Gebetswinkeln entdecken zu können.

Gulam war nach dem großen Haus gegangen und hatte dort eine ganze Menge Brennholz gefunden, eine Strauchart, die die Tibeter Ombo nennen. Nun warteten und warteten wir auf die Karawane; schließlich mußte Kutus auf die Suche gehen. Sie hatte sich in dem Staubnebel total verirrt.

Sobald die drei Zelte aufgeschlagen waren, gingen Abdul Kerim und Kuntschuk zu dem großen Zelt. Wir warteten in atemloser Spannung. Erst in der Dämmerung kehrten sie mit guten Nachrichten zurück. Sie hatten einen einsamen, alten Amtschi-Lama, d. h. einen Arzt-Mönch getroffen, der zugleich der Seelsorger der Nagrongnomaden ist. Nach astrologischen Büchern bestimmt er die glücklichen und unglücklichen Tage für Kindtaufen und andere Geschäfte, übernimmt die dabei nötigen geistlichen Verrichtungen und steht den Menschen bei, wenn sie krank sind, sterben und schließlich bestattet werden sollen. Das Zelt war ein wandernder Tempel, der mit Götteraltären, brennenden Butterdochten und Opferschalen ausgestattet war, vor denen der Einsiedler den Gottesdienst hält — wir hörten ihn um Mitternacht in aller Einsamkeit eine Tempeltrommel schlagen. Das Zelt sowie das große Haus gehörte dem Gertse Pun Bobo, dem Häuptling des Distriktes Gertse, der vor einigen Tagen mit Kind und Kegel und seinen Herden eine Tagereise weit nach Osten gezogen war, aber bald zurückerwartet wurde. Vielleicht war es also doch gut, daß wir nach Südwesten gezogen waren, anstatt nach Nordosten, wo wir dem Gertse Pun gerade in die Arme gelaufen wären. Im Spätherbst kommt dieser Potentat nach Nagrong, wo er das Steinhaus bezieht, während ringsumher Hunderte von Nomadenzelten aus der Erde wachsen und ein Jahrmarkt abgehalten wird.

In dem Zelt des Lama lagen mehrere Säcke Tsamba, Gerste, Reis und Butter, aber er war nicht berechtigt, ohne die Erlaubnis des Gertse Pun etwas davon zu verkaufen. Statt dessen beschrieb er die Lage des Zeltes, in dem der Schwager des Gertse Pun wohnte und wo aller Art gute Sachen erstanden werden könnten.

Ich beschloß infolgedessen, den 9. März noch hierzubleiben. Während dieses Ruhetages suchte Abdul Kerim mit drei Begleitern den Schwager auf, wurde freundlich empfangen und kaufte fünf Schafe, zwei Schafslasten Reis, ebensoviel Gerste und einen Beutel Tabak, nach dem die Leute sich schon solange gesehnt hatten. Den ganzen Tag über war ich Gefangener in meinem eigenen Zelt! Und als der Abend kam und seine Schatten sich auf dies seltsame, unheimliche Nagrongtal herabsenkten, konnte ich an nichts anderes denken, als an meinen alten treuen Reisekameraden, den ältesten aller derer, die mit mir in Tibet gewesen waren, die braune Puppy! Mit dem gelben Hund war sie gestern bei dem Maulesel zurückgeblieben, der seines verstauchten Fußes wegen hatte getötet werden müssen, und seitdem hatte keiner die beiden wiedergesehen. Wir hatten gehofft, daß sie uns, wie schon unzählige Male, wiederfinden würden. Aber jetzt sah ich, daß sie unsere Spur verloren hatten. Wenn sie ein einziges Mal über das Eis gegangen waren, würden sie unsere Spur nie mehr finden können. Mich quälte der Gedanke an meine Zeltgefährtin mehr als sonst etwas. Noch gestern morgen hatte sie auf ihrer Filzmatte in ihrer gewöhnlichen Ecke gelegen, und wir hatten zusammen gefrühstückt. Wo war sie jetzt, wie ging es ihr in diesem Augenblick? Würde Puppy je bei freundlichen Nomaden landen und es wieder gut haben? Oder würde sie Not leiden? Auf diese Fragen sollte ich nie Antwort bekommen, denn Puppy und der gelbe Hund hatten ihre Rollen in unserem Roman ausgespielt. Sie war und blieb fort, und ich vermißte sie unbeschreiblich. Ich lag nachts wach im Bett und dachte an ihren Kummer, ich sah jeden Morgen nach, ob sie zurückgekehrt sei, ich glaubte, in der Dämmerung ihre leisen Schritte vor dem Zelt zu hören. Ich litt eine ganze Zeit hindurch förmlich an einer fixen Idee. Es peinigte mich, meinen umherirrenden, suchenden Freund nicht helfen, ja ihn nicht einmal trösten zu können. — Bald aber hatte ich an anderes zu denken; mit jedem Tag verwickelte ich mich mehr in einem unentwirrbaren Garn von Gefahren, die zu einer Krisis führen mußten und in denen die Sorgen der Vergangenheit vor dem Ernst des Augenblicks verblaßten.

Am 10. März. Ein Tag wie der heutige ist interessant in der Erinnerung, aber hart, solange er dauert. Vor sechs Uhr wurde ich mit der beunruhigenden Nachricht geweckt, daß zwei Tibeter sich unsern Zelten näherten. Ich sprang sofort aus dem Bett, zog mich an und bepinselte mir Gesicht und Hände mit verdünnter schwarzer Tusche. Unterdessen kamen die Fremden an und wurden gebeten, bei Abdul Kerim einzutreten, wo ich sie in aller Gemütlichkeit von Schafen und Geld reden hörte — es waren also keine Spione. Noch hatte unsere Stunde nicht geschlagen. Der eine Gast war der »Schwager«, der andere einer seiner Nachbarn, der, als er gehört hatte, wie gut wir Schafe bezahlten, sich bereit erklärte, uns die vier, die er mitgebracht hatte, nebst einer munteren Ziege ebenfalls zu verkaufen. Abdul Kerim war ein für allemal angewiesen, sämtliche Schafe zu kaufen, die zu haben waren. Die Ziege war ein munteres Tier, das uns sofort durchbrannte und sich überhaupt nicht wieder einfangen ließ!

Die beiden Tibeter gingen nun zu dem Zelt des Lama. Aber noch war die Spannung nicht vorbei, denn es war wahrscheinlich, daß sie wiederkommen und unserer Abreise zusehen würden. Daher ging ich, während die Zelte noch standen, mit Tubges, »Klein-Kuntschuk« und »Schnarch-Kuntschuk«, wie wir Sonam Kuntschuk wegen seines angestrengten Holzsägens im Schlaf zu nennen pflegten, als diese drei unsere 31 Schafe talabwärts trieben. Als wir abzogen, standen die Tibeter im Freien und gafften uns an, ohne etwas zu merken. Um dem Entdecktwerden zu entgehen, hatte ich mich in aller Eile in einen Schäfer verwandelt — Priester im ersten Akt und Räuber im letzten! Aber ich kam bald dahinter, daß es mir zu diesem ebenso windigen wie Geduld erfordernden Gewerbe an jeglicher angeborenen Begabung fehlte. Ich selber fand freilich, daß ich meine Ladakis so getreu wie nur möglich nachahmte, genau so wie sie rief, pfiff und mit den Armen in der Luft fuchtelte, wenn ein Schaf sich von der Herde trennte. Aber mir gegenüber zeigten die Tiere keine Spur von Disziplin, sondern gingen, wenn ich bei ihnen war, nur da, wo sie wollten. Nach einstündigem Treiben gerade gegen den Wind hatte ich genug, und während die beiden anderen mit den Schafen weiterzogen, ruhte ich mit Kuntschuk in einer Schlucht aus, wo wir vom Lamazelt nicht mehr gesehen werden, selber aber das ganze Tal überblicken konnten.

Endlich kamen die übrigen. Um elf Uhr steigerte sich die Heftigkeit des Sturmes zur Unerträglichkeit. Der Flugsand fegt in dicken Streifen am Boden hin, man erstickt fast, und alles verschwindet, was über 20 Meter entfernt liegt. Wir halten Rast, um Atem zu schöpfen und die anderen nicht zu verlieren. Als sie wie Gespenster im dichten Staubnebel auftauchen, setzen wir unsern Weg fort. Viele Sandstürme habe ich in der Takla-makan und in der Lopwüste aushalten müssen, aber wohl kaum einen, der so schlimm gewesen wäre wie dieser! In Turkestan lagert man einfach, wenn der Sturm kommt; aber was würde es hier nützen, warten zu wollen, bis ein Sturm aufhört, der dreißig Tage anhält? Wir irren zwischen kleinen Dünen umher, und obgleich das Tal sich in unserer Wegrichtung senkt, ist es, als arbeiteten wir uns zu einem hohen Paß hinauf — eine Folge des Winddrucks. Die andern entschwinden uns aus dem Gesicht. Der Flugsand schmettert gegen meinen Pelz, der durch die beständige Reibung stark mit Elektrizität geladen wird. Ungefähr alle zwei Minuten entlädt sie sich, und ich fühle unbehagliche, oft schmerzhafte Schläge, hauptsächlich in den Fußsohlen, Händen und Knien. Bei jedem solchen Schlag fährt auch das Pferd zusammen und wird nervös. Als mein grauer Tikse schließlich nicht weiter wollte, wir außerdem die anderen ganz verloren hatten und unsern eigenen Weg nicht mehr sahen, machten wir halt und kauerten uns an der Erde nieder, dem Sturm den Rücken zukehrend. Die elektrische Entladung dauerte auch jetzt fort, aber nicht mehr so stark. Wenn ich eine Fingerspitze der Hand Gulams oder Kutus' näherte, so hörte und sah man einen kleinen Funken, und wir fühlten beide den Stoß. Sie waren außerordentlich erstaunt und glaubten, daß Zauberei dabei im Spiel sein müsse.

Drei Stunden warteten wir so. Endlich fand Kutus die Nachzügler, gerade in dem Augenblick, als sie alle Versuche, uns noch vor der Nacht zu finden, aufgeben wollten. Wir lagerten zwischen den Dünen, und in ganz kurzer Zeit verschwand alles, was in meinem Zelt lag, unter einer dicken Sandschicht.

Am Morgen des 11. hatte der Sturm sich etwas gelegt; fröstelnd und müde nach den Anstrengungen des Abends setzten wir unseren Weg nach Süden fort und lagerten bei einer leerstehenden Schafhürde. Schon um neun Uhr sah man dichte Tromben sich gespenstisch über die Ebene hindrehen, und dann war der Sturm wieder in gewöhnlicher Stärke da.

Am 12. März legten wir in einem breiten Längstal die üblichen zehn Kilometer zurück und lagerten in einer Schlucht voller Schutt. Die drei Zelte wurden jetzt so dicht nebeneinander gestellt, daß ich, wenn ein Fremder unerwartet in mein Zelt kommen sollte, in Abdul Kerims Zelt hinüberkriechen konnte, ohne von außen gesehen zu werden. Mein Ladakitschapan begann einen mich immer mehr befriedigenden Farbton anzunehmen, aber ich tat auch, was ich konnte, um ihm Ruß- und Fettflecke beizubringen. Klein-Puppy unterstützte mich dabei gütigst, indem er nach meinen Ärmeln schnappte und so zerrte, daß sie schon in Fetzen hingen.

Die ganze Nacht schneite es leise und dicht, und am Morgen lag der Schnee hoch und dichter Nebel verhüllte das Land, daß wir es für das klügste hielten, im Lager zu bleiben. Immer weiter entfernen wir uns von der braunen Puppy; vergebens wird sie unsere Spur im Schnee suchen. Vielleicht war es so bestimmt, daß sie und mein Schimmel verschwinden mußten, damit ich nicht durch sie verraten würde. Denn die Tibeter haben einen unglaublich scharfen Blick für Tiere und kennen jedes wieder, wenn sie es auch nur ein einziges Mal gesehen haben.

Durch Bongbas Gebirge

Als Gulam mich heute, am 14. März, weckte, beklagte er sich, daß Abdul Kerim mit der Uhr, die er von mir bekommen hatte, nicht ordentlich umgehe; entweder sei die Uhr oder der Karawanenführer verdreht; er glaube indessen, die Uhr könne man eigentlich nicht verdächtigen. Gulam behauptete, daß Abdul Kerim auf die Frage, wieviel Uhr es sei, stets »sieben« antwortete, welche Zeit des Tages es auch sein möge!

In der Nacht hatten wir wieder 24 Grad Kälte gehabt, aber trotzdem wurde es ein herrlicher Tag. Drei Hirten trieben einige hundert Schafe nach Westen, der letzte Schnee hatte sie von ihren Weiden verscheucht, und sie waren jetzt auf der Suche nach schneefreiem Weideland. Ihrer Aussage nach waren wir nur noch eine Tagereise weit vom Tong-tso entfernt. Der Tong-tso war der Ort, von wo aus ich mich nach Süden wenden wollte. Gelang es mir, das unbekannte Land auch nur auf einer einzigen Linie zu durchziehen, so waren die Mühen des verflossenen Winters nicht vergeblich gewesen! Die Angabe der Hirten war richtig, denn am folgenden Tag lagerten wir am Westufer des Tong-tso (4511 Meter), den wir genau da fanden, wo ihn der unsterbliche Pundit Nain Sing in seine Karte eingezeichnet hat.

Jetzt handelte es sich darum, einen geeigneten Paß ausfindig zu machen, der über das Gebirge führte, das uns im Süden den Weg versperrte. Im Südosten zeigte sich eine Lücke, und dorthin zogen wir. Rechts von unserem Weg lagen zwei Zelte. Abdul Kerim wurde hingeschickt, während wir in einer tiefen, schmalen Erosionsrinne lagerten. Unser guter Anführer erzählte, daß er von zwei Männern unfreundlich empfangen worden sei; sie waren aus der drei Tagereisen nach Süden liegenden Landschaft Naktschu. Sie hätten zuerst gefragt, wieviel wir seien und wieviel Flinten wir besäßen, als hätten sie vor allem erst wissen wollen, ob sie und ihre Nachbarn uns wohl überwältigen könnten. Dann hatten sie gesagt, daß sie an der Spitze unseres Zuges einen Reiter gesehen hätten, während alle anderen, auch Abdul Kerim, zu Fuß gegangen seien. Jener Mann sei natürlich ein Europäer! Als Abdul Kerim entgegnete, daß Europäer nicht im Winter reisten, weil sie viel zu große Angst vor der Kälte hätten, und daß wir nur Wollkäufer aus Ladak seien, hatten die Tibeter den Kopf geschüttelt und geantwortet, sie hätten nie davon gehört, daß Ladakis im Winter diese Gegenden durchreisten. Aber nach und nach gelang es Abdul Kerim, ihr Vertrauen zu gewinnen, und als er für zwei Yaks und sechs Schafe doppelt soviel bezahlte wie die Tiere wert waren, ließen die Tibeter ihren Verdacht fahren — um des schnöden Goldes willen.

Während des heutigen Marsches ritt ich wie gewöhnlich mit meinen beiden Fußgängern voraus. Hinter einem Bergvorsprung zur Rechten lag ein Zelt so versteckt, daß wir es erst bemerkten, als wir es schon hinter uns hatten, und es zu spät war abzusteigen. Zwei Männer standen davor und gafften uns nach. Wenn sie ihre Beobachtungen mit denen ihrer Nachbarn vergleichen, werden sie guten Grund zu Argwohn finden! In dem heutigen Lager besuchten uns ein Greis und zwei halbwüchsige Jungen. Sie bettelten um ein bißchen Geld. Wir befanden uns hier, wie wir durch sie erfuhren, auf der Grenze des Distriktes Bongbatschangma, zu dem 300 Zelte gehören und der, wie die ganze Provinz Bongba, unter dem Statthalter Karma Puntso steht, dessen Zelte wir in sechs Tagereisen nach Süden erreichen könnten. Er sei 25 Jahre alt, wohne in einem großen Zelt und bekleide sein Amt erst seit einem Jahr, seit dem Tode seines Vaters. Es war immerhin eine Beruhigung zu wissen, daß er über Europäer und ihre krummen Wege noch keine Erfahrungen gesammelt haben konnte. Nachdem die Gäste von Abdul Kerim zwei Tengas erhalten hatten, schlichen sie im Glanz der Abendsonne wieder fort, erfreut, daß wir keine Räuber waren.

Die Kälte sank auf 26,7 Grad. — Ich legte den ganzen Weg zu Fuß zurück und spielte wieder den Schaftreiber, weil wir an mehreren Zelten vorüberkamen. Tubges schoß sieben Rebhühner, was zur Folge hatte, daß zwei Tibeter ankamen, dagegen protestierten und behaupteten, niemand anders als Europäer schössen Rebhühner! Abdul Kerim erklärte ihnen aber, daß er selbst lieber einmal Rebhühner als immerfort Schaffleisch esse! Hier spukte wieder das Gerücht von Karma Puntso. War es vielleicht doch klüger, einen anderen Weg einzuschlagen? Wir lagerten an der Nordseite einer kleinen Paßschwelle, wo wir keine lästigen Nachbarn hatten.

19. März. Das Frühstück war gerade verzehrt, als man mir meldete, daß drei Tibeter auf unser Lager loskämen. Sie blieben in einiger Entfernung stehen, und Abdul Kerim ging zu ihnen hin. Mein Zelt wurde noch im richtigen Augenblick zugemacht. Die Tibeter fragten, ob wir ihnen nicht Medizin geben könnten für einen Mann, der einen schlimmen Fuß habe. In Wirklichkeit war es wohl nur ihre Absicht, bei unserem Aufbruch zu spionieren. Nachdem ich mit dem Anmalen meines Gesichts und meiner Hände fertig war, schlich ich mich auf dem geheimen Weg in Abdul Kerims Zelt, während Kutus und Gulam auf demselben Weg in das meine krochen, um dort alles einzupacken. Dann trieb ich mit Lobsang und Tubges die Schafe den Paßweg hinauf. Wir waren noch nicht weit, als Abdul Kerim auf meinem Pferd angeritten kam und uns eifrig winkte stehenzubleiben. Ein tibetischer Reiter mit einem großen Hund würde uns in einigen Minuten auf diesem Pfad begegnen. Wir machten daher einen Umweg um die seitwärts liegenden Hügel, während der Karawan-baschi sich mit dem Tibeter befassen sollte. Nach einer Weile erschienen Kuntschuk und Sedik, jeder einen Strick in der Hand, in ihrer Mitte der große Hund, eine boshafte Bestie, die so bellte, daß ihr der Schaum vor dem Maul stand, und die zu beißen versuchte. Es war ein sogenannter »Takkar«, und Takkar hieß er auch bei uns; er erinnerte an einen Bernhardiner, war rabenschwarz mit einem weißen Fleck am Halse und auf der Brust und wild wie ein Wolf. Sie hatten ihn für zwei Rupien erstanden. Doch nicht nur das; Abdul Kerim hatte auch das Roß des Reiters für 86 Rupien erhandelt.

Im heutigen Lager hieß es gut aufpassen, denn ringsumher wohnten Nomaden und überall zogen Hirten mit ihren Herden über die Hügel. Um Takkar das Fortlaufen unmöglich zu machen, banden ihm die Leute eine Zeltstange am Hals fest, eine durchaus nicht leichte Operation. Er war zu bedauern, daß er sich wider seinen Willen aus seiner Heimat fortschleppen lassen mußte, aber ich hoffte, daß wir mit der Zeit doch gute Freunde werden würden.

Am 20. überschritten wir wieder eine kleine Paßschwelle (5955 Meter) und den unbedeutenden See Schar-tso. In zwei Zelten kauften wir Tee, Butter und Tsamba für einige Tage und erhielten wieder das Gerücht über Karma Puntso als Zugabe. Jetzt hieß es, er wohne drei Tagereisen westwärts; ich hoffte immer noch an ihm vorbeizukommen, ohne Verdacht zu erregen. Die Gegend des Lagers 359 hieß Luma-schar; wir befanden uns hier am nördlichen Ufer des großen Flusses Kangscham-tsangpo, der von der Nordseite des Scha-kang-scham herabkommt, jenes gewaltigen Gebirgsstockes, den ich im Jahre 1901 unmittelbar südlich von meiner Route hatte liegenlassen, und dessen westliche Seite uns jetzt zugewandt war.

Am folgenden Tag mußten wir über den Fluß, eine höchst ungemütliche Sache. Denn obgleich es die letzte Nacht 18 Grad kalt gewesen war, hielt das Eis in der Nähe der Ufer noch nicht. Abdul Kerim versuchte hinüberzureiten, aber das Tier brach mitten im Flusse ein, daß es kopfüber ins Wasser stürzte. Lobsang zog die Stiefel aus, ging barfuß hinüber und kam wieder zurück, um mit Hilfe der anderen unsere Lasttiere vorsichtig nach dem andern Ufer zu bringen. Am schwersten ging es mit den Schafen, sie mußten einzeln hinübergescheucht und an den Hörnern vorwärtsgezogen werden; beinahe alle Mitglieder der Karawane mußten sich an diesem Eisbad beteiligen.

Weiter ging es zu einem kleinen Paß, von dem man einen prachtvollen Überblick über die Kette hatte, die vom Scha-kangscham nach Westnordwest auszugehen schien und uns den Weg nach Süden verlegte. Abdul Kerim, Kuntschuk und Sedik mußten mit einem erschöpften Maulesel zu zwei Zelten gehen, die rechts von unserem Wege standen, und sollten versuchen, den Ärmsten gegen zwei Schafe zu vertauschen. Aber die Nomaden antworteten, daß sie den Maulesel nicht einmal geschenkt haben wollten. Statt zu tauschen, wurde nun Reis, saure Milch, Butter, Salz und ein Schaf gekauft, so daß wir auf einige Tage versorgt waren. Auch heute mußte Abdul Kerim vom Lager aus einen weiten Spaziergang nach einigen benachbarten Zelten machen. Er mußte seiner Sünden wegen tüchtig umhertraben, der arme Abdul Kerim! Wenn er auch gefehlt hatte, als er zu wenig Vorräte von Ladak mitgenommen hatte, so machte er durch sein Verhalten in dieser kritischen Zeit vieles wieder gut.

Takkar ist noch immer unversöhnlich und haßt Kuntschuk, der ihn gekauft hat, von ganzem Herzen. Aber er bellt auch uns andere samt und sonders an, sobald wir uns außerhalb der Zelte sehen lassen. Der einzige, der sich ihm zu nähern wagt, ist der kleine Puppy, der ihn neckt und ihn in die Ohren beißt. Takkar behandelt Klein-Puppy aber mit göttlicher Verachtung; nur wenn der Kleine eine Gelegenheit wahrnehmen will, um dem neuen Onkel das Futter vor der Nase wegzustibitzen, knurrt er wütend; dann aber richten sich Klein-Puppys Ohren auf, und mit schiefem Kopf blickt er Takkar an. Er hat keine Ahnung, daß Takkar ihm den Hals abbeißen könnte wie einem Küken, wenn er Lust dazu verspürte.

Am folgenden Morgen zogen Lobsang und Tubges wieder nach den Zelten der Nomaden und kehrten mit noch drei Schafen, einem Kloß Butter und einem Beutel Tabak zurück. Es war der Mühe wert, ihnen zuzusehen, einen solchen Appetit entwickelten sie! Die anderen hatten ihnen den halben Topf dicken, rotbraunen Buttertee übriggelassen. Eine Schale nach der anderen verschwand, und sie leerten den großen Topf bis auf den letzten Tropfen. Dann holten sie eine Schüssel Fleisch, das sie wie wilde Tiere verschlangen. Den Rest wickelten sie in das Ende ihrer Leibbinden, um Vorrat zu haben, falls sie hungrig werden sollten, ehe wir das nächste Lager erreichten.

Wir zogen südlich weiter. Die Nomaden hatten nichts zu verkaufen, gaben Abdul Kerim aber mancherlei wertvolle Auskunft. Kuntschuk pflegte sich verstohlen alle geographischen Namen aufzuschreiben. Unter anderem erfuhren wir jetzt, daß wir, falls wir noch sieben Tagereisen weiter nach Süden gingen, einen reichen Kaufmann aus Lhasa treffen würden, der Tsongpun Taschi hieß und sich im Winter in der Provinz Bongba aufzuhalten pflegte, um den Nomaden Tee zu verkaufen. Die Nachbarschaft seines Lagers schien mir unser nächster kritischer Punkt zu werden.

Um diese Zeit schliefen Lobsang und zwei wetterharte Ladakis schlecht, weil es ihnen, wie sie sagten, im Zelt zu heiß war! Lobsang hatte nur einfaches Unterzeug und darüber einen Anzug von dünnem Wollstoff. Dies Kostüm hatte er seit Drugub getragen und darin bei 40 Grad Kälte, mit nur zwei Säcken zugedeckt, geschlafen; denn seinen Pelz hatte er schon am Anfang der Reise einem der Kameraden verkauft. Nur ein Tibeter kann dergleichen aushalten.

Am 23. März arbeiteten wir uns zum Tschaklam-la hinauf, den wir auch Amtschen-la hatten nennen hören. Ein steiler Weg führt bergauf, und es ging verzweifelt langsam. Die Schafe und die beiden Yaks überholten uns bald. Von den letzten Zelten aus übersah man den ganzen Weg bis zum Paß, und ich mußte daher zu Fuß gehen. Ich wäre vor Herzklopfen und Atemnot gestorben, wenn nicht Lobsang mich hinaufgeschoben hätte! Zwei Maulesel, die während der letzten Tage schon kaum mehr atmen konnten, wurden lebend zurückgelassen, da die Nomaden sie sich natürlich holen würden. Mit einem Rappen ging es ebenfalls zu Ende, und das neugekaufte Pferd mußte dessen Last übernehmen. Mein Grauer war auch nicht mehr viel wert. Der Tschaklam-la mit seinen 5285 Metern war uns infolgedessen ein großer Stein des Anstoßes, und ebensowenig erfreulich war die Aussicht, die sich im Süden aufrollte: ein Labyrinth von Gebirgen, aus dem man jedoch deutlich entnehmen konnte, daß alle Ketten sich in ostwestlicher Richtung hinzogen. Von dem Paß ging es steil zum Fluß Sangtschen-tschu abwärts, der nach Westen fließt und an dessen Ufer wir lagerten. Takkar begann sich in sein Schicksal zu finden. Allerdings verdroß es ihn, daß er immer an seiner Zeltstange liegen mußte, aber er fand auch, daß er bei uns gutes und reichliches Essen bekam und daß wir alle sehr nett zu ihm waren. Nur Kuntschuk bellte er stets an; ihm konnte er nicht verzeihen.

Als wir am 24. März aufbrachen, schwankte ich zwischen Südwest und Südost, denn im Süden erhoben sich hohe Berge. Gingen wir nach Südwesten, so würden wir uns Karma Puntso zu sehr nähern; wir wählten also den Weg nach Südosten. Gulam marschierte zu Fuß an der Spitze und war wie gewöhnlich beauftragt, mir ein Zeichen zu geben, wenn sich Zelte oder Hirten zeigten. Wir waren noch nicht weit, als er schon die Hand nach links ausstreckte, was bedeutete, daß ich absteigen, mit den Schafen gehen und daß Abdul Kerim mein Pferd besteigen mußte. Diesmal war es nur ein Hirt mit seiner Herde.

Als wir etwas weiter marschiert waren, merkte ich plötzlich, daß ich mein Zigarettenetui, das auch einige Familienphotographien und ein Stück schwarzes Heftpflaster enthielt, verloren hatte. Das wäre eine schöne Geschichte, wenn ein Tibeter es fände! Lobsang und Kutus kehrten daher um und suchten unsere Spur ab. Glücklicherweise fanden sie es wieder.

Im heutigen Lager herrschte wieder Schneesturm, und in der Nacht sank die Temperatur auf minus 17,8 Grad. Jetzt hatten wir nur noch 21 Schafe und mußten darauf bedacht sein, entweder unsere Herde zu vergrößern oder, noch lieber, ein Dutzend Pferde zu kaufen. Hier und überhaupt in Bongba war das Schafkaufen schwierig. Überall klagten die Nomaden, ihre Herden seien durch Kälte, Stürme und Schnee vermindert, und überdies war das Gras erbärmlich, nachdem der Regen im vorigen Spätsommer ausgeblieben war.

Während der Nacht liefen unsere Tiere wieder einmal nach dem vorigen Lager zurück. Während Lobsang und Kutus sie holten, verging der größte Teil des Tages, und wir blieben daher im Lager 363. Kuntschuk und Tubges spürten unterdessen in einem südlichen Tal ein Zelt auf, wo sie Reis, Gerste, Tsamba, Milch und »Tschura«, eine Art Käse, kauften, so daß die Lebensmittel wieder mehrere Tage reichten. So fristeten wir unser Dasein von Zelt zu Zelt.

Vom 24. Februar bis zum 24. März hatten wir nur 290 Kilometer zurücklegen können, woran der mörderische Sturm, Verluste an Lasttieren und in letzter Zeit das schwierige Gelände schuld waren. Es gelang uns nur selten, den Tagemarsch auf zehn Kilometer zu bringen.

Es ärgert mich, daß am Nordfuß aller unserer Pässe immer ein Zelt liegt wie ein Wachthaus, ein Spionenauge. Ich muß daher den ganzen Weg zu Fuß gehen. So auch am 26., als wir nach dem Santschen-la (5356 Meter) hinaufkletterten. Nach Süden hin immer neue Gebirge. 30—40 Kilometer entfernt erhob sich in N 60° O der höchste Gipfel des Scha-kangscham, ein großartiges Bild in dem schönen Wetter, da auch nicht das kleinste Wölkchen die Aussicht trübte.

Als wir in Nema-tok lagerten, stand dicht bei uns ein Zelt, dessen Bewohner uns eine Schaflast Reis verkauften. Ein älterer Mann, den meine Leute familiär »Ava« oder Vater nannten, machte uns einen Gegenbesuch, um sich den Rappen anzusehen, den wir gern verkaufen wollten, weil er nicht danach aussah, als ob er noch lange leben werde. Aber der Alte versicherte, daß er für das Pferd nicht einmal eine Nähnadel geben würde! Er erzählte, die Nomaden würden sich in neun Tagen aus allen Tälern nach dem Ort begeben, wo Karma Puntso wohne, um Tee zu kaufen und ihre Steuern zu bezahlen. Der Teehändler Tsongpun Taschi sei ein einflußreicher Herr, meinte unser Alter. Ich hatte bei dem Gedanken, daß wir uns diesem Handelspotentaten näherten, ein Gefühl des Unbehagens. Er erfreut sich eines besonderen Privilegiums, das ihm der Devaschung erteilt hat. Den Nomaden verkauft er Tee auf Kredit. Wenn sie im Sommer ihre Schafwolle auf der Tasam verkauft haben, bezahlen sie ihre Schulden in Tengas oder in Naturalien. Tsongpun Taschi macht also gute Geschäfte, und es liegt in seinem eigenen Interesse, mit dem Devaschung in gutem Einvernehmen zu bleiben. Wenn er uns jetzt also unbehelligt weitermarschieren läßt, wird der Devaschung ihn zur Verantwortung ziehen, und er kann sein Privilegium verlieren!

Aber für nichts ist nichts! Wollte ich den weißen Fleck, in dessen Herzen ich mich gerade jetzt befand, erobern, so mußte ich mir mancherlei Widerwärtigkeiten gefallen lassen und mich großem Risiko aussetzen. Für einen leidlich intelligenten Menschen kann es ja kein Vergnügen sein, wie ein Strolch zu Fuß durch öde Gegenden zu wandern und eine Schar widerspenstiger Schafe zu treiben! Ich war dieses Gewerbes, zu dem mir alle Anlagen fehlten, schon herzlich überdrüssig. Jeden Morgen mußte ich mein Gesicht schwärzen, um wie ein Mohr auszusehen, saß folglich mit dem Pinsel vor dem Spiegel und strich mich dreimal an, um eine gleichmäßig dunkle Hautfarbe zu bekommen. Mein Turban war noch zu weiß, er wurde daher in eine Flüssigkeit aus verdünnter, mit Butter und Asche aufgekochter Tusche gelegt, und bekam wirklich schnell eine nicht anzuzweifelnde Echtheit. Meine weichen Lederstiefel waren schon so zerrissen, daß die Zehen vorn herausguckten. Diesmal war die Verkleidung sehr viel sorgfältiger ausgedacht als im Jahre 1901, wo ich als Mongole nach Lhasa zu ziehen versuchte, aber von Kamba Bombos starken Armen festgehalten wurde.

Aber aufreibend und qualvoll war diese Reise. Je weiter wir nach Süden vordrangen, desto quälender wurde der Gedanke, entdeckt zu werden. Würde es mir glücken oder würde man mich zum Rückzug zwingen, wenn erst die Hälfte der Linie durch den weißen Fleck zurückgelegt war? Würde ich den Transhimalaja nicht noch einmal übersteigen dürfen? Mit jedem Tag steigerte sich daher unsere Wachsamkeit und Vorsicht, aber auch unsere Erregung. Ich durfte mich nie vergessen, nie auf dem Marsch eine Zigarette in der Hand halten. Das Kartenbuch und den Kompaß trug ich verborgen auf der Brust, um sie stets zur Hand zu haben. Wenn ich in der Nähe eines Zeltes eine Gesteinprobe nehmen, mit dem Kompaß peilen oder eine Aufzeichnung machen wollte, mußte Lobsang mich decken. Er wurde mit der Zeit erstaunlich geschickt und gewandt in diesem Sport. Die Sonnenhöhe konnte ich nur nehmen, wenn wir ganz sicher waren, daß kein Tibeter das Instrument sehen konnte. Hinter dem Guckloch meiner Zeltwand saß ich, wenn ich ein Panorama zeichnete. Die Schafe waren meine rettenden Engel;

mit ihnen brach ich stets zuerst auf und brauchte mich nicht am Packen oder Beladen zu beteiligen. Immerhin war ich tatsächlich ein Gefangener in meinem eigenen Zelt, wo mir die Abendstunden recht lang wurden. Nichts strengt den Kopf so sehr an und macht so nervös, wie wenn man verkleidet reist und jeden Augenblick auf eine verhängnisvolle Wendung gefaßt sein muß.

Tsongpun Taschi

Der Alte verkaufte uns am Morgen des 27. März vier Schafe und hielt sich dann unter allerlei Vorwänden bei unseren Zelten auf. Er konnte durchaus nicht begreifen, weshalb wir hierhin gekommen waren, und gar noch um diese Jahreszeit. Aber Abdul Kerim machte ihm vor, die ärgste Kälte sei schon vorüber gewesen, als wir Tok-dschalung verlassen hätten. Dies war eine neue Geschichte, die wir uns ausgedacht hatten, weil sie wahrscheinlicher klang als die erste und zu den südlicheren Teilen des Landes besser paßte.

Auch hier lag das übliche Zelt, das den Paß beobachtete und mich zwang, auch den Ladung-la mit seinen 5302 Metern zu Fuß zu erklimmen! Hier aber war die Aussicht erfreulich: wir mußten etwa vier Tage durch abfallendes oder ebenes Gelände! Der südliche Abhang ist sehr abschüssig, man glitscht und rutscht durch den Schutt, der mit- und nachrollt, und hat dabei noch das wenig befriedigende Gefühl, sich die Stiefel und Kleider noch ärger zu zerreißen. Unten biegt das Tal nach Südwesten ab, und in der Gegend Janglung, wo wir das Lager aufschlugen, erzählte uns ein junger Hirt, daß wir am nächsten Tag Tsongpun Taschis Zelte erreichen würden!

Zahlreiche Quellen entspringen im Talgrund und bilden einen klaren, sehr fischreichen Bach. Hier blieben einige von uns und benutzten Kutus' Leibbinde als Netz. Beim ersten Zug fingen wir schon 18 Fische, und dadurch ermutigt, gaben wir uns erst zufrieden, als wir 160 Stück hatten, die zwar nicht groß waren, aber doch genügten, uns alle dreizehn zu sättigen. Klein-Puppy betrachtete mit gespannter Aufmerksamkeit die zappelnden Fische. Er hatte in seinem Leben noch nie fließendes Wasser gesehen und mag wohl geglaubt haben, daß man darauf ebenso sicher gehen könne wie auf klarem Eis. Ohne etwas Schlimmes zu ahnen, sprang er an einer Stelle, wo der Bach zwei Fuß tief war, von dem Graswall herunter und verschwand unter Wasser. Nachdem er sich mit vieler Mühe wieder herausgearbeitet hatte, war er ebenso beleidigt wie verdutzt und knurrte noch lange verdrießlich über das kalte Bad.

28. März. Jetzt glaubten wir uns auf Takkar verlassen zu können und machten ihn los. Er brannte uns auch nicht durch, war glänzender Laune, schoß wie ein Pfeil die Abhänge hinauf und hinunter und spielte mit Klein-Puppy, der wütend wurde, als der Koloß so schnell über ihn hinweggaloppierte, daß der Kleine sich mehrmals am Boden überkugelte.

In meinem Ladakisattel auf dem neuen Pferd wurde Abdul Kerim mit zwei Begleitern ausgeschickt, um über Tsong-pun Taschi Erkundigungen einzuziehen. Er hatte reichlich Geld im Beutel, um einzukaufen, was man uns ablassen wollte. Auf dreiste Fragen sollte er antworten, daß Gulam Rasul uns befohlen habe, in Raga-tasam zu einer seiner Karawanen zu stoßen, die vor etwa zehn Tagen aus Lhasa abgereist sei, und dann mit ihr nach Ladak zu ziehen.

Überall stießen wir auf Zelte, Herden, Schafhürden, ehemalige Lagerplätze und Manis; wir waren also endlich wieder auf einer großen Straße. Im Eingang eines von links einmündenden Tales stand ein großes weißes Zelt mit blauen Streifen, das, wie man uns sagte, dem Häuptling der Gegend, dem Gova Tschykjyng, gehörte. Ein Mann kam heraus, lief uns nach und erkundigte sich nach dem »Woher und Wohin«. Auch aus einem von Bettlern bewohnten Zelt kamen zwei Frauen, die dieselben Fragen stellten. Wir lagerten in der Gegend Kung-scherja. Aus einem unterhalb der unseren stehenden Zelt kam wieder ein Mann, um sich zu erkundigen, wer wir seien. Er teilte uns mit, eines der Zelte gehöre Takjung Lama, dem Abt des drei Tagereisen weit nach Südosten hin liegenden Mendong-gumpa. Gemütlicher konnten wir es ja gar nicht treffen! Unsere nächsten Nachbarn waren der Häuptling des Distriktes, ein Oberlama und Tsongpun Taschi, und ein bißchen weiter entfernt auch noch der Statthalter der Provinz Bongba in eigenster Person! Es mußte wirklich wunderbar zugehen, wenn es mir gelingen sollte, aus diesem Wespennest unbehelligt hinauszukommen. Morgen früh, ehe man über uns zu reden begonnen hatte, mußten wir schon abziehen, das stand fest.

Nachdem ich mehrere Stunden gewartet hatte, kam Abdul Kerim wieder. Schon aus der Ferne sah man, daß er ein Pferd gekauft hatte, mit Säcken und Beuteln beladen. In Tsongpun Taschi hatten sie einen alten Mann gefunden, der unbedeutend ausgesehen hatte, aber sein gewaltiges Zelt war voll Warenballen und sein Wanderladen reich. Natürlich hatte er sich sehr über den Besuch gewundert, aber trotzdem die Geschichte, die Abdul Kerim ihm vorlog, geglaubt. Er hatte meinem Karawan-baschi sogar die Namen aller Orte gesagt, wo wir auf dem Weg nach Saka-dsong und Raga-tasam lagern sollten, und uns vor Räuberbanden gewarnt, die die Gegend unsicher machten. Abdul Kerim hatte Tsongpun Taschi versprochen, ihm unsern kranken Rappen gegen etwas Eßbares zu vertauschen, ohne zu wissen, daß Abdullah das Pferd schon beim Bettlerzelt verschachert und zwei Schafe und eine Ziege dafür bekommen hatte. Dort hatte das treue Tier sicher noch gute Tage, wenn wieder frisches Gras wuchs.

Nachdem Abdul Kerim seinen Tee getrunken hatte, mußte er wieder forttraben. Diesmal galt der Besuch dem Gova Tschykjyng, der selber aus seiner Zelttür trat und ihm auseinandersetzte, daß ihm Takjung Lama gerade heute ein achttägiges »Jangguk« auferlegt habe, d. h. er durfte in dieser Zeit keinerlei Handel treiben, sondern mußte sich innerhalb seiner vier Pfähle der Meditation hingeben, um seine Sünden zu büßen. Für mich war das ein Glück, der Gova blieb also aus dem Spiel.

29. März. Nur minus 10,6 Grad in der Nacht und plus 13 Grad um sieben Uhr morgens, das ist endlich Frühling!

Früh am Morgen kamen zwei unserer Leute mit einem neuen Hund an, einem hellgelben, schmutzigen, unangenehmen Köter. Er wurde von Takkar nichts weniger als gastfreundlich empfangen.

Weit im Norden sahen wir einen einsamen Tibeter, der sich unserem Lager näherte. Ich saß gerade beim Frühstück und freute mich, diesen gefährlichen Ort bald zu verlassen. Nach einer Weile kam Abdul Kerim zu mir und teilte mir mit, daß es Tsongpun Taschi in eigner Person sei. Der Besuch blieb in einiger Entfernung stehen und rief uns zu, unsere Hunde anzubinden, denn besonders Takkar stürmte so auf den alten Mann los, daß dieser sich mit Steinwürfen verteidigen mußte. Meine Leute zögerten absichtlich so lange, bis ich Zeit gehabt hatte, das Innere meines Zeltes in Verteidigungszustand zu setzen. Bei solchen Gelegenheiten wurden meine Tagebücher und Instrumente in einem Sack Reis begraben, der immer in der Nähe stand. Andere Möbel waren nicht vorhanden — wir hatten ja alle europäischen Sachen längst verbrannt.

Inzwischen führte Abdul Kerim den Besuch in sein Zelt, das Wand an Wand mit dem meinigen stand. Das Gespräch wurde nach und nach, gelinde gesagt, lebhaft. Tsongpun Taschi wurde immer lauter, und Abdul Kerim saß augenscheinlich schwer in der Klemme.

»Habt ihr nicht gestern versprochen, mir den Rappen gegen Butter zu vertauschen? Sofort her mit dem Gaul! Wenn ihr euer Wort nicht haltet, lasse ich euch und euer sämtliches Gesindel hier festnehmen! Wortbrüchige lassen wir nicht durch Bongba ziehen. Ich habe euch gestern für ehrliche Leute gehalten, aber jetzt sehe ich, was ihr für eine Sorte seid! Ich werde erst einmal euere Zelte untersuchen!«

Damit erhob er sich, wütend wie eine gereizte Biene. Aber Gulam, der stets zur Stelle war und sich kein Wort von einer Unterhaltung entgehen ließ, hatte schnell Takkar wieder losgemacht. Sobald Tsongpun Taschi sich in der Zelttür zeigte, fuhr der Hund wieder auf ihn los. Er zog sich schnell in das Zelt zurück, und Abdul Kerim benutzte die Gelegenheit, um mit barscher Stimme zu rufen: »Kutus, nimm Hadschi Baba mit und sucht mir das verlorene Pferd!«

»Was für ein Pferd?« fragte Tsongpun.

»Das Pferd, das ins Gebirge gelaufen ist und das wir erst wiederhaben müssen, ehe wir aufbrechen können.«

»Welche Farbe hat es?« fragte Tsongpun mit unzeitgemäßer Wißbegierde.

»Grau«, rief Abdul Kerim, der seine Unruhe kaum mehr verbergen konnte, denn er war es ja gewesen, der den schwarzen Gaul versprochen hatte, ohne zu wissen, ob wir ihn noch hatten.

»Schön, ich bleibe hier, bis die beiden das Pferd gefunden haben.«

Während der Minute, die mit dieser Unterhaltung verging, hatte Tsongpun Taschi sich meinem Zelt genähert. Kutus eilte von der anderen Seite herein, packte mich beim Kragen und flüsterte mir ins Ohr: »Fort!« Wir entfernten uns in Richtung nach Südosten, wo ein Berg vorsprang, liefen dabei aber Tsongpun Taschi beinahe in die Arme.

»Was ist denn das da für einer?« fragte der Alte, auf mich zeigend.

»Hadschi Baba, einer meiner Leute«, erwiderte Abdul Kerim, ohne eine Miene zu verziehen. Wir drehten uns nicht um, bis uns endlich ein Felsstück verdeckte. Von da kletterten wir in einer Schlucht aufwärts, von der aus wir das Tal überblicken konnten. Hier blieben wir in atemloser Spannung eine gute Stunde, während Tsongpun Taschi unten auf die Rückkehr des entlaufenen Pferdes wartete, das gar nicht fortgelaufen war. Alle unsere Tiere standen schon vor unseren Zelten angebunden. Gaffar war zu dem Bettlerzelt gegangen, um das schwarze Pferd, wenn möglich, wiederzukaufen. Wie wir später hörten, hatte er die Antwort erhalten, daß daraus nichts werden könne, weil der Rappe bereits mit Gerste gefüttert sei und sich vortrefflich befinde. Wir sahen Tsongpun Taschi hinter Gaffar dorthin trotten. Anscheinend wurde er jedoch bald anderen Sinnes, denn als er etwa den halben Weg zurückgelegt hatte, schlug er den Weg zu dem Zelt des vornehmen Seelsorgers ein, das gegen 300 Meter weiter unten im Tale lag.

Wir lagen noch immer in unserem Versteck von stark verwittertem, grünem Schiefer voller Quarzitadern, hinter denen wir ungesehen spionieren konnten. Die Karawane war fertig und setzte sich in Marsch, um talabwärts am Zelt des Abtes vorbeizuziehen. Der Prälat war gerade bereit, nach dem auf keiner Karte der Welt angegebenen Mendong-gumpa aufzubrechen und seine Yaks standen schon beladen inmitten einer Dienerschar. Abdul Kerim war so klug, uns keinen Boten nachzuschicken, sondern uns nach eigenem Ermessen handeln zu lassen. Das taten wir denn auch — wir konnten ja nicht bis zum Jüngsten Tag in dem grünen Schiefer liegenbleiben. Aber am Abtzelt mußten wir vorüber, und drinnen saß Tsongpun Taschi, falls er nicht gar einer der Männer war, die sich draußen vor dem Zelt bewegten. Wir stiefelten also auf gut Glück los. Kutus ging auf der Zeltseite, um mich teilweise zu verdecken. Meine Verkleidung konnte kein Mißtrauen erregen, mein Gesicht war schwarz. Nicht ohne Herzklopfen gingen wir dicht am Zelt vorüber. Nur zwei bissige Hunde stürmten uns nach, die wir uns mit Steinwürfen vom Leibe hielten, was aber unsere Marschordnung störte und uns zu einer Richtungsänderung zwang. Die verwünschten Hunde! Wenn uns aber Tsongpun Taschi sah — und das war kaum anders möglich, da die Hunde wie besessen bellten —, würde er sich wohl wundern, wo das graue Pferd geblieben war. Hatte er aber jetzt noch keinen Verdacht gegen uns, so war er zweifellos der größte Esel, dem ich je in meinem Leben begegnet bin!

Wir beschleunigten unsere Schritte, holten die andern bald ein und mischten uns unter sie. Abdul Kerim ritt auf seinem neuen Pferd vornehm an der Spitze. Links standen ein weiß und blaues und ein schwarzes Zelt, um das 20 Yaks grasten. Zwei Männer kamen auf uns zu, Abdul Kerim ritt ihnen entgegen und verwickelte sie in ein Gespräch. Wir marschierten an dem zugefrorenen Bach entlang. Noch an zwanzig Zelten kamen wir an diesem Tag vorüber, aus allen kamen Menschen, um uns anzugaffen, und es war ein Wunder, daß ich wieder mit heiler Haut davonkam.

Im Licht der untergehenden Sonne zeichnete ich die wechselvollen Ereignisse dieses Tages auf. Ich saß in meiner Zelttür. Da — was sahen meine Augen? Das war ja Takkar in eigenster Person, der geniert zu mir kam, den Kopf auf die Seite legte und mit seiner Pfote auf meinem Arm zu kratzen begann. Ich sah ihn an und er sah mich an, und endlich verstanden wir einander.

»Ich konnte doch nicht wissen«, sagte er, »daß ihr so nette Menschen seid, als ihr mir die scheußliche Zeltstange am Halse festbandet. Ich glaubte, daß ihr mich quälen und plagen wolltet, mich hungern lassen und mich mit Steinwürfen traktieren würdet, wie es die Tibeter getan haben, seit ich auf der Welt bin! Aber ich sehe, daß ihr es gut mit mir meint und mir zweimal täglich herrliches Schaffleisch gebt. Wohl weiß ich, daß du in deinen Lumpen der Bombo Tschimbo bist und daß Abdul Kerim nur ein Knecht ist. Sei ruhig, ich lasse keinen an dein Zelt heran; ich werde nachts über dich wachen, ich werde dich nie verraten, ich werde dich begleiten, wohin es auch gehe, und du kannst dich auf mich verlassen! Nun aber komm auch und spiele ein bißchen mit mir; nimm mir die eklige Zeltstange ab und laß uns nicht länger fremd bleiben!«

Es stand so deutlich in seinen klugen braunen Augen geschrieben, daß er dies alles, Wort für Wort, dachte. Ich nahm seinen zottigen Kopf und kraulte ihn; da sprang er an mir in die Höhe, begann vor Freude zu tanzen und zu heulen und lockte mich aus dem Zelt heraus. Ich fing ihn ein, löste die Knoten und befreite ihn von der Stange, zur großen Verwunderung meiner Leute, die unter freiem Himmel an ihrem Feuer saßen. So nahe hatte sich, außer Klein-Puppy, bisher noch niemand an Takkar gewagt, und ohne eine Spur von Neid mischte sich der kleine Hund in das Spiel, mit dem ich von nun an täglich ein paar Stunden meiner langweiligen Gefangenschaft totschlug.

Buptsang-tsangpo, einer der größten Flüsse im innersten Tibet

Wir atmeten beim Aufbruch am 30. März alle erleichtert auf, weil es uns gelungen war, aus dem Netz, in dessen Maschen wir beinahe sitzengeblieben waren, noch einmal herauszuschlüpfen. Gerade hier ist der Serpunlam, der Weg, den der Serpun, der Goldinspektor, auf seiner Reise von Lhasa nach Tok-dschalung durch das innerste Tibet benutzt, eine der größten Heerstraßen des Landes. Ganz sicher waren wir allerdings noch nicht, aber eine beruhigende Nachricht hatten wir doch erhalten: Karma Puntso hatte sich einige Tagereisen nordwärts nach einer Gegend in Tschangtang begeben, wo er große Schafherden besaß. Die meisten Nomaden in Bongba hatten ihre Schafe und Hirten nach dem Norden geschickt, weil das Gras dort viel besser ist. So waren in den Zelten jetzt bloß Weiber, Greise und Kinder.

Die Wildgänse hatten mit ihren Zügen begonnen, wir hörten sie unausgesetzt über unseren Zelten schreien. Wenn wir in der Nähe anderer Menschen lagerten, wurde Takkar vor meinem Zelt angebunden, um neugierigen Besuch fernzuhalten. Er, der unter Tibetern geboren und erzogen war und nie in seinem Leben andere Leute gesehen hatte, wurde jetzt rein toll vor Wut, wenn er einen Tibeter nur aus der Ferne erblickte. Später mußte ich noch manche Rupie an diejenigen seiner zweibeinigen Landsleute bezahlen, die er in die hosenlosen Beine gebissen hatte, denn ohne ein leichtes Blutvergießen war er bei solchen Gelegenheiten nicht zufrieden.

Noch eine Tagereise weit folgten wir dem Fluß nach Südsüdwest bis an das Lager 369, wo arme Nomaden am Rand eines Schneefeldes lagerten. Wieder zeigte sich der Gipfel des Scha-kangscham, jetzt in N 30 ° O, wo er wie ein riesenhafter Leuchtturm über das Hochland ragt. Man teilte mir mit, daß in einer Entfernung von fünf Tagereisen nach Westnordwest der Salzsee Tabie-tsaka liege, von dessen Lage ich mir von der »Tasam« aus vergeblich einen Begriff zu machen versucht hatte. Als ich am Nachmittag im Freien saß, um ein Panorama zu zeichnen, streiften die Nomaden spähend umher, so daß wir Wachtposten ausstellen mußten. Am Abend war die Gegend pechfinster, kein Mond, nur dichte Wolken standen am Himmel, unsere Tiere aber waren verschwunden. Da aller Grund vorhanden war, Wölfe und Pferdediebe zu fürchten, mußten acht Leute auf die Suche geschickt werden. Sie nahmen Revolver mit und gaben auch einige Schüsse ab. Zu frieren brauchten sie wenigstens nicht, denn die Temperatur sank nur auf minus 7,8 Grad. Am Morgen des 1. April hatten die Tiere sich wiedergefunden. Der einzige, der fehlte, war der graugelbe Hund; er hatte während der Nacht seinen Strick durchgenagt und war nach dem armseligen Zelt zurückgelaufen, in dem er bisher gelebt hatte.

Jetzt führte der Weg in südsüdwestlicher Richtung nach dem kleinen Satsot-la (4856 Meter) hinauf. In dem weiten Talkessel, den wir vor uns hatten, liegt der Tschunit-tso. Am Abend besuchte uns ein Wandersmann, der nach seinem weiter südwärts liegenden Zelt wollte. Er versprach uns am nächsten Morgen drei Schafe zu verkaufen.

Und wirklich! Er hielt Wort. Er kam uns mit den Schafen entgegen, als wir am folgenden Tag längs des westlichen Ufers des Tschunit-tso (4747 Meter) südwärts zogen. Am Nordende des Sees tritt eine heiße, schwefelhaltige Quelle zutage. Der Mann erzählte, daß man krank werde, wenn man aus der Quelle trinke; vermische man aber ihr Wasser mit dem einer dicht dabei liegenden kalten Quelle, so heile dieses Getränk allerlei Krankheiten. Kranke Schafe und Ziegen pflege man in dem heißen Wasser zu baden, und sie würden danach sofort wieder gesund. — Die Quelle ist heilig, und ein Mani ist in ihrer Nähe errichtet. Der See war schwach salzhaltig.

3. *April.* Wir ließen das Südende des Sees hinter uns und zogen in einem Tal aufwärts, das uns nach dem Nima-lung-la hinaufführte; wir lagerten auf unfruchtbarem Gelände zwischen Granitfelsen. Eine Steineule saß in einer Felsspalte und rief ihr gellendes, kreischendes »Komm mit!« in die Abenddämmerung. Lobsang sagte, dieser Vogel werde in Tibet mit großer Ehrfurcht behandelt, weil er ehrliche Menschen vor Räubern und Dieben warne. Wenn man irgendwo einen Uhu schreien höre, könne man darauf schwören, daß Räuber in der Nähe seien.

Am 4. April hatten wir nur einen halbstündigen Weg bis zur eigentlichen Paßschwelle, dem Nima-lung-la (4882 Meter). Die Aussicht nach

Süden auf den Transhimalaja ist prachtvoll. Zwischen uns und dem Fuß dieses Gebirges breitet sich eine weite, völlig gleichmäßige Ebene aus. An einem Quellbach saßen zwei Tibeter, mit dem Zerlegen eines verendeten Yaks beschäftigt. Sie bestätigten, daß wir uns im Distrikt Bongba-kemar befänden, eine Tagereise von Bongba-kebjang entfernt seien und einige Tage am Fluß Buptsang-tsangpo stromaufwärts ziehen müßten, um über den Paß Samje-la nach Saka-dsong zu kommen. Noch hatte ich sehr dunkle, unklare Begriffe von der orographischen Anordnung dieser Gegend. War die Kette, die wir im Süden vor uns hatten, eine Fortsetzung des Nien-tschen-tang-la, den ich im Sela-la, Tschang-la-Pod-la und Angden-la überschritten hatte? Oder war dies eine ganz andere Kette, die nicht mit jener zusammenhing? Die nächsten Tage würden mir wohl Antwort geben. Möchte ich doch glücklich durchschlüpfen und diese außerordentlich wichtige meridionale Profillinie durch das unbekannteste Tibet ganz verfolgen können!

Die Nomaden beim Lager 374 warnten uns vor dem Wasser in den Tümpeln der Ebene; unsere Pferde würden die Haare verlieren, wenn sie davon tränken. Kuntschuk jammerte über Zahnweh, wurde aber von zwei beherzten Kameraden im Handumdrehen kuriert. Die Operation wurde mit der Hufzange ausgeführt, die bisher nur zum Beschlagen unserer Pferde benutzt worden war. Um besser ankommen zu können, legten sie dem Patienten einen Stein wie einen Prim in den Mund. »Bringt mich nicht um!« schrie er, als der Zahn herausflog!

Am 5. April legten wir ganze 16½ Kilometer in der Richtung nach Süden zurück. Die Gegend war unfruchtbar und öde, der Erdboden mit rotem Porphyrschutt bedeckt. Eine kleine, von Gras umgebene Quelle erschien uns wie eine Oase, und hier schlugen wir dicht neben einer Schafhürde und einem Mani das Lager auf.

Nach einer Tagereise kamen wir an den Buptsang-tsangpo, den »tief-eingeschnittenen Fluß«, und zogen an ihm entlang nach Süden aufwärts. Das Tal ist etwa fünf Kilometer breit und hat sehr geringes Gefälle. Die Gegend, in der wir lagerten, nachdem wir an vierzehn Zelten vorbeigezogen waren, hieß Monlam-gongma (4822 Meter). Von hier aus soll der Fluß fünf Tagereisen weit nach Nordnordwesten strömen und sich dann in einen großen See namens Tarok-tso ergießen. Der Gedanke, einen Abstecher dorthin zu machen, hatte für mich etwas Verführerisches, aber es war wichtiger, die meridionale Profillinie ganz zu vollenden, solange das Land uns noch offenstand. Zwei gewaltige Schneegipfel im Südsüdosten, die die Nomaden hier ebenfalls, wie auf der Tasam, Lunpo-gangri, den »großen Eisberg« nannten, sollten rechts von der Route bleiben, auf der wir nach Saka-dsong kommen würden. Diese Mitteilung war außerordentlich irreführend. Ich sah ein, daß der Lunpo-gangri, dessen Gipfel Ryder und Wood gemessen hatten, keineswegs eine Fortsetzung der mächtigen Kette sein konnte, in der ich drei Pässe überschritten hatte und die weiter nach Osten hin Nien-tschen-tang-la heißt.

Nachdem wir vergeblich versucht hatten, unsere entkräfteten Yaks zu verschachern, setzten wir den Weg längs des großen Flusses fort. In der

Gegend Amtschung (Lager 376) hatten wir einen Nachbar namens Kamba Dramdul; was er sagte, war von großem Interesse: wir hätten nach dem Samje-la hinauf noch eine Tagereise zurückzulegen, zögen immer am Buptsang-tsangpo aufwärts und hätten auf beiden Seiten Gangris Schneeberge. Auf dem Paß selber seien wir den Gipfeln des Lunpo-gangri ganz nahe. Da tauchte die Vermutung auf, daß die bedeutende Bergkette, die wir zur Linken, also im Osten, hatten, doch die Fortsetzung des Nien-tschen-tang-la bilde, der Lunpo-gangri aber eine vollkommen frei stehende Kette sei, die keinen Zusammenhang mit jener habe.

Die östliche Kette wurde während der folgenden Tage immer mächtiger; zwischen ihren dunklen Verzweigungen erheben sich ziemlich flache Kuppen mit ewigem Schnee. Vom Lager 377 aus sehen wir die höchste Lunpo-gangri-Spitze in S 23 ° O.

Am 10. April zogen wir 13,7 Kilometer am Buptsang-tsangpo aufwärts — man wundert sich, auf dem abflußlosen Plateau einen so wasserreichen Fluß zu finden! An seinen Ufern schnattern Wildenten und -gänse in großer Zahl. Heute zeigten sich keine Menschen; ich verzichte gern auf sauere Milch, wenn ich dadurch Ungestörtheit erkaufe. Die Aussicht nach Südsüdosten ist jetzt überwältigend, gegen den blauen Himmel heben sich die Spitzen des Lunpo-gangri blendend weiß ab. Auch im Osten taucht eine ganze Gebirgswelt auf. Unerwarteterweise sind die Lunpo-gangri-Gipfel von der nördlichen Seite aus gesehen viel großartiger als von der südlichen, dem Brahmaputratal, was wohl darauf beruht, daß man ihnen auf der Südseite zu nahe ist. Hier oben sahen wir sie aus allen möglichen Entfernungen, und mehrere Tage lang hatten wir sie beinahe gerade vor uns.

Wir nähern uns der Talerweiterung, wo sich drei Gletscherflüsse vereinigen, um den Buptsang-tsangpo zu bilden, und zwar ganz so, wie beim Brahmaputra, und ebenso wie bei diesem, auf der Nordseite eines der beiden mächtigsten Bergsysteme der Erde. In unmittelbarer Nähe des Zusammenflusses in Bupjung-ring hatten wir unser Lager Nr. 379 (4911 Meter) aufgeschlagen. Der östliche Quellarm kommt teils vom Samje-la, teils von dem unmittelbar auf der südwestlichen Seite des Passes liegenden Teil des Gebirges. Der mittelste stammt von einem Massiv Jallak-mallak; der westliche vom Tschomo-gangri; im Südosten dieser Gebirge haben wir den Lunpo-gangri, der sowohl von seiner nördlichen wie südlichen Seite sein Wasser nach dem Meere sendet. —

Bupjung-ring ist eine der herrlichsten Gegenden, die ich in Tibet gesehen habe. Der flache, von Schnee und eisbedeckten Bergen umgebene Talkessel hat üppigen Graswuchs und wird von zahlreichen Wasserläufen durchschnitten. Überall waren Lagerspuren sichtbar. Während der eigentlichen Schneeschmelze des Sommers und später während der Regenzeit schwillt der Buptsang-tsangpo so an, daß er sich drei Monate hindurch nicht überschreiten läßt und der Verkehr zwischen seinen beiden Ufern abgeschnitten ist. Von der Quelle bis an den Tarok-tso, in den er sich ergießt, ist der Fluß ungefähr 150 Kilometer lang; er ist möglicherweise der größte Fluß in Tibet, der nicht dem Meere zuströmt. Die einzigen Flüsse, die sich vielleicht mit ihm messen können, sind der Satschu-tsangpo, der in den

Selling-tso mündet, und der Soma-tsangpo, der sich in den Teri-nam-tso ergießt. Der Satschu-tsangpo war, als ich ihn im Jahre 1901 während der Regenzeit überschritt, ungeheuer viel größer als der Buptsang-tsangpo jetzt. Aber der Buptsang war sogar im Frühling ein ansehnlicher Fluß, der in der Regenzeit gewiß ebensosehr anschwillt wie der Satschu. Europäern war der Buptsang-tsangpo bisher unbekannt geblieben. Aber auf D'Anvilles Karte aus dem Jahre 1733 finden wir den Tarok-tso und einen von Süden her in den See hineinströmenden Fluß, der ohne Zweifel mit dem Buptsang-tsangpo identisch ist. Die Jesuiten, die sich vor 200 Jahren in Peking aufhielten und vom Kaiser Kang-hi mit der Herstellung einer Karte über das ganze chinesische Reich beauftragt worden waren, verschafften sich aus chinesischen und tibetischen Quellen also auch von dieser verborgenen Gegend genaue Kunde.

Während der letzten Tage waren unsere beiden Yaks so kraftlos und fußkrank geworden, daß wir uns ihrer um jeden Preis entledigen mußten. Wir blieben daher einen Tag in Bupjung und vertauschten sie gegen neun Schafe, die die Yaklasten übernahmen. Jetzt hatten wir wieder 31 Schafe und einige Ziegen.

Am 13. erreichten wir den Fuß des Gebirges, wo der eigentliche Anstieg zum Paß beginnt. Hier standen vier Zelte, die ausschließlich von Frauen und Kindern bewohnt waren. Die Männer hatten sich vor zwei Tagen zu dem Zelt des Gova Tsepten begeben. Dieser Häuptling ist verpflichtet eine gewisse Anzahl Leute und Yaks zu stellen, die ungefähr drei Monate lang auf der Tasam stationiert werden und dort unentgeltlich Transporte für den Devaschung besorgen müssen. Dies ist eine Art Frondienst, der nicht nur auf dem ganzen Weg zwischen Lhasa und Ladak, sondern auch auf allen größeren Straßen in Tibet geleistet wird. Natürlich schädigt dies ungesunde System die Nomaden, die während der Zeit die Wartung ihrer Herden Frauen und Kindern überlassen müssen, ganz bedeutend. Will sich jemand dem entziehen, so muß er einen Stellvertreter besorgen, ihn bezahlen und mit Yaks und Lebensmitteln versorgen.

Am 14. April ritten wir zum Paß hinauf. Wir überschritten den Bach, der vom Samje-la seinen Wasserbeitrag zum Buptsang-tsangpo führt. Das anstehende Gestein war unzugänglich, aller Schutt und alle Blöcke bestanden aus grauem Granit; nur selten sah man ein Porphyrstück. Die Aussicht über den Lunpo-gangri war großartiger denn je, jetzt hatten wir seine Gipfel ganz nahe. Im Nordnordwesten verschwand das scharf ausgeprägte Tal des Buptsang-tsangpo in der Ferne. Im Südosten war nichts anderes sichtbar als eine flache Schwelle, die mich vermuten ließ, daß wir noch nicht auf dem wirklichen, wasserscheidenden Paß waren. Wir hatten auch auf der Spur der Karawane erst eine kleine Strecke zurückgelegt, als wir einen Bach sahen, der, aus Südosten kommend, noch zum System des Buptsang-tsangpo gehörte. An seinem Ufer, wo auch wir haltmachten, lagerte eine aus acht Leuten und 350 Yaks bestehende Karawane, die Salz nach Saka-dsong brachte, wohin sie noch sechs Tagereisen hatte. Die Leute konnten nicht begreifen, weshalb wir, die wir doch Kaufleute aus Ladak seien, uns einen Weg wie diesen ausgesucht hätten, und fragten immer wieder, wie wir uns nur hierhergefunden hätten. Wir tischten ihnen die gewöhnliche Geschichte vom Wollhandel im Sommer auf, und sie bedauerten, daß sie uns nicht mit ihren Yaks zu Diensten stehen könnten, da sie der Regierungstransporte wegen an die große Heerstraße gebunden seien. Ich fragte mich, ob sie dem Statthalter in Saka-dsong wohl mitteilen würden, daß sie auf der Heimreise eine Gesellschaft Ladakis getroffen hätten, und ob dies wohl Folgen haben könnte? Vielleicht wäre es das beste, überhaupt nicht nach Saka-dsong zu gehen?

Am 15. April handelte es sich zunächst darum, der Yakkarawane einen Vorsprung abzugewinnen. Ehe sie mit dem Beladen ihrer Tiere begann, brach ich mit den Schafen auf und kam rechtzeitig an die Paßpyramide des Samje-la. Obgleich wir auf dem ganzen Weg vom Lager der Yakleute aus zu sehen waren, mußte ich die Höhe des Passes um jeden Preis feststellen. Die Entfernung war so groß, daß sie nicht sehen konnten, was ich tat. Nach der Siedepunktbestimmung, die eine Höhe von 5527 Meter ergab, zeichnete ich sogar noch das Panorama. Im Osten und Südosten eine Welt von Bergen, die teils zur Kette des Lunpo-gangri gehörten, die wir im Süden hatten, und teils zum Nien-tschen-tang-la, der auf unserer Nordseite lag. Wir befanden uns also auf der Wasserscheide selbst, zwischen zwei gigantischen Bergketten, die beide Mitglieder der Familie Transhimalaja sind! Und dieser Paß, der Samje-la, hat in hydrographischer und orographischer Hinsicht den höchsten und vornehmsten Rang, den ein Paß in Asien überhaupt haben kann; er scheidet das Wasser zwischen dem abflußlosen Plateau im Norden und dem Weltmeer im Süden. Er hat also denselben Rang wie der Sela-la, der Tschang-la-Pod-la und der Angden-la und einen weit vornehmeren Rang als der Tseti-latschen-la, der nur eine Wasserscheide zwischen dem Satledsch und dem Indus ist, und als der Dschukti-la, der das Wasser zwischen den beiden Indusarmen teilt. Auf dem Samje-la hatte ich nun das Hauptziel meiner Sehnsucht erreicht, ich hatte den Transhimalaja zwischen dem Tseti-latschen-la und dem Angden-la übersteigen und noch einen Punkt auf der gigantischen Grenzlinie erobern können, die im Norden die Wasserscheide der großen indischen Flüsse ist! Es war mir gelungen festzustellen, daß der Transhimalaja sich vom Angden-la noch 490 Kilometer ohne Unterbrechung nach Westen hinzieht! Außerordentlich großes Interesse hatte auch die Entdeckung, daß der Angden-la und der Samje-la, obgleich sie als Wasserscheide genau gleichwertig sind, durchaus nicht in derselben Bergkette liegen. Der Angden-la liegt in der westlichen Verlängerung der Kette, die auf dem Südufer des Tengri-nor steht und unter dem Namen Nien-tschen-tang-la bekannt ist; aber der Samje-la liegt in einem Längstal zwischen dieser Kette und dem Lunpo-gangri. Damit konnte ich für immer ein großes schwarzes Kreuz über die fortlaufende, ununterbrochene Bergkette machen, die Hodgson und Saunders am Schreibtisch konstruiert haben und die sich, nach ihnen, im Norden des oberen Brahmaputra hinziehen soll. Hier begann ich auch über den Namen nachzudenken, den man künftig diesem kolossalen Gebirgssystem, das mit dem Himalaja parallel läuft, würde geben müssen. Der Name Lunpo-gangri war mindestens ebenso berechtigt wie der Name Nien-tschen-tang-la, aber beide waren doch auch wieder gleich ungeeignet, da sie nur gewisse Ketten innerhalb eines ganzen Systems bezeichneten und folglich nur lokale Berechtigung hatten. Da durchfuhr es mich wie ein Blitz — Transhimalaja ist der Name, den ich künftig diesem gigantischen Gebirgssystem geben will!

Während ich noch über diesen großen Sieg nachdachte, den ich an diesem Tage ohne eigenes Verdienst errungen hatte, rief Lobsang mich in die Gegenwart zurück mit der Meldung, die schwarzen Linien der Yaks bewegten sich zum Paß herauf. Über mühsam zu überschreitenden Schutt und Granitblöcke stiegen wir abwärts. Bald sammelten sich aus dem Boden aufsprudelnde Quellen zu einem Bächlein. Mit besonderem Wohlbehagen betrachtete ich seine Sprünge zwischen den Blöcken und lauschte seinem melodischen Rieseln. Es war die gewöhnliche Melodie; ich hatte sie eben noch von den Bächen des Buptsang-tsangpo singen gehört. Und dennoch glaubte ich einen Unterton anderer Art herauszuhören, einen Klang im Wasser, der neues Sehnen in mir erweckte. Die Fluten des Buptsang-tsangpo sind zu ewigem Untergang im Tarok-tso und Tabie-tsaka verurteilt, wo sie verdunsten und mit allen Himmelswinden wieder verfliegen. Aber der Bach, an dessen Ufer wir jetzt hinziehen, ergießt sich in den Tschaktak-tsangpo und den Brahmaputra, sein Ziel ist der Indische Ozean, über dessen salzige Wogen der Weg nach meiner Heimat führt! —

Im gelobten Land der Wegelagerer

In früheren Zeiten reichten die Gletscherzungen des Lunpo-gangri bis tief ins Tal hinunter, ich sah davon noch deutliche Spuren, als wir am 16. April nach tieferliegenden Gegenden zogen! Das Tal ist hier voll alter Moränen, die ausschließlich aus Granit bestehen. Wieder zogen wir an der großen Yakkarawane vorbei, die schon nach ganz kurzem Marsch ihr Lager aufgeschlagen hatte. Sie beabsichtigte augenscheinlich, den nächsten Tag auszuruhen, denn die Yaks waren von ihren Lasten befreit und alles Gepäck zu einer Mauer aufgestapelt. Wenn die Tibeter die Absicht haben, am nächsten Tag weiterzuziehen, lassen sie die Yaks mit den Lasten grasen und schlafen, weil das Abladen und Wiederbeladen von 350 Yaks ihnen für eine einzige Nacht zuviel Arbeit macht. Meinetwegen konnten sie solange wie nur möglich hierbleiben; wir gewannen dann einen Vorsprung und konnten an Saka-dsong vorüberziehen, ehe wir angezeigt wurden. Aber war es nicht klüger, Saka-dsong zu vermeiden, nicht, um Muhamed Isas Grab nicht wiedersehen zu müssen, sondern um nicht unnötigerweise Argwohn zu erregen?

17. April. 17,4 Grad Kälte! Wie lange dauert dieser Winter! Lobsang meint jetzt, die Yakleute würden sich nicht getrauen, uns anzuzeigen, da sie fürchten müßten, zur Verantwortung gezogen zu werden, weil sie uns nicht besser ausspioniert hätten. Wir ziehen talabwärts weiter; wie herrlich, mehrere Tage nur bergab zu gehen! An vielen Stellen sehen wir Sommerlagerplätze; die Gegend ist aber öde und leer.

Der Fluß führt ungefähr zwei Kubikmeter Wasser in der Sekunde; nur in der Mitte ist er offen, sonst sind seine Ufer noch von dicken Eisrändern eingefaßt, von deren Kanten Eisstalaktiten herabhängen. Auf den Ufern huschen die Erdmäuse von Loch zu Loch. Die meisten und größten Nebenflüsse kommen von der Kette, die die unmittelbare Fortsetzung des Nientschen-tang-la ist. Das Eis wird immer mächtiger, je enger und schattiger das Tal wird. Wir überschreiten es oft; es ist so fest wie eine Brücke. Auf einem Mani ist das Geweih eines Hirsches aufgestellt; woher mag es sein? Das Tal zieht sich ebenso zwischen den beiden Bergketten hin wie das des Buptsang-tsangpo. Auch heute sehen wir weder einen Menschen noch ein Zelt.

Am 18. zogen wir südwärts nach dem Punkt (4696 Meter), wo unser Tal in das Rukjoktal einmündet, das von Westnordwesten kommt. Zwei Reiter ritten an unserm Lager vorüber. Es waren Kiangjäger aus Gertse. Sie waren dort durchgebrannt und hatten sich in einer andern Provinz angesiedelt, weil sie mit dem Gertse Pun aneinandergeraten waren, jenem Potentaten, dem wir mit Mühe und Not entwischt waren. Sie sagten uns, wir würden in einem Tag nach Pasaguk kommen, wo wir im vorigen Jahr gelagert hatten, und seien nur noch drei kurze Tagereisen von Saka-dsong entfernt. Abdul Kerim kaufte das Pferd des einen Reiters für 100 Rupien.

19. April. Gerade als wir aufbrachen, zogen zwei Männer zu Fuß vorbei und trieben einige hundert mit Salz beladene Schafe vor sich her. Wir hatten denselben Weg wie sie und mußten mit ihnen zusammentreffen. Während ich unsere eigenen Schafe bergab trieb, hielt Abdul Kerim sein Pferd an und redete mit den beiden, um ihre Aufmerksamkeit abzulenken. Aber man sah ihnen an, daß unsere ungewöhnliche Gesellschaft ihr Interesse erregt hatte und daß sie uns genau betrachteten. Ich humpelte im Gehen, weil mir einfiel, daß die Tibeter wohl noch nie einen Europäer hätten hinken sehen, vorausgesetzt, daß sie überhaupt schon einen gesehen hatten! Mich aber hatten die Leute in Pasa-guk und Saka-dsong vor einem Jahr gesehen, und da hatte ich nicht gehinkt. Es gelang mir, unauffällig an der lästigen Nachbarschaft und ebenfalls an der großen Yakkarawane vorbeizukommen, die zwei Tage lang einen anderen Weg eingeschlagen hatte, jetzt aber wieder in unsere Straße eingebogen war.

Auf der Rechten blieb der Rukjokfluß immer weiter von der Straße liegen; unmittelbar vor uns im Süden erschien der hohe Gipfel, der sich oberhalb des Dorfes Pasa-guk erhebt. Endlich kamen wir an das Ufer des Tschaktat-tsangpo, der bedeutend seichter war als im Mai und Juni vorigen Jahres. Hier verließen wir die nach Süden führende Heerstraße und zogen nordwärts längs des rechten, westlichen Ufers des Tschaktak-tsangpo, wo wir bald auf einer Wiese das Lager aufschlugen (4634 Meter).

Als Abdul Kerim zurückkehrte, sah er sehr ernst aus. Es war ihm schwer geworden, alle Fragen zu beantworten, weshalb wir hintenherum am Tschaktak-tsangpo entlangzögen, anstatt wie alle anderen auf der großen Landstraße nach Saka-dsong zu gehen. Er hatte darauf erwidert, uns sei besonders eingeschärft worden, genaue Erkundigungen einzuziehen, wieviel Schafwolle es im nächsten Sommer hier in der Gegend geben werde. Da hatten die Männer der Salzkarawane gesagt: »Ihr scheint vor Straßenräubern nicht bange zu sein; gerade hier oben in den Bergen halten sie sich auf. Seid ihr gut bewaffnet?

»Ja, wir haben zwei Flinten und einige Revolver.«

»Ihr werdet sie brauchen. Wir sehen, daß ihr friedliche Leute seid, deshalb warnen wir euch. Vor sechs Tagen ist hier in der Gegend ein Zeltdorf von einer 18 Mann starken Räuberbande überfallen worden, in der jeder Kerl ein Pferd und eine Flinte hatte. Sie haben drei Zelte geplündert, 400 Schafe und gegen 200 Yaks fortgetrieben und sich auf derselben Straße entfernt, auf der ihr jetzt ziehen wollt. Man hat ihnen Militär nachgeschickt, aber sie haben zwei Leute davon erschossen, und die anderen haben sich aus dem Staube gemacht. Keiner weiß, wo sich die Räuberbande jetzt aufhält. Wenn euch euer Leben lieb ist, paßt nachts gut auf. Werdet ihr überfallen, so laßt euch ruhig ausplündern; ihr seid nur dreizehn und könnt euch nicht wehren.«

Das war es, was Abdul Kerim so sorgenvoll machte, und das war nicht verwunderlich. Nur Lobsang, der selbst Tibeter war, regte sich über die Sache nicht auf. Er sagte, daß es organisierte Banden gebe, die bis zu 100 Mitgliedern zählten, an deren Spitze ein Hauptmann stehe, der anordne, wo und wann ein Raubüberfall stattfinden solle. Um diese Zeit des Jahres aber säßen die Bösewichter noch daheim an ihren Feuern. Seiner Ansicht nach müsse es erst wärmer werden, ehe sie frech würden. Er behauptete auch, daß, wenn ein Räuber in der Gegend von Gartok gefangen worden sei, der Kopf und ein Arm als Beweis nach Lhasa geschickt werden müsse. In der Hauptstadt sind die Strafen sehr streng. Einem Dieb werden die Augen ausgestochen und eine Hand abgehauen. Ein Gova oder ein anderer höherer Beamter, der einen gefangenen Räuber abliefert, wird belohnt oder befördert; wer in dieser Beziehung seine Pflicht vernachlässigt hat, bestraft. Wir hörten auch, die Gegend bei Geddo in der Nähe des oberen Raga-tsangpo sei als Räubernest bekannt und werde von Berufsräubern aus Naktschu unsicher gemacht.

In der Dunkelheit sangen die Mohammedaner unter meinen Leuten wieder jene melodische Hymne, die ich in Kisil-unkur zum erstenmal gehört hatte. »Allahu ekbär« hallte es zwischen den Felswänden wider, »er ist mächtig und wird die Rechtgläubigen vor den Schlingen der Heiden bewahren.« Sie waren in aller Eile wieder fromm geworden — in diesem Gelobten Land der Wegelagerer! »Allahu ekbär«, Gott ist groß!

Die Nacht verlief aber ruhig, nur wurde früh am andern Morgen gemeldet, daß sich von Norden fünf Reiter unsern Zelten näherten. Durch das Fernglas betrachtet, schrumpfte ihre Zahl auf zwei Männer, eine Frau und einige Yaks zusammen. Sie machten einen Umweg, als ob sie vor uns Angst hätten, aber Abdul Kerim hielt sie an, um sich nach dem Weg zu erkundigen. Dann zogen wir am Nordufer des Tschaktak-tsangpo entlang gerade nach Osten. Ein Steinmal bezeichnet den Punkt, wo der von N 10 ° W kommende Tschaktak-tsangpo seinen von Osten kommenden Nebenfluß Gäbuk-tschu aufnimmt. In dieser Gegend heißt der Fluß Kamtschung-tschu; den Namen Tschaktak-tsangpo (Charta-tsangpo nennt ihn Nain Sing unrichtigerweise) erhält er erst unterhalb des Dorfes Pasa-guk. — Wir befanden uns hier genau fast nördlich von Sakadsong und waren nur noch zwei Tagereisen davon entfernt. Zwischen uns und der Residenz des Statthalters erhob sich aber noch ein Bergrücken, ein niedriges Glied der Lunpo-gangri-Kette.

21. April. Auf unserer linken Seite öffneten sich verschiedene Nebentäler, und in ihrem Hintergrund sah man dann und wann einen Teil des Kammes der Hauptkette. Vom Aussehen des im Norden dieser Kette liegenden Landes wissen wir rein gar nichts, aber daß sie keine Wasserscheide zwischen dem Plateau und dem Meere sein kann, ist offensichtlich und zeigt sich schon an dem Quertal des Kamtschung-tschu.

Nachdem wir den Fluß zweimal auf porösen Eisbrücken überschritten hatten, lagerten wir bei einer großen Schafhürde. Die letzten Nomaden hatten uns gesagt, daß wir heute an ein großes Zelt kommen würden, in dem ein einflußreicher Mann namens Kamba Tsenam wohne, der 1000 Yaks und 5000 Schafe besitze. Wären wir nur erst an ihm vorüber, dann liegt das Land bis Raga-tasam ziemlich offen vor uns. Wie wird es mir morgen ergehen — das ist die Frage, die ich mir allabendlich vorlege! Jetzt sind die Salzkarawanen, an denen wir vorübergekommen sind, bereits in Saka-dsong; allerdings sind wir schon östlich von diesem Ort, aber wir reisen so langsam, daß wir einem militärischen Aufgebot unmöglich entgehen können. Die Linie quer durch Bongba hindurch habe ich mir erobert, meine nächsten Zukunftspläne aber sind mir noch sehr unklar, alles wird von den Umständen abhängen müssen.

Am 22. April brachen Abdul Kerim, Kuntschuk und Gaffar zuerst auf; um Kamba Tsenams Aufmerksamkeit durch einen Besuch abzulenken, wollten sie bei ihm Lebensmittel und Pferde kaufen.

Schon seit acht Uhr fiel dichter Schnee, aber das Tal war so eng, daß wir trotzdem nicht ungesehen an allen Zelten vorbeikommen konnten. Unmittelbar vor einem Bergvorsprung lagen vier Zelte, eine kleine Steinhütte, vor der ein Mann stand und uns angaffte, und ein Häuptlingszelt von so riesigen Ausmaßen, daß ich seinesgleichen noch nie gesehen hatte — es war so groß wie ein Haus. Hier verloren wir Lobsang und Abdul Rasak aus den Augen. Die Hauptmasse des Gäbuk-tschu kommt aus dem nördlichen Tal; in unserm Tal, das uns, wie wir wußten, nach dem Gäbuk-la hinaufführte, floß jetzt nur noch ein Bach.

Nach und nach trafen die Nachzügler ein und erstatteten mir der Reihe nach Bericht. Sie hatten auf zwei Tage Lebensmittel erstanden und erfahren, daß die Gegend Gäbuk-jung hieß. Morgen würden wir über den Gäbuk-la gehen und am Fuß des Kintschen-la lagern, von dessen Paßhöhe wir am nächsten Tag dann Raga-tasam sehen könnten. In dem großen Zelt war Lobsang aufs Glatteis geführt worden, hatte aber dreist geantwortet, wir kämen vom Gertse Pun und dieser habe uns geraten, die Nebenstraße zu wählen, weil man auf ihr Raga-tasam zwei Tage früher erreiche als auf dem Weg über Saka-dsong. »Sehr richtig«, hatten die Tibeter geantwortet und ihn wieder vor Räubern gewarnt, da dreizehn Ladakis nur ein Bissen für eine ordentliche Bande seien und die ganze Gegend unsicher sei.

Schließlich stellte sich auch Abdul Kerim mit seinen Einkäufen ein. Er hatte erfahren, daß alle Zelte, die wir heute gesehen hatten, dem Kamba

Tsenam gehörten, der selber in dem großen Zelt wohne, aber gegenwärtig in Saka-dsong sei, wo eine Versammlung wegen des bevorstehenden Besuches eines hohen chinesischen Beamten stattfinden solle.

»Ihr sagt«, hatte ein älterer Mann in Kamba Tsenams Diensten geäußert, »daß ihr ein Tsongpun (Kaufmann) aus Ladak seid. Weshalb zieht ihr denn aber auf diesem gefährlichen Schleichweg durch das Land? Hier findet ihr doch keine Handelsgelegenheit? Wie habt ihr euch überhaupt hierhergefunden? Warum reist ihr gerade im Winter? Und weshalb fragt ihr nach den Namen der Täler?«

»Ich muß mir alle Namen aufschreiben«, hatte Abdul Kerim geantwortet, »um im Sommer wieder denselben Weg zu finden, da ich dann in diesen Tälern Wolle aufkaufen soll.«

»So, das ist schön; ihr könnt dann bei uns die Wolle einiger Hundert Schafe bekommen. Ich werde euch morgen einen Führer mitgeben; ihr müßt ihm eine Rupie für zwei Tage bezahlen. Ohne ihn findet ihr den Weg über den Gäbuk-la nicht.

Abdul Kerim hatte ihm für seine Freundlichkeit gedankt und sich dann entfernt. Wir hielten gerade weisen Rat, als zwei mit Flinten bewaffnete Reiter auf unsere Zelte lossprengten. Der ältere Mann war Abdul Kerims Freund aus dem großen Zelt, der andere ein Jüngling, der uns als Führer angeboten wurde. Sie gingen in Abdul Kerims Zelt und plauderten wohl eine Stunde mit dem Karawanenführer. Abdul Kerim kaufte einen großen Schimmel für 127 Rupien, worauf sie ihn fragten, wieviel Geld er bei sich habe und ob er nicht fürchte, überfallen zu werden. Dann gingen sie um die Zelte herum und sahen sich unser Lager an; als sie endlich im Schneetreiben verschwanden, stieß ich einen Seufzer der Erleichterung aus.

Nun berieten wir wieder. Wenn wir den Führer ablehnten, würde es verdächtig aussehen, da der Schnee bereits fußhoch lag und der Saumpfad, das einzige, wonach wir uns richten konnten, verschneit war. Aber noch gefährlicher war es, zwei Tage und eine Nacht einen Fremden, einen Spion, in der Karawane und in den Zelten zu haben. Als Kutus und Sedik eine Weile später nach dem großen Zelt gingen, um saure Milch zu holen, wurden sie beauftragt zu sagen, daß unser »Tsongpun« den Führer nicht haben wolle, weil wir im nächsten Lager einen Tag liegenbleiben würden. »Euer Tsongpun redet mit zwei Zungen, er weiß selbst nicht, was er will«, hatte der Mann geantwortet.

Ehe die Sonne am 23. April aufging, brachen wir von dieser ungemütlichen Gegend auf. Die Luft wurde klarer, und die Sonne zeigte sich wieder. Vor uns war der Gäbuk-la sichtbar. Dort ging ein kleiner alter Mann und trieb zehn Stuten vor sich her. Er wurde bald von Abdul Kerim und Kuntschuk eingeholt, die ihm fast den ganzen Tag über Gesellschaft leisteten. Mit Lobsang rastete ich eine halbe Stunde auf dem Paß auf einer Höhe von 5175 Meter. Nach Osten und Südosten hin hatten wir wieder ein Gewirr von Bergen und Tälern; ohne den so glücklich gefundenen Pferdetreiber wäre es unmöglich gewesen, den Weg über die Reihe einander folgender kleiner Schwellen zu finden. Im Südsüdosten erhob sich im Sonnenglanz das Schneemassiv des Tschomo-utschong; im Norden hatten wir einen mächtigen Kamm, den ich, wie Ryder, für den Hauptkamm und die Wasserscheide des Transhimalaja hielt; dies erwies sich später aber als Irrtum.

Der Pferdetreiber führte uns auf eine Schwelle zweiter Ordnung, an deren östlichem Fuß sich ein tief eingeschnittenes Tal hinzieht; es kommt von N 10° O und ist der obere Teil des Tales, durch das ich im vorigen Jahr gezogen bin und das bei Basang mündet, wo ich Muhamed Isa zum letztenmal sah. Hier hatte der Pferdetreiber sein Zelt. Um ihn über Nacht nicht als Nachbarn zu haben, zogen wir weiter, nachdem er uns den Weg gezeigt hatte. In einer kleinen Talmündung auf dem nach dem Kintschen-la hinaufführenden Weg stand unser Lager 390, wo uns ein wahnsinnig dichtes, anhaltendes Schneetreiben überfiel.

Der Führer, der sich so glücklich im richtigen Augenblick gefunden, hatte den Unsern erzählt, er sei Kamba Tsenams Bruder und ein großer Yaktöter. Im vorigen Jahr habe er in Saka-dsong einen Europäer gesehen, dessen Karawanenführer, ein großer, starker Kerl, sich überall, wo er sich gezeigt, Respekt verschafft habe. Doch plötzlich sei dieser kräftige Mensch in Saka gestorben, und seine Kameraden hätten ein längliches Loch in die Erde gegraben, in das er hineingesteckt worden sei. Er finde es seltsam, daß Ladakis, die doch denselben Glauben hätten wie die Tibeter, mit den verhaßten Europäern zusammenreisen und ihnen sogar dienen könnten! —

Ich beschloß, unsere Vorsichtsmaßregeln noch zu verschärfen. Zwei oder drei Ladakis sollten stets eine dunkle Brille tragen, damit ich nicht zu sehr gegen die anderen abstäche. Sobald wir Stoff kaufen könnten, sollten alle andern neue Anzüge bekommen, damit ich mit meinem zerlumpten wie der ärmste und geringste unserer Gesellschaft aussähe!

Entdeckt!

Mein Leben während dieser Tage war düster und einsam und unsere Zukunft ungewiß. Jeder Tag, der ohne ein verhängnisvolles Abenteuer verlief, erschien mir wie eine unerwartete Überraschung. Jetzt hatten wir nur noch zwei Tagereisen bis Raga-tasam an der großen Heerstraße, wo Karawanen und Reisende hin und her ziehen und die Regierungsbeamten dafür verantwortlich sind, daß keine Unbefugten durchgelassen werden! Ich hatte meine Verkleidung und die ewige Aufregung gründlich satt und sehnte mich nach dem Augenblick, der mich aus dieser Gefangenschaft befreien würde. Aber mich selber den Tibetern auf Gnade und Ungnade zu überliefern, davon konnte denn doch keine Rede sein! Sie sollten selbst ausfindig machen, wer ich war.

Der 24. April, der Jahrestag der Rückkehr von Nordenskiölds Schiff »Vega« nach Stockholm im Jahre 1880! Als die Sonne aufging, lag das Land blendend weiß vor uns. Unsere Karawanentiere ertrugen diesmal das mühsame Steigen gut. Zweimal glaubten wir den Kintschen-la gerade vor uns zu haben, aber immer wieder erhoben sich neue Höhen hinter der vermeintlichen Schwelle, und wir arbeiteten uns die Hügel hinauf, zwischen denen die Bäche nach Basang und Saka-dsong hinabrinnen, wo Muhamed Isa unter seinem Grabhügel schlummert! Endlich hatten wir den letzten Aufstieg hinter uns und waren auf dem Paß, 5441 Meter über dem Meeresspiegel. Nach der anderen Seite strömt in nordöstlicher Richtung ein Bach — einer der Quellflüsse des Raga-tsangpo. Die Aussicht nach Westen war glänzend, scharf und zerklüftet hoben sich die Spitzen des Lunpo-gangri aus einem Gewirr von Bergen. Das breite, flache Tal des Raga-tsangpo zog sich nach Osten hin, soweit der Blick reicht. In weiter Ferne sah man im Ostsüdosten den großartigen nördlichsten Kamm des Himalajasystems.

Wir blieben lange oben, folgten dann der Spur der Karawane und fanden unser Lager in einem scharf ausgeprägten Tal mit gutem Gras. Wir hatten den ganzen Tag über keine lebende Seele gesehen. Morgen mußten wir Raga-tasam erreichen, wo ich voriges Jahr eine ganze Woche gelagert hatte; morgen mußte es ernst werden. Heute sollten daher einige neue Vorsichtsmaßregeln getroffen werden.

Wir wollten von unserer bereits minimalen Bagage noch aussondern, was irgendwie Argwohn erregen könnte. Das Brennbare sollte ins Feuer geworfen und alles übrige vergraben werden.

Dann wurde noch eine Änderung in unseren Wohnverhältnissen vorgenommen. Ich sollte diese Nacht zum letztenmal in meinem alten, sturmzerfetzten Zelt schlafen, in dem Abdul Kerim, unser Chef, von morgen an hausen und Gäste empfangen würde. Für mich wurde eine Abteilung in Abdul Kerims bisherigem Zelt gemacht, die nur so groß war, daß mein Bett eben den zwei Quadratmeter großen Raum ausfüllte. Diese Bucht, die nach Aufschlagen des Lagers von allen Seiten verschlossen blieb, sollte meine künftige Gefängniszelle sein. Sie glich dem Geheimfach in einem Schreibtisch.

Suän war mein Friseur; er war heute gerade mit seiner Arbeit fertig, als Abdul Kerim mir flüsternd mitteilte, vier Männer kämen mit Yaks den Weg herab, den wir vom Kintschen-la heruntergezogen seien. Schnell ordnete ich meinen Anzug und wand mir den Turban um den Kopf, während die Zeltöffnung zugeknotet und Takkar davor angebunden wurde. Dann sah ich durch das Guckloch der Zeltwand und bemerkte acht Fußgänger mit Flinten und Säbeln bewaffnet, ihre Pferde am Zügel führend. Was in aller Welt hatte das zu bedeuten? Räuber konnten es nicht sein; die kommen plötzlich und bei Nacht. Sie sahen mir eher aus wie Leute im Dienst der Regierung. Ich sah meinen Leuten an, daß sie in größter Unruhe waren.

Die Fremdlinge gingen direkt auf unser Lagerfeuer los, als ob dies das Ziel ihrer Reise sei. Sie bildeten einen Kreis um Abdul Kerim, Lobsang, Kutus und Gulam und begannen mit ihnen ein lebhaftes, aber leises Gespräch. Drei von ihnen, entschieden Diener, gingen mit den Pferden nach einer Stelle, die kaum 30 Schritt entfernt gerade vor meiner Zelttür lag. Dort nahmen sie den Tieren die Sättel und das Gepäck ab, trieben sie auf die Weide, packten Kessel und Kannen aus, stellten die üblichen drei Herdsteine hin, sammelten Brennstoff, füllten einen großen Kessel mit Wasser und kochten Tee. Es war klar, daß sie die Absicht hatten, die Nacht über hier zu bleiben, und daß ihre Zudringlichkeit den Zweck hatte, uns auszuspionieren.

Die fünf anderen traten in Abdul Kerims Zelt, wo sie die Unterhaltung ebenso leise, langsam und in durchaus höflichem Tone fortsetzten. Ich konnte nicht verstehen, was sie sagten, aber ich konnte sehr gut verstehen, daß es sich um ernste Dinge handelte, denn ich hörte sie meinen Namen — Hedin Sahib — nennen! Nachdem die Unterredung eine gute Stunde gedauert hatte, gingen sie wieder ins Freie und um mein Zelt herum, an dessen Eingang der wütend bellende Takkar sie jedoch nicht heranließ. Aber sie entdeckten das Guckloch in der Zeltwand! Ein Mann steckte seinen Finger hindurch und sah hinein, bemerkte mich aber nicht, da ich auf derselben Seite dicht am unteren Rand der Zeltwand an der Erde lag. Sie gingen dann nach ihrem Feuer und setzten sich im Kreis um den Kessel, holten ihre Holztassen heraus und begannen Tee zu trinken. Sie saßen gerade vor dem Eingang meines Zelts; ich konnte also nicht ungesehen entwischen!

Abdul Kerim flüsterte mir aus seinem Zelt durch die Rückwand des meinen mit bebender Stimme zu, was die Leute gesagt hatten. Der Führer, ein junger Mann, habe alle üblichen Fragen gestellt und die gewöhnlichen Antworten erhalten. Darauf habe er in ernstem, bestimmtem Ton folgende Worte gesprochen:

»Durch zwei Karawanen, die oberhalb von Pasa-guk an euch vorbeigezogen sind, ist der Gouverneur von Saka-dsong von eurem Kommen unterrichtet. Da es noch nie vorgekommen ist, daß Kaufleute aus Ladak von Norden her gekommen oder gar den Schleichweg über Gäbuk gezogen sind, schöpften der Statthalter und die anderen Behörden in Saka-dsong Verdacht, daß sich Hedin Sahib unter euch verborgen halte, um so mehr, als er selber im vorigen Jahr geäußert hat, wieder zurückkommen und durch die Gebirgsgegenden im Norden reisen zu wollen. Daher haben ich und meine Kameraden Befehl erhalten, eurer Spur zu folgen und eine gründliche Untersuchung bei euch anzustellen. Wir haben keine Eile. Morgen bringen mehrere Yaks uns Proviant. Ihr beteuert, daß Hedin Sahib sich nicht, etwa als Ladaki verkleidet, unter euch befindet. Nun gut, es ist ja möglich, daß ihr die Wahrheit sagt. Vergeßt aber nicht, daß wir unsern Befehlen bis ins kleinste gehorchen werden. Ihr seid dreizehn Männer aus Ladak, ich sehe hier aber nur zehn, wo sind die übrigen?«

»Sie sind ausgegangen, um Brennstoff zu sammeln.«

»Gut. Wenn ihr alle hier versammelt seid, wird die Untersuchung beginnen, und zwar wird jeder einzelne bis auf die Haut untersucht werden! Darauf werden wir euer sämtliches Gepäck von außen und innen besichtigen und jeden Sack, den ihr in euren Zelten habt, ausschütten! Wenn wir auch bei dieser Untersuchung nichts finden, was auf einen Europäer schließen läßt, so habt ihr mir nur noch eine schriftliche Erklärung auszustellen, daß sich in eurer Gesellschaft kein verkleideter Europäer verborgen hält, und unter diese Bescheinigung werdet ihr euren Namen setzen. Ist das geschehen, so könnt ihr schon morgen früh ziehen, wohin ihr wollt, und wir selber kehren nach Saka zurück.«

Als ich diesen Bericht angehört hatte, war mir die Sachlage klar. Ich faßte sofort den Entschluß, den ich gleich auszuführen beabsichtigte. Zuerst aber schlich ich mich auf dem geheimen Weg in das Zelt des Karawanenführers, wo ich inmitten meiner Leute war, außer den dreien, die draußen Wache hielten, um uns sofort zu benachrichtigen, falls die Tibeter zurückkämen.

»Was ist zu tun?« fragte ich Abdul Kerim.

»Das weiß der Sahib selber am besten; meiner Ansicht nach ist unsere Lage verzweifelt«, antwortete der redliche Mann, der uns schon so oft aus der Klemme geholfen hatte.

»Was meinst du, Lobsang?«

»Es wäre nicht klug, ihnen die Erklärung auszustellen«, erwiderte er mit tiefbekümmerter Miene.

»Sahib«, schlug Kutus vor, »wenn sie uns bis zur Nacht Frist lassen, können der Sahib und ich uns wieder ins Gebirge schleichen wie damals, als Tsongpun Taschi uns auf den Leib gerückt war. Wenn die Untersuchung fertig ist, können wir weiter abwärts wieder zur Karawane stoßen. Die Papiere des Sahib kann ich tragen; die andern europäischen Sachen können wir drinnen im Zelt vergraben.«

»Sie wissen, daß wir dreizehn sind«, fiel Gulam ein.

Durch die Verhältnisse gezwungen, hatten wir uns mit erlogenen Geschichten durch ganz Tibet durchgeholfen. Aber Abdul Kerim meinetwegen mit seinem Namen ein falsches Zeugnis unterschreiben zu lassen, das war für meine geographische Moral denn doch zu stark, das konnte ich nicht zugeben! Was auch geschehen mochte, wir waren trotz alledem noch in ziemlich guter Lage. Wir waren im Herzen Tibets. Der nächste Schritt würde sein, daß man uns aus dem Lande wiese, und ich würde dabei immer noch etwas erreichen können, auf welchem Wege man mich auch abschieben würde. Ich würde mich unbedingt weigern, wieder nach Ladak zu gehen, aber bereit sein, durch Nepal oder, noch lieber, über Gyangtse nach Indien zu ziehen.

»Nein«, sagte ich zu meinen Leuten, indem ich mich höher aufrichtete, »ich werde mich den Tibetern selbst stellen.«

Da fuhren alle erstaunt zurück und begannen wie Kinder zu weinen.

»Weshalb weint ihr?« fragte ich.

»Der Sahib wird getötet werden«, antworteten sie.

»So gefährlich wird es wohl nicht gleich werden«, sagte ich, da ich ja nicht zum erstenmal von den Tibetern erwischt wurde. Als ich aus dem Zelt heraustrat, hörte ich hinter mir die Mohammedaner Gebete murmeln. »Allahu ekbär! — Bismillah rahman errahim!«

Wie gewöhnlich von Kopf bis Fuß verkleidet und im Gesicht schwarz angetuscht, ging ich langsamen Schrittes auf den Kreis der Tibeter zu. Als ich dicht bei ihnen war, erhoben sich alle, als fühlten sie, daß sie es nicht mit einem gewöhnlichen Ladaki zu tun hätten.

»Setzen Sie sich!« sagte ich mit einer auffordernden Handbewegung und nahm selber zwischen den beiden Vornehmsten Platz. Zu meiner Rechten erkannte ich sofort Pemba Tsering vom vorigen Jahr! Ich klopfte ihm auf die Schulter und sagte: »Kennen Sie mich denn nicht mehr, Pemba Tsering?« Er erwiderte kein Wort, sah aber seinen Gefährten mit weitgeöffneten Augen an und warf den Kopf nach meiner Seite hin zurück, was soviel bedeutete wie: »Er ist es!« Sie waren außerordentlich verblüfft und bestürzt; keiner sprach.

Ich ergriff wieder das Wort: »Ja freilich, Pemba Tsering, Sie haben recht, ich bin Hedin Sahib, derselbe, der im vorigen Jahr Saka-dsong besuchte. Nun haben Sie mich wieder. Was gedenken Sie mit mir anzufangen?«

Abdul Kerim, Lobsang und Kutus, die hinter mir standen, zitterten wie Espenlaub und glaubten, der nächste Schritt, der nun folge, werde die Vorbereitung zur Hinrichtung sein.

Auch jetzt antworteten sie nicht, begannen aber gruppenweise untereinander zu flüstern. Der jüngere Beamte, der sichtlich der Haupthahn der Gesellschaft war, begann in seinen Papieren zu kramen und zog eines heraus, das er schweigend durchlas. Da es eine Weile dauerte, bis sie sich von ihrem ersten Erstaunen erholt haben — denn mich so leicht zu fangen hatten sie ganz gewiß nicht erwartet —, ließ ich mir von Kutus eine Schachtel ägyptischer Zigaretten bringen und bot sie ihnen der Reihe nach an. Sie nahmen, dankten und zündeten sie an, nachdem ich ihnen mit gutem Beispiel vorangegangen war zum Beweis, daß die Zigaretten nicht mit Pulver geladen waren. Damit war das Eis gebrochen, und der Führer begann zu sprechen, mit sehr leiser Stimme, ohne mich anzusehen.

»Gestern kam ein strenger Befehl vom Devaschung, der Statthalter von Saka sei dafür verantwortlich, daß sich kein Europäer von Westen her in das Land einschleiche. Jeder Europäer, der sich hier zeige, müsse augenblicklich gezwungen werden, auf demselben Weg, auf dem er gekommen sei, wieder abzuziehen. Als das Gerücht von Ihrer Karawane vor zwei Tagen nach Saka drang, argwöhnte der Statthalter, daß Sie es sein könnten, Hedin Sahib, und wir haben jetzt unsern Auftrag ausgeführt. Im Namen des Statthalters verbieten wir Ihnen, auch nur einen Schritt weiter nach Osten zu gehen! Wir bitten Sie, sich nach unseren Anordnungen zu richten. Es handelt sich um unsere Köpfe und um ihre eigene persönliche Sicherheit. Morgen begleiten Sie uns über den Kintschen-la nach Saka-dsong.«

»Ich habe Ihnen im vorigen Jahr gesagt, daß ich die im Norden der Provinz Saka liegenden Gebirgsgegenden sehen wolle und sehen müsse! Da Sie es mir nicht erlaubten, beschloß ich heimlich wiederzukommen. Jetzt habe ich sie gesehen, und Sie haben es nicht verhindern können. Sie sehen also, daß ich größere Macht in Ihrem Lande habe als Sie selber. Ich beabsichtige nach Indien zurückzureisen; über den Weg, auf dem dies geschehen wird, hat nur Lien Darin, der Amban von Lhasa, zu bestimmen. Es ist daher meine Absicht, an ihn zu schreiben. Vor dem Eintreffen seiner Antwort kann ich nirgends hinreisen.«

»Wir haben auch keinen sehnlicheren Wunsch, als daß Sie der Straße folgen, für die Sie sich selber entscheiden, aber wir sind nicht bevollmächtigt, Ihre Briefe nach Lhasa zu befördern; darüber entscheidet allein der Statthalter. Mit ihm müssen Sie unterhandeln; Sie müssen persönlich mit ihm zusammentreffen. Daher begeben wir uns morgen zusammen nach Saka-dsong.«

»Nein, mein Herr, überall hin, aber nicht nach Saka-dsong! Sie wissen, daß mein Karawanenführer dort starb und dort begraben liegt. Es widerstrebt mir, einen Ort zu besuchen, wo ich einen treuen Diener habe begraben müssen. Nach Saka-dsong bringen Sie mich nicht, auch wenn Sie ganz Tibet aufbieten.«

»Wenn es Ihnen schmerzlich ist, Saka-dsong wiederzusehen, werden wir gewiß nicht darauf bestehen. Wollen Sie statt dessen die Güte haben, uns nach Semoku am Tsangpo auf der Tasam zu folgen, das wir in zwei Tagereisen nach Südwesten erreichen können? Ich werde an den Statthalter schreiben und ihn bitten, dort mit Ihnen zusammenzutreffen.«

»Gut, ich werde morgen mit Ihnen nach Semoku ziehen.«

»Danke. Ich werde den Statthalter durch einen Eilboten davon unterrichten, damit Sie nicht in Semoku zu warten brauchen. Aber sagen Sie mir, weshalb sind Sie eigentlich wiedergekommen? Sie reisen und reisen in Tibet umher, werden stets ausgewiesen und kommen immer wieder! Haben Sie im vorigen Jahr, als Sie gezwungen wurden, das Land auf dem Weg nach Ladak zu verlassen, denn noch nicht genug davon bekommen? Und nun tauchen Sie wieder auf! Wie ist das nur möglich, und weshalb kommen Sie eigentlich?«

»Weil ich Ihr Land und Ihr freundliches Volk so sehr liebe, daß ich ohne sie nicht leben kann.«

»Hm! Es ist sehr freundlich von Ihnen, so zu sprechen; aber wäre es nicht besser, wenn Sie statt dessen Ihr eigenes Land ein wenig mehr liebten? Solange wir keine Reisen in Ihrem Lande machen, brauchen Sie auch unseres nicht zu durchreisen. Wir bleiben daheim; bleiben auch Sie zu Hause, das ist das beste, was Sie tun können!«

»Solange wie ich noch in einem Sattel sitzen kann, werde ich immer wiederkommen! Sie können es dem Devaschung ruhig mit einem Gruß von mir bestellen, daß die hohen Herrschaften sich auf neue Besuche von mir gefaßt machen möchten.«

Sie lachten vergnügt und sahen einander an, als wollten sie sagen: wenn er wiederkommen will, unsertwegen mag er es gern tun. Und meine Ladakis lachten ebenfalls und waren sehr erstaunt, daß unser letzter Freiheitstag so friedlich und so lustig endete. Die Tibeter waren die ganze Zeit außerordentlich liebenswürdig und gefügig und sagten kein hartes oder zorniges Wort über die Mühe, die ich ihnen schon wieder machte. Als die Rede auf die Wollgeschichte kam, die Abdul Kerim ihnen vorher weiszumachen versucht hatte, lachten sie erst recht herzlich und erklärten sie für einen guten Einfall. Sie sind selber so an Flausen gewöhnt, daß es ihnen Eindruck macht, wenn ein anderer sie mit Erfolg hinters Licht führt. Sie fanden es auch höchst wunderbar, daß wir das ganze Land hatten durchziehen können, ohne entdeckt zu werden, und glaubten, daß ich über geheime Kräfte verfüge, um deretwillen man mit mir vorsichtig umgehen müsse!

Der junge Beamte, der Rintsche Dortsche hieß, aber Rindor — eine Zusammenziehung beider Namen — genannt wurde, schrieb einen ausführlichen Brief an den Statthalter von Saka, des Inhalts, daß ich derselbe

Hedin Sahib sei, der im vorigen Jahr hier gewesen sei, daß wir ohne böse Worte, in aller Freundschaft beschlossen hätten, zusammen nach Semoku zu ziehen, daß ich nicht nach Ladak, sondern direkt nach Indien reisen wolle und daß nur Lien Darin bestimmen könne, auf welchem Wege dies zu geschehen habe. Der Brief wurde versiegelt und mit einem reitenden Kurier über den Kintschen-la geschickt.

Dann plauderten und scherzten wir wieder miteinander, und noch ehe die Sonne unterging, waren wir so, als seien wir schon von Kindheit an befreundet.

Daß die Tibeter vergnügt waren, ist leicht begreiflich. Sie hatten, als diese selbe Sonne aufging, nicht geahnt, daß sie noch vor Abend einen so guten Fang machen würden! Der glückliche Ausgang ihrer Mission konnte ihnen nur Vorteil bringen. Aber auch ich empfand ungeteilte Freude. Meine Freiheit war zwar zu Ende, aber in Wirklichkeit war sie ja nur eine außerordentlich nervenzerrüttende Gefangenschaft gewesen. Die Tibeter lachten herzlich über meinen zerlumpten, berußten und fettigen Anzug. Daß ich darin unbemerkt und unentdeckt durch ganz Bongba hatte kommen können, war ihnen verständlich. Wie schön war es jetzt, den ganzen Anzug ins Feuer zu werfen und einen neuen sauberen tibetischen anzuziehen. Als wir uns am Abend von unseren neuen Freunden getrennt hatten, mußte mir Gulam in einer Waschschüssel heißes Wasser bringen. Und nun folgte in meinem Zelt eine gründliche Reinigung. Viermal mußte Gulam das Wasser erneuern, ehe ich mich einigermaßen rein fühlte. Dann schnitt ich meinen Mohammedanerbart ab und betrauerte aufrichtig, daß alle Rasiermesser fortgeworfen waren.

Rindor bat, eines unserer Zelte leihen zu dürfen, da ihr eigener Transport erst morgen zu erwarten sei. Außer Pemba Tsering kannte ich auch noch zwei der anderen vom vorigen Jahr her! Sie erinnerten sich gern daran, daß ich ihnen gegenüber so nobel mit Trinkgeldern gewesen war.

So endete der 24. April 1908. Meine Zukunft war dunkel, in meinem Schicksal begann ein neuer Abschnitt. Das tiefe Schweigen wurde nur dann und wann durch Takkar unterbrochen, der treu vor meinem Zelt wachte und die Tibeter anbellte. Und die ewigen Sterne funkelten wie früher über unseren einsamen Zelten.

Seine Exzellenz der Statthalter von Saka

Am 25. April ritt die vereinigte Truppe nach dem Eingang eines Tales auf der Ostseite des Tschomo-utschong, das Radak hieß. Sechs Tibeter umgaben mich auf beiden Seiten, und unser Zug hatte infolgedessen eine gewisse Ähnlichkeit mit einem Gefangenentransport.

Ich zeichnete ruhig meine Karte der Route, peilte mit dem Kompaß und zeichnete auch ein Panorama, ohne mich im geringsten zu genieren. Die Tibeter wunderten sich darüber und fragten wohl nach dem Grund, regten sich aber nicht weiter darüber auf. Ich selbst hatte daher reichlich

Muße, über die Politik nachzudenken, die ich bei den Verhandlungen der nächsten Tage befolgen müsse. Ich wußte, man würde darauf dringen, daß ich durch Bongba auf demselben Weg, auf dem ich gekommen war, oder auch auf der Straße, auf der ich im vorigen Jahr nach Ladak gereist war, wieder abziehen solle. Ich selbst hatte nun von Tibet genug; ich sehnte mich nach Hause und wollte namentlich zeitraubende Wege, die ich bereits kannte, vermeiden. Ich hatte daher nur den Wunsch, über Schigatse und Gyangtse nach Indien reisen zu dürfen, und wollte nur versuchen, die Erlaubnis zu erhalten, auf bisher unbekannten Wegen nach diesen Städten ziehen zu können. Nach der Aufregung, in der ich solange gelebt hatte, trat jetzt die Reaktion ein; ich war abgespannt, müde und gleichgültig gegen alles, außer dem geradesten Weg nach Haus! Daher schrieb ich einen 15 Seiten langen Brief an Lien Darin, berief mich auf sein freundliches Schreiben nach Gartok, berichtete ihm über meine letzte Reise, setzte ihm auseinander, daß keine Großmacht etwas dabei finden würde, wenn ich Tibet über Gyangtse verließe, und versprach ihm als Entgelt Mitteilungen über die Goldfundstellen, die ich gesehen, und über Maßregeln, die zur Entwicklung der Schafzucht getroffen werden könnten. Dies seien natürliche Hilfsquellen, die einen Aufschwung in Chinas neuester Provinz, Tibet, herbeiführen könnten. — Und ich schloß mit dem Wunsche, daß es Lien Darin stets wohlergehen und den Gräbern seiner Vorfahren immerdar Ruhe beschert sein möge.

Ich bezweifelte keinen Augenblick, daß er zu einem so billigen Verlangen seine Einwilligung geben werde, und malte mir schon im Geist die komische Szene aus, wenn ich Major O'Connor zuerst in tibetischer Verkleidung meine Aufwartung machen würde. Aber ich kann auch ebenso gut jetzt wie später sagen, daß diese lange Epistel an Lien Darin zu den »Briefen, die ihn nicht erreichten«, gehörten, denn sie ist nie abgeschickt worden! Die Taktik des Gegenspielers stachelte mich zu einem Eifer an, der ihn in zwei Zügen matt machte. Seltsam, daß alles glückte! Mein Verdienst war es diesmal ebensowenig wie früher; ich war, wie immer, nur eine Marionette, und die Hand, die die Drähte regierte, schwebte oberhalb der Bahnen, auf denen die Wolken und die Sterne ziehen.

Zwei kurze Tagereisen führten uns über den Kule-la und in das Tal hinunter, in dem Semoku auf dem großen Karawanenweg liegt. Hier standen zerstreut einige Zelte, während sich in einem kleinen steinernen Stationshaus der Statthalter und sein Amtsbruder einquartiert hatten. In Tibet werden alle höheren Ämter stets von zwei Herren bekleidet; so regieren z. B. auch in Gartok immer zwei Garpuns oder Vizekönige, ein System, bei dem es darauf abgesehen ist, daß der eine den andern kontrolliert. In Sakadsong schien jedoch der eine Statthalter zweifellos von höherem Rang zu sein als sein Kollege, wenigstens leitete er alle Verhandlungen in einer Weise, als ob er größere Machtvollkommenheit habe als der andere.

Sobald wir mit dem Aufschlagen unseres Lagers fertig waren, trat Rindor mit zwei Begleitern in mein Zelt, um mir mitzuteilen, der Statthalter erwarte mich im Stationshaus. Ich antwortete, der Statthalter möge zu mir in mein Zelt kommen, wenn er etwas von mir wolle. Es dauerte auch nicht lange, so kam eine Männerschar über die 100 Meter, die unsere Behausungen trennten, dahergezogen. Ich ging ihnen entgegen, bat sie einzutreten und sich zu setzen, soweit Platz da sei, setzte mich selber auf mein Bett und hatte nun drei Herren vor mir, nämlich Dortsche Tsuän, den Pun oder Statthalter von Saka-dsong, Ngavang, seinen Amtsbruder, und Oang Gjä, seinen 18jährigen Sohn. Vor der Zeltöffnung drängten sich Diener, Nomaden und Soldaten bunt durcheinander.

Pun Dortsche Tsuän ist ein außergewöhnlich hochgewachsener Tibeter, 43 Jahre alt, sieht sympathisch und distinguiert aus, trägt chinesisches Seidengewand und hat ein seidenes Scheitelkäppchen auf dem Kopf, einen Zopf im Nacken und Samtstiefel an den Füßen. Er ist ein wohlhabender Mann, der in der Provinz, die er als Statthalter regiert, große Herden und in seinem Heimatort Lhasa ein Steinhaus besitzt; denn er ist ein »Upa« oder Bewohner der Provinz U, deren Hauptstadt Lhasa ist.

Ngavang, der Mitstatthalter, ist ein kleiner dicker, gemütlicher Herr in tibetischer Kleidung, aber auch mit chinesischer Kopfbedeckung und einem Zopf. Oang Gjä hat sich das Haar nach tibetischer Sitte frisiert, trägt keine Kopfbedeckung und ist wie sein Vater ein außergewöhnlich angenehmer Mensch.

»Ich hoffe, daß Sie eine glückliche Reise gehabt und nicht zu sehr unter der Kälte gelitten haben«, begann Dortsche Tsuän.

»O, kalt ist es schon gewesen; ich habe meine Karawane verloren, unsere Kleider sind Lumpen, und unser Proviant ist zu Ende. Aber, wie Sie sehen, lassen wir uns davon nicht anfechten.«

»Während Ihres Besuches in Saka-dsong im vorigen Jahr war ich in Tsonka, aber ich erhielt über alle Ihre Wege Nachricht. Sie waren damals ausgewiesen worden. Weshalb sind Sie zurückgekehrt?«

»Um mir auch die Gegenden anzusehen, an deren Besuchen man mich damals verhinderte. Es tut mir leid, daß ich Ihnen die Mühe einer Reise von Saka-dsong nach Semoku habe machen müssen. Ich hoffe indessen, daß wir uns bald über den Weg einigen werden, auf dem ich das Land nun verlassen muß.«

Jetzt galt es, meine Karten gut auszuspielen! Während der letzten Tage war ich ganz anderen Sinnes geworden; ich hatte mich ausgeruht, die Reaktion nach der seelischen Erregung, die eine Folge der Verkleidung gewesen war, hatte aufgehört, und ich war wieder entschlossen, noch einen Versuch zu machen, Neues zu entdecken, ehe ich über die Grenze müßte. Es war mir gelungen, einen sehr wertvollen Zug quer durch Bongba durchzuführen. Aber zwei gewaltige Lücken des großen weißen Fleckes hatte ich unberührt lassen müssen, und ich träumte jetzt nur davon, Bongba auf noch weiteren Linien zu durchqueren! Dortsche Tsuän aber antwortete mit unerschütterlicher Bestimmtheit:

»Hinsichtlich des Rückweges will ich Ihnen zunächst eines sagen: keinen Schritt weiter nach Osten — es kostet meinen Kopf! Hier sehen Sie die Instruktion, die ich vor zwei Tagen vom Devaschung erhalten habe. Ich werde sie Ihnen vorlesen ... Im vorigen Jahre reisten Sie ohne Erlaubnis nach Nepal, nach dem Kubi-gangri, über den heiligen See, um den Kang-rinpotsche und nach Jumba-matsen. Ich weiß ganz genau, wo Sie gewesen sind. Dergleichen ist dieses Jahr unmöglich. Wahrscheinlich sind Ihre Reisen nach allen möglichen verbotenen Richtungen hin der Grund, weshalb der Devaschung in diesem Jahr im ganzen Lande Befehle über die Europäer hat bekanntmachen lassen. Nach Schansa-dsong sind neulich aus Lhasa zwei Beamte geschickt worden, um darüber zu wachen, daß sich keine Europäer von Naktsang her der heiligen Stadt nähern. Vor einiger Zeit ist ein chinesischer Offizier mit 200 Soldaten in Tingri stationiert worden, um das Land gegen ein Eindringen von Süden her zu bewachen! Nicht einmal Gurkhas und Hindus dürfen jetzt ohne besondere Erlaubnis in Tibet umherreisen. Von dem chinesischen Grenzoffizier in Tingri erhielt ich vor einigen Tagen einen Brief, den ich Ihnen zuerst vorlesen werde... Wie Sie sehen, befiehlt er mir, jeden von Norden her nach Saka kommenden Europäer zum Umkehren zu zwingen und ihn auf seiner eigenen Spur zurückzuschicken. Weigert er sich, mir zu gehorchen, so habe ich einen Eilboten nach Tingri zu schicken und erhalte dann innerhalb einiger Tage von den dort stationierten Soldaten Hilfe. Aber ich hoffe wie Sie, daß wir uns ohne Verdruß und fremde Einmischung einigen werden.«

Mein nächster Schachzug bestand nun aus einem Scheingefecht für den Weg über Gyangtse; ich wollte mich dann schließlich seinen Wünschen fügen und unter der Bedingung auf Gyangtse verzichten, daß ich nicht durch Länder zu ziehen brauchte, die ich bereits kannte. Ich setzte ihm also auseinander, wie nahe es von hier nach Gyangtse sei und wie leicht und bequem er mich auf diesem Wege los werden könne — er erwiderte nur: »All das ist wahr, aber dieser Weg ist Ihnen verschlossen.«

»Gut, dann werde ich Ihnen zuliebe darauf verzichten, aber nur unter der Bedingung, daß Sie einen Brief von mir an den britischen Handelsagenten in Gyangtse befördern. Sie können wohl begreifen, daß meine Angehörigen sich über mein langes Fortbleiben beunruhigen und sich nach einem Briefe sehnen.«

»Das begreife ich, ich kann aber zu meinem Bedauern Ihre Briefe nicht befördern. Allen Behörden in Tibet ist es streng verboten, Europäern, die nicht berechtigt sind, sich hier im Lande aufzuhalten, irgendwelche Dienste zu leisten.«

»Dann erlauben Sie aber wohl, daß zwei meiner eigenen Diener einen Brief von mir nach Gyangtse bringen?«

»Nein, niemals!«

»Sie können doch wenigstens dem Devaschung meine Ankunft in Semoku mitteilen und die Regierung bitten, Nachricht davon nach Gyangtse zu schicken?«

»Als ich Rindors Schreiben erhielt, schickte ich sofort einen Kurier an den Devaschung. In einigen Tagen weiß man in Lhasa, daß Sie wieder hier sind.«

Es ist mir nicht gelungen, eine tibetische Behörde zum Befördern meiner Briefe zu bewegen! Der Umstand, daß Dortsche Tsuän sich weigerte, mir einen an und für sich so unbedeutenden Dienst zu leisten, hatte aber die beklagenswerte Folge, daß meine Angehörigen erst im September sichere

Nachrichten von mir erhielten und daher glaubten, daß ich verunglückt sei! Anstatt die Grenze in ein paar Wochen zu erreichen, mußte ich nach dem Innern Tibets zurück. Ich hielt es jedoch für ganz selbstverständlich, daß die Nachricht von unserem Erscheinen auf der Tasam sowohl offiziell wie gerüchtweise nach Gyangtse dringen und sich von dort überallhin verbreiten werde. Dies geschah indessen unglücklicherweise nicht, und nachdem wir die Tasam verlassen hatten, hüllte sich mein Geschick wieder in dasselbe Dunkel wie vorher!

»Nein, Hedin Sahib«, rief Dortsche Tsuän aus, »der einzige Weg, der Ihnen offen steht, ist die Straße, auf der Sie von Norden hierhergekommen sind.«

»Den Weg werde ich niemals einschlagen! Es hat gar keinen Zweck, überhaupt davon zu reden.«

»Sie werden es müssen!«

»Sie können mich nicht dazu zwingen. Erstens werde ich Ihnen nicht mitteilen, auf welchem Weg ich gekommen bin, und ich bin, wie Sie wissen, in Verkleidung gereist.«

»Das hat nichts zu bedeuten! Daß Sie vom Samje-la und vom Kintschen-la herabkamen, ist bekannt. Jenseits dieser Pässe wird sich die Bedeckung, die ich Ihnen mitgebe, von Zelt zu Zelt weiterfragen.«

»Die Nomaden werden aber aus Furcht vor Strafe antworten, daß sie keine Ladakis gesehen haben.«

»Ich werde sie schneller zum Eingestehen der Wahrheit bringen, als Sie glauben!«

»Sie können mich töten, wenn Sie wollen, aber Sie werden mich nie zwingen können, über den Samje-la zu gehen. Bedenken Sie, daß ich ein Europäer und ein Freund des Taschi-Lama bin. Es kann Ihren Kopf kosten!«

Sehr besorgt beriet Dortsche Tsuän sich flüsternd mit Ngavang und sagte darauf:

»Ich werde Ihretwegen so weit gehen, daß ich Ihnen erlaube, nach Ladak auf derselben Straße, auf der Sie im vorigen Jahr dorthin gezogen sind, also über Tradum, Tuksum, Schamsang, Parka und Gartok, zurückzukehren.«

Dies war der »Ausweg«, den ich gerade gefürchtet hatte! Wenn es in ganz Tibet eine Straße gab, die ich um jeden Preis vermeiden wollte, so war es die Heerstraße nach Ladak. Ich antwortete:

»Niemals! Keinen Schritt auf der großen Karawanenstraße nach Ladak!«

»Aber weshalb denn nicht? Sie sollten uns für ein so großes Zugeständnis doch dankbar sein.«

»Die Gesetze meines Landes verbieten, daß jemand auf seiner eigenen Spur zurückgeht! Schneiden Sie mir den Hals ab, aber dazu bringen Sie mich nicht.«

»Sie müssen in Ihrem Lande sonderbare Gesetze haben! Darf ich mich erkundigen, auf welchem Wege Sie abzuziehen wünschen?«

»Ich habe es ja schon gesagt, über Gyangtse. Sie haben es mir abgeschlagen und ich verstehe Ihre Gründe. Sie haben darauf bestanden, daß ich wieder nach Norden gehen solle. Auch in dieser Hinsicht werde ich mich nach Ihren Wünschen richten, aber nur unter der Voraussetzung, daß ich nicht auf meiner eigenen Spur zurückzukehren brauche. Ich will über einen anderen Paß, östlich von Samje-la, nordwärts nach dem Terinam-tso und von dort in westlicher Richtung Tibet auf dem geradesten Wege verlassen.«

»Das ist undenkbar! Doch regen wir uns noch nicht darüber auf! — Wollen Sie jetzt auf meinen Vorschlag eingehen, mich nach Kamba Tsenams Zelten zu begleiten, wohin wir vier Tagereisen haben? Sie sind ja schon dort gewesen, und bis wir dort sind, werden wir uns schon über den Weg geeinigt haben.«

»Ja, gern.«

Der Widerstand reizte mich. Nun wurde es Ehrensache, eine neue Schachpartie zu gewinnen! Meine Stellung war sehr stark. Die Tasam war ausgeschlossen. Wenn man mir nur erlaubte, den Transhimalaja auf einem östlicheren Paß zu überschreiten, würde ich mir den Teri-nam-tso, Mendong-gumpa, den unteren Buptsang-tsangpo, den Tarok-tso, Selipuk und einen achten Transhimalajapaß durch die eine oder andere Kriegslist erobern können!

Noch war ich des Spieles nicht müde. Noch fühlte ich mich jung und stark! Die politische Verwicklung, die mich in Tibet von allen Seiten verfolgte, erschwerte zwar die großen Entdeckungen, stachelte aber auch meinen Ehrgeiz an. Daher erinnere ich mich mit besonderer Sympathie aller derjenigen, die mir kraft ihrer vergänglichen irdischen Macht Hindernisse in den Weg legten!

Nachher unterhielten wir uns über alles mögliche. Dortsche Tsuän bat mich, unsere Waffen ansehen zu dürfen, und fragte, ob er nicht einen Revolver von mir kaufen könne.

»Nein, aber ich werde ihn Ihnen schenken, mit Patronen und allem, was dazu gehört, wenn Sie mir erlauben, auf dem Weg abzureisen, den ich vorgeschlagen habe.«

»Hm!«

»Sie müssen mir aber erst den Proviant, den wir für zwei Monate brauchen, verschaffen, sowie auch neues Schuhzeug, Anzüge, Tabak, Pferde, Maulesel und Yaks.«

»Sehr gern! Setzen Sie nur von allem, was Sie brauchen, eine Liste auf.«

Dies geschah sofort. Alles sollte aus Tsongka herbeigeschafft werden, wohin noch heute Reiter geschickt werden sollten. Gegen Abend machte ich meinem ritterlichen Freunde Pun Dortsche Tsuän einen langen Gegenbesuch, und spät abends opferte ich den Brief an Lien Darin den Flammen. Ich zog es jetzt vor, zu passen — nur keine chinesische Einmischung in unsere schwedisch-tibetische Politik!

Am 28. blieben wir in schönster Ruhe liegen und besuchten einander stundenlang. Die beiden Statthalter saßen auf der an der Wand angebrachten Bank, Rindor und Oang Gjä auf ihren Teppichen auf der bloßen Erde und alle vier — knobelten! Die beiden Würfel wurden in einer hölzernen Schale geschüttelt, die dann schnell umgekehrt auf ein Stück Leder gesetzt wurde. Die Spielmarken bestanden aus kleinen indischen Muscheln.

Nachher spielten sie mit chinesischen Dominosteinen. Dabei tranken sie Tee, rauchten ihre Pfeifen, summten eine Melodie, scherzten, lachten und schoben die Steine mit unglaublicher Fingerfertigkeit und Eleganz. Ngavang gewann zehn Tengas und war sehr zufrieden. Auf diese Weise vertreiben sie sich die Zeit, wenn sie mit der Tagesarbeit fertig sind. Rindor war der Privatsekretär des Statthalters; auf einer Bank und einem Tisch lagen ganze Stapel von Akten und Briefen auf grobem chinesischem Papier, das schichtenweise zusammengefaltet wird. Alle Postsendungen an den Statthalter kamen jetzt nach Semoku; seine tägliche Arbeit mußte ihren Gang gehen. Die Provinz Saka ist ziemlich groß, und er erzählte mit einem gewissen Stolz, daß seine Macht sich nach Osten hin bis Sangsang, nach Süden bis an den Nevu-la, westwärts bis an den Marium-la und im Norden eine Tagereise weit über Kamba Tsenams Zelt hinaus erstrecke.

Am 29. April zogen wir zusammen ab. Wir überschritten den Uschy-la, den Gjä-la und den Lamlung-la, der ein mühsam zu erklimmender Paß ist, aber auf dessen 5118 Meter hohem Sattel man wieder eine herrliche Aussicht über dieses unentwirrbare Gebirgsmeer hat. Man sieht die sieben beherrschenden Gipfel des Tschomo-utschong in einer dichten Gruppe. Die Längsrichtung des Massivs stimmt mit der des Lunpo-gangri, dessen Fortsetzung es ist, überein.

In dem Tal Namtschen bildete unser gemeinsames Lager ein kleines Dorf, denn alle Häuptlinge der Gegend waren zur Beratung herbeigerufen worden. Hier war es auch, wo sich Rindor und Pemba Tsering mit allem einfanden, was ich aus Saka-dsong bestellt hatte. Zwei Tage blieben wir dort liegen. Das Wetter war rauh und unfreundlich, und die Kälte sank noch immer auf 13,2 Grad. Vom Frühling konnte keine Rede sein. Aber die Wildgänse zogen schon über uns, und als Tubges einen Gänserich schoß, kam Oang Gjä zu mir, um sich darüber zu beklagen. Er war ganz außer sich über den Mord und konnte nicht begreifen, daß meine Leute so grausam sein könnten!

»Sie haben recht«, erwiderte ich, »auch mir tut es um die armen Gänse leid. Doch Sie müssen bedenken, daß wir Reisende sind und mit unserem Unterhalt auf das angewiesen, was das Land bietet.

»Hier in der Gegend habt ihr Schafe in Hülle und Fülle.«

»Ist es nicht ebenso unrecht, Schafe zu töten und ihr Fleisch zu essen?«

»Nein«, rief er mit leidenschaftlicher Energie aus, das ist etwas ganz anderes! Sie wollen doch wohl nicht Schafe und Wildgänse vergleichen? Zwischen beiden ist ein ebenso großer Unterschied wie zwischen Schaf und Mensch, denn die Wildgänse verheiraten sich und gründen eine Familie geradeso wie die Menschen! Und wenn Sie durch einen gedankenlosen Schuß ein solches Verhältnis zerstören, so haben Sie dadurch Unglück und Kummer verschuldet. Die Gans, der Sie eben den Gatten geraubt haben, sucht ihn nun vergeblich Tag und Nacht und weicht nicht von der Stelle, an der er ermordet worden ist; sie schließt nie eine neue Ehe und stirbt bald vor Gram! Kein Weib kann tiefer trauern als sie, und die Menschen, die ein so großes Leid verursachen, ziehen dadurch Strafe auf sich selbst herab!«

Der prächtige Oang Gjä war ganz untröstlich. Wir könnten soviel Antilopen, Wildschafe und Rebhühner schießen, als wir nur wollten, aber die Wildgänse müßten wir in Frieden lassen! Ich hatte nördlich, im Loplande, schon ähnliche Geschichten erzählen hören von dem Gram der Schwäne, wenn ihre Ehe durch den Tod gelöst würde.

Kamba Tsenam, »Aller Räuber Vater«

Im Lager in Namtschen kaufte ich reichliche Vorräte sowie Zeug zu neuen Anzügen für uns alle. Abdul Kerim setzte sich schleunigst an die Arbeit, um mir einen tibetischen Anzug elegantester Art von rotem Lhasatuch zurechtzuschneidern; auf dem Kopf hatte ich eine chinesische Seidenmütze, die ich mit einem roten Turban umwand; ich trug auch chinesische Seidenstiefel und hatte mir einen kleinen Säbel durch den Gürtel gesteckt. In meinem Ladakisattel mit der bunten Decke auf meinem milchweißen Hengst sah ich in der mir aufgezwungenen Maskerade wirklich wie ein vornehmer Tibeter aus!

In Namtschen wurde eine große Versammlung nach Dortsche Tsuäns Zelt einberufen, auf der die Frage meines Rückweges entschieden werden sollte. Pun Dortsche Tsuän betonte die Notwendigkeit meines Heimreisens über den Samje-la; ich antwortete ihm wieder, daß ich auf keinem anderen Weg abzuziehen gedächte als über einen Paß, der im Osten des Samje-la liege. Da wandte er sich an die anwesenden Nomaden, die wohl schon vorher instruiert worden waren, und alle beteuerten, daß man über keinen anderen Paß als den Samje-la nach Tschang-tang hinaufkommen könne. Wir hatten durch den Pferdetreiber auf dem Gäbuk-la erfahren, daß von Kamba Tsenams Zelt aus ein Weg in direkt nördlicher Richtung über das Gebirge führe. Die Nomaden, die uns Yaks vermieten sollten, sagten, jener Weg sei so schlecht, daß wir auf ihm den Tarok-tso erst in drei Monaten erreichen könnten, und erklärten, daß sie dazu ihre Yaks nicht hergeben wollten. Als ich mich nun erbot, die Yaks zu kaufen, wollte keiner seine Tiere hergeben. Nun machte ich den Vorschlag, meine Karawane in zwei Abteilungen zu teilen, Abdul Kerim mit der einen Hälfte über den Samje-la ziehen zu lassen, während ich mit der anderen über den östlicheren Paß ginge; wir würden dann am Unterlauf des Buptsang-tsangpo wieder zusammentreffen. Ngutu, ein jovialer älterer Herr von mongolischer Herkunft, meinte, es könne ihnen ja ganz einerlei sein, welchen Paß ich selber überschritte, wenn nur die Hauptmasse der Karawane über den Samje-la gehe. Aber Dortsche Tsuän ließ sich noch immer nicht erweichen und versuchte mich dadurch abzuschrecken, daß er von zehn starkbewaffneten Räubern erzählte, die im Norden des Gebirges hausten, das ich überschreiten wolle.

»Wenn die Gegend so unsicher ist«, versetzte ich, »dann sind Sie verpflichtet, mir zehn Soldaten als Eskorte mitzugeben!«

»Die Soldaten gehören zur Garnison Saka-dsong und dürfen zu keinem anderen Zweck verwandt werden.«

»Hören Sie mich nun an, Dortsche Tsuän, und seien Sie nicht kleinlich. Wenn Sie mir zehn Soldaten mitgeben, so wird es Ihnen ja möglich, meine Wege zu überwachen. Ich werde jeden Soldaten täglich zwei Rupien zahlen. Sie können sich selber sagen, daß ich nicht in der Lage bin, mir große Ausgaben während langer Zeit erlauben zu können. Sie erhalten dadurch also eine Garantie, daß ich keine größeren Umwege machen werde. Sobald ich mich mit Abdul Kerims Abteilung wieder vereinigt habe, bin ich außerhalb Ihrer Provinz, und die Eskorte kehrt in ihre Garnison zurück.«

»Das ist wahr«, ließen sich zwei Stimmen aus der Menge vernehmen, »wenn er täglich 20 Rupien bezahlt, kann er nicht weit gehen!«

Dortsche Tsuän erhob sich und rief noch einige der Anwesenden zur Beratung außerhalb des Zeltes. Als er zurückkehrte, sagte er, ich solle meinen Willen haben, wenn ich mit meinem Namen eine schriftliche Erklärung unterzeichnete, daß ich die Verantwortung für die Folgen selber übernehmen wolle, so daß er seinerseits nicht die Schuld daran trage, wenn mich ein Unglück treffe. Natürlich versprach ich gern, ein solches Papier zu unterschreiben!

So war die Sache entschieden. Nima Taschi, ein hochgewachsener, angenehm aussehender Mann, sollte Anführer der Leibwache werden, und als er sagte, daß er den nordwärts führenden Weg nicht kenne, erhielt der 45jährige Pantschor Befehl, uns als Führer zu begleiten. Er wurde ins Zelt gerufen. Es war ein kleiner, magerer, aber muskulöser Mann, der mit der Flinte, die er beständig trug, schon 80 wilde Yaks erlegt hatte. Auf alles, was man ihm sagte, antwortete er unterwürfig zustimmend: »La lasso, la lasso.« Man konnte ihm ansehen, daß er durchtrieben und listig war — also gerade die Sorte, die ich brauchte!

In seiner und der anderen Gesellschaft ritten wir am 4. Mai über den Gara-la, von dessen niedriger Schwelle man Kamba Tsenams großes Zelt auf der gleichen Stelle wie früher liegen sah. Hier kreuzten wir also unsern Weg vom 22. April und hatten folglich eine Schleife um das prachtvolle Schneemassiv des Tschomoutschong gemacht.

Pantschor war Kamba Tsenams älterer Bruder, und es fiel mir auf, daß der reiche Nomade jetzt, als der Statthalter von Saka-dsong selbst seine Zelte neben ihm aufschlug, nicht herauskam, um ihn zu begrüßen! Kuriere und Boten kamen und gingen, kleine Yakkarawanen mit dem Proviant der Behörden zogen zu unsern Zelten hinauf, und aus der Nachbarschaft kamen Nomaden, um sich den sonderbaren Europäer anzusehen, der wie eine Bombe in die Gegend hineingeplatzt und endlich festgenommen war!

Spät am Abend schlich sich Kamba Tsenam in mein Zelt. Er tat sehr geheimnisvoll und versicherte, der Statthalter und seine Leute dürften von diesem Besuch nichts ahnen! Er wolle mir aber nur mitteilen, daß Pantschor es ganz gut so einrichten könne, daß ich fast überallhin nach meinem Belieben ziehen könne! Die Leibwache habe zwar strenge Instruktion von den Behörden erhalten, aber nur Pantschor kenne den Weg und werde den anderen leicht blauen Dunst vormachen können! Ich brauchte Pantschor nur meine Wünsche mitzuteilen, so werde er schon für das übrige sorgen. Selbst wenn eine Bande von 50 Räubern über uns herfallen sollte, würde sie sich zerstreuen, sobald sie Pantschor mit seiner nie fehlenden Flinte unter uns sähe! Kamba Tsenam entlarvte sich als ein geriebener Kerl, der sich um die Behörden Sakas nicht im geringsten kümmerte. Der alte Fuchs versprach mir dafür zu sorgen, daß ich einen beliebigen Weg ziehen könnte, wenn ich — zum Entgelt dafür sorgen wolle, daß er Statthalter von Saka würde! Was er sagte, war natürlich leeres Geschwätz, aber man mußte sich vor ihm in acht nehmen! In Bongba hatte kein Mensch je von ihm gehört, und seine große Macht existierte wohl nur in seiner Einbildung. In seiner Heimat war er jedoch seines großen Reichtums wegen allgemein bekannt und sehr angesehen, und er prahlte damit, daß kein Räuber es wage, sich an seinen Herden zu vergreifen, da er der Freund und Vertraute dieser Leute sei. »Ich bin aller Räuber Vater«, erklärte er selbst recht bescheiden.

Seine Einladung, ihn am nächsten Morgen in seinem Zelt zu besuchen, nahm ich gern an. Als ich an dem Zelt zum erstenmal im Schneetreiben vorbeigekommen war, war es mir wie eine drohende Festung gegen meine Pläne und meine Freiheit erschienen! Jetzt näherte ich mich seinem Eingang als geehrter Gast und wurde nur von den Hunden angefahren.

Das gewaltige, aus einer Menge Zeugbahnen zusammengenähte Zelt wird von drei im Erdboden eingemauerten Masten getragen. Längs seiner Innenseite zieht sich eine steinerne Mauer hin, und vor dieser sind Haufen von Tsamba-, Reis- und Gerstesäcke aufgestapelt. Auch stehen dort Körbe und Kisten voller Kleidungsstücke. Der Altar, ein Holzgestell und ein Tisch, sind mit Gaos, Götterstatuen, Opferschalen, Gebetmühlen und heiligen Büchern bedeckt. In einer Ecke stehen wohl ein Dutzend Flinten mit Wimpeln an den Gabeln, und in einer anderen ebenso viele Säbel. Auf dem aufgemauerten Herd zur Linken des Eingangs kocht stets ein mächtiger Teekessel. Am weitesten vom Eingang entfernt, in der rechten Ecke, hat der Hausherr seinen Ehrenplatz, einen Diwan mit einem niedrigen kleinen Tisch, und vor diesem einen Herd, der wie eine ausgehöhlte Kanonenkugel aussieht und mit qualmenden Dungkohlen gefüllt ist. In einer Gruppe sitzen einige der Hirten Kamba Tsenams und trinken Tee, in einer zweiten spielen kleine schwarze Kinder, und in einer dritten kichern die Frauen des Zeltes. Mit kurzgeschnittenem, kreideweißem Haar, runzlig wie zerknittertes Pergament, vollständig erblindet und wie Monna Vanna nur mit einem Mantel bekleidet, saß Kamba Tsenams 83jährige Mutter auf ihrem Bett und drehte mit der rechten Hand ihre Gebetmühle, während ihre Linke den Perlen des Rosenkranzes keine Ruhe ließ. Sie schwatzte und betete abwechselnd. Zweimal erkundigte sie sich, ob der Europäer noch da sei und ob man ihm auch Tee und etwas zu essen angeboten habe.

Der 5. Mai, mein letzter Tag in Dortsche Tsuäns Gesellschaft, mußte irgendwie gefeiert werden. Ich lud daher die ganze Gesellschaft zu einem Fest im Lager ein. Die beiden Statthalter und Oang Gjä erhielten ihren Platz in meinem Zelt, während der Pöbel draußen im Kreise um das Feuer saß.

Ich habe Abdul Kerim ermahnt, sein Allerbestes zu tun, und er meldet fünfzehn Nummern des Programms, abwechselnd Tanz und Gesang.

Ich freute mich, wie die Tibeter sich unterhielten, einen so vergnügten Abend hatten sie in ihrem ganzen Leben noch nicht gehabt! Dortsche Tsuän sagte etwas Ähnliches. Ngavang lachte vergnügt grunzend, und Oang Gjä freute sich wie ein Kind an diesem ungewöhnlichen Schauspiel. Ich selber aber versank eine Weile in Träume. Ich dachte an die wunderbare Bahn, die mein Lebensschicksal genommen hatte! Durch die Rauchwolken sah ich das ganze alte Asien vor mir und die Abenteuer der vergangenen Jahre hinter mir. Und ich wunderte mich selber, daß ich nie genug davon bekommen konnte und des flackernden Scheines der Lagerfeuer noch nicht überdrüssig war!

Am Morgen des 6. Mai war das Land wieder so weiß wie im tiefsten Winter. Die Statthalter und ihr Gefolge kamen zum Abschiedsbesuch, worauf ich sie zu ihren gesattelten Pferden begleitete, ihnen noch einmal Lebewohl sagte und ihnen für die Freundlichkeit dankte, die sie mir erwiesen hatten, trotz der großen Mühen, die ich ihnen verursachte! Dortsche Tsuän sprach die Hoffnung aus, daß wir uns noch einmal im Leben wieder sehen würden — man lernt die Menschen viel besser kennen und lenkt sie viel leichter, wenn man sie freundlich behandelt und sanft mit ihnen umgeht; mit Gewalt, Härte und Drohung erreicht man nichts. Hochaufgerichtet, eine prachtvolle Erscheinung, saß der Statthalter auf seinem Pferd. Seine Reiterschar war bedeutend zusammengeschmolzen, da die ganze Eskorte beauftragt war, mich zu begleiten. Sie spornten ihre Pferde an und waren bald auf dem Weg nach dem Gara-la verschwunden.

Meine eigene Karawane wurde jetzt geteilt. Nur fünf Mann sollten mich begleiten, Gulam, Lobsang, Kutus, Tubges und Kuntschuk. Wir hatten acht Ziegen, der Milch wegen — unsere alten Schafe waren um einen Spottpreis verkauft worden. Die Eskorte unter Nima Taschi erhielt hundert Rupien Vorschuß für die ersten fünf Tage. Mit Pantschor wurde nur vereinbart, daß er gut bezahlt werden solle, wenn er mich dahin führe, wohin ich wolle! Die übrigen sieben Ladakis erhielten Befehl, unter Abdul Kerims Führung über den Samje-la nach dem Buptsang-tsangpo zu ziehen und uns an der Stelle, wo er sich in den Tarok-tso ergießt, zu erwarten. Was sie auch täten, den Buptsang-tsangpo dürften sie nicht verlassen, da wir einander sonst verlieren könnten. Rindor und Pemba Tsering waren angewiesen, sie über den Samje-la nach Buptö zu begleiten. Ich nahm nur 1000 Rupien mit, für die übrige Reisekasse war Abdul Kerim verantwortlich. Er war ein Ehrenmann, im übrigen aber kein Kirchenlicht. Mit uns zogen auch einige Nomaden, deren sechs Yaks das Gepäck trugen.

Obgleich wir nur ein paar Wochen getrennt sein sollten, war der Abschied entsetzlich rührselig, und viele kindliche Tränen rollten an wettergebräunten Wangen herab, als wir aufbrachen.

Es geht nach Nordosten und dann gerade nach Westen über den kleinen Doppelpaß Schalung-la in das Gjägongtal hinunter, wo wir bei Kamba Tsenams Hürden lagern. Die Eskorte war schon angekommen und saß Tee trinkend in ihrem schwarzen Zelt. —

Ich plauderte gerade mit Kamba Tsenam und Pantschor, als ein großer, kräftig gebauter junger Mann erschien und in meiner Zelttür Platz nahm.

»Ich habe den Bombo schon früher, bei Naktschu gesehen«, sagte er. »Ihr hattet einen Burjäten und einen Lama bei euch. Es ist sieben Jahre her.«

»Das stimmt allerdings. Hast du mir Grüße zu bringen?«

»Nein, ich wollte nur fragen, ob Sie nicht Lust hätten, mir zwei feine Yaks abzukaufen. Sie können sie für die Hälfte des Wertes erhalten.«

»Danke. Jetzt brauche ich gerade keine Yaks. Was ist dein Gewerbe?« fragte ich.

»Räuber«, antwortete er, ohne im geringsten verlegen zu werden!

Als er sich entfernt hatte, erzählte mir Kamba Tsenam, der junge Mann habe vor einiger Zeit einen Nomaden in Rukjok getötet und sei nun gekommen, um wegen des Bußgeldes für den Mord zu unterhandeln. Die Behörden suchten eifrig nach der Bande, zu der der Mann gehöre, und er, Kamba Tsenam, und Pantschor wüßten auch ganz genau, wo ihre Mitglieder sich aufhielten, zeigten sie aber nicht an, um nicht aus Rache ihres Eigentums beraubt zu werden. Kamba Tsenam und sein Bruder standen augenscheinlich mit den Räuberbanden der Gegend auf sehr vertrautem Fuß, und ich hatte sie stark im Verdacht, daß sie mit ihnen gemeinschaftliche Sache machten! In Pantschor hatten wir entschieden einen echten Räuberhauptmann zum Führer. Er erzählte selbst, der Devaschung habe ihn anstellen wollen, um ihn als Späher und Wegweiser zu verwenden, wenn Räuberbanden aufgespürt würden, er sei aber nicht darauf eingegangen. Übrigens wußte er, daß ich viel Geld bei mir hatte; ich war daher in seiner Gesellschaft nicht allzu sicher. Er gab sich den Anschein, als kenne er die Gegend nur zwei Tagereisen weit in nördlicher Richtung. Als er aber unsere sechs Pferde besichtigte, sagte er: »Das da haben Sie von einem alten Nomaden gekauft, der westlich vom Scha-kangscham wohnt, und dies da von Tsong-pun Taschi.« Kannte er jedes Pferd im Lande, so kannte er das Land wohl auch! Ich bat ihn, mir unsere Lagerplätze auf der Reise nach Norden aufzuzählen, aber er nannte mir nur die beiden ersten und fügte hinzu: »Die übrigen werden Sie so nach und nach erfahren, und wenn ich selber den Weg nicht finde, so gibt es in der Nähe stets irgendeinen Räuber, den ich fragen kann.«

Am 7. Mai sagten wir dem alten Räuberhauptmann Kamba Tsenam Lebewohl und ritten zusammen nach dem Gjägong-la hinauf, der 5490 Meter hoch ist. Er liegt in der ausgeprägten Kette, die Kantschung-gangri genannt wird, und ich bemerkte mit großem Interesse, daß alles Wasser auf der Nordseite des Passes dem Tschaktak-tsangpo zuströmt. Der Kantschung-gangri war also nicht der Hauptkamm des Transhimalaja, und der Gjägong-la war nur ein Paß zweiter Ordnung. Die große Wasserscheide kam erst einige Tagereisen weiter nördlich.

Auf der Nordseite kamen wir an einer heißen Quelle namens Memotschutsän vorbei, die im Quellauge eine Temperatur von plus 34,2 Grad hatte, während in einer zweiten das Wasser kochte und dampfte. Die Quellen sind von Verkalkungen, Terrassen und Bassins umgeben, in denen Kranke baden.

Pantschor hatte ein altes Fernglas, das er fleißig benutzte, um nach Räubern und wilden Yaks auszuspähen. Er meinte, daß wir immer zusammenbleiben müßten, da uns auch Räuber überfallen könnten, die ihm unbekannt seien, und bat uns, ihm in solchem Fall mit unsern Waffen bei der Verteidigung zu helfen.

Das Lager dieses Tages trug die Nummer 400.

Zum siebentenmal über den Transhimalaja nach dem himmlischen See der Thronberge

Sechzehn Grad Kälte in der Nacht auf den 8. Mai! Schon vor einem Monat hatten wir in Bongba viel wärmeres Wetter gehabt. Aber wir zogen ja wieder nach den Höhen des Transhimalaja hinauf, es war kalt, rauh und windig, und das ganze Land lag unter einer Schneedecke.

Wir ritten nordwärts über eine kleine Schwelle nach dem Tschaktak-tsangpo hinunter, in dessen Nähe wir eine Weile haltmachen mußten, um uns am Feuer zu wärmen. Der Fluß macht einen Bogen nach Westsüdwesten, um den Kantschung-gangri zu durchbrechen. An seinem Ufer sahen wir ein Zelt, acht Pferde und etwa 100 Schafe. Pantschor war heute seine eigenen Wege gegangen, um eine Herde von 90 wilden Yaks zu verfolgen; Nima Taschi, der Befehlshaber der Leibwache, war fest überzeugt, daß in dem Zelt eine Räuberbande hause, da es in dieser Gegend keine Nomaden gebe! Die Eskorte und Nima Taschi ganz besonders fürchteten sich entsetzlich vor Räubern; Pantschor hatte mir gesagt, er könne die Soldaten dadurch, daß er ihnen mit den Räubern Furcht einjage, dazu bringen, ihm überallhin zu folgen. Als Pantschor sich wieder einstellte, erzählte er, daß tatsächlich Räuber in dem Zelt hausten, und zwar die Bande, die die Morde im Rukjoktal auf ihrem Gewissen habe. Und er fügte hinzu, daß die Räuberbande gedroht habe, die Gegend wieder heimzusuchen, wenn die Leute in Rukjok sich nicht gütlich mit ihnen einigten. Ich fragte ihn, weshalb denn die Behörden den Hauptmann jetzt, wo er ganz in ihrer Nähe sei, nicht fingen, worauf Pantschor kopfschüttelnd sagte, daß man, wenn er gefangen und hingerichtet würde, sich an seiner Bande dreißig andere Räuber auf den Hals lüde, die noch viel ärger seien!

Am Flußufer aufwärts ziehend, kamen wir an den kleinen Lap-tschung-tso und schlugen an seinem östlichen Ufer das Lager 401 (5193 Meter) auf. Im Süden tritt der Kantschung-gangri in all seinem Glanz hervor. Seine Nordseite ist viel schneereicher als die südliche. Aus allen Tälern im Norden, Nordwesten und Nordosten strömen Bäche nach dem Laptschung-tso, aus dessen südlicher Spitze der Tschaktak-tsangpo heraustritt, um weiter abwärts nach Südwesten hin den Kantschung-gangri zu durchbrechen.

9. *Mai.* Längs des östlichen Ufers des Laptschung-tso ziehen wir nach Nordosten und folgen einem Weg, der aus wohl 50 parallellaufenden Fußpfaden besteht. Er ist von großem Interesse als Straßenzug auf der Karte Tibets, der bisher unbekannt war. Hier reisen die Kaufleute, die nach dem östlichen Bongba oder Tschoktschu wollen, ein großer Teil der von Tabietsaka kommenden Salztransporte und zahlreiche Pilger, die vom Kang-rinpotsche nach Hause zurückkehren; die letzteren folgen auf der Hinreise gewöhnlich der Tasam, schlagen aber bei der Heimreise meistens den nördlicheren Weg ein — damit die ganze Pilgerfahrt ein »Kore«, eine seligmachende Runde sei.

Unsere Richtung wird jetzt nördlicher. Zwischen dem Kantschung-gangri und dem Hauptkamm des Transhimalaja ist das Land ziemlich flach.

In dem Längstal zwischen beiden Ketten sehen wir in N 60° W die verhältnismäßig niedrige Schwelle Ditscha-la, die jedoch ein wasserscheidender Paß ersten Ranges zwischen Ozean und abflußlosem Plateau ist. Über den Ditscha-la führt der eben erwähnte Weg nach dem Buptsang-tsangpo und Tabie-tsaka. Im Norden, Nordwesten und Nordosten zeigen sich mehrere Gangris mit Firnfeldern, die alle zum Hauptkamm des Transhimalaja gehören. Im Osten gibt es einen Paß Nakbo-kongdo-la mit dem Nakbo-gongrong-gangri. Über diesen Paß, der auch auf der Hauptwasserscheide zu liegen scheint, führt ein Weg nach dem Targo-gangri und dem Dangra-jum-tso. Zwischen Raga-tasam und Ombo führt eine Straße, die hauptsächlich von Salzkarawanen benutzt wird, über den Tsalam-nakta-la.

Ein Mitglied der gestrigen Räuberbande besuchte uns, sichtlich ein guter alter Freund Pantschors! Er gab mir allerlei interessante Aufschlüsse über den Teri-nam-tso und Mendong-gumpa, die sich später als durchaus richtig erwiesen. Aus Pantschor konnte ich nicht klug werden. Entweder war er mit dem Teufel selber im Bunde, oder er war auf eigenes Risiko und für eigene Rechnung ein vollendeter Spitzbube. Jetzt versicherte er, daß es für ihn die einfachste Sache auf der Welt sei, mich nach dem Teri-nam-tso, ja vielleicht sogar nach dem Dangra-jum-tso zu bringen! O, ihr Götter Naktsangs, schlummert ihr in diesem kalten Frühling und wollt ihr eure irdischen Vasallen erst warnen, wenn es zu spät ist? Könnte ich mir noch zwei Transhimalaja-Übergänge erkämpfen, so würde ich nachher seine gewaltigen Ketten gern ihrer wilden tausendjährigen Ruhe unter den eilenden Wolken und den glänzenden Schneefeldern überlassen! Seltsam, daß dies ausgedehnte, der indischen Grenze so nahe liegende Land bis in unsere späte Zeit völlig unbekannt geblieben ist!

Pantschor riet, einen Tag im Tale zu bleiben, denn so gute Weide wie hier würden wir sobald nicht wiederfinden. Ich fragte mich, woher er dies wissen könne, da er mir eben noch gesagt hatte, daß er niemals im Norden des Sangmo-bertik-la gewesen sei!

Die Kälte sank in der Nacht zum 11. Mai auf 16,1 Grad. Wir waren auf einer mächtigen Erhebung des Transhimalaja, die Lap heißt und wegen ihres rauhen Klimas bekannt ist. Aus der Karte ergibt sich, daß mehrere bedeutende Flüsse, die nach Norden und nach Süden strömen, hier entspringen.

Der heutige Marsch führte uns immer höher; der Weg war infam, eigentlich kein Weg, sondern ein Balancieren zwischen Granitblöcken und Yakmoos. Und noch schlechter war das Gelände am nächsten Tag. Hier gab es keine Vegetation mehr, nur eine eidottergelbe und eine rötlich schillernde Moosart. Das Wetter war so frostig, daß wir bisweilen haltmachten, um die Hände über einem kleinen Dungfeuer zu wärmen. Pantschor bestand nachdrücklich auf diesen Ruhepausen, »damit der Bombo nicht müde werde«; aber ich hatte ihn im Verdacht, daß es hauptsächlich geschah, weil er sich nach ein paar Zügen aus seiner chinesischen »Gansa« sehnte.

Wenn unsere Pferde sich auch sehr abmühen mußten, schließlich brachten sie uns doch auf die 5820 Meter des Sangmo-bertik-la hinauf, eine schwindelerregende Höhe. Dort stand ich zum siebentenmal auf dem Hauptkamm des Transhimalaja. Die Aussicht war sehr beschränkt und von nahe liegenden Höhen versperrt. Auf einem scharfen Grat im Nordwesten stampften sieben wilde Yaks durch den Schnee; Pantschor und einer der Soldaten gingen zu Fuß hinauf, um ihnen nachzusetzen — diese steilen Wände hinauf und dabei noch schwere Flinten tragen, das hieß Mut! Wir andern ritten zwischen den Granitblöcken bergab. Weiter abwärts bestand das Gestein aus grünem Porphyr. Die Neigung der Abgänge wurde immer geringer; wo wir lagerten, sah man kaum, nach welcher Richtung hin das Tal sich senkte.

In der Mündung eines von Westen kommenden Nebentales hatte die Eskorte haltgemacht, und Nima Taschi teilte mir jetzt mit, daß unser Weg nach Buptö, wo wir verabredetermaßen mit Abdul Kerims Gesellschaft zusammentreffen sollten, durch dieses Tal führe und daß sie nicht weiter nach Norden zu ziehen gedächten. Sie zeigten uns jetzt zum erstenmal die Zähne und waren durchaus nicht so fügsam, als ich geglaubt hatte. Sie bedienten sich des Vorwandes, ihre Yaks seien erschöpft, sie hätten keinen Proviant mehr und es sei ihnen nicht befohlen worden, mich länger als 14 Tage zu begleiten. Pantschor, der Schuft, stellte sich auf ihre Seite und ängstigte uns mit dem Häuptling von Bongba-tschuschar, der von allen Räubern der Gegend Abgaben erhebe und uns ausplündern werde, wenn wir durch sein Gebiet zögen. Nach langer Beratung beschloß ich zu lagern, um die Sachlage weiter zu besprechen. Ehe die Sonne unterging, hatte ich die Leutchen da, wo ich sie haben wollte; es war hauptsächlich der Klang von Silberrupien, der sie alle anderen Bedenken vergessen ließ. Es wurde vereinbart, daß sie allabendlich 20 Rupien ausbezahlt bekommen sollten; außerdem schenkte ich ihnen noch eine Ziege, da ihr Fleischvorrat verzehrt war.

Am 14. Mai ritten wir in einem alle Aussicht verhüllenden Schneetreiben nach Norden weiter. Jeden Abend sitze ich stundenlang plaudernd mit Pantschor zusammen. Ich habe ihm ein für allemal gesagt, daß er keine Extragratifikation erhalte, wenn er falsche Angaben macht! Heute abend erzählte er, daß es um Muhamed Isas Grab greulich spuke und man nachts aus der Tiefe des Grabes unheimliche Schreie und Seufzer hören könne! Kein Tibeter wage sich der Stelle zu nähern — ein Umstand, der ja immerhin den Vorteil hatte, daß das Grab in Ruhe gelassen wurde.

Er gab mir wertvolle Aufschlüsse über die Umgegend des Nam-tso oder Tengri-nor, in der er geboren war und seine Kindheit verlebt hatte. Den Nam-tso hatte er zweimal umwandert, den Tso-mavang dreimal, und zwölfmal den Kang-rinpotsche, den er bald wieder zu besuchen beabsichtigte, um die dreizehnte, die seligmachende Runde zu vollenden! Um den Dangra-jum-tso und den Targo-gangri zu gehen, hielt er für überflüssig, weil er schon soviel getrabt sei, daß ihm alle seine Sünden vergeben sein müßten und er bei der nächsten Wiedergeburt einer Beförderung sicher sein könne.

Als wir im Gebiet von Kangmar zwischen mehreren Zelten lagerten, waren 60 Männer, Frauen und Kinder im Freien und gafften uns an. Sie hatten sich hier versammeln müssen, um ihre Abgaben an einen Steuereinnehmer aus Saka zu bezahlen. Der Distrikt heißt Bongba-tschuschar; sein greiser Gova machte mir einen Besuch. Er war ein gutmütiger alter Herr und stellte keine unbequemen Fragen. — Pantschor, der es verstand, allen Leuten blauen Dunst vorzumachen, hatte ihm wohl schon vorher Auskunft gegeben. Er soll entsetzliche Angst gehabt haben, denn er hatte noch nie in seinem Leben einen Europäer gesehen! Er gab mir indessen viele wertvolle Aufschlüsse über das Land und teilte mir unter anderem mit, daß das kleine Seenpaar Mun-tso nördlich vom Barong-la und östlich vom Teri-nam-tso liege, nicht im Süden des Dangra-jum-tso, wie auf Nain Sings Karte, die ich in jener Gegend unrichtig gefunden habe.

Nach einem Ruhetag zogen wir dem breiten Längstal des Soma-tsangpo zu. Der Fluß kommt von Ostsüdosten und scheint seine Quellen auf der Westseite des gewaltigen Gebirgssystems zu haben, das ich vom Schuru-tso aus gesehen hatte. Hier strömt er nach Westnordwesten, wendet sich aber weiter unten nach Norden und Nordosten, ehe er sich in den Terinam-tso ergießt.

In der Nacht auf den 19. blieb das Minimum auf minus 1,4 Grad, und jetzt fühlte man sich endlich wie im Frühling, ja wie im Sommer. Der Weg führte nach Nordwesten durch ein steiles Tal nach dem kleinen Teta-la (4958 Meter) hinauf, von dessen Höhe aus wir endlich freie Aussicht über den ersehnten Teri-nam-tso hatten, den »Tede-nam-tso« Nain Sings, den er zwar nie besucht und nie gesehen, sondern nur vom Hörensagen gekannt und dennoch mit einem punktierten Ring vollkommen korrekt in seine Karte eingezeichnet hat. Sein einziger Fehler bestand darin, daß er den See von Norden nach Süden länglich sein ließ, anstatt von Osten nach Westen. —

Um freie Aussicht zu haben, erkletterte ich eine Höhe von 5173 Meter auf der Nordseite des Passes. Der Blick, der sich nach allen Seiten hin aufrollt, war eines der großartigsten, unvergeßlichen Bilder, die ich in Tibet gesehen habe. Einem gewaltigen, flachgeschliffenen Türkis vergleichbar, liegt der »himmlische See« zwischen den ihn einfassenden Bergen und Hügeln. Nur im südwestlichen Viertel wird die Aussicht durch nahe liegende Höhen verdeckt, die zu der Kette gehören, auf der wir uns befinden und die sich am Südufer des Sees entlang zieht; im übrigen aber ist die Aussicht frei, schwindelerregend hoch und unendlich weit, und der Blick schweift ebenso ungehindert nach dem majestätischen Gipfel des Scha-kangscham, wie zu der Kette des Targo-gangri und zum Hauptkamm des Transhimalaja hin.

Herrliches Wetter, auch nicht ein Wölkchen am blauen Himmel! Ich blieb mehrere Stunden hier oben und machte einen aussichtslosen Versuch, ein Bild der Landschaft zu zeichnen. Vom Teta-la aus beherrscht man ein sehr ansehnliches Gebiet des innersten Tibet. Wie weit erstreckt sich der Horizont des Scha-kangscham! An wie vielen Stellen habe ich auf verschiedenen Reisen diesen wunderbaren Berg schon gesehen! Wie ein gewaltiger Leuchtturm erhebt sich seine schneegekrönte Kuppe über dem öden Tibet.

Endlich mußte ich mich losreißen und auf der Spur der anderen nach einem elenden Tal hinabsteigen, wo man in der Nähe zweier Zelte das Lager aufgeschlagen hatte.

Ganze vier Tage blieben wir in diesem erbärmlichen Lager mit der sterilen Umgebung und der großartigen Aussicht (4769 Meter). Denn der

Dangra-jum-tso begann jetzt zum viertenmal in meinen Träumen zu spuken. Von hier aus kann man in nur vier Tagemärschen in östlicher Richtung den heiligen See erreichen. Ich wollte versuchen, mich nach seinem Ufer hinzuschmuggeln! Nima Taschi und Pantschor erfanden freilich alle möglichen Gegengründe. Ich machte dann den Vorschlag, mit den eigenen Pferden hinzureiten und nach dem Ausflug mit ihnen in Mendong-gumpa wieder zusammenzutreffen. Hiergegen hatten sie anfänglich nichts einzuwenden. Wäre ich um diese Zeit Tibets nicht schließlich herzlich überdrüssig gewesen, so hätte ich ihnen noch einen schönen Streich spielen können! Ich wäre nämlich nicht nur nach dem Dangra-jum-tso gezogen, sondern weiter nach Osten. Aber ich hatte jetzt alles satt, was Geographie, Entdeckungen und Abenteuer heißt; ich sehnte mich heim. Überdies erschien mir das im Osten des Teri-nam-tso liegende Land im Vergleich mit dem auf seiner Westseite unvergleichlich weniger wertvoll. Das erstere hatte ich auf drei Linien durchzogen, und zwei andere Reisende waren schon dort gewesen; aber im Westen war noch niemand gewesen, und man kannte nichts davon als unklare Nachrichten, die die Jesuiten sich vor 200 Jahren von Eingeborenen verschafft hatten. Tatsächlich war dieses Land der am wenigsten bekannte Teil Tibets, und der Weg nach dem Nganglaring-tso durchschnitt den weißen Fleck in seiner Längsrichtung. Wenn die Behörden mich gefragt hätten, welchen Weg ich wählen wolle, hätte ich ohne Zögern geantwortet: den Weg nach dem Nganglaring-tso. Es wäre am klügsten gewesen, sofort auf Nima Taschis Vorschlag, direkt nach Mendong-gumpa zu ziehen, einzugehen. Aber der Widerstand stachelte mich dazu an, noch eine letzte Lanze für den Dangra-jum-tso zu brechen. Ich hätte an das alte Sprichwort denken sollen: »Wer nach einem zu großen Stück schnappt, geht leer aus«, denn um ein Haar hätte ich obendrein noch Mendong-gumpa verloren!

Denn als Nima Taschi sah, daß er mit mir nichts anfangen konnte, schickte er heimlich zu Tagla Tsering, dem Häuptling des Distrikts Sanggengamo-buk, in dem wir uns jetzt befanden und der zur Provinz Naktsang gehört. Und Tagla Tsering kam. Er hatte sich im vorigen Jahr unter dem Gefolge Lundups befunden, als dieser mir am Fuß des Targo-gangri Halt geboten hatte. Jetzt sah er prächtig aus. Ihn begleiteten sechs Reiter, und am Tag darauf kamen noch etwa zwanzig, alle mit Flinten, Säbeln und Spießen bis an die Zähne bewaffnet und in malerischen, bunten Gewändern. Tagla Tsering faßte die Lage sichtlich ernst auf und wollte mir mit seiner aufgebotenen Miliz imponieren.

Gemütlich, vergnügt und ganz wie ein guter alter Freund trat der gebieterische Häuptling aber in mein Zelt, hieß mich herzlich in seinem Distrikt willkommen und sprach seine große Verwunderung aus, daß ich schon wieder hier sei, obwohl man mich doch im vorigen Jahr zur Umkehr gezwungen habe! Hätte ich nicht schon Hladsche Tserings Sturz verursacht? Wollte ich nun auch den neuen Statthalter von Naktsang auf dieselbe Weise stürzen? Oder was beabsichtigte ich denn eigentlich?

»Nein, Hedin Sahib, nach Naktsang dürft ihr nicht reisen. Kehren Sie um nach Westen! Nima Taschi hatte durchaus keine Befugnis, Sie nach dem Teri-nam-tso zu führen; am Buptsang-tsangpo sollten Sie Ihre Karawane treffen. Sie reden von Mendong-gumpa! Sie sind nicht berechtigt, dorthin zu gehen. Es gibt einen näheren Weg nach dem Treffplatz. Mendong-gumpa liegt zwar nicht in meinem Distrikt, aber ich habe für alle Fälle sämtliche Govas der Gegend schriftlich angewiesen, Sie festzunehmen, wenn Sie nach dem Kloster gehen sollten!«

Der arme Nima Taschi war halbtot vor Schreck. Er hatte geglaubt, mich mit einem schwarzen Mann erschrecken zu können, und jetzt sah er uns wie alte Bekannte zusammensitzen, miteinander Tee trinken und Zigaretten rauchen. Ihm aber wurden Vorwürfe gemacht, daß er mich schon zu weit geführt habe! Ich sagte ihm nachher, daß er ein Esel gewesen sei und selber die Schuld trage, wenn er jetzt in Saka-dsong Unannehmlichkeiten habe. Tagla Tserings ohnehin schon gute Laune wurde noch besser, als ich ihm versprach, mich nach den Anordnungen der Häuptlinge richten zu wollen, wenn ich zufällig verhindert werden sollte, das Kloster zu berühren.

Am 24. Mai verabschiedeten wir uns und zogen am Südufer des Sees entlang in westlicher Richtung weiter. Sein Wasser ist salzig und von außerordentlich widerlichem Geschmack.

Von verschiedenen Nomaden hörte ich den Namen des schönen Sees verschieden aussprechen. Nain Sings »Tede-nam-tso« ist unrichtig. Der Gova von Kangmar behauptete, daß Tsari-nam-tso die richtige Aussprache sei; der Name sei dem See gegeben, weil »ri di tsa-la tso jore« auf deutsch »der See, der dicht am Fuß der Berge liege« heiße. Die Nomaden am Ufer sagten jedoch Tiri- oder Teri-nam-tso. Beim Lager 411 liegen nämlich zwei kleine Berge am Ufer, die Tetschen und Tetschung, also der Große Te und der Kleine Te oder richtiger Ti heißen. Ti ist der Thronsessel eines Lamas im Tempelsaal, ri bedeutet Berg, nam Himmel und tso See. Der ganze Name hat also die poetische Bedeutung: Der himmlische See der Thronberge.

Seine Höhe über dem Meere ist 4684 Meter, also 126 Meter niedriger als die des Montblanc, der, wenn er seinen Scheitel aus dem See erhöbe, wie eine kleine Felseninsel in ihm erscheinen würde.

Eine neue Reise über den »Weißen Fleck«

Am 26. Mai verließen wir den »himmlischen See«, dessen Ufer bisher noch nie Europäer oder Punditen betreten hatten. Wir ritten nach Westen über eine gewaltige Ebene, die ehemals unter Wasser gestanden hat. Kutus, Lobsang und Pantschor begleiteten mich. Wir beeilten uns, das Kloster zu überrumpeln; die Karawane und die Eskorte sollten uns daher nachkommen und bei Mendong-gumpa lagern. Pantschor verschwand beim ersten Zelt, an dem wir vorbeikamen, und ward an diesem Tage nicht mehr gesehen! Er war feig und wollte nicht den Verdacht auf sich laden, uns den Weg nach dem Heiligtum gezeigt zu haben. Ich mußte mich also ohne ihn behelfen und das Kloster allein ausfindig zu machen suchen.

Da kamen aus einem Nomadenlager zwei Männer und eine Frau an den Pfad, dem wir folgten, und erkundigten sich, ob wir den Europäer nicht gesehen hätten, der in Bongba umherreisen solle. Um mein Inkognito bis Mendong zu wahren, antwortete ich, daß er mit seiner Karawane hinter uns herkomme und daß sie gut aufpassen sollten, da er eine komische Erscheinung sei!

Eine Stunde nach der anderen verging, während wir auf unserem Ritt nach Westen vergeblich nach dem Kloster suchten. Endlich standen wir auf der zehn Meter hohen Uferterrasse, die das Bett des Soma-tsangpo im Osten begrenzt, und sahen am Fuß der gegenüberliegenden Terrasse das Steinhaus des Klosters und zur Rechten und Linken je ein Zeltdorf, das obere von sechzig Mönchen, das untere von vierzig Nonnen bewohnt. Der Soma-tsangpo, auch Njagga-tsangpo oder Soma-njagga-tsangpo genannt, führte zehn bis zwölf Kubikmeter Wasser. Es gelang uns trotz des gefährlichen Untergrundes, hinüberzukommen, und wir ritten zum Klostertor, wo uns zehn höfliche, aber sehr zurückhaltende Mönche empfingen. Es fehlt mir der Raum, um Mendong-gumpas religiöse Organisation zu beschreiben. Ich will nur sagen, daß es bisher selbst dem Namen nach völlig unbekannt gewesen ist, wie so viele der Klöster, die ich im vorigen Jahr besuchte. Eigentümlich ist, daß die Brüder und die Schwestern in schwarzen Zelten wohnen und jedes Zelt eine Zelle ist. Die Zelte sahen ganz wohnlich aus, aber die Schwestern, von denen ich einige abkonterfeite, waren gräßlich anzusehen, alte ungewaschene Hexen, ungepflegt und verwildert. Der Reiz, der in dem Begriffe »Nonnenkloster in der Wildnis« liegt, ist eine Illusion, die beim Anblick dieser alten Meerkatzen spurlos verschwindet. Sie sind übrigens ihren männlichen Kollegen zum Verwechseln ähnlich, und oft ist es schwer zu erkennen, ob man einen Mann oder ein Weib vor sich hat.

Als wir am 28. Mai das einsame Mendong verließen, beschloß ich, mich schnell zu dem Treffpunkt am Buptsang-tsangpo zu begeben, wo Abdul Kerim gewiß über unser langes Ausbleiben schon in Unruhe war. Wir hatten verabredet, daß die Trennung vierzehn Tage dauern solle; aber ehe wir den Fluß erreichen konnten, würde ein Monat verstrichen sein!

Wir brachen früh auf, ritten auf dem rechten Ufer des Soma-tsangpo südwärts und überschritten wieder die Bergkette, von deren Grad wir auf dem Teta-la den Teri-nam-tso zum erstenmal gesehen hatten. Das Tal ist wohl vier Kilometer breit; selten hört man das Wasser rauschen; hier und dort steht ein Zelt. Am Tage darauf reiten wir durch diesen Fluß, der mit dem Satschu-tsangpo, dem Buptsang-tsangpo und dem Bogtsang-tsangpo einer der größten des inneren Tibets ist. Durch das Tal Goa-lung ritten wir am 30. Mai nach dem Goa-la (5298 Meter), der leicht zu ersteigen ist und eine orientierende Aussicht über den im Süden liegenden Transhimalaja hat. Im Südwesten liegt ganz dicht unter dem Paß der kleine Karong-tso, wie alles andere in diesem Land eine neue Entdeckung! Unser Weg führt nach Westen, als wir am 1. Juni durch den Distrikt Bongba-kemar reitend der großen Straße der Salzkarawane folgen, die Raga-tasam mit dem Tabie-tsaka verbindet und über den bereits erwähnten Tsalom-nakta-la geht. Eine große, von Naktsang kommende Straße vereinigt sich mit ihr. Im Lager 417 hatten wir den Tschunit-tso ganz nahe im Nordwesten.

Das Minimum sank noch immer unter Null; in der Nacht auf den 2. Juni hatten wir 8,7 Grad Kälte. Der Tag wurde jedoch glühend heiß, Sterile, wüste Täler warten auf die Regenzeit. Das Gras ist schlechter als schlecht, weil im letzten Spätsommer der Regen ausgeblieben ist. Unsere Richtung wird jetzt südwestlicher. Vom Lager 418 sehen wir in S 60 ° O den Eingang des Tales, durch das eine große Straße durch Bongba-kjangrang über den Ditscha-la nach Laptschung führt.

Unsere Eskorte weiß es sich unterwegs so gemütlich wie möglich zu machen. Während des Marsches drehen sie Bindfaden, plaudern, singen, pfeifen und feuern ihre Yaks an. Wenn das Lager aufgeschlagen ist, werden die Tiere von ihren Lasten befreit und auf die Weide geführt; die Männer sammeln Brennstoff und zünden im Zelt ein Feuer an, an dem sie Tee trinken und schlafen. Nach zwei Stunden kommen sie wieder heraus, ringen miteinander, spielen und lachen. Morgens und abends plappern sie Gebete, alle zugleich, es summt wie in einem Bienenkorb. Ein Alter, den ich vom vorigen Jahr her kannte, hat seinen eigenen Reityak und besorgt die Gebetmühle der Eskorte! Alle sind liebenswürdig und höflich, helfen uns und besuchen uns oft in unseren Zelten. Wir kennen sie alle mit Namen und sind die besten Freunde. —

In der Nacht sank die Temperatur nur wenig unter Null, und trotzdem herrschte am 3. Juni beinahe den ganzen Tag Schneetreiben. Wir reiten talaufwärts nach der flachen Schwelle Merke-sang, wo wir die Ebene überschauen, die wir vor genau zwei Monaten auf dem Weg nach dem Buptsang-tsangpo durchzogen haben. Das Lager 419 lag also wieder im Distrikt Bongba-kebjang. Im Südosten liegt der Tschiptu-la mit der Straße der Naktschupilger nach dem Kang-rinpotsche. In S 27 ° W erhebt sich ein Gipfel, an dessen Fuß eine Straße über den Dsalung-la nach Tradum führt. Als Wasserscheide ist dies ein Paß ersten Ranges, der einen wasserreichen Nebenfluß nach dem Buptsang-tsangpo entsendet. Die Eskorte schickte nach diesem Fluß einen Boten zu Abdul Kerim voraus.

4. Juni. Die ganze Nacht hatte es geschneit, und wir brachen im ärgsten Schneegestöber auf. Alles ist naß und riecht säuerlich. Wir patschen indessen ruhig durch die Nässe.

Die große Provinz Bongba zerfällt in zwölf »Tso« oder Distrikte, die Parrjang, Laktsang, Buptö, Tsaruk, Jege, Tarok, Kebjang, Kemar, Parma, Tschangma, Kjangrang und Tschuschar heißen. Vor jedem solchen Distriktnamen wird gewöhnlich der Name der Provinz genannt, z. B. Bongba-parrjang, Bongba-laktsang usw. Jetzt waren wir in Bongba-kebjang. —

Am Flußufer standen einige Zelte. Die Nomaden teilten uns mit, daß Abdul Kerim vor etwa acht Tagen auf der rechten Talseite nach dem Tarok-tso hinuntergezogen sei. Einen Gova gab es hier nicht, aber zwei Bauern waren bereit, uns die fünf Yaks zu vermieten, die wir brauchten. Sie waren blöde und ängstlich, aber Pantschor, der Spitzbube, sagte gut für uns, und es wurde abgemacht, daß sie uns bis in die Nähe des Tarok-tso begleiten sollten. Am Morgen des 5. Juni sagte ich Nima Taschi und seinen Soldaten Lebewohl und verabschiedete auch Pantschor. Wir ritten am Buptsang-tsangpo abwärts. Von Zeit zu Zeit umhüllte uns wirbelnder Schnee, und in Mabie-tangsang-angmo beeilten wir uns unter Dach zu kommen.

6. Juni. Hagel und Schnee!

Zehn Grad Kälte in der Nacht auf den 7. Juni! Der Tag aber wurde herrlich. Wie an den beiden letzten Tagen durchwateten wir mehrere kleine, vom Transhimalaja kommende Nebenflüsse. Das Buptsangtal erweitert sich immer mehr und ist schließlich 20 Kilometer breit. Unsere neuen Führer waren die nettesten und bescheidensten, die wir je gehabt hatten, und unsere Wege wurden weder von Häuptlingen noch von Soldaten kontrolliert; es war weit bis zu Karma Puntsos Zeltlager — ich hätte hinziehen können, wohin ich nur wollte! Aber gerade der Buptsang-tsangpo und der Tarok-tso waren die interessantesten geographischen Gebiete der Provinz Bongba, und jetzt hatte ich den See ganz nahe vor mir.

Mein Plan war, mir am 8. Juni Lunkar-gumpa anzusehen, das wir über dem See liegen sahen. Daraus wurde jedoch nichts, denn schon um sechs Uhr erschien der Gova Pensa zu Pferd in Begleitung zweier Diener. Er begrüßte mich höflich und freundlich. Nach einer Weile kam noch ein halbes Dutzend Reiter — offensichtlich saß ich wieder einmal fest! Gova Pensa bat mich, den Tag hier zu bleiben, weil Gova Parvang, der Häuptling des Distrikts Tarok-schung, nachmittags kommen werde. Den Besuch in Lunkar-gumpa erklärte er für unmöglich, weil beide Oberlamas und die übrigen zwanzig Mönche sich nach dem Kang-rinpotsche begeben hätten und die Tempelpforten verschlossen seien. Von Abdul Kerims Abteilung wisse er nur, daß sie mit Gova Parvang zusammengetroffen sei; wo sie sich jetzt befinde, könne er nicht sagen!

Gova Parvang stellte sich jedoch nicht bei uns ein, schickte aber den ihm im Rang nächsten Herrn, den schon ältlichen Jamba, und siebzehn andere Leute, alle unbewaffnet, nach meinem Lager. Jamba hatte Befehl, uns, wenn ihm sein Kopf lieb sei, nicht nach dem Tabie-tsaka ziehen zu lassen. Er gab jedoch zu, daß er uns nicht daran hindern könne, wenn wir mit unsern sechs Pferden dorthin ritten; aber Yaks und Proviant würden wir nicht erhalten, und der Gova werde den Nomaden befehlen, uns wie die Pest zu fliehen. Wollten wir hingegen das Tal hinaufziehen, das sich im Südsüdwesten öffne und in sieben Tagen über den Lungnak-la nach Tuksum führe, so werde er uns Yaks vermieten, Proviant verkaufen und Führer geben. Und wolle ich lieber über den Lunkar-la nordwestwärts nach Selipuk, so werde er mir ebenfalls aufs beste zu Diensten stehen. Er rate mir, diesen letztern Weg einzuschlagen, denn er sei dabei gewesen, als Gova Parvang Abdul Kerim zwischen dem Tarok-tso und dem Tabie-tsaka gezwungen habe, direkt nach Selipuk zu ziehen. Ich hatte also die Auswahl unter drei verschiedenen Wegen, und alle drei führten über den weißen Fleck! Ich schwankte keinen Augenblick; der mittelste Weg, der über den Lunkar-la, war der wertvollste, um meine Kenntnisse über die verwickelte Orographie des Transhimalaja zu vervollständigen.

Am Morgen des 9. Juni wurden unsere Geschäfte schnell abgemacht, Yaks und Führer besorgt, Gerste, Reis und Tsamba eingekauft; wir sagten den Häuptlingen Bongba-taruks Lebewohl und zogen direkt auf das Kloster los. Die Gegend war dicht bewohnt. Während die Karawane im Lunkartal weiterzog, ging ich mit Lobsang und Kutus den Porphyrhügel zum Tempel hinauf. Einige böse Hunde stürmten uns entgegen und schnappten nach Klein-Puppy, sonst war nichts Lebendes zu erblicken. Wir gingen in den Hof, fanden aber die Tempelpforte verriegelt und mit einem mächtigen Schloß versperrt.

Der See breitet sich zwischen N 26° W und N 57° O aus, zieht sich aber hinter einem ihn verdeckenden Gebirgskamm noch weiter nach Osten. Im Nordosten mündet der Buptsang-tsangpo in einer Bucht, und ganz in der Ferne zeigt sich in derselben Richtung wieder unser alter Scha-kangscham. Das Wasser des Tarok-tso soll süß sein, doch hatte ich keine Gelegenheit, mich von der Richtigkeit dieser Angabe zu überzeugen; ist sie richtig, so bedeutet dies, daß der See einen unterirdischen Abfluß nach dem nördlich von ihm liegenden Tabie-tsaka hat.

In der Nacht blieb die Temperatur zum erstenmal über Null. Unser nach Südwesten und Süden führender Weg war steil; wir brauchten drei Stunden, um nach dem bewimpelten Steinmal des Lunkar-la hinaufzukommen, dessen Höhe 5570 Meter beträgt. Von einem Gipfel im Nordosten des Passes sieht man unter sich den Tarok-tso wie auf einer Karte, und in N 20° bis 26° O zeigt sich, glänzend weiß und gelb, die in ganz Tibet berühmte Salzdepression des Tabie-tsaka. Aus Goangschung erhielten wir neue Führer und vier Yaks, die uns nach dem Ufer des Gjänor- oder Goang-tsangpo brachten. Im Westen erhebt sich eine Kette mächtiger Schneegipfel. Vom Lager 428 (5202 Meter) aus hatte ich eine prachtvolle Aussicht über den kleinen Poru-tso, der auch Jeke-tso genannt wird, weil er im Distrikt Bongba-jeke liegt, dem westlichsten der großen Provinz Bongba. Westlich davon beginnt die Provinz Rigi-hloma oder Rigi-tschangma, die schon unter Ngari Karpun steht, wie sie hier den Garpun von Gartok nannten. Der Poru-tso ist im Austrocknen begriffen; die höchste Uferlinie liegt 108 Meter über dem jetzigen Spiegel des Sees. Das Wasser ist nicht trinkbar, hat aber seltsamerweise Fische.

Am 14. Juni überschritten wir das breite Tal, das vom Naptschu-tsangpo durchflossen wird; er kommt von dem gerade im Süden liegenden Men-la und ergießt sich in den Poru-tso. Der Men-la, den wir in der Entfernung eines Tagemarsches vor uns sehen, ist ein Längstalpaß zwischen zwei Bergketten des Transhimalaja. Über seine Schwelle führt ein Weg nach Schamstung am oberen Tsangpo. Am Ufer des Surle-tsangpo opferten wir einen Tag.

Hier machte mir der Gova Pundar von Rigi-hloma seine Aufwartung. Er schenkte mir ein Kadach, Butter, Mehl und Milch, verkaufte uns Proviant für mehrere Tage und zeigte mir ein Wohlwollen, das keine Grenzen kannte. Das Volk dieses Teiles von Tibet war überhaupt sehr freundlich gesinnt. Im Loplande hatten die Eingeborenen mich einst Padischahim oder »Ew. Majestät« genannt, ein Titel, der meinem Ehrgeiz mehr als genügend erschien; aber in Bongba und Rigi wurde ich sogar Rinpotsche oder »Ew. Heiligkeit« genannt. Der Gova Pundar kannte sein Land aus- und inwendig, und ich quetschte ihn gründlich aus.

Mit neuen Leuten und neuen Yaks ritten wir am 16. immer noch bei Schneegestöber das malerische Surletal hinauf, und am 17. erstiegen wir auf steinigen, bemoosten Abhängen den 5832 Meter hohen Sur-la oder Sur-la-Kemi-la. Er ist gleich dem Lunkar-la ein Paß zweiter Ordnung, denn er bildet die Wasserscheide zwischen dem Poru-tso und dem Schovo-tso. Bevor man den eigentlichen Paß erreicht, hat man im Westnordwesten eine wunderbare Aussicht über eine Welt von Firnbecken, Gipfeln und Gletschern. Das Land ist ohne Vegetation und hochalpin. Auf der anderen Seite des Sur-la geht es zwischen Massen mittelgroßer Granitblöcke steil bergab.

Im Lager 431 sind wir im Distrikt Rigi-tschangma. Als wir am 18. Juni das Paßtal hinunterzogen, hörten wir plötzlich ein wildes Geheul von vier großen und sechs kleinen Wölfen, die auf einer Halde umherstreiften. Sie hatten graugelbe Pelze, sahen mager und hungrig aus und waren entschieden sehr schlechter Laune. Ohne sich zu besinnen, stürmte Takkar auf sie los, aber sie machten Front, und da hielt er es denn doch für klüger, umzukehren. Sie selber zeigten keine Spur von Furchtsamkeit, sondern blieben auch dann ruhig auf ihrem Platz, als wir mit Steinen nach ihnen warfen. Gerade in diesem Augenblick kamen zwei Reiter mit Flinten und roten Hüten vom Sur-la herunter. Es waren Herolde, die nach Selipuk vorausgeschickt worden waren, um die nötigen Vorbereitungen zum Empfang der Serpuns oder Goldinspektoren zu treffen. Diese Herren werden alljährlich von Lhasa nach Tok-dschalung geschickt; ihre Reise ist eine Last für die Nomaden, denn sie lassen sich Lasttiere und Lebensmittel liefern, ohne zu bezahlen. Die Straße, auf der sie reisen, liegt nördlich vom Teri-nam-tso und vom Tabie-tsaka und ist eine der großen Heerstraßen Tibets. Sie wird Ser-lam, der Goldweg, genannt.

Über eine kleine Schwelle kamen wir in das zehn Kilometer breite Tal des Pedang-tsangpo, das am Transhimalajapaß Pedang-la beginnt und fast nördlich geht. Das Lager 432 wurde am Ufer des Flusses in einer Gegend aufgeschlagen, wo wir keine lebende Seele erblickten. Unsere Führer wollten mit ihren Yaks umkehren, ließen sich aber überreden, uns noch bis zum nächsten Zeltdorf zu begleiten. Ich begriff nicht, was die Tibeter sich jetzt eigentlich dachten; sie ließen mich ohne die geringste Bewachung umherziehen, und ich genoß eine Freiheit wie nie zuvor!

Die letzten Tage in unbekanntem Lande

Wir zogen am 19. Juni nach Nordnordosten das Tal des Pedang-tsangpo abwärts. Zur Rechten hatten wir die Sur-la-Kette mit ihren Schneegipfeln, und fern im Norden einen gewaltigen Kamm, den Ganglung-gangri, der die Fortsetzung des Sur-la-Gebirges ist. Ich fand, daß diese ungeheure Bergkette sich, wie ihre Nachbarn im Osten und im Westen, von Nordnordwesten nach Südsüdosten hinzieht und daß die orographische Anordnung diametral entgegengesetzt ist der Vorstellung, die Hodgson, Atkinson, Saunders und Burrard sich von ihr gemacht haben. In Wirklichkeit gerät man hier in ein

Labyrinth von Bergketten hinein, von denen jede nur ein Teil des gigantischen Systems des Transhimalaja ist.

Der Weg ist vorzüglich, und nach einem langen Ritt schlagen wir unsere Zelte am Ufer eines Gletscherbaches auf. Schneeböen und Regengüsse lösen einander ab.

Hier müssen wir einen Tag bleiben, damit die freundlichen Nomaden der Gegend uns den Distriktshäuptling heranholen können. Wir hatten nämlich nichts mehr zu essen und mußten alles kaufen, was nur zu haben war. Er kam, und ich erstand für volle 50 Rupien Proviant; er selber erhielt 20 für seine Güte. Meine Kasse war jetzt beinah leer, und ich sah mit Beben die Zeit kommen, wo wir gezwungen sein würden, wie wandernde Juden Uhren, Revolver und Pferde zu verkaufen, nur um uns am Leben zu erhalten! Denn hier in Rigi-tschangma hatte keiner etwas von Abdul Kerim und seinen Begleitern gehört!

Ich konnte mir nicht erklären, was dies zu bedeuten hatte. Er hatte 2500 Rupien bei sich; war er damit durchgebrannt, oder hatte man ihn überfallen und ausgeplündert? Dem Gova Parvang schickte ich ein Schreiben, worin ich ihm erklärte: wenn er mir unsere Leute nicht binnen einer Woche zur Stelle schaffe, werde er es mit dem ganzen Devaschung und den Mandarinen zu tun bekommen!

Für mich galt es jetzt noch, den Schovo-tso aufzusuchen, von dem ich schon viel gehört hatte.

Eigentlich hätten wir über die Pedangkette im Westen direkt nach Selipuk gehen müssen. Der Gova aber war nicht schwer zu überreden, und am 21. Juni hatte er neue Yaks und neue Führer bereit.

Das Tal des Pedang-tsangpo führte uns nach Norden weiter. Es ist etwas Ungewöhnliches, in Tibet ein so großes Längstal von Norden nach Süden anzutreffen, denn sonst liegen sie fast immer in ostwestlicher Richtung und rufen jenen eigentümlichen Faltenparallelismus hervor, der das Land charakterisiert.

Wir durchwateten den Pedang-tsangpo und ritten zum Abuk-la hinauf.

Der blaugrüne Schovo-tso liegt wie der Poru-tso der Länge nach zwischen Nordosten und Südwesten und wird von mächtigen Bergen umrahmt. In N 30 ° O sahen wir die Schwelle des Ka-la, über die der »Goldweg« führt. Auf der Karte eines der Punditen Montgomeries findet man den Namen Ka-la bei einem einzelnen, freistehenden Berggipfel. In Wirklichkeit ist der Ka-la aber eine Einsenkung, ein Sattel in einer Bergkette.

Wir lagerten auf dem Südufer des Schovo-tso (4784 Meter); das Wasser ist salzig, und rings am Ufer sieht man alte Strandlinien in etwa derselben Höhe wie beim Poru-tso.

22. Juni. Als wir den Schovo-tso verließen, sahen wir eine gewaltige Yak- und Schafkarawane, die dasselbe Ziel zu haben schien wie wir. Lobsang erfuhr, daß es »Nekoras«, nach dem Kang-rinpotsche ziehende Pilger seien, und daß wir in dem Besitzer der Karawane Sonam Ngurbu, den Statthalter von Tschoktschu, in höchst eigener Person vor uns hatten! Wir ließen aber die Karawane hinter uns zurück und ritten nach dem Tela-mata-la hinauf.

Da näherte sich uns ein Reiter im Galopp. Schon von weitem gab er uns Zeichen, anzuhalten. Ich erwartete ihn mit stockendem Atem, fest überzeugt, daß er Nachricht von Abdul Kerim bringe. Weit gefehlt! Es war einer der Soldaten Sonam Ngurbus, der nur unsere Führer fragen wollte, ob eine gewisse Quelle auf dem Weg nach Selipuk in diesem Jahre sprudle oder nicht.

Sonam Ngurbus Karawane war vom Tabie-tsaka gekommen und hatte von den Unseren nichts gehört. Es war, als habe die Erde sie verschlungen! Meine ganze Barschaft waren noch 80 Rupien! Ich segnete den Augenblick, in dem ich beschlossen hatte, alle Karten, Aufzeichnungen, Skizzen und Gesteinproben selbst mitzunehmen, als wir uns bei Kamba Tsenams Zelt trennten! Geld würden wir uns schon durch Verkauf von Wertsachen verschaffen können. Und von Selipuk aus konnte ich einen Kurier nach Gartok an Thakur Jai Chand schicken.

Vom Tela-mata-la hatte ich noch einmal die wunderbarste Aussicht über beinahe die ganze Sur-la-Kette und über den Gebirgszug des Lavargangri südlich von Selipuk. Mit jeder Tagereise, die wir zurücklegen, erhellt und entwirrt sich der orographische Aufbau; bald fehlt nicht mehr viel daran, daß der weiße Fleck in seinen Hauptzügen ausgefüllt ist.

23. Juni. Wieder minus 3,4 Grad; noch um die Mittsommerzeit fällt die Temperatur unter den Gefrierpunkt!

Durch ein kleines Tal reiten wir zum Tajep-parva-la (5452 Meter) hinauf. Zwischen Nordwesten und Norden liegt der Horizont in weiter Ferne, und das Land ist flach; nur in N 5 ° W sieht man eine kleine Schneekuppe, sonst keinen einzigen Gangri. Die Aussicht über den Nganglaring-tso, den wir gerade unter uns haben, ist großartig; alle Berge schimmern rosig, das Wasser ist tiefblau. Bisher hatte noch kein Europäer den Nganglaring-tso gesehen, und auch kein Pundit ist dort gewesen.

Am Johannistag lagerten wir in einer Höhe von 4748 Meter an der rauschenden Uferbrandung, und am 25. gingen wir über die letzten Ausläufer des Gebirges, die uns noch von Selipuks weit ausgedehntem Flachland trennten. Von ihren Höhen sehen wir wieder den mächtigen Kamm des Sur-la-Gebirges und im Süden den Transhimalaja mit dreiundsechzig Schneegipfeln, die so gleichmäßig hoch sind, daß man an die Zähne einer Säge denkt!

Das Lager Nr. 439 wurde am Ufer des Sundang-tsangpo aufgeschlagen, der sich in den Nganglaring-tso ergießt, ohne sich mit den weiter westlich befindlichen Flüssen Lavar-tsangpo und Aong-tsangpo zu vereinigen, die vereint in den westlichsten Teil des Sees fließen.

Am 27. Juni zogen wir am Fluß aufwärts und lagerten wieder an seinem Ufer, gerade Selipuk-gumpa (4784 Meter) gegenüber, dessen Abt, ein Kanpo-lama, auch in weltlichen Angelegenheiten der Häuptling des Distrikts ist. Weder er noch sonst jemand wußte etwas von Abdul Kerim, aber er hatte die große Güte, in seinen heiligen Büchern zu blättern, um den gegenwärtigen Aufenthalt meiner Leute ausfindig zu machen; und er kam zu dem Ergebnis, daß sie sich irgendwo im Süden aufhielten, und daß wir innerhalb der nächsten zwanzig Tage entweder mit ihnen zusammentreffen oder sichere Kunde von ihnen erhalten würden!

Am 28. Juni, halbzehn Uhr abends, wurde das Land durch ein Erdbeben erschüttert, das einzige, das ich je in Tibet erlebt habe. Es hatte jedoch keinen nachteiligen Einfluß auf das gute Verhältnis, das zwischen mir und den Mönchen, sowie zwischen mir und dem Statthalter Sonam Ngurbu bestand, der sich ebenfalls als Gast im Kloster aufhielt und einen vornehmen Lama aus Tschoktschu in seinem Gefolge hatte. Der Statthalter schenkte mir so viel Tsamba, Reis und Gerste, daß wir im Notfall damit nach Toktschen kommen konnten; er erhielt zum Dank eine Uhr. An Geldmitteln besaß ich jetzt noch zwei Rupien! Nie war ich so in der Klemme gewesen!

Als wir aber am letzten Juni auf der südlich von Selipuk liegenden Ebene Rartse gerade unsere Zelte aufgeschlagen hatten, meldete Lobsang in der Dämmerung, daß sich vier Männer und vier Maulesel dem Lager näherten! Es waren Abdul Kerim, Sedik, Gaffar und ein Tibeter!

Sehr kleinlaut und schüchtern trat mein Karawan-baschi mit tiefen Verbeugungen in mein Zelt, und ich hielt es für besser, ihn erst über seine Amtsführung berichten zu lassen, ehe ich ihm den Standpunkt klarmachte.

Er erzählte, daß sie zur festgesetzten Zeit an dem verabredeten Treffplatz angekommen seien, dort aber von sechs Govas sehr bedrängt wurden, darunter vom Gova Parvang, der das Wort geführt und ihnen befohlen habe, augenblicklich sein Gebiet zu verlassen und nach dem Tarok-tso zu ziehen. Da sie keinen Paß aus Lhasa hätten, könnten sie keine Nachsicht erwarten, habe er gesagt. Sie wären infolgedessen nach dem Nordufer des Tarok-tso gezogen, wo sie vierzehn Tage geblieben seien, weil dort gutes Weideland gewesen sei und niemand sie behelligt habe. Von uns hätten sie allerlei widersprechende Gerüchte gehört. Schließlich sei ein Nomade am Seeufer gestorben und der Totengebete wegen einer der Mönche von Lunkar-gumpa gerufen worden. Mit ihm seien sie zusammengetroffen, und er habe ihnen mitgeteilt, daß wir vor neun Tagen an seinem Kloster vorübergezogen seien. Da hätten sie schnell zusammengepackt und früh am nächsten Morgen unseren Spuren folgen wollen. In der Nacht aber hätten ihnen Pferdediebe mein graues Tiksepferd und einen Maulesel aus Saka-dsong gestohlen! Durch dieses Abenteuer hätten sie zwei Tage verloren und die gestohlenen Tiere doch nicht wiederbekommen. Während Suän, Abdullah, Abdul Rasak und Sonam Kuntschuk langsam nachkämen, hätten die drei anderen sich in Eilmärschen westwärts auf die Suche nach uns gemacht, und nun seien sie endlich hier und brächten auch die ganze Reisekasse mit! Abdul Kerim kam bei mir daher verhältnismäßig gnädig davon, aber ich hörte nachher, wie die anderen ihn gründlich vornahmen.

In Kjangrang stießen auch die Nachzügler wieder zu uns, und alle dreizehn Mann waren wieder vereint, als wir am 8. Juli über den 5885 Meter hohen Ding-la ritten, den höchsten Paß, den wir auf der ganzen Reise durch Tibet überschritten. Von dort zogen wir weiter an dem zum Flußgebiet des Aong-tsangpo gehörenden kleinen See Argok-tso vorbei und am 12. Juli über den Surnge-la, dessen Höhe 5276 Meter beträgt. Zwei Tage später erreichten wir Toktschen, wo uns eine neue politische Verwicklung volle neun Tage festhielt! Doch darüber kann ich hier nichts mehr berichten, denn schon beim 64. Kapitel hatte ich die Grenze des mir zur Verfügung stehenden Raumes erreicht, und — mein Verleger wird ungeduldig!

Es kommt mir nicht zu, zu entscheiden, ob ich mein Ziel erreicht habe oder nicht; als ich auf dem Surnge-la den Transhimalaja zum achtenmal überschritt, hatte ich die Befriedigung, alle die alten Hypothesen wie Kartenhäuser einfallen und gerade da einen neuen wichtigen Zug in die Karte Asiens eingetragen zu sehen, wo bisher der weiße Fleck mit seinem verlockenden »Unexplored« gegähnt hatte!

Es fehlt mir hier zu einer ausführlichen Monographie des Transhimalaja an Raum. In dem nun Folgenden will ich nur einige aufklärende Tatsachen mitteilen und mit den bisher bekannten Pässen des Transhimalaja beginnen, die Wasserscheiden ersten Ranges sind, nebst den Namen der Reisenden, die einige von ihnen überschritten haben:

Schiar-gang-la,	Krishna 1881.	
Schang-schung-la,	Huc 1845.	
Dam-largen-la,	Nain Sing 1873.	5152 Meter
Guring-la,	Littledale 1895.	5972 „
Tsebo-la,		
Schugu-la,		
Chalamba-la,	Pundit 1872.	
	de Lesdain 1905.	5244 „
Sela-la,	Hedin 1907.	5506 „
Tschang-la-Pod-la,	Hedin 1907.	5573 „
Scha-la,		
Angden-la,	Hedin 1907.	5643 „
Tsalam-nakta-la,		
Dombe-la,		
Nakbo-kongdo-la,		
Sangmo-bertik-la,	Hedin 1908.	5820 „
Saggo-la,		
Ditscha-la,		
Samje-la,	Hedin 1908.	5527 „
Dsalung-la,		
Lungmar-la,		
Petschen-la,		
Lungnak-la,		
Jor-la,		
Ganglung-la,		
Men-la,		
Pedang-la,		
Gäbbji-la,		
Jylung-la,		
Tarkjang-la,		
Surnge-la,	Pundit (?).	
	Hedin 1908.	5276 „

Tseti-latschen-la,	Hedin 1907.	5466 Meter
Dschukti-la,	Nain Sing 1867.	
	Calvert 1906.	
	Hedin 1907.	5814 „

Es ist mir also vergönnt gewesen, acht Transhimalajapässe zu überschreiten, während sieben von andern Reisenden überschritten wurden. Sieben meiner Pässe waren vorher unbekannt. Von den übrigen habe ich den Ditscha-la und den Men-la gesehen; von allen übrigen habe ich wenigstens mündliche Nachrichten gesammelt. Der Dschukti-la ist eine Wasserscheide zwischen den beiden Indusarmen; der Tseti-latschen-la zwischen dem Satledsch und dem Indus, der Surnge-la zwischen dem Satledsch und dem Nganglaring-tso. Der Schiar-gang-la und der Schang-schung-la liegen auf der Wasserscheide zwischen dem Salwen und dem Brahmaputra. Alle übrigen liegen auf der großen kontinentalen Wasserscheide zwischen dem Ozean und dem abflußlosen Plateau. Aus dem Verzeichnis geht hervor, daß alle Pässe, die bisher von Europäern und Punditen überschritten worden waren, dem östlichen und westlichen Teil des Systems angehören. Zwischen dem Chalamba-la und dem Surnge-la war der Transhimalaja auch nicht auf einer einzigen Linie überschritten worden, und gerade zwischen diesen beiden Pässen lag der große weiße Fleck. Das einzige, was man davon kannte, waren die Gipfel, die Ryder und Wood gemessen, und einige Spitzen, die Nain Sing von Norden aus gesehen hatte. Wenn ich die Reise des Punditen zwischen dem Manasarovar und dem Ruldap-tso ausnehme, deren Einzelheiten ich nicht kenne, so beträgt die Lücke zwischen dem Chalamba-la und dem Dschukti-la 950 Kilometer, umfaßt also ungefähr dieselbe Entfernung wie zwischen Stockholm und Luossavara oder zwischen Berlin und London. Und zwischen diesen beiden Grenzmarken liegen alle die Pässe, durch deren Überschreitung es mir möglich geworden ist, den Verlauf des Transhimalaja zu verfolgen und zu beweisen, daß seine östlichen und westlichen, bereits bekannten Flügel zusammenhängen und ein und demselben Gebirgssystem angehören, und daß dieses Gebirgssystem eines der höchsten, gewaltigsten der Erde ist und nur mit dem Himalaja, dem Kara-korum, dem Arka-tag und dem Kwen-lun zu vergleichen. Zwischen dem Schiar-gang-la und Yasin, unweit der scharfen Indusbiegung ist seine Länge 2300 Kilometer; läßt es sich aber noch beweisen, daß der Transhimalaja in den Hindukusch übergeht und sich längs des Salwen weiterzieht, so ist er gegen 4000 Kilometer lang! Im Norden und im Süden sind seine Grenzen scharf und deutlich: die nördliche bilden die von Nain Sing und mir entdeckten zentralen Seen, die südliche das ungeheure Indus-Tsangpo-Tal. Seine Breite ist geringer als die des Himalaja, und seine Gipfel sind niedriger. Aber die Paßhöhe ist im Transhimalaja bedeutender als im Himalaja. Die Durchschnittshöhe folgender fünf Himalajapässe, nämlich des Schar-chalep-la, des Man-da-la, des Sche-ru-la, des No-la und des Kore- oder Photu-la, ist 5101 Meter, während die Durchschnittshöhe meiner fünf ersten Transhimalajapässe 5600 Meter ist. Im allgemeinen kann man sagen, daß die wasserscheidenden Pässe ersten Ranges im Transhimalaja 500 Meter höher sind als die des Himalaja. Aber der höchste Gipfel des Himalaja, der Mount Everest, ist mit seinen 8840 Metern um 1540 Meter höher als der Nien-tschen-tang-la, der, soviel man weiß, der höchste Punkt des Transhimalaja ist. Hiermit hängen auch die verschiedenen Reliefverhältnisse der beiden Systeme zusammen: die Kämme des Transhimalaja sind flacher, seine Täler nicht so tief und breiter; die Kämme des Himalaja sind scharf und spitz, seine Täler tief und energisch eingeschnitten. Jenes System ist kompakter und massiver als dieses, ein Verhältnis, das sehr natürlich ist, wenn man bedenkt, daß der Himalaja den Löwenanteil der Niederschläge des Westmonsuns erhält, dessen Regenfluten seit unzähligen Jahrtausenden auf die Tiefe der Himalajatäler erodierend gewirkt haben, während der Transhimalaja auf dem trocknen Plateau nur einen verhältnismäßig unbedeutenden Teil der Monsunregen auffängt. Wäre es möglich, das Volumen beider Systeme an Gesteinmassen zu vergleichen, so würde man sicherlich finden, daß das nördliche mächtiger ist als das südliche. Denn eine solche Vergleichung müßte vom Meeresspiegel ausgehen, und wenn auch der Transhimalaja der schmälere von beiden ist, beginnt seine Steigung doch von der Höhe zwischen 3000 und 5000 Meter, nämlich vom Tsangpotal, während die Steigung des Himalaja, genau genommen, vom Niveau des Meeresspiegels oder einige 100 Meter darüber beginnt. Als Wasserscheide nimmt der Transhimalaja einen höheren, bedeutenderen Rang ein als der Himalaja. Der westliche Himalaja scheidet das Wasser zwischen dem Indus und einigen seiner Nebenflüsse; im Osten ist das System eine Wasserscheide zwischen dem Brahmaputra und dem Ganges. Doch jeder Wassertropfen, der im Himalaja vom Himmel fällt, geht nach dem Indischen Ozean. Dagegen ist der ganze mittelste Transhimalaja eine Wasserscheide zwischen dem Indischen Ozean im Süden und den abflußlosen Plateaudepressionen im Norden. Nur auf seinem westlichen Flügel ist auch der Transhimalaja eine Wasserscheide zwischen dem Indus und einigen seiner rechten Nebenflüsse, und auf seinem östlichen zwischen dem Salwen und dem Brahmaputra. Innerhalb der Grenzen Tibets gibt es nur einen Fluß, der auf dem Nordabhang des Transhimalaja entspringt und das System in einem Quertal durchbricht, aber dieser Fluß ist ein Löwe und heißt auch bei den Tibetern der Löwenfluß, Singi-kamba, der Indus. Der Salwen entspringt ebenfalls auf dem Nordabhang des Systems, erreicht aber den Ozean, ohne durch das Gebirge zu gehen. Alle übrigen Flüsse, die auf dem Nordabhang entspringen und unter denen der Buptsang-tsangpo und der Soma-tsangpo die größten sind, strömen den abflußlosen Salzseen im Norden zu. — Nur im mittelsten Teil des Transhimalaja, aber doch auf einer Strecke, die gegen 1000 Kilometer lang ist, fällt die kontinentale Wasserscheide mit der Hauptachse des Systems zusammen; denn im Westen geht die Wasserscheide von der Indusquelle nordwärts und dann nach Westen, um den Panggong-tso in das abflußlose Tibet einzuschließen, und im Osten geht sie von der zwischen dem Tengri-nor und den Quellen des Salwen liegenden Gegend an nordwärts.

Im Norden des Transhimalaja bildet Innertibet das höchste und gewaltigste Plateauland der Erde, und je weiter man nach Osten geht, um so größer wird der Höhenunterschied zwischen dem Plateau und dem entsprechenden Teile des Tales des Brahmaputra. So liegt z. B. der Tengri-nor volle 1000 Meter höher als der große Fluß direkt im Süden von ihm, während der Tschunit-tso nur 156 Meter höher als Tradum liegt. Und betrachten wir das Verhältnis zwischen dem Tarok-tso (4627 Meter) und dem entsprechenden Punkt am Brahmaputra im Südsüdwesten davon, der eine absolute Höhe von 4644 Meter hat, so finden wir, daß der Tarok-tso sogar fast 20 Meter tiefer liegt als der Fluß auf demselben Radius in dem gigantischen vom Himalaja und Transhimalaja gebildeten Doppelbogen. Eine Wanderung in dieser Linie würde also einen steilen Aufstieg zum Kamm des Transhimalaja bedingen und dann einen noch beträchtlicheren Abstieg zum See auf dem Plateauland. Man kann daher als sicher annehmen, daß der Tabie-tsaka noch niedriger liegt und in der Tat die tiefste Depression in ganz Bongba ist. —

Ich habe dieses Buch »Transhimalaja« genannt, weil der Schauplatz der geschilderten Schicksale und Abenteuer das gewaltige Gebirgssystem ist, das im Norden des Tsangpo liegt, nebst den Gegenden im Norden und Süden des Gebirges. Als ich seinen wasserscheidenden Kamm im Sela-la zum erstenmal überschritt, beabsichtigte ich, den Namen beizubehalten, dessen sich schon Hodgson bediente, nämlich Nien-tschen-tang-la. Auch nach dem Übergang über den Tschang-la-Pod-la und den Angden-la wurde ich noch nicht anderer Ansicht, denn diese drei Pässe liegen in ein und derselben Bergkette, die am Südufer des Tengri-nor »Nien-tschen-tang-la« genannt wird. Und nachdem ich dann den Tseti-latschen-la und den Dschukti-la überschritten hatte, glaubte ich, daß auch diese Pässe in der westlichen Fortsetzung des Nien-tschen-tang-la lägen, und daß Hodgsons, Saunders', Atkinsons, Burrards und Ryders Ansicht richtig sei. Doch nach der zweiten diagonalen Reise durch Tibet und nachdem ich Bongba auf mehreren Linien durchzogen hatte und dahintergekommen war, daß von einer einzigen Bergkette keineswegs die Rede sein konnte, sondern daß es sich um eine ganze Familie völlig voneinander getrennter Bergketten handelte, sah ich ein, daß der Name Nien-tschen-tang-la, der nur eine einzige von allen diesen Ketten bezeichnet, nicht gut dem ganzen System gegeben werden könne. Man hätte es dann auch ebenso unberechtigterweise Lunpo-gangri, Kamtschung-gangri, Targo-gangri oder nach irgendeinem anderen Lokalnamen benennen können. Saunders' »Gangri Mountains« erschienen mir noch weniger passend, da alle mit ewigem Schnee bedeckten Berge in Tibet »Gangri« heißen und der Name in diesem Zusammenhang nur eine leere Schale sein würde. Ebensowenig konnte ich die »Kailas Range« Burrards akzeptieren. Es galt vielmehr einen Namen zu finden, der für die ganze, eng verbundene Bergkettenfamilie paßte — einen geographischen Begriff, der kein Mißverständnis zuläßt, und ich beschloß, dieses ganze System, dessen Zusammengehörigkeit und Folge zu beweisen mir vergönnt gewesen ist, »Transhimalaja« zu nennen.

Unter den englischen Geographen haben viele diesen Namen gemißbilligt und ebenso viele ihn gebilligt. Zu den ersteren gehört Oberst Burrard, der betont, daß alle Gegenden, die jenseits des Himalaja liegen, seit fünfzig Jahren Transhimalaja-Länder genannt werden. Noch vor kurzem schrieb er mir:

»Schüler Montgomeries fragen naturgemäß, weshalb einem alten Wort ein neuer Sinn gegeben werden solle, da man ja für neu entdeckte Gebirge jede beliebige Zahl neuer Namen erfinden könne. Ich sehe nicht ein, daß es notwendig ist, neu entdeckten Gebirgen einen schon gewichtigen Namen zu geben. Ein neuer Name wird durch die Gebirge, denen er beigelegt wird, berühmt werden, und Ihre Gebirge würden jeden neuen Namen berühmt gemacht haben.«

Ich kann Oberst Burrards Ansicht nicht in jeder Beziehung teilen, denn ich finde, gerade der Umstand, daß Montgomeries Schüler, die Offiziere des »Survey of India« und die Punditen, die Gegenden auf der Nordseite des Himalaja seit 50 Jahren und länger »The Transhimalayan Regions« genannt haben, macht es für mich zu einer Pietätssache, diesen Namen nicht für das Gebirgssystem zu verwerfen, das vor allen trans Himalaja, jenseits des Himalaja, ist und nie etwas anderes werden kann.

Um auch die andere Seite zu zitieren, will ich hier den Ausspruch eines der bedeutendsten Asienkenner unserer Zeit, Lord Curzons, des früheren Vizekönigs von Indien, wiedergeben. Im »Geographical Journal« vom April 1909 sagte er:

»Neben diese große Entdeckung (Bongba und Tschoktschu) würde ich stellen: die Festlegung der Hunderte von Meilen langen mächtigen Bergpalisaden oder Serie von Palisaden und die Sicherung ihrer endgültigen geographischen Existenz, der er (Hedin) meiner Meinung nach sehr passenderweise den Namen Transhimalaja gegeben hat. Seit vielen Jahren hat man vermutet, daß diese Kette in ihrer ganzen Länge bestehe; sie ist an ihren Enden von Littledale und von eingeborenen Topographen überschritten worden. Aber Dr. Hedin war es vorbehalten, sie an Ort und Stelle zu verfolgen und sie in ihrer langen, ungebrochenen und massiven Zeichnung auf die Landkarte zu setzen ... Es ist kein geringer Beitrag zum menschlichen Wissen, daß das Vorhandensein einer der größten Gebirgsmassen der Welt nun bestimmt feststeht. Was den Namen betrifft, den Dr. Hedin gegeben hat, so will ich nur sagen, daß mir hinsichtlich des Namens einer neuen, wichtigen geographischen Entdeckung folgendes wünschenswert erscheint: 1. daß der Name, wenn möglich, von dem Hauptentdecker gegeben werde; 2. daß er nicht unaussprechbar, unschreibbar, allzu dunkel oder unklar sei; 3. daß er, wenn möglich, beschreibenden Wert besitze und 4. daß er keine anerkannten Vorschriften der geographischen Namengebung verletze. Der Name Transhimalaja vereinigt alle diese Vorzüge und hat in Zentralasien eine direkte Analogie im Transalai, einer Bergkette, die in demselben Verhältnis zum Alai steht wie der Transhimalaja zum Himalaja. Die Tatsache, daß der Name einst einer anderen Kette gegeben worden ist, macht auf mich nicht den geringsten Eindruck, da der Umstand, daß er gar nicht für sie paßte, ihn bald in Vergessenheit geraten ließ. Irgendwelche Versuche, bei der jetzigen Gelegenheit einen anderen Namen einzuführen, werden meiner Ansicht nach im voraus zum Mißlingen verurteilt sein.«

Meine lange Reise kreuz und quer über den Transhimalaja darf nur als eine flüchtige und mangelhafte Erkundung eines vorher gänzlich unbekannten Landes betrachtet werden. Es ist schließlich leichter mit einer bis an die Zähne bewaffneten Armee nach Lhasa zu gehen und die Tibeter, wenn sie im Wege stehen, wie Fasanen niederzuschießen — als mit vier Regierungen und allen Behörden des Landes als Gegnern, zwölf armen Ladakis als Begleitern und keinem einzigen Soldaten als Eskorte zwei Jahre lang Tibet in allen Richtungen zu durchkreuzen! Aber es ist nicht mein Verdienst, daß ich eine Stellung, die schon von Anfang an unhaltbar schien, solange habe verteidigen können. Derselbe Glücksstern wie früher hat auch diesmal über meinen einsamen Wegen im weiten Asien gestanden. Und heute sind es gerade 24 Jahre, seit ich zum erstenmal den Pilgerstab ergriff! Nur die großen geographischen Hauptlinien habe ich verfolgen und aufzeichnen können; zwischen meinen verschiedenen Wegen liegen noch weiße Flecke, und an Einzelarbeit ist noch genug übriggeblieben für Generationen von Forschern und Reisenden, die gründlicher vorbereitet und besser ausgerüstet sind, als ich es war!

Simla!

Wie eine Schar Landstreicher und Bettler verließ ich mit meinen zwölf Dienern am 24. Juli Toktschen. Neun Tage hatten wir dort zugebracht, ohne andere Beschäftigung als zuzuschauen, wie die Monsunregen, die ich den Eingeborenen unvorsichtigerweise versprochen hatte, kerzengerade herabstürzten! Die Ortsbehörden machten diesmal geltend, daß wir, weil ich keinen Paß aus Lhasa hätte, auch nicht berechtigt seien, die große Landstraße nach Ladak zu benutzen, sondern auf dem Wege, auf dem wir gekommen, wieder nach Innertibet zurückkehren müßten! Wenn ich des großen, weißen Fleckes nun nicht schon satt gewesen wäre, so hätte ich ihren Vorschlag mit Vergnügen angenommen. Aber ich war zu abgearbeitet und sehnte mich nach Hause! Als sie mir den Beistand und die Transportmittel, die wir erbaten, rundheraus versagten, brachen wir zu Fuß auf und ließen unsere letzten zehn Pferde und Maulesel das Gepäck tragen. Der Schimmel aus Kamba Tsenams Zelt stand mir, wie sonst, zur Verfügung. Eine Eskorte hatte ich nicht — man wollte gar nichts mit mir zu tun haben, um im Fall eines Nachspiels mit dem Devaschung ganz frei von Schuld zu sein! Erst am heiligen See, längs dessen Nordufers wir auf bekannten Wegen hinzogen, stießen wir auf einen Vagabunden, der sich erbot, uns den Weg nach dem Kloster Totling zu zeigen.

In Langbo-nan machte ich noch in aller Eile einen Besuch bei dem jungen Abt, der noch ebenso sympathisch und liebenswürdig war wie im vorigen Jahr. In Tschiu-gumpa traf ich meinen Freund Tundup Lama, der abgezehrt und melancholisch seines einsamen Klosterlebens müde war. Große Flüsse ergossen jetzt ihr Wasser in die beiden Seen, und mit einem Gefühl des Grams verließ ich wieder den Schauplatz so vieler teurer Erinnerungen.

Bevor wir das Kloster Tirtapuri erreichten, hatten wir mehrere Flüsse zu überschreiten, die, vom Transhimalaja kommend, dem Satledsch zuströmen. Drei davon waren durch den anhaltenden Regen ungeheuer angeschwollen; graubraun und schaumweiß wälzten sich ihre Wassermassen über tückische Steinblöcke, und ich schwebte in Todesangst, daß die mühsam eingebrachte Ernte des letzten langen Winters durch einen einzigen Fehltritt verlorengehen könnte!

In rieselndem Regen erreichten wir Tirtapuris Tempel. Lobsang,Gulam, Kutus, Tubges, Suän und Kuntschuk sollten mich von hier aus nach Simla begleiten, während Abdul Kerim und die übrigen fünf ihre Löhne und Gratifikationen ausbezahlt erhielten und über Gartok nach Leh heimgeschickt wurden. Ich kannte den Weg nach Simla nicht; auf der Karte sah er näher aus als der Weg nach Ladak. Daher glaubte ich, daß meine Abteilung ihr Ziel eher als die andere erreichen werde. Aber diese Straße ist wild, und die Nebenflüsse des Satledsch haben sich tief in die Erdrinde eingeschnitten; man kann sich in die Cañons des Colorado versetzt glauben; einen Tag geht es steil an die 1000 Meter hinab, und am nächsten klettert man dieselbe Meterzahl wieder hinauf! Die Entfernung wird daher wenigstens doppelt so groß, als sie auf der Karte erscheint. Abdul Kerim erreichte denn auch Leh viel eher, als ich nach Simla kam. Infolgedessen gingen die ersten Nachrichten über uns von ihm und nicht von mir aus, und manche meiner Freunde fürchteten das schlimmste für mich.

Indessen trennten wir uns am 1. August unter strömenden Tränen und kamen am 13. nach Totling-gumpa. Hier traf ich den Hinduarzt Mohanlal aus Gartok, der mir die ersten Nachrichten von der Außenwelt brachte. Durch ihn erfuhr ich zu meinem tiefen Schmerz König Oskars Tod, eine jetzt schon acht Monate alte Trauerkunde. Er erzählte mir auch von der in Indien erwachenden Gärung und den Befürchtungen, die meine Freunde meinetwegen hatten. Thakur Jai Chand hatte von der indischen Regierung Befehl erhalten, um jeden Preis festzustellen, ob ich noch am Leben sei oder nicht. Er hatte in verschiedenen Richtungen tibetische Freibeuter ausgeschickt und dem, der sichere Nachricht von meinem Schicksal bringe, 50 Rupien versprochen — soviel mochte ich, seiner Meinung nach, wohl wert sein! Abdul Kerim, der im besten Wohlsein in Gartok angekommen war, wurde daher zum Garpun gerufen, der zu ihm sagte: »Euer Sahib ist schrecklich; er gibt nicht eher Ruhe, bis ich seinetwegen den Kopf verliere.« Der alte Hadschi Naser Schah, der unsere letzte Karawane so gewissenhaft ausgerüstet hatte, war im letzten Winter gestorben.

Als wir am 24. Juli Toktschen verließen, hatte ich mich gefreut, daß wir mit jedem Schritt in tiefere Gegenden und dichtere und wärmere Luftschichten hinabsteigen würden. Einen Monat später waren wir jedoch auf noch größerer Höhe als in Toktschen, sahen das Land unter einer Schneedecke liegen und hörten wieder die Hagelschauer auf unsere zerrissenen Zelte schmettern! Aber in Schipki schlugen wir sie wieder in einem Garten auf, der in der üppigsten Schönheit des Sommers prangte. Schipki ist das letzte Dorf in Tibet. Von seiner Gartenoase beginnt der steile Aufstieg nach dem Schipki-la, den man erreicht, nachdem man eine Höhe überwunden hat, die sechs aufeinandergestellten Eiffeltürmen entspricht! Dort oben steht man auf der Grenze zwischen Tibet und Indien. Ich wandte mich um und ließ den Blick zum letztenmal über jene trostlos öden, unfruchtbaren Gebirge schweifen, wo meine Träume sich verwirklicht hatten und mein Glücksstern heller und freundlicher gestrahlt als je zuvor. Es war mir, als hätte ich hier vom Besten meiner Jugend und vom inhaltreichsten Kapitel meines Lebens Abschied zu nehmen! —

Am 28. August 1908 lagerten wir in dem Dorfe Poo, und ich verlebte zwei unvergeßliche Tage in dem gastfreien Hause der Herrnhuter Missionare. Die Herren Marx und Schnabel und ihre liebenswürdigen Familien überhäuften mich mit Güte. Hier stürmten auch tausend Neuigkeiten aus der Außenwelt auf mich ein — mir war zumute, als lausche ich der Brandung an der endlich erreichten Meeresküste! Über zwei Jahre hatte ich keinen Europäer gesehen und sah selbst wie ein tibetischer Straßenräuber aus. Die Missionare putzten mich mit einem europäischen Sommeranzug heraus und setzten mir einen indischen Helm auf den Kopf.

Einige Tage später kamen wir nach Kanam-gumpa, wo der ungarische Forscher Alexander Csoma de Körös vor 80 Jahren als Mönch lamaistische Weisheit studierte und wie kein zweiter Gelehrter des Abendlandes mit den Mysterien der geheimnisvollen Religion bekannt wurde.

Immer tiefer geht es hinunter, immer wärmer wird die Luft. Mein treuer Freund, der große zottige Takkar, sieht mich mit fragenden Blicken an. »Er liebt nicht des Sommers duftenden Kranz, nicht der Wiesen bunten Saum.« Er gedenkt des freien Lebens auf den weiten offenen Ebenen, er vermißt die Kämpfe mit den Wölfen der Wildnis und träumt vom Land der ewigen Schneestürme. Eines Tages sahen wir ihn aus einer Quelle, deren Bächlein den Pfad kreuzte, trinken und sich dann in den kühlen Schatten des Waldes legen. Er hatte das schon manch liebes Mal getan, aber diesmal sollte ich ihn nicht wiedersehen! Er kehrte um und lief allein nach Tibet zurück! Doch schied er trauernden Herzens von mir, was ich daraus ersah, daß er geglaubt hat, die Missionare in Poo bitten zu müssen, mir einen Gruß zu senden. Eines Morgens fanden sie ihn vor dem Hoftor ihrer Station liegen, und, seiner alten Gewohnheit getreu, wollte er niemand hinein- oder herauslassen. Aber er wurde gastfrei aufgenommen und ging an der Kette als Gefangener neuen Schicksalen entgegen. Durch Herrn Marx erhalte ich noch von Zeit zu Zeit einen Gruß von meinem alten Takkar, der mein Zelt so treu verteidigte, als ich sein Heimatland verkleidet durchreiste!

Mit steigender Unruhe war ich dem Augenblick entgegengegangen, in dem ich nach beinah zwölfmonatigem, völligem Schweigen wieder Briefe aus der Heimat bekommen würde. In Gaursa traf mich am 9. September die Postsendung. Ich las den ganzen Abend, die ganze Nacht und den ganzen folgenden Tag, und die letzten Tagereisen nach Simla konnte ich frohen Herzens zurücklegen, da mir jeglicher Kummer erspart geblieben war und ich wußte, daß zu Haus alles gut stand!

In Kotgar war ich beim Abendgottesdienst in der Kirche der Missionare. Wie seltsam, wieder die weichen Töne der Orgel zu hören und sich in einer christlichen Kirche mit Dankbarkeit des einsamen Lebens der vergangenen Jahre zu erinnern!

Am folgenden Tag war ich zum letztenmal mit den Meinen unterwegs, denn bei Narkanda traf ich eine Rikscha, die mir Oberst Dunlop Smith entgegengeschickt hatte. Ich eilte meinen Getreuen ohne Aufenthalt voraus, während sie in gewöhnlicher Marschordnung nachfolgten. Wie herrlich, sich wieder an die Rücklehne des zweirädrigen kleinen Fuhrwerks lehnen zu können und in sausender Fahrt unter dem schattigen Gewölbe der Deodaras dahinzurollen!

Der 15. September war mein großer Tag. Ich hatte im Bungalow von Fagu übernachtet. Dieser Lagerplatz, wo ich ganz allein war, hatte die Nummer 499! Simla würde das Lager 500 werden. Es war ein eigenartiges Gefühl, auf der Grenze zwischen Wildnis und höchster Zivilisation zu stehen! An der Brüstung des prächtigen Fahrweges saß da ein Herr in seiner Rikscha — es war Reuters Korrespondent, mein Freund Mr. Edward Buck. »Nun gehts los«, dachte ich! Und so ging es denn weiter, die letzte Tagereise.

In der Ferne erscheint die herrliche Stadt. Eine schöne Jungfrau fängt uns in ihrer Kamera ein. Es ist noch sehr früh am Morgen, und wir erreichen ohne weiteren Unfall ein rettendes Herrengarderobengeschäft! Denn trotz des Anzuges aus Poo mußte ich mich einer gründlichen Neuausrüstung unterziehen, ehe ich mich innerhalb der Tore des Vizeregal Lodge sehen lassen konnte!

Welche überwältigenden Gegensätze des Lebens! Schon am 16. September lief ein »Stateball« von Stapel. Rauschende Seide, blitzende Juwelen, glänzende Uniformen — ganz wie im Mai 1906; die seitdem verflossenen 28 Monate erschienen mir wie ein Traum!

Die ersten Tage wohnte ich bei meinem alten edlen Freunde Oberst Dunlop Smith und hatte jetzt Gelegenheit, ihm und seinen liebenswürdigen Damen für alle Mühe zu danken, die sie meinetwegen gehabt hatten. Dann siedelte ich wieder in das Vizeregal Lodge über und genoß bei Lord und Lady Minto dieselbe grenzenlose Gastfreundschaft wie einst. Von meinen Fenstern aus sah ich wieder die Kämme des Himalaja scharf und klar am Horizont stehen, und hinter ihnen dehnten sich die Berge und Täler Tibets aus wie ein endloses Meer.

Ich wohnte wie ein Fürst, ging auf weichen Teppichen, lag in einem seidenen Bett, las bei elektrischem Licht schwedische Zeitungen, badete in einer Porzellanwanne und wurde von Hindus in vizeköniglicher Livree bedient — ich, der soeben noch in Lumpen gegangen war und Schafe gehütet hatte!

Am 24. September versammelten sich 150 Herren und Damen in großer Gala im Prunksaal des Vizeregal Lodge zu Simla. Er war diesmal als Hörsaal eingerichtet, und auf der mit Brokat überzogenen Estrade, wo sonst die Thronsessel stehen, war eine gewaltige Landkarte von Tibet angebracht. Auf den vordersten Stühlen sah man den Oberbefehlshaber der indischen Armee, Lord Kitchener of Khartoum, den Statthalter des Pandschab und die Maharadschas von Alwar und Gwalior, und unter den Gästen waren alle Generale, sämtliche höheren Offiziere, alle Staatssekretäre, Männer der Wissenschaft und Mitglieder des diplomatischen Korps, die sich gerade in Simla aufhielten. Der Militärsekretär, Oberst Victor Brook, tritt vor und verkündet das Erscheinen Sr. Exzellenz des Vizekönigs und der Lady Minto. Ich hatte fürchterliches Lampenfieber, aber ehe ich mir dessen selbst bewußt wurde, hörte ich in dem glänzenden Saale »Your Excellencies, Ladies and

Gentlemen« von meiner eigenen Stimme, und darauf folgte ein Bericht über meine letzten Reisen. Es war ein Uhr morgens, als mein Vortrag zu Ende war! Nachdem Lord Minto mit einer mehr als liebenswürdigen Rede geschlossen hatte, gingen die Gäste zu dem späten Souper.

In einem Serai unterhalb des Schlosses wohnten meine sechs Ladakis und meine sieben letzten Tiere. — Ich ging oft hinunter, besuchte sie und spielte eine Weile mit meinem alten Reisekameraden Klein-Puppy.

Aber auch die Tage der Ruhe flogen dahin und bald kam der letzte. Ich nahm Klein-Puppy auf den Arm, drückte ihn an mich, streichelte ihm den Kopf und muß sagen, daß es mir wirklich schwer wurde, mich von ihm loszureißen — ihn machte die elegante Kleidung seines Herrn verlegen, und er sah mich in diesem Augenblick fragend und melancholisch an, als ahne er, daß das Band zwischen uns jetzt zerschnitten werden solle und wir einander nie wiedersehen würden. Seit dem Tag, als er am Fuß des Schneepasses Kara-korum geboren wurde, hatten wir Freud und Leid gemeinsam getragen. Von den Hunden zu scheiden, ist das allerschwerste — den Männern Lebewohl zu sagen, wird mir nicht so schwer!

Schon bei ihrer Ankunft in Simla hatte ich meinen Leuten je 60 Rupien zu neuen Anzügen geschenkt, und sie hatten dafür in einem Basar einige alte abgelegte Uniformen mit blanken Messingknöpfen aufgetrieben, die ihrer Ansicht nach vornehm und kleidsam waren. Auf den Achselklappen waren die Worte »Guard London S. W. Railway« zu lesen; wie sie sich nach Indien verirrt hatten, weiß ich nicht. In diesen Uniformen und mit rotem Fes auf dem Kopf fanden sich meine Leute am letzten September auf dem Palasthof ein. Sie durften meine sieben Pferde und Maulesel, Sattel, Zelte, Pelze, Schlafsäcke und alles andere behalten. Meinen Schimmel sollten sie in Leh verkaufen und sich in den Erlös teilen. Gulam sollte Klein-Puppy übernehmen und für ihn sorgen — es war wie die Auflösung eines Hauswesens, wie eine Auspfändung. Außer seinem Lohn erhielt jeder noch 100 Rupien als Geschenk und den vierfachen Betrag des Reisegeldes nach Leh.

Lord und Lady Minto waren bei unserem Abschied anwesend, und der Vizekönig hielt eine kurze lobende Ansprache an die Leute. Es wurde mir schwer, von ihnen zu scheiden; sogar der so gleichmütige Lobsang, der über Simlas Pracht und Reichtum ganz verdutzt war, weinte wie ein Kind, als er mit schweren Schritten seinen Kameraden zu den wartenden Lasttieren folgte.

Anfang Oktober reisten der Vizekönig und Lady Minto ins Gebirge, und nach herzlichem Abschied von ihnen und heißem Dank für alle Güte, mit der sie mich überhäuft hatten, war ich allein und verlassen in dem großen Schloß. Erst in acht Tagen sollte mein Schiff von Bombay abgehen. Die fünf Tage, die ich noch in Simla blieb, verlebte ich zu meiner großen Freude als Gast in Lord Kitcheners Residenz Snowdon. Nie werde ich diese Tage vergessen!

Am 11. Oktober brachte mich der Besieger Afrikas zum Bahnhof, und ich sagte dem Manne, dessen Taten ich stets grenzenlos bewundert habe, ein letztes Lebewohl. Auf der Station Sommerhill unterhalb des Vizeregal Lodge wechselte ich noch einen letzten Händedruck mit meinem lieben Freunde Dunlop Smith; dann verschwanden Simlas weiße Sommerhäuser in der Ferne, und der Zug rollte dem heißen Indien und dem großen Meer entgegen.

Register

SVEN HEDIN

wurde am 19. Februar 1865 in Stockholm geboren. Auf vielen Reisen hat er zur Erforschung Innerasiens Grundlegendes beigetragen; weite Gebiete, vor allem in Tibet und Ost-Turkestan, zuerst unserer Kenntnis erschlossen, das Problem des wandernden Sees Lop-nor gelöst und der geographischen Einzelforschung wertvollste Anregungen gegeben. Nach ihm wird der riesige Gebirgszug des Transhimalaja, den er auf seiner dritten Reise 1905—1909 entdeckte und achtmal überquerte, auch Hedin-Gebirge genannt. Insbesondere haben ihn seine vier großen Asienexpeditionen und ihre Auswertung in umfangreichen, vielbändigen wissenschaftlichen Werken in der ganzen Welt bekannt gemacht. Große Popularität aber gewann er durch seine volkstümlichen Reiseberichte, deren deutsche Ausgaben im Verlag Brockhaus erschienen sind, und dadurch, daß er allezeit mannhaft für die Deutschen und ihre Kultur eingetreten ist.

Seine Reisen, von denen Sven Hedin in seinen Büchern berichtet, sind folgende: 1886 Persien und Mesopotamien, 1890—1891 Chorassan und Russisch-Turkestan, 1893—1897 erste, 1899—1902 zweite, 1905—1909 dritte große Expedition nach Zentralasien. 1914—1916 Reisen zu den Kriegsschauplätzen und 1928—1935 vierte große Asienexpedition.

Sven Hedin lebte seitdem ständig in seiner Heimatstadt Stockholm, wo er am 26. November 1952 gestorben ist.

ERIC WENNERHOLM

SVEN HEDIN

Aus dem Schwedischen übertragen von Wolfdietrich Müller. 268 Seiten, 20 Abbildungen auf Kunstdrucktafeln. 1978. ISBN 3-7653-0302-X. Linson

Diese erste vollständige Biographie über den schwedischen Asienforscher berichtet nicht nur von Hedins aufregenden Reisen und umfangreichen Entdeckungen, sie zeichnet Familie und Milieu, in dem Hedin aufgewachsen ist, schildert seine Entwicklung. Nach kritischer Auswertung der Quellen und mit großem Sachverstand wird Hedins politisches Engagement in Schweden und sein entschiedenes Eintreten für das Deutschland unter Wilhelm II. und während der Zeit des Nationalsozialismus dargestellt und erklärt. Vor unseren Augen entsteht das Bild des Menschen, des genialen Forschers Hedin, seiner Zeit, ihrer Kultur und der politischen Verhältnisse. Die Biographie mit vielen zeitgenössischen Illustrationen erscheint gleichzeitig in schwedischer und deutscher Sprache.

Eric Wennerholm *1904 lebt als Rechtsanwalt in Stockholm. Er lernte Hedin, mit dem er entfernt verwandt ist, 1914 kennen und war ihm freundschaftlich verbunden. Wennerholm ist seit 1952 Sekretär der Sven-Hedin-Stiftung in Stockholm. Für seine Arbeit an der Biographie konnte er die im Hedin-Archiv gesammelten zahlreichen Briefe, Aufzeichnungen und Bände benutzen. Dabei wurden auch bis heute unveröffentlichte Dokumente berücksichtigt.

JAN MYRDAL

DIE SEIDENSTRASSE

328 Seiten. 1981. ISBN 3-7653-0333-X. Efalin.

Über Jahrhunderte hinweg hat die Seidenstraße als Karawanenstraße China mit Zentralasien und Europa verbunden. Sie war als Handelsweg von großer kultureller Bedeutung. Marco Polo und Sven Hedin sind auf der Seidenstraße gereist und haben ihre Eindrücke niedergeschrieben.

Der engagierte schwedische Autor Jan Myrdal fuhr 1976 durch Nordchina; schon im Sommer 1959 war er dem Weg Marco Polos von Westen her zum Pamir gefolgt. Myrdals Buch ist ein Dokument. Er verbindet seine eindrucksvolle Schilderung der gewaltigen Landschaft mit der Auseinandersetzung über die Geschichte ihrer Menschen. Immer wieder zeigt er die historischen wie auch die politischen Gegebenheiten auf, die das Leben entlang der Seidenstraße damals entscheidend beeinflußt haben und auch heute nicht ohne Einfluß sind. Jan Myrdal läßt die Menschen, denen er begegnete, selbst sprechen: über Probleme der Industrialisierung und Landwirtschaft, über Zwänge der neuen Fabrikarbeit, über Lernmöglichkeiten und die Chancen persönlicher Lebensgestaltung. Er enthält sich aller besserwisserischen Kommentare, ohne jedoch seine Sympathien zu verhehlen.

Im Vergleich zwischen Gestern und Heute zitiert er immer wieder seinen Landsmann Sven Hedin, dessen Buch über die Seidenstraße 1940 erschienen ist. Aus einer politisch gegensätzlichen Position würdigt Myrdal Hedins schriftstellerische Leistung und nimmt den Faden auf in seinem eigenen Bericht, der sich den Veränderungen der Gegenwart stellt.

Zum Erscheinen der schwedischen Originalausgabe kommentierte der Norddeutsche Rundfunk: „Myrdals 'Seidenstraße' zeigt lebendig und hinreißend einen Ausschnitt aus dem Kampf des Menschen zur Beherrschung seiner Welt, seinen Kämpfen um das Menschsein".

Der schwedische Schriftsteller Jan Myrdal wurde am 19. 7. 1927 in Stockholm geboren. In seinen Romanen und Dramen setzt er sich kritisch mit der schwedischen Gesellschaft auseinander. Darüber hinaus ist Myrdal durch seine engagierten Berichte und Reisebücher bekannt geworden.

F. A. BROCKHAUS WIESBADEN